WELTBILD

# ILLUSTRIERTE
# GESCHICHTE
# DEUTSCHLAND

WELTBILD

# ILLUSTRIERTE GESCHICHTE DEUTSCHLAND

## MARTIN KITCHEN

BECHTERMÜNZ VERLAG

Originaltitel: The Cambridge Illustrated History of Germany (1966)
Originalverlag: Cambridge University Press

Umschlagmotive: unten: Eröffnung des Deutschen Reichstags, 1888
(AKG, Berlin), oben links: Krönung Karls des Großen, 800
(Bildarchiv Preußischer Kulturbesitz, Berlin), oben Mitte: Eröffnung
des deutschen Parlaments in der Paulskirche zu Fankfurt/Main, 1848
(AKG, Berlin), oben rechts: Jalta-Konferenz, 1945
(Bildarchiv Preußischer Kulturbesitz, Berlin)

Deutsche Erstausgabe für
Weltbild Verlag GmbH, Augsburg 1998
Copyright © 1996 Martin Kitchen
Copyright © der deutschen Übersetzung und Ausgabe
by Weltbild Verlag GmbH, Augsburg 1998
Bildredaktion: Bella Grazebrook
Layout: Andrew Shoolbred
Karten: Hardlines, Charlbury, Oxford
Produktion: Neumann und Nürnberger, Leipzig

Umschlaggestaltung: Georg Lehmacher, Friedberg (i. Bay.)
Gesamtherstellung: Neue Stalling, Oldenburg
Printed in Germany
ISBN 3-8289-02731-1

# Inhalt

# Danksagung

Es ist nicht möglich, allen Personen und Einrichtungen, die direkt oder indirekt am Zustandekommen dieses Buches beteiligt waren, zu danken. Deshalb möchte ich stellvertretend meinen beiden Redakteurinnen Rosemary Bradley und Mary Scott beim Verlag Calmann und King, Peter Richards und Pauline Graham von Cambridge University Press, der Bildredakteurin Bella Grazebrook und der Projektredakteurin Liz Wyse danken. Sie alle waren mir durch Ermutigung, konstruktive Kritik und immer neue Anregungen wesentliche Hilfe. Besonders zu Dank verpflichtet bin ich T. C. W. Blanning, der mich vor zahlreichen Fehlern und Klischees bewahrte und meiner schlechten Grammatik auf die Beine half. Der Deutsche Akademische Austauschdienst, ein wahrer Freund ausländischer Wissenschaftler, gewährte mir großzügige finanzielle Unterstützung, durch die ein großer Teil meiner Forschungen ermöglicht wurde.

# Zeittafel

9 n. Chr. Niederlage der Römer durch den Cheruskerfürsten Arminius im Teutoburger Wald

451 Attila verfehlt in der Schlacht auf den Katalaunischen Feldern den Sieg über die Römer

453 Tod des Attila

678 Der hl. Wilfred bringt den Friesen das Evangelium

718 Der hl. Bonifatius beginnt seine Missionsarbeit in Deutschland

751 Pippin III., der Kurze, zum König gewählt

768 Karl der Große wird König

772 Beginn der Feldzüge Karls des Großen gegen die Sachsen

800 Karl der Große am Weihnachtstage im Petersdom zu Rom zum Kaiser gekrönt

814 Tod Karls des Großen

843 Durch den Vertrag von Verdun wird das Reich Karls des Großen aufgeteilt

919 Heinrich I., der Vogler, wird König

936 Mit dem Tode Heinrichs I. besteigt Otto der Große den Thron

955 Otto schlägt die Ungarn in der Schlacht auf dem Lechfeld

962 Otto im Petersdom zum Kaiser gekrönt

1024 Konrad II., wird als erster aus dem Geschlecht der Salier König

1039 Tod Konrads II.; Heinrich III. besteigt den Thron

1056 Tod Heinrichs III.; Heinrich IV. wird König

1077 Heinrich IV. von Papst Gregor VII. in Canossa gedemütigt

1106 Tod Heinrichs IV.; Heinrich V. wird König

1125 Tod Heinrichs V., des letzten Salierherrschers

1137 Konrad III. zum König gewählt. Beginn der Herrschaft des Geschlechtes der Hohenstaufen (Staufer)

1152 Friedrich I. Barbarossa besteigt den Thron

1197 Tod Friedrichs I.; Friedrich II. wird König

1250 Tod Friedrichs II.

1268 Ende des Geschlechts der Staufer

1315 Hungersnot in Deutschland

1349 Pogrom von Nürnberg; 536 Juden auf dem Scheiterhaufen verbrannt

1351 Ausbreitung der Pest bis Deutschland

1439 Friedrich III. aus dem Hause Habsburg wird König

1450 Druck der Bibel durch Gutenberg

1493 Maximilian I. zum Kaiser gekrönt

1517 Anschlag der 95 Thesen Luthers als Anklage gegen die Praxis der römisch-katholischen Kirche

1519 Tod Maximilians I.; Nachfolge durch Karl V.

1520 Unter Teilnahme Karls V. leitet der Reichstag zu Worms Reformen im Reich ein

1522–1523 Aufstand der Ritter

1525 Bauernkrieg

1531 Bildung des gegen den Kaiser gerichteten Schmalkaldischen Bundes als Organisation protestantischer Fürsten

1547 Sieg der kaiserlichen Kräfte über den Schmalkaldischen Bund in der Schlacht von Mühlberg

1555 Friede von Augsburg

1556 Abdankung Karls V.

1564 Das Konzil von Trient verabschiedet mit dem *Tridentinum* eine eindeutige Erklärung der Unterschiede zwischen Katholizismus und Protestantismus.

1618 Beginn des Dreißigjährigen Krieges (1618–1648)

1648 Ende des Dreißigjährigen Krieges; Westfälischer Friede

1688 Tod des Großen Kurfürsten Friedrich Wilhelms; Nachfolger wird Friedrich III.

1701 Friedrich III. wird als Friedrich I. König in Preußen

1713 Nachfolger Friedrichs I. wird Friedrich Wilhelm, der Soldatenkönig

1740 Friedrich II., der Große wird Nachfolger Friedrich Wilhelms; Beginn des 1. Schlesischen Krieges

1745 Frieden von Dresden

1756 Beginn des Siebenjährigen Krieges

1763 Frieden von Hubertusburg

1786 Tod Friedrichs II.

1792 Kanonade von Valmy; die französische Revolutionsarmee schlägt die kaiserlichen Bündnistruppen

1806 Gründung des Rheinbundes; Napoleons Sieg über Preußen bei Jena und Auerstedt

1814–1815 Territoriale Neuaufteilung Europas durch den Wiener Kongreß

1819 Karlsbader Beschlüsse – Einführung strenger Zensurgesetze

1834 Bildung des Deutschen Zollvereins, einer wirtschaftspolitischen Vereinigung von 18 Einzelstaaten

1848 Revolutionsjahr in Europa; Beginn der Auseinandersetzungen am 3. März in Berlin

1862 Bismarck Ministerpräsident von Preußen

1864 Angriff preußischer und österreichischer Truppen auf Dänemark

1866 Österreichisch-Preußischer Krieg

1870–1871 Deutsch-Französischer Krieg

1871 Wilhelm I. am 18.1.1871 in Versailles zum Kaiser proklamiert

1878 Sozialistengesetz

1888 Machtantritt Wilhelms II.

1890 Rücktritt von Bismarck

1898 Beginn des Flottenbauprogrammes

1914 Attentat auf Erzherzog Franz Ferdinand am 28.6.1914 in Sarajevo; Einmarsch Deutschlands in Belgien am 3.8.1914

1916 Stillstand der Verdunoffensive; Berufung von Hindenburg und Ludendorff in die Oberste Heeresleitung

1918 Abdankung des Kaisers und Ausrufung der Republik am 9.11.1918; Waffenstillstand am 11.11.1918

SCLAVINIA   GERMANIA   GALLIA   ROMA

Vertreter der Slawen, Deutsch-
lands, Galliens und Roms
nähern sich dem Thron Ottos
III. mit Geschenken der
Herrscher an die Cäsaren.
Reichenauer Schule um 1000;
aus dem Evangelienbuch
Ottos III. in der Bamberger
Schatzkammer.

1919 Vertrag von Versailles
1920 Kapp-Putsch
1923 Besetzung der Ruhr durch
     französische Truppen im Januar
     1923; Hitler-Putsch in München
     im November 1923
1933 Berufung Hitlers zum Reichs-
     kanzler am 30. 1. 1933
1935 Inkrafttreten der Nürnberger
     Gesetze zur Judenverfolgung
1936 Remilitarisierung des Rhein-
     landes durch Deutschland
1938 Annexion Österreichs im März
     1938; Münchner Abkommen mit
     Frankreich und Großbritannien
     im September 1938
1939 Pakt zwischen Ribbentrop und
     Molotow am 23. 8. 1939;
     Überfall Deutschlands auf
     Polen am 1. 9. 1939

1940 Einmarsch der deutschen
     Truppen in Paris am 14. 6. 1940
1941 Überfall Deutschlands auf die
     Sowjetunion am 22. 6. 1941
1942 Kapitulation der deutschen
     Truppen in Stalingrad am
     2. 2. 1942
1944 Attentat auf Hitler am
     20. 7. 1944
1945 Selbstmord Hitlers am
     30. 4. 1945; Waffenstillstand
     am 9. 5. 1945
1948 Beginn der Berliner Luftbrücke
     im Juni 1948
1949 Gründung der Bundesrepublik
     Deutschland und der Deutschen
     Demokratischen Republik
1953 Aufstand in der Deutschen De-
     mokratischen Republik am
     17. 6. 1953

1954 Mitgliedschaft der Bundes-
     republik Deutschland in der
     NATO
1961 Bau der Berliner Mauer am
     13. 8. 1961
1963 Rücktritt von Kanzler Adenauer;
     Nachfolger wird Ludwig Erhard
1969 Willy Brandt Kanzler der
     Bundesrepublik Deutschland
1974 Sturz Willy Brandts, Nachfolge
     durch Helmut Schmidt
1982 Helmut Kohl Kanzler der
     Bundesrepublik Deutschland
1989 Öffnung der Berliner Mauer am
     9. 11. 1989
1990 Wiedervereinigung Deutschlands
     am 3. 10. 1990

# Weiterführende Literatur

**Allgemeine Werke**

W. Carr, *A History of Germany 1815–1985*, London 1987

F. L. Carsten, *Princes and Parliaments in Germany 1500–1800*

F. L. Carsten, *The Origins of Prussia*, London 1980

G. Craig, *Germany 1866–1945*, Oxford 1981

G. Craig, *The Germans*, Harmondsworth 1982

N. Elias, *Über den Prozeß der Zivilisation. Soziogenetische und psychogenetische Untersuchungen*, (2 Bd.), Frankfurt 1976

F.-W. Henning, *Das vorindustrielle Deutschland 800 bis 1800*, Paderborn 1977

O. Hintze, *Die Hohenzollern und ihr Werk, Fünfhundert Jahre vaterländische Geschichte*, Moers 1979

M. Hughes, *Nationalism and Society: Germany 1800–1945*, London 1988

J. Sheehan, *German History 1770–1866*, Oxford 1989

**Kapitel 1 – 3**
**Von den Römern bis zum Mittelalter**

W. Abel, *Strukturen und Krisen der spätmittelalterlichen Wirtschaft*, Stuttgart, New York 1980

W. Abel, *Stufen der Ernährung. Eine historische Skizze*, Göttingen 1981

H. Angermann, *Die Reichsreform 1410–1555. Die Staatsproblematik in Deutschland zwischen Mittelalter und Gegenwart*, München 1984

B. Arnold, *German Knighthood 1050–1300*, Oxford 1985

G. Barraclough, *The Origins of Modern Germany*, Oxford 1988

H. Boockmann, *Der deutsche Orden. Zwölf Kapitel aus einer Geschichte*, München 1982

O. Borst, *Alltagsleben im Mittelalter*, Frankfurt 1983

T. Brady, *Turning Swiss: Cities and Empire, 1450–1530*, Cambridge 1985

F. R. H. Du Boulay, *Germany in the Later Middle Ages*, London 1983

O. Engels, *Die Staufer*, Stuttgart 1984

S. Epperlein, *Bauernbedrückung und Bauernwiderstand im Hohen Mittelalter*, Berlin 1960

J. Fleckenstein, *Early Mediaeval Germany*, Oxford 1978

J. Fleckenstein, *Investiturstreit und Reichsverfassung*, Sigmaringen 1973

J. Fleckenstein, *Grundlagen und Beginn der deutschen Geschichte*, Göttingen 1988

H. Fuhrmann, *Germany in the High Middle Ages*, Cambridge 1986

Gillingham, *The Kingdom of Germany in the High Middle Ages*, London 1971

F. Irsigler und A. Lisotta, *Bettler und Gaukler, Dirnen und Henker, Randgruppen und Außenseiter in Köln 1300–1600*, Köln 1984

J. Leuschner, *Germany in the Later Middle Ages*, Oxford 1979

K. Leyser, *Mediaeval Germany and its Neighbours, 900–1250*, London 1952

K. Leyser, *Rule and Conflict in an Early Mediaeval Society*, London 1979

H. K. Schultze, *Vom Reich der Franken zum Land der Deutschen, Merowinger und Karolinger*, Berlin 1987

H. K. Schultze, *Hegemoniales Kaisertum, Ottonen und Salier*, Berlin 1991

H. Thomas, *Deutsche Geschichte des Spätmittelalters 1250–1500*, Stuttgart 1983

R. Wiesflecker, *Kaiser Maximilian I. Das Reich, Österreich und Europa an der Wende der Neuzeit*, (4 Bd.), München 1971–1981

H. Wolfram, *Das Reich und die Germanen*, Berlin 1990

H. Zimmermann, *Der Canossa-Gang von 1077, Wirkungen und Wirklichkeit*, Mainz 1975

**Kapitel 4 und 5**
**Von der Reformation bis zum Dreißigjährigen Krieg**

J. Bak, *The German Peasants War of 1525*, London 1976

G. Barudio, *Der teutsche Krieg 1618–1648*, Frankfurt 1985

P. Blickle, *Deutsche Untertanen. Ein Widerspruch*, München 1981

P. Blickle, *Die Reformation im Reich*, Stuttgart 1982

P. Blickle, *The Revolution of 1525*, London 1981

H. Boockmann, *Stauferzeit und spätes Mittelalter. Deutschland 1517–1648*, Berlin 1987

K. Brandi, *Deutsche Geschichte im Zeitalter der Reformation und Gegenreformation*, Berlin 1967

M. Brecht, *Martin Luther. Sein Weg zur Reformation 1483–1521*, Stuttgart 1981

A. G. Dickens, *The German Nation and Martin Luther*, Glasgow 1976

R. van Dülmen, *Reformation als Revolution. Soziale Bewegung und religiöser Radikalismus in der deutschen Reformation*, München 1977

R. J. W. Evans, *Rudolf II and his World*, Oxford 1973

G. Franz, *Der Deutsche Bauernkrieg*, Darmstadt 1977

G. Franz, *Der Dreißigjährige Krieg und das deutsche Volk. Untersuchungen zur Bevölkerungs- und Agrargeschichte*, Stuttgart 1979

H.-J. Goertz, *Die Täufer. Geschichte und Deutung*, München 1980

M. Heckel, *Deutschland im konfessionellen Zeitalter*, Göttingen 1983

H. Langer, *Kulturgeschichte des 30jährigen Krieges*, Stuttgart 1978

B. Lohse, *Martin Luther. Eine Einführung in sein Leben und Werk*, München 1981

B. Moeller, *Deutschland im Zeitalter der Reformation*, Göttingen 1988

H. A. Oberman, *Masters of the Reformation*, Cambridge 1981

H. A. Oberman, *Luther, Mensch zwischen Gott und Teufel*, Berlin 1983

G. Parker (Hsg.), *The Thirty Years War*, London 1984

H. Schilling, *Aufbruch und Krise. Deutschland 1517–1648*, Berlin 1988

H. Schilling, *Höfe und Allianzen, Deutschland 1648–1763*, Berlin 1989

G. Schormann, *Der Dreißigjährige Krieg*, Göttingen 1985

R. W. Scribner und G. Benecke, *The German Peasants War 1525: New Viewpoints*, London 1974

R. W. Scribner, *Popular Culture and Popular Movements in Reformation Germany*, London 1987

R. W. Scribner, *The German Reformation*, London 1986

S. Skalweit, *Der Beginn der Neuzeit*, Darmstadt 1982

S. Skalweit, *Reich und Reformation*, Berlin 1967

R. Wohlfeil, *Der Bauernkrieg 1524–1526. Bauernkrieg und Reformation*, München 1975

**Kapitel 6–9**
**Deutschland 1700–1848**

K. O. von Aretin, *Vom Deutschen Reich zum Deutschen Bund*, Göttingen 1993

T. C. W. Blanning, *The French Revolution in Germany*, Oxford 1983

T. C. W. Blanning, *Joseph II, Holy Roman Emperor 1741–1790*, London 1994

T. C. W. Blanning,, *Reform and Revolution in Mainz, 1743–1803*, Cambridge 1974

W. Bruford, *Germany in the Eighteenth Century*, Cambridge 1935

J. Bumke, *Höfische Kultur*, (2 Bd.), München 1986

M. Burleigh, *Prussian Society and the German Order*, Cambridge 1984

C. Dipper, *Deutsche Geschichte 1648–1789*, Frankfurt 1991

J. Gagliardo, *Reich and Nation. The Holy Roman Empire as Idea and Reality 1763–1806*, Bloomington 1980

S. Haffner, *The Rise and Fall of Prussia*, London 1980

H.-W. Hahn, *Geschichte des Deutschen Zollvereins*, Göttingen 1984

C. Ingrao, *The Hessian Mercenary State. Ideas, Institutions and Reform under Frederick II 1760–1785*, Cambridge 1987

H. Lutz, *Zwischen Habsburg und Preußen. Deutschland 1815–1866*, Berlin 1985

H. Möller, *Fürstenstaat oder Bürgernation. Deutschland 1763–1815*, Berlin 1989

T. Nipperdey, *Deutsche Geschichte 1800–1866*, München 1983

H. Rosenberg, *Bureaucracy, Aristocracy, Autocracy*, Boston 1966

T. Schieder, *Friedrich der Große. Ein König der Widersprüche*, Berlin 1983

P. Schroeder, *The Transformation of European Politics 1763–1848*, Oxford 1994

J. A. Vann, *The Making of a State: Württemberg 1593–1793*, London 1984

R. Vierhaus, *Germany in the Age of Absolutism*, Cambridge 1988

H. Wagenblaß, *Der Eisenbahnbau und das Wachstum der deutschen Eisen- und Maschinenbauindustrie*, Stuttgart 1973

H.-U. Wehler, *Deutsche Gesellschaftsgeschichte*, Bd. 1 1700–1815, Bd. 2 1815–1845/49, München 1987

**Deutschland 1848–1914**

W. Baumgart, *Deutsche Ostpolitik 1918*, München 1966

W. Baumgart, *Deutschland im Zeitalter des Imperialismus 1890–1914*, Frankfurt 1979

V. Berghahn, *Der Tirpitz-Plan. Genesis und Verfall einer innenpolitischen Krisenstrategie unter Wilhelm II.*, Düsseldorf 1971

V. Berghahn, *Germany and the Approach of War*, London 1973

D. Blackbourn und G. Eley, *The Peculiarities of German History*, Oxford 1984

K. Borchardt, *Die Industrielle Revolution in Deutschland*, München 1972

H. Böhme, *An Introduction to the Social and Economic History of Germany: Politics and Economic Change in the 19th and 20th Centuries*, Oxford 1978

H. Böhme, *Deutschlands Weg zur Großmacht*, Köln 1972

R. Chickering, *We Men Who Feel Most German, A Cultural Study of the Pan German League, 1886–1914*, London 1984

W. Deist, *Militär und Innenpolitik im Ersten Weltkrieg*, (2 Bd.), Düsseldorf 1970

E. Engelberg, *Bismarck*, Berlin 1985

R. J. Evans (Hsg.), *Society and Politics in Wilhelmine Germany*, London 1978

R. J. Evans, *Death in Hamburg: Society and Politics in the Cholera Years, 1830–1910*, Oxford 1987

L. Gall, *Bismarck: The White Revolutionary*, London 1985

I. Geiss, *German Foreign Policy 1871–1914*, London 1976

H. Grebing, *Arbeiterbewegung, sozialer Protest und kollektive Interessenvertretung bis 1914*, München 1985

D. Groh, *Negative Integration und revolutionärer Attentismus. Die deutsche Sozialdemokratie am Vorabend des Ersten Weltkrieges*, Frankfurt 1973

T. S. Hamerow, *Restoration, Revolution, Reaction*, Princeton 1966

T. S. Hamerow, *The Social Foundations of German Unification, 1858–1871*, Princeton 1969

J. Joll, *Origins of the First World War*, London 1984

P. M. Kennedy, *The Rise of Anglo-German Antagonism 1860–1914*, London 1980

P. Kielmansegg, *Deutschland und der Erste Weltkrieg*, Stuttgart 1980

M. Kitchen, *The Political Economy of Germany 1815–1914*, London 1978

M. Kitchen, *The Silent Dictatorship. The Politics of the German High Command under Hindenburg and Ludendorff, 1916–1918*, London 1976

T. Nipperdey, *Deutsche Geschichte 1866–1918*, (2 Bd.), München 1990

H.-J. Puhle, *Agrarische Interessenpolitik und preußischer Konservatismus im wilhelminischen Reich 1893–1914*, Bonn 1975

G. Ritter, *Frederick the Great*, Berkeley 1968

H. Rosenberg, *Große Depression und Bismarckzeit*, Berlin 1976

J. C. G. Röhl und N. Sombart, *Kaiser William II. New Interpretations*, Cambridge 1982

R. Rürup, *Deutschland im 19. Jahrhundert 1815–1871*, Göttingen 1992

J. Sheehan (Hsg.), *Imperial Germany*, New York 1976

J. Sheehan, *German Liberalism in the Nineteenth Century*, London 1982

R. Stadelmann, *Soziale und politische Geschichte der Revolution von 1848*, München 1948

M. Stürmer, *Das ruhelose Reich. Deutschland 1917–1918*, Berlin 1983

H.-U. Wehler, *Bismarck und der Imperialismus*, München 1976

H.-U. Wehler, *The German Empire*, Leamington Spa, 1985

**Kapitel 10 – 11**
**Weimar und Nazi-Deutschland**

U. Adam, *Judenpolitik im Dritten Reich*, Düsseldorf 1979

V. Berghahn, *Modern Germany*, Cambridge 1987

R. Bessel und E. Feuchtwanger (Hsg.), *Social Change and Political Development in the Weimar Period 1917–33*, London 1981

K. D. Bracher, *Die Auflösung der Weimarer Republik*, Düsseldorf 1984

K. D. Bracher, *Die deutsche Diktatur*, Köln 1976

M. Broszat, *The Hitler State*, London 1981

H. Bull (Hsg.), *The Challenge of the Third Reich*, Oxford 1986

W. Carr, *Hitler: A Study in Personality and Politics*, London 1978

F. L. Carsten, *The Reichswehr and Politics*, Oxford 1966

T. Childers, *The Nazi Voter*, Chapel Hill 1983

G. Feldman, *Die deutsche Inflation, eine Zwischenbilanz*, Berlin 1982

G. Fleming, *Hitler and the Final Solution*, London 1985

P. Gay, *Weimar Culture*, New York 1968

H. Graml (Hsg.), *The German Resistance to Hitler*, London 1970

S. Haffner, *Anmerkungen zu Hitler*, München 1978

K. Hardach, *The Political Economy of Germany in the Twentieth Century*, Berkeley 1980

L. Herbst, *Der Totale Krieg und die Ordnung der Wirtschaft*, Stuttgart 1982

J. Hiden und J. Farquharson, *Explaining Hitler's Germany*, London 1983

J. Hiden, *The Weimar Republic*, Harlow 1974

K. Hildebrand, *Das Dritte Reich*, München 1978

G. Hirschfeld und L. Kettenacher (Hsg.), *The 'Führer State': Myth and Reality*, Stuttgart 1981

P. Hoffmann, *German Resistance to Hitler*, Cambridge 1988

H. James, *The German Slump*, Oxford 1986

E. Jäckel, *Hitlers Herrschaft*, Stuttgart 1986

E. Jäckel, *Hitlers Weltanschauung*, Stuttgart 1981

I. Kershaw, *Popular Opinion and Political Dissent in the Third Reich*, Oxford 1983

I. Kershaw, *The Nazi Dictatorship*, London 1985

M. Kitchen, *Nazi Germany at War*, London 1994

K.-J. Müller, *Armee, Politik und Gesellschaft in Deutschland 1933–1945*, Paderborn 1985

A. Nicholls, *Weimar and the Rise of Hitler*, London 1979

R. Overy, *The Nazi Economic Recovery, 1932–38*, London 1982

D. Petzina, *Die deutsche Wirtschaft in der Zwischenkriegszeit*, Wiesbaden 1977

D. Peukert, *Inside Nazi Germany*, London 1987

D. Rebentisch, *Führerstaat und Verwaltung im Zweiten Weltkrieg*, Wiesbaden 1989

A. Rosenberg, *Geschichte der Weimarer Republik*, Frankfurt 1981

G. Schulz, *Deutschland seit dem Ersten Weltkrieg 1918–1945*, Göttingen 1982

H. Schulze, *Weimar. Deutschland 1917–1933*, Berlin 1982

G. Simmel, *Philosophie des Geldes*, Berlin 1958

J. Stephenson, *The Nazi Organization of Women*, London 1981

J. P. Stern, *The Führer and the People*, Glasgow 1975

H.-U. Thamer, *Verführung und Gewalt. Deutschland 1933–1945*, Berlin 1986

B. Weisbrod, *Schwerindustrie in der Weimarer Republik. Interessenpolitik zwischen Stabilisierung und Krise*, Wuppertal 1978

J. Willett, *The New Sobriety: Art and Politics in the Weimar Period 1917–1933*, London 1978

**Kapitel 12 – 13**
**Deutschland nach 1945**

A. M. Birke, *Nation ohne Haus. Deutschland 1945–1961*, Berlin 1989

P. Borowsky, *Deutschland 1963–1969*, Hannover 1983

P. Borowsky, *Deutschland 1969–1982*, Hannover 1983

R. Dahrendorf, *Society and Democracy in Germany*, London 1968

H. Glaser, *Kulturgeschichte der Bundesrepublik (3 Bd.)*, München 1985–1988

A. Grosser, *Geschichte Deutschlands seit 1945*, München 1979

K. Köhler, *Adenauer*, Berlin 1994

H. Lilge, *Deutschland 1945–1963*, Hannover 1967

M. McCauley, *The German Democratic Republic since 1945*, London 1983

H.-P. Schwarz, *Adenauer. Der Aufstieg 1876–1952*, Stuttgart 1986

H.-P. Schwarz, *Adenauer. Der Staatsmann 1953–1967*, Stuttgart 1991

K. Sontheimer, *Die Adenauer-Ära*, München 1991

C. Stern, *Ulbricht*, Berlin 1963

# *Vorwort*

Warum? Warum hat gerade Deutschland sich selbst und andere europäische Staaten, ja, fast die ganze Welt in die größte Katastrophe des zwanzigsten Jahrhunderts gestürzt?

Diese Frage stellen wir uns alle immer wieder neu. Mir geht es dabei so: Je mehr ich lese und weiß, desto weniger kann ich diese Frage wirklich überzeugend beantworten.

Gewiß, Erklärungen, gibt es zuhauf, aber richtig verstehen kann man es nicht – gerade wenn man den Gang der deutschen Geschichte besser kennenlernt. Diesen Gang der deutschen Geschichte lernt man durch Martin Kitchen auf anregende, leicht verständliche und dennoch grundsolide Weise kennen. Wohltuend hebt sich dieser angelsächsische Gelehrte von der aufgeblasenen Sprache vieler deutscher Akademiker ab. Er zeigt uns einmal mehr, daß Wissenschaftlichkeit wahrlich nicht Langeweile bedeuten muß.

Die Sichtweise dieses außenstehenden und wohlwollend-kritischen Deutschland- und Deutschenkenners ist nicht nur anregend, sie gibt auch Anstöße, Denkanstöße, wobei man durchaus auch zu anderen Schlußfolgerungen und Bewertungen als Kitchen gelangen kann.

Den Haß „der Deutschen" (wirklich „der Deutschen"?) auf Frankreich und die Franzosen kann ich zum Beispiel nicht schon im Mittelalter oder in der Frühen Neuzeit erkennen. In jenen Epochen war zudem die Nationenbildung zumindest in Deutschland höchst unvollständig. Auch und gerade während der Frühphase der Französischen Revolution fand man nicht nur Haß auf, sondern auch innere Verbundenheit mit Frankreich. Das änderte sich spätestens durch die Besatzung Napoleons und die von ihm den Deutschen aufgebürdeten Kriegslasten.

Im Jahre 1998 haben die deutsche Geschichtswissenschaft und Politik die Revolutionäre von 1848 hochleben lassen und bejubelt. Wohltuend kritisch weist Kitchen auf die Brüche jener Männer hin, die ihre liberalen Prinzipien, besonders gegenüber Polen, sehr schnell preisgaben und auch nicht lange zögerten, den dänischen Fehdehandschuh aufzugreifen. Das ist nicht der Stoff, aus dem Liberale der Gegenwart sind. Heute passen innenpolitische Liberalität und außenpolitische Aggresivität nicht mehr zueinander.

Wenig Verständnis bekundet Kitchen auch für die Handhabung der „Volksdeutschen"-Problematik im heutigen Deutschland. Das ist sein gutes Recht. Aber deren automatische Einbürgerung, die Artikel 116 des Grundgesetzes ermöglicht, hat mehr mit der Schutzfunktion eines jeden Staates zu tun, als mit vermeintlich reaktionären Tendenzen. Trotzdem lohnt es, über die Sichtweise eines kritischen Freundes nachzudenken.

Heftige Meinungsverschiedenheiten würde ich mit Kitchen auch über Bismarck ausfechten. Weniger über die Bewertung der Innenpolitik, als über die Außenpolitik gerieten wir in einen sachlichen und durch Respekt gekennzeichneten Streit.

Gerade weil Bismarck die aristokratisch-monarchisch geprägte Gesellschaft bewahren („konservieren") wollte, trieb er seit 1871 eben keine aggressive oder gar „gefährliche" Außenpolitik. Das war seine Genialität, die seinen Nachfolgern und Kaiser Wilhelm II. so ganz und gar fehlte. Status quo, das war das Schlüsselwort der Bismarckschen Außenpolitik.

Ist es aber gerade für deutsche Leser nicht spannend, die Außensicht wahrzunehmen und somit die eigene Position zu überdenken? Erst dieses Überdenken festigt eigene Überzeugungen, die man gegebenenfalls auch ändern muß.

Wieder ein Bewertungsunterschied: Gewiß, einen harschen Siegfrieden plante Deutschland im Ersten Weltkrieg? Nur Deutschland?

Oder diese Frage: Hatte 1933 wirklich die „Mehrheit" der Deutschen Hitlers Programm zugestimmt? Bei den letzten halbfreien Wahlen vom 5. März 1933 hatten rund 44 Prozent Hitler gewählt. Entschieden sie sich für ein wirkliches Programm, gar für die Judenvernichtung und einen neuen Weltkrieg? Wohl kaum.

Wunderbar fair ist Kitchen bei der Darstellung und Bewertung der bundesdeutschen „Vergangenheitsbewältigung". Nie habe ein Staat vergleichbare Bemühungen um Sühne vergangener Sünden unternommen. Wie richtig.

An-, für manche aufregend ist Kitchens Urteil über die Westdeutschen, deren Mehrheit die Wiedervereinigung wegen der hohen Kosten abgelehnt habe. Hier sprechen die Umfragedaten eine andere Sprache. Sie zeigen: Ja, die Westdeutschen wollten die Wiedervereinigung, aber sie scheuten die Kosten. Sie waren also gespalten, aber die deutsche Spaltung wollten sie eben trotzdem überwinden. An dieser Spaltung leiden wir heute.

Kitchens Buch erleichtert „den Deutschen" den Ausgang aus der Geschichtsfalle: daß sie meinen, fast erblich belastet zu sein; daß deutsche Geschichte ins Unglück führen mußte; daß der Fluch der bösen Tat auf ewig anständige, moralische Politik verhindert.

Wer nur zurückschaut, kann nicht nach vorne blicken. Beim Blick zurück sollte man aber den Kopf nicht nur körperlich verdrehen, sondern auch die eigenen Gedanken im Kopf hin- und herwälzen. Dabei hilft Kitchens Buch. Es entstaubt so manchen deutschen und nichtdeutschen Kopf. Man liest es mit Vergnügen und Gewinn.

Ein Blick durch die Berliner Mauer auf den Grenzstreifen und Ostberlin. „Mauerspechte" rückten dem Bauwerk mit Hammer und Meißel zu Leibe, die von Polen eilends herangeschafft worden waren. Mauerstücke wurden als Souvenirs verkauft.

Dr. Michael Wolffsohn

KAPITEL 1

# Die Anfänge deutscher Geschichte

Die Antwort auf die Frage, wer die Germanen seien, war einst einfach. Es waren die Menschen, die germanisch sprachen und in einem geographisch klar abgegrenzten Territorium siedelten. Der römische Historiker Tacitus beschrieb gegen Ende des ersten nachchristlichen Jahrhunderts Germanien als das Land zwischen dem Meer und der Donau. Folgt man seiner Beschreibung, waren die Germanen ein reinblütiger Stamm, der seit ewigen Zeiten in diesem Gebiet siedelte. Alter germanischer Überlieferung zufolge entsproß der Gott Tuisto ihrer Erde. Tuistos Sohn Mannus (Ursprung des Wortes „Mann") hatte drei Söhne, die Väter der drei ursprünglichen germanischen Stämme. Der Glaube an die Reinrassigkeit der germanischen Völker, der später von Nationalisten und Rassisten hochgehalten wurde, spiegelt sich in dem lateinischen Wort *germanus* wider, was soviel bedeutet wie „von denselben Eltern stammend", „eng verbunden" oder „gleichen Ursprungs".

## DER KONFLIKT MIT ROM

Julius Cäsar hielt es für angebracht, eine Erklärung darüber abzugeben, weshalb er Germanien nicht wie Gallien eroberte und besiedelte. Es war, so berichtet er 150 Jahre vor Tacitus, ein von Barbaren bewohntes Land, in dessen dichten Wäldern es von Einhörnern und anderen geheimnisvollen Tieren wimmelte. Ein solches Land werde niemals besiedelt und solle am besten unbeachtet bleiben. Das blieb die vorherrschende Meinung über *Germania libera*, obwohl römische Kaufleute es kreuz und quer bereisten und mit den Barbaren schwunghaften Handel trieben. Bernstein von der Ostsee war ein begehrtes Gut in Rom. Kaufleute unternahmen die beschwerliche Reise entlang der „Bernsteinstraßen" von Marseille oder Venedig nach Hamburg oder von Aquileia nach Danzig, von wo sie schwer beladen mit Bernstein zurückkehrten, aus dem unter den geschickten Händen römischer Handwerker wahre Kunstwerke entstanden.

Daß Germanien eine Region mit eigener Geschichte und Kultur sei, die sich vom übrigen westlichen Europa unterschied, glaubten selbst noch die ansonsten weltoffenen deutschen Humanisten im 18. Jahrhundert. Ihr Held war Arminius der Cherusker, den sie Hermann nannten, der den Römern im Jahre 9 n. Chr. im „Teutoburger Wald", den man in der Nähe von Detmold vermutete, eine vernichtende Niederlage beibrachte. Hermann wurde zum Helden der Bewegung für nationale Befreiung von der Tyrannei der Römer und ausländischen Einflüssen. Die französischen Historiker ihrerseits suchten die Wurzeln nationaler Vergangenheit in der klassischen Kultur der Griechen und Römer.

Kaiser Augustus (63 v. Chr. – 14 n. Chr.) entwarf die Strategie Roms gegenüber Germanien, die für Jahrhunderte Gültigkeit behielt. Entlang von Rhein und Donau wurden Verteidigungsstellungen errichtet. Kaiser Domitian (51 – 96 n. Chr.) ließ von Koblenz bis Regensburg einen *limes* (Verteidigungsgrenze) bauen. Im dritten nachchristlichen Jahrhundert sah sich das Römische Reich den Angriffen von Goten, Franken und Alemannen ausgesetzt – ethnisch gemischten Gruppen, wie auch die Bedeutung ihrer Namen „die Freien" und „alle Menschen" deutlich machen.

Die Franken konzentrierten ihre Bemühungen auf die römische Garnison in Köln, die Alemannen entfalteten ihre Aktivitäten im Raum von Mainz. Aus diesem Grunde bezeichneten die Römer, als sie den *limes* aufgaben, die germanischen Stämme am Oberrhein als Alemannen, die am Unterrhein als Franken.

Es gibt Berichte über zahlreiche Zusammenstöße zwischen germanischen Stämmen und römischen Truppen während des 4. Jahrhunderts. Als die römischen Einheiten zu Einsätzen nach Hause zurückbeordert wurden, fielen die Stämme in die Grenzprovinzen ein, wo sie plünderten und Tribut forderten. Es kam zu zahlreichen Auseinandersetzungen und Kämpfen zwischen verfeindeten Stämmen, unter Königen, Militärführern und Adligen unterschiedlichen Standes. Nachdem sich die politische Lage in Rom stabilisiert hatte, wurden die Germanen über die Grenze zurückgetrieben, und neue Verträge wurden geschlossen. So erleiden die Alemannen 357 bei Straßburg eine Niederlage und wurden zur Aufgabe ihrer Siedlungen westlich des Rheins gezwungen. Die Römer bauten eine der alten Festungen Kaiser Trajans östlich des Rheins wieder auf, was entsprechend dem Vertrag mit den Alemannen zu Lasten der dort siedelnden Menschen erfolgte.

Im Jahre 368 eroberten die Alemannen Mainz, wurden aber in einer Gegenoffensive unter Kaiser Valentinian I. erneut über den Rhein zurückgedrängt. Im darauffolgenden Jahr scheiterte der Versuch des Kaisers, die Alemannen zu schlagen. Im Jahre 374 unterzeichnete er einen Vertrag mit dem König der Bukinobanten, Macrian. Doch der neue Verbündete Roms kam in einer Schlacht gegen die Franken 380 ums Leben. In Erfüllung seines Teiles des Vertrages stellte sich Macrian der Armee des Frankenkönigs Mirobaudes, der ebenfalls ein hoher römischer Beamter war. Das machte ihn zugleich zum Feind und Diener des römischen Kaisers. Er war einer jener Franken, die im Dienst des römischen Staates zu Macht und Ansehen gelangten und gegen Alemannen und Goten kämpften. Im Unterschied zu anderen aber brach er weder die Verbindungen zu seinem Volke ab, noch verriet er es, wie viele andere.

Der Dienst in der römischen Armee veranlaßte viele Germanen, sich deren Lebensweise zu eigen zu machen. Beteten die Germanen einst zu ihrem Gott Wotan und hofften nach ihrem irdischen Dasein auf ein Leben in Walhalla, dorthin geleitet von der Jungfrau Walkuries, nehmen viele von ihnen unter dem Einfluß Roms die neuplatonisch-heidnische Lebensweise der Römer an. Andere bekennen sich jetzt zum Christentum oder Judentum. In einem allmählichen Prozeß lösen sich Sozialstrukturen und Stammesreligionen der Germanen an Rhein und Donau auf.

Die Goten an der Donau haben als erste Kontakt mit dem Christentum. Da es ihnen an Arbeitskräften mangelt, dringen sie bis auf den Balkan, der Hochburg des Christentums im Römischen Reich, vor und bringen christliche Gefangene mit, die damit beginnen „aus ihren Herren Brüder zu machen". Der bekannteste Vertreter war Wulfila, der „Kleine Wolf". Um 310 n. Chr. nördlich der Donau geboren, entstammte er einer aus Kappadokien in Ostanatolien zugewanderten Familie. In Antiochien wurde er 341 zum Bischof für das"Land der Goten" geweiht, ein eindeutiger Hinweis auf die bereits teilweise erfolgte Christianisierung des Gebietes. Wulfila

Diese Bronzestatue eines römischen Soldaten mit militärischem Emblem aus dem ersten nachchristlichen Jahrhundert gehörte zur Rüstung eines Streitpferdes. Zu dieser Zeit bezog Rom unter Kaiser Augustus erstmals Stellung gegenüber den germanischen Stämmen. Römische Soldaten errichteten Verteidigungsposten entlang von Rhein und Donau.

Dieses Detail der Säule des Mark Aurel in Rom zeigt römische Legionäre beim Überqueren eines Flusses auf Pontons. Die Römer bezogen Verteidigungsstellungen entlang der Grenze (*limes*) an Rhein und Donau. Dort kam es immer wieder zu Scharmützeln mit den Stämmen der Germanen. Zahlreiche Legionäre kamen aus *Germania libera*, und ihre Loyalität war oftmals fragwürdig.

übersetzt die Bibel in die gotische Sprache. Er bekennt sich zur arianischen Lehre, die die Gleichheit des Sohnes mit dem Vater und den Sohn als gottgleich ablehnt. Die Arianer sehen im Sohn lediglich den vollkommensten aller Menschen. Diese Lehre wird auf dem Konzil von Nizäa 325 verdammt. Das Nizäische Glaubensbekenntnis besteht auf der Wesensgleichheit des Vaters mit dem Sohn. Wulfila gehört zu den eifrigsten Verbreitern des Arianismus unter den Goten.

Die zum Christentum übergetretenen Goten leiden unter der Verfolgung durch die heidnische Oberschicht und werden gezwungen, in das Exil zu gehen. Der römische Kaiser Konstantin II. nimmt sie auf und schenkt ihnen Land im Gebiet des heutigen Bulgarien. Wulfila bleibt bis zu seinem Tod im Jahre 383 im Bischofsamt. Der Kaiser vergleicht ihn mit Mose, der sein Volk in das gelobte Land führte. Doch die Verfolgungen hielten an und die Christen wurden als Verbündete Roms in Verruf gebracht. Dennoch erstarken sie an Zahl und Einfluß. Selbst einige heidnische Führer (*Reiks* nach dem Wort *Reich*) lassen sich bekehren.

Angesichts der wachsenden Bedrohung durch die Hunnen im Osten schließen die Goten ein Bündnis mit ihren alten Feinden, den gotischen Christen, die sich Rom zum Freund gemacht hat. Zahlreiche Goten fliehen in das Römische Reich, wo sie ihre Waffen strecken und dem Kaiser Gefolgschaft geloben, Steuern zahlen und so dem Beispiel vieler Alemannen und Franken folgen. Um 376 ist die Zuwanderung der Goten so stark, daß nicht mehr genügend Römer zu ihrer Entwaffnung bereitstehen. Zudem kommt es zu akutem Nahrungsmangel. Ein großer Teil der römischen Armee ist zum Einsatz gegen die Perser aus Thrakien abgezogen worden. Damit steht die Tür offen für den Einfall der Goten. Am 9. August 378 wird das römische Heer aus Adrianopel verjagt. Kaiser Valens fällt im Kampf. Die Ereignisse zwingen die Römer zu der Erkenntnis, wie wichtig die Eingliederung von

Einwanderergruppen ist. Der neue Kaiser, Theodosius, gewährt den Goten einige Autonomierechte innerhalb des Reiches, und erleichterte damit die Verteidigung des Christentums gegen die heidnischen Invasoren.

## EINFÄLLE DER GERMANEN UND DIE VÖLKERWANDERUNG

Im Jahre 375 werden die gotischen Stämme in Südrußland von den Hunnen aus Asien überrannt. Die Hunnen bilden kein einheitliches Volk, sie zerfallen in zahlreiche Stämme. Im Laufe der Zeit verschmelzen sie mit verschiedenen germanischen Stämmen. Ihr größter Anführer, Attila, trägt einen gotischen Namen. Doch selbst ihm gelingt es nicht, die Hunnen zu einigen oder seine Macht auf alle unterworfenen Stämme auszudehnen. Zahlreiche unabhängige hunnische Stammesführer versagen ihm die Gefolgschaft. Die Invasion ist Auslöser für eine große Völkerwanderung. Die Hunnen vertreiben die Ostgoten von der Krim und aus der Ukraine. Die Ostgoten ihrerseits drängen die Westgoten bis an die Donaugrenzen des Römischen Reiches zurück. Nach der Niederlage der Römer bei Adrianopel siedeln die Westgoten in Griechenland, plündern Italien und überrennen unter Alarich I. Rom, ziehen weiter bis nach Aquitanien und Spanien. Vandalen, Sueben und Alanen aus Schlesien und dem Tal der Theiß überschreiten 406 den Rhein bei Mainz und überziehen Gallien drei Jahre lang mit Beutezügen, ehe sie die Pyrenäen überqueren und sich in Spanien niederlassen.

Nachdem Attila im Jahr 444/445 seinen älteren Bruder Bleda ermordet hat, ist er alleiniger Herrscher der Hunnen. Im Jahre 447 brandschatzt er das Gebiet zwischen Schwarzem Meer und Mittelmeer und nachdem der Kaiser in Konstantinopel ihm Tribut zollt, läßt sich Attila im Gebiet zwischen Belgrad und Christowa nieder. Der neue Kaiser Marcian stellt 451 die jährlichen Zahlungen an Attila ein, der darauf umgehend seine Truppen nach Westen entlang der Donau in Marsch setzt. Auf dem Vormarsch bemüht er sich, unter den Germanen eine möglichst große Zahl Verbündeter zu finden. Attilas Armee überschreitet den Rhein und fällt in Gallien ein. Auf den Katalaunischen Feldern zwischen Troyes und Châlons-sur-Seine verwickelt er die Römer und deren Verbündete, hauptsächlich Westgoten unter Aetius, in eine Schlacht. Obwohl diese Schlacht keine Entscheidung bringt, verliert Attila den Ruf der Unbesiegbarkeit. Mit Selbstmordgedanken zieht er sich an die Donau zurück; als ein im Kampf unterlegener Hunnenführer ist sein Schicksal besiegelt.

Im darauffolgenden Jahr 452 unternimmt er einen weiteren Feldzug nach Norditalien. Dort hält er im Palast des Kaisers in Mailand Hof. Papst Leo der Große schickt einen Gesandten mit der Bitte zu ihm, Rom zu verschonen. Warnend läßt er ihn wissen, der Gote Alarich, der Rom 410 überfallen habe, sei kurz danach gestorben. Die Hunnen bedürfen solcher Warnungen nicht. Geschwächt durch Krankheit, zieht sich Attilas Armee aus Italien nach Pannonien zurück. Attila erliegt 453 in den Armen der schönen Germanin Ildiko (der Kriemhild der deutschen Sage) in der letzten seiner zahlreichen Hochzeitsnächte einem Schlaganfall.

Durch Brudermorde unter Attilas zahlreichen Söhnen bleiben die Hunnen führerlos und werden von Stämmen unter Führung von Aldarich und den Gepiden unterworfen. Die Sieger beherrschen damit das östliche Ungarn und schließen einen Vertrag mit dem von Konstantinopel aus regierten Byzantinischen Reich. In der Fol-

Ein Stich Ludwig Buchorns (1770 – 1856) aus der Zeit um 1820 zeigt den Hunnenkönig Attila (um 406 – 453), die „Geißel Gottes". Mehrere Stämme machten ihn und seinen Bruder im Jahre 434 zu ihrem König. Seine Herrschaft reichte von China bis an den Rhein. Im Jahre 447 eroberte er die Region vom Schwarzen Meer bis zum Mittelmeer. Dabei brachte er Kaiser Theodosius in drei Schlachten Niederlagen bei. 451 fiel er in Gallien ein. Seinem Vormarsch wurde in der Schlacht auf den Katalaunischen Feldern Einhalt geboten. Im Jahre 452 fiel er plündernd in Norditalien ein und starb im darauffolgenden Jahr.

gezeit verlieren die Hunnen rasch ihre ethnische Identität und gehen in der Bevölkerung der einst von ihnen beherrschten Gebiete auf.

Von 470 bis 485 ist der Westgotenkönig Euric eine der mächtigsten Gestalten
Westeuropas. An die Macht gelangt er durch die bewährte Methode des Bruder-
mordes, erobert den größten Teil Spaniens, überschreitet die Rhône und besetzt die
Provence. Euric huldigt der überlegenen Kultur der Römer der Provence, fördert sie
und bewahrt ihre Leistungen. Er beruft Römer in verantwortliche Positionen der
Verwaltung. Als erster Westgotenkönig läßt er das geltende Recht aufzeichnen und
als einer von wenigen stirbt er 484 in Arles eines natürlichen Todes. Eurics Sohn,
Alarich II., ist seinem mächtigen Rivalen, dem Frankenkönig Clovis, nicht ebenbürtig. Alarich II. fällt 507 in der Schlacht bei Poitiers, der Legende nach durch
Clovis eigener Hand, der danach Bordeaux und Toulouse einnimmt.

## DIE MEROWINGER

Clovis wird durch seine burgundische Gemahlin, die heilige Klothilde, zum Christentum bekehrt. Während sich die Mehrzahl der germanischen Könige zum Arianismus bekennt, bleibt Clovis aber streng orthodox und folgt dem Nizäischen Glaubensbekenntnis. Da auch die Bevölkerung in Gallien und Spanien orthodox ist,
werden die Franken dort mit offenen Armen empfangen. Einhundert Jahre später
schreibt der Bischof und Historiker Gregor von Tours: „Jedermann verlangt bren-
nend und liebend nach der Herrschaft der Franken." Alarichs Tod wird als Gottesurteil über den arianischen Irrglauben gedeutet.

Die Merowinger führen ihren Ursprung auf den legendären Urvater Merowech,
und durch ein mythisches Seeungeheuer auf die Götter zurück. Damit ist die Monarchie geheiligt; ihre irdische Autorität stützt sie dennoch eher auf militärische
Stärke. Clovis macht sich durch seinen Sieg über den letzten römischen Statthalter
in Gallien, Syagrius, bei Soissons im Jahre 486 einen Namen unter den fränkischen
Herrschern. Anschließend schlägt er die Alemannen 496 und die Westgoten 507.
Er festigt seine Macht, indem er alle fränkischen Herrscher auf seinem Wege abschlachten läßt. Als äußeres Zeichen seiner Anerkennung als alleiniger König der
Franken erheben ihn seine Krieger auf ihre Schilde. Clovis ist damit geistlicher und
militärischer Monarch.

Alarichs Schwiegervater und Verbündeter, der Ostgote Theoderich, gebietet Clovis schließlich bei Arles und Carcassonne Einhalt. Clovis stirbt 511 in Paris. Als erster Merowingerkönig beherrschte er den Großteil von Gallien. Sein Übertritt zum
orthodoxen Christentum führte die Franken mit den Gallo-Römern zusammen.
Ehen zwischen den Angehörigen beider Völker wurden zur Normalität. Germa-
nisches und Römisches verschmilzt miteinander. Ungeachtet einiger verbleibender
Elemente ist aus dem germanischen Stamm der Franken ein europäisches Volk geworden.

Nach Clovis Tod geht die Königswürde an alle seine Söhne über. Man glaubt an
die magische Kraft des Blutes in ihren Adern. Schreiten sie durch die Felder, ist eine
gute Ernte gewiß; sie verstehen den Gesang der Vögel und wissen die Rufe wilder
Tiere zu deuten. Im Kampf sind sie unüberwindlich, solange sie ihr Haupthaar nicht
schneiden. Das Königreich wird aufgeteilt. Die Brüder beginnen, sich gegenseitig

umzubringen. Die Menschen sehen keinen Grund, diesem Treiben Einhalt zu gebieten, denn sie glauben, je mehr Menschen über magische Kräfte verfügen, um so besser sei es. Wenn aber einer von ihnen getötet würde, beweise das nur die Schwäche seiner Kräfte. Im Gegensatz dazu sind die Vandalen, deren Namen zu Unrecht im Zusammenhang mit Zerstörung und Verwüstung genannt wird, der einzige Germanenstamm, der auf dem Wege der Erstgeburt für einen geordneten Übergang der Macht Sorge trägt. Bei den Merowingern setzt sich dieses Prinzip erst zweihundert Jahre später, nach ihrer Bekehrung zum Christentum, durch.

Die Franken verstehen sich als Freie. Nur Freie haben Anspruch auf einen Rechtsstatus. Das Volk der Franken (*populus Francorum*) ist dennoch entsprechend dem Grad von Abhängigkeiten geteilt, in die ethnischen Franken und in die Gallo-Römer. Die Slawen bleiben davon ausgeschlossen. Zwischen König und Volk steht der Adel als Bluts- und Dienstadel. Die Könige holen den Rat dieser mächtigen Persönlichkeiten ein, die einerseits im Namen des Volkes sprechen, andererseits den königlichen Willen ausführen. Starke Könige bedienen sich des Adels, die Botmäßigkeit des Volkes zu erhalten. Schwächliche Könige sehen sich zu Zugeständnissen an den herrschenden Adel gezwungen.

## DIE FOLGEN DER CHRISTIANISIERUNG

Als Clovis sich taufen läßt, treten die Untertanen, germanischem Brauch folgend, ebenfalls zum Christentum über. Damit ist die Religionseinheit des Landes gewiß. Die Kirche arbeitet auf allen Ebenen mit dem Staat zusammen. Die Mitchristen bejubeln die Besetzung des westgotischen Territoriums. Die merowingischen Könige herrschen über eine nationale Kirche. Sie berufen Konzile ein, ernennen Bischöfe

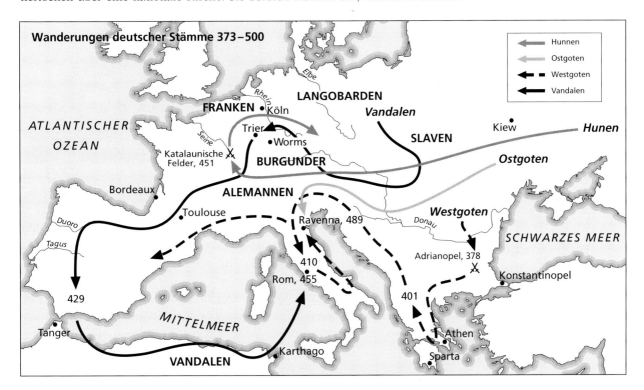

Der heilige Bonifatius (um 680 – um 754), ursprünglich Wynfrith, stammte aus Wessex und war Angelsachse. Der „Apostel der Deutschen" kam 718 als Missionar nach Deutschland. Er empfing 723 die Bischofsweihe und wurde 732 Erzbischof. Bis 754 leitete er das Erzbistum Mainz. Danach kehrte er zu seiner missionarischen Tätigkeit zurück, der er bis zu seiner Ermordung durch heidnische Friesen treu blieb.

(anfangs zumeist Angehörige des römischen Senatsadels, wie Gregor von Tours) und setzen auf die Mitwirkung der Kirchenvertreter im Dienste des Hofes.

Das Christentum der Merowinger enthält kaum mehr als den Glauben an das Wunderbare. Zahlreiche heidnische Elemente bleiben. Darin unterscheiden sich die Franken nicht von den meisten anderen christianisierten Völkern. Die praktischen Folgen der Bekehrung halten sich in Grenzen. Auch als Christ mordet und brandschatzt Clovis weiter, anscheinend ohne Skrupel. Obwohl die heidnischen Götter fortan als böse Geister gelten, bringt man ihnen weiter Opfer, um sich ihrer Gewogenheit zu versichern. Barbarische Bräuche, wie der Unschuldsbeweis durch Gottesurteil, leben noch für Jahrhunderte fort.

Der fränkische Adel gründet auf seinen Ländereien Klöster und errichtet Kirchen als Geldanlage und Einnahmequellen unter strenger, eigener Kontrolle. Sie berufen und entlassen Priester, was ihnen häufig den Zorn der Kirche einträgt. Es besteht jedoch ein tief im Volke verwurzeltes Christentum, dessen Held der heilige Martin von Tours ist, jener einfache Soldat, der Mönch wurde und es bis zum Bischof brachte. Es heißt, Christus begegnete ihm in der Gestalt eines Bettlers, und er habe mit ihm den Mantel geteilt. Dieser wird später als die mächtigste Reliquie der merowingischen Könige verehrt.

Organisation und geistliches Amt der Merowingerkirche verfallen, doch die Zugehörigkeit zur orthodoxen Kirche bleibt. Unter dem Herrscherhaus der Karolinger, das im Jahre 751 die Macht antritt, kommt sie zu neuer Blüte. Vor allem bewahrt die Kirche die Tradition klassischer Bildung. Nur wenige sind des Lateinischen mächtig. Diese *literati* sind zumeist Kleriker, später auch eine kleine Zahl hochgebildeter Frauen. Adel und Gemeine gehören zu den *illiterati* ohne Zugang zur klassischen Kultur. Das Christentum hat große Teile der klassischen Kultur in sich aufgenommen, zuerst das Griechische, später – ab der Zeit des heiligen Paulus – auch Latein. Dieser Prozeß findet seine Fortsetzung bei den mittelalterlichen

Karolingische Reiterei aus einer irischen Handschrift in der Stiftsbibliothek St. Gallen um 750. Hochgerüstete Kavallerie bildete die Kernmacht des fränkischen Heeres. Die Reiter waren geschützt durch einen leichten Kettenpanzer und Metallhelm, sie trugen Schild, Kurzschwert und Lanze. Mit diesen Waffen von ausgezeichneter Qualität entwickelten sie eine hohe Schlagkraft.

Scholastikern. Die Kirchenväter lehren das friedliche Nebeneinander von Glaube und Vernunft. Auf diese Weise gelten die sieben freien Künste (Grammatik, Dialektik, Rhetorik, Arithmetik, Geometrie, Musik und Astronomie) als Voraussetzung für die höheren, theologischen Wahrheiten.

Die Franken übernehmen auch praktische Erfahrungen der Gallo-Römer. Von ihnen lernen sie die Kunst des Brotbackens und die Herstellung von Wein, den Anbau von Obst und Gemüse, das Produzieren und Verarbeiten von Ziegelsteinen, das Blasen von Glas und die Herstellung von Eisengeräten für die Bodenbearbeitung. Sie eignen sich moderne Methoden der Verwaltung, des Wirtschaftens und der Jurisprudenz an. Während die praktischen Probleme des täglichen Lebens in einer Weise angegangen werden, die die Merowinger vor dem vollständigen Verschwinden bewahrte, führt die Aufnahme des Christentums im Heidentum zu einem kulturellen und geistigen Niedergang. Ohne treibende Kraft und Impulse von außen können christliche und klassische Tradition keine dauerhaften Wurzeln schlagen.

Dem Beispiel des ersten und bedeutendsten aller irischen Missionare, des hl. Columban, folgend, errichten zahlreiche irische Mönche wichtige Gründungen an verschiedenen Orten in Europa. Der Einfluß der angelsächsischen Missionare, die den irischen folgten unter Führung des hl. Willibrod im Jahre 690, ist nachhaltiger. Anders als die Iren, werden die Angelsachsen von den Römern bekehrt und bekennen sich zu einer erstarrten Orthodoxie. Sie verfügen über eine ungleich reichere und weiter fortgeschrittene Kultur mit einer bemerkenswerten Literatur in Latein und der eigenen Muttersprache. In geistigen Leistungen ist der angelsächsische Klerus dem germanischen weit überlegen.

Der hl. Bonifatius von Crediton erreicht Friesland im Jahre 718. In den darauffolgenden Jahren errichtet er zahlreiche Klöster in Hessen, Thüringen, Bayern, Westfalen und Württemberg. Um die Reformierung der fränkischen Kirche macht er sich ebenso verdient. Um das Jahr 754 wird er von heidnischen Friesen ermordet und in Fulda beigesetzt, wo sein Grab schon bald eine beliebte Pilgerstätte ist. Das Kloster Fulda wird zum wichtigen Missionszentrum. Die Franken bedürfen nun zur Verbreitung des Evangeliums nicht mehr der fremden Hilfe. Die Kirche erblüht auf den Fundamenten, die der hl. Bonifatius ihr gelegt hat.

## DIE KAROLINGER

Es ist ein glücklicher Umstand der Geschichte, daß die Missionstätigkeit der Iren und Angelsachsen zeitlich mit dem Aufstieg der Karolinger zusammentrifft. Wohl befinden sich die Merowinger im steten Niedergang, doch magisches Königsblut fließt noch immer in ihren Adern. Ursprünglich sind die Karolinger Hausmeier der Merowinger in Austrasien, einem Gebiet, das sich aus Nordostfrankreich und Teilen des westlichen und mittleren Deutschland zusammensetzt. Sie steigen zum mächtigsten Adelsgeschlecht der Franken auf und herrschen nahezu wie Könige. Ausländische Mächte und der Papst wenden sich an sie, nicht mehr an die Merowinger. So ist der Karolinger Pippin von Héristal, der sich Herzog und Fürst der Franken nennt, praktisch der Herrscher während mehrerer schwacher Regentschaften der Merowinger. Sein unehelicher Sohn Charles Martel besiegt die Alemannen und die Bayern, schlägt die Moslems in einer mörderischen Schlacht zwischen

Tours und Poitiers im Jahre 732 zurück und befreit fünf Jahre später Burgund und Languedoc aus der Hand der Moslems.

Nachdem er eine Volksversammlung überzeugt hat, daß die Merowinger ihr Königtum verwirkt haben, unternimmt der Sohn von Charles Martel Pippin III., der Kurze, den entscheidenden Schritt zu ihrer Entmachtung. Zuvor hat er sich der Zustimmung von Papst Zacharias versichert, der mit der Autorität seines Amtes die Krönung Pippins zum König anordnet. Dieser wird 751 anstelle von Childerich III. zum König bestimmt und von den fränkischen Bischöfen gesalbt. Papst Zacharias versichert Pippin, seinen Anspruch auf den Thron nach der augustinischen Formel zu unterstützen, daß es „besser ist, daß derjenige König sei, der die Macht besitzt, denn jener, dem es an königlicher Macht gebricht".

Pippin wird nach Frankenart zum König gewählt. Doch mangelt es ihm an den magischen Kräften königlichen Blutes. Deshalb sucht er den Segen der Kirche, der ihm in der seltenen Form der Salbung zuteil wird, die verdeutlicht, daß er sein Königtum nicht sich selbst, sondern Gott verdankt. Damit wird Pippin der erste Herrscher von Gottes Gnaden. Die Bedeutung dieses Vorgangs zu unterstreichen, läßt sich Pippin gleich zweimal salben. Das zweite Mal mit seinen beiden Söhnen Karl dem Großen und Karlmann im Jahre 754 durch Papst Stephan II. Die zweite Salbung verbindet die Monarchie nach göttlichem Recht mit der germanischen Vorstellung der magischen Kräfte des Blutes. Um einer Unterwanderung des Prinzips der Erblichkeit entgegenzuwirken, droht nun allen Frankenherrschern, die es wagen sollten, den König aus einer anderen Familie zu bestimmen, die Exkommunikation. Die Karolinger errichten eine Erbdynastie „von Gottes Gnaden".

Die Monarchie der Karolinger kann nur erfolgreich sein, wenn sich der Adel dem König unterwirft. Für den König von Gottes Gnaden und den Adel gilt gleiches Recht. Sie teilen sich die Regierungsgewalt. Der König ist kein absoluter Herrscher. Zentrum der Autorität ist der Karolingerhof, der das Vorbild für das Europa des Mittelalters liefert. Weltliche und geistige Herren kommen an den Hof, um Rat zu geben, Befehle zu empfangen oder ihre persönlichen Anliegen vorzubringen. Die festen Angestellten des Hofes versehen hauptsächlich häusliche Dienste, wie ihre Titel: Kämmerer, Truchseß, Mundschenk und Quartiermeister schon nahelegen. Das Amt des Hausmeiers schaffen die Karolinger ab, denn sie selbst gelangten aus dieser Stellung heraus an die Macht. Die Bediensteten des Hofes übernehmen schon bald zahlreiche Aufgaben, die nicht mehr in direkter Beziehung zum königlichen Haushalt stehen. Der Kämmerer übernimmt die Verwaltung der königlichen Güter und Gelder. Die Aufgabe des Marschalls, der später Konstabler (comes stabuli) heißt, bestand ursprünglich in der Aufsicht über die Ställe und wurde nun zur Verwaltung des Heeres erweitert. Truchseß und Mundschenk werden Ehrenämter. Zur Zeit Ottos des Großen symbolisieren alle vier Ämter die Unterwerfung des Adels unter den König, besonders zu offiziellen Anlässen, wie der Krönung.

Zwischen Monarch und Kirche besteht ein Verhältnis gegenseitiger Abhängigkeit. Für das klerikale Gefolge des Königs schafft Pippin III. die Hofkapelle. (Das Wort leitet sich von der einst meistverehrten Reliquie der Karolinger, dem Mantel – capella – des hl. Martin her). Zur Zeit Karls des Großen obliegen die Aufgaben von Schreibern und Archivaren sämtlich den Hofgeistlichen, da kaum ein Laie des Lateinischen mächtig ist oder auch nur schreiben kann. Den Schreibern steht der Kanzler vor, der trotz seiner Stellung unter dem Erzkaplan oder Leiter der Königskapelle, schnell zum mächtigsten Vertreter der königlichen Beamten aufrückt. Bezeichnung und Bedeutung des Amtes haben sich bis heute erhalten.

Wie die Merowinger, bemühen sich die Karolinger um die Einheit ihrer Königreiche, indem sie von den Untertanen persönliche Unterwerfung fordern, was ihnen jedoch mißlingt, denn zahlreiche Edle besitzen alte Rechte und Privilegien, die sie gegen solche Ansinnen schützen. Daher entscheiden sich die Könige zur Zusammenarbeit, übertragen ihnen Macht und Reichtum und erheben sie über ihresgleichen. Die Edlen nehmen das Angebot des Hofes als in ihrem eigenen Interesse liegend an. Erst mit dem Niedergang der Monarchie Ende des neunten Jahrhunderts sagen sie sich los und verfolgen erneut eigene Ziele.

Die Verwaltung baut auf die alten germanischen Gaue im Osten und die römischen Verwaltungsbezirke (*civitates*) im Westen. In den Gauen liegt die Gerichtsbarkeit in den Händen des dortigen Adels. In den *civitates* sind königliche Beamte, die *comites*, als Richter tätig und besorgen die Anliegen der Krone. Die königlichen Beamten mit richterlichen Aufgaben tragen den lateinischen Titel *comes* oder *grafio* im germanischen Bereich. Den Grafen obliegt die Verwaltung ausgedehnter Ländereien, häufig in Verbindung mit alten Rechten und Privilegien. Viele betrachten die Grafschaften als eigene Lehen, machen sich Teile der königlichen Ländereien zu eigen und vererben sie ihren Söhnen. Es bildet sich der Erbadel heraus.

## EROBERUNG UND BEKEHRUNG: DAS REICH KARLS DES GROSSEN

Unter Karl dem Großem (768–814) gelangt das Römische Reich zu neuer Blüte. Europa wird zum großen Teil vereinigt. Im Frankenreich steht eine zusammengewürfelte Gemeinschaft in ständiger Spannung zwischen Monarchie und Herzögen und Grafen. Karl der Große fördert die Renaissance der Karolinger, eine Wiederbelebung des kulturellen Lebens innerhalb der Frankenkirche nach deren Niedergang unter den Merowingern. Erfüllt von der Überzeugung, der Staat benötige gebildete Menschen, versammelt er Gelehrte aus ganz Europa an seinen Hof und umgibt sich

Idealisierte Reliquiarbüste Karls des Großen aus Gold und Silber, besetzt mit Halbedelsteinen, hergestellt 1349 in Aachen.

Darstellung Karls des Großen mit Soldaten in Holzwagen aus einer Handschrift des vierzehnten Jahrhunderts.

mit einer ausgesuchten Gesellschaft von Lombarden, Westgoten, Iren und Angelsachsen. Die von Pippin III. gegründete Hofschule wandelt er in eine kaiserliche Akademie um, an der begabten Studenten eine ausgezeichnete Ausbildung zuteil wird. Noch aber ist die Kunst des Schreibens im wesentlichen auf die Klöster beschränkt. Mönche spielen daher in Verwaltung und Recht eine besonders wichtige Rolle. Erst Ende des elften Jahrhunderts werden auch Kaufleute des Lesens und Schreibens kundig und können ihre Geschäfte fortan selbst abwickeln. Die Franken betrachten sich als die wahren Erben Roms, doch betreiben sie das Studium der sprachlichen und ethnischen Besonderheiten der germanischen Völker, als deren höchst entwickeltes sie sich selbst sehen. Die deutsche Sprache (*lingua theodisca*) wird erstmals im Jahre 786 erwähnt. Karl der Große läßt eine Grammatik schreiben. Bereits 794 wird verkündet, daß diese Sprache, das Althochdeutsche, als gleichwertig mit Hebräisch, Latein und Griechisch gesehen und lateinische Literatur in sie übersetzt wird. Erst seit dem zwölften Jahrhundert ist Deutsch jedoch als Literatursprache anerkannt. Die „Klassiker" der Hohenstaufen sind in dialektfreier Sprache verfaßt.

Karl der Große unternimmt über 50 Feldzüge, die er als Kreuzfahrten für die Einheit und den Schutz des Christentums betrachtet. Drei Jahre lang teilt er sich die Macht mit seinem jüngeren Bruder Karlmann, dann wird er 771 alleiniger König. Im darauffolgenden Jahr zieht er gegen die Sachsen zu Felde. Diese Auseinandersetzungen sollten tiefgreifende Auswirkungen auf den Verlauf der deutschen Geschichte haben. Trotz erbitterten Widerstandes müssen die Sachsen sich dem König unterwerfen. Im Jahre 777 tritt auf sächsischem Boden in Paderborn der Reichstag zusammen, auf dem Karl der Große Sachsen verfrüht als Teil des Frankenreiches ausruft. Die Sachsen verstärken ihre Bemühungen, die Franken aus dem Lande zu treiben, unterliegen aber 782 in einer blutigen Schlacht. Viertausendfünfhundert sächsische Krieger werden enthauptet, die Überlebenden gezwungen, das Christentum anzunehmen. Ganze Landstriche werden enteignet, die Bewohner vertrieben und dem Frankenkönig ergebene Untertanen dort angesiedelt. Im Jahr 804 ist aller Widerstand zerschlagen und das Frankenreich erstreckt sich bis an die Elbe. Allmählich verschmelzen Sachsen und Franken und bekennen sich zu einem Glauben. Einhundert Jahre später schreibt Widukind von Corvey guten Mutes: „Die Sachsen, einst Genossen und Freunde der Franken, sind nun deren Brüder und im christlichen Glaube beinahe ein einzig Volk mit ihnen."

Auf Geheiß von Papst Adrian annektiert Karl der Große 774 die Lombardei und wird von diesem als Protektor Roms (*patricius Romanorum*) anerkannt. Damit ist ein wichtiger Schritt zur Erringung der Kaiserkrone getan. Im Jahre 788 entmachtet er Herzog Tassilo III. von Bayern, den Schwiegersohn des Lombardenkönigs Desiderius. Der Sieg über die Awaren, Verbündete der Bayern im Südosten, kommt 791.

Danach zieht Karl der Große gegen die Araber in Spanien. Nachdem er deren geteilte Streitkräfte besiegt hat, errichtet er eine Militärgrenze bis zum Ebro. Weitere Grenzbezirke, sogenannte Marken, richtet er im Südosten des Reiches bis zum Balaton sowie jenseits der Elbe südlich von Magdeburg ein. Damit ist er Herr über ganz Europa. Seine einzigen Widersacher sind der byzantinische Kaiser und – in noch weiterer Entfernung – der Kalif von Bagdad, Harun-al-Raschid, mit dem

Diese Elfenbeinfigur zeigt den Kampf des Erzengels Michael mit dem Drachen. Die Schnitzerei entstand im Rheinland zur Karolingerzeit um 800 als Teil eines Buchdeckels.

er freundschaftlichen Briefwechsel pflegt. Am Weihnachtstag 800 wird er in einer beeindruckenden Zeremonie im Petersdom in Rom zum römischen Kaiser gekrönt.

Karl der Große will nicht nur als römischer Kaiser bekannt sein. Dies hätte dem Rivalen in Konstantinopel mißfallen können. So findet man nach langwierigen Verhandlungen einen genialen Ausweg. Fortan bezeichnet er sich als „Rom regierender Kaiser" (*imperator Romanum gubernans*) und „König der Franken und Lombarden". Das Herrschaftsrecht unterstreicht der Verweis auf die „Krönung durch Gott". Auf diese Weise werden fränkische, christliche und römische Gesichtspunkte miteinander verschmolzen; zudem findet eine solche Lösung auch die Zustimmung der Byzantiner. Beide Kaiser sprechen sich 812 gegenseitig die Anerkennung aus. Der Byzantiner ist nun Kaiser der Römer, der Franke einfach Kaiser. Schon bald entstehen die Bezeichnungen Ostreich (*imperium orientale*) und Westreich (*imperium occidentale*). Die klare Unterscheidung unterstützen auch die Hofgelehrten Karls des Großen, die ihm den Titel „Vater Europas" geben. Frankenreich, Westen und Europa werden seither als eine Einheit betrachtet.

## DER AUFSTIEG DES OSTFRÄNKISCHEN DEUTSCHEN REICHES

Daß Karl der Große gleichzeitig Kaiser und König ist, macht die Nachfolge besonders schwierig. Denn Königtum ist teilbar, Kaisertum nicht. Im Jahre 806 teilt er das Reich für seine Söhne in drei Teile. Gleichzeitig macht er alle drei verantwortlich für den Schutz der Kirche. Der jüngste, Pippin, stirbt 810, der älteste, Karl, 811. Im Jahre 813 bestimmt Karl der Große die Krönung seines verbliebenen Sohnes, Ludwig des Frommen, zum König in der Pfalzkapelle zu Aachen. Im darauffolgenden Jahr stirbt Karl der Große. Nach einer Festlegung Ludwigs des Frommen aus dem Jahre 817 ist das Reich, wie die Kirche, fortan unteilbar. Göttliche Erleuchtung sucht er in dreitägigem Fasten und Beten. Ludwigs ältester Sohn, Lothar, wird zum

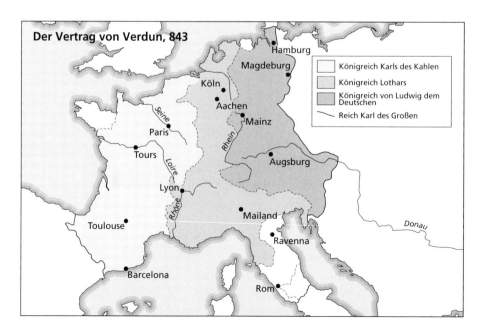

**Der Vertrag von Verdun, 843**

Hamburg
Magdeburg
Köln
Aachen
Mainz
Seine
Rhein
Paris
Tours
Loire
Augsburg
Lyon
Rhône
Mailand
Donau
Toulouse
Ravenna
Barcelona
Rom

☐ Königreich Karls des Kahlen
▨ Königreich Lothars
▨ Königreich von Ludwig dem Deutschen
— Reich Karl des Großen

Mitregenten bestimmt. Lothars zwei Brüder, Pippin und Ludwig der Deutsche, werden Unterkönige.

Im Jahre 823 bringt Ludwigs zweite Gemahlin, Judith, einen Sohn zur Welt, der als Karl der Kahle in die Geschichte eingehen wird. Auf Betreiben dieser ehrgeizigen Frau widerruft Ludwig jedoch seine Anordnung über die Unteilbarkeit des Reiches aus dem Jahre 817. Lothar, Pippin und Ludwig sind erzürnt über diese Beschneidung ihres Erbes und sehen sich darin eins mit der Mehrheit der Adligen und des Episkopates. Sie erheben sich gegen ihren Vater und führen einen vierjährigen Bürgerkrieg. Der Vater stirbt 840. Der Versuch Lothars, seine Brüder zur Unterwerfung zu zwingen, endet 841 mit der Niederlage in der Schlacht von Fontenoy. Die Brüder liefern sich weitere Scharmützel, bis der Adel, der ständigen Auseinandersetzungen müde, sie 843 zur Annahme des Vertrages von Verdun zwingt.

Dieser Vertrag spricht Lothar das fränkische Kernland von der Nordsee bis Italien und von der Sâone und Rhône bis zum Rhein zu. Ludwig der Deutsche erhält das östliche Gebiet, Karl der Kahle das westliche. Als Kaiser fordert Lothar das Vorrecht vor seinen Brüdern, doch beide entziehen sich seiner Kontrolle soweit wie möglich. Nach Lothars Tod 855 wird dessen Teilreich erneut unter seinen Söhnen aufgeteilt. Ludwig II. wird Kaiser und bekommt Italien. Karl erhält die Provence und Teile Burgunds. Der Rest geht an Lothar II., darunter die fränkische Hauptstadt Aachen. Später wird das Gebiet nach ihm Lotharingien (Lothringen) genannt. Nach dem Tode Karls von der Provence fällt dessen Territorium an seine beiden Brüder.

Das Ergebnis der Teilungen war, daß das Reich nicht mehr mit dem fränkischen Königreich deckungsgleich war, aber an Italien angrenzte. Nördlich der Alpen herrschen Karl der Kahle und Ludwig der Deutsche in nahezu unabhängigen Königreichen. Nach dem Tode seines Bruders stellt Karl III., der Dicke, jüngster Sohn Ludwigs des Deutschen, die territoriale Einheit des Reiches wieder her. Bis auf einen

Die als „Königshalle" bekannte Torhalle des Klosters in Lorsch entstand in der zweiten Hälfte des neunten Jahrhunderts. Das Benediktinerkloster, letzte Ruhestätte mehrerer ostfränkischer Karolinger, wurde durch Karl den Großen in den Stand einer Kaiserabtei erhoben.

unmündigen Enkel Karls des Kahlen stirbt die westfränkische Linie dann aus. Damit ist der Weg für Karl den Dicken frei, sein Königreich um diese Gebiete zu vergrößern. Im Jahre 881 wird er zum Kaiser gekrönt und das Reich Karls des Großen ist wiederhergestellt. Da Karl der Dicke zu schwach ist, die Angriffe der Normannen abzuwehren, wird er 887 abgesetzt. Das Karolingerreich zerfällt in fünf Teilreiche, von denen nur Ostfranken unter einem Karolinger, Arnulf von Kärnten, Neffe Karls des Dicken, bleibt. Die übrigen Könige sind Thronräuber und Arnulf tributpflichtig, nicht aus besonderem Respekt vor den Ansprüchen des Herrscherhauses, sondern weil er sie unterwirft. Er ist einer der letzten Karolinger, die die Kaiserkrone tragen. Doch mit der Unteilbarkeit des Kaisertums ist es endgültig vorbei. Arnulf läßt sich 896 zum Kaiser krönen und stirbt drei Jahre später. Nachfolger wird Ludwig das Kind. Die Kaiserkrone verkommt zum bloßen Symbol, für das sich unbedeutende Adlige in Italien die Köpfe einschlagen. Nördlich der Alpen scheint kein Interesse an diesem wertlosen Titel mehr zu bestehen.

In Europa herrscht nun Bürgerkrieg zwischen den rivalisierenden Adelshäusern. Von Norden fallen die Wikinger in das Land ein, im Süden die Araber, von Osten die Ungarn. Ludwig das Kind kann seinen unglücklichen Untertanen keinen Schutz bieten. Der Kleinadel nimmt die Dinge in die Hand und kämpft um die Vorherrschaft. Die Ungarn plündern Mähren und Sachsen und schlagen Luitpold von Bayern 907 bei Preßburg. Drei Jahre später dezimieren sie die Streitmacht Ludwigs des Kindes bei Augsburg. Ein Jahr darauf stirbt der glücklose König ohne Thronfolger.

Die Lotharinger wählen den Karolinger Karl den Einfältigen, Urenkel Karls des Kahlen, zum Nachfolger Ludwigs. Diese Wahl ist für den rechtsrheinischen Adel unannehmbar. Er hatte sich nach langen Jahren von Bürgerkrieg und Grenzkonflikten in Sachsen, Bayern und Franken etabliert und in seinen Händen lag die Macht. Sie bestimmen Konrad I., einen Nichtkarolinger, zu ihrem König. Der ist kurz zuvor Herzog von Franken geworden. Konrad ist entschlossen, seine Feinde zu zermalmen, stirbt jedoch 918 an den Wunden, die er in einem Feldzug gegen Arnulf von Bayern empfangen hat. Der fränkische und sächsische Adel wählt in Fritzlar den Mächtigsten aus seinen Reihen, Heinrich von Sachsen, den Vogler, zu ihrem neuen König. Heinrich weiß, daß er nicht auf die Unterstützung der Kirche zählen kann. So lehnt er als äußeres Zeichen seiner Unabhängigkeit die Salbung durch den Erzbischof von Mainz ab. Vom Adel verlangt er den Treueid und vereint Franken, Sachsen, Schwaben, Bayern und die abtrünnigen Lotharinger in einem Feudalkontrakt, der ihre Stammesrechte anerkennt. Heinrich ist klug genug, den Adel nicht gegen sich aufzubringen. Er weiß nur zu gut, daß er von dessen Loyalität abhängig ist und wenig Einfluß besitzt. Er ist jedoch entschlossen, das neu gezimmerte politische Königreich der Ostfranken, das schon bald Königreich der Deutschen heißt, mit seinem Tode nicht wieder zerfallen zu lassen. Im Jahre 929 bestimmt er seinen zweiten Sohn, Otto, zum alleinigen König. Damit bricht er mit der Tradition der Frankenherrscher, nach der das Erbe an alle Söhne fällt und errichtet das deutsche Prinzip der Unteilbarkeit.

Heinrich verhandelt einen Waffenstillstand, der neun Jahre hält. In dieser Zeit errichtet er eine starke Verteidigungsgrenze und baut seine Kavallerie aus. Nach mehreren Feldzügen gegen die Slawen jenseits der von Elbe, Saale und Böhmer-

Der reichverzierte „Tassilokelch" war ein Geschenk des bayerischen Herzogs Tassilo und dessen Gemahlin Liuitberga an die Abtei Kremsmünster, einer Gründung des Herzogs aus dem Jahre 777. Tassilo war unabhängiger Herzog von Bayern. Karl der Große, bestrebt, die Macht in seinem Königreich zu zentralisieren, zwang ihn schließlich zur Abtretung des Herzogtums. Daraufhin trat Tassilo in das Kloster ein und verbrachte dort die restlichen Jahre seines Lebens.

# Die Krönung Ottos des Großen

Otto I., der Große, bestieg den Thron am 7. August 936. Sein Vater, Heinrich der Vogler, hatte Otto auf einem Hoftag in Erfurt kurz vor seinem Tode zum Nachfolger bestimmt. Eine ausführliche Beschreibung der Krönung Ottos I. verdanken wir dem adligen Mönch Widukind von Corvey. In der Säulenhalle vor der Kirche huldigen Otto die Großen des Reiches. Im Innern der Kirche erwarteten der Klerus und das Volk derweil Otto zur offiziellen Akklamation. Erzbischof Hildebert von Mainz stellte ihn den Versammelten mit den Worten vor: „Seht, ich bringe euch hier König Otto, den von Gott Erwählten und von dem mächtigen Herrn Heinrich Bestimmten und von allen Fürsten auf den Thron Gehobenen. Seid ihr mit der Wahl zufrieden, so zeigt dies, indem ihr die rechte Hand zum Himmel erhebt." Das Volk begrüßte seinen neuen Herrscher einmütig und mit überschäumender Begeisterung.

Darauf wird Otto zum Altar geleitet, wo ihm die königlichen Insignien überreicht werden: das Reichsschwert zur Abwehr der Feinde Christi und Wahrung des Friedens unter dem Volk der Franken, das Krönungsornat als Zeichen christlicher Königswürde, Reichsapfel und Zepter. Dann folgen Salbung und Krönung. Dem Hochamt wohnt er auf dem Thron Karls des Großen bei, womit er unterstreicht, daß er das Reich der Karolinger empfängt. Im Anschluß an die Krönung gibt der König ein Festbankett, auf dem die mächtigen Herzöge von Lothringen, Franken, Schwaben und Bayern die Aufgaben von Kämmerer, Truchseß, Mundschenk und Quartier-

Die Kaiserkrone Ottos I., des Großen (912–973). Das Bild zeigt König Salomon als Symbol der Weisheit. Westdeutsch, um 962.

meister versehen. Otto entläßt die Gäste reich beschenkt.

Die Zeitgenossen Ottos sind von dem Zeremoniell tief beeindruckt. Die Krönung war ein wichtiges Ereignis in der Geschichte des Mittelalters. Mit Ausnahme des Sachsen Siegfried von Merseburg, der die Ostgrenze des Reiches zu verteidigen hatte, waren alle Großherzöge anwesend. Die Zeremonie verdeutlicht, daß Otto den Thron von seinem Vater ererbt hat, seine Krönung aber der Zustimmung der Großen des Reiches und des Volkes (*populus Francorum atque Saxonum*) und der Gnade des Höchsten bedurfte.

Die Krönung war die direkte Antwort auf die Krönung Ludwigs IV. am 19. Juni in Laon. Jegliche weitere Ansprüche der Westgoten an das Reich waren damit ausgeschlossen. Innere Geschlossenheit wurde demonstriert. Den Spuren Karls des Großen folgend, würde Otto sich auch in Rom zum Kaiser krönen lassen. Die sakramentale Salbung erhob ihn über die Stammesherzöge und betonte gleichzeitig deren Einbindung in das Reich. Unterschieden wurde zwischen dem unteilbaren Königreich und den unter den Erben teilbaren Ländereien des Königshauses.

wald gebildeten Grenze errichtet er ein Gebiet der Vorwärtsverteidigung und befestigt Städte wie Merseburg und Meißen, die er von den Slawen erobert hat. Im Jahre 933 bricht Heinrich den Waffenstillstand mit den Ungarn nach nur sechs Jahren in der Schlacht von Riade. Statt sich mit einer überlegenen Streitmacht anzulegen, suchen die Magyaren ihr Heil in der Flucht. Der so errungene Sieg bringt Heinrich die Bewunderung der gesamten Christenheit ein. Er spielt mit dem Gedanken, sich in Rom zum Kaiser krönen zu lassen, stirbt jedoch 936 an einem Schlaganfall.

## DIE OTTONEN

Heinrichs Sohn, Otto der Große, besteigt den Thron am 7. August 936. Sein Vater hatte ihn 929 offiziell zum Nachfolger bestimmt. Ottos Brüder, Thankmar und Heinrich, akzeptieren die ungeteilte Erbnachfolge nicht und werden darin von den Herzögen von Lothringen und Franken unterstützt, die sich einer Stärkung der Monarchie durch den König widersetzen. Durch Bestechung ziehen sie den sächsischen Adel auf ihre Seite. Das Königreich wird in einen langen Bürgerkrieg gestürzt, den Otto mit Glück überlebte. Thankmar stirbt 938, der Streit mit Heinrich wird beigelegt, und Otto macht seinen Bruder zum Herzog von Bayern. Als einer nach dem anderen der aufständischen Herzöge starb, verteilte Otto die Herzogtümer an die Mitglieder seiner Familie. Schwaben geht an seinen ältesten Sohn Liudolf, sein Schwiegersohn, Konrad der Rote, erhält Lotharingien.

Schon bald gebärden sich die königlichen Herzöge wie ihre Vorläufer. Konrad der Rote schließt sich 953 „Liudolfs Aufstand" an, der von zahlreichen Adligen unterstützt wird. Als jedoch auch die Ungarn den Aufstand unterstützen, wenden sich viele Aufständische ab, da sie die marodierenden Ungarn mit Recht fürchten. Otto schlägt die Ungarn 955 auf dem Lechfeld in der größten Schlacht des Jahrhunderts. Der Widerstand ist gebrochen, Deutschland von der ungarischen Gefahr befreit, aus marodierenden Freibeutern werden die Ungarn zu einem seßhaften Volk. Das Bistum Passau nimmt die Glaubensbekehrung des Landes in Angriff und schließt sie unter Otto III. mit Erfolg ab. Anders als Rußland wird Ungarn damit kulturell ein Teil von Westeuropa. Otto zieht aus dem Aufstand eine bittere Lehre: Bei der Festigung der Macht ist auf die eigene Familie kein Verlaß. Fortan sucht er die Unterstützung der Kirche.

Otto holt sich staatsmännischen Rat bei seinem jüngsten Bruder Bruno. Dieser ist einem Orden beigetreten und dient als Kanzler, Erzkaplan und Erzbischof von Köln. Nach der Absetzung Konrads des Roten wird Bruno auch Erzherzog von Lotharingien, ein neues Amt, das die Aufgaben eines Erzbischof und Herzogs in sich vereint. In der Hofkapelle bereitet Bruno ausgewählte Geistliche für die Übernahme hoher Ämter in der ottonischen Kirche vor. Die neue Führungsschicht erwarten weltliche und geistliche Aufgaben. Den Bischöfen und Äbten werden Rechtsbefugnisse übertragen. Sie treiben Steuern ein, prägen Münzen und kontrollieren den Kleinhandel; Kirche und Staat verschmelzen dadurch untrennbar miteinander.

Kirchenländereien sichern unter der fähigen Verwaltung von Geistlichen die Versorgung des Hofes bei Reisen durch das Land. Die Kirche stellt auch einen Großteil der Gelder für Ottos Heer. Obwohl das System unter Otto reibungslos funktioniert, trägt es in sich den Keim des Konfliktes. Otto und Bruno verhelfen der Kirche zu Macht und Reichtum und damit zu größerer Weltlichkeit, aber diese Entwicklung erfüllt die Gegner mit Schrecken. Otto stärkt die Monarchie, verdrängte dabei aber den Papst aus seiner bisherigen Machtposition. Schon bald sollte dieser die Wiederherstellung des Vorranges des Geistlichen vor dem Weltlichen fordern.

Die Siege Heinrichs I. gegen die Slawen und Magyaren waren nicht entscheidend genug, um die Grenze gegen marodierende Banden zu schützen. Otto ist daher zur Stärkung der Marken entschlossen. Sein Heer unterliegt den Böhmen und es bedurfte langer Zeit bevor dieses mächtige Volk unterworfen war. Nach Norden hin sichert Otto die deutsche Herrschaft über die Slawen bis an die Oder und richtet zwei große Marken ein. Die transelbische Mark, etwa mit der Ausdehnung von Holstein und Mecklenburg, wird von einem der engsten Vertrauten Ottos, Hermann Billung, dessen Geschlecht später zu Herzögen von Sachsen wird, erobert. Die Großmark Geros im Süden ist um vieles größer und als Markgraf Gero 965 stirbt, wird die Mark in mehrere, einfacher zu verwaltende Gebiete aufgeteilt.

Ottos Ostpolitik baut neben dem Schwert auch auf das Kreuz. Die heidnischen Slawen werden unter Zwang bekehrt, ihre Fürsten zumeist als erste getauft. Neue Bistümer zur Überwachung der Missionstätigkeit entstehen in Brandenburg, Havelberg und Oldenburg. Die Dänen werden christianisiert und weitere Bistümer in Aarhus, Ripen und Schleswig gegründet. Magdeburg wird zum Erzbistum erhoben und wirkt als Missionszentrum für den Osten. Auch Rußland wäre möglicherweise unter den Einfluß der römischen Kirche gekommen, hätte sich nicht zum Ärgernis der Großherzogin Olga deren Sohn stärker zu den byzantinischen Missionaren hingezogen gefühlt. Was als Widerstandsgeste des Sohnes gegen die Mutter gedacht war, hatte weitreichende Folgen. Rußland entwickelte fortan stärkere Bindungen zur Ostkirche als zur Westkirche und wird somit nie ein fester Bestandteil Europas. Nach der Unterwerfung von Herzog Boleslaw I. unter Otto im Jahre 950 sind deutsche Missionare auch in Böhmen tätig. Das neue Bistum Prag untersteht dem Erzbistum von Mainz.

Die flächenmäßig etwa dem heutigen Österreich (aus *regio orientalis* oder *Ostarrichi*) entsprechende Ostmark wird in gleicher Weise wie die Marken Geros und Billungs neu organisiert, mit dem einzigen Unterschied, daß das gesamte Gebiet be-

Die Steinfiguren aus dem 13. Jahrhundert im Dom von Magdeburg zeigen Otto I. und seine erste Gemahlin, die englische Prinzessin Edgitha. Der Kaiser trägt in der rechten Hand das Zepter, in der linken Hand ein Symbol, das von der Forschung als Erdkreis oder Weltenmodell gedeutet wird. Magdeburg war das Zentrum der Missionstätigkeit im Osten. Otto der Große hatte es zum Erzbistum erhoben.

Otto I., die kleine Gestalt links, übergibt Christus ein Modell des Magdeburger Domes. Bei ihm sind der hl. Mauritius und ein Engel. Der hl. Petrus sieht zu. Beide Heilige sind Schutzpatrone des Magdeburger Domes. Die Elfenbeinschnitzerei (um 975) entstand vermutlich in Norditalien.

reits germanisiert ist. Nach der Annexion Österreichs 1938 nennt Hitler das Land in Ostmark um. Damit unterstreicht er den historischen Hintergrund als Grenzprovinz des deutschen Reiches.

Im Jahre 951 reißt Berengar von Ivrea (ca. 60 km nördlich Turins) den italienischen Thron an sich. Adelheid, die junge Witwe Lothars, des vorherigen Königs, wendet sich an Otto, ihr gegen den Thronräuber beizustehen. Otto nutzt die Gelegenheit, erobert die Lombardei, ehelicht Adelheid und läßt sich zum König der Lombardei ausrufen. Ottos Bemühungen um die Erringung der römischen Kaiserkrone werden abschlägig beschieden, unter dem Druck der Ereignisse kehrt er daher von Italien nach Deutschland zurück. Erst zehn Jahre später, als der Papst ihn gegen Berengar um Hilfe bittet, kommt er wieder ins Land.

Am Fest Mariä Reinigung, am 2. Februar 962, krönt Papst Johannes XII. Otto in einem beeindruckenden Zeremoniell im Petersdom zum Kaiser. Obwohl Otto die Strukturen seines Reiches eng an die Karls des Großen anlehnt, beansprucht er nie den Titel eines Herrschers des Westens. Das Kaisertum ist nun eng an die deutsche Monarchie gebunden. Die deutschen Könige reisen fortan nach Rom, um vom Papst die Kaiserkrone zu empfangen. Das bedingt eine besondere Beziehung zum Papst und Einbindung in die Politik Italiens. Anfangs ist der Kaiser der führende Partner in dieser Zweierherrschaft mit dem Papst. Im Rahmen des „*Ottonianum*", einer Urkunde über die zukünftigen Beziehungen zwischen Papsttum und Kaisertum, wird dem Kaiser eine entscheidende Mitsprache bei der Papstwahl eingeräumt. Dieser ist dem Kaiser zur Treue verpflichtet. Der Kaiser ist König von Deutschland und König von Italien. Beide Königreiche bestehen getrennt voneinander, sind aber in Personalunion verbunden. Nach 1032 sind die Kaiser auch Könige von Burgund, das gleichfalls in Personalunion selbständig regiert wird.

In Ausübung seiner Oberhoheit über den Papst und Rom setzt Otto Johannes XII. ab und zwingt Rom unter seinen Willen. Sobald Otto Rom verläßt, wählen die Römer einen neuen Papst. Während seines dritten Italienaufenthaltes 966 dehnt Otto seinen Einfluß südwärts aus und sieht sich dabei schon bald in Konfrontation mit Byzanz. Nach mehreren Schlachten geht Apulien an Byzanz, Capua und Benevento an Deutschland. Frieden wird geschlossen. Otto II., Sohn Ottos I. und Mitregent, ehelicht im Petersdom zu Rom Prinzessin Theophanu von Byzanz, die sich als bemerkenswerte Herrscherin erweisen sollte. Das wichtigste Ergebnis aber besteht in der offiziellen Anerkennung des deutschen Reiches durch Byzanz.

Otto I. stirbt 973, kurz nach einem kaiserlichen Zeremoniell in Quedlinburg, wo ihm Vertreter der weltlichen und geistlichen Fürstlichkeit, Gesandte aus Byzanz, Rom, Rußland, Ungarn, Böhmen, Polen, Dänemark und selbst Afrika ihre Aufwartung machten – glanzvoller Höhepunkt einer außerordentlichen Regentschaft. Doch der Weiterbestand des Reiches ist nicht gesichert. Sein Nachfolger, Otto II., muß sich mit einer Reihe von Fürstenaufständen auseinandersetzen, die in Süddeutschland unter Heinrich von Bayern, dem Zänker, beginnen, sich nach Schwaben und Lothringen ausdehnen und schließlich Polen und Böhmen erfassen. Die Westfranken sind entschlossen, Lotharingien, das Gebiet das Lothar II. 855 als Königreich zugesprochen worden ist, zurückzugewinnen. Sie überfallen Aachen, doch Otto II. entkommt um Haaresbreite, tritt zur Gegenoffensive an und erreicht Paris. Nachdem Otto die Lage sowohl im Inland wie auch gegenüber den Franken stabilisiert hat, unterstützt er den Papst in Italien in seinem Kampf gegen den römischen Adel. Als die Stellung des Papstes gesichert scheint, stürzt er sich Hals über Kopf in Kriege gegen Byzanz und gegen die Araber, die 976 in Sizilien einfielen. Nach einem erfolgreichen Feldzug gegen die Byzantiner in Apulien, wendet er sich gegen die Araber in Kalabrien. Am Kap Colonne erleidet er eine vernichtende Niederlage, bei der er nur das nackte Leben rettet. Dann erreicht ihn die niederschmetternde Nachricht, daß die Slawen seine Abwesenheit in Italien genutzt haben, um alle Gebiete östlich der Elbe, die sie unter Otto dem Großen verloren, zurückzuerobern. Zudem sind die Dänen in Norddeutschland eingefallen. Noch in Italien erkrankt Otto II. an Malaria und stirbt 983 im Alter von achtundzwanzig Jahren. Als einziger deutscher Kaiser wird er im Petersdom beigesetzt.

# KAPITEL 2

# Von den Ottomanen zu den Saliern

Im Jahre 983 ist Otto III. noch nicht volljährig, doch das Reich befindet sich in den fähigen Händen seiner Großmutter Adelheid, seiner Mutter Theophanu und deren Berater, der Erzbischöfe von Mainz und Worms. Sie sichern den Norden, halten die Slawen zurück und überzeugen Hugo Capet (König von Frankreich), die Gewinne seiner Vorfahren in Lotharingien abzutreten. Mit fünfzehn Jahren wird Otto 994 volljährig und verkündet umgehend ehrgeizige Pläne für Italien und das Reich. Er ist ein charmanter, fesselnder, kluger, gut erzogener junger Mann, dessen Vorbilder die Bedeutendsten seiner Vorfahren sind.

Die Darstellung im *Evangelienbuch* Ottos III. (um 1000) zeigt den Kaiser von Erzbischöfen und Würdenträgern umgeben, wie er majestätisch thronend die Huldigung der Völker entgegennimmt. An anderer Stelle nähern sich Vertreter der Slawen, Deutschlands, Galliens und Roms dem Thron mit Geschenken für die Nachfolger der Cäsaren.

## DAS ENDE DER OTTONEN

Otto reist 996 nach Italien, um dort die Huldigung des Adels zu empfangen. Doch während seiner Reise nach Rom zur Krönung stirbt der Papst, und Otto bestimmt seinen Neffen und Privatkaplan Bruno von Kärnten als Gregor V. zu dessem Nachfolger. Reich und Papsttum sind nunmehr eng verbunden. Otto läßt sich zum Kaiser der Römer ausrufen. Sobald sich Otto aber wieder auf die Reise nach Norden zu seinem geliebten Palast in Aachen begibt, wählen die Römer einen Gegenpapst und verjagen Ottos Neffen. Otto kehrt nach Rom zurück und wirft den Aufstand mit außerordentlicher Brutalität nieder. Mitten in der Stadt läßt er eine Pfalz errichten. Indem er Rom jedoch zur Kaiserstadt macht, mißachtet er die Schenkung Constantins, die Rom dem Papst vermachte. Kühn erklärt er diese zur Fälschung. Das ist für die Päpste und die Römer zu viel. Der Aufstand der Römer im Jahre 1001 zwingt den Kaiser zur Flucht aus der Stadt. Otto deutet seine Flucht als Gottesurteil für sein bisheriges Tun und erklärt, er werde schon bald der Kaiserkrone Roms entsagen und als Einsiedler sein Leben fristen. Den Beweis für diese Erklärung braucht er nicht mehr anzutreten, denn er stirbt im darauffolgenden Jahr im Alter von zweiundzwanzig Jahren, ohne einen Erben zu hinterlassen.

Christus krönt Heinrich II. und Kunigunde; Petrus und Paulus stehen zu ihren Seiten. Aus einer kunstvoll gestalteten Handschrift der Evangelien von Bamberg um 1010. Im unteren Teil des Bildes huldigen die Völker und Stämme dem Königspaar. Die gekrönte Gestalt in der Mitte, Symbol Roms, überreicht dem Kaiser die Insignien irdischer Macht. Krönungen waren Akte stark symbolischer Bedeutung zur Bekräftigung der geistlichen und weltlichen Macht des Herrschers.

Ottos Nachfolger, Heinrich II., ist der Sohn Heinrichs des Zänkers von Bayern. Er erkennt, daß der Schlüssel zum Reich in Deutschland liegt, nicht in Rom und daß jeder Versuch zur Wiederbelebung des Römischen Reiches fehlschlagen muß. Er wird in Mainz gekrönt. Danach erfolgt die Königsreise durch Deutschland. Sicher im Inland, wendet er seine Aufmerksamkeit auf den mächtigen Herzog Boleslaw Chrobry von Polen, der Herzog von Böhmen geworden ist und ein großes Königreich im Osten als Gegenstück zur Macht in Deutschland errichtet. Trotz heftiger Gewissensbisse, die er teilweise durch den Bau des herrlichen Domes zu Bamberg zu beruhigen sucht, verbündet sich Heinrich mit heidnischen Stämmen, die sich der Bekehrung zum Christentum widersetzt haben. Es folgen mehrere Feldzüge, mit denen Boleslaw in Schach gehalten wird, der aber die Mark Schlesien (Grenzzone) der Lausitz als Reichslehen behält.

Heinrich führt 1004 in Italien Krieg. In Pavia wird er zum König der Lombarden gekrönt. Doch bis zur Kaiserkrönung in Rom vergehen noch zehn Jahre. In Rom warf er einen Aufstand nieder und im Jahre 1022 zieht er in Süditalien gegen die Griechen und holt Salerno, Benevento und Capua in das Reich zurück. Heinrich II. erneuert das Ottonianum (die Bestätigung der sog. Pippinschen Schenkung durch Otto den Großen 962) und machte damit die Bemühungen Ottos III. um die Abtrennung Roms von der Kirche wieder rückgängig.

Die Haltung Heinrichs II. gegenüber Burgund unterscheidet sich nicht merklich von der Ottos des Großen. Otto hatte die Schwester des Königs von Burgund geehelicht. Heinrich war der Neffe Rudolfs III. von Burgund. Da Rudolf kinderlos ist, bestimmt er Heinrich II. zum Erben und verspricht ihm als Zeichen für die Auf-

Diese Figuren Heinrichs II. und seiner Gemahlin Kunigunde schmücken den Türdurchgang des Bamberger Domes. Heinrich II. ließ diesen herrlichen Sakralbau errichten und ist dort beigesetzt. Der Dombau diente teilweise der Beruhigung seines Gewissens, weil er sich für den Kampf gegen Herzog Boleslaw Chrobry von Polen, der eine unmittelbare Bedrohung der Macht Heinrichs in Deutschland darstellte, mit heidnischen Stämmen verbündet hatte.

richtigkeit seiner Absicht die Abtretung von Basel. Der auf Wahrung seiner Unabhängigkeit bedachte burgundische Adel widersetzt sich energisch der Politik Rudolfs. Zur Sicherung seiner Ansprüche führt Heinrich zwei Feldzüge gegen Burgund, stirbt dann aber vor seinem Onkel. Unter seinem durchsetzungsstarken Nachfolger Konrad II. fällt Burgund an das deutsche Reich.

Heinrich II. stellt das Territorium des Reiches wieder her. Indem er die Sache der Kirche in hohem Maße zu seiner eigenen macht, festigt er die Monarchie. Er überwacht die Auswahl der Bischöfe und nimmt entscheidend Einfluß auf die Besetzung wichtiger Kirchenämter. Er bringt die Kirchenreform voran und reformiert eine Reihe von Klöstern. Als zutiefst religiöser Mensch ist er sich der herausragenden Rolle der Kirche bei der Ausbildung von Mitarbeitern im Dienste des Reiches bewußt. Selbst das wirtschaftliche Leistungsvermögen der kirchlichen Güter als erstrangige Einnahmequelle entgeht ihm nicht.

Heinrich II. stirbt am 13. Juli 1024 und wird in seinem geliebten Dom zu Bamberg beigesetzt. Da er ohne Erbfolger ist, tritt Kunigunde, Heinrichs bemerkenswerte Gemahlin, der er in seiner Abwesenheit bereits häufig die Staatsgeschäfte übertragen hat, bis zur Wahl eines neuen Königs an seine Stelle. Als Konrad II., der erste aus dem neuen Herrscherhaus der Salier, die Reichsinsignien überreicht bekommt, zieht sich Kunigunde in ein Kloster der Benediktiner zurück.

## DIE SALIER

Das Herrscherhaus hat gewechselt, doch Konrad II. regiert nach dem Vorbild der Ottonen. In einer denkwürdigen Episode 1025 in Konstanz empfängt Konrad II. eine Abordnung aus Pavia, die gekommen ist, um Vergebung für den Angriff auf eine Burg des Königs nach dem Tode Heinrichs II. zu erwirken. Die Abordnung argumentiert, daß es nach dem Tode Heinrichs keinen König gegeben habe, dessen Rechte man hätte verletzen können. Konrad unterscheidet eindeutig zwischen Königreich und König und erklärt: „Das Königreich bleibt, auch wenn der König tot ist, ebenso wie das Schiff noch da ist, wenn der Steuermann fällt."

Diese Sichtweise, daß der Staat nicht an eine bestimmte Person gebunden ist, hatte schon mit der Ablegung des Prinzips der Franken begonnen, demzufolge das Königreich jeweils unter allen Söhnen aufgeteilt wurde. Aber Konrad II. spricht es als erster deutlich aus und bekräftigt damit seinen Anspruch auf das Gesamtreich der Ottonen. Das stößt auf den Widerstand großer Teile des Adels in Italien, der dem Sohn des französischen Königs, Robert II., den Thron anbot. Als Robert ablehnt, geht das Angebot an Wilhelm von Aquitanien, der gleichfalls ablehnt. Das italienische Episkopat bleibt Konrad im wesentlichen treu. Damit steht der Feldzug Konrads in Italien im Frühjahr 1026 unter einem günstigen Stern. Binnen Jahresfrist unterwirft er das Königreich Italien seinem Willen und bezwingt die südlichen Marken. Ostern 1027 wird er im Petersdom in Rom zum Kaiser gekrönt. Dem glanzvollen Zeremoniell wohnen König Knut von England und Dänemark und König Rudolf III. von Burgund bei. Konrad II. ist damit als ebenbürtiger Nachfolger seiner illustren Vorgänger, Otto II. des Großen und Heinrichs II., anerkannt.

Als Nachfolger Heinrichs II. beansprucht Konrad die Erbschaft des Thrones von

Burgund. Obwohl Rudolf III. einen anderen Thronprätendenten favorisiert, neigt er nach Konrads bemerkenswertem Erfolg in Italien zur Nachgiebigkeit. Konrad hat seine Entschlossenheit zur Übernahme von Burgund bereits durch die Aneignung von Basel bekundet, doch als Rudolf im September 1032 stirbt, hat Konrad gerade Probleme mit Sachsen. Rudolfs Neffe, Graf Odo II. von der Champagne, beansprucht daraufhin den Thron für sich und versichert sich dazu der Unterstützung eines Großteils des burgundischen Adels. Konrad, dem eine Abordnung Burgunds die Krone bereits angetragen hat, handelt schnell und wird im Februar 1033 in einer von Kaiserin Adelheid in Payerne (Peterlingen) erbauten Kirche gekrönt. Obwohl er zur weiteren Festigung seiner bereits machtvollen Stellung Bündnisse mit dem König von Frankreich und dem Erzbischof von Mailand schließt, bringt er Burgund erst nach beinahe weiteren zwei Jahren unter seine Kontrolle.

Reliefportrait Kaiser Heinrichs II. (973 – 1024) auf einer einseitig geprägten Münze (*bracteate*) aus Augsburg.

Im Unterschied zu dem zu Frankreich zählenden Herzogtum Burgund, stellt das Königreich Burgund von Luxeuil und Basel bis Marseille und Nizza einen beträchtlichen Gebietsgewinn dar, das aber schwierig zu unterwerfen war. Trotz der faktischen Unabhängigkeit des burgundischen Adels, sind die deutschen Herrscher entschlossen, Burgund aus strategischen Gründen zu halten. Solange das Königreich Burgund in deutscher Hand blieb, sind die westlichen Alpenpässe nach Italien gesichert. Aus diesem Grunde wurde es als entscheidend für die deutschen Interessen in Italien gesehen.

Hauptschiff in dem von Konrad II. (990 – 1039) errichteten Dom von Speyer.

Konrad stärkt den niederen Adel in vielerlei Hinsicht. Er weiß um dessen militärische Leistungen und benötigt seine Unterstützung gegen den mächtigen Erzbischof von Mailand, Aribert. Dieser hat sich mit dem Hochadel gegen den niederen Adel verbündet, der das Erbrecht für die eigenen Lehen beansprucht, welche ihm die mächtigen Lehnsherren bislang willkürlich entziehen konnten. Als Konrad nach Italien eilt, um den Streit zu schlichten, der mit dem Sieg des niederen Adels in der Schlacht von Campo Malo in der Lombardei eine kritische Phase erreicht hat, entscheidet sich der Erzbischof dazu, den Kaiser herauszufordern.

Nach dem erfolglosen Versuch zur Erstürmung Mailands erläßt Konrad am 28. Mai 1037 die *Constitutio de feudis*, ein Gesetz, das alle Lehen, auch die kleinsten, zu Erbbesitz macht. Vorläufig gilt das Gesetz nur in Italien, wird aber schon bald auch in Deutschland wirksam. Es stärkt die Stellung einer neuen Klasse zwischen dem mächtigen Hochadel und der Bauernschaft. In Italien zählt dazu hauptsächlich der niedere Adel, in Deutschland auch die Ministerialen (*Ministeriales*). Obwohl unfrei, verfügen sie über Landbesitz und entwickeln sich als Diener weltlicher und geistlicher Herren zum niederen Adel. Die *Ministeriales* waren die stärkste Stütze der Krone.

Der Kaiser ist gezwungen, die Belagerung Mailands aufzugeben. Erzbischof Aribert, im Glauben, Konrad befände sich auf dem Rückzug, trägt Odo von der Champagne, Konrads altem Gegenspieler in Burgund, die italienische Krone und selbst den

Christus heilt einen Gelähm-
ten in dieser Darstellung aus
dem Markus-Evangelium im
*Goldenen Evangelienbuch*
Heinrichs III., um 1050.

*Gegenüber*: Kaiser Heinrich III.
(1017–1056) auf der Jagd mit
einem Falken. Die Jagd war das
beliebteste Freizeitvergnügen
der Großen des Mittelalters.
Edle und ausgezeichnet abge-
richtete Tiere waren Status-
symbole für Reichtum und Ansehen. Zudem erlaubten sie den
Besitzern, ihr hohes Können
unter Beweis zu stellen.
Jagen galt als Kunst, wie als
Wissenschaft. Zahlreiche Ab-
handlungen über die Jagd
liefern bedeutende Beiträge
zu Zoologie und Ornithologie.

Kaiserthron an. Odo hat in Konrads Abwesenheit den kaiserlichen Palast in Aachen
angegriffen. Doch der dort ansässige Adel unter Führung Herzogs Gozelo I. hält dem
Kaiser die Treue. Am 15. November 1037 wird Odos Heer bei Bar-le-Duc in einer
der größten und blutigsten Schlachten jener Zeit vernichtend geschlagen. Odo fällt,
sein Panier wird dem Kaiser in Italien übersandt.

Obwohl ihm die Unterwerfung Mailands versagt bleibt, droht Konrad II. durch das
Bündnis zwischen Aribert und Odo keine Gefahr mehr. Nun konnte er seine Herrschaft in Süditalien aufrichten. Wieder in Deutschland, widmet er sich vorwiegend
kirchlichen Dingen. Von seinen mächtigen Gegnern innerhalb der Kirche, darunter
Aribert von Mailand, wegen des Verkaufs von Pfründen der Simonie bezichtigt, unterstützt er umfassend die kirchliche Reformbewegung und stärkt die Reichskirche.

Nach einem kurzen, letzten Feldzug in Italien stirbt Konrad II. im Juni 1039 in
Utrecht. Die Beisetzung erfolgt im Dom zu Speyer, jenem herrlichen, von Konrad
begonnenem Sakralbau, der das bedeutendste Zeugnis salischer Baukunst und letzte
Ruhestätte späterer deutscher Herrscher werden soll.

## HEINRICH III.

Konrad hat die Nachfolge seines Sohnes, Heinrichs III., sorgfältig vorbereitet. Dieser wird 1027 im Alter von zehn Jahren zum König gewählt. Der Knabe erhält eine
ausgezeichnete Erziehung durch die Bischöfe Brun von Augsburg und Egilbert von
Freising, unterstützt durch den Hofkaplan Wipo und seine befähigte und energi-
sche Mutter Gisela. Im Jahre 1026 wurde ihm die Würde eines Herzogs von Bayern
verliehen. Mit vierzehn wird er volljährig und regiert das Herzogtum fortan selbständig. Im Jahre 1038 wird er Herzog von Schwaben und König von Burgund. So
ist Heinrich, als sein Vater stirbt, bestens auf die Nachfolge vorbereitet und seine
Wahl erfolgt problemlos.

Dem Brauch entsprechend, nahm der König seine Reisetätigkeit durch das Land auf, um dadurch seine Macht und Autorität zu festigen und zu beweisen. Deutschland besitzt keine Hauptstadt, der Herrscher keine offizielle Residenz. Erfolgreiche Herrscher sind daher stets auf Reisen. Somit ist es nicht ungewöhnlich, daß die beiden bekanntesten Standbilder des Mittelalters in Bamberg und Magdeburg den Herrscher im Sattel darstellen. Auch die Königinnen sind ohne ständigen Wohnsitz und begleiten ihre Gemahle auf deren Reisen. Als echte Partnerinnen mit beträchtlichem Einfluß und großer Macht spielen sie eine wichtige Rolle in den Angelegenheiten des Staates.

Wichtige Entscheidungen werden auf den Reichstagen getroffen, denen die hohen kirchlichen Würdenträger und die mächtigsten Vertreter des Adels beiwohnen. Reichstage sind von unterschiedlicher Größe und Dauer. Meist wurden auf ihnen Probleme beraten, die für das ganze Land von großer Bedeutung sind. Kirchenfragen werden auf Synoden besprochen, deren Ehrenvorsitzender der König ist. Die Beratungen stehen unter der Leitung des Erzbischofs von Mainz als erstem Vertreter der deutschen Kirche, des päpstlichen Gesandten oder gelegentlich des Papstes selbst. Die Könige halten auf ihren Reisen Hof und einfache Menschen konnten hier ihr Recht einklagen.

Die Könige des Mittelalters leiden an chronischem Geldmangel. Der „fahrende Hof" erhält dadurch auch wirtschaftlichen Sinn, denn der Hof residiert bei den Pächtern der königlichen Güter und beansprucht deren Gastlichkeit. Der schlechte Zustand der Transportwege macht diesen Regierungsstil ökonomisch und politisch gleichermaßen effektiv. Überschüssige Produkte müssen nicht in entfernte königliche Kornkammern transportiert werden. Der Hof ist ständig auf Reisen, er legt täglich zwanzig bis dreißig Kilometer zurück und sorgt dabei für Ordnung im Reich. Herrscher, die einen festen Wohnsitz einrichten, haben schnell die Kontrolle über das Reich verloren. Die regelmäßigen Besuche des Herrschers werden vom einfachen Volk bereits als Garant gegen Unwetter, schlechte Ernten und Krankheiten betrachtet. Er galt als der Gesalbte des Herrn, der über magische Kräfte verfügt.

Als Heinrich III. den Thron besteigt, ist die Lage im Osten prekär. Polen versinkt mit dem Tode Herzog Mieszkos II. 1034 im Chaos. Gemahlin und Sohn Kasimir suchen in Deutschland Asyl. Ähnlich verfahren ist die Lage in Ungarn nach dem Tode von König Stephan 1038. Herzog Bretislaw I. von Böhmen ergreift die Gelegenheit zum Angriff auf Polen, plündert Krakau und nimmt die polnische Hauptstadt Gnieszno ein. Mit den Gebeinen des hochverehrten heiligen Adalbert, des ersten tschechischen Bischofs von Prag, kehrt er nach Prag zurück, das er zu einem von Mainz unabhängigen Erzbistum machen wollte. Doch Heinrich, der den polnischen Erben beschützt, fordert von Bretislaw die Herausgabe der Beute. Als dies verweigert wird, setzt er 1039 sein Heer gegen Böhmen und dessen ungarische Verbündete in Marsch. Trotz eines anfänglichen schweren Rückschlages wird der Feldzug im September 1041 erfolgreich beendet. Bretislaw bittet den Reichstag in Regensburg um Gnade. Sein Herzogtum wurde ihm wieder zurückgegeben, er selbst war fortan ein getreuer Vasall des Königs. Kasimir kehrt nach Polen zurück und festigt als Kasimir der Erneuerer seine Autorität. Doch Ungarn bleibt Heinrich ein Dorn im Auge.

Im Jahre 1041 setzen die Ungarn König Peter ab, der sich an Heinrich III. gebunden hat. Im dritten Feldzug gegen Ungarn, den Heinrich mit Unterstützung von Bretislaws Böhmen führt, wird der Thronräuber Aba geschlagen und Peter in einer eindrucksvollen Zeremonie in Székesfehérvár erneut zum König gekrönt. Heinrich III. hat nun Getreue in Polen, Böhmen und Ungarn. Die östlichen Marken des Reiches sind damit sicher. Auch in Deutschland verfügt er über eine stabile Grundlage seiner Macht und beendet die Feindschaft seines Vaters mit Aribert von Mailand. Die Heirat mit Agnes, der Tochter Herzog Wilhelms V. von Aquitanien, stärkt seine Position in Burgund. Nach siebenjähriger Ehe und drei Töchtern erblickt ein männlicher Thronerbe, der künftige Heinrich IV., das Licht der Welt.

Im Jahre 1046 reist Heinrich zur Kaiserkrönung nach Rom. Die kirchliche Reformbewegung mit ihrer Forderung nach Erneuerung des geistlichen und apostolischen Lebens, ist am Stuhl Petri spurlos vorübergegangen. Nicht weniger als drei Päpste – Benedikt IX., Silvester III. und Gregor VI. – erwarten Heinrichs Ankunft. Jeder von ihnen stützt sich auf eine starke Hausmacht. Silvester folgt dem abgesetzten Benedikt, der, seines Kirchenamtes müde und auf bestem Wege, ein rechtschaffener Ehemann zu werden, sein Amt an Johannes Gratianus verkauft hat. Dieser wird durch die immens vermögende römische Familie der Pierleoni gefördert. Als Gregor VI. beweist er umgehend, wie ernst es ihm mit seinen Pflichten ist. Das bringt ihm die Anerkennung Peter Damians, Prior von Fonte Avellana und Führer der Reformbewegung in Italien, ein. In seliger Verkennung der Umstände, unter denen Gregor die Papstwürde erhalten hat, verkündet der Prior öffentlich, die „tausendköpfige Giftschlange der Simonie" sei zermalmt und ein neues, goldenes apostolisches Zeitalter beginne. Gregor VI. ist sich der Sache nicht so sicher. Er kennt Heinrich III. als einen zutiefst frommen, der Reformbewegung verpflichteten Mann und hält es daher für ungewiß, ob dieser sein Pontifikat anerkennen wird.

Der König, der sich als Stellvertreter Christi und David der letzten Tage sieht, kann die skandalösen Umstände der Ernennung Gregors VI. nicht tatenlos hinnehmen. Auf der Synode von Sutri werden Gregor VI. und Silvester III. abgesetzt. Auf einer weiteren Synode in Rom wird auch Benedikt IX. des Amtes enthoben. Heinrich III. ist entschlossen, einen nichtrömischen Papst einzusetzen, der nicht in römische Politik verwickelt ist, die Universalität der Kirche glaubwürdig vertritt und die Wirkung der Reform auch im innersten Zentrum sichert. Bischof Suidger von Bamberg zieht es nicht nach Rom, doch er beugt sich dem Willen seines Lehnsherren und wird als Klemens II. gekrönt. Er bleibt Bischof von Bamberg, was ihm ein ansehnliches Einkommen sichert und ihn auch weiterhin in Treue an den König band.

Der neue Papst zelebriert die Krönungsmesse am Weihnachtstag 1046, dem Tag nach seiner Inthronisation, im Petersdom. Mit einer Verurteilung der Simonie stellt sich der neue Papst an die Spitze der Reformbewegung, aber sein plötzlicher Tod im Oktober 1047 läßt ihm nur wenig Zeit für weiteres. Erneut bestimmt Heinrich den Papst. Bischof Brun von Toul, ein Vertreter des elsässischen Adels, besteigt den Papstthron. Als Leo IX. bewies er sich als herausragender Papst. Hochgebildet, charmant und redegewandt, ist er ein Mann von außergewöhnlicher Charakterstärke, der die Reformbewegung tatkräftig unterstützte. Leo IX. übernimmt den Regierungsstil Heinrichs III. Unermüdlich bereist er Europa, besucht Bistümer und Klöster. Mit zahlreichen Synoden sichert er die Umsetzung der Reformbeschlüsse und festigt die Herrschaft des Papstes über die Landeskirchen. Dennoch bleibt seinen Reformbemühungen der abschließende Erfolg versagt. Seine Entschlossenheit, die Autorität des römischen Papstes auf die gesamte Christenheit auszudehnen, führt zum ernsten Zerwürfnis zwischen der Ostkirche (Byzanz) und Rom. Territoriale Ansprüche bewegen ihn zum Feldzug gegen die Normannen in Süditalien – ein Abenteuer, in das er sich zusammen mit einer Horde von Halsabschneidern und Vagabunden stürzte und das von Heinrich III. nicht gebilligt wurde. Das Heer wird geschlagen und der Papst gefangen gesetzt. Kurz nach seiner Freilassung stirbt er 1054 in Rom.

Sein erwählter Nachfolger, Gebhard von Eichstätt, ist dem Kaiser voll ergeben. Als Viktor II. verfolgt er die ehrgeizigen Pläne Leos IX. für das Papsttum nicht weiter. Das Reich Heinrichs III. beginnt in den Randgebieten zu bröckeln: Ungarn verläßt das Reich, die Beziehungen zu Frankreich verschlechtern sich, in Lotharingien und Flandern kommt es zu Unruhen, die Slawen fallen in die östlichen Marken ein. Als Heinrich III. 1056 im Alter von achtunddreißig Jahren stirbt, hat er viel von seiner Popularität verloren. Weithin wird Klage geführt, er sei nicht mehr der fromme, gerechte und friedliebende Monarch, der er zu Beginn seiner Regentschaft gewesen zu sein schien. Er war der letzte theokratische Kaiser, der über und durch die Kirche herrschte, aber im Wesentlichen noch immer nicht mehr als ein Kriegsherr war. Die organisatorischen Einrichtungen des Reiches waren nur unzureichend

# Canossa

Der Kampf zwischen Kaiser und Papst erreichte beim Zusammentreffen von Kaiser Heinrich IV. und Papst Gregor VII. in Canossa im Jahre 1077 einen dramatischen Höhepunkt. Die deutschen Fürsten hatten den Papst zum Besuch Deutschlands eingeladen, wo er ihren Streit mit dem Kaiser schlichten sollte. Um dem Papstbesuch zuvorzukommen, unternahm Heinrich eine gefährliche Winterreise nach Italien. Als der Papst hörte, daß Heinrich die Alpen überquert habe, hielt er es für angebracht, die Sicherheit der Burg der Markgräfin Mathilde in Canossa zu suchen. Mathilde, die „Tochter des heiligen Petrus", war eine überaus begüterte und mächtige Witwe, deren verhaßter Gemahl im Jahr zuvor gestorben war. Sie hielt großen Hof und umgab sich mit redegewandten Speichelleckern und spitzfindigen Theologen.

Der lombardische Adel hieß Heinrich in der Hoffnung willkommen, er werde ihn von dem machtbesessenen Papst befreien und hoffte, Heinrich werde zur Krönung nach Rom reisen und Gregor VII. durch einen gefügigeren Papst ersetzen. Man war sogar bereit, zum sicheren Geleit Heinrichs eine Schutzmacht aufzustellen. Der König wollte jedoch davon nichts hören. Zur Wiederherstellung sei-

ner Autorität in Deutschland benötigte er dringend die Vergebung des Papstes. Er reiste nach Canossa und wartete im Büßergewand barfüßig im Schnee am Burgtor, daß der Papst ihm Audienz gewähre. Gregor VII. befand sich in einer heiklen Lage: Erteilte er Heinrich die Absolution, hatte er nichts mehr gegen ihn in der Hand. Verweigerte er sie, würde man ihm Rachsucht und fehlendes christliches Erbarmen vorwerfen. Nach drei Tagen gab er nach. Heinrich IV. fand wieder Aufnahme in den Schoß der Mutter Kirche. Heinrich gelobte, das Urteil des Papstes in seinem Kampf gegen die deutschen Fürsten zu beachten und sicherte ihm freies Geleit in seinem Machtbereich zu. Danach warf sich Heinrich vor dem Papst nieder. Die Arme in der Form des Kreuzes weit ausgestreckt, empfing er die Eucharistie. Auf dem anschließenden Versöhnungsbankett nahm der König keinen Bissen zu sich, sprach nichts und kratze mit seinen Nägeln nur reumütig den Tisch.

Heinrich, den der Papst als König anerkannt hatte, hoffte dennoch, er könne das Treffen der deutschen Fürsten mit dem Papst verhindern. Andererseits hatte Gregor Heinrich gedemütigt, wenn er auch keinen entscheidenden Sieg errungen hatte. Unter den weiterentwickelt worden. Sein Lieblingspalast in Goslar war weder Hauptstadt noch Verwaltungszentrum. Kämmerer, Truchseß, Mundschenk und Marschall dienten den persönlichen Belangen des Kaisers, beaufsichtigten den Hof und trugen Verantwortung für die Sicherheit des Monarchen. Die Hofkapelle war von überaus großer Bedeutung. Aus ihr kamen die Mitarbeiter der Kanzlei, Schreiber und Notare. Trotz der zentralen Stellung von Kapelle und Kanzlei unter Ottonen und Saliern, überliefern sie weniger Schriftdokumente als die Karolinger. Die meisten betreffen Angelegenheiten der Kirche. Archive oder Registraturen gab es nicht. Nicht einmal der Kämmerer führte Buch. Da sich der Hof ständig auf Reisen befand, war kein Platz für eine aufwendige Bürokratie. Erst Mitte des zwölften Jahrhunderts werden Bemühungen deutlich, etwas Ordnung in den Wirrwarr der Verwaltung zu bringen.

## HEINRICH IV. UND DER GANG NACH CANOSSA

Heinrich IV. ist gerade sechs Jahre alt, als sein Vater stirbt, doch ist er bereits zum König gewählt und gekrönt. Königin Agnes, seine Mutter, übernimmt die Regentschaft, was den Unmut des ohnehin aufsässigen Adels weiterhin steigert. Seit jeher gilt Agnes gegenüber dem deutschen Adel als Außenseiterin, die allein auf die Unterstützung der Kirchenfürsten zählen kann. Während ihrer Regentschaft gelingt es mehreren machtvollen Herzögen, ihre Unabhängigkeit von der Krone zu bewahren. Einige andere dagegen, die von ihr begünstigt wurden, darunter der Herzog

deutschen Fürsten herrschte die Ansicht, der Papst habe sie verraten, indem er die Monarchie restaurierte. Deshalb sahen sie in ihm nicht mehr den nützlichen Verbündeten. Der lombardische Adel vertrat eine andere Meinung. Das Verhalten des Königs sei unwürdig, er habe die Kirche nicht vor den gefährlichen Ambitionen des Papstes geschützt und sich über alle Maße demütigen lassen. Heinrichs Feinde waren geschwächt, doch sein Ansehen hatte einen schweren Rückschlag erlitten. Schon bald schien es, daß Heinrichs Demütigung vergebens gewesen war.

So war Canossa eine niederschmetternde Erfahrung für die Zeitgenossen. Historisch bleibt Canossa Symbol für die Unterwerfung der Mächtigen bis zur Entäußerung. Otto von Freising schrieb, die Kirche habe das Reich zerstört, indem sie den König von Rom nicht als mächtigen Herrscher, sondern wie einen gemeinen Verbrecher behandelte.

Im Mai 1872 sagte Bismarck auf dem Höhepunkt des Kampfes mit der katholischen Kirche vor dem Reichstag, er werde keinen Canossagang antreten, „weder im Fleisch noch im Geist".

Auf den Knien liegend, fleht Heinrich IV. Mathilde von Tuszien und seinen Paten, den Abt von Cluny, Hugo, um Fürsprache für sich bei Papst Gregor VII. an.

von Schwaben, Rudolf von Rheinfelden (der die zwölfjährige Tochter Heinrichs III. entführt hat und damit die Königin erpressen kann), Bayernherzog Otto von Northeim und Berthold von Zähringen, sollten die gefährlichsten Gegner ihres Sohnes werden.

Im ganzen Land kam es zu Unruhen, besonders am Niederrhein, wo die Rivalität zwischen Erzbischof Anno von Köln und Pfalzgraf Heinrich zu einer Reihe blutiger Zusammenstöße führt. Als sich das deutsche Heer in den Streit um die ungarische Thronfolge einmischt und geschlagen wird, führt das zu einem Verlust des Ansehens der Krone. Burgund und Italien bleiben während der Regentschaft weitestgehend unbeachtet und der Papst konnte seine Unabhängigkeit behaupten. Er steht unter dem weitreichenden Einfluß der zunehmend mächtigeren grauen Eminenz des Hildebrand, der bereits dem abgesetzten Papst Gregor IV. und Leo IX. gedient hat und dem Kardinalskollegium angehört. Als Viktor II., letzter dem Kaiser ergebener Papst, 1057 stirbt, erfolgt die Wahl des Abtes von Monte Cassino, Friedrich von Lotharingien, zum neuen Papst ohne das Wissen von Königin Agnes. Als Stephan IX. betreibt er eine gegen das Kaisertum gerichtete Politik, bleibt aber nicht einmal ein Jahr im Amt. Der römische Adel sichert die Wahl von Benedikt X. Die Kardinäle haben die Stadt fluchtartig verlassen. Hildebrand, ihr führender Kopf, ist als päpstlicher Gesandter in Deutschland, kehrt dann nach Italien zurück und sichert die Wahl des Bischofs von Florenz, der den Namen Nikolaus II. annimmt. In seinem Papstwahldekret *In nomine Domini* im Jahre 1059 bekräftigt dieser das Recht des Kardinalskollegiums auf Benennung seines Kandidaten für den Papstthron. Damit schließt er den römischen Adel von diesem Prozeß aus. Die kaiserlichen Rechte bleiben unbestimmt.

Als Nikolaus II. 1061 stirbt, üben die Kardinäle unter dem Schutz normannischer Soldaten ihre neuen Rechte aus. Sie wählen den Bischof von Lucca, der den Thron als Alexander II. besteigt. Agnes lehnt die Wahl ab und unternimmt den Versuch, das kaiserliche Vorrecht der Papstwahl zurückzuerobern, indem sie den Bischof Cadalo von Parma als Gegenpapst (Honorius II.) unterstützt. Als die beiden Pontifizes um die Macht kämpfen, kommt es in Rom zum Bürgerkrieg. Honorius wird aus der Stadt vertrieben und verbringt den Rest seiner Tage in Parma.

Die Gegner von Königin Agnes entschließen sich nun zu handeln, denn sie sorgen sich um die Sicherheit des Reiches und wollen sich nicht damit abfinden, die Staatsgeschäfte in den Händen einer Frau zu wissen, die zudem von Eifersucht auf ihren engsten Berater und angeblichen Liebhaber, Bischof Heinrich von Augsburg, geplagt wurde. Im Jahre 1062 entführt Erzbischof Anno von Köln den unmündigen König, lockt ihn auf ein Schiff und segelt mit ihm den Rhein hinab nach Köln. Im Staatsstreich von Kaiserswerth werden auch die kaiserlichen Insignien geraubt. Daraufhin legte Königin Agnes die Regentschaft nieder und Erzbischof Anno tritt an ihre Stelle. Der Emporkömmling verstrickt sich schon bald in Auseinandersetzungen mit Erzbischof Adalbert von Hamburg-Bremen, der dem alten Adel angehörte und dessen Bestreben es ist, „Nordpapst" zu sein. Allerdings mußte er sich die Regentschaft noch mit dem Erzbischof Siegfried von Mainz teilen. Der erbitterte Machtkampf zwischen den deutschen Bischöfen erreicht während des Pfingsthochamtes in der Kapelle der Kaiserpfalz von Goslar, an dem auch der junge König teilnimmt, einen dramatischen Höhepunkt. Bewaffnete des Abtes von Fulda und des Bischofs von Hildesheim schlagen während des Gottesdienstes aufeinander ein. Der König flieht auf seine Burg.

Am 29. März 1065 wird der fünfzehnjährige König in Worms zum Ritter geschlagen. Er ist ein kränklicher junger Mann, der sich mit jungen Männern niederer Geburt umgibt und sich nicht aus dem Bannkreis des Erzbischof Annos von Köln und dessen mächtigen Verbündeten zu lösen vermag. 1066 wird Adalbert von Bremen von Anno und dessen Mitstreitern vom Hof verjagt. Sie entledigen sich damit ihres mächtigsten Gegenspielers. Heinrich muß die vierzehnjährige Bertha von Turin ehelichen, die sein Vater für ihn gewählt hatte. Ob aus Abneigung oder Mangel an Liebeslust, die Ehe wird nicht vollzogen. Heinrich behandelt seine Kind-Braut lieblos und verlangt 1069 die Scheidung. Ein Vorhaben, das der päpstliche Gesandte Peter Damian zu verhindern weiß. Der Papst erringt damit einen wichtigen Sieg, die Monarchie verliert weiter an Ansehen. Heinrich unterwirft sich der Entscheidung und erfüllt seine eheliche Pflicht. Im darauffolgenden Jahr wird ihm eine Tochter geboren.

Der Sturz Bischof Adalberts von Bremen führte zu einem Gemetzel der heidnisch-slawischen Liutizen unter den Christen. Sie fallen vom Glauben ab, ließen alte heidnische Bräuche wieder aufleben und widersetzten sich dem König. Gottfried der Bärtige ist der mächtigste Fürst jener Zeit. Im Interesse der Monarchie beherrscht er das Gebiet von Lotharingien bis Tuszien, der späteren Toskana. Als Gottfried 1069 stirbt, sieht sich Heinrich Problemen an den Grenzen seines Reiches gegenüber. Er übersteht diese Rückschläge jedoch. Der Feldzug gegen die Slawen 1069 ist wenig mehr als eine Demonstration der Macht, ließ Heinrich aber das Gesicht wahren. Der Nachfolger Gottfrieds des Bärtigen, sein Sohn Gottfried der Bucklige, erweist sich als wilder Krieger und treuer Untertan. Er beruhigt den Westen und Süden des Reiches.

Bis zur Volljährigkeit des Königs Heinrich IV. und auch während der ersten Jahre seiner Regentschaft untergräbt der Adel die Macht der Krone ständig weiter und beansprucht Reichsgüter und Rechte. Erzbischof Adalbert bewegt den jungen König, diesen Bestrebungen Einhalt zu gebieten. Heinrich beginnt mit der Errichtung eines Kronguts im Harz südöstlich von Goslar (ähnlich der Ile de France für die französischen Könige). Das Gut soll von mehreren mächtigen Burgen geschützt sein. Der sächsische Adel sieht darin die Vorenthaltung seiner Rechte durch tyrannisches Handeln, eine Bedrohung seines Standes und seiner Sicherheit. Die Burgen werden Emporkömmlingen aus anderen Regionen übergeben, zumeist Schwaben, die ihre Bauern ausbeuten. Sachsen und Thüringer führen darauf hin Klage, man halte sie wie Sklaven. Adel und Bauernschaft sind zum Widerstand gegen die Monarchie bereit, sie vergessen ihre Zwistigkeiten für den Augenblick und machen gemeinsam Front.

Als der König 1073 das Heer zum Kampf gegen Polen aufruft, sind viele überzeugt, der Angriff richte sich gegen die Sachsen. Diese verlangen die Auflösung des Heeres durch den König, die Schleifung seiner Burgen, die Wiederherstellung der Rechte und Rückgabe der Güter, auf die sie Anspruch erheben. Heinrich IV. lehnt die Forderungen ab, worauf die Sachsen nach Goslar marschieren. Der König flieht in seine Feste Harzburg, die bald danach belagert wird. Durch eine dramatisch inszenierte Flucht gelangt er nach Hersfeld, wo er auf das für den Feldzug gegen Polen aufgestellte Heer stößt.

Das Heer des Königs ist zahlenmäßig weit unterlegen. Sechs Monate wartet Heinrich IV., dann wagt er den Marsch nach Sachsen. Seine Gegner in Bauernschaft und Adel sind hoffnungslos zerstritten, ihre jeweiligen Interessen stehen sich diametral gegenüber. Die Sachsen können einen möglichen Sieg des königlichen Heeres über ihre geteilten Kräfte nicht riskieren. So nehmen sie Verhandlungen auf, solange sie noch die Oberhand besitzen. Am 2. Februar 1074 kommt es zum Friedensschluß von Gerstungen. Es fällt Heinrich schwer, diesen Frieden anzunehmen. Er stimmt der Zerstörung seiner Burgen in Sachsen und Thüringen zu, gibt Goslar und das von ihm besetzte Land auf, erkennt die alten Rechte der Sachsen an und gewährt den Aufständischen Straffreiheit.

Es wird vereinbart, die Kirche in Harzburg zu verschonen, denn dort befindet sich die letzte Ruhestätte des Bruders und des Sohnes von König Heinrich. Doch die ansässigen Bauern erstürmen das Symbol salischer Tyrannei, schleifen es und zerstören die Königsgräber. Damit begehen sie einen klaren Bruch des Friedens. Rasch sammelt Heinrich IV. ein Heer, um die Sachsen zu bestrafen. Am 9. Juni 1075 treffen die beiden großen Heere bei Homburg aufeinander. Heinrich IV. erringt nach einem erbitterten Kampf, in dem sich Gottfried der Bucklige auszeichnet, den Tagessieg. Der sächsische Adel ergreift hoch zu Roß die Flucht und überläßt die streitende Bauernmacht der mordenden Soldateska des Königs. Dieser ist mit dem Ausgang der Schlacht nicht besonders zufrieden. Zwar haben die Bauern Tausende aus ihren Reihen verloren, doch der Kampf hat auch einigen der ihm treu ergebenen Adligen das Leben gekostet.

Das königliche Heer wütet derweil in Thüringen und Ostsachsen. Die stolzen Sachsen bitten aber nicht um Frieden. Sie beenden den Feldzug erst, als der König im Oktober 1075 mit einem neuen Heer auf den Plan tritt. Der größte Teil der sächsischen Führung wird eingekerkert, nur der mächtige Otto von Northeim wird begnadigt. Weihnachten nimmt er an einem Festakt in Goslar teil, auf dem bestimmt wird, daß nach Heinrichs Tod sein zweijähriger Sohn Konrad zum König gewählt werden soll.

## DER KAMPF ZWISCHEN PAPST UND KAISER

Heinrich IV. scheint auf dem Höhepunkt der Macht, soll aber schon bald eine der schlimmsten Erniedrigungen der Geschichte erfahren. Am Neujahrstag 1076 erreicht ihn eine Botschaft Hildebrands, der 1073 als Gregor VII. zum Papst bestimmt worden ist. Hildebrand droht mit der Verweigerung der heiligen Sakramente, sollte Heinrich nicht Buße tun und den weiteren Umgang mit exkommunizierten Höflingen einstellen. Der Papst rügt Heinrich auch dafür, daß er ohne sein Wissen Bischöfe in Mailand, Fermo und Spoleto eingesetzt hat. Als direkter Nachfolger des hl. Petrus fordert der Papst den Gehorsam des Königs. Er erinnert daran, daß die neuerlichen Erfolge Heinrichs nur durch die Gnade des Herrn möglich gewesen seien.

Heinrich IV. ist nicht der Mann, der sich derartigen Unverschämtheiten beugt. Er beschließt, sich dem Papst zu widersetzen. Am 24. Januar 1076 ruft er die deut-

schen Bischöfe zu einer Synode nach Worms, wo sechsundzwanzig Bischöfe die „Negative Antwort von Worms" unterzeichnen. Darin teilen sie dem „Bruder Hildebrand" mit, daß sie seine Autorität nicht länger anerkennen und bezichtigen ihn Untaten aller Art, darunter des Verkehrs mit einer verheirateten Frau. Als Herrscher von Rom erklärt Heinrich IV. den Papst für abgesetzt. Das Schreiben des Königs wird in allen Ecken des Reiches verbreitet. Gegen den Papst beginnt ein groß angelegter Propagandafeldzug.

Gregor VII. läßt sich nicht einschüchtern. Als er das Schreiben aus Worms erhält, exkommuniziert er den höchsten Vertreter der deutschen Kirche, Erzbischof Siegfried von Mainz und suspendiert alle Bischöfe, die das Schreiben unterzeichnet haben. Gleichzeitig exkommuniziert er alle deutschfreundlichen lombardischen sowie mehrere französische Bischöfe, die sich aus unterschiedlichen Gründen seinen Zorn zugezogen haben. Damit nicht genug, entzieht er Heinrich IV. das Regentschaftsrecht über Deutschland und Italien, löst den Treueid aller Christen zum König und exkommuniziert ihn.

In der Kirche vollziehen sich grundlegende Reformen. Sie ist zum Kampf gegen die Vorherrschaft der weltlichen Mächte bereit. Mit beinahe größenwahnsinniger Energie verfolgt Gregor VII. das Ziel, die absolute und unbestreitbare Vormacht des

Der Bau der Kirche des heiligen Michael in Hildesheim, ein Meisterwerk romanischer Baukunst, wurde von Bischof Bernward im Jahre 1010 begonnen. Trotz schwerer Schäden im II. Weltkrieg, ist sie noch immer überzeugendes Beispiel des Reichtums ottonischer und salischer Baukunst.

Papstes nicht nur über die römische Kirche, sondern auch über alle weltlichen Mächte zu erringen. Der Kaiser repräsentiert zweifellos die größte weltliche Macht. Daher ist ein Sieg über ihn entscheidend. Gregor zweifelt nicht einen Augenblick an seinem Erfolg. Die theokratische Macht der Ottonen und Salier ist geschwunden. Der Papst hat sich aus der Bevormundung durch den Kaiser gelöst.

Der Kampf zwischen Papst und Kaiser wird durch die Bestrebungen der italienischen Städte nach kommunaler Selbstverwaltung und das Recht zur Investitur der Bischöfe zusätzlich kompliziert. Nirgends wird dieser Kampf erbitterter geführt als in Mailand, wo der Erzbischof und der niedere Adel, die die Herrschaft über die Stadt ausüben, reichstreu bleiben. Unterstützt durch eine religiös fanatisierte Masse, stellt sich der Papst gegen sie. Der Kampf zwischen Kaiser, Papst und der Stadt Mailand findet seinen Höhepunkt in einem blutigen Gemetzel unter den religiösen Fanatikern, bei dem die Papstanhänger unterliegen.

Nur einzelne deutsche Bischöfe sind bereit, den Kaiser in seinem Kampf gegen den Papst zu unterstützen. Als der Papst den königlichen Treueid löst, erhebt sich der süddeutsche und sächsische Adel. Beide Gruppen verschwören sich zum Sturz des Kaisers und wollen einen neuen König wählen. Otto von Northeim, die Urform eines Opportunisten, wechselt erneut die Seite und schließt sich den aufständischen Sachsen an, die die besten Aussichten auf Erfolg haben. Eine wachsende Zahl deutscher Bischöfe stellt sich auf die Seite des Papstes.

Der Thron Heinrichs IV. wird nur durch die Rivalitäten zwischen Otto von Northeim und Rudolf von Rheinfelden, des anderen führenden Adelsvertreters der Aufständischen, gerettet. Zudem möchte der Papst einen unterwürfigen Heinrich, keinen neuen König, der sich als noch schwerer beherrschbar erweisen könnte. Die deutschen Fürsten laden den Papst zu einem Reichstag nach Augsburg ein, wo er in ihrem Kampf mit dem König vermitteln soll. Gregor VII. nimmt die Einladung an und macht sich auf die lange, beschwerliche Reise nach Norden.

Heinrich IV. beschließt, dem Papst zuvorzukommen. Zur Wiederherstellung seiner Autorität in Deutschland benötigt er dringend die päpstliche Absolution. Er bereist Burgund, feiert Weihnachten in Besançon, reist weiter nach Genf und zum Mont Cenis. Das Wetter ist schrecklich, der Paß außerordentlich gefährlich, aber weiteres Warten verbietet sich, denn der Papst will bereits am 2. Februar mit den deutschen Fürsten zusammentreffen.

Die Nachricht, daß der König die Alpen überquert habe, erfüllt den Papst mit Schrecken. Er flieht in die Sicherheit der Burg der Markgräfin Mathilde in Canossa, die er als uneinnehmbar wähnt. Heinrich steht barfüßig im Schnee und wartet vor den Toren der Burg geduldig, bis er zum Papst vorgelassen wird. Nach drei Tagen lenkt Gregor VII. ein und Heinrich wird wieder in die Arme der Mutter Kirche geschlossen.

Als Antwort auf die Nachrichten aus Canossa, berufen die deutschen Fürsten für den 13. März 1077 einen Fürstentag in Forchheim ein. Dort wählen sie Rudolf von Rheinfelden, Herzog von Schwaben, zum neuen König. Dieser ist gezwungen, bestimmten Neuregelungen zuzustimmen: Die Erbmonarchie wird abgeschafft, die Investitur von Bischöfen ist künftig eine Angelegenheit der Kirche. Heinrich IV. marschierte gegen den Gegenkönig. Dieser flieht nach Sachsen. Obwohl Heinrich in Mitteldeutschland herrscht, kontrollierte Rudolf noch immer Sachsen. Während

sich die Heere der beiden Könige mehrere blutige Schlachten liefern, setzte der Papst dagegen auf die Zeit. Erst im Januar 1080 schlägt Heinrich IV. Rudolf bei Flarchheim in der Nähe von Mühlhausen in Thüringen endgültig. Prompt verlangt er die Exkommunikation seines Gegners durch den Papst, andernfalls droht er mit der Einsetzung eines Gegenpapstes. Doch Gregor VII. entspricht dem Ansinnen Heinrichs nicht. Vielmehr exkommuniziert er ihn ein zweites Mal und erkennt Rudolf als deutschen König an. In vollkommener Verkennung der politischen Realität verkündet der Papst, er habe die richterliche Gewalt über alle weltlichen Herrscher. Später läßt der Papst wissen, Heinrich werde vernichtet, wenn er bis zum 1. August nicht vor ihm Reue tue.

Dieses Mal ist Gregor VII. zu weit gegangen. Die zweite Exkommunikation war so offensichtlich politisch motiviert, daß sie nur von wenigen ernst genommen werden konnte. Heinrich beruft eine Synode der ihm ergebenen Bischöfe nach Brixen ein, auf der der „unverschämte Hildebrand" der Gotteslästerung, des Mordes, der Ketzerei, der Zauberei und einer Reihe anderer Untaten beschuldigt und für des Amtes enthoben erklärt wird. Der Erzbischof Wibert von Ravenna wird neuer Papst. Unter dem Namen Klemens III. ging er als ehrlicher Mensch und aufrechter Reformator in die Geschichte ein.

Damit gibt es zwei Könige und zwei Päpste; Kirche und Papst sind hoffnungslos zerstritten. Im Oktober 1080 wird Heinrichs Heer an der Weißen Elster geschlagen, doch Rudolf von Rheinfelden verlor im Kampf die rechte Hand und stirbt am Tage darauf. Die Aufständischen verlieren damit ihren herausragenden Anführer. Der Verlust der Hand wird als Gottesurteil erkannt, mit dieser hat er einst Heinrich IV. den Treueid geleistet.

Inzwischen marschiert Heinrich IV. auf Rom. Er sinnt auf Vergeltung für Canossa. Im Mai 1081 erreicht er die Stadt. Doch deren Bürger halten treu zu Gregor VII. Der König sieht sich zum Rückzug gezwungen. Unbewegt durch die Nachricht, der neue Anführer der Aufständischen, Hermann von Salm aus dem Herzogshause Luxemburg, sei Weihnachten in Goslar zum König gekrönt worden, belagert er die Ewige

Dieser Ausschnitt einer allegorischen Miniatur im *Jungfrauenspiegel* des Konrad von Hirsau (um 1200) zeigt Witwen bei der Aussaat und der Ernte. Die Frauen tragen elegante Kleider; die Tätigkeit ist rein symbolisch.

Stadt. Wieder unterliegt er, unternimmt aber im Frühjahr des darauffolgenden Jahres einen erneuten Versuch. Dieser ist teilweise von Erfolg gekrönt. Den Papst aber kann er in dessen stark befestigter Stellung nicht erreichen.

Gregor VII. verlangt ein zweites Canossa. Doch seine Lage ist alles andere als beneidenswert. Seine stärkste Verbündete, Markgräfin Mathilde, kann ihm die benötigte Unterstützung nicht geben. Hermann von Salm bleibt bedeutungslos. Otto von Northeim, der befähigste Streiter an der Seite des Papstes, stirbt im Januar 1083. Daraufhin wirbt Gregor um die Unterstützung des Normannen Robert de Guiscards, aber der ist mit der Besetzung byzantinischer Gebiete in Griechenland beschäftigt. Seines einzigen, aussichtsreichen Verbündeten beraubt, beginnt die Position des Papstes zu bröckeln. Die Römer sind der päpstlichen Unnachgiebigkeit müde, hatte sie ihnen doch nichts als Ungemach beschert. Sie öffnen die Stadttore, durch die Heinrich IV. am Gründonnerstag 1084 im Triumph in Rom einzieht. Am Ostersonntag wird er im Petersdom von Gegenpapst Klemens III. zum Kaiser gekrönt.

Es bleibt Heinrich nur kurze Zeit, seinen Triumph zu genießen, denn Gregor VII. weilt noch in Rom und Robert de Guiscard kehrt nach blutiger Schlacht aus Byzanz zurück. Im Bündnis mit den Sarazenen aus Sizilien setzt er sich gegen Rom in Marsch. Heinrich zieht sich klug zurück, überläßt die Stadt den Händen der Normannen und deren moslemischen Verbündeten. Die Stadt wird mit Mord und Terror überzogen und in Brand gesteckt, Frauen werden vergewaltigt und Tausende Römer in die Sklaverei verschleppt.

Gregor VII. hat sein Ansehen vollständig verspielt, weil er sich mit den plündernden Horden der Normannen eingelassen hat. Er flieht aus der Stadt und errichtet seinen Hof in Salerno. Aus dieser sicheren Entfernung geht er ein weiteres Mal gegen seinen verhaßten Rivalen vor und ruft die gesamte Christenheit auf, ihn zu bekämpfen. Kurze Zeit später stirbt er, unerbittlich bis zum letzten Atemzug, zum großen Leidwesen seiner geistlichen Berater. Seine letzten Worte waren: „Ich habe die Aufrichtigkeit geliebt und die Ungerechtigkeit gehaßt. Deshalb sterbe ich im Exil."

Heinrich IV. war von seinem Rivalen befreit, aber den Makel der Exkommunikation und der Erniedrigung von Canossa kann er nicht abschütteln. Nach der Flucht aus Rom festigt Heinrich seine Macht in Deutschland, exkommuniziert mehrere Bischöfe, die auf Gregors Seite standen und zwingt Hermann von Salm dazu, bei den Dänen um Exil nachzusuchen. In Süddeutschland steht die gregorianische Opposition unter Führung der Welfen (Guelfen). Im Jahre 1089 heiratet der siebzehnjährige Herzog von Bayern, Welf IV., die dreiundvierzigjährige Markgräfin Mathilde von Tuszien. Durch diese politisch motivierte Ehe entsteht eine machtvolle Allianz gegen den Kaiser, der wichtige Teile Süddeutschlands, Lotharingiens und der Toskana angehören.

Heinrich begibt sich 1090 nach Italien, wo er das bedrohliche neue Bündnis zerschlagen will. Er nimmt mehrere Burgen Mathildes ein und zwingt sie zum Rückzug in die Sicherheit von Canossa. Doch Mathilde gelingt es, Heinrichs Sohn, Konrad, zum Verrat an seinem Vater zu bewegen. Dieser wird vom Erzbischof von Mailand, der zu diesem günstigen Moment ebenfalls die Seiten wechselt, zum König von Italien gekrönt. Konrad bekennt sich zu Papst Urban II., der ihm die Kaiserkrone verspricht, wenn Konrad seine Unterwerfung unter die Kirche beweist. Der

Papst bindet Konrad noch stärker an sich, indem er seine Heirat mit der Tochter Rogers I. von Sizilien arrangiert. Mailand, Cremona, Piacenza und Lodi bilden das erste Bündnis italienischer Städte und schließen sich den kaiserfeindlichen Kräften an. Heinrich IV. befindet sich nun in einer kritischen Lage. Der Rückzug nach Deutschland ist ihm abgeschnitten, da seine Gegner die Alpenpässe kontrollieren. Eine weitere Demütigung erfährt der Herrscher, als seine Frau, die Königin Praxedis, eine junge russische Witwe mit zweifelhaftem Lebenswandel, die unter Mathildes Macht geraten ist, ihren Gemahl vor der Reformsynode in Piacenza erschreckender sexueller Verirrungen bezichtigt.

Heinrich IV. kann erst wieder Atem schöpfen, als Papst Urban II. seine Aufmerksamkeit auf die Reformierung der französischen Kirche richtet und zum Kreuzzug für die Rettung der Ostchristen vor dem Vormarsch des Islam aufruft. Die Ehe des jungen Welf mit Mathilde ist kein Erfolg und als das Bündnis auseinanderbricht, ist Welf IV. bereit, mit dem Kaiser zu verhandeln. Nach sieben langen Jahren in Italien kann Heinrich 1097 nach Deutschland zurückkehren.

Auf einem Reichstag in Mainz im darauffolgenden Jahr setzt Heinrich seinen treulosen Sohn Konrad ab, der zwei Jahre später in Florenz stirbt. Sein jüngerer Bruder Heinrich wird 1099 zum König gekrönt. Der Nachfolger Papst Urbans II., Paschalis II., ist wie seine Vorgänger entschlossen, das Papsttum weiter zu stärken. Er bestätigt die Exkommunikation des Kaisers. Heinrich sucht die Versöhnung mit dem Papst und gelobt ihm, auf einen Kreuzzug zu ziehen, wenn er die Sakramente empfangen dürfe, doch der Papst weigert sich.

Heinrich IV. unterstützt den niederen Adel und die Bürger und fördert deren wirtschaftliche Interessen. Indem er sein möglichstes zur Beendigung der zivilen Unruhen tut, gewinnt er die Unterstützung aller, die der endlosen Fehden des Adels überdrüssig sind und nach Ruhe und Ordnung verlangen. Er rächt die Juden, indem er die für deren Verfolgung 1096 Verantwortlichen bestraft und jene beschützt, welche zwangsweise getauft worden sind und zu ihrem Glauben zurückkehren möchten. Diese Politik ist den kirchlichen und weltlichen Fürsten ein Dorn im Auge, und so setzen sie dem jungen Heinrich zu, sein Vater gefährde mit einer verfehlten Politik sein Erbe. Der Papst löst den Treueid, den der Junge seinem Vater geleistet hat. Ein Reichstag 1105 in Mainz soll den Streit schlichten, aber der junge Heinrich erscheint aus Furcht, seine Sache könne verloren gehen, nicht vor der Versammlung. Er setzt seinen Vater gefangen, bringt die Reichsinsignien an sich und läßt sich durch den Erzbischof von Mainz im Januar 1106 als Heinrich V. krönen.

Doch Heinrich IV. ist selbst nach zahlreichen Rückschlägen nicht zur Aufgabe bereit. Er flieht aus dem Gefängnis und bereitet sich zum Kampf um die Krone vor. Sein Schicksal bewegt viele, und die lotharingischen Fürsten greifen in seinem Namen zum Schwert. Doch Heinrich IV. stirbt am 7. August 1106, noch ehe es zum Ausbruch eines blutigen Bürgerkrieges kommt. Zuvor verzeiht er allen seinen Feinden, auch seinem verräterischen Sohn. Sein Tod löst allgemeine Trauer aus. Ungeachtet Heinrichs Exkommunikation, schickt der niedere Klerus Gebete für die Seele des Verstorbenen zum Himmel. Derweil halten gemeine Soldaten und die bewaffnete Bevölkerung das Domkapitel von Liège in Schach. Der Erde seines Grabes werden Zauberkräfte zugeschrieben. Denn obwohl Könige das Sehnen des Volkes nach Frieden, Wohlstand und Gerechtigkeit nicht erfüllen, wird noch immer an ihre magische Kraft geglaubt.

## HEINRICH V. UND DAS ENDE DER SALIER

Heinrich V. unterbreitet dem Papst ein Kompromißangebot, das ihm ein Vetorecht bei der Investitur von Bischöfen sichern soll. Sie sollen Ring und Stab aus seiner Hand erhalten und dem König den Treueid schwören. Der König entsagt damit zwar dem Handel mit geistlichen Ämtern und der Kontrolle über Wahlen, nicht aber der Kontrolle über Investituren. Der Papst kann diesem Vorschlag nicht zustimmen. Er sieht darin eine Unterwerfung der Kirche unter den König.

Im Jahre 1110 sammelt Heinrich V. ein starkes Heer und setzt es nach Italien in Marsch. Er will den Papst zwingen, das Investiturrecht des Königs anzuerkennen und Heinrichs Krönung in Rom zuzustimmen. Erst kürzlich hat er sich mit Mathilde, der neunjährigen Tochter König Heinrichs I. von England, verlobt und von diesem eine ansehnliche Aussteuer erhalten. In Norditalien trifft Heinrich nicht auf Widerstand. Selbst Markgräfin Mathilde ist so klug, ein Aufeinandertreffen zu vermeiden. Der Papst schlägt jetzt eine Trennung von Kirche und Staat vor. Der König soll künftig auf jedes Mitspracherecht bei Investituren verzichten. Dafür vermacht die Kirche ihre umfangreichen Güter der Krone. Heinrich ist sich der Reaktion des Adels auf eine solche Anhäufung von Reichtum auf Seiten der Krone nicht sicher. Er verkündet, er werde dem Vorschlag zustimmen, wenn dieser auch von der Kirche und vom Adel akzeptiert wird.

Der Klerus ist über den Vorschlag des Papstes entsetzt, denn er bedeutet für ihn den Verlust von Reichtum und Macht. Auch der Adel wendet sich gegen den Vorschlag. Er würde gleichfalls große Ländereien verlieren, mit denen die Kirche ihn belehnt hat. Zur Stärkung der Monarchie in diesem großen Umfang ist er nicht bereit. Als Heinrich V. in Rom eintrifft und der Papst seinen bemerkenswerten Vorschlag öffentlich macht, fließt Blut auf der Straße. Umgehend befiehlt Heinrich V. die Festsetzung des Papstes, einer Reihe hoher Kirchenvertreter und führender Bürger Roms. Ohne das Eingreifen seiner normannischen Verbündeten ist der Papst hilflos. Er sieht sich gezwungen, die ursprünglichen Bedingungen Heinrichs anzunehmen. Er schwört, ihn nie wieder zu exkommunizieren. Am 11. April 1111 wird in Ponte Mammolo ein entsprechender Vertrag unterzeichnet und in aller Eile findet zwei Tage später die Kaiserkrönung Heinrichs V. im Petersdom statt. Der neue Kaiser macht seinen Sieg vollständig, indem er die Erlaubnis des Papstes für ein christliches Begräbnis seines Vaters im Dom zu Speyer erwirkt.

Zahlreiche Mächtige der Kirche verurteilen daraufhin den Vertrag, setzen sich über die Einwände des Papstes hinweg und exkommunizieren den Kaiser. Etwa gleichzeitig erheben sich die deutschen Fürsten, werden aber vom kaiserlichen Heer

Kreuzfahrer im Kampf gegen die Sarazenen. Die Moslems waren gut ausgerüstete und geschickte Soldaten, die häufig die Oberhand über die Kreuzfahrer behielten, obwohl Organisation und Versorgung der christlichen Streitmacht in der Regel besser waren.

geschlagen und gedemütigt. Erzürnt über die Behandlung, die der Kaiser seinen Feinden zuteil werden läßt und wegen seiner hochfliegenden politischen Ambitionen, erhebt sich nun der Adel von Sachsen und Thüringen und fügt dem kaiserlichen Heer am Welfesholz bei Mansfeld im Februar 1115 eine entscheidende Niederlage zu. Als Markgräfin Mathilde im Juli des Jahres stirbt, nimmt Heinrich V. ihre ausgedehnten Ländereien in Besitz. Um die Autorität in Deutschland wiederzugewinnen, errichtet er in der Toskana eine Machtbasis, von der aus er sowohl gegen den Papst als auch gegen die deutschen Fürsten vorgehen kann. Widerstandslos erlangt er Mathildes Besitz. In Rom aber zwingen die noch immer mächtigen Anhänger Gregors den Papst, den Vertrag mit dem Kaiser zu widerrufen. Heinrich V. verbringt Ostern und Pfingsten 1117 in Rom, wo seine junge englische Gemahlin von Erzbischof Mauritius von Braga zur Kaiserin gekrönt wird. Der Erzbischof wird prompt vom Papst exkommuniziert. Dieser ist nach einem heftigen Streit mit führenden Familien Roms aus der Stadt geflohen, in der er auf der Seite der Verlierer gestanden hat.

Im Sommer 1118 stirbt der Papst. Sein Nachfolger, Gelasius II., verweigert die Erneuerung des Vertrages von Ponte Mammolo. Darauf macht Heinrich umgehend seinen Getreuen, Mauritius von Braga, zum Papst. Er wählt den Namen Gregor VIII., ist aber in Rom als der „spanische Esel" bekannt. Danach kehrt Heinrich V. nach Deutschland zurück, wo der Kampf zwischen Reichstreuen und Papstanhängern tobt. Er richtet seine Schritte gen Mainz, wo Erzbischof Adalbert, führender Vertreter der päpstlichen Fraktion, sitzt. Das sächsische Heer steht Adalbert zu Gebote, aber zum Kampf kommt es dank Verhandlungen nicht. Es wird vereinbart, daß Reichs- und Kirchenbesitz unangetastet bleiben und Friedensbrecher zu töten sind.

Der Investiturstreit findet erst ein Ende, als der neue Papst, Calixtus II., ein erfahrener Diplomat, eine Delegation nach Worms entsendet. Diese erreicht, daß der Kaiser künftig den Bischöfen als Zeichen weltlicher Macht und Rechte ein Zepter überreicht, nicht aber Ring und Stab als rein religiöse Symbole. Damit ist Weltliches und Geistliches streng voneinander getrennt. Die Monarchie hat das letzte Bollwerk ihrer religiösen Macht verloren. Nach der Verkündung des Wormser Konkordates (1122) wird ein Hochamt zelebriert. Heinrich V. erhält die heilige Kommunion und den Friedenskuß Kardinal Lamberts von Ostia, des Führers der päpstlichen Abordnung.

Im Jahre 1124 entschließt sich Heinrich V. im Bündnis mit Heinrich I. von England zum Krieg gegen Frankreich. Der englische Thronfolger Wilhelm ist beim Untergang des Weißen Schiffes im Ärmelkanal ums Leben gekommen. Damit geht die Thronfolge in England auf die Gemahlin Heinrichs V. und Zwillingsschwester Wilhelms über. Mit einem erfolgreichen Feldzug gegen Frankreich will der Kaiser ihren Anspruch bekräftigen. Die deutschen Fürsten, deren Appetit auf Eroberungskriege erst wieder geweckt werden muß, sind von dem französischen Abenteuer nicht begeistert. Es würde bei Erfolg nur die Stellung des Königs weiter stärken. Angesichts der Entschlossenheit der Franzosen zur Verteidigung ihres Landes, zieht sich Heinrich V., der todkrank ist und nur über ein kleines Heer und damit über eine zu geringe Schlagkraft verfügt, zurück. Er stirbt am 23. Mai 1125 in Utrecht. Kaiserin Mathilde kehrt nach England zurück, heiratet Godfrey von Anjou und kämpft vergeblich gegen Stephan von Blois um die englische Krone. Ihr Sohn besteigt als Heinrich II., erster Sproß aus dem Geschlecht der Plantageneten, den Thron.

Ein Kreuzritter beim Gebet. Derartige Kettenpanzer trugen die meisten Kreuzritter. Sie hatten sich seit den Tagen Karls des Großen wenig verändert. Im Kampf wurde ein einfacher Helm mit einem Kreuz als Schmuck getragen.

# KAPITEL 3

# Die Hohenstaufen und das Späte Mittelalter

Heinrich V., war der letzte Herrscher aus dem Hause der Salier, und er stirbt ohne Thronfolger. Es gibt jetzt drei Thronanwärter: Friedrich von Schwaben, Lothar von Sachsen und Markgraf Leopold von Österreich. Auf der Wahlversammlung der Fürsten kommt es zu erbitterten Auseinandersetzungen, fast bis zur Anwendung von Gewalt, doch dann fällt die Wahl auf Lothar. Der neue König gibt seine Tochter dem Bayernherzog Heinrich dem Stolzen, Sproß aus altem Adelsgeschlecht mit Wurzeln im achten Jahrhundert, zur Gemahlin und versichert sich so der Unterstützung der Bayern. Friedrich von Schwaben, ein Staufer, verweigert die Herausgabe des Reichsgutes, das er von seinem Onkel, Heinrich V., geerbt hat. Die Salier hatten durch die Zusammenlegung von Privatländereien und Reichsgut versucht, ein territoriales Königreich zu schaffen. Lothar III. ist entschlossen, sich diese Kontrolle über das Reichsgut wieder zurückzuholen. Die Schwaben vereiteln den Versuch, indem sie Friedrichs jüngeren Bruder, Konrad III., 1127 als Gegenkönig wählen. Damit beginnt eine lange Auseinandersetzung zwischen den Hohenstaufen und den Welfen.

Der Dauerkrieg zwischen dem König und seinem mächtigen Rivalen endet erst 1135, als Konrad zum Verzicht auf die Krone gezwungen wird und der Kaiser ihm seine Güter beläßt. Als Lothar zwei Jahre später stirbt, entscheidet sich die Wahlversammlung wiederum für den Hohenstaufer Konrad, den ehemaligen Gegenkönig. Die Wahl erfolgt mit unziemlicher Eile. Konrad III. wird vom päpstlichen Legaten im Dom zu Aachen gekrönt, allerdings ohne Regalien, die sich nach wie vor in den Händen der Welfen befinden. Konrad III. ist ein Mann von imposanter Statur. Schnell verschafft er sich Autorität und nachdem er den Welfen Heinrich den Stolzen, seinen Rivalen, in den Griff bekommen hat, wendet er sich internationalen Angelegenheiten zu. Im Jahre 1144 erobert Zengi, Emir von Mossul, den Kreuzfahrerstaat Edessa im Südosten Anatoliens. Angeregt durch die flammenden Predigten des Bernard von Clairvaux, des charismatischen Gründers des Zisterzienserordens, gehen Ludwig VII. von Frankreich, Konrad III. und weitere Mitglieder des deutschen Adels auf einen Kreuzzug. Doch Konrad ist entschlossen, noch vor seinem Aufbruch in das Heilige Land die Königswahl seines Sohnes durchzusetzen. Diese findet statt, nachdem er den Sachsen einen Kreuzzug gegen die heidnischen Wenden in Pommern, Mecklenburg und Brandenburg gestattet – ein wichtiger Schritt bei der deutschen Besiedelung des Ostens.

Der zweite Kreuzzug hingegen scheitert. Die Kreuzfahrer erleiden eine Serie von Niederlagen in Kleinasien und Damaskus widersteht ihrem Ansturm. Im Jahre 1149 kehren Ludwig VII. und Konrad III. nach Europa zurück. Konrad wird schon bald in Kämpfe mit den Welfen verwickelt, die sich mit dem Normannen Roger II. und dann mit Ludwig VII. von Frankreich verbündet haben. Konrad bietet den Welfen Paroli, stirbt aber im Februar 1152, noch ehe seine Krönung in Rom stattfinden kann. Er ist der erste deutsche König seit 962, der nicht zum Kaiser gekrönt worden ist.

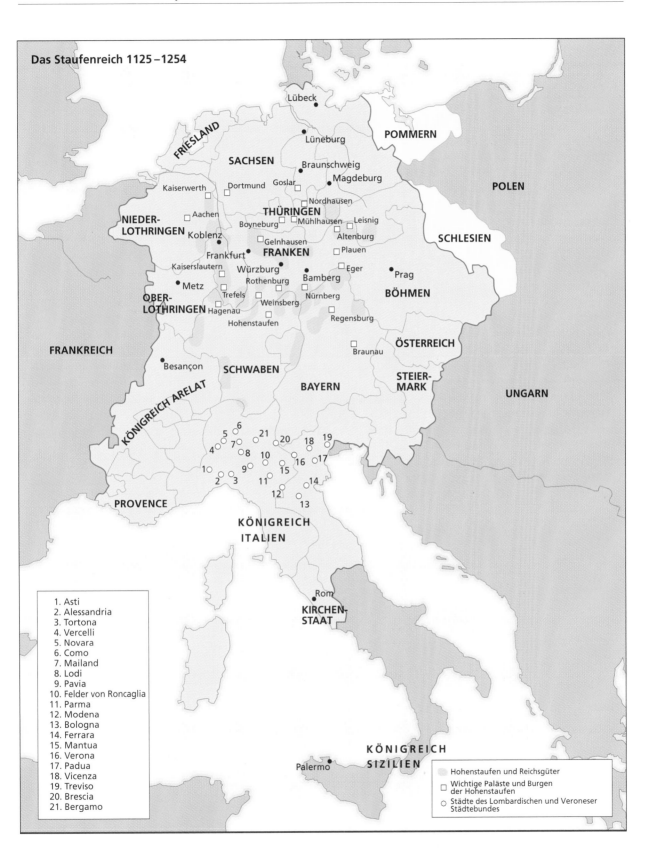

**Das Staufenreich 1125–1254**

FRIESLAND

Lübeck

Lüneburg

POMMERN

SACHSEN

Braunschweig

Magdeburg

POLEN

Kaiserwerth    Dortmund    Goslar

Nordhausen

THÜRINGEN

SCHLESIEN

Aachen    Boyneburg    Mühlhausen    Leisnig

NIEDER-
LOTHRINGEN    Koblenz    Gelnhausen    Altenburg

Plauen

Frankfurt    FRANKEN

Kaiserslautern    Würzburg    Eger    Prag

Metz    Rothenburg    Bamberg    BÖHMEN

OBER-    Trefels    Nürnberg

LOTHRINGEN    Hagenau    Weinsberg    Regensburg

Hohenstaufen

Braunau    ÖSTERREICH

FRANKREICH    Besançon    SCHWABEN    STEIER-
MARK

KÖNIGREICH ARELAT    BAYERN    UNGARN

6
5    21
4  7        20    18    19
8    10
1    9    15    16    17
2  3    11    14
12    13

PROVENCE

KÖNIGREICH
ITALIEN

Rom

KIRCHEN-
STAAT

1. Asti
2. Alessandria
3. Tortona
4. Vercelli
5. Novara
6. Como
7. Mailand
8. Lodi
9. Pavia
10. Felder von Roncaglia
11. Parma
12. Modena
13. Bologna
14. Ferrara
15. Mantua
16. Verona
17. Padua
18. Vicenza
19. Treviso
20. Brescia
21. Bergamo

KÖNIGREICH
SIZILIEN

Palermo

Hohenstaufen und Reichsgüter

☐ Wichtige Paläste und Burgen
der Hohenstaufen

○ Städte des Lombardischen und Veroneser
Städtebundes

# Hildegard von Bingen

Hildegard wird 1098 in Bermersheim bei Alzey als Tochter adliger Eltern geboren. Als das Mädchen acht Jahre alt ist, übernimmt die Äbtissin Jutta von Spanheim ihre Erziehung. Sie selbst steht einer kleinen Gemeinschaft von Nonnen vor, die dem Benediktinerkloster in Disibodenberg bei Bingen angeschlossen ist. Hildegard verbringt ihr gesamtes Leben im Kloster und wird 1141 dessen Äbtissin. Um 1150 gründet sie das von den Normannen zerstörte Kloster des hl. Rupert auf dem Rupertsberg bei Bingen neu und zieht mit ihren Nonnen dorthin. Sie stirbt 1179.

Ihr Ruf als Mystikerin, Poetin, Naturkundige, Musikerin, Apothekerin, Politikerin und Diplomatin verbreitet sich im gesamten Reich. Obwohl sie wegen ihres mangelhaften Latein die Hilfe eines Schreibers benötigt, führt sie eine umfangreiche Korrespondenz mit Friedrich Barbarossa, Bernard von Clairvaux, Kaisern, Päpsten und Erzbischöfen. Die „Sybille des Rheins" hilft mit ihrem Rat in allen Fragen, von der Kräuterheilkunde bis zur Ketzerei.

Nach ihrer Erhebung zur Äbtissin macht sie eine mystische Erfahrung: Das Feuer des heiligen Geistes steigt vom Himmel herab und umhüllt sie. In den darauffolgenden zehn Jahren schreibt sie ihre zahlreichen Visionen in Scivias (Wisse die Wege) nieder und verfaßt zwei bedeutende wissenschaftliche Werke Physica und Causae et cura. Ihr Stück über die Moral (Die Ordnung der Tugenden) entsteht ein ganzes Jahrhundert

vor anderen vergleichbaren Werken dieser Art. Ihr dichterisches und musikalisches Schaffen faßt sie in der Symphonia armonie celestium revelationum (Die Symphonie der Harmonie himmlischer Offenbarungen) zusammen.

Heute ist sie als die bemerkenswerteste Tonschöpferin ihrer Zeit in Erinnerung, in deren Musik sich mystisches Verlangen und tiefe Spiritualität ausdrücken. Obwohl ihre Lieder die Sprache des Mittelalters sprechen, verfügen sie bei aller Einfachheit der Melodie über große Komplexität und wechselnde Gefühlslagen, vom Kontemplativen bis zum Deklamatorischen.

Vier Päpste wollten Hildgard heiligsprechen, doch ohne Erfolg. Ihr Leben beweist eindrucksvoll, daß auch Frauen im Mittelalter erfolgreich sein konnten. Vom Priestertum ausgeschlossen, zeigt sie wenig Interesse an theologischen Problemen und Philosophie, sondern konzentriert sich auf das Mystische und Praktische und vereint beides in der für ihre Zeit typischen Weise. Trotz ihrer Frömmigkeit und moderner Lebenshaltung teilt auch sie die gesellschaftlichen Vorurteile der damaligen Zeit. Auf die Frage, weshalb sie in ihrer Gesellschaft nur Adlige dulde, entgegnet sie: „Wer hält schon alle Tiere in einem Stall – Ochs, Esel, Schafe und Ziegen?" Soziale Ungleichheit ist gottgegeben, der Ruf nach Gleichheit daher gotteslästerlich.

Darstellung einer Vision der Heiligen Hildegard von Bingen aus dem *Buch der Göttlichen Werke des Einfachen Menschen* um 1230.

Diese französische Darstellung aus *Le rommans de Godefroy de Bouillon et (...) de tous les autres roys qui one estre outr mer jusques a Saint Loys* aus dem 14. Jh. zeigt maurische Reiter beim Sieg über die Kreuzfahrer. Der als „Beschützer des Heiligen Grabes" bekannte Godfrey von Bouillon (um 1060–1100) wird von Kaiser Heinrich IV. zum Herzog von Niederlotharingien gemacht. Er führte den ersten Kreuzzug (1096–1099) an und wurde der erste christliche Herrscher Jerusalems.

## FRIEDRICH I. BARBAROSSA

Konrads Sohn Heinrich ist gerade acht Jahre alt und Konrad selbst hatte vorgeschlagen, daß ihm sein Neffe, Friedrich III. von Schwaben, bekannt als „Barbarossa", auf den Thron nachfolgen solle. Diese Wahl hat vieles für sich, denn Barbarossa ist nicht nur eine herausragende Persönlichkeit, seine Mutter ist eine Welfin, was eine Brücke zwischen Welfen und Hohenstaufen schlägt.

Barbarossa konzentriert sich vorwiegend auf Italien. Dafür gibt es gute Gründe: Entscheidend ist, daß er in Rom zum Kaiser gekrönt wird, denn ohne das Ansehen dieses Titels würde seine Stellung in Deutschland weiter geschwächt. Zudem kann er Norditalien nicht seinen Gegnern überlassen, da die aufblühenden Städte eine zu wichtige Einnahmequelle sind. Im März 1153 schließt er mit Papst Eugen III. in Konstanz einen Vertrag, um gegen die gemeinsamen Feinde, die Normannen, vorzugehen, die Süditalien seit dem späten elften Jahrhundert besetzt halten. Ferner sichert er Unterstützung gegen die aufständischen Römer zu und verspricht, die byzantinischen Herrscher daran zu hindern, in Italien je wieder festen Fuß zu fassen. Als Gegenleistung stimmt Hadrian IV., der neue Papst, der Kaiserkrönung zu.

Die Krönung findet am 18. Juni 1155 im Petersdom statt. Die Feierlichkeiten werden durch gewaltsame Attacken der aufständischen Römer gestört. Barbarossa reist nach Deutschland zurück, ohne seinen Teil des Vertrages von Konstanz erfüllt zu haben. Er hat Rom nicht befrieden können und ist nicht gegen die Normannen ins Feld gezogen. Der Papst schließt daraufhin seinen eigenen Frieden mit den Normannen, und ist dadurch weniger stark an Barbarossa gebunden. Die Beziehungen zwischen Kaiser und Papst werden belastet, als eine Botschaft Hadrians IV. an Barbarossa für die des Lesens und Schreibens unkundigen Adligen, die im Oktober 1157

Ein bayerisches Bildnis aus dem Jahre 1188 zeigt Friedrich I. Barbarossa (1122–1190) im Kreuzfahrerornat. Als Saladin (1169–1193) 1187 Jerusalem eroberte, beherrschte er den größten Teil Syriens. Dies wurde als Beweis dafür gewertet, daß das christliche Europa vom rechten Wege abgekommen war. Auf dem Reichstag von Mainz 1188 schwor Friedrich I., sich auf einen dritten Kreuzzug (1189–1191) zu begeben. Vor dem Anmarsch des Kaisers zog sich Saladin mit seinen Kräften hinter die Grenzposten zurück. Barbarossa ertrank beim Überqueren des Flusses Saleph. Ein arabischer Chronist vermerkte dazu: „Hätte es Allah nicht gefallen, den deutschen König bei dem Versuch, in Syrien einzudringen, zu vernichten, schriebe man heute: Syrien und Ägypten gehörten einst dem Islam."

in Besançon versammelt sind, aus dem Lateinischen übersetzt wird. Die Übersetzung des mehrdeutigen Wortes *beneficium*, das nach fester Überzeugung der kaiserlichen Seite „Lehen" bedeutet, vom Papst später aber einfach als „Gefallen" oder „Wohltat" ausgelegt wird, impliziert, daß der Papst den Kaiser als seinen Vasallen betrachtet. Diese Sichtweise findet sich in einem umstrittenen Wandgemälde im Lateranpalast wieder, das den Kaiser als Führer des Rosses zeigt, das den Papst trägt. Der Adel ist entrüstet. Die beiden päpstlichen Gesandten, von denen einer der spätere Papst Alexander III. ist, entrinnen um Haaresbreite einem Mordanschlag. Hadrian IV. stirbt 1159. Seine Nachfolge treten zwei Päpste, Alexander III. und Viktor IV., an, die sich umgehend gegenseitig exkommunizieren. Barbarossa ist als einzelner außerstande, das päpstliche Schisma allein zu überwinden und weder der König von England noch der von Frankreich sind bereit, ihn dabei zu unterstützen.

In einer Zeit aufstrebender Nationalstaaten wird der Kaiser nicht länger als Erbe des universalen Römischen Reiches akzeptiert. Der englische Prälat und Gelehrte John von Salisbury wirft die Frage auf, auf wessen Autorität sich ein vulgäres und unzivilisiertes Volk wie die Deutschen in ihrem Urteil über die Völker wohl berufen können. Er verweist darauf, daß sein eigener Herrscher, Heinrich II. (dessen persönlicher, schmerzlicher Konflikt mit der Kirche mit der Ermordung des Erzbischofs von Canterbury, Thomas Beckett, 1170 den Höhepunkt erreicht), sich in seinem eigenen Königreich ebenfalls König, päpstlicher Legat, Patriarch und Kaiser nennen kann. John von Salisbury hält dies keineswegs für erwünschenswert, vielmehr für despotisch, aber er schätzt den Lauf der Dinge richtig ein. Die Tatsache, daß Deutschland die Tradition von zweieinhalb Jahrhunderten nicht völlig abstreifen und dem Beispiel Englands und Frankreichs folgen kann, ist teilweise auch dem Umstand geschuldet, daß das Papsttum eines weltumfassenden Reiches bedarf.

Im Jahre 1162 zerstört Friedrich I. Mailand, das die Opposition gegen die Reichsrechte in Norditalien anführt. Die heiß umkämpften Reliquien der Heiligen Drei Könige werden in den Kölner Dom zurückgeholt. Fünf Jahre später marschiert er siegreich in Rom ein. Alexander III. flieht, als einfacher Pilger verkleidet, aus der Stadt. Doch der Triumph Friedrich I. ist nur von kurzer Dauer. Seine Männer rafft die Malaria dahin und er ist gezwungen, den Plan für einen Feldzug in Süditalien aufzugeben. Die Nordstädte verbünden sich und errichten gemeinsam die Feste Alessandria zu Ehren des Papstes. Ob der Kaiser den Rückweg über die Alpen schaffen wird, ist ungewiß. Nach gefährlichen Abenteuern, bei denen er mehrfach knapp der Gefangennahme entrinnt, erreicht er mit einer kleinen Gruppe Getreuer Deutschland. Doch 1174 bricht er erneut nach Italien auf und belagert Alessandria. Da er die Festung nicht einnehmen kann, erklärt er sich in Montebello zum Abschluß eines provisorischen Vertrages bereit. Die Feindseligkeiten leben erneut auf, als ein Kompromiß zwischen den lombardischen Städten und dem Kaiser nicht erreicht wird. Barbarossa fordert seinen Cousin, Heinrich den Löwen, auf, ihm zu Hilfe zu kommen, doch dieser lehnt ab. So werden er und sein kleines Heer von den Mailändern besiegt. Der Kaiser flieht vom Schlachtfeld; nur knapp entgeht er der Gefangennahme, worauf ihm nur noch der Friedensschluß mit dem Papst bleibt. Der Preis dafür ist hoch: Er muß sich vom Gegenpapst Calixtus III. lossagen, seiner Herrschaft über Rom entsagen, auf die Markgrafschaft Tuszien verzichten und mit den Lombarden und Normannen Waffenstillstand schließen.

In Deutschland konzentriert sich Friedrich I. auf die Stärkung des Reiches. Er richtet dazu weitere Pfalzen ein, verbessert die Wirtschaftlichkeit seiner Ländereien und läßt mehrere bedeutende Burgen bauen. Gegen seinen großen Rivalen, den Welfen Heinrich den Löwen, geht er nur zögerlich vor. Auch als die norddeutschen Fürsten sich an ihn mit einer Reihe von Beschwerden wenden, läßt er sich Zeit. Als Heinrich es ablehnt, vor Gericht zu erscheinen, verfällt er der Acht. Auf dem Reichstag in Gelnhausen 1180 beschließen die Reichsfürsten unter Führung des Kaisers die Aberkennung und Aufteilung der Reichslehen Heinrichs in Deutschland. Westfalen geht an den Erzbischof von Köln, Bernhard von Anhalt bekommt das Gebiet, das etwa dem heutigen Niedersachsen entspricht, Otto von Wittelsbach erhält Bayern. Diese Entscheidung hat langwirkende Folgen: Die Wittelsbacher werden Bayern bis 1918 regieren; das spätere Königreich Hannover und das Herzogtum Braunschweig gehen aus dieser Teilung hervor und die Grenzen der heutigen Bundesländer Nordrhein-Westfalen und Niedersachsen führen sich ebenfalls teilweise auf die Entscheidung des Reichstages von Gelnhausen zurück.

Heinrich der Löwe wird gezwungen, an den Hof seines Schwiegervaters nach England ins Exil zu gehen. Den Welfen bleiben nur ihre Ländereien um Braunschweig und Lüneburg, auf die sie ein absolutes Besitzrecht haben. Aus diesen Ländereien geht später ein Herzogtum hervor, das dann 1866 zum Teil in Preußen aufgeht. Friedrich I. benötigt mächtige Verbündete in seinem Kampf gegen Heinrich den Löwen, und deren Einsatz muß belohnt werden. Der Preis dafür ist die Zersplitterung Deutschlands in eine Vielzahl von Kleinstaaten als eine direkte Folge der kaiserlichen Schwäche.

Die zweite Gemahlin Friedrichs I., Beatrix von Burgund, schenkt ihm elf Kinder, von denen aber nur fünf überleben. Heinrich, sein zweiter Sohn, wird 1169 im Alter von drei Jahren zum König gekrönt. Mit neunzehn wird er mit der dreißigjährigen Tante des Königs von Sizilien, Konstanze, verlobt. Der Sizilianer stirbt 1189 ohne Thronerben. Der Nachfolger Friedrichs I. erhebt Anspruch auf Sizilien. Barbarossas andere Kinder werden den Söhnen und Töchtern des Kaisers von Byzanz, den Königen von England, Kastilien, Dänemark und Ungarn und der Nichte des Königs von Frankreich versprochen. Nur wenige dieser Verlobungen führen zur Ehe, denn in der kaiserlichen Familie hält der Tod reiche Ernte.

Auf einem Reichstag 1188 in Mainz unterbreitet Friedrich I. den Vorschlag für einen Kreuzzug in das Heilige Land. Dieser wird sorgfältig als militärische Operation vorbereitet, von religiöser Begeisterung ist dabei recht wenig zu spüren. In Regensburg wird 1189 ein starkes Heer gesammelt und der lange Marsch nach Jerusalem beginnt. Am 11. Juni 1190 ertrinkt Barbarossa, während er im Fluß Saleph in Kleinasien ein Bad nimmt. Sein Tod auf dem Weg nach Jerusalem macht ihn zum Mythos, zu dem er sonst unter anderen Umständen nicht geworden wäre.

Noch ehe Friedrich I. nach Jerusalem aufbricht, kehrt Heinrich der Löwe aus England zurück und fordert seine Lehen. Der Sohn Friedrichs, der als Regent in Deutschland geblieben ist und als Heinrich VI. seine Nachfolge angetreten hat, kann Lübeck, das einzige Reichsgebiet in Norddeutschland, nicht halten. Er ist gezwungen, mit Heinrich dem Löwen einen Kompromißfrieden zu schließen. Danach reist er nach Italien, wo er dem Papsttum einige bedeutende Zugeständnisse macht und von dem betagten Papst Celestin III. zum Kaiser gekrönt wird.

Kreuzfahrerrelief aus dem späten 12. Jahrhundert. Die Darstellung zeigt möglicherweise Hugues I. de Vaudemont, der 1154 starb. Viele Kreuzritter waren Aufschneider und Karrieristen, andere wiederum waren von echter, wenn auch verblendeter Frömmigkeit. Eine dritte Gruppe lernte die islame Kultur kennen und schätzen und trug somit dazu bei, daß die europäische Kultur um diese bereichert wurde.

Der normannische Kreuzfahrer Tancred hat den Thron von Sizilien an sich gerissen und die Gemahlin des neuen Kaisers gefangen gesetzt. Heinrichs Heer wird während des Feldzuges gegen Tancred in Neapel durch die Pest dezimiert und ist zur Rückkehr nach Deutschland gezwungen. Die Welfen schüren den Widerstand gegen den Kaiser, dem zahlreiche süddeutsche Fürsten und mehrere mächtige Bischöfe angehören. Heinrichs Position ist äußerst kritisch. Doch das Glück steht ihm unerwartet zur Seite. Richard Löwenherz, Tancreds Verbündeter, erleidet auf der Rückreise nach England bei Venedig Schiffbruch. Verkleidet versucht er, seine Reise durch Deutschland fortzusetzen, wird aber Dezember 1192 von Herzog Leopold V. von Österreich gefangengenommen, dem er während des Kreuzzuges eine tiefe Beleidigung zugefügt hat. Der Herzog übergibt seinen königlichen Gefangenen dem Kaiser. Der nimmt Verhandlungen über die Bedingungen für eine Freilassung auf. Mit dem hohen Lösegeld für die Freisetzung von Richard Löwenherz finanziert Heinrich VI. seinen zweiten erfolgreichen Feldzug gegen Tancred in Italien. Tancred stirbt, und Heinrich wird Weihnachten 1194 zum König von Sizilien gekrönt. Am Tag darauf wird sein Sohn Konstantin, der spätere Friedrich II., geboren.

Heinrich wünscht die Wahl seines Sohnes zum König, doch die deutschen Fürsten lehnen dies anfänglich ab und Heinrich muß die Idee von der Erbmonarchie fallenlassen. Während dessen schmiedet der sizilianische Adel ein Mordkomplott gegen den König, als es fehlschlägt, werden die Rädelsführer auf unsagbar brutale Weise hingerichtet und die Königin gezwungen, dem Tod jener beizuwohnen, die ihr zu Freunden geworden sind. Danach bereitet der Kaiser einen neuen Kreuzzug vor, stirbt aber am 28. September 1197 im Alter von einunddreißig Jahren in Messina an Malaria.

## FRIEDRICH II. UND DAS ENDE DER STAUFER

Friedrich, der dreijährige Sohn Heinrichs VI., wird König von Sizilien. In Deutschland aber werden zwei miteinander rivalisierende Gegenkönige nach Wahl entgegen dem Primogeniturrecht eingesetzt. Die Hohenstaufen entscheiden sich für Philipp, Barbarossas jüngeren Sohn, die Welfen wählen Otto IV., einen Sohn Heinrichs des Löwen. Noch im selben Jahr 1198 wird Innozenz III. Papst. Er ist ein ehrgeiziger Mann, der einräumt, weniger als Gott, aber mehr als jeder Sterbliche zu sein. Er ist entschlossen, den Streit zwischen beiden Königen zu beenden. Zuerst tritt er als ehrlicher Unterhändler auf und fordert dann aber seinen Preis. Die Welfen machen das bessere Angebot und erhalten den päpstlichen Segen. Der Papst fordert nun das Recht der Einsetzung des Kaisers. Beließe man dieses Recht bei den deutschen Fürsten, sagt der Papst, bestehe die Gefahr, daß sie einen Ketzer oder Idioten wählen.

Die Mehrheit der deutschen Fürsten unterstützt Philipp. Als dieser aber von Otto von Wittelsbach ermordet wird, schlagen sie sich rasch auf die Seite König Ottos von Braunschweig. Auch der große Dichter Walther von der Vogelweide, der Philipp in mehreren Gedichten verherrlicht hat, stellt seine Feder jetzt in den Dienst Ottos von Braunschweig. Der Papst, der anfänglich auf Ottos Seite steht, überdenkt diese Entscheidung erneut. Doch Otto besitzt die volle Unterstützung des deutschen Adels und verfügt über ein starkes Heer. Innozenz III., selbst politischer Realist, stimmt daher zögerlich der Krönung Ottos zum Kaiser zu. Otto marschiert nach Sizilien und zwingt den jungen König Friedrich, seine Flucht nach Afrika vorzu-

# Friedrich II.

Wenige Gestalten des Mittelalters sind so schillernd wie Friedrich II., nur wenige Lebensläufe so gespickt mit Abenteuern, und nur der Ruf weniger Menschen ist durch eine überzogene Propaganda für oder gegen sie, stärker verzerrt worden als der Friedrichs. Die Spekulationen über diesen außergewöhnlichen Menschen beginnen bereits mit seiner Geburt. Seine Mutter ist bereits vierzig, seit neun Jahren verheiratet und noch immer kinderlos. Obwohl behauptet wird, die Königin habe ihren Erben unter den Augen der Öffentlichkeit auf dem Marktplatz entbunden, halten sich Gerüchte, er sei das untergeschobene Kind eines Fleischers. Daß er auf diese ungewöhnliche Weise und in einer Stadt namens Jesi das Licht der Welt erblickt, macht ihn zum Fleisch gewordenen Antichrist.

Seine Legitimität wird wegen der komplizierten Erbfolge in Zweifel gezogen. Mit zwei Jahren wird er zum König von Sizilien gekrönt. Als er drei ist, stirbt sein Vater, Heinrich VI. Mächtige Kräfte stellen sich gegen die Vereinigung Siziliens mit dem Heiligen Römischen Reich. Sizilien ist eine Erbmonarchie, und Friedrichs Mutter, Konstanze, die die Deutschen verabscheut, richtet ihr gesamtes Trachten darauf, daß ihr Sohn Sizilien regiere. Der Papst mag die Staufer nicht, denn diese haben durch die Eroberung der Krone von Sizilien den Kirchenstaat in die Zange genommen. In Deutschland sehen sich die Hohenstaufen einer mächtigen Gruppe von Adligen gegenüber. Tuszische und lombardische Städten schließen einen Bund gegen die Staufer und zwingen Philipp von Schwaben, den jüngeren Bruder Heinrichs VI., dem der Besitz der Markgräfin Mathilde übertragen worden ist, zur Flucht nach Deutschland.

Die heroischen Bemühungen Friedrichs II. zur Wiederherstellung des Reiches nehmen beinahe mythische Ausmaße an. Es heißt, er sei nicht tot, sondern schlafe auf dem Gipfel eines Berges, bereit zur Rückkehr, sobald das Reich ihn brauche. Der moderner anmutende Mythos besagt, daß Friedrich II. der erste wahrhaft neuzeitliche Herrscher ist, der die Beschränkungen des Mittelalters überwindet und den Weg in die Renaissance weist. Friedrich ist in den Kulturen Europa ebenso bewandert gewesen wie in denen des Orients. Er fördert die Künste und die Wissenschaften und ist Autor der Abhandlung *De arte venandi cum avibus* (Die Kunst des Jagens mit Vögeln), die für mehrere Jahrhunderte zum Standardwerk der Ornithologie wird. Er toleriert den Islam in einem Maße, daß die Christen befürchten, er werde zu dieser Religion übertreten, verfolgt aber die Ketzer mit unerbittlicher Härte und zwingt die Juden zum Tragen besonderer Kleider. Trotz aller Bildung und Kultur ist er auch ein argwöhnischer Despot von niedriger Gesinnung gewesen. Seine Widersprüchlichkeit macht ihn noch heute zu dem *stupor mundi* (Weltwunder), das er bereits für seine Zeitgenossen gewesen ist.

Friedrich II. mit seinem Meisterfalkner, Widmungsblatt Friedrichs II. in *Die Kunst des Jagens mit Vögeln*, 1232.

Das Standbild des „Bamberger Reiters" im Bamberger Dom entstand Anfang des 13. Jahrhunderts. Es zeigt eine königliche Gestalt auf edlem Roß, einfach gewandet, den Blick in die Ferne gerichtet. Reiterstandbilder waren Symbole des ständig auf Reisen befindlichen deutschen Hofes und der Sorge des Herrschers um seine Untertanen. Die Figur stellt keinen bestimmten Kaiser dar, ist aber möglicherweise eine idealisierte Darstellung Konstantins des Großen.

bereiten. Da Friedrich aber das Mündel des Papstes ist, fühlt dieser sich veranlaßt, den Kaiser zu exkommunizieren und die Forderungen des ihm verhaßten Hauses Hohenstaufen zu unterstützen. Angeregt durch die Franzosen und den Papst, wählt eine kleine Gruppe deutscher Fürsten Friedrich nun doch noch zum König.

Obwohl er nur die Unterstützung des Papstes und der Franzosen besitzt, macht sich der achtzehnjährige Friedrich umgehend auf die gefährliche Reise nach Deutschland, um dort seine Macht zu festigen. Mehrmals entkommt er nur knapp der Gefangennahme. Otto IV. steht im Bündnis mit den Engländern. Doch der französische Sieg über England am 27. Juli 1214 bei Bouvines kommt einem Sieg Friedrichs über Otto IV. in Deutschland gleich. Im Jahre 1218 wird Friedrich II. in Aachen gekrönt. Otto beansprucht das Königtum bis zu seinem Tode 1218, aber sein Anspruch ruht auf schwachen Füßen. Friedrich gelobt, in einem Kreuzzug das Heilige Land zu befreien. 1225 schwört er, den Kreuzzug im Sommer 1227 zu beginnen. Gregor IX., befürchtet zu Recht, daß Friedrich die Absicht verfolgt, sich auf dem italienischen Festland festzusetzen. Als sich der Kreuzzug Friedrichs verspätet, nutzt er die Gelegenheit zur Exkommunikation seines gefährlichen Gegners. In einer berechneten Aktion gegen den Papst sammelt Friedrich seine Kreuzfahrer in Brindisi, doch einmal mehr schlägt die Pest zu. Der Kaiser erkrankt und der Kreuzzug wird abgesagt.

Ein weiteres Mal übergeht Friedrich II. den Papst und beginnt entgegen dessen Anordnung erneut den Kreuzzug im Jahr darauf. Nachdem er mit dem Sultan von Kairo einen Vertrag geschlossen hat, marschiert er im Triumph in die Heilige Stadt ein und krönt sich zum König von Jerusalem. Derweil fällt das päpstliche Heer in Sizilien ein und verbündet sich mit den stauferfeindlichen Kräften auf der Insel. Friedrich kehrt in sein Königreich zurück und besiegt rasch seine Feinde, obwohl die Versuche zur Niederwerfung der norditalienischen Städte ohne Erfolg bleiben und ihn der Papst 1239 ein weiteres Mal exkommuniziert. Es entwickelt sich ein langer und zunehmend bissigerer Propagandakrieg zwischen beiden Seiten. Unter anderem bezichtigt der Papst den Kaiser, er habe gesagt, Moses, Jesus Christus und Mohammed seien die drei größten Lügner der Geschichte gewesen.

Um die Wahl seines Sohnes Heinrich zum König zu sichern, ist Friedrich II. 1220 gezwungen gewesen, den Fürstbischöfen königliche Rechte zuzugestehen, darunter das Recht zur Erhebung von Zöllen und das Münzrecht. Als die Laienfürsten Klage führen, Friedrichs Sohn Heinrich (VII.) habe den Städten zu viele Privilegien gewährt, werden ihnen mit den Dekreten von 1231 und 1232 gleiche Rechte eingeräumt. Der Kaiser hofft, durch dieses Zugeständnis, das einen weiteren Schritt zur Errichtung von Landesfürstentümern darstellt, seinen Kampf mit den Fürsten beenden zu können. Doch Heinrich ist entschlossen, die Macht der Krone weiter auszubauen. Der Kampf zwischen Vater und Sohn gewinnt an Schärfe. Heinrich verbündet sich mit den oppositionellen lombardischen Fürsten und macht den Franzosen Avancen. Friedrich II. kehrt 1235 nach fünfzehnjähriger Abwesenheit nach Deutschland zurück. In seinem Gefolge befinden sich Sarazenen und Äthiopier sowie eine Menagerie von Leoparden, Affen und Kamelen. Heinrich wird festgesetzt und stirbt ein Jahr später im Kerker, wahrscheinlich durch eigene Hand.

Nach der Verkündung des Landfriedens in Mainz muß sich Friedrich II. mit dem Hauptverbündeten seines Sohnes, Herzog Friedrich dem Streitbaren von Österreich,

# Die Goldene Bulle

Die 1356 erlassene Goldene Bulle ist das erste verfassungsähnliche Dokument im mittelalterlichen Deutschland; nicht im modernen Sinne, sondern ein auf zwei Reichstagen erörterter Katalog mit Empfehlungen für eine einheitliche Regelung der Königswahl.

Bis dahin waren Könige auf Vorschlag des Adels durch Akklamation der Bevölkerung gewählt worden. Die meisten Wahlen erfolgten einstimmig. Die einzigartigen politischen Tugenden des Königs wurden betont, und die sakramentale Salbung bekräftigte seinen kirchlichen Stand.

Danach legt die Goldene Bulle die Zahl der Kurfürsten auf sieben fest, von denen vier zur Wahlversammlung anwesend sein müssen. Die einfache Mehrheit der Stimmen genügt für die Wahl. Ist ein Kurfürst selbst Kandidat, darf er für sich stimmen. Stirbt der König, ruft der Erzbischof von Mainz die Kurfürsten binnen einer Dreimonatsfrist zusammen. Die Kurfürsten erhalten freies Geleit nach Frankfurt, dessen Bürger für sie aufzukommen haben.

Jedem Kurfürsten stehen 200 Ritter, von denen 50 bewaffnet sind, zu. Kein Fremder darf die Stadt betreten, solange die Kurfürsten tagen. Der Stadt obliegt das zweifelhafte Vorrecht der Aufrechterhaltung von Ruhe und Ordnung.

Zu Beginn der kurfürstlichen Versammlung steht eine Messe in der Bar-

Die Goldene Bulle von 1356 mit dem Reichssiegel Karls IV.

tholomäus-Kirche. Können sich die Kurfürsten binnen dreißig Tagen nicht auf einen Kandidaten einigen, werden sie auf Brot und Wasser gesetzt. Der Erzbischof von Mainz fordert zur Stimmabgabe in einer bestimmten Reihenfolge: die Erzbischöfe von Köln und Trier, der König von Böhmen, der Kurfürst von der Pfalz, der Herzog von Sachsen und der Markgraf von Brandenburg. Bei Gleichheit der abgegebenen Stimmen besitzt der Erzbischof von Mainz die entscheidende Stimme.

Die Goldene Bulle regelt auch andere Rechtsfragen. Die außerhalb der Stadt lebenden „Pfahlbürger" gehen ihrer Rechte verlustig. Nur die Stadtbewohner stehen unter dem Schutz des Rechtes.

Die Goldene Bulle ist kein Vorläufer des deutschen Nationalstaates. Die Kurfürsten bleiben nach wie vor souveräne Herrscher innerhalb eines losen Bundes. Artikel 31 erkennt diese Unterschiedlichkeit in den „Gesetzen für unterschiedliche Nationen mit ausgeprägten Sitten, Gebräuchen und Sprachen" offiziell an.

---

auseinandersetzen. Als es der Österreicher ablehnt, vor einem königlichen Gericht zu erscheinen, werden seine Reichslehen eingezogen, und er wird geächtet. Friedrich II. ist entschlossen, Österreich seiner Kontrolle zu unterwerfen. Er reist nach Wien, das er zur Reichsstadt erklärt und wo sein Sohn Konrad anstelle des eingekerkerten Heinrich (VII.) zum König gewählt worden ist. Doch der Sieg des Kaisers ist von kurzer Dauer, denn es ist nicht möglich, Österreich von Sizilien aus zu beherrschen, und so ist er nur zwei Jahre später gezwungen, das Land an Friedrich den Streitbaren zurückzugeben. Wien ist nicht länger Reichsstadt. Friedrich der Streitbare fällt 1246 im Kampf gegen die Ungarn und Friedrich II. bringt sich in den Besitz seiner Güter. Als er selbst 1250 stirbt, wird Österreich vom böhmischen König eingenommen. Erst 1273 erhält es wieder einen Habsburger als Regenten.

Im Jahre 1244 ist Papst Honorius III. nach Lyon geflohen, wo er umgehend ein Konzil einberuft, das Friedrich II. absetzen soll. Doch er findet keinen überzeugenden Gegenkönig. Nach Friedrichs Tod 1250 setzt dessen Sohn Konrad IV. den Kampf gegen Papst Innozenz IV. fort. Als er 1254 stirbt, läßt sich sein unehelich geborener Bruder Manfred 1258 zum König von Sizilien krönen. Um die Hohenstaufen zu ärgern, gibt Papst Klemens IV. 1265 Sizilien als Lehen an Karl von Anjou, den Bruder des französischen Königs. Im Jahr darauf findet Manfred den Tod im Kampf gegen Karl von Anjou. Der Sohn Konrads IV., Konrad (Konradin oder Corradino), führt den Kampf gegen Karl fort, wird aber nach anfänglichem Erfolg im August 1268 bei Tagliacozzo geschlagen. Er flieht, wird aber gefangen. Mit seiner Hinrichtung auf dem Markt von Neapel findet die Herrschaft der Hohenstaufen ihr Ende.

Inzwischen macht nach dem Tode Konrads IV. Wilhelm von Holland seine Ansprüche in Deutschland geltend. Er findet die Unterstützung des Rheinbundes, einer Vereinigung rheinischer Städte aus dem Jahre 1254, dem sich rasch mehr als siebzig Städte von Lübeck bis Zürich angeschlossen haben. Als Wilhelm im Kampf gegen die Friesen 1256 den Tod in der Schlacht findet, beansprucht der Rheinbund das Recht zwischenzeitlich bis zur Wahl eines geeigneten Königs zu regieren.

Die Wahl wird 1257 durch eine kleine Versammlung, aus der später die Kurfürsten hervorgehen, vorgenommen. Zu ihnen gehören die Erzbischöfe von Mainz, Köln und Trier, der König von Böhmen, der Markgraf bei Rhein (der spätere Kurfürst von der Pfalz), der Herzog von Sachsen und der Markgraf von Brandenburg. Der Erzbischof von Mainz und der Markgraf bei Rhein favorisieren Richard von Cornwall, den zweiten Sohn König Johanns von England und Schwiegersohn Friedrichs II. von Hohenstaufen. Der Rest der Wahlversammlung stimmt für König Alfons von Kastilien, der über seine Mutter mit den Hohenstaufen verwandt ist. Obwohl Alfons die Wahlmänner mit erheblichen Geldsummen bestochen hat, kann er dennoch aufgrund der kastilischen Opposition im eigenen Lande sein Reich nicht verlassen, um die deutsche Krone zu beanspruchen. Richard hat diese Probleme nicht und wird in Aachen zum König gekrönt. Nahezu vier Jahre bleibt er in Deutschland, stets in Nähe des Rheins, wo er größte Unterstützung genießt. Dann ist er gezwungen, nach England zurückzukehren, wo sein Bruder, Heinrich III., gegen den niederen Adel unter der Führung von Simon de Montford kämpft. Er stirbt 1272.

## KÖNIGE, FÜRSTEN UND KRISEN

Die Periode, die Friedrich Schiller (1759–1805) aus der Sicht des Dichters, nicht des Historikers, „eine schreckliche Zeit ohne Herrscher" nennt, endet 1273 mit der Wahl Rudolfs von Habsburg. Er ist der mächtigste der süddeutschen Fürsten, gilt aber mit fünfundfünfzig Jahren nach den Maßstäben der damaligen Zeit als Methusalem. Vielleicht sieht man in ihm eine Zwischenlösung, einen Mann, dem man Zugeständnisse abringen kann. König Ottokar von Böhmen ist bei Rudolfs Wahl nicht anwesend und er weigert sich, diesen als König anzuerkennen. Nach feudalem Recht ist Rudolf daher gezwungen, über seinen Rivalen den Bann auszusprechen und den Krieg vorzubereiten. Klugerweise arrangiert er die Ehe einer seiner Töchter mit dem Herzog von Bayern, die einer anderen Tochter mit dem Herzog von Sachsen. Eine dritte wird dem König von Ungarn versprochen. Mit der Unterstützung solch mächtiger Verbündeter zieht Rudolf zuversichtlich gegen Ottokar zu Felde und erringt am 26. August 1278 in Dürnkrut bei Wien einen entscheidenden Sieg. Ottokar flieht, wird aber gefaßt und getötet. Rudolf verheiratet daraufhin seine Tochter Guta mit

Die Wartburg war der Sitz der Landgrafen von Thüringen. Während der Regentschaft Hermanns I. trafen sich von 1190 bis 1217 hier Musiker und Literaten, ganz nach dem Vorbild des französischen Hofes jener Jahre. Die beiden größten deutschen Dichter jener Zeit, Wolfram von Eschenbach (um 1170–um 1220) und Walther von der Vogelweide (um 1170–um 1230) trafen auf der Wartburg zusammen. Luther suchte den Schutz der Burg und übersetzte hier die Bibel. Im 19. Jahrhundert wurde die Wartburg zum nationalen Denkmal und Symbol der Siege mittelalterlicher und protestantischer Traditionen.

Ottokars Sohn Wenzel II., dessen Reich auf Böhmen beschränkt ist. Österreich und seine Nebenländer, die der böhmische König 1250 erobert hat, erhält Rudolfs Sohn. Damit ist die Grundlage für die Hausmacht der Habsburger gelegt.

Markgraf Otto von Burgund verweigert den Treueid mit dem Hinweis, er schulde dem Kaiser die Treue, nicht dem König. Rudolf ist zwar noch nicht zum Kaiser gekrönt, will dies aber nicht hinnehmen. Er bietet ein ansehnliches Heer auf und setzt es gen Besançon in Marsch, woraufhin Otto den ungleichen Kampf aufgibt und den Treueid leistet. Nun wendet sich Rudolfs Aufmerksamkeit Thüringen zu, das im Chaos liegt. Der Adel befehdet sich dort ohne Ende. Rachefeldzüge und Blutmord sind an der Tagesordnung. Rudolf fällt in das Gebiet ein, zerstört über fünfzig Burgen und feiert die Wiedererrichtung von Recht und Ordnung 1289 auf einem Reichstag in Erfurt. Im Alter von einundsiebzig Jahren stirbt er am 15. Juli 1291.

Wenn die Wahlversammlung von 1273 ehemals die Absicht gehabt hat, einen ältlichen und schwachen König zu bestimmen, so hat sie sich damit verrechnet. Im Jahre 1291 will der Erzbischof von Köln seinen Zögling Adolf von Nassau anstelle Rudolfs Sohn Albrecht auf dem Thron sehen. Unterstützt wird er darin vom Erzbischof von Mainz, der ebenfalls darauf hofft, seine territoriale Macht unter einem schwachen Herrscher ausdehnen zu können. Doch erneut gehen die Dinge nicht nach Wunsch und Willen der Kurfürsten. Adolf wird zwar von den deutschen Fürsten zum König erhoben, führt aber die Politik seines Vorgängers in Thüringen mit großem Erfolg fort. Der Erzbischof von Mainz verbündet sich daraufhin mit dem König von Böhmen und Rudolfs Sohn Albrecht von Österreich. Er beruft einen Fürstentag nach Frankfurt ein und läßt den König absetzen. Albrecht wird zum neuen König gewählt und zieht sofort gegen Adolf zu Felde. Am 2. Juli 1298 kommt es zur entscheidenden Schlacht bei Göllheim in der Pfalz, in der Adolf fällt.

Albrecht schließt mit dem König von Frankreich ein Bündnis und verheiratet seinen ältesten Sohn mit der Tochter des neuen Verbündeten. Die Kurfürsten von der
Pfalz verfolgen seine Politik mit Besorgnis, denn sie bedeutet eine erhebliche Stärkung der Stellung des Königs im Westen. Erneut planen sie seinen Sturz. Doch Albrecht ist den Kurfürsten militärisch hoch überlegen und ihre gemeinsame Front
bröckelt schon bald. Papst Bonifatius VIII. zeigt hingegen, daß er ein ernstzuneh-
menderer Gegner ist. Albrechts Vorschlag, daß der Papst ihm Tuszien übergeben
solle, wird von diesem abgelehnt und nach langen Geheimverhandlungen bezeichnet Bonifatius Albrecht als Renegaten und Rebellen. Im Jahre 1302 droht der Papst
Philipp IV. von Frankreich mit der Exkommunikation, weil dieser von der Kirche
Steuern fordert. Gleichzeitig erläßt er die Bulle „Unam sanctam“, in der er Jeremias
1:10 zitiert: „Siehe, ich habe dich heute über die Völker und über die Königreiche
gesetzt, auszurotten und niederzureißen und zu verderben und zu zerstören, aufzubauen und zu pflanzen.“ Dieser außerordentliche Anspruch auf die Oberhoheit
des Papstes, läßt sich jedoch nur durch einen Kompromiß mit Albrecht I. durchsetzen. Der Papst erkennt daher die Wahl Albrechts an und stellt fest, daß der König von Frankreich dem Kaiser untertan sei. Albrecht akzeptiert, daß die Macht der
Kurfürsten und die Ernennung des Kaisers beim Papst liegen. Damit, scheint es, hat
der Papst den alten Kampf über die deutschen Könige und Kaiser endgültig gewonnen, darüberhinaus befindet er sich in einer günstigen Position, um den König
von Frankreich seiner Kontrolle zu unterwerfen.

Doch Bonifatius kann sich seines Sieges nur kurze Zeit erfreuen. Am 7. September
1303 erstürmen Wilhelm Nogaret, ein enger Vertrauter des französischen Königs,
und Sciarra Colonna, der aus einer mächtigen papstfeindlichen Familie stammt, die
päpstliche Sommerresidenz und nehmen den Papst für zwei Tage fest. Während diesen zwei Tagen wird er jedoch von seinen Bewachern so schlecht behandelt, daß er
kurz nach seiner Freilassung stirbt, was sich als folgenschwer für die Deutschen erweist, denn dadurch fällt das Papsttum in französische Hand. Klemens V. verlegt
1309 den päpstlichen Hof nach Avignon in Südfrankreich, wo er bis 1417 in „baby-
lonischer Gefangenschaft“ bleibt.

Albrecht stirbt 1308 und Heinrich von Luxemburg wird von den geistlichen Kurfürsten als Heinrich VII. zum König bestimmt. Einer von ihnen, Balduin, ist Erzbischof von Trier und Heinrichs Bruder. Der neue König und sein geistlicher Bruder
sind durchsetzungsstarke Persönlichkeiten. Unter ihnen wird das Haus Luxemburg
schon bald dem der Habsburger ebenbürtig. Nachdem Heinrich seine Macht in
Deutschland durchgesetzt hat, legt er Böhmen in die fähigen Hände des Erzbischofs
von Mainz, Peter Aspelt. Danach reist er nach Italien.

Da sich dort lange Zeit kein Herrscher mehr gezeigt hat, erfreuen sich die italienischen Städte inzwischen weitgehender Selbständigkeit. Doch die Region ist politisch in zwei Hauptlager gespalten. Die kaiserlich gesonnenen Ghibellinen in den
italienischen Stadtstaaten haben Heinrich VII. zum Besuch Italiens eingeladen. Unter
den Ghibellinen, die ihm einen überschwenglichen Empfang bereiten, ist auch Dante,
den die Guelfen (Anhänger des Papstes) zum Tode verurteilt haben und der aus
Florenz geflohen ist. Es dauert noch beinahe zwei weitere Jahre, ehe die Kaiserkrönung Heinrichs VII. in Rom stattfinden kann. Da er wegen der Opposition durch

die Guelfen den Stadtteil mit dem Petersdom nicht freikämpfen kann, wird er 1312 im Lateran gekrönt. Das sich anschließende Krönungsbankett wird von einem Hagel guelfischer Pfeile jäh unterbrochen. Der neue Kaiser ist entschlossen, alle anderen Monarchen seiner Autorität zu unterwerfen doch seine Bemühungen scheitern. Im August 1313 stirbt er und wird in einem prachtvollen Grab in Pisa beigesetzt.

Die Nachfolge gestaltet sich schwierig. Erst am 19. September 1314 erfolgt die Wahl Herzog Friedrichs des Gerechten von Österreich zum König, doch nur einen Tag später wird auch Ludwig von Oberbayern gewählt. Beide Seiten wollen zunächst keine offene Feldschlacht riskieren, erst 1322 treffen ihre Heere bei Mühldorf aufeinander, wo Ludwig den Sieg erringt.

Es folgen drei Jahre Verhandlungen, ehe beide Könige sich auf eine gemeinsame Regenschaft verständigen. Schon bald sehen sie sich in Papst Johannes XXII. einem mächtigen Opponenten gegenüber, der 1316 als Kompromißkandidat, dem kein langes Leben mehr beschieden zu sein schien, im Alter von zweiundsiebzig Jahren gewählt wurde. Was das Wahlgremium aber nicht erwartet hat: Der neue Papst stirbt erst im Alter von einundneunzig Jahren und erweist sich bis dahin als entschlossen und streng. Er ist entschlossen den Reichtum der Kirche durch die Erhebung von Annaten, Abgaben des ersten Jahresbetrages neu besetzter Benefizien, zu mehren. Zudem sollen alle vom Papst ernannten Bischöfe ein Drittel ihrer Bezüge der Kirche überlassen, was zu einer heftigen Diskussion über den Reichtum der Kirche führt. Der Papst erklärt alle zu Ketzern, die behaupten, Christus und die Apostel seien mittellos gewesen.

Der Streit zwischen Ludwig und Johannes XXII. eskaliert. Der Papst exkommuniziert den König, spricht ihm alle politischen Rechte ab und nennt ihn nur noch den „Bayern". Ludwig seinerseits straft den Papst mit Nichtachtung, geht nach Rom und läßt sich von einem exkommunizierten Bischof zum Kaiser krönen. Ludwig setzt Nikolaus V. als Gegenpapst ein, doch dessen Autorität schwindet, sobald Ludwig Rom wieder verläßt.

Johannes XXII. stirbt 1334. Sein Nachfolger, Benedikt XII., ist ein enger Verbündeter des französischen Königs und will seine Autorität über die deutsche Kirche bewahren. Die deutschen Fürsten reagieren darauf vehement. Als der Papst den Erzbischof von Mainz abzusetzen versucht, kommen die Kurfürsten 1338 in Rhens bei Koblenz zusammen und beschließen, daß der König fortan nur mehr von ihnen allein mehrheitlich gewählt wird und nicht mehr der Approbation durch den Heiligen Stuhl bedarf. Das Kaiseramt bleibt unerwähnt. Ludwig verkündet aber, daß das Recht des Papstes auf die Krönung des Kaisers ein rein formaler Akt der Bestätigung sei.

Ludwigs Gebietsansprüche auf Brandenburg veranlassen die Fürsten, den König abzusetzen. Da sein Mitkönig Friedrich 1330 gestorben ist, wählen die Kurfürsten im Jahre 1346 Karl, den Sohn des blinden Königs Johann von Böhmen zum König. Karl ist ein Mann von außergewöhnlichen Ansprüchen und großer Schläue. Er ist am französischen Hof erzogen worden, an dem er sich mit dem zukünftigen Papst Klemens VI. befreundet, der die Wahl Karls auf den Thron nach Kräften fördert. Karls Ansichten seine Ansprüche durchsetzen zu können schwinden, als die englischen Langbogenschützen die französischen Ritter in der Schlacht von Crécy 1346 vernichtend schlagen. König Johann von Böhmen fällt. Karl wird verwundet und

# Der Schwarze Tod

Über die Ursachen der Pest sind sich die Historiker nicht einig. Guy de Chaualiac, der Leibarzt des Papstes von Avignon, allgemein als der fähigste Arzt jener Zeit geachtet, besteht auf einer bestimmten Konstellation der Planeten als Ursache. Andere vermuten, sie sei durch wandernde Juden eingeschleppt worden. Diese Theorie sagt später besonders den Nationalsozialisten zu und wird noch heute im bedeutendsten deutschen Geschichtsatlas eines hoch angesehenen Verlages vertreten. Möglicherweise ist sie von Kreuzfahrern nach Europa gebracht worden, obwohl es kaum Hinweise auf grassierende Epidemien im Nahen Osten aus jener Zeit gibt. Am wahrscheinlichsten ist Indien als ursprüngliches Herkunftsland, wo die Krankheit durch Rattenflöhe übertragen worden ist. Nach Europa kommt sie mit den Handelsschiffen, die den Seeweg zum Schwarzen Meer befahren.

Die Menschen sind der Krankheit hilflos ausgeliefert. Mediziner, die sich mit Astrologie und Aberglaube beschäftigen, Wunderheiler auf der Suche nach Leichtgläubigen und Blutegel setzende Quacksalber wissen nicht, daß die Seuche von Ratten und Flöhen übertragen wird und können sie nicht heilen. Der bloße Anblick eines Pestkranken, sagt man, habe gereicht, um selbst an der Pest zu erkranken. Der Tod ist überall und übermächtig, als Sensenmann ist dieser das Abbild jener Zeit.

Ein Chronist jener Tage, der Dominikanermönch Heinrich von Herford, berichtet, daß die Juden in Deutschland und anderen Ländern Europas 1349 „auf die schrecklichste und unmenschlichste Weise mit Eisen und Feuer" zu Tode gebracht werden. Er glaubt nicht, daß die Juden die Brunnen vergiftet haben und sie deswegen die Schuld an der Seuche trifft, wie die Folterknechte behaupten. Vielmehr sieht er im Neid auf den Reichtum der Juden den eigentlichen Grund ihrer Verfolgung – die Schuldner wollen sich auf diese Art und Weise ihrer Gläubiger entledigen.

Ohne Aussicht auf medizinische Hilfe und inzwischen auch ohne Juden, die noch hingeschlachtet werden können, ergeben sich viele in ihr Schicksal oder schließen sich den Prozessionen von Büßern an, die ihre Sünden öffentlich bekennen und unter Beten und frommen Gesängen ihren entblößten Oberkörper geißeln. Die Kirche steht dieser Art Beichte unentschlossen gegenüber. Sie will das Vorrecht der Vergebung von Sünden nicht verlieren. Die Furcht vor dem ewigen Feuer der Hölle und das Verlangen nach göttlicher Vergebung sind in den Menschen tief verwurzelt. Die Sünde ist greifbar und konkret und muß ausgemerzt werden. Die Strafen sind von sadistischer Brutalität: Ehebrecherinnen werden lebendigen Leibes begraben, Verräter gevierteilt, Gotteslästerern wird die Zunge ausgerissen.

Eine Prozession von Büßern 1349 in Doornik.

entkommt knapp, aber sein Ruf ist nach dieser Niederlage ruiniert. Er wird in Bonn gekrönt, denn wie die meisten anderen Reichsstädte, hat sich Aachen auf die Seite Ludwigs geschlagen. Er gilt allgemein als Marionette des Papstes. Doch sein Tag soll schon bald kommen. Am 11. Oktober 1347 erliegt Ludwig bei einer Bärenhatz einem Schlaganfall.

## EIN JAHRHUNDERT DER KRISEN

Politisch gesehen verläuft die erste Hälfte des vierzehnten Jahrhunderts nicht wesentlich anders als andere Zeitabschnitte des Mittelalters, sie wird aber als eine Zeit schrecklicher Naturkatastrophen in Erinnerung bleiben. Eine verheerende Hungersnot beginnt 1315 und dauert drei Jahre. Zwanzig Jahre später vernichten Heuschreckenschwärme die Ernte in ganz Süddeutschland, zudem kommt es zu mehreren schweren Erdbeben und als sei dies noch nicht genug, bricht die Pest aus. Bis 1351 hat die Seuche vermutlich ein Drittel der gesamten Bevölkerung in Deutschland dahingerafft. Weitere Hungersnöte und Seuchen führen dazu, daß die Bevölkerung erst einhundert Jahre später wieder anzuwachsen beginnt und erst zu Beginn des 16. Jahrhunderts der alte Bevölkerungsstand wieder erreicht wird.

Die Katastrophen werden als Strafe Gottes gedeutet. Inmitten weitverbreiteter Demonstrationen religiöser Massenhysterie bilden sich zahlreiche häretische Sekten heraus und in ganz Deutschland kommt es zu brutalen Judenverfolgungen und Morden. Gerüchte werden gestreut, die Juden hätten die Brunnen vergiftet, und dies sei die Ursache für den Schwarzen Tod. Die Heuschreckenschwärme gelten als Strafe Gottes für die Entweihung des Leibes des Herrn durch die Juden. Obwohl die offizielle Kirche diesen Praktiken skeptisch begegnet, bewegen sich Züge von Geißlern durch die Städte und bekennen öffentlich ihre Sünden. Vielfach werden die Juden ganz einfach ihres Besitzes wegen verfolgt, wie z. B. während des Pogroms von Nürnberg 1349, bei dem 560 Juden auf dem Scheiterhaufen brennen.

In jener Zeit kommt es zu einer starken Landflucht der Bevölkerung, die in die Städte drängt. Zahlreiche Dörfer sind verwaist, die Landbestellung geht drastisch zurück. Durch die Dezimierung der Bevölkerung verfallen die Preise für landwirtschaftliche Erzeugnisse, ebenso Pachten und Abgaben. Die Einnahmen der Verpächter, auch die des Adels, gehen zurück. Zahlreiche Adlige gleichen ihren Verlust teilweise dadurch aus, daß sie sich in den Dienst mächtiger Landesfürsten stellen. Im Gegensatz dazu, steigen die Löhne in den Städten rasch an. Das goldene Zeitalter der Lohnempfänger beginnt. Die Städte ziehen Nutzen aus dem Angebot an billigem Getreide, bauen Getreidesilos und begegnen damit einer neuen Hungersnot. Auf dem Lande dagegen leiden die Menschen Hunger, wenn die Ernte ausbleibt. Obwohl die Mehrheit der Bevölkerung damit zufrieden ist, den Juden an allem die Schuld zuzuweisen, erheben doch einige ihre Stimme gegen Erklärungen, die zu weiteren Morden an ihren Gläubigern aufrufen. Manche Kleriker bestehen darauf,

Die gewaltige Gestalt des Landgrafen von Thüringen wehrt mit Unterstützung von Soldaten, Dienern und Frauen Angreifer der Wartburg ab. Aus der Manessischen Handschrift (1305–1340).

die Pest sei eine Strafe Gottes für die Sünden der Christen, während wieder andere hinter den Katastrophen natürliche Ursachen suchen.

Karl IV. findet sich bei seiner Thronbesteigung in einer äußerst prekären Lage. Er sieht sich dem Widerstand der böhmischen Stände gegenüber, die einen mächtigen Monarchen fürchten und selbst nach dem Tod seines Rivalen Ludwig bleibt der Thron nicht unangefochten. Die gegen ihn eingestellten Kurfürsten bieten dem englischen König Eduard III., Sieger bei Crécy, die Krone an. Karl geht äußerst vorsichtig vor. Er zieht mehrere wichtige Städte auf seine Seite und verhandelt mit Eduard, der an der deutschen Krone sowieso kein besonderes Interesse zeigt.

Schon bald ist Karls Stellung in Deutschland stark genug, so daß er sich für mehrere Jahre Böhmen zuwenden kann. Das Bistum Prag ist seit 1344 vom Erzbistum Mainz abgelöst und selbst zum Erzbistum erhoben worden – ein wichtiger Schritt zur Unabhängigkeit Böhmens. Im Jahre 1348 wird die Universität in Prag gegründet und deutsche Gelehrte müssen nun nicht länger nach Frankreich oder Italien gehen um zu studieren. Die herrliche Karlsbrücke über die Moldau ist ebenso ein Zeugnis für die Bedeutung der Hauptstadt, wie der Wiederaufbau des Domes und die Errichtung einiger weniger bedeutenden Kirchen. Karl erweitert Böhmen um mehrere Gebiete, darunter die Lausitz und Schlesien, Mähren, das Bistum Olmütz, Troppau und den größten Teil der Oberpfalz. Damit erstreckt sich Böhmen fast bis zu dem bedeutenden Finanzzentrum Nürnberg; Erlangen wird als böhmische Stadt gegründet.

Nachdem Karl seine Stellung in Deutschland und Böhmen gefestigt hat, erreicht ihn der Ruf zur Kaiserkrönung. Karl IV. begibt sich auf die Reise nach Rom, wo er im April 1355 gekrönt wird. Er bleibt jedoch nur einen Tag, dann eilt er zurück nach Deutschland. Karl ist klug genug, sich nicht in die italienische Politik und in Konflikte mit dem Papst einzulassen, und hält sich deshalb überall nur so lange Zeit auf, wie er benötigt, um seine Schatulle mit den Steuern der Reichsstädte zu füllen. Nach Deutschland kehrt er als unumstrittener Herrscher und mit beträchtlich vergrößertem Reichtum zurück.

Auf dem Reichstag von Nürnberg 1356 werden Fragen von großer Bedeutung beraten, darunter auch die Frage der Königswahl. Es wird vereinbart, daß die Wahlversammlung zukünftig aus den Erzbischöfen von Mainz, Köln und Trier, dem König von Böhmen, dem Kurfürsten von der Pfalz, dem Herzog von Sachsen und dem Markgrafen von Brandenburg besteht. Die Wahl wird mit einfacher Mehrheit erfolgen. Das Recht des Papstes zur Bestätigung der Wahl bleibt unerwähnt. Die Vorschläge werden auf dem zweiten Reichstag in Metz angenommen und als „Goldene Bulle" proklamiert, so genannt, weil ihr Siegel aus Gold und nicht aus Wachs ist.

Karl IV. stirbt 1378 und hinterläßt seinem Sohn Wenzel ein riesiges Erbe, doch Wenzel regiert mit glückloser Hand. Von aufbrausendem Wesen, ungeduldig und brutal, macht er sich den böhmischen Adel und die Kirche rasch zu Feinden. Er läßt den Generalvikar von Prag, Johann Nepomuk, in den Kerker werfen,

Ein Universitätsprofessor bei der Vorlesung vor Studenten, Straßburg 1502. Die frühesten Universitäten waren Zusammenschlüsse privater akademischer Schulen unter dem Schutz von Kaisern, Königen oder Päpsten. Sie genossen ein hohes Maß an Autonomie, akademischer Freiheit, Selbstverwaltung und Steuerfreiheit. Die ersten deutschen Universitäten wurden in Prag (1348), Wien (1365), Heidelberg (1386), Köln (1388) und Leipzig (1409) gegründet.

wo er gefoltert und anschließend in der Moldau ertränkt wird. In Prag erheben sich die Bürger und in Süddeutschland die Städte gegen den Adel. Wenzel erhält keine Unterstützung von seinem Bruder Sigismund, dessen ungarischer Thron ins Wanken geraten ist und der 1396 auf einem erfolglosen Kreuzzug die meisten seiner Mannen und um ein Haar dazu sein Leben einbüßt. Im Jahr 1400 wird Wenzel von den vier rheinländischen Kurfürsten abgesetzt. Die Entscheidung wird ohne jeden Widerstand von ihm hingenommen – ein letztes Zeichen seiner Schwäche.

## SCHISMEN UND KONZILE

Der neue König, Kurfürst Rupert von der Pfalz, ist entschlossen, die Fehler seiner Vorgänger zu korrigieren, doch seine Vorstellungen entbehren der Realität. Rupert will die Viscontis (eine der berühmtesten ghibellinischen Familien, die die Macht in Mailand ausübt) absetzen, die Spaltung der Kirche zwischen Rom und Avignon beenden und in Rom zum Kaiser gekrönt werden. Die süddeutschen Kaufleute, die seine Wahl mit ihrem Geld getragen haben, sind jedoch nicht bereit, die Kosten eines Feldzuges nach Italien zu übernehmen. Die Florentiner hingegen, die den Mailändern nur zu gern eine Lektion gönnen, sind für diese Expedition, können aber das Geld dafür nicht aufbringen.

Rupert ist über die Kirchenspaltung tief besorgt. Er hat 1386 die Universität Heidelberg für eine geistige Unterstützung des römischen Papstes gegründet. Gelehrte, die sich vom Gegenpapst in Avignon abgewandt haben, sollten in Heidelberg eine neue Wirkungsstätte finden. Im Jahre 1409 berufen die Kardinäle von Avignon und Rom ein Konzil nach Pisa ein, ohne zuvor die beiden Päpste oder den Kaiser konsultiert zu haben. Das Konzil erklärt beide Päpste für abgesetzt und wählt einen dritten, Alexander V., der aber schon bald darauf stirbt, sein Nachfolger wird Johannes XXIII. Als Rupert 1410 stirbt, wählen die Kurfürsten zwei Könige: Wenzels Bruder Sigismund und dessen Cousin Jobst. Da Wenzel selbst noch am Leben ist, gibt es jetzt drei Könige, ebenso wie es drei Päpste gibt. Da aber Jobst bald nach seiner Wahl stirbt und Wenzel keine Unterstützung findet, bleibt Sigismunds Anspruch nahezu unangefochten.

Trotz seiner anfänglich nur wenig glorreichen Laufbahn, erweist sich Sigismund als bemerkenswerter König. Er besitzt ein hochentwickeltes Verständnis für Politik, verfügt über außerordentliche Energie und ist ein geschickter Diplomat. Zudem stehen die Bedingungen günstig für ihn: Frankreich spielt unter der Regentschaft Karls VI. (des „Wahnsinnigen") der die Schlacht bei Agincourt verloren hat und in völliger geistiger Umnachtung gestorben ist, keine bedeutende Rolle. Als König von Ungarn gilt Sigismund hingegen als Hort der abendländischen Kultur gegen die Türken. Papst Johannes XXIII. wird vom Konzil in Konstanz wegen seines skandalösen Sexuallebens und fortgesetzter Bestechlichkeit abgesetzt. Auch der Papst von Avignon, Benedikt XIII., wird abgesetzt und der römische Papst Gregor XII. tritt zurück. Im Jahre 1417 wird Martin V. gekrönt, das Schisma ist dadurch vorerst beendet.

Der erschreckende Zustand der Kirche während des Schismas gibt Anlaß für grundlegende Kritik. So überrascht es nicht, daß Prag, die blühende Hauptstadt des Reiches und bedeutendes geistiges Zentrum, zahlreiche Reformatoren hervorbringt. Der bedeutende Theologe Hieronymus von Prag spricht 1409 von der „heiligste böhmische Nation" und König Wenzel macht sich seine modernen Anschauungen über Nationalität zunutze, um mit dem Dekret von Kuttenberg die Verfassung der Universität von Prag zu ändern. Von nun an haben die Böhmen im akademischen Rat drei Stimmen, die Vertreter der anderen Nationen nur eine. Zuvor standen den Ausländern drei Stimmen zu, den Böhmen eine. Durch die Verlagerung des Schwergewichtes im Rat zugunsten der Böhmen hofft Wenzel, die Unterstützung des Papstes von Pisa für die Universität zu gewinnen. Die deutschen Professoren stehen aber auf der Seite Roms. Sie verlassen daher in Folge des Dekretes Prag und gehen nach Meißen, wo der dortige Markgraf für sie 1409 die Universität Leipzig gründet. Prag hat sich von diesem akademischen Aderlaß niemals erholt und wird schon bald angegriffen ein Zentrum der Ketzerei zu sein.

Jan Hus, der bedeutendste böhmische Reformator, ist um 1370 geboren. Er ist ein mitreißender Prediger, der auch als Professor an der Universität Prag lehrt. Als er 1412 nach Rom gerufen wird, widersetzt er sich und verkündet, daß allein Jesus Christus und nicht der Papst das Oberhaupt der Kirche sei. Einer von Sigismunds Leuten sichert Hus freies Geleit zum Konzil nach Konstanz und zurück zu, doch trotz der Zusicherung wird Jan Hus zum Tode verurteilt und nach einer langwierigen Verhandlung, in der ihm das Recht auf Verteidigung verwehrt wird, auf dem Scheiterhaufen verbrannt. Jetzt haben die Anhänger der Reformbewegung einen Märtyrer und die gefährliche Mischung aus religiösen, politischen und wirtschaftlichen Forderungen entlädt sich in einem blutigen böhmischen Aufstand. Die bewaffneten Hussiten wüten in ganz Mitteleuropa. Ihre Brutalität gegenüber den hilflosen Opfern macht dabei ihre ursprüngliche Reformbotschaft rasch vergessen.

Das Konzil von Konstanz hat die Einheit der Kirche gerettet, sich mit der Ketzerei in Böhmen auseinandergesetzt und die Notwendigkeit von Reformen betont. Aber der Reformwille mündet schnell in einem unerbaulichen Streit zwischen dem Papst und dem Konzil. Bereits 1437 gibt es wieder zwei Konzile und bald darauf auch zwei Päpste. In jenem Jahr stirbt Sigismund. In den letzten zwanzig Jahren seiner Regentschaft ist ihm eine Wiederholung des Erfolges des Konzils von Konstanz versagt geblieben. So konzentriert er sich auf das ungarische Königreich, allerdings ohne großen Erfolg. Während Böhmen unter der Gewalt der Hussiten leidet, wird Sigismunds Stellung in Deutschland durch seinen Vater geschwächt, von dem sich viele Territorien abgewendet haben. Alles in allem ist das Reich damit ebenso reformbedürftig wie die Kirche.

Die deutschen Fürsten stellen fest, daß die Einnahmen aus den Regalien, wie Steuerabgaben und Münzrecht, nicht mehr ausreichen, ihre steigenden Ausgaben zu decken. Sie fordern daher von ihren Untertanen finanzielle Hilfe in Form von Steuern, sind aber auch dazu bereit, diese Forderungen mit Vertretern des Adels, der Kirche, der Städte und in einigen Fällen der freien Bauern zu beraten. Damit werden erste Grundlagen parlamentarischer Einrichtungen geschaffen, denn die Vertreter der Stände ziehen schon bald nicht mehr nur die anteiligen Steuern ein, sondern stellen ihrerseits ebenfalls Forderungen an die Fürsten.

Die Länder und Städte führen mit größerem Erfolg als der Kaiser neue, leistungsfähigere Formen der Verwaltung ein, in dem sie Rechte und Pflichten schriftlich festlegen und sich einer gut ausgebildeten Bürokratie bedienen. Das Reich ist noch immer ohne Hauptstadt. Die Könige richten sich ihre Hauptstädte jeweils in ihren Territorien ein: Ludwig der Bayer in München, Karl IV. in Prag, Friedrich III. in Graz. Ihre Höfe bleiben verhältnismäßig bescheiden, sichern aber dem Adel das dringend benötigte zusätzliche Geld, das auf Grund der Krise in der Landwirtschaft immer mehr ausbleibt.

Um ein Gegengewicht zu Macht und Einfluß der rheinischen Kürfürsten zu schaffen, übergibt Sigismund seinem diplomatischen Berater und Agenten, dem Grafen von Nürnberg, einem Hohenzollern, das Kurfürstentum Brandenburg. Dieser verläßt Brandenburg, ein sandiges Ödland, besiedelt mit einem aufsässigen Adel, schon bald ist er aber der Erste eines Hauses, das Preußen und später Deutschland bis 1918 regieren wird. Ebenso gibt Sigismund Sachsen an den Markgrafen von Meißen und erhebt die Wettiner zum Herrscherhaus.

Im Jahre 1438 wählen die Kurfürsten Albrecht von Habsburg auf den Thron. Eine Wahl, die gleichfalls bedeutungsschwer ist, wie die Einsetzung der Hohenzollern und der Wettiner, denn die Habsburger werden zukünftig die deutschen Kaiser bis 1806, in Österreich bis 1918 stellen. Albrechts Wahl erfolgt einstimmig. Da er bereits König von Ungarn und Böhmen ist, zögert er mit der Annahme. Zur Krönung kommt es nicht, schon ein Jahr nach seiner Wahl stirbt er beim Kampf gegen die Türken an Ruhr.

Der älteste überlebende Habsburger, der vierundzwanzigjährige Friedrich III., wird 1439 einstimmig gewählt. Da er Kärnten, die Steiermark und Krain geerbt hat, verfügt er über eine besonders starke Position, zumal sich das übrige Habsburger Land in den Händen von zwei Minderjährigen befindet, die Mündel des neuen Königs sind. Die Wahl ist von der Öffentlichkeit kaum zur Kenntnis genommen worden und erfolgte ohne Widerspruch. Sie soll jedoch bedeutende Konsequenzen haben. Friedrich III. bleibt dreiundfünfzig Jahre lang Regent und stirbt dennoch in Folge einer Amputation seines Beines vorzeitig. Seine Regentschaft bleibt hauptsächlich ihrer langen Dauer wegen in Erinnerung.

Friedrich III. unterstützt die römischen Päpste gegen das Konzil von Basel, das von 1431 bis 1437 Fragen der Kirchenreform berät, und den Gegenpapst Felix V. Im Gegenzug dafür erhält er die Kontrolle über die Kirchen im Reich und wird mit den finanziellen Mitteln versehen, um 1452 seine Krönung bezahlen zu können. Er ist der letzte in Rom gekrönte deutsche Kaiser. Zu dieser Zeit hat sich das Baseler Konzil bereits aufgelöst, und der Gegenpapst ist abgetreten.

Ein Jahr darauf fällt Konstantinopel in türkische Hand. Friedrich III. zögert mit der Verteidigung des Abendlandes gegen den Islam. Im Osten sind dem Deutschen Ritterorden, einem 1190 in Akkon gegründeten religiös-militärischen Orden, die von ihm besetzten heidnischen Gebiete östlich des Reiches übergeben worden. Damit beherrscht der Orden die Ostsee, Preußen und Vorpommern. Ab 1440 fordert ein preußischer Ständebund das Mitspracherecht in den Angelegenheiten des Staates und wird darin vom König von Polen unterstützt. Als die Stände die Mehrzahl der Burgen des Deutschen Ritterordens besetzen, kommt es im Jahre 1454 zum Krieg. Der Bürgerkrieg zieht sich dreizehn Jahre dahin und endet erst 1466 mit dem Vertrag von Thorn, der den Ritterorden zur Aufgabe des größten Teils seiner Gebiete zwingt, da der Kaiser ihnen die geforderte Unterstützung nicht geben kann.

Friedrich III. bleibt der Erfolg in Böhmen und Ungarn gleichermaßen versagt. In Ungarn ernennen die Stände 1458 Matthias Corvinus, eine der bedeutendsten, wenn auch widersprüchlichsten Gestalten des Mittelalters, zum König. Matthias regiert bis 1490. Ladislaus Postumus, der Thronerbe, ist des Kaisers Mündel. Doch die Stände rufen Georg von Podiebrad als König von Böhmen aus. Dieser herrscht von 1458 bis 1471 und erweist sich als außerordentlich durchsetzungsstarker Monarch. Als moderater Hussit ist Georg von Podiebrad bestrebt, die Übereinkunft von Prag aus dem Jahre 1433 aufrechtzuerhalten, nach der die Böhmen die Eucharistie unter beiden Gestalten (Wein und Wasser) feiern dürfen. Pius II. erklärt die Übereinkunft für ungültig und droht dem König mit einem Verfahren wegen Ketzerei. Daraufhin ruft der böhmische König zu einem europäischen Kreuzzug gegen die Türken und einer Reichsreform auf. Friedrich III. unterstützt Georg von Podiebrad, den er als seinen Vertreter im Osten betrachtet, doch seine eigene Stellung bleibt weiterhin gefährdet und verschlechtert sich nochmals mit dem Tod des böhmischen Königs im Jahre 1471. Matthias Corvinus, der gegen Georg von Podiebrad bei dessen Exkommunikation 1466 zum Kampf angetreten ist, entreißt dessen Nachfolger 1478 Mähren, Schlesien und die Lausitz. Nachdem der ungarische König bereits 1462 die Türken besiegt und Bosnien 1462, Moldawien und die Walachei 1467 in seine Gewalt gebracht hat, erklärt er 1482 dem Kaiser den Krieg und erobert 1485 Wien, wo er mit großem Aufwand residiert. Friedrich III. wird aus seinem Erbland vertrieben und residiert fortan in Graz, im Schatten seines mächtigen Gegners. Es gelingt ihm aber, das Erbe für seine Nachfolger zu bewahren und zu vergrößern. Matthias Corvinus stirbt ohne legitimen Thronfolger, er hat aber 1463 den Vertrag von Preßburg unterzeichnet. Als Ludwig, König von Böhmen und Ungarn, 1526 in der Schlacht von Mohács fällt, gehen Österreich, Böhmen und Ungarn daher – entsprechend dem Vertrag von Preßburg – an die Habsburger. Die drei Königreiche bleiben miteinander vereint bis 1919 bestehen.

Der große Rivale Friedrichs III. im Westen ist der Herzog von Burgund, Karl der Kühne, der nicht nur begüterter ist als der Kaiser und die Könige von England und Frankreich sondern in vieler Hinsicht auch mächtiger als diese ist. Doch die ehrgeizigen Pläne Karls bleiben ohne greifbares Ergebnis, weil seine glorreiche Schar bewaffneter Ritter der mit Lanzen ausgerüsteten Schweizer Infanterie hoffnungslos unterlegen ist. In den Schlachten von Grandson und Murten 1476 sowie von Nancy 1477, in der Karl fällt, erringen die Schweizer einen deutlichen Sieg über die Burgunder und beweisen, daß der bewaffnete Ritter nunmehr ein romantischer Anachronismus ist. Der Überfall Karls des Kühnen auf Deutschland wird gleichfalls ein Fiasko. Karl richtet seinen Angriff gegen das Erzbistum Köln und belagert Neuß. Doch Friedrich gelingt es, das erste große Reichsheer seit der Zeit der Hussitenkriege aufzustellen und damit zwingt er die Burgunder zur Aufgabe der Belagerung. Ein Appell an das deutsche Nationalinteresse findet unerwartetes Echo: Die deutschen Fürsten machen gemeinsame Sache gegen den brutalen Überfall. Der Begriff der Nation, der zuerst zur Einteilung der Studentenschaft an den Universitäten, später in einem breiteren Sinne von den Kirchenkonzilen verwendet worden ist, erfährt damit seine erste Anwendung in der modernen Bedeutung.

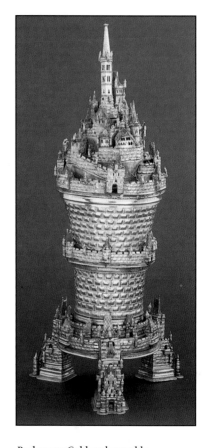

Becher aus Gold und vergoldetem Metall in der Form einer befestigten Stadt. Dieses Meisterwerk von der Hand eines deutschen Goldschmiedes stammt aus dem späten fünfzehnten oder frühen sechzehnten Jahrhundert.

*Gegenüber:* Die Darstellung aus der Hamburger Stadtordnung des Jahres 1497 zeigt Kaufleute und Seeleute im Hamburger Hafen. Hamburg war ein wichtiges Mitglied des Hanseatischen Bundes, dem 150 norddeutsche Städte angehörten, die sich zur Förderung des Handels und zu gegenseitigem Schutz zusammengetan hatten. Die Hanse hatte einen großen Anteil an der Besiedelung Osteuropas, kontrollierte den Handel zwischen Nordsee und Ostsee und unternahm zwischen 1350 und 1450 eine Reihe erfolgreicher militärischer Operationen.

# Das mittelalterliche Badehaus

Auf Körperhygiene wird im frühen Mittelalter noch nicht sehr geachtet. Der einfache Landmann, der ohnehin nur die Kleider besitzt, die er am Leib trägt sieht im Waschen keinen Sinn. Viele Vertreter der frühen Kirche bekämpfen energisch die Unsitte das Badens. Wasser sei für den Körper schädlich, argumentieren die einen; der Anblick des eigenen, nackten Körpers wecke unkeusche Gedanken, warnen die anderen. Der hl. Augustinus ist überzeugt, Baden sei den Christen erlaubt, doch einmal im Monat sei genug. Der Gesandte Kalif al-Hakams II. am französischen Hof berichtet 973, er könne sich nichts abscheulicheres als fränkische Ritter vorstellen, sie würden sich nur einmal oder zweimal im Jahr waschen und ihre Kleider tragen, bis sie ihnen vom Leibe fallen. Für einen Moslem, dessen Glaube fünf Waschungen am Tage vorschreibt, ist ein solches Verhalten unvorstellbar. Andere Beobachter berichten, die Slawen hätten zumindest einfache Dampfbäder, in denen sie aufeinander einschlügen, bis sie halbtot seien, worauf sie sich mit kaltem Wasser wieder zum Leben erweckten.

In Bayern hat es Dampfbäder auf dem Lande bereits im siebenten Jahrhundert gegeben. Die Bezeichnung Stube ist abgeleitet vom Stieben des Dampfes. Vermutlich unter dem heilsamen Einfluß des Orients, beginnen wohlhabende Europäer, in ihre Burgen oder Stadtpaläste Badezimmer mit Wannen aus Holz oder Metall einbauen zu lassen. Besonderen Gästen wird als Zeichen der Gastfreundschaft ein Bad geboten. Die Gastgeberin kümmerte sich um Bad und Massage illustrer Gäste. Gelegentlich versieht der Hausherr selbst diesen niederen Dienst.

In den vornehmeren Dampfbädern lassen sich die Ritter von den geschickten weiblichen Händen der sogenannten „Badwibel" massieren, schrubben und abtrocknen. Solcher Luxus ist teuer, und glaubt man Tannhäuser, dann haben ihn zwei Bäder die Woche ein Vermögen gekostet, wobei die höheren Kosten auf das Konto für sonstige Dienste der Badwibel gehen dürften. Im zwölften Jahrhundert sind öffentliche Bäder in vielen Städten eine erschwinglichere Alternative. Im vierzehnten Jahrhundert hat allein Mainz vier Badehäuser. Dort geht es sehr gesellig zu. Männer und Frauen nehmen das Bad gemeinsam, Gespräche gehen hin und her, es wird gespeist und gezecht,

wandernde Vaganten geben ihre Lieder zum besten. Ist man geneigt, zieht man sich zu intimeren Vergnügungen in benachbarte Kammern zurück. Es überrascht nicht, daß das altenglische Wort für Bad („Stew") später ein Bordell bezeichnet.

Im ausgehenden Mittelalter werden die öffentlichen Bäder als Sündenpfuhl gebrandmarkt, die Badwibel als Huren, die Betreiber als Verdiener schmutziger Gelder. Mediziner warnen vor der „französischen Krankheit" (*malum frantzosen*), wie die Syphilis genannt wird, und anderen Krankheiten. Eifersüchtige Ehemänner morden ihre ungetreuen Frauen, die sie in flagranti im Zuber ertappen. Wohlhabenden Besuchern wird, während sie das Bad nehmen, ihr Besitz gestohlen. Die Angestellten der Badehäuser gelten als Ausgestoßene der Gesellschaft. Als Albrecht III. von Wittelsbach heimlich die schöne Agnes Bernauer, Tochter eines Badehausbetreibers in Augsburg, ehelicht, ist sein Vater so erzürnt, daß er die unglückliche Frau umbringen läßt.

Den größten Andrang haben die Badehäuser am Samstagabend und am Vortag von Fastentagen. Da die Menschen fest an die Sterne glauben, enthalten sie sich des Bades weitestgehend an den Hundstagen des Juli und August, wenn die Sonne im Sternzeichen des Löwen steht. Besondere Familienereignisse feiert man im Badehaus. Vor der Hochzeit wird ein *balneum nuptiale* begangen, ähnliche Badeparties finden auch nach Geburten und Beerdigungen statt.

Die Menschen im Mittelalter verwenden mehr Zeit auf ihre Frisur als auf ihren Körper. Das Haar wird lang und offen getragen, sorgfältig gekämmt und wegen der Gefahr von Läusen häufig gewaschen. Die Zähne pflegt man am Morgen mit einem Tuch und Salz oder Puder – ein Mittel, das nur wenig wirksam ist, und viele verlieren die Zähne bereits mit jungen Jahren. Die Männer rasieren sich meist nur nach dem Bade und daher sehr unregelmäßig. Die Mönche werden jede Woche rasiert, die Tonsur alle vierzehn Tage. Baden hat weniger mit Körperreinigung als viel mehr mit Sinneslust zu tun. Ein Sprichwort sagt: „Wiltu eyn tag fröhlich seyn? geh, ach geh in pad hinein", doch mancher Besucher verläßt das Badehaus schmutziger als er gekommen ist.

Badehaus im Späten Mittelalter, aus einer Handschrift
für Antoine von Burgund, um 1470.

landum era luvuria
malum ꝗ accusare
aliquo facilius est
qua vitari oꝑi ñ inserit. Non
quidem ut ulla honorem ꝛapiat
sed ut seipium recognoscent ad
ꝑenitencia impelli possit iungat
illi libido qui eo hisdem viciorum
ꝑnapiit oritur neꝗ a reprehece

aut ab emendatione separent geio
mentia errore conexe. translateur
En ceste partie valerius commence
son vo. liure qui est des vis z des
fais signes de memoire de la cite
de comme z des estrangiers ougl
apres ce que valerius es viii liure
precedent a determine des vertus z
operations vertueuses en ce vo.

## MAXIMILIAN I. UND DER AUFSTIEG HABSBURGS ZUR MACHT

1473 hofft Karl der Kühne seine Tochter Maria mit dem Sohn Friedrichs III., Maximilian, verehelichen zu können. Der Kaiser sagte das Zusammentreffen jedoch in
letzter Minute ab und stimmt erst nach der schmählichen Niederlage Karls durch
die Schweizer bei Grandson der Verlobung zu. Als Karl der Kühne bei Nancy fällt
und die Franzosen in Burgund einmarschieren, handelt Friedrich III. schnell. Er
belehnt Maximilian und Maria mit Burgund und arrangiert ihre Eheschließung in
Stellvertretung. Erst vier Monate danach wird das Paar am 19. August 1477 vereint
und weitere zehn Monate später erblickt ein Thronfolger das Licht der Welt. Maria
verunglückt bei einem Reitunfall und stirbt 1482.

Im Jahre 1490 erhält Maximilian von seinem verschwenderischen Cousin Sigismund das wohlhabende Herzogtum Tirol. Noch im selben Jahr besiegt er die Ungarn
und gewinnt durch den Vertrag von Preßburg den Titel eines Königs von Ungarn.
Damit ist ihm die Nachfolge für den Fall garantiert, daß Mitkönig Ladislaus ohne
Thronfolger bleiben sollte. Maximilian herrscht noch nicht über Burgund als er
einen fünfzehnjährigen Krieg gegen die Franzosen und gegen die Stände in den Niederlanden beginnt. Im Jahre 1488 wird er von den Niederländern gefangen gesetzt.
Erneut sammelt Friedrich III. ein Reichsheer und zwingt die Niederländer und die
Franzosen im Frieden von Senlis 1493 sich zu unterwerfen.

Maximilian, der oft der „letzte Ritter" genannt wird, ist ein Liebhaber von Tur-
nierkämpfen, erkennt aber die militärische Wertlosigkeit der Ritter und die künftige Rolle der Landsknechte und der Artillerie an. Der erbarmungslose Kriegsherr,
als der er in den Niederlanden gewütet hat, ist aber auch ein großer Förderer von
Kunst und Literatur. Die Vielschichtigkeit seines Charakters hat der größte seiner
Hofmaler, Albrecht Dürer, eingefangen. Im Jahre 1494 heiratet Maximilian Bianca
Maria Sforza, die Tochter des Herzogs von Mailand und verbündet sich kurze Zeit

später mit Papst Alexander VI., Venedig, Mailand und den Spaniern, um die Franzosen aus Italien zu vertreiben. Der Reichstag zu Worms 1495 leistet einen bescheidenen finanziellen Beitrag zu Maximilians Italienfeldzug gegen die Franzosen und stimmt der Reichsreform zu. Der „Ewige Reichslandfrieden" wird verkündet; Fehden verboten, und alle Streitigkeiten sollen künftig vor einem Reichskammergericht mit Beisitzern des Königs und der Reichsstände verhandelt werden. Da aber unklar bleibt, wie künftig die Beschlüsse des Gerichts umzusetzen oder Reichssteuern einzutreiben sind, stellt sich die Mehrheit der Landesfürsten dagegen.

Maximilians Italienfeldzug schlägt fehl und muß – teilweise auch aufgrund der unzureichenden Unterstützung durch das Reich – abgebrochen werden. Im Vertrag von Basel 1499 erkennt Maximilian an, daß er auf die Schweiz, deren Heer den schwäbischen Bund und das Reichsheer besiegt hat, keinen Einfluß mehr besitzt. Der Reichstag bewilligt ihm nur widerstrebend die Mittel zur Reise nach Rom, wo er gekrönt werden soll. Zur Bereitstellung der Gelder kommt es aber nicht, denn Maximilian kann die Reise nicht antreten, da sich der Norden Italiens unter Kontrolle der Franzosen befindet. Als Gegenleistung für die bewilligten, aber nicht gezahlten Gelder stimmt der König der Einrichtung eines „Reichsregiments" aus Vertretern der Laienfürsten und Kirchenfürsten sowie der Städte zu. Das Reichsregiment soll die Einhaltung des „Landfriedens" überwachen und die Verwaltung des Königshofes und des Heeres kontrollieren. In Abwesenheit des Königs hat das Reichsregiment an seiner statt die Entscheidungsbefugnis; der König hingegen bedarf für alle seine Unternehmungen der Zustimmung des Regimentes. Damit ist der König theoretisch entmachtet. Doch der schlägt zurück, so daß die Regierung praktisch ebensowenig ihre Entscheidungen umsetzen kann wie der Monarch. Streitigkeiten zwischen den Städten führen zur weiteren Schwächung des Reichsregimentes, das 1502 seine Tätigkeit ganz einstellt. „Reichskreise" erfüllen die Aufgabe der Friedenssicherung weitaus wirksamer und übernehmen eine vermittelnde Rolle zwischen dem Reich und den einzelnen Gebieten. Die Sache der Stände gegenüber dem König erfährt eine weitere Schwächung mit dem Tode des Erzbischofs von Mainz und des Pfalzgrafen Philipp, zwei der einflußreichsten Vertreter der Reformbewegung.

Da der Reichstag Maximilian nur das Geld für ein sehr bescheidenes Heer genehmigt hat, das ihm den Weg nach Rom nicht freikämpfen kann, wird er im Februar 1508 in Trient zum Kaiser gekrönt. Damit bricht er die Tradition der Kaiserkrönung durch den Papst und seine Nachfolger werden zukünftig gleichzeitig zu Königen und Kaisern gekrönt. Maximilians Einmischung in die italienische Politik endet in einem Fiasko. Mit Franz I. schließt er 1516 Frieden und gibt die deutschen Besitzungen in Italien preis. Doch was Habsburg durch Kriege einerseits verliert, wird durch günstige Eheschließungen andererseits vielfach wieder aufgewogen: Ferdinand von Aragon hat seine Tochter Johanna Maximilians Sohn Philipp zur Frau gegeben, Maximilians Tochter Margarete heiratet den spanischen Thronfolger Juan, den Sohn Ferdinands von Aragon und Isabellas von Kastilien. Drei Anwärter auf den spanischen Thron sterben. Damit erben 1517 Philipp und Johannas Sohn Karl, gemeinsam mit seiner geistesgestörten Mutter „Juana la loca", Spanien, Neapel und Spanisch-Amerika. Bereits 1515 hat Karl die Niederlande und Burgund geerbt. Nun wird er 1519 nach dem Tode seines Großvaters auch noch zum Kaiser gewählt.

# KAPITEL 4

# Die Reformation

*Gegenüber:* Dieses Bild Kaiser
Maximilians und seiner Familie,
gemalt von Bernhard, entstand
um 1515 anläßlich einer
Doppelverlobung im Hause
Habsburg. „Andere mögen
Kriege führen, du, glückliches
Österreich, heiratest."

Der größte Teil Europas ist im sechzehnten und frühen siebzehnten Jahrhundert durch die Herausbildung und Stärkung selbstsicherer autoritärer Nationalstaaten gekennzeichnet. Das England der Tudorzeit mit seiner hochentwickelten Kultur und seiner stets kampfbereiten Flotte, Spanien und Portugal mit ihren kühnen Eroberern und riesigen Kolonialreichen, das Versailles Ludwigs XIV. und die Heere der schwedischen Könige sind Ausdruck des neuen Geistes. In Deutschland ist die Situation eine andere. Das Heilige Römische Reich befindet sich im Zerfall, die Teilreiche streben offen nach Unabhängigkeit. Kann das Reich in Form eines förderativen Verbandes, der sich den Herausforderungen der Zeit nationalstaatlicher Orientierung stellt, neu organisiert werden oder wird es sich in eine Vielzahl von Kleinstaaten auflösen, deren einziger gemeinsamer Nenner die Sprache bleibt? Erst im achtzehnten Jahrhundert sollte sich die Zukunft Deutschlands als Ergebnis des Kampfes zweier Staaten auf der europäischen Bühne – Österreichs und Preußens – klarer darstellen.

## DEUTSCHLANDS WIRTSCHAFTSWUNDER

Obwohl Deutschland zu Beginn des sechzehnten Jahrhunderts mit seiner politischen Entwicklung weit hinter den anderen Ländern Europas zurückliegt, befindet es sich wirtschaftlich gesehen in einem ausgezeichneten Zustand. Im Mittelalter hat die Hanse, ein Schutzbündnis von 150 deutschen Städten, den Ost-West-Handel vom Atlantik bis zur Ostsee beherrscht. Jetzt, im sechzehnten Jahrhundert, befinden sich die Städte der Hanse im Niedergang. Ihre Rechte werden von den Forderungen der neuen Nationalstaaten allmählich untergraben. In anderen Teilen Deutschlands dagegen nimmt die Wirtschaft einen starken Aufschwung. So geben im Bergbau und der Metallverarbeitung die Deutschen den Ton an, und deutsche Bankiers überrunden die italienischen. Der internationale Handel, besonders der mit dem Orient, blüht. Die Industrieproduktion macht auf der Grundlage der Heimarbeit rasche Fortschritte.

Der für die deutsche Wirtschaft entscheidendste Industriebereich ist der Bergbau. Erzlagerstätten werden im Harz, dem Erzgebirge, im Thüringer Wald und den Alpen erschlossen. Ein Zeitalter der Erfindungen bricht an: Der hohe Kapitalbedarf führt zur raschen Entfaltung des Bankwesens. Die Produktion wird auf neue Weise organisiert. Ingenieure finden geniale Lösungen für komplexe technische Probleme. Die meisten metallverarbeitenden Fabriken, besonders im Gebiet um Mansfeld, werden als Aktiengesellschaften gegründet, deren Geldgeber aus allen Schichten der Bevölkerung, vom reichen Kaufmann bis zum Dienstmädchen, stammen. Bis zur Mitte des sechzehnten Jahrhunderts, als die Spanier beginnen Silber aus der Neuen Welt zu importieren, ist Deutschland weltgrößter Produzent von Silber, das zum allgemeinen Zahlungsmittel wird. Das macht Deutschland zum bedeutendsten europäischen Finanzzentrum. Goldmünzen, wie der Gulden und der Schilling, werden durch den Silbertaler ersetzt, der seinen Namen nach dem Ort Joachimsthal im Erzgebirge erhält, wo Graf von Schlick als erster eine große Silbermünze geprägt hat.

Jakob Fugger, der Reiche,
(1459–1525) war der bedeutendste deutsche Bankier.
Dieses Porträt stammt von
Albrecht Dürer und
entstand um 1518.

Friedrich III. von Sachsen,
der Weise, (1463–1525) war
der Kandidat Papst Leos X. für
den Kaiserthron und der Protektor Martin Luthers. In diesem
Bild von Lucas Cranach dem
Älteren kommen Charakterstärke
und Frömmigkeit deutlich zum
Ausdruck (um 1515).

Dieser Holzschnitt aus
Augsburg um 1531 stellt einen
Bauern bei einem jüdischen
Geldverleiher dar. Dieser hat
sein Rechenbrett vor sich
aufgebaut. Den Juden brachte
die Reformation in Deutschland
keine Erleichterung ihres Loses.
Luther hatte anfänglich die
Hoffnung, das reformierte
Christentum sei auch für die
Juden annehmbar. Doch in der
Gegenoffensive der prosely-
tischen Juden zerstob diese
Hoffnung schnell. In *Über die
Juden und ihre Lügen* (1543)
fällt Luther in die harsche
Rhetorik des Mittelalters
zurück, verurteilt die Juden
als Ritualmörder und Wucherer
und verkündet, daß Calvinis-
mus und Katholizismus
„jüdische" Ketzerei sei.

Unter den Bankiers (den „Finanziers"), wie Ehinger und Schad in Ulm, Fugger, Höchstetter und Welser in Augsburg, sind die Fugger bei weitem die bedeutend-sten. Kaiser und Fürsten nehmen bei Jakob Fugger, den sie „den Reichen" nennen, Anleihen auf. Die Fugger haben im vierzehnten Jahrhundert mit dem Textilhandel begonnen, verlegen sich aber schon bald auf den Geldverleih. Als sich ihre Bank-geschäfte ausweiten, beginnen sie auch Einlagen von Fürsten und anderen Adligen aufzunehmen, die sie fest verzinsen. Die Fugger steigen außerdem in die Metall-verarbeitung ein. Sie besitzen nahezu alle Bergwerke und Metallfabriken in Ungarn. Als Bankiers von Kaiser Maximilian und Karl V. sichern sie sich die Bergrechte im Land der Habsburger und besitzen damit das Monopol über Silber, Kupfer und Quecksilber. Selbstbewußt erinnert Jakob Fugger den Kaiser daran, daß dieser die Krone ihm und den großen Darlehen seines Hauses verdanke. Denn als die Kurfür-sten 1519 zwischen dem Enkel Maximilians, Karl V. von Spanien und Franz I., von Frankreich zu entscheiden haben, kann Karl sie mit einem Betrag von 851 918 Gul-den, von denen 543 585 von den Fuggern kommen, bestechen. Das ist eine beträcht-liche Summe für jene Zeit, in der Hausmädchen 1,5 Gulden, Schullehrer 3,75 Gul-den im Jahr verdienen und das Salär für den Berater eines Fürsten zwischen 20 und 80 Gulden beträgt.

Das Schicksal der Habsburger und das ihrer Bankiers, wie der Fugger und Welser, ist eng miteinander verbunden. Wenn die Kaiser vor dem finanziellen Ruin stehen, sehen auch die Bankiers ihr Kapital schwinden. Allmählich legen sie daher die bürgerlichen Sitten ab, und werden zu mächtigen Fürsten, die sich um Besitzstand mühen und das Kapital schützen.

Obwohl sich die Wirtschaft im sechzehnten Jahrhundert rasant entwickelt, spürt das einfache Volk nichts davon. Vergünstigungen und Gewinne für das einfache Volk werden durch das rasche Bevölkerungswachstum und die Inflation wieder ausgeglichen. Die Reallöhne sinken drastisch und in einigen Berufen setzt ein über 200 Jahre anhaltender Niedergang ein. Adel und wohlhabendes Bürgertum aber leben in Saus und Braus. Es ist das Zeitalter der „Bet-, Sauf- und Freßfürsten", der Säufer und Fresser von Format. Der sächsische Hof gibt sich der Völlerei in solchem Maße hin, daß es heißt, wer dort als Mensch ankomme, reise als Schwein wieder ab. Luther lehrt, daß jedes Land seinen eigenen Teufel habe und daß „unser deutscher Teufel in einem guten Weinschlauch sitzt und Zecher heißt". So verbraucht durch das gesamte sechzehnte Jahrhundert jeder Einwohner von Hamburg durchschnittlich beinahe 750 Liter Bier jährlich, während seine nüchternen Nachkommen 1993 es bei wenig mehr als 100 Litern bewenden lassen.

Obwohl die gesellschaftliche Stellung des Adels unangefochten bleibt, ist das sechzehnte Jahrhundert in vielerlei Hinsicht das Jahrhundert des Bürgertums. Dieses steuert die Wirtschaft, setzt kulturelle Maßstäbe und übt beträchtlichen politischen Einfluß aus. Die Gesellschaft ist nicht nach den heutigen modernen Kriterien einer Klassengesellschaft aufgebaut, sondern entsprechend der sozialen Klasse, Stellung und Rang in Stände aufgeteilt, was aber nicht bedeutet, daß es keine Wege zu gesellschaftlichem Aufstieg gibt.

## LUTHER

Hans Luder, Martin Luthers Vater, war zuerst Bauer, später Bergmann gewesen. Nach seiner Heirat mit Margaretha Lindemann, der Tochter eines wohlhabenden Bürgers, eröffnet er eine Kupferschmelze in Mansfeld, die ihm ein gutes Einkommen sichert. Auf Geheiß seines Vaters wendet sich Martin dem Studium der Rechte zu. Damit ist ihm der Weg zu Ansehen, Reichtum und Einfluß geebnet. Im Juli 1505 bricht Luther sein Jurastudium plötzlich ab nachdem ihn ein Blitz auf der Heimreise von der Universität in Erfurt so sehr erschreckt hat, daß er bei der heiligen Anna schwört, Mönch zu werden. Sehr zum Verdruß des Vaters, tritt er dann auch umgehend in den Augustinerorden in Erfurt ein, der für die strenge Einhaltung der Ordensregeln bekannt ist. In der Hoffnung, Verzeihung vor den Augen des strengen und erbarmungslosen Gottes des Mittelalters zu finden, übertrifft Luther seine Mitbrüder noch bei weitem in der Inbrunst seiner Gebete, der Länge der Nachtwachen und Heftigkeit seiner Selbstkasteiung. Im Jahr 1512 wird er Professor für Bibelstudien an der Universität Wittenberg. Er studiert lieber die Bibeltexte im Original, anstatt sich nach den gelehrten Exegesen zu richten. Aus dieser intensiven, kritischen Auseinandersetzung mit den Originaltexten entsteht seine Ablehnung der gängigen Heilslehre.

Die entscheidenden Sätze für Luther finden sich im Römerbrief I, Verse 16 und 17: „Denn ich schäme mich des Evangeliums nicht: Es ist eine Kraft Gottes, die je-

# Johannes Gutenberg

Johannes Gutenberg wird als Henne Gensfleisch zur Laden um 1397 als Sohn einer Mainzer Bürgerfamilie geboren. Als es 1430 zum offenen Kampf zwischen den Bürgern und den Gilden kommt, ist er gezwungen, Mainz zu verlassen. Er begibt sich nach Straßburg, wo er erste Experimente im Drucken unternimmt. Im Jahre 1448 kehrt er nach Mainz zurück und borgt sich von Johannes Fust 150 Gulden, weitere 1600 Gulden im Jahre 1450. Damit richtet er eine Druckerei ein und druckt die lateinische Bibel. Er ist jetzt hoch verschuldet, denn der geliehene Betrag entspricht mehreren Hunderttausend Mark. Fust fordert 1455 die Rückzahlung des Geldes. Als Gutenberg nicht zahlen kann, kommt es zum Gerichtsurteil, nach dem Gutenberg vor dem Nichts steht.

Er beginnt erneut mit dem Drucken von Büchern, doch dieses Mal in bescheidenerem Maßstab. Im Jahre 1457 druckt er das Psalter, 1460 das *Catholicon*, ein lateinisches Wörterbuch von Johannes Balbus. Im Jahr 1462 fällt Mainz in die Hände Adolfs II. von Nassau. Die Bürger werden aus der Stadt

vertrieben. Gutenberg zieht rheinab nach Eltville, wo er sich am Aufbau einer weiteren Druckerei beteiligt. Im Jahre 1465 ehrt Adolf von Nassau Gutenberg durch die Verleihung einer bescheidenen Leibrente. Am 3. Februar 1468 stirbt Gutenberg.

Gutenberg ist nicht, wie gelegentlich behauptet wird, der „Erfinder des Druckes". Seine große Erfindung sind die beweglichen Lettern. Zuerst wurden entsprechend der zeitgenössischen Schreibkunst die 296 Typen in Stahl gestochen. Anschließend wurden diese Patrizen in ein weicheres Metall gedrückt, um Negativformen zu gewinnen. Der Guß erfolgte mit einem Gemisch aus Blei, Antimon, Wismut und Zinn. Verwendet wurde ein eigens von Gutenberg konstruiertes Handgerät. Die Typen wurden in einem speziellen Kasten aufbewahrt und waren so angeordnet, daß die am häufigsten benötigten dem Setzer immer am nächsten waren. Der Setzer legte die Lettern in den Winkelhaken ein und übertrug sie in die Schließform, die eine Druckseite enthielt. Gutenberg stellte seine eigene Druckerschwärze her. Die Druckerpresse arbeitete nach dem Prinzip der Weinpresse. Das Gutenbergsche Druckverfahren blieb bis in das achtzehnte Jahrhundert hinein in Gebrauch.

Der Druck der Bibel war eine gigantische Aufgabe. Sie bestand aus 1292 Seiten mit 42 Zeilen auf jeder Seite. Daher die Kurzbezeichnung B42. Es wurden 180 Exemplare gedruckt. Erst nach drei Jahren war die Arbeit geschafft. Sechs Setzer und zwölf Drucker waren am Werk. Gutenbergs Ziel bestand in der Herstellung eines Buches, das der handgeschriebenen Vorlage in jeder Hinsicht glich. Dreißig Bibeln wurden auf Pergament gedruckt, die restlichen 150 auf Papier, das aus Italien bezogen wurde. Heute gibt es noch vierundachtzig Exemplare der Gutenberg-Bibel.

Trotz der enormen Kosten gedruckter Bücher – der Preis einer Gutenberg-Bibel betrug den vierfachen Jahreslohn eines Facharbeiters, wie z. B. eines Kanzlisten – erlebte der Buchdruck in den Folgejahren einen raschen Aufschwung. Es wurden fünf Millionen *incunabula* (Bücher, die vor 1500 gedruckt sind) produziert. Etwa 1100 Druckereien in 260 Städten Europas führten insgesamt 27 000 Titel.

*Links* Johannes Gutenberg, Stahlstich von J. Kern um 1840.
*Unten* Die Psalmen 1– 4 aus der Gutenberg-Bibel.

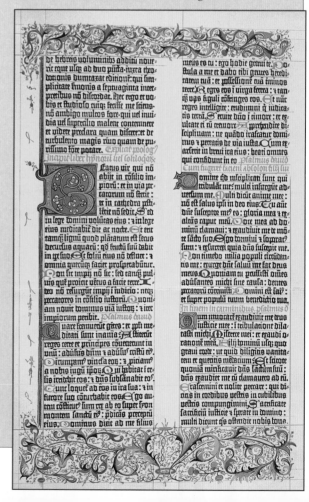

den rettet, der glaubt, zuerst den Juden, aber ebenso den Griechen. Denn im Evangelium wird die Gerechtigkeit Gottes offenbart aus Glauben zum Glauben, wie es in der Schrift heißt: Der aus Glauben Gerechte wird leben." Luther ist jetzt überzeugt, daß die Rettung nicht aus guten Taten und Selbstkasteiung kommt, sondern allein aus dem Glauben, der durch das Studium der Bibel gestärkt wird. Rettung kommt allein aus der Bibel, der Gnade und dem Glauben: *„sola scriptura, sola gratia, sola fide"*. Obwohl Luther in Gott nicht mehr den erbarmungslosen und vergeltenden Richter sieht, glaubt er dennoch weiterhin an die Erbsünde und die Verderbnis der Welt. Er teilt damit nicht die humanistischen Anschauungen katholischer Reformatoren, wie eines Erasmus, die überzeugt sind, daß die Welt durch den guten Willen der Menschen geheilt werden kann.

Der nächste wichtige Entwicklungsschritt Luthers ist bedingt durch seine Erfahrung mit dem Ablaßhandel, einer Praxis, die in ihm die Überzeugung festigt, daß die irdische Welt schwer mit Sünden beladen ist. Im fünfzehnten Jahrhundert erlaubt die Kirche Sündern, durch den Kauf von Ablässen zunehmend aufwendigere Akte der Buße zu umgehen. Durch den Kauf von Ablässen kann man auch den eigenen Aufenthalt im Fegefeuer abkürzen oder die Leidenszeit Verstorbener in den reinigenden Flammen früher beenden. Der Medici-Papst Leo X., dessen Pontifikat 1513 beginnt, ist ein Freund des Erasmus und hochgebildet. Auf ihm ruhen die Hoffnungen der Reformpartei. Doch ihn beschäftigen große Pläne zum Neubau von Rom, für den er die Gutgläubigkeit der Menschen benutzt und 1517 einen Jubiläumsablaß verkündet. Eine Armee von Kirchenmitarbeitern beginnt damit, das dafür benötigte Geld in der gesamten Christenheit einzutreiben.

Einer der erfolgreichsten dieser reisenden Geldeintreiber ist der Dominikanermönch Johannes Tetzel, der mit einer ganz besonderen Wirksamkeit seiner Ablässe wirbt. Luther kommt das im Beichtstuhl zu Ohren, wo reuige Sünder ihn wissen lassen, daß ihnen alle ihre vergangenen, gegenwärtigen und künftigen Sünden gegen Zahlung einer bestimmten Summe vergeben sind. Erzürnt über solche Berichte, stellt er seine fünfundneunzig Thesen zusammen, die er im November 1517 an den Erzbischof von Mainz und den Bischof von Brandenburg schickt. Die Geschichte, er habe die Thesen an die Tür der Schloßkirche in Wittenberg angeschlagen, ist äußerst zweifelhaft, zumal sie erst Jahrzehnte später entsteht.

Der Erzbischof von Mainz, Albrecht von Brandenburg, ist ein mächtiger Kirchenfürst und einer der drei geistlichen Kurfürsten. Ihm obliegt der Ablaßhandel in Deutschland. Albrecht ist zudem auch Bischof von Magdeburg und Administrator von Halberstadt, eine Ämterhäufung, die dem kanonischen Recht nach streng verboten ist. Der Papst ist gemeinhin bereit, diese Verirrung bei umgehender Zahlung der fürstlichen Summe von 24 000 Golddukaten zu übersehen. Der Erzbischof hat sich das Geld von den Fuggern geliehen und ist damit hoffnungslos verschuldet. Er behält deshalb die Hälfte der Einnahmen aus dem Ablaßhan-

Martin Luther auf einem der vielen Portraitgemälde von Lucas Cranach, dessen meisterhafte Technik und psychologische Durchdringung die Vielschichtigkeit im Charakter des Reformators verdeutlichen.

del in Deutschland ein, denn er benötigt es dringend zum Bezahlen seiner Schulden und um wieder zu Kapital zu kommen. Er ist daher nicht bereit die Kritik eines Mönches zu tolerieren. Als Luther keine Antwort vom Erzbischof erhält, schickt er Kopien seiner Thesen zur Diskussion an Freunde und Brüder im geistlichen Amt. Einige von ihnen veröffentlichen diese ohne Erlaubnis des Verfassers. Schon bald führt der Inhalt des Schreibens zu heftigen Debatten im gesamten Reich und darüber hinaus. Innerhalb von sechs Wochen erscheint der Text in mehreren deutschen Übersetzungen. Im Dezember verhängt der Erzbischof über Luther den Kirchenbann und erklärt ihn zum Ketzer. Bereits zu Beginn des Jahres 1518 eröffnet das Kirchengericht am päpstlichen Hof gegen ihn den offiziellen Prozeß wegen Ketzerei – eine nach den Maßstäben der damaligen Zeit außerordentlich schnelle Reaktion. Luthers Kritik am Ablaßhandel und seine Heilslehre erschüttern die Kirche in ihren Grundfesten. Die Idee der Laienpriesterschaft leugnet den Unterschied zwischen Laien und Klerus und negiert den besonderen Stand der Priester. Der Ablaßhandel ist zwar nur schwer zu rechtfertigen, doch träte man Luthers Kritik nicht entgegen, würde der irdische Glanz des Papsttums dadurch in beängstigender Weise in Zweifel gezogen.

Der Augustinermönch Luther stellt sich auf dem Reichstag zu Augsburg im Oktober 1518 dem Kreuzverhör des Dominikaners Kardinal Cajetans. Danach ist zwei Jahre lang nichts mehr über den Fall zu hören. Dann erkrankt Ende 1518 Kaiser Maximilian, und der Papst möchte die Wahl seines Enkels Karl, des Königs von Spanien, verhindern. Der Kandidat Leos X. ist Kurfürst Friedrich der Weise von Sachsen, der aber seinen aufrührerischen Untertan Luther unterstützt. Bis zur Wahl des neuen Kaisers übt der Papst Zurückhaltung gegenüber Luther.

Luthers Angriffe auf die Kirche gewinnen an Schärfe. Im Jahre 1520 kommt Luther zu der Erkenntnis, daß die ganze römische Kirche ein gigantischer, pseudochristlicher Betrug sei und der Papst der Antichrist. Aus dem Reformator von 1517 ist nun

Diese Illustration aus der Bibelübersetzung Luthers zeigt das siebenköpfige Tier aus der Geheimen Offenbarung. Luther war nicht der erste, der die Bibel ins Deutsche übersetzte. Auch stellte er keine Normen für das moderne Hochdeutsch auf. Andererseits hatte die Bibel Luthers mit ihrer kraftvollen Sprache einen großen Einfluß auf die Entwicklung der deutschen Sprache.

ein Revolutionär geworden, dessen Botschaft von Hunderten seiner Mitbrüder aus dem Orden des Augustinus, von Priestern und Theologen in ganz Deutschland gehört wird. Luthers revolutionäre Lehre ist das Ergebnis seiner Gewissenserforschung als einsamer Mönch, der sich mit dem intimen Verhältnis zwischen Mensch und Gott auseinandergesetzt hat. Anders als Zwingli und später Calvin vertritt er die Auffassung, daß politische und soziale Fragen außerhalb dieser Betrachtung stehen, aber dennoch auf sie rückwirken. Doch für die Mehrheit der Deutschen ist Luthers Ruf nach Religionsfreiheit und seine Angriffe auf die Kirche gleichbedeutend mit dem Ruf nach politischer Freiheit und Angriff auf das politische System. Seine aufrüttelnde Schrift *Von der Freiheit eines Christenmenschen* erscheint 1520, in einer Zeit wirtschaftlicher und sozialer Unruhen, und hat eine unmittelbare und breite politische Wirkung. Am 10. Dezember 1520 wagen er und sein humanistischer Weggenosse Philipp Melanchthon in Wittenberg einen aufsehenerregenden Schritt. Sie errichten einen Scheiterhaufen und verbrennen die päpstliche Bulle mit der Androhung auf Exkommunikation, zusammen mit anderen theologischen Werken, die die Autorität des Papstes stützen. Luther verfügt jetzt über eine riesige Anhängerschar, darunter Gelehrte wie Ungebildete. Nur wenige verstehen die theologischen Überlegungen in Luthers Freiheitskonzept, und geben seinem Individualismus daher eine politische Auslegung. Die Reformation wird damit von einer Frage religiöser Erneuerung zu einer mächtigen gesellschaftlichen und politischen Bewegung, innerhalb derer die Stände jeweils ihre eigenen Interessen verfolgen.

Silbermünze mit dem Bildnis Karls V. (1500 – 1558).

Der neue Kaiser Karl V. wird am 23. Oktober 1520 in einer seltsam anmutenden Zeremonie in Aachen gekrönt. Nicht einmal die Regalien sind vollständig. Im Januar 1521 nimmt Karl an seinem ersten Reichstag in Worms teil, auf dem mehrere wichtige Reformen eingeleitet werden. Das Reich wird in mehrere Verwaltungsbezirke eingeteilt – Instanzen zwischen den Staaten und dem Reich die für die Erhebung von Steuern, Militärpolitik, Wirtschaft sowie die Bewahrung von Ruhe und Ordnung zuständig sind. Die Stellung des Reichskammergerichtes und anderer Institutionen werden gestärkt. Als Teil der ehrgeizigen Reform werden auch zahlreiche Beschwerden gegen die Kirche angehört. Der Reichstag von Worms gewinnt historische Bedeutung durch das Zusammentreffen des damals einundzwanzigjährigen Kaisers mit dem siebenunddreißigjährigen Theologieprofessor aus Wittenberg. Karl hegt die Hoffnung, Luther werde seinem häretischen Glauben abschwören, wird darin aber enttäuscht.

Im Gegenteil, Luther richtet einen furchtlosen und kompromißlosen Angriff gegen die Autorität der Kirche. Das Christentum ist für Luther eine persönliche Angelegenheit zwischen jedem einzelnen und Gott. Keine weltliche Institution, wie glorreich und mächtig sie auch sein mag, darf diesem Verhältnis im Wege stehen. Er soll gesagt haben: „Ich werde den Worten, die ich geschrieben habe, solange treu bleiben, bis ich durch Schriften oder ein überzeugendes Argument eindeutig widerlegt werde. Ich glaube dem Papst und den Konzilen nicht, denn es ist bekannt, daß sie sich oft irrten und sich widersprachen." Er schließt: „Solange ich durch das Gewissen an Gottes Wort gebunden bin, kann und werde ich nichts zurückziehen, denn etwas gegen das eigene Gewissen zu tun heißt, die eigene Rettung aufs Spiel zu setzen. Gott steh mir bei. Amen." Luthers Worte werden von der Menge mit Jubel aufgenommen. Was die Propaganda aus Luthers abschließenden Worten macht, erzielt noch größere Wirkung. Glaubt man der Flugschrift, soll Luther mit den stolzen Worten geendet haben: „Anders kann ich nicht handeln. Hier steh ich. Gott steh mir bei. Amen." Luthers Bekenntnis von Worms findet nur geringen Widerhall und das Reichsedikt von Worms droht all denen den Kerker an, die ihm in irgendeiner Weise helfen. Karl V. gelobt, den Kampf gegen die Ketzerei mit allen Mitteln zu unterstützen: „Meine Königreiche und Mächte, meine Freunde, mein Körper, mein Blut, mein Leben und meine Seele." Am 3. Januar 1521 wird Luther exkommuniziert, erfreut sich aber noch immer des Schutzes des Kurfürsten von Sachsen. Er findet sicheres Unterkommen in der Wartburg bei Eisenach.

## DIE REFORMATION GREIFT ZUR GEWALT

Die neue Lehre wird vom niederen Klerus und den Augustinermönchen verbreitet, die überall in Deutschland Häuser unterhalten. Sie bilden den Kern der protestantischen Kirche. Viele stehen in enger Beziehung zu Humanisten, denen die Lehre Luthers besonders zusagt, solange sie deren pessimistischen Sichtweise einer Menschheit, die hoffnungslos korrupt und sündig ist, ausweichen können. Einige wenden sich von Luther ab, als Erasmus, der bedeutendste aller Humanisten, 1524 die Schrift *De Libero Arbitrio* veröffentlicht, in der er seine Überzeugung vom freien Willen dem strengem Determinismus Luthers gegenüberstellt.

Das Weitersagen von Mund zu Mund ist eine wichtige Form der Informationsverbreitung. Doch ohne Gutenbergs Druckerpresse mit den beweglichen Lettern, einer schon siebzig Jahre zuvor getätigten Erfindung, hätte die Botschaft Luthers nicht so viele Menschen erreichen können. Die Reformation läßt den Handel mit Büchern aufblühen. Werden noch 1518 in ganz Deutschland lediglich 200 Titel produziert, steigt ihre Zahl 1519 bereits auf 900. Luthers Schriften werden auf der Messe in Frankfurt gehandelt und in großer Zahl in ganz Europa verbreitet. Als der Reichstag zu Worms 1521 anordnet, alle Schriften Luthers zu verbrennen, sind bereits über eine halbe Million Exemplare im Umlauf. Hätte Luther einhundert Jahre früher gewirkt, wäre er schnell vergessen gewesen, doch durch die Verbreitung des Druckwesens ist der Kirche jedes wirksame Mittel gegen die Ausbreitung der neuen Lehre genommen. Luther veröffentlicht 1522 seine Übersetzung des Neuen Testamentes und 1534 die des Alten Testamentes. Als er 1546 stirbt, sind seine Bücher bereits millionenfach verkauft – ein bemerkenswerter Erfolg, wenn man bedenkt, daß die Bibeln beinahe den Jahreslohn eines Hausmädchens gekostet haben. Die Tatsache, daß die Bibel als die Quelle religiöser Wahrheit für Protestanten, jetzt auch dem einfachen Volk zur Verfügung steht, ist ein wichtiger Aspekt für den Erfolg der Reformation.

Als niederer Adel, der seinen Titel unmittelbar dem Kaiser verdankt, gehören die Reichsritter zu den ersten Laien, die die Reformation unterstützen. Sie sehen ihre Privilegien schwinden

Kaiser Karl V. auf dem Thron in einer Gartenlandschaft. Krone und Zepter und Reichsapfel sind Symbole weltlicher und geistlicher Macht. Im Vordergrund ein Bediensteter, ein Ritter und eine ruhende Gestalt.

und stoßen sich an einer Kirche, in deren Dienst viele ihres Standes zu Reichtum gelangt sind. Im August 1522 steht der Reichsritter Franz von Sickingen einem Rittertreffen von über 600 Rittern vom Niederrhein in Landau vor. Sie schwören auf den „Bruderbund" zur Verteidigung ihrer Rechte in den sich nun bildenden Staaten und zum Schutz des neuen Glaubens. Streitigkeiten zwischen ihnen sollen nicht mehr mit Gewalt oder nach dem Gesetz geschlichtet werden, sondern durch eigene Schiedsgerichte. Im Geiste der neuen Frömmigkeit schwören sie dem Saufen und Fluchen ab.

In einer Hinsicht sind die Reichsritter ihrer Zeit voraus: Ihre Idee eines landesweiten und religiös geförderten Bundes soll später einen revolutionären Einfluß auf England und die amerikanischen Kolonien haben. Doch die Reichsritter zählen zu einer wirtschaftlich und politisch niedergehenden Klasse. Sie sind nicht mehr in der Lage, ihre traditionelle Rolle in der Gesellschaft zu erfüllen. Durch das Aufkommen des Schießpulvers aus dem Sattel gehoben, steht den einst so stolzen Rittern nur noch offen, ihr Glück als Offiziere im Heer der Landsknechte zu suchen, der unsicheren Tätigkeit von Raubrittern nachzugehen oder ihren Stolz hinunterzuschlukken und in den Dienst der Kirchen- und Laienfürsten zu treten. Blutige Fehden als Mittel zur Erlangung von Gerechtigkeit sind bereits seit Ende des fünfzehnten Jahrhunderts verboten, und die Ungesetzlichkeit solchen Verhaltens wird im Frieden von Nürnberg 1521 nochmals bekräftigt.

Die meisten Reichsritter leben in ihren verfallenden Burgen in relativer Armut. Ihr Leben ist ständig bedroht. Ulrich von Hutten meint über das damalige Leben es sei so gefährlich gewesen, daß er selbst beim Jagen und Fischen Rüstung anlegen mußte. Der landbesitzende Adel in Norddeutschland sieht sich trotz eigener Sorgen in einer wirtschaftlich besseren Verfassung. Seine anders gearteten wirtschaftlichen und politischen Ziele machen jedoch ein landesweites Bündnis praktisch unmöglich. So beschränkt sich der Aufstand der Reichsritter 1522–1523 auf Mittel-, West- und Süddeutschland und kommt mehr einer Fehde denn einem Krieg gleich. Die schlecht ausgerüsteten Ritter haben keine Chance gegen die Fürstenheere. Nur in Trier ist Franz von Sickingen anfangs erfolgreich, doch Kurfürst Richard von Greiffenklau findet mächtige Verbündete, die Sickingen in seine Burg Landstuhl zurückdrängen, wo er am 7. Mai 1523 getötet wird. Die Burg wird von den Geschützen Philipps von Hessen und des Kürfürsten von der Pfalz kurz und klein geschossen.

Mit dem Tode Franz von Sickingens findet der Ritteraufstand sein Ende. Die Fürsten schleifen die Ritterburgen und bemächtigen sich deren Ländereien. Doch als Stand sind die Reichsritter damit noch nicht ausgelöscht. Sie schließen lokale Bündnisse und verteidigen ihre Interessen nach besten Kräften. Nach 1540 sehen die Kaiser in den Reichsrittern nützliche Verbündete gegen die Fürsten und beschützen sie geradezu eifersüchtig. So gibt es, als das Reich sein unrühmliches Ende findet, noch 1700 Reichsritter, von denen viele Stolz auf ihre Unabhängigkeit sind.

## DER BAUERNKRIEG

Zwei Jahre nach dem Ritteraufstand erheben sich auch die Bauern. Sie sehen ebenfalls ihre traditionellen Rechte durch die ersten modernen Territorialstaaten bedroht, und sie leiden unter der Inflation. Der Gewinn aus der ansteigenden landwirtschaftlichen Produktion fließt in die Taschen des Landadels und die Pacht wird im-

# Thomas Müntzer

Thomas Müntzer, ein früher, begeisterter Anhänger Luthers, wird vermutlich am 21. Dezember 1489 in Stolberg im Harz geboren. Er wirkt als Theologe und Prediger in Thüringen. Sein Denken ist vom Mystischen geprägt. Er betont, daß ein jeder Christenmensch zum Kampf um das himmlische Reich verpflichtet ist. Luther macht mit seinen „zwei Königreichen" einen klaren Unterschied zwischen Theologie und Politik, zwischen Himmel und Erde. Müntzer, der von Luther als Fanatiker verschrien wird, lehnt eine derartige Unterscheidung ab und verkündet das Nahen des Jüngsten Tages, den Beginn des tausendjährigen Reiches Christi.

Nach Jahren als Wanderprediger in Böhmen, Franken und Süddeutschland, wählen seine radikalen Anhänger Müntzer zum Pfarrer der thüringischen Reichsstadt Mühlhausen. Er nutzt den Bauernkrieg zur Aufnahme des „Gideonschwertes". Unter einem Banner aus dreißig Metern weißer Seide mit dem Abbild des Regenbogens sammelt er seine Mannen zum Kampf gegen die „grossen Hansen", die kleinen Herrscher und die reichen, kleinmütigen, habgierigen Antichristen, die in ihrem Egoismus für das tausendjährige Reich des Herrn blind geworden sind.

Nach der Schlacht bei Frankenhausen, in der Müntzers Anhänger durch das Reichsheer vernichtend geschlagen werden, wird er gefangen genommen. Unter schrecklichen Folterqualen ruft er seine Anhänger auf, der Gewalt abzuschwören und „eure Herren um Gnade (zu) bitten, die, wie ich vertraue, sie euch gewähren". Nach erneuter Folter bekennt er seinen Irrweg und wird am 27. Mai 1525 enthauptet.

Indem er die biblische Lehre mit den berechtigten Klagen der Bauern vermischte, gab Müntzer der Opposition ein Mittel in die Hand, die gesamte Bewegung in Mißkredit zu bringen. Als die Bauern in den Schriften die Begründung für ihre politischen Forderungen suchen, stellt sich Luther mit seiner Schrift *Wider räuberischen und mörderischen Rotten der Bauern* gegen sie. Die Tragödie von Frankenhausen wurde möglich, weil es Müntzer am Verständnis für die politischen und wirtschaftlichen Ziele der Bauern mangelte. Diese wiederum begriffen seinen militanten Mystizismus nicht. Seine Hoffnung auf Bestrafung der Sünder und die Errichtung des Reiches Gottes auf Erden mußte kläglich scheitern, wie alle Unternehmungen dieser Art, die von utopischen Vorstellungen getragen waren.

Die Fronten verhärteten sich. Luther stand fest auf der Seite der Fürsten und billigte das Hinschlachten Zehntausender, zumeist unschuldiger Bauern. Luther schrieb sinngemäß: „Hochverehrte Herren, wer kann, soll stechen, züchtigen und würgen. Sterbt ihr dabei, könnt ihr keines gesegneteren Todes sterben, da ihr im Gehorsam der göttlichen Ordnung sterbt ... Die Bauern haben ein schlechtes Gewissen und eine ungerechte Sache, und jeder Bauer, der dabei stirbt, ist verloren, Leib und Seele, und gehört dem Teufel für alle Ewigkeit." Später bereute Luther wohl diese Ergüsse und schrieb: „Ich habe Müntzer getötet, so wie ich Erasmus getötet habe. Der Tod ist auf meinem Haupt. Doch ich tat es, da er meinen Christus töten wollte." Luthers Reaktion auf Thomas Müntzer und den Bauernkrieg steht am Ende der Reformation und dem Beginn des Protestantismus, einer politisch sanktionierten Religion.

Diese Szene aus dem Bauernkrieg zeigt einen Überraschungsangriff bewaffneter Bauern auf das Lager des Reichsheeres.

mer häufiger in Bargeld anstatt in Naturalien gefordert. Die Bauern sind Opfer einer raffgierigen Finanzpolitik und willkürlich vorgehender Verwalter. Die Verhältnisse in Deutschland sind dabei sehr unterschiedlich, sie reichen von tiefer Leibeigenschaft bis zu relativer Freiheit; in den meisten Gebieten aber sind die Bauern zunehmend wirtschaftlich, politisch und gesellschaftlich bedroht. Von den höheren Landwirtschaftspreisen haben nur jene etwas, die ihre Erzeugnisse selbst verkaufen können. Da die Staaten zentralistische Strukturen anstreben, werden kommunale Rechte nicht gewährt, und zahlreiche freie Bauern werden in die Leibeigenschaft gezwungen.

Trotz der schwierigen Lage jener Jahre wäre es falsch anzunehmen, daß der Bauernkrieg ein verzweifelter Ausbruch der Allerärmsten gewesen ist, denn es waren nicht verarmte Leibeigene, sondern die reichen Bauern und jene mit mittlerem Einkommen, die um ihr Recht auf Selbstbestimmung in Dorf und Kirche gekämpft haben. Die Bauern beanspruchen das Recht, ihre Pfarrer selbst zu wählen. Zudem soll ihr Zehnt in der Gemeinde bleiben. Sie fordern die Wiederherstellung des Nutzungsrechtes für Gemeindeland, die Freiheit der Jagd, des Fischfangs und der Holzung und die Abschaffung der Leibeigenschaft. Ihre Forderungen werden in christliche Sprache gekleidet, und ihr Ziel ist nicht die Abschaffung der Obrigkeit, vielmehr sollen sich Herr und Bauer in brüderlicher Liebe begegnen und eine Gemeinschaft auf christlichen Grundsätzen aufbauen. Diese hohen Ziele werden von aufständischen schwäbischen Bauern im März 1525 in Memmingen verkündet. Dort wird die „Christliche Vereinigung" aus drei Gruppen von Aufständischen gebildet. Mit Hinweis auf Luthers Verkündigung des Evangeliums und der neuen Theologie der Befreiung sehen sie ihre Ziele durch „göttliches Recht" gebilligt. Die Fürsten schlagen die Revolte ohne große Mühe nieder. Unter Führung des Truchseß Georg von Waldburg zerschlägt das Heer der Landsknechte die Bauern in Schwaben, wo sich Herzog Ulrich auf die Seite der Bauern gegen die Habsburger stellt, mit denen er im dynastischen Streit liegt. Die Bauernhaufen werden im Mai bei Böblingen besiegt.

Trotz der frühen Erfolge des Reichsheeres geht der Aufstand weiter. Die Bauern gewinnen Anhänger unter den Reichsrittern und der Bürgerschaft, darunter den ehemaligen Bürgermeister von Würzburg, Tilman Riemenschneider, der als bedeutendster deutscher Bildhauer und Bildschnitzer gilt. Der Versuch ein Bauernparlament in Heilbronn einzuberufen, wo eine grundlegende Reform des Reiches beraten werden soll, wird durch die Ankunft von Truppen des Schwäbischen Bundes verhindert, die durch den Sieg bei Böblingen noch ermutigt sind. Weder das Reich noch die Fürsten hegen die Absicht, mit den Bauern in Verhandlung zu treten und so wird der Kampf von beiden Seiten mit zunehmender Härte geführt. Die Greueltaten der Bauern werden ihnen nun durch das Fürstenheer hundertfach vergolten.

Die herausragende Gestalt dieser späten, radikalen Phase des Bauernkrieges ist Thomas Müntzer, der ein explosives Gemisch aus Mystiker, Aktivist und charismatischem Verkünder des Jüngsten Gerichtes verkörpert. Er ruft zum blutigen Kreuzzug gegen den Antichristen auf, der mit der glorreichen tausendjährigen Herrschaft Christi, des Retters, enden soll. Müntzers zündende Reden finden ein starkes Echo bei den Bauern, Handwerkern, Bergleuten und Armen Thüringens. Schnell sammelt er eine bunte Anhängerschar um sich, von der schon bald 5000 Mann den Tod bei Frankenhausen finden. Die Verluste auf Seiten des Reichsheeres betragen dagegen nur sechs Tote. Müntzer wird gefangen genommen und unter Folterschmerzen dazu gebracht, seine Anhänger zur Aufgabe des ungleichen Kampfes aufzufordern. Zudem sollen sie die Fürsten um Gnade anflehen. Ihm selbst wird diese Gnade nicht zuteil, mit dreiundfünfzig seiner Gefolgsleute wird er am 27. Mai 1525 enthauptet.

Luther ist über den Bauernkrieg entsetzt. Besonders lehnt er das Vorgehen Thomas Müntzers ab und nennt ihn seinen „falschen Bruder". Er ist davon überzeugt, daß der Teufel auf der Seite der Bauern steht und sich ihr Kampf gegen die von ihm entdeckten göttlichen Wahrheiten richtet. Somit steht er fest im Lager der Fürsten, in denen er die besten Garanten für die Reformation sieht. Wie viele Fanatiker, Diktatoren und blauäugige Idealisten, die meinen, sie allein hätten die Wahrheit gepachtet, ist er bereit, Tausende dem Tode zu überantworten. In seiner Schrift *Wider räuberischen und mörderischen Rotten der Bauern* drängt Luther die Fürsten im Namen Gottes zum Abschlachten der Aufständischen. Und so fallen mehr als 75 000 – die meisten vollkommen nutzlos, unter den Händen derjenigen, die in diesem Geiste handeln.

Die Bauern hatten zu keiner Zeit eine reale Chance auf Verwirklichung ihres politischen Programmes, da sich schon die utopische Vorstellung einer gemeinsamen christlichen Brüderschaft in den zahlreichen kleinen Gebieten, in denen sie am stärksten gewesen waren, nicht hatte verwirklichen lassen. Nur in Tirol besaßen die Aufständischen ein klares politisches Programm. Das blieb auch den Regierenden nicht verborgen, die sich aus Furcht vor einer zweiten Schweiz beeilten, die Erhebung niederzuschlagen. Auch fehlte es den Bauern an der notwendigen politischen Reife, um sich an die Spitze einer grundlegenden Gesellschaftsreform stellen zu können.

Die Langzeitfolgen des Krieges sind verheerend. Die herrschende Klasse ist überzeugt, daß man den Bauern keinerlei Zugeständnisse machen darf. Lediglich einige Mitspracherechte auf kommunaler Ebene werden ihnen gewährt. Das stärkt die Stellung des Adels. Die Bauern sind aber nach wie vor entschlossen, für ihre Rechte aufzustehen und Rechtsreformer suchen angestrengt nach Wegen für eine gewaltlose

Dieser Stich mit einer Dorfszene aus dem sechzehnten Jahrhundert zeigt eine Gruppe frommer Kirchgänger im starken Gegensatz zu einer lärmenden Menge von Dorfbewohnern, die sich an Speis und Trank sowie amourösen Tändeleien erfreuen.

Lösung der Probleme der Landbevölkerung. Fälschlicherweise sind die Bauern oft niedergeschlagen, bescheiden und unterwürfig dargestellt worden. In Wirklichkeit jedoch sind sie aktive Kämpfer gewesen.

Die Reformation wird besonders in den Städten begrüßt. Dort sind etwa dreißig Prozent der Menschen des Lesens und Schreibens kundig, in den ländlichen Bereichen lediglich etwa fünf Prozent, weshalb sich in den Städten mehr Menschen mit der lutherischen Lehre vertraut machen können. Das Bildungsbürgertum der Städte saugt die neuen Ideen geradezu auf und diskutiert sie in Gasthäusern und auf dem Marktplatz. Protestantische Pfarrer verkünden sie von der Kanzel. Die Städte dieser Zeit sind noch so klein, daß eine echte Gemeinschaft im säkularen wie im kirchlichen Bereich bestehen kann und die lutherische Lehre dort auf besonders fruchtbaren Boden fällt. Lediglich Köln und Augsburg haben bereits über 40 000 Einwohner. In den kleinen Stadtgemeinden ist die römische Kirche nie fest integriert gewesen, denn die Priester unterstehen dem Papst in Rom, die Domkapitel sind in Selbstverwaltung und erfreuen sich zahlreicher Vorrechte, Befreiungen und Immunitäten. Versuche, die Kirche und ihre karitativen Einrichtungen den Städten zu unterstellen, haben zu keinem befriedigenden Ergebnis geführt. Die protestantische Kirche dagegen findet sofort die Beziehung zur Gemeinde. Ein Laienausschuß setzt

Patriziersöhne hoch zu Roß beim jährlichen „Gesellenstechen" am 3. März 1560 in Nürnberg. Gemälde von Jost Amman (1539–1591).

Pfarrer ein und beruft sie wieder ab, überwacht die Finanzen und leitet die sozialen Dienste an. Der Pfarrer, mit Frau und Kindern, führt ein mustergültiges, bürgerliches Leben, was unter seinen Mitbürgern, dem zölibatären Priester nie möglich gewesen ist.

Die Reichsstädte und Hunderte kleinerer Orte werden zu Zentren republikanischer Tugenden. Theoretisch sind alle Bürger vor einer willkürlichen Festnahme und Besteuerung geschützt, alle besitzen die gleichen Pflichten und Aufgaben. Ihre gemeinsamen Interessen werden in verschiedenen Ausschüssen vertreten, die sich mit allen Aspekten des Stadtlebens befassen. Angehörige der politischen Oberschicht genießen keine Ausnahmestellung. Die Ämter, die sie ausüben stehen allen geeigneten Kandidaten offen und sie bilden eine wohltätige Oligarchie, die streng über die Unabhängigkeit der Städte wacht, um sie vor allen Versuchen der Fürsten, die alte Oberhoheit zurückzugewinnen zu schützen. Praktisch besteht bereits seit dem fünfzehnten Jahrhundert besonders in den Reichsstädten die Tendenz, daß diese Stadtoligarchien tyrannische Züge annehmen und sich auf ihr von Gott gegebenes Recht auf Ausbeutung der Bürger berufen, wie es jeder korrupte Monarch vor ihnen getan hat. Die Städte stehen auch unter dem Druck der Fürsten, die sie ihren Territorien einverleiben wollen. Der Kampf der Städte um Selbständigkeit gegen die Machtansprüche von Kleinfürsten und Landesherren hat bereits Anfang des sechzehnten Jahrhunderts zu Erhebungen geführt. Auch vor dem Beginn des Bauernkrieges ist es verbreitet zu lokalen Unruhen gekommen. Vielfach sind diese politischen Auseinandersetzungen mit einem starkem antikirchlichem Unterton geführt worden. Das Gedankengut der Reformation wird daher von den Städten bereitwillig aufgenommen, denn es erteilt dem politischen, sozialen und wirtschaftlichem Kampf das religiöse Placet.

Münster ist die radikalste aller deutschen Städte. Im Jahre 1525 hat es hier Erhebungen gegen den Stadtrat gegeben, aber dem Bischof ist es gelungen, die Bevölkerung wieder zur Besinnung zu bringen. 1532 wird die Stadt lutherisch und im Jahr darauf vom Bischof offiziell als solche anerkannt. Im Januar 1534 kommt ein Bäcker aus Haarlem, Jan Matthys, nach Münster und verkündet, daß das Ende der Sklaverei gekommen ist, die Kinder Gottes sich taufen lassen, die Ungläubigen aber das Schwert sehen sollen. In Münster werden diese Ideen teilweise aufgenommen. Viele Bürger haben die Auslegung der Bibel durch Melchior Hoffmann noch im Ohr, der in Münster für das Jahr 1534 das Ende der Welt verkündet hat. Etwa 1500 Bürger, darunter Priester, Laien, Patrizier, Handwerker und Kaufleute, lassen sich taufen und erwarten die Wiederkunft des Herrn. Die Ungetauften fliehen aus der Stadt und flehen den Bischof und Fürsten an, die alte Ordnung wiederherzustellen. Jan Matthys verkündet, Münster werde das Neue Jerusalem sein, das allein von den Racheengeln Gottes verschont werden würde. Diese kämen, um mehr als neunzig Prozent der Bevölkerung zu vernichten. Viele Menschen zogen nach Münster, um dort das Ende der Welt zu erwarten, das noch vor Ostern eintreten sollte.

Am 24. Februar wird ein Stadtrat der Wiedertäufer gewählt. Der ordnet umgehend die Zerstörung aller Statuen, Gemälde, künstlerischen Handschriften, Musikinstrumente, Glücksspiele und andere Erfindungen des Teufels an. Der Bischof belagert mit einem Heer die Stadt, was jedoch nur zu einer Fanatisierung der Bewohner

Der Hof der Burg Innsbruck auf einem Aquarell von Albrecht Dürer (1471–1528). Dürer lebte in seiner Geburtsstadt Nürnberg und unternahm ausgedehnte Reisen nach Italien und den Niederlanden. Er war Hofmaler Maximilians I. und Karls V. und kannte Erasmus und Luther. Neben Stichen und Holzschnitten fertigte er auch Zeichnungen und Gemälde und erfand den Kupferstich. Meisterwerke zur Apokalypse, detailintensive und einfühlsame Skizzen zu Themen des täglichen Lebens, topographische Gemälde, wie diese Darstellung und offizielle Portraits waren Hauptthemen seiner Arbeit.

des Neuen Zion führt. Es kommt zu öffentlichen Reuebekenntnissen, Menschen verfallen in wild-ekstatische Tänze, Polygamie ist an der Tagesordnung und durch die Zusammenlegung des Besitzes aller entsteht eine Art Urkommunismus.

Ostern geht vorüber, ohne daß der angekündigte Weltuntergang eintritt. Jan Matthys fordert Gott zum Handeln auf. Mit einer Handvoll Getreuer verläßt er Münster und greift das bischöfliche Heer an. Die Landsknechte haben keine Not, ihn in die Knie zu zwingen. Wieder in der Stadt, setzt Jan Bockelson, Schneiderlehrling aus Leiden, einen neuen Ältestenrat ein und sichert kurze Zeit später seine Königskrönung als Jan der Gerechte. Mit sechs Ehefrauen und großem Hof regiert er Münster wie ein König des Alten Testaments. Der Bischof ist entschlossen, diesem Treiben

Dieser Stich mit dem Titel „Concordia" zeigt eine Bürgerfamilie bei Tisch. Die Schriftstelen an der Wand stammen aus dem Deuteronomium 6: „Du sollst Jahwe, deinen Gott, lieben aus deinem ganzen Herzen und mit all deiner Kraft" und dem Matthäus Evangelium 22: „Liebe deinen Nächsten wie dich selbst". Das Gemälde entbehrt nicht einer gewissen Ironie. Dem Tischgebet des Sohnes folgt nur der Vater. Die Frauen sind bereits beim Essen und nehmen einen separaten Raum im Bild ein. Da die Einkommen der Städter schneller stiegen als die Preise für landwirtschaftliche Produkte, führten die Stadtbewohner ein relativ sorgenfreies Leben, worüber die religiösen Pflichten schon einmal vergessen werden konnten.

ein Ende zu bereiten. Nach langer Belagerung wird die Stadt am 25. Juni gestürmt und die Führer der Wiedertäufer getötet. Diese kurze Episode extremen Protestantismus macht Münster gegen die Reformation immun. Die Stadt kehrt zur traditionellen Kirche zurück und ist seither streng katholisch.

## DIE URSACHEN DER RELIGIONSKRIEGE

Weit mehr als die Bauern, Ritter oder Städter, treten die Fürsten aus purem Eigeninteresse zum Protestantismus über. Die Reformation bietet ihnen Gelegenheit, sich der Kirchenländereien zu bemächtigen oder sie zu besteuern. Auf der anderen Seite sind die mächtigen Kirchenfürsten, darunter die kurfürstlichen Bischöfe von Mainz, Köln und Trier, die Äbte der Reichsklöster und niederen Bischöfe entschlossen, den Reformkräften Widerstand entgegenzusetzen. Nach dem Aufstand der Reichsritter haben viele Angehörige des niederen Adels erkannt, daß ihnen die Kirche die besten Möglichkeiten für einen gesellschaftlichen Aufstieg bietet. So sind die Schönborns, Greiffenklaus und Dalbergs Fürstbischöfe und Kurfürsten geworden. Die bayrischen Wittelsbacher klammern sich an die traditionelle Religion und werden praktisch Erbbischöfe von Köln, Deutschlands reichstem Bistum und größter Stadt. Doch weder Katholiken noch Protestanten bewegt allein das Geld. Zahlreiche Katholiken stehen dem Humanismus eines Erasmus offen gegenüber. Reformerischer Eifer ist bei weitem kein protestantisches Vorrecht.

Obwohl Karl V. allen Grund zur Verteidigung der katholischen Kirche und zum Widerstand gegen die Reformkräfte hat, halten ihn seine europäischen Bestrebungen davon ab, viel Zeit in Deutschland zu verbringen. Er überläßt die dortigen Regierungsgeschäfte seinem Bruder Ferdinand. Die deutschen Fürsten nutzen die Abwesenheit des Kaisers zur Festigung ihrer eigenen Macht. Da Karl und Ferdinand der

Unterstützung der Fürsten zur Finanzierung ihrer Kriege im Ausland, besonders gegen die Türken, dringend bedürfen, können sie gegen deren Übergriffe auch nicht einschreiten. Zudem haben die Fürsten ihre Macht bei der Niederwerfung der Ritter und der Bauern sowie in der Auseinandersetzung mit den Wiedertäufern bewiesen. Auf dem Reichstag von Speyer 1526 wird das Edikt von Worms daher praktisch annulliert und den Fürsten Gewissensfreiheit zugestanden. Gestärkt durch seine Siege in Italien, erneuert der Kaiser das Edikt jedoch 1529. Der „Protest" der fünf evangelischen Fürsten und vierzehn Städte gegen den Versuch der Wiederherstellung kaiserlicher Macht in Speyer gibt der neuen Religion ihren Namen.

Karl V. bemüht sich, dem Vorgang durch seine Anwesenheit auf den Reichstag zu Augsburg 1530, dem ersten von ihm besuchten Reichstag seit Worms zehn Jahre zuvor, eine Wende zu geben. Er hofft, die Abtrünnigen wieder in den Schoß der Mutter Kirche zurückführen zu können. Doch dazu ist es zu spät. Philipp Melanchthon, Luthers enger Mitstreiter und Freund, verfaßt die Augsburger Konfession (*Confessio Augustana*), ein bedeutendes Dokument lutherischer Theologie (ursprünglich geschrieben, um eine Brücke zu den Zwinglianern zu schlagen). Luther selbst, auf dem noch der Bann des Kaisers ruht, kann nicht riskieren, in Augsburg zu erscheinen. Doch er bleibt mit Melanchthon unterstützend in engem Kontakt.

Als Antwort auf die *Confessio* legen die Katholiken ihre *Confutatio* vor und bekräftigen wiederum das Edikt von Worms, indem sie verkündigen, daß jeder, der sich ihm entgegenstelle, sich des Friedensbruches schuldig macht. Die Protestanten sind verständlicherweise alarmiert und kommen am 27. Februar 1531 im thüringischen Schmalkalden zusammen, wo sie einen Verteidigungsbund gegen den Kaiser schmieden. Damit ist Deutschland in zwei bewaffnete Lager gespalten. Zum Krieg kommt es nur deshalb nicht, weil Karl V. sich wieder einmal mit den Türken einläßt, die auf Wien vorrücken. Im August 1532 verkündet er den Nürnberger Religionsfrieden, in dem er als Gegenleistung für die Unterstützung der Protestanten für seinen Feldzug gegen die Türken, einem zeitweiligen religiösen Waffenstillstand zustimmt.

Während der nächsten zehn Jahre ist Karl V. fast ausschließlich mit Kriegen im Ausland befaßt. Die deutschen Fürsten profitieren von seiner Abwesenheit und festigen ihre Stellung. Ab 1542, als für Karl erstmals keine anderen Verpflichtungen anstehen, beginnt das „Jahrzehnt des Kaisers", in dem er sich ganz auf Deutschland konzentriert. Zuerst befaßt er sich mit Jülich-Kleve, einem reichen und mächtigen Staat mit dem Zentrum in Düsseldorf, der 1538 die Stände von Geldern einverleibt hat. Der Reichstag von Regensburg 1541 verkündet, daß diese Stände als Anrainer des Habsburger Territoriums in den Niederlanden rechtmäßig dem Kaiser gehören. Das Reichsheer rückt daraufhin gegen Wilhelm V., (den „Reichen"), Herzog von Jülich-Kleve, zu Felde. Der hofft vergebens auf die Unterstützung des französischen Königs und des Schmalkaldischen Bundes. Mit der Unterzeichnung des demütigenden Vertrages von Venlo im September 1543 verliert Wilhelm den Großteil seines Territoriums, muß seiner an Erasmus orientierten, toleranten Haltung entsagen und die Gegenreformation unterstützen. Im Ergebnis dieses Blitzfeldzuges entsteht ein Machtvakuum im Nordwesten von Deutschland. Jülich-Kleve sollte niemals wieder so mächtig sein wie Brandenburg-Preußen, Bayern oder Sachsen.

Kaiser Karl V. wird auf dem Reichstag zu Augsburg am 25. Juni 1530 ein Exemplar der Augsburger Konfession, ein wichtiges Dokument der lutherischen Glaubenslehre, überreicht.

Alle Versuche, mit den deutschen Protestanten zu einer Einigung zu finden, schlagen fehl. Papst Paul III. und sein Gesandter, Kardinal Contarini, sind zwar zu Konzessionen bereit, aber ihre Bemühungen werden durch die Unnachgiebigkeit auf deutscher Seite, die in der Kurie, dem päpstlichen Gericht, Einfluß hat, vereitelt. Als 1546 der Reichstag in Regensburg zusammentritt, ist der Kaiser zum Vorgehen gegen die Protestanten bereit. Der Papst sagt ihm 12 500 Soldaten und einen hohen Geldbetrag zu. Der Kaiser hat sich außerdem der Neutralität Wilhelms von Bayern und Moritz' von Sachsen versichert.

Der Schmalkaldische Krieg beginnt, noch ehe die Truppen des Papstes aus Italien eintreffen. Anfänglich stehen die Dinge nicht gut für den Kaiser. Doch innerhalb des Bundes brechen Streitigkeiten auf und eine einheitliche Strategie kommt nicht zustande. Moritz von Sachsen nutzt die Gelegenheit und marschiert in das Gebiet seines Cousins Johann Friedrich ein, der zur Verteidigung herbeieilt. Das Heer Johann Friedrichs gibt auf dem Rückzug nach Wittenberg eine ausgezeichnete Verteidigungsstellung auf und wird bei Mühlberg vernichtend geschlagen. Mit diesem leicht errungenen Sieg wird der Krieg beendet. Johann Friedrich wird ergriffen und Philipp von Hessen verhaftet – er huldigt dem Kaiser, obwohl ihm die Freiheit zugesichert wird. Beide Führer werden in den Niederlanden eingekerkert.

Der Kaiser steht im Zenit seiner Macht, doch das Religionsproblem bleibt eine Bedrohung. Karl sucht die Lösung in einer Reichsökumene, einem Mittelweg zwischen reaktionärem Katholizismus und verhärtetem Protestantismus. Das auf dem Reichstag zu Augsburg zwischen 1547 und 1548 erarbeitete „Interim" ist jedoch für keine Seite befriedigend und wird als Experiment 1555 wieder fallengelassen.

Der Kaiser ist bemüht, einen Bund der Reichsstände unter kaiserlicher Führung zu errichten, in dem den Fürsten nur noch eine beratende Rolle zugedacht ist und in dem ausreichende Gelder für die Finanzierung von Reichsheer, Verwaltung und Rechtswesen eingenommen werden. Die Fürsten sind zum Widerstand entschlossen. Moritz von Sachsen, der seinen Kurfürstentitel dem Kaiser verdankt, bleibt starr und beugt sich nicht und die Fürsten, erzürnt über die Behandlung, die Philipp von Hessen und Johann Friedrich von Sachsen erfahren haben, beklagen sich über die „entmenschte spanische Knechtschaft", die Karl V. Deutschland aufzuerlegen sucht.

Trotz seiner Schwäche und Isolierung nutzt Moritz von Sachsen sein hohes diplomatisches Geschick konsequent, um Karl V. immer wieder hinters Licht zu führen. So belagern seine Truppen im Namen des Kaisers das protestantische Magdeburg. Während dieser großangelegten Inszenierung läßt er den Bürgermeister der Stadt wissen, daß seine eigentliche Absicht darin bestehe, den Kaiser zu täuschen, auf Zeit zu spielen und dann mit den unzufriedenen Fürsten ein Bündnis gegen Habsburg zu schmieden. Das Bündnis kommt zustande. Die oppositionellen deutschen Fürsten schließen ihrerseits mit Heinrich II. von Frankreich am 15. Januar 1552 ein zweites Bündnis, den Vertrag von Chambord. Der französische König übernimmt entsprechend diesem Vertrag die Rolle eines Schutzherrn deutscher Freiheiten. Als Gegenleistung erhält Heinrich II. die Städte Cambrai, Metz, Toul und Verdun, die an der „spanischen Straße", dem Verbindungsweg zwischen den Besitzungen der Habsburger in Italien und den Niederlanden, liegen.

Kaum ist der Vertrag von Chambord unterschrieben, nimmt der Intrigant Moritz von Sachsen Verhandlungen mit König Ferdinand I. auf, dem Karl V. die Führung des Reiches anvertraut hat. Am 11. Juni 1553 fällt Moritz von Sachsen jedoch im Kampf gegen Markgraf Albrecht Alcibiades von Brandenburg-Kulmbach, einem Aufschneider und Abenteurer, der den Frieden gebrochen und Naumburg, Bamberg und Würzburg angegriffen hat, um sein zu klein ausgefallenes Territorium zu vergrößern. Die deutschen Fürsten verlieren mit Moritz von Sachsen einen ihrer fähigsten Führer, einen modernen Fürsten machiavellistischen Zuschnitts, der durch die Hand eines Raubritters und Anführers von Landsknechtshorden gefallen ist.

Der Religionsfrieden von Augsburg 1555 ist im wesentlichen eine Leistung Ferdinands I. Er erkennt, daß die Pläne Karls V., die dieser für die Katholiken und das Reich geschmiedet hat, nicht durchsetzbar sind und das Reich nicht gegen den Willen der Fürsten gehalten werden kann. Der Grundsatz „cuius regio, eius religio" (wessen Land, dessen Religion) wird mit dem „beneficium emigrandi", dem Recht der Untertanen auf Auswanderung in Staaten, die die Religion der Zuwanderer tolerieren, verknüpft. Der Frieden von Augsburg garantiert den Fürsten das Recht auf ihre Staaten. Das Reich ist nun formal eine politische Union unterschiedlichster Territorien, und föderativer Staatenverbund. Die Zuständigkeit für die Erhebung von Steuern und die Aushebung von Rekruten liegt nicht beim Kaiser, sondern bei den im Reichstag vertretenen Ständen und den Reichskreisen. Die Territorien zahlen Steuern und stellen Soldaten nach Größe und Vermögen. Der Frieden von Augsburg schafft einen losen Bund, der 250 Jahre lang hält und es seinen Mitgliedern ermöglicht, einen hohen Grad von Unabhängigkeit zu bewahren.

Die Religionslösung von Augsburg zeigt, daß sowohl Luther wie auch Karl V. versagt haben. Luther, der 1546 stirbt, erstrebte die Reformation der bestehenden Universalkirche, nicht die Teilung der Kirche in katholische, protestantische und kalvinische Konfessionen. Karl V. kämpfte um die Bewahrung der universalen Kirche, schloß dabei aber die Reformatoren aus. Die bisherige Kirche, die heutige katholische Kirche, sollte nie wieder ein einheitliches Gebilde werden, sondern sich entsprechend den Gebieten und den Erfordernissen der jeweiligen Länder entwickeln. Die Universalität des mittelalterlichen Europa und die Vision Karls V. von einem globalen Reich mit dem Segen der Kirche, machte dem Partikularismus Platz.

# KAPITEL 5

# Die Gegenreformation und der Dreißigjährige Krieg

Im Oktober 1556 legt Kaiser Karl V. tief enttäuscht, vorzeitig gealtert und an Gicht leidend, die spanische Krone zugunsten seines Sohnes Philipp II. nieder und übergibt das Reich seinem Bruder, König Ferdinand von Rom. In der Einsamkeit des Klosters von San Jerónimode Yuste in der Estremadura stirbt er 1558.

## DER RELIGIONSKONFLIKT

In den Jahren nach dem Augsburger Religionsfrieden leben Katholiken und Protestanten in Deutschland in relativer Eintracht miteinander. Vielerorts benutzen sie die gleichen Kirchen und arbeiten in kommunalen Einrichtungen zusammen. Konfessionell gemischte Ehen sind an der Tagesordnung. Doch dann beginnen sich die Fronten zu verhärten. Die Beschlüsse des Konzils von Trient (1545–1563), die im Januar 1564 als *Tridentinum* veröffentlicht werden, ziehen eine scharfe Trennung zwischen katholischer und protestantischer Kirche. Die lateinische Bibel Vulgata wird als die einzig wahre Bibelversion verkündet und auf eine Stufe mit den Lehren der Kirchenväter gestellt. Die Beschlüsse früherer Konzile werden zu Quellen göttlicher Wahrheit. Luthers *sola scriptura* wird harsch abgelehnt, seine Übersetzung der Bibel verworfen. Das Konzil bekräftigt, daß Erlösung allein durch die Gnade Gottes möglich sei und diese allein durch die Kraft der Sakramente komme. Die kirchliche Hierarchie wird damit über die sakramentale Aufgabe deutlich gegenüber dem Laientum abgesetzt; die Kirche allein ist Mittler zwischen Gott und dem Menschen. Die Protestanten bekennen sich nur zu den drei von Christus selbst bestimmten Sakramenten der Taufe, der Eucharistie und der Lossprechung. Das Konzil von Trient fügt weitere vier Sakramente hinzu: Eheschließung, Firmung, Priesterweihe und letzte Ölung. Für die katholische Kirche ist die persönliche Haltung beim Sakramentenempfang ohne wesentliche Bedeutung für deren Heilswirkung. Dagegen ist nach protestantischer Sicht der Glaube des einzelnen entscheidend, auf den Ungläubigen haben die Sakramente daher nachteilige Wirkung. Die Glaubenslehre des Konzils in bezug auf das Fegefeuer, die Heiligenverehrung, Heiligkeit der Reliquien und den Ablaß verbreitert die Kluft zwischen Katholiken und Protestanten zusätzlich. Ignatius von Loyola, der Gründer des Jesuitenordens, eröffnet das Collegium Germanicum in Rom, in dem deutschsprachige Priester nach der strengen Tridentinischen Orthodoxie ausgebildet werden. Mit dieser Maßnahme hofft er, die deutschen Protestanten in den Schoß der katholischen Kirche zurückzuholen.

Deutschland ist jetzt in drei religiöse Lager geteilt: in Katholiken, Lutheraner und in die kleinere Gruppe der Zwinglianer und Kalvinisten innerhalb der Reformierten Kirche. Während die Reformation und Gegenreformation in Skandinavien, Frankreich und Spanien zu nationaler Einheit führen, trägt sie in Deutschland zur weiteren Zersplitterung in kleine Fürstentümer und Städte entsprechend der Religionszugehörigkeit bei. Es entstehen Haltungen und kulturelle Unterschiede, die noch bis heute nachwirken. Herzog Albrecht V. von Bayern (1550–1579) ist der machtvolle

Führer der katholischen Seite. In ihm vereint sich das Feuer für die Reformen des Trienter Konzils mit der Entschlossenheit zur Wahrung bayerischer Interessen. Als der Erzbischof und Kurfürst von Köln, Gebhard Truchseß von Waldburg, 1582 zum Protestantismus übertritt, laufen die Katholiken Gefahr, daß sie im Kurkolleg die Stimme dieses entscheidenden Gebietes verlieren, und daß die dortigen Bewohner zur Annahme des neuen Glaubens gezwungen werden. Der Nachfolger Albrechts V., Wilhelm V., der Fromme, stellt sich sofort auf die Seite der Spanier um die Protestanten im Kölnischen Krieg 1583–1585 wieder von der Macht zu verdrängen. Wilhelms Bruder Ernst wird Erzbischof, obwohl er erst neunundzwanzig Jahre ist und nach geltendem Kirchenrecht mindestens dreißig sein müßte, um das Amt übernehmen zu können. Zu dieser Zeit kann er bereits auf eine bemerkenswerte Karriere innerhalb der Kirche verweisen. Im Jahre 1566 ist er im Alter von zwölf Jahren Bischof von Freising geworden; 1573 erhält er das Bistum Hildesheim, 1581 das von Liège. Erfahrung und Lebensstil des jungen Erzbischofs entsprechen in keiner Weise dem Geist der Gegenreformation, doch sie dienen den politischen und territorialen Interessen des bayerischen Herrscherhauses der Wittelsbacher. Der Kirche ist er genehm, rettet er doch den größten Teil Westdeutschlands für den Katholizismus.

Wichtige Inseln der Lutheraner und Kalvinisten bleiben in der Region bestehen. Der Pfalzgraf Johann Kasimir, der in Paris zum Kalvinismus konvertiert ist, und die Universität Heidelberg werden zum Zentrum der deutschen Kalvinisten. Kalvinistische Geistliche erstellen 1563 den Heidelberger Katechismus, in dem die Grundlagen des Glaubens in Form von 129 Fragen und Antworten gefaßt sind. Die meisten übrigen kalvinistischen Staaten sind kleine Territorien, die an die Pfalz oder das kalvinistische Holland grenzen. Zwei wichtige Ausnahmen sind Hessen-Kassel und Brandenburg, wo Kurfürst Johann Sigismund 1613 zum Kalvinismus übertritt, die Mehrzahl seiner Untertanen jedoch dem Glaubenswechsel nicht folgen. Die kalvinistischen Staaten schließen sich zusammen. Sie befürchten, daß die Gegenreformation aus dem Ruder laufen und in Deutschland unter den Protestanten eine Bartholomäusnacht wie 1572 in Frankreich stattfinden könnte. Sie verbünden sich mit den Gegnern des Kaisers, während die Lutheraner die Bedrohung durch die Gegenreformation weniger ernst nehmen, und glauben, der Religionsfriede werde durch die Stärkung der Autorität des Kaisers am ehesten gesichert.

Die Reformation hat nicht nur die politische Lage in Deutschland zerklüftet, sondern auch kulturelle Unterschiede aufbrechen lassen. Am deutlichsten werden diese in der Baukunst. Die großen katholischen Fürsten und Bischöfe, wie Fürstbischof Julius Echter von Mespelbrunn in Würzburg und Erzbischof Wolf Dietrich von Raitenau in Salzburg, verwandeln ihre Städte in strahlende barocke Monumente der Gegenreformation. Andere folgen mit bescheideneren Projekten, wie die durch ihre zurückhaltende Majestät beeindruckende jesuitische Michaeliskirche in München. Der protestantische Baustil jener Jahre dagegen spiegelt die Frömmigkeit von Zwinglianern und Kalvinisten. Da bei diesen die Predigt, nicht die Eucharistiefeier, im Mittelpunkt des Gottesdienstes steht, gleichen viele ihrer Kirchen eher tristen Vortragsräumen. Nur in Norddeutschland, wo sich der Einfluß der wohlhabenden Holländer bemerkbar macht, verbindet sich die Einfachheit mit einem Hauch von Armut und Leichtigkeit.

Die Lutheraner sind keine Bilderstürmer wie die Reformierten. Sie pflegen die prunkvollen Altäre und Malereien der alten Kirchen, denen sie neue Bilddarstellungen ihres Katechismus hinzufügen. Beim Aufbau der Städte und der Errichtung prachtvoller Gebäude als Zeichen von Macht und Reichtum stehen die lutherischen Fürsten ihren katholischen Gegenspielern in nichts nach. Das von Herzog Julius von Braunschweig-Wolfenbüttel Mitte des sechzehnten Jahrhunderts wiederaufgebaute Wolfenbüttel ist das lutherische Gegenstück zu Würzburg. Die im frühen siebzehnten Jahrhundert erbaute Kirche der heiligen Jungfrau Maria, eine seltsame Mischung aus Gotik, Renaissance und Barock, gilt als erstes Meisterwerk lutherischer Kirchenbaukunst. Im Geiste lutherischer Gelehrsamkeit läßt Herzog August der Jüngere von Braunschweig-Wolfenbüttel in seinem Todesjahr 1666, eine herrliche Bibliothek mit mehr als 100 000 Bänden errichten.

Der Blüte der deutschen Baukunst im späten sechzehnten und frühen siebzehnten Jahrhundert steht der rasche Niedergang von Malerei und Bildhauerkunst gegenüber. Ein Grund dafür ist die Ablehnung der schönen Künste durch viele Protestanten. Das frühe sechzehnte Jahrhundert kommt dagegen einem goldenen Zeitalter nahe. In den wundervollen Schnitzereien eines Tilman Riemenschneider oder Veit Stoß verbinden sich die Frömmigkeit der Gotik und der Humanismus der Renaissance. Matthias Grünewalds Darstellung der Kreuzigung Christi auf dem Isenheimer Altar wird zum bewegenden Erlebnis. Albrecht Altdorfer findet für seine Gemälde zu religiösen und mythischen Themen eine bemerkenswert klare, gefühlvolle Fassung. Als erster europäischer Künstler malt er eine menschenleere Landschaft. Albrecht Dürer ist der bekannteste all dieser großen Künstler. Sein breites Schaffen findet internationale Anerkennung. Hans Holbein der Jüngere wird nach seinem Weggang nach England 1532 zuerst durch seine eindringlichen realistischen Porträtdarstellungen bekannt. Lucas Cranach, wie Altdorfer ein Mitglied der Donauschule, wird von

Die Steinbrücke in Frankfurt in einem Stich von Matthäus Merian (1593–1650). Frankfurt war eine freie Stadt, die Flüchtlinge aus den Niederlanden aufnahm, die dort religiös verfolgt wurden. Diese hatten einen großen Anteil am Aufstieg der Stadt zu einem der führenden Handels-, Finanz- und Industriezentren jener Zeit.

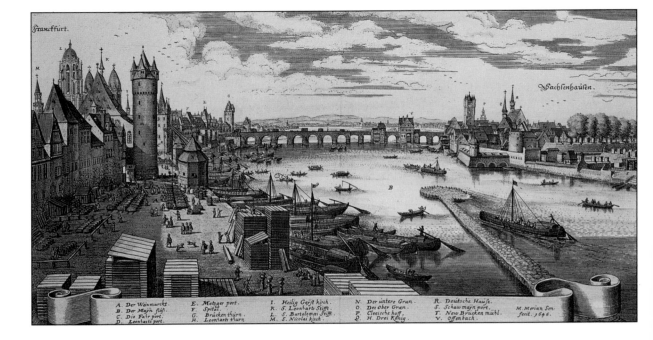

| A. Der Weinmarckt. | E. Metzger port. | I. Heilig Geyſt kirch. | N. Der untere Gran. | R. Deutſche Hauſe. | M. Merian Sen: |
| B. Der Mayn fluß. | F. Spital. | K. S. Leonhard Stift. | O. Der ober Gran. | S. Schaumayn port. | fecit. 1646. |
| C. Die Fahr port. | G. Brücken thurn. | L. S. Bartolomai Stift. | P. Closterhoff. | T. New Brücken mühl. | |
| D. Leonharts port. | H. Leonhard thurn. | M. S. Nicolai küch. | Q. H. Drei König. | V. Offenbach. | |

Friedrich dem Weisen nach Sachsen geholt. Er schafft eine Reihe bemerkenswerter Portraits der Reformatoren von Wittenberg. Sein flüssiger Zeichenstil kündigt bereits den Manierismus an.

Der breite Niedergang der Malerei in Deutschland zur Mitte des sechzehnten Jahrhunderts ist einerseits auch durch ökonomische Faktoren bedingt. Katholische wie protestantische Fürsten holen sich moderne italienische und französische Meister, wie den Surrealisten Giuseppe Arcimboldo, den Lieblingsmaler Rudolfs II., an ihre Höfe. Rudolfs Hof auf dem Hradschin in Prag ist nicht nur ein bedeutendes Zentrum manieristischer Kunst, er beherbergt auch Tycho Brahe und Johannes Kepler, neben zahlreichen anderen Astrologen, Alchimisten und Scharlatanen. Andererseits mangelt es der deutschen Bourgeoisie am nötigen Geld, die in Holland aufblühende Genremalerei zu fördern. Sie muß sich daher mit unauffälligen Familienportraits von der Hand unbedeutender Künstler bescheiden.

Die Literatur jener Zeit wird zumeist noch in Latein verfaßt. Nur im protestantischen Deutschland müht man sich, durch Benutzung des Deutschen ein breiteres Lesepublikum zu erreichen. Für die Katholiken ist die lateinische Sprache jedoch die überlegenere und edlere. Zudem, heißt es, sei das Hochdeutsche mit Ursprung in Sachsen und Thüringen die Sprache der Protestanten. Die Folgen solcher Voreingenommenheit wirken lange nach. Mindestens bis zum neunzehnten Jahrhundert stammt der größte Teil deutscher Literatur aus protestantischer Feder; häufig sind die Schriftsteller Söhne und Töchter protestantischer Pfarrer. Und auch heute noch scheint in katholischen Gegenden noch eher Dialekt als hochdeutsch gesprochen zu werden.

Auch die Musik zeigt tiefe Einschnitte durch die Reformation. Kalvin lehnt sie ihrer Sinnlichkeit wegen ab, Luther sieht in ihr eine der schönsten Gaben Gottes an den Menschen und macht die Musik zu einem wichtigen Bestandteil des Gottesdienstes. Heinrich Schütz, der erste bedeutende deutsche Komponist, ist Protestant. Er schreibt ausschließlich Vokalmusik, zumeist Kirchenmusik. Mit Johann Georg von Sachsen als seinem Mäzen, wird er 1619 in Dresden dessen Kapellmeister. Er bleibt bis 1635 in Dresden, danach kann sich der Kurfürst wegen der Kosten des Dreißigjährigen Krieges keine Musiker mehr leisten.

In der katholischen Kirche der Gegenreformation hat Musik wenig Platz, so daß die meisten Stücke aus katholischen Gegenden jener Zeit weltliche Kompositionen sind. Wohl sind die Habsburger Kaiser wohlwollende Förderer der Musik, doch bedeutende Komponisten gehen erst im achtzehnten Jahrhundert aus Süddeutschland hervor.

## DER DEUTSCHE STAAT

Die Verwaltung des deutschen Staates ist nach dem Augsburger Religionsfrieden durch religiöse Fragen wenig beeinflußt. Die Fürsten der protestantischen Staaten, wie zum Beispiel der Kurfürst von Sachsen, setzen zur Wahrnehmung von Regie-

Die „Studie für die Hände eines Apostels" von Albrecht Dürer (um 1508) – ist ein besonders gelungenes und vielbewundertes Symbol der Innigkeit und Frömmigkeit.

Dieser Stich von Wenzel Hollar mit dem Titel „Der Marktplatz" zeigt Streiflichter aus dem Alltag der Frauen in einer deutschen Stadt in der Mitte des siebzehnten Jahrhunderts.

rungsaufgaben standesunabhängige Behörden bestehend aus Theologen und Rechtsgelehrten ein und halten auf diese Weise die Kirche unter ihrer Kontrolle. Im katholischen Bayern wird 1570 ein Geistlicher Rat aus Klerus und Laien mit ähnlichen Aufgaben eingesetzt. Im Konkordat von 1583 akzeptiert der Heilige Stuhl die souveränen Rechte der Bayernherzöge über die Kirche und bekräftigt diese Haltung 1628 in Salzburg und erneut 1631 in Augsburg. Obwohl die Herzöge von Bayern, die 1623 zum Kurfürsten erhoben werden, heftige Auseinandersetzungen mit der Kirche haben, erhalten sie vom Geistlichen Rat umfassende Vollmachten. Die Bildung des Rates ist ein wichtiger Schritt auf dem Wege zum modernen Zentralstaat.

Bayern verfügt über die fortschrittlichste Verwaltung aller deutschen Staaten. Der Adel steht hinter Albrecht V., der die protestantische Gefahr abgewendet hat. Sein Nachfolger, Wilhelm V., der Frömmigkeit zusammen mit einem unnachgiebigen politischen Realismus vereint, hat das Erzbistum Köln unter bayerischen Einfluß gebracht. Sein Sohn, Maximilian I., der größte Wittelsbacher, ist ein fähiger Administrator, Staatsmann und Diplomat; Eigenschaften, die bei seiner harten, asketischen Persönlichkeit häufig übersehen worden sind.

Bayern ist in vier Verwaltungsbezirke geteilt, deren Bürokratie als vermittelnde Instanz zwischen Herzog und Ständen wirkt. Obwohl an der Spitze der Bezirke Adlige stehen, deren Macht und Reichtum sie weitestgehend unabhängig vom Herzog macht, kommen die Administratoren zunehmend aus der Mittelschicht. Es sind hochqualifizierte, dem Staat bedingungslos ergebene Fachkräfte. Ihre Autorität wächst in dem Maße, wie die der Stände – Adel, Klerus und Bürger – schwindet, und deren Klagen häufig, aber nutzlos sind.

Die zentrale Einrichtung der gesamten Administration ist der „Hofrat", von dem Albrecht V. 1550 die Hofkammer ausgliedert. Die Finanzfragen obliegen Vertretern des Mittelstandes, seitdem derart unerquickliche Aufgaben als unter der Würde der Nobilität angesehen werden. Die Hofkammer arbeitet eng mit den Verwaltungsbezirken zusammen, wenn es um die Aufstellung der einzelnen Haushalte und die Erarbeitung von Steuerentwürfen geht. Die Steuereinnahmen steigen ständig, nicht zuletzt durch das Monopol des Staates auf Salz und Bier und die Ausgaben werden streng kontrolliert. Dadurch verfügt Bayern über die nötigen finanziellen Mittel für seine ehrgeizige Territorialpolitik.

Während des Kölnischen Krieges und des Dreißigjährigen Krieges wird ein Kriegsrat eingesetzt. Für die verwaltungstechnischen Aufgaben der Aushebung von Rekruten, der Logistik und des Baus von Burgen zieht man wiederum Vertreter des Mittelstandes hinzu; die militärischen Operationen sind dem Adel vorbehalten. Der ebenfalls mit Fachleuten besetzte „Geheime Rat" arbeitet eng mit dem Herzog zusammen und kontrolliert die gesamte Verwaltung, sehr zur Verärgerung der Stände, für die die bloße Existenz des Geheimen Rates eine Beleidigung ihrer eigenen Fähigkeiten und Glaubwürdigkeit ist. Doch alle Einwände ihrerseits werden geflissentlich übersehen.

Die Macht der Fürsten über die Stände wird durch die Kodifizierung des Rechtes weiter gestärkt, wobei es erstaunt, daß diesgerichtete Forderungen dabei häufig ausgerechnet von den Ständen selbst kommen. In Bayern arbeitet eine Gruppe von Rechtsgelehrten fünfzehn Jahre lang an dem neuen Rechtswerk, das dann 1616 vorliegt. Das tradierte Recht bleibt erhalten, doch wo es nicht eindeutig ist oder Lücken bestehen, werden die Grundsätze des römischen Rechts herangezogen, das die Macht der Fürsten stärkt. Die Möglichkeit gegen die Urteile lokaler Gerichte bei Gerichten außerhalb des Fürstentums Einspruch zu erheben, wird weitgehend beschränkt. Das Recht wird auf die Bedürfnisse des frühen modernen Staates zugeschnitten und ausgelegt.

In den deutschen Staaten sind alle Aspekte des öffentlichen und privaten Lebens gesetzlich weit stärker reglementiert als im übrigen Europa. Es werden Gesetze zu Wirtschaftstätigkeit, Berufsethos, Religion, Medizin, sozialen Diensten, Sexualverhalten und Betteln in Kraft gesetzt. Das „öffentliche Wohl" beruht auf keinem Konsens, hervorgegangen aus den Auseinandersetzungen zwischen den einzelnen sozialen Gruppen, sondern wird durch fürstlichen Erlaß verordnet. Die Folgen daraus sollte Deutschland in seiner weiteren politischen Entwicklung noch schmerzhaft zu spüren bekommen.

Die Fürsten können den Unterhalt einer ständig anwachsenden Bürokratie, des Heeres und der Rechtsverwaltung schon bald nicht mehr aus den Einkünften der Länder bestreiten. So werden Steuern erhöht und verstärkt eingetrieben. Nach einer Entscheidung des Reichstages von Augsburg 1555 obliegt das Eintreiben der Reichssteuern den Fürsten, nicht den Beauftragten des Kaisers. Mit Steuergeldern wird die Reichsarmee zur Vernichtung der Feinde des Christentums, den Türken, finanziert. Daraus ziehen die Fürsten reichlich Gewinn indem sie mehr Steuern einziehen als sie Geld an den Kaiser weitergeben. Zum Beispiel nimmt der Bischof von Würzburg 1566, 1576 und 1582 insgesamt 294 166 Gulden „Türkensteuer" ein, rechnet gegenüber dem Kaiser aber nur 163 268 Gulden ab.

Die „Landtage" beschließen neue Steuern, darunter Einkommens- und Vermögenssteuer, Herdsteuer und Kopfsteuer, und beanspruchen ein Mitspracherecht über deren Verwendung. Die Akzise (indirekte Verbrauchs- und Verkehrssteuer), wie zum Beispiel die Biersteuer, bedarf nicht der Zustimmung des Landtages und ist schon bald die verbreitetste Steuer. Da der Staat ständig mehr Geld beansprucht und das Streben der Fürsten nach absoluter Macht anwächst, werden die Landtage Schritt für Schritt beiseite gedrängt. Die Ausnahmesituation des Dreißigjährigen Krieges bietet den Fürsten schließlich Gelegenheit, Steuern ohne Befragung der Landtage zu erheben. Der bayerische Landtag tritt zwischen 1514 und 1579 dreiunddreißig Mal zusammen, zwischen 1579 und 1612 sechs Mal, zwischen 1612 und 1669 kein einziges Mal.

## DIE GESELLSCHAFTSORDNUNG DES 17. JAHRHUNDERTS

Adel, Klerus und Bürger bilden drei Stände und jeder wiederum ist in zahlreiche Schichten unterteilt. Die strenge Reichskleiderordnung macht die Zugehörigkeit jedes einzelnen nach außen deutlich. Doch die Reformation hat die Zusammensetzung der Gesellschaft verändert. Luther und Kalvin haben auf Arbeit, Bildung und die Aneignung von beruflichen Fachwissen bestanden. Diese Tugenden macht sich der Mittelstand in allen abendländischen Staaten zu eigen. Auch der Adel bekennt sich zu mittelständischen Werten insofern er seine Ländereien als Unternehmen betreibt, Fabriken baut und Lagerstätten ausbeutet. Doch im 17. Jahrhundert tritt der Adel zum Gegenangriff gegen den Geist des Kapitalismus an. Erneut sollen Geburt und Ehre mehr gelten als wirtschaftlicher Erfolg. Der souveräne Staat mit seiner rasch wachsenden Bürokratie bietet hervorragende Möglichkeiten für den gesellschaftlichen Aufstieg. Die Söhne der Bürger, Handwerker, selbst der Bauern, finden Arbeit in den fürstlichen Verwaltungen. Bei Erfolg werden sie geadelt und stehen auf einer Sprosse der gesellschaftlichen Leiter mit jenen verärgerten Aristokraten, denen der Aufstieg dieser Fürsten ein Dorn im Auge ist, die sich aber nie um eine politische Karriere bemüht haben.

Die Unbeständigkeit und Ungewißheit des sechzehnten Jahrhunderts führen zu konservativen Reaktionen. Der Adel erkennt, daß er zu Konzessionen an die moderne Zeit gezwungen ist, will er nicht vom Mittelstand verdrängt werden. Die Stadtgilden fordern die Respektierung ihrer Privilegien angesichts der Entstehung immer neuer Fabriken. Pastoren, Doktoren, Rechtsanwälte und Professoren sind darauf bedacht, daß ihre Kinder in ihre Fußstapfen treten, was diese Berufe beinahe erblich werden läßt. Die Emporkömmlinge von gestern werden zu Säulen der neuen Gesellschaft.

Reformation und Gegenreformation wirken sich auch auf die Familie und die Stellung der Frau aus. Luther hat die Bedeutung der Liebe zwischen Eltern und Kindern betont und das Tridentinische Dekret hat festgelegt, daß die Ehe auf gegenseitiger Achtung und Liebe beruhen solle. Die Gesellschaft bleibt jedoch patriarchalisch: Es wird eine Analogie zwischen Familie und Staat hergestellt, mit der souveränen Macht, die jeweils beim Ehemann und Vater liegt. Aber die gesellschaftliche Rolle der verheirateten Frau verändert sich, sie gilt als die Partnerin des Mannes. Das neugeschaffene Amt der Pastorenfrau wird beinahe zum eigenständigen Beruf. Die Gemeinden überhäufen sie mit Aufgaben.

Das sechzehnte Jahrhundert beginnt mit Zuversicht und Optimismus. Europäische Seefahrer entdecken die Welt, Erneuerer des Glaubens bieten eine humanistische Alternative zur korrupten und verweltlichten Kirche, die Bauern ziehen Gewinn aus dem steigenden Bedarf nach landwirtschaftlichen Produkten, die Städte blühen auf, und die Wirtschaft entwickelt sich rasch. In der Mitte des Jahrhunderts verändert sich das Bild. Das Silber aus der Neuen Welt treibt die Inflation in die

Höhe. Die religiösen Fronten verhärten sich durch Intoleranz, Streit und Gewalt. Die Unfähigkeit der Landwirtschaft zur Befriedigung der Bedürfnisse einer wachsenden Bevölkerung führt zu einer weiteren Verstärkung der Inflation, zu Arbeitslosigkeit und Hunger. In den Städten führen die Reichen zwar weiter ein sorgloses Leben und allerortens wird gebaut, doch das Pro-Kopf-Einkommen sinkt. In Augsburg sind drei Viertel der Bevölkerung in den Steuerlisten als „Habnits" (Mittellose) eingetragen. Mehrere Mißernten verschlimmern die Lage zusätzlich, außerdem grassiert die Pest. Mehrere Seuchen dezimieren die Einwohner Nürnbergs zwischen 1561 und 1585 von 45000 um mehr als 20000.

Wirtschaftliche Probleme und der immer stärker werdende Druck des absolutistischen Staates führen zwischen 1575 und 1630 zu mehreren Bauernaufständen, besonders in Süddeutschland und in den Gebieten der Habsburger. Im ganzen Reich gärt es in den Städten, die sich in ihren Rechten beschnitten sehen und in zahlreichen Gegenden kommt es zu antisemitischen Ausschreitungen. Am bekanntesten sind die Fettmilch-Aufstände in Frankfurt zwischen 1612 und 1616. Vincenz Fettmilch, ein Pfefferkuchenbäcker mit demagogischen Fähigkeiten, stellt sich an die Spitze des Volksprotestes gegen den Rat der Stadt, den er für die wirtschaftlichen und sozialen Probleme der Bewohner verantwortlich macht. Die Frankfurter Handwerker und Ladenbesitzer wenden sich energisch gegen den Zustrom von Flüchtlingen aus den Niederlanden und von Juden, denen sie die Schuld an der Krise Mitte des Jahrhunderts geben. Angst und Zorn machen sich im Pogrom vom 21. August 1614 Luft. Die Juden werden aus der Stadt getrieben und ihre Häuser geplündert. Deutschlands größte jüdische Gemeinde wird auf mehrere umliegende Städte und Dörfer verteilt. Die Stadtbehörden schlagen den Volksaufstand schließlich nieder, und Fettmilch wird hingerichtet. Im folgenden Jahr garantiert ein Reichserlaß die Sicherheit der Frankfurter Juden, von denen viele zurückkehren. Einzelne Staaten übernehmen die Verantwortung für den Schutz der Juden und übertragen ihnen verschiedene wirtschaftliche und soziale Aufgaben, die sie zu Wohlstand kommen lassen.

Hexenverfolgungen sind, wie die Ausbrüche antisemitischer Gewalt, ein Teil der komplexen sozialpsychologischen Reaktion auf die Unsicherheiten und Probleme einer sich wandelnden Gesellschaft. Die neue und gewalttätige Reaktion auf die Hexerei wird in dem von dem Inquisitor und Dominikanerprior Jakob Sprenger und dessen Mitbruder Heinrich Institoris geschriebenen Hexenhammer (Malleus maleficarum) als Handlungsanweisung abgefaßt. Das Buch erscheint 1487 in Straßburg und erlebt bis 1669 achtundzwanzig Nachauflagen. Der populäre Text geht davon aus, daß jegliches Unglück und Übel ein Werk des Teufels ist, und daß man den Bösen am besten bekämpfen kann, indem man die zur Strecke bringt, die mit ihm im Bunde stehen: die Hexen. Als Hexen werden Frauen angesehen, die mit dem Teufel einen Pakt geschlossen haben und mit ihm geschlechtlich verkehren. Zum Hexensabbat, auf dem sie und ihresgleichen den Teufel anbeten, fliegen die Hexen auf Besen; sie haben die Macht, alles Böse zu tun, ihre Feinde mit Krankheit zu schlagen, sie können Hagel herbeirufen und die Milch sauer werden lassen.

Die Hexenprozesse finden vor zivilen Gerichten statt und das Urteil steht meist von vornherein fest. Weder ein Geständnis noch Reue oder die Prüfung durch ein Gottesurteil retten sie, da die Unschuld nur bewiesen wird, wenn das Opfer stirbt.

Milde Gerichte verbannen die Hexen, gnädige Richter ordnen die Exekution an, doch die meisten Hexen enden auf dem Scheiterhaufen. Mit großem Aufwand werden die Beschuldigten dazu gebracht, andere der Hexerei zu beschuldigen – eine letzte und leichte Gelegenheit, sich an denen zu rächen, denen sie schaden wollen. In manchen Fällen werden Geständnisse erpreßt, mit denen man sich politischer Gegner oder Wirtschaftskonkurrenten entledigt. Auf diese Weise errichtet der „Hexenbürgermeister" der westfälischen Hansestadt Lemgo, Hermann Cothmann, in den sechziger und siebziger Jahren des siebzehnten Jahrhunderts eine Schreckensherrschaft. Als Kläger, Richter und Vollstrecker übereignet er und seine Helfershelfer zahllose Gegner den Flammen. Zuletzt weigert sich Maria Rampendahl, die Frau eines Barbiers, jemanden zu denunzieren und überlebt wie durch ein Wunder die Qualen der Tortur. Sie wird aus Lemgo verbannt und klagt mit Erfolg vor dem Reichsgericht, worauf die Hexenverfolger ihrer Ämter enthoben werden.

In Krisenzeiten, wie den Jahren zwischen 1580 und dem Ende des Jahrhunderts oder während des Dreißigjährigen Krieges, schnellt die Zahl der Hexenprozesse in die Höhe. Die letzte Hexenhinrichtung in Deutschland findet 1775 statt doch bis dahin haben bereits etwa 100 000 dieser Unglücklichen ihr Leben verloren. Die Abschaffung der Hexenverfolgung ist ein Sieg für den neuen Geist des Rationalismus und bestätigt die Bemühungen aufgeklärter Theologen und Philosophen, die sich mutig gegen diesen Wahnsinn ausgesprochen haben.

## DIE URSACHEN DES DREISSIGJÄHRIGEN KRIEGES

Die Beschäftigung mit Hexen und astrologischen Vorhersagen ist Anzeichen einer allgemeinen Krise. Politisch sind die Fronten zwischen Katholiken, Lutheranern und Kalvinisten verhärtet. Im Jahre 1607 kommt es in der Reichsstadt Donauwörth zu Unruhen, als die protestantische Mehrheit am Markustag eine Prozession von

Astrologen verkünden im Zusammenhang mit dem Erscheinen großer Kometen das Nahen von Katastrophen, so auch 1614 beim Halleyschen Komet, als die Zeichen der allgemeinen Krise zwischen Katholiken und Protestanten nicht mehr zu übersehen sind.

Katholiken angreift. Kaiser Rudolf II., unter dessen Schutz die Prozession stattfindet, fühlt sich persönlich angegriffen und befiehlt dem Herzog von Bayern, die Protestanten unter Reichsacht zu stellen. Als Dank für seine Dienste um die katholische Sache wird dem Herzog später die Stadt zum Geschenk gemacht. Das ist eine Provokation des geltenden Rechts, denn Donauwörth gehört zu Schwaben und nicht zu Bayern und somit hätte die Acht vom lutherischen Herzog von Württemberg erklärt werden müssen.

Im Januar 1608 tritt der Reichstag in Regensburg zusammen, um über die Schulden zu beraten, die der Kaiser für den Türkenkrieg aufgenommen hat. Die Ereignisse in Donauwörth drängen selbst gemäßigte Lutheraner in das radikale Lager des Pfalzgrafen, der eine bessere kalvinistische und lutherische Vertretung in den wichtigen Reichskörperschaften anstrebt. Sachsen ist um einen Kompromiß bemüht, doch als die Vertreter des Pfalzgrafen den Reichstag verlassen, folgt die Mehrheit der Gemäßigten ihrem Beispiel. Damit sind Reichskammergericht und Reichstag nicht mehr in der Lage, ihre Aufgabe für eine Versöhnung der beiden Seiten zu erfüllen; das alte Prinzip der Sicherstellung des Reichsfriedens hat somit versagt. Am 14. Mai 1608 schließen sich die radikalen Protestanten in Anhausen bei Nördlingen unter der Führung des Pfalzgrafen zu einer Militärunion zusammen. Am 10. Juni 1609 wird die katholische Liga in München gegründet. Damit ist das Reich in zwei feindliche Lager gespalten.

Die Katholiken befinden sich in der stärkeren Position. Sie haben zwar politische Differenzen, doch keine dogmatischen Uneinigkeiten wie sie in der protestantischen Union herrschen. Auch ihre Finanzlage ist eine solidere. Bayern verfügt über gut gefüllte Schatullen, zudem kann die Liga auf Zuwendungen des Papstes bauen. Der Herzog von Bayern hat in Johannes Tserclaes Tilly einen ausgezeichneten General, von dem es heißt, er habe von den Jesuiten das Beten, von den Spaniern das Kommandieren gelernt.

In Böhmen gilt Kaiser Rudolf II. weithin als geistig labil und unfähig. Die Protestanten und die Stände haben die Gelegenheit genutzt, um sich unter seiner schwächlichen Regentschaft und dem fortwährenden Streit mit seinem Bruder Matthias neue Freiheiten zu sichern. Matthias, der 1612 zum Kaiser gewählt wird, ist entschlossen, dem religiösen Auseinanderdriften Einhalt zu gebieten. Die Protestanten haben auf Kirchenland zwei Kirchen gebaut, eine auf dem Gelände des Benediktinerklosters in Braunau, die andere in Klostergrab auf dem Gelände des Erzbistums Prag. Sie haben angenommen, daß die Genehmigung zum Kirchenbau, die der Kaiser den Protestanten 1609 gegeben hat, ohne jede Einschränkung gilt. Nunmehr soll die Genehmigung jedoch nur für das Reichsgebiet, nicht aber für das Land der katholischen Kirche gelten. Die protestantische Führung von Braunau wird daraufhin in den Kerker geworfen, die Kirche in Klostergrab niedergerissen. Der Gouverneur von Prag verbietet auf Anweisung des Erzbischofs Khlesi von Wien die Versammlung eines protestantischen Schlichtungsausschußes, der „Defensoren". Als Protest gegen diesen Schritt begeben sich am 23. Mai 1618 zwölf Edle unter Führung des Kalvinisten, Graf Heinrich Matthias Thurn und des Lutheraners Joachim Andreas von Schlick zum Hradschin, greifen die in ihren Augen für alles verantwortlichen Ratsherren Wilhelm von Slawata und Jaroslaw Martinitz und stürzen sie aus dem

Fenster. Die beiden überstehen den Sturz aus fünfzehn Meter Höhe unverletzt.

Als Matthias im März 1619 stirbt, bestimmt der böhmische Landtag in provokanter Weise den kalvinistischen Wittelsbacher Friedrich V. zum neuen König. Der sechzehnjährige Wilhelm V. hat im Februar 1613 Elisabeth Stuart, die Tochter Jakobs I., geheiratet. Angestachelt durch den Ehrgeiz seiner Frau und seiner habgierigen Berater, entscheidet er sich dazu, die Krone des Hl. Wenzels anzunehmen. Sein Handeln erweist sich als übereilt, denn er findet keine Unterstützung, nicht einmal bei seinem Schwiegervater, dem König von England. Maximilian I. von Bayern stellt dem neuen Kaiser, Ferdinand II., sein schlagkräftiges Heer zur Verfügung. Am 8. November 1620 erringen Tilly und die bayerischen Truppen fast auf den Tag genau ein Jahr nach Friedrichs Krönung in der Schlacht am Weißen Berg vor den Toren Prags einen großartigen Sieg über das Heer der Pfälzer und Böhmen.

Dieser Sieg ist entscheidend. Friedrich, den die Katholiken jetzt verächtlich den „Winterkönig" nennen, verliert seinen Sitz im Kurkolleg, den der Kaiser als Zeichen seines Dankes an Maximilian von Bayern gibt. Im Jahre 1618 wird Don Balthasar Zúñiga Erster Minister Philipps III. von Spanien. Sein Vorgänger, der Herzog von Lerma, hat mit England und den Niederlanden die „Pax Hispanica" geschlossen aber der neue Erste Minister lehnt die Politik seines Vorgängers ab, die es seiner Meinung nach den Holländern erlaubt hat zu mächtig zu werden. Spanien unterstützt nun Ferdinand mit Geld und entsendet Truppen in die Pfalz, die der glücklose Friedrich nicht verteidigen kann. Es sieht bereits so aus, als würde Spanien das Land annektieren und dadurch den Schutz der strategisch wichtigen Spanischen Straße, der Nord-Süd-Route zur Versorgung der spanischen Soldaten in den Niederlanden, gewährleisten. Doch einige Staatsmänner in Brüssel und Madrid mahnen zur Vorsicht, denn die spanischen Streitkräfte sind durch den Einsatz in der Pfalz ge-

In Frankfurt werden die Juden im Pogrom von 1614 aus der Stadt gejagt. Dieser Stich von Matthäus Merian (1642) zeigt die Plünderung der Judengasse.

schwächt, ein Umstand der England und Frankreich zum Eingreifen ermutigen könnte. So besetzen die Spanier nur das linke Rheinufer während Tilly Heidelberg belagert, das im September 1622 fällt. Das Zentrum des deutschen Kalvinismus ist nun fest in katholischen Händen. Die Bibliotheca Palatina, die herausragendste Sammlung protestantischer Gelehrsamkeit, wird nach Rom verbracht; der Winterkönig und seine Königin ziehen glücklos als Zielscheibe des Spotts der Katholiken durch ganz Europa.

Nach dem Sieg am Weißen Berg laufen viele Söldner und Glücksritter zu den Kaiserlichen über. Der Kaiser verfügt über Geld, Land und die Beute, für die die *condottieri* (Söldnerführer) in die Schlacht zogen. Der größte Söldnerführer jener Jahre ist Albrecht von Wallenstein, der durch die Ehe mit einer begüterten Witwe zu Reichtum und Ansehen gelangt ist. In der Schlacht am Weißen Berg hat Wallenstein das Kommando über ein wallonisches Kavallerieregiment geführt und die Möglichkeit benutzt, für den Bruchteil seines wahren Wertes den konfiszierten Grundbesitz mehrerer Adliger aufzukaufen. Zusammen mit seinem Herzogtum Friedland verfügt er damit über einen ansehnlichen militärisch-industriellen Komplex, der alles herstellt, was seine Armeen an Waffen und Ausrüstung benötigen.

Schweizer Miniatur aus dem sechzehnten Jahrhundert mit der Darstellung einer Hexenverbrennung. Da Unglück meistens der Zauberei und Hexerei zugeschrieben werden, waren Hexenjagden während schwieriger Zeiten besonders häufig.

Im Dezember 1625 schließen England, Dänemark, die Niederlande und Friedrich V. von der Pfalz ein Bündnis in Den Haag. Die Dänen fallen daraufhin sofort in Deutschland ein, worauf Wallenstein dem Kaiser ein Angebot über die kostenlose Stellung von 40 000 Söldnern unterbreitet. Der Kaiser trägt Wallenstein dafür das Generalkommando über die Reichsarmee an. Für beide Seiten ist das ein ausgezeichnetes Arrangement. Der Kaiser hat eine schlagkräftige Armee unter genialer militärischer Führung und Wallenstein bekommt freie Hand als Kriegsgewinner. Das Geschäft dient beiden Seiten.

Wallenstein beginnt seine Operationen mit einem Sieg an der Elbbrücke in Dessau am 25. April 1626, durch den er die Kräfte der Protestanten bis nach Ungarn zurück drängt. Am 27. August 1626 verbindet er seine Kräfte mit denen Tillys, und schlägt Christian IV. von Dänemark und dessen norddeutsche Verbündete in Lutter am Barenberg bei Salzgitter. Das Reichsheer besetzt Holstein, Mecklenburg und Pommern. Damit geht den Protestanten die Ostseeküste, bis auf den belagerten Hafen von Stralsund, verloren. Am 22. Mai 1629 unterzeichnet der dänische König den Lübecker Frieden. Für die Zusage, sich nicht mehr in den deutschen Krieg einzumischen, erhält er seine verlorenen Ländereien zurück.

In der Furcht, die Schweden könnten sich veranlaßt sehen in den Krieg einzugreifen, sind die Habsburger so klug gewesen, sich den Dänen gegenüber großzügig zu zeigen. Ihr Sieg läßt sie Gedanken an andere Unternehmungen von bedrohlichem Ausmaß hegen. Wallenstein hat Pläne für den Bau eines Kanals, der Nordsee und Ostsee miteinander verbinden soll. Protestanten und anti-spanisch gesonnene Bürger in den Hansestädten sind über dieses Vorhaben entsetzt. Sie suchen Verbündete im Kampf gegen den Kaiser und müssen nicht lange warten.

Im März 1629 begeht Ferdinand II. mit dem Erlaß des Restitutionsedikts, nach dem alle von den Protestanten säkularisierten geistlichen Güter wieder zurückerstattet werden müssen, einen schweren Fehler. Dann besetzt der Kaiser im Juli 1629 die Ländereien der Verbündeten König Christians IV. von Dänemark, der Herzöge von Mecklenburg-Schwerin und Mecklenburg-Güstrow. Das Land, das sich seit über 800 Jahren im Besitz dieser Familien befindet, macht er Wallenstein zum Geschenk. Die Reichsritter sind erzürnt, daß der Kaiser einen Söldner und Waffenhändler in ihren Stand erhebt und damit hat er die Rechtmäßigkeit ihrer Stellung in ihren Grundfesten erschüttert. Was noch schlimmer ist: der Kaiser belohnt nicht nur einfach einen ihm ergebenen Diener, womit sich die Reichsritter hätten abfinden können, sondern übergibt Wallenstein diese Herzogtümer, weil er keinen anderen Weg sieht, seine immensen Schulden ihm gegenüber abzutragen.

Beides, das Restitutionsedikt und die Erhebung von Wallenstein, sind Angriffe auf die Rechte und Privilegien der Stände, die bei Katholiken und Protestanten heftige Reaktionen hervorrufen. Der Erzbischof von Mainz läßt wissen, daß er von der Wallensteinaffaire „verletzt und angewidert" sei. Und der kürzlich zum Kurfürst erhobene Maximilian von Bayern weigert sich, die Wahl des Sohnes des Kaisers zum römischen König auf dem Wahlreichstag von Regensburg zu unterstützen. Im Jahre 1631 unterzeichnet Maximilian den Vertrag von Fontainebleau, ein Verteidigungsbündnis zwischen Frankreich und Bayern. Einmal mehr zeigt sich, daß die Solidarität der Fürsten untereinander stärker ist als die Solidarität des Glaubens. Der Kaiser muß sich mit den Konsequenzen abfinden: Das Restitutionsedikt wird ausgesetzt, die Kandidatur seines Sohnes Ferdinand zurückgezogen und Wallenstein aus dem kaiserlichen Dienst entlassen. Der zieht sich auf seine böhmischen Besitzungen zurück und sinnt auf Rache am Kaiser und den Fürsten.

Der Fenstersturz in Prag am 23. Mai 1618, bei dem zwei kaiserliche Statthalter von Protestanten aus einem Fenster des Hradschin geworfen werden, ist eine Demonstration gegen die Maßnahmen der Gegenreformation. Die beiden Ratsherren überstehen den Sturz aus einer Höhe von 15 Meter unverletzt. Die Katholiken sehen darin ein Wunder der himmlischen Jungfrau Maria. Die Wahrheit war eine banalere: Die beiden landeten auf einem Misthaufen.

## DER EINTRITT SCHWEDENS IN DEN KRIEG

Am 6. Juli 1630, drei Tage nach der Versammlung der Kurfürsten in Regensburg, überfällt Gustav Adolf von Schweden, der größte Verfechter der protestantischen Sache, die Insel Usedom. Am 17. September 1631 besiegen die Protestanten die Reichsarmee unter Tilly in Breitenfeld bei Leipzig. Von Tillys 36 000 Mann finden 12 000 den Tod, 8000 werden gefangen genommen; die gesamte Artillerie geht verloren. Gustav Adolf, der 3000 seiner Männer einbüßt, erweist sich gegenüber dem großen Tilly als militärisch überlegen. Nach Jahren der Niederlage haben die Protestanten endlich einen bedeutenden Sieg über die Katholiken errungen. Doch nicht nur der Sieg spornt sie an, sondern auch die unerhörte Grausamkeit der kaiserlichen Truppen. Nach langer Belagerung erstürmen Tillys Söldner im Mai die protestantische Hochburg Magdeburg, eine der größten und wohlhabendsten Städte Deutschlands. Die Soldaten ziehen mordend und plündernd durch die Straßen und vergewaltigen die Frauen – Ausschreitungen, die Tilly zynisch als die „Magdeburger Hochzeit" bezeichnet. Anschließend wird die Stadt in Schutt und Asche gelegt.

Maximilian von Bayern und Tilly versuchen verzweifelt, den Vormarsch des Schwedenkönigs zu stoppen. Im April 1632 bringen sie ihn am Lech zum Stehen. Die Truppen Gustav Adolfs nehmen eine Insel im Fluß ein und eröffnen ein mörderisches Artilleriefeuer auf die bayerischen Kräfte. Tilly wird tödlich verwundet, Maximilian zieht sich nach Ingolstadt zurück. Am 17. Mai marschiert Gustav Adolf triumphierend in München ein. Begleitet wird er vom Winterkönig, der die Rückgabe Böhmens und seines kurfürstlichen Sitzes in greifbare Nähe gerückt sieht.

Nach der Niederlage bei Breitenfeld hat der Kaiser Wallenstein gebeten in seine Dienste zurückzukehren. Wallenstein fordert die absolute Befehlsgewalt und besteht, darauf, daß der Kaiser nicht in die Kriegführung eingreifen darf. Der Kaiser beugt sich und macht Wallenstein zum Oberbefehlshaber über das Heer. Wallenstein ist mit der Vorbereitung des Winterquartiers beschäftigt, da erreicht ihn die Nachricht, daß Gustav Adolf sich zum Einmarsch in Sachsen anschickt, wo er im Kampf auf Wallenstein zu treffen hofft, noch ehe der Winter weitere Schlachten verbietet. Wallenstein stellt sich der Herausforderung. Am 16. November 1632 treffen beide in Lützen, einem eher unbedeutenden Ort zwischen Leipzig und Naumburg, aufeinander. Die Schlacht endet mit einem knappen Sieg der Protestanten, der aber einen hohen Tribut fordert. Gustav Adolf wird im Kampf getötet, die kaiserlichen Truppen rauben ihn aus und lassen den von Kugeln durchsiebten Körper nackt auf dem Schlachtfeld zurück.

Lützen ist auch Wallensteins letzte Schlacht. Ständig intrigiert er gegen den Kaiser und macht dessen Feinden, darunter dem Winterkönig, Sachsen, Frankreich und selbst Schweden, Friedensangebote. Der Kaiser kann einem Vasallen, der derart eigenmächtig handelt, nicht länger Vertrauen schenken. So befiehlt er, Wallenstein tot oder lebendig zu ergreifen. Am 25. Februar 1634 wird dieser beim Versuch, den Schergen des Kaisers zu entkommen, von dem irischen Hauptmann Devereux auf der Burg Eger in Böhmen getötet. Die absolutistischen Fürsten wollen die Bedrohung ihres Standes durch Söldner nicht länger hinnehmen. Das Kommando über die kaiserlichen Armeen übernimmt nun der Sohn des Kaisers, König Ferdinand von Böhmen und Ungarn.

Die Staatsgeschäfte Schwedens liegen in den fähigen Händen von Kanzler Axel Oxenstierna, einem geschickten Staatsmann, der am 23. April 1633 die deutschen Protestanten in der Liga von Heilbronn zusammengeschlossen hat. Oxenstiernas Ziel besteht in der Schaffung einer Reihe deutscher Satellitenstaaten, die ein willfähriges Instrument in den Händen der schwedischen Politik sein sollen. Diese bleiben den protestantischen Staaten nicht verborgen, doch diese haben nicht die Absicht, den Schweden dienstbar zu sein. Gustav Adolf ist tot, seine Armee aus einst begeisterten Kreuzfahrern ist zu einer Horde von Glücksrittern verkommen. Die deutschen Fürsten sind entschlossen, auf eigene Faust zu handeln. Als die Schweden im November 1634 von Ferdinand und der Reichsarmee bei Nördlingen entscheidend geschlagen werden, halten die protestantischen Fürsten die Zeit für gekommen, um mit dem Kaiser zuverhandeln und den Krieg zu beenden.

Am 30. Mai 1635 wird der Frieden von Prag unterzeichnet und von den meisten deutschen Staaten angenommen. Die einzigen Ausnahmen sind Württemberg, das noch immer unter den Folgen des Restitutionsediktes leidet, das kalvinistische Hessen-Kassel, das glaubt, im Krieg besser zu fahren als im Frieden, sowie einige norddeutsche Staaten unter dem Einfluß der Holländer und Schweden. Der Frieden sichert die legitimen Rechte der Fürsten, deren Territorien, ausgenommen die des glücklosen Winterkönigs, wieder hergestellt werden. Das Restitutionsedikt wird offiziell widerrufen. Das Reich ist wieder ein Bündnis für die Sicherung von Recht und Frieden. Der Kalvinismus wird als selbständige Konfession nicht anerkannt. Trotz dieser offensichtlichen Schwäche ist der Frieden von Prag ein echter Kompromiß zwischen der Autorität des Kaisers und den Rechten der Stände, zudem ein Ausdruck der Entschlossenheit der deutschen Fürsten, den sinnlos gewordenen Krieg zu beenden. Daß der Friede dennoch nicht hält, liegt weitgehend in der Verantwortung Kardinal Richelieus, des Ersten Ministers Frankreichs von 1624–1642.

## DIE FRANZÖSISCHE PHASE DES DREISSIGJÄHRIGEN KRIEGES

Wenige Tage vor Unterzeichnung des Friedens erklärt Frankreich Spanien den Krieg. Schweden, Holland, Savoyen, Parma und die gegen Habsburg stehenden deutschen Staaten unterstützen die Franzosen. Die meisten deutschen Staaten halten zu ihrem Bündnis mit dem Kaiser und versuchen, sich gegen den Einfall der Fremden zu schützen. Kaum ist der Frieden unterzeichnet worden, tritt der Krieg in eine neue, noch grausamere Phase ein, in der der Weg der ausländischen Armeen durch Deutschland von Mord, Plünderung und Vergewaltigung gekennzeichnet ist.

Im Oktober 1636 besiegen die Schweden die Reichsarmee bei Wittstock im Norden Brandenburgs, danach erneut im November 1642 in Breitenfeld. Im Februar 1638 bringen die Kaiserlichen unter General Jan von Werth den Franzosen bei Rheinfelden eine Niederlage bei, werden aber nur drei Tage später vernichtend geschlagen. Von Werth nimmt im November 1643 Revanche, als er die Franzosen bei Tuttlingen besiegt. Im März 1645 wird der kaiserlichen Armee bei Jankau südlich von Prag eine weitere Niederlage durch die Schweden beigebracht, welche weiter in Richtung Wien vorrücken. Ihnen schließt sich Fürst Georg I. Rákósci von Transsylvanien an. Als Kaiser Ferdinand III. Rákósci jedoch Religionsfreiheit für Ungarn so-

Stilisierte Darstellung zweier Soldaten im Dreißigjährigen Krieg, aus dem 19. Jahrhundert.

Nach langer Belagerung erstürmen Tillys Soldaten am 20. Mai 1631 die Stadt Magdeburg. Die Soldaten plündern und morden, die Stadt wird total eingeäschert. Tilly (1559–1632) wurde in Brabant geboren, von Jesuiten erzogen und erlernte die Kunst der Kriegführung unter Parma. Bei Ausbruch des Dreißigjährigen Krieges wird ihm das Kommando über das kaiserliche Heer übertragen. Zuerst besiegt er den Kurfürsten von der Pfalz, danach den König von Dänemark, Christian IV. Er stirbt in einer Schlacht kurz nach dem Sieg des schwedischen Königs Gustav Adolf bei Breitenfeld.

wie großzügige Ländereien zusagt, läßt dieser die Schweden wieder in Stich, die sich daraufhin erschöpft und ohne erforderlichen Nachschub zurückziehen.

Erneut ist das Reich gerettet, doch seine Position wird zunehmend schwächer. Johann Georg von Sachsen schließt im September 1645 in Kötzschenbroda Frieden mit den Schweden, während sich Friedrich Wilhelm von Brandenburg vom Kaiser abwendet. Inzwischen stehen zwei bedeutende französische Generäle, Condé und Turenne, am Beginn ihrer bemerkenswerten Laufbahn. Turenne erringt bei Allerheim in der Nähe von Nördlingen am 3. August 1645 einen wertvollen Sieg über die Reichsarmee. Als die Schweden im Süden auftauchen, unterzeichnet Maximilian von Bayern im März 1647 in Ulm einen Waffenstillstand. Kurze Zeit später steht er jedoch wieder im Kampf. Seine Armee wird von Turenne und dem schwedischen General Karl Gustav Wrangel vernichtend geschlagen. Damit ist Bayern dem Ansturm des marodierenden Heeres wehrlos ausgesetzt.

Alle Hauptbeteiligten am Krieg – der Kaiser, Richelieu, Oxenstierna und Olivares, der „spanische Richelieu“, – wünschen ein Ende des Krieges, doch jeder will einen Frieden, der seinen Interessen dient. Erst am 19. August 1645 kann der Kaiser die Stände zu einer Friedenskonferenz einladen. Die Schweden und die Dänen richten sich in Osnabrück ein, die Spanier und die Holländer entsenden Delegationen nach Münster, um über die Beendigung ihres achtzigjährigen Krieges zu verhandeln. Die französische Abordnung reist ebenfalls nach Münster. Mit 37 ausländischen und 111 deutschen Delegierten gestalten sich die Verhandlungen außerordentlich schwierig und langwierig. Einen ersten Erfolg erreicht Maximilian von Trauttmannsdorff, der geschickte Verhandlungsführer des Kaisers, der bereits für den erfolgreichen Abschluß des Friedens von Prag verantwortlich gezeichnet hat, mit einer Vereinbarung, die den Franzosen das Elsaß zuspricht. Dadurch kontrollieren die Franzosen einen wichtigen Abschnitt der Spanischen Straße. Daraufhin kommt es am 30. Januar 1648 zum schnellen Friedensschluß zwischen Spaniern und Holländern, die sich damit ihre vollständige Unabhängigkeit vom Reich sichern.

Schweden erhält Vorpommern mit der Odermündung sowie Bremen und Verden; Halberstadt, Kammin, Minden, Magdeburg, die Mark und Kleve gehen an Brandenburg. Weitere territoriale Neuregelungen werden getroffen, um treue Verbündete aller Seiten abzufinden. Schwieriger gestaltet sich die Frage der „Amnestie", des Datums, ab dem Verletzungen des Augsburger Religionsfriedens (1555) zu ahnden sind. Die Protestanten wollen verständlicherweise ein möglichst frühes Datum, die Katholiken ein spätes. Schließlich einigt man sich auf das Jahr 1624, sehr zur Verärgerung der katholischen Seite, die dadurch die protestantisch gewordenen norddeutschen Bistümer verliert. Am 24. Oktober 1648 beendet der Westfälische Friede unter allgemeinem Jubel in ganz Deutschland offiziell den Krieg.

## DIE KRIEGSFOLGEN

Der Dreißigjährige Krieg hat nicht nur unsägliches Leid über die Menschen gebracht, er wirkt gleichzeitig als ein mächtiger Motor für die Erneuerung und die Entstehung des absolutistischen Staates. Die Rechtsgelehrten verkünden, daß der Fürst in Zeiten akuter Gefahr berechtigt ist, ohne Zustimmung der Stände Steuern zu erheben, um Leib und Leben seiner Untertanen zu schützen. Maximilian hat sich während des ganzen Krieges nicht ein einziges Mal an die Stände gewandt und ver-

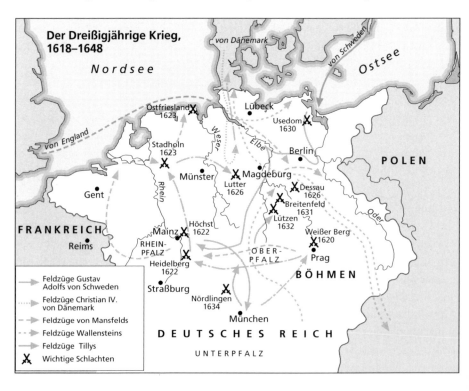

# Simplicissimus

Hans Jakob Christoffel von Grimmelshausens Meisterstück *Simplicissimus*, „die Beschreibung des Lebens eines seltsamen Vaganten genannt Melchior Sternfels von Fuchshaim", wird erstmals 1668 in fünf Büchern veröffentlicht und ist sofort ein Erfolg. Grimmelshausen entspricht der Forderung der Öffentlichkeit und schreibt ein sechstes Buch, *Continuatio*, das zusammen mit der zweiten Auflage erscheint. Die Originalausgabe ist zum größten Teil in Dialekt geschrieben. Ein Verleger aus Frankfurt besorgt eine leichter lesbare Fassung in Hochdeutsch. Grimmelshausen macht sich die überarbeitete Fassung zu eigen und fügt dem Buch weitere Abschnitte hinzu.

Die Geschichte spielt während des Dreißigjährigen Krieges etwa zwischen 1632 und 1645. Der junge Erzähler, der Sohn eines Bauern aus dem Spessart, wird von plündernden Soldaten vertrieben und lebt zwei Jahre lang bei einem Einsiedler. Als dieser stirbt, kümmert sich der Kommandant von Hanau um ihn, bis er von marodierenden Kroaten gefangengenommen wird. Es gelingt ihm zu fliehen. Er tritt in den Dienst eines Dragoners, wird Offizier in der Reichsarmee, gerät in Gefangenschaft, wird zur Heirat gezwungen, flieht nach Paris, wird Gigolo, verdient seinen Lebensunterhalt als Quacksalber, zieht als Musketier erneut in den Krieg, unternimmt eine Pilgerreise, wird Hauptmann, gewinnt ein Vermögen und verliert es prompt, läßt sich als Bauer nieder, entdeckt, daß er ein Findling mit Adelstitel ist, unternimmt eine Weltreise, kehrt nach Hause zurück und lebt bis zu seinem Tode auf einer Insel.

Der Roman besteht aus Episoden und Abenteuern, die die Findigkeit und den Mut des Helden immer wieder auf die Probe stellen. Erzählt werden sie in lebhaftem und humorvollem Stil, der häufig zu beißender Satire wird. Die Moral der Geschichte besteht darin, daß der Mensch seine wahre Menschlichkeit in einer „verrückten" Welt nicht entfalten kann, sondern nur in Ruhe und Abgeschiedenheit. Als Vorreiter der Bildungsromane bricht *Simplicissimus* mit der Tradition der Schelmenromane in Spanien und Deutschland. Die zahlreichen Episoden stehen für die innere Unsicherheit des Helden. Während sich spätere Bildungsromane, wie etwa Wielands *Agathon* oder Goethes *Wilhelm Meister*, dem Problem zuwenden, wie der einzelne in Harmonie mit der Welt leben kann, ist Grimmelshausen als typischer Schriftsteller des Barock der Überzeugung, daß das gar nicht möglich ist. Der Mensch kann nur im Einklang mit Gott leben, wenn er den Menschen und einer verrohten Welt entsagt.

Kupferstich der Titelseite der ersten Ausgabe von
*Der abenteuerliche Simplicissimus.*

*Simplicissimus* ist kein historischer Roman über den Dreißigjährigen Krieg. Einige Episoden aus dem Krieg, einge phantastisch, andere realistisch, bilden lediglich den Hintergrund für den ersten Teil des Buches; die Schrecken des Krieges liefern hier eindrucksvolle Beispiele für die Verderbtheit des Menschen. Grimmelshausens historische Reflexionen konzentrieren sich auf die nationale Frage. Er ist erbitterter Gegner der Franzosen, haßt deren Mätzchen und ist entschlossen, sich der zahllosen französischen Wörter zu entledigen, die Eingang in die deutsche Sprache gefunden haben. Seine Antwort auf die Schrecken des Krieges ist die Wiedererrichtung des universalen Christenreiches, dem die Türkei als Vasallenstaat mitangehören. Die Bestrebungen der deutschen Duodezfürsten sind für ihn Hauptursache der mißlichen Lage seiner Zeit. Deutschland sollte daher einen ewigen Städtebund gründen, der seine Vertreter in ein deutsches Parlament entsendet.

In religiöser Hinsicht ist Grimmelshausen Befürworter der Ökumene und obwohl er früher Lutheraner und jetzt Katholik ist, ist bei ihm nichts von der engstirnigen Verbissenheit zu spüren, die die Konvertiten gewöhnlich auszeichnet. Als Mann seiner Zeit glaubt er an Hexen, Amulette, Zauber und Dämonen. Seine Beherrschung der deutschen Sprache, sei es die Gaunersprache, die gewundene Sprache des Hofes oder das Deutsch der lutherischen Bibel, hebt ihn weit über alle Zeitgenossen hinaus.

kündet, „die Erfordernisse des Krieges bringen das Gesetz zum Schweigen". Angesichts der Schrecken des Krieges wird festgelegt, daß die Fürsten fortan den Staat gegen seine Feinde verteidigen und den Frieden erhalten sollen. Die Verteidigung wird in Zukunft nicht mehr unzuverlässig und schlecht disziplinierten Söldnern und Abenteurern überlassen, sondern durch ein stehendes Heer gewährleistet.

Je disziplinierter eine Armee, um so größer die Autorität des Offizierskorps. Nun können sogar einfältige und inkompetente Offiziere ihr Aufgaben als Rädchen in einem gut geschmierten Uhrwerk erfüllen. Da die Mehrzahl der deutschen Offiziere aus dem Adel kommt, wird dieser Stand gefestigt. Der Dienst in der Armee versöhnt die Aristokraten mit dem absolutistischen Staat und sie beginnen auch innerhalb der Verwaltung in die Dienste des Hofes zu treten. Viele von denen, die in der Folgezeit in Politik und Militär entscheidende Bedeutung erlangen, werden in Anerkennung ihrer Dienste bei Hofe in den Hochadel erhoben. Nur noch wenige entstammen alten Adelsgeschlechtern.

Der Krieg hat letzte Klarheit darüber gebracht, daß Politik und Religion nicht miteinander vereinbar sind. Der folgenschwere Zusammenfall von politischen Bestrebungen und religiösem Fanatismus, der das Land ins Unglück gestürzt hat, zeigt Staat und Kirche, daß sie getrennt voneinander bestehen müssen. Die Politik wird säkularisiert, die Religion weitestgehend Privatangelegenheit; Rückfälle in die Intoleranz früherer Jahre sind jedoch häufig.

In den Jahren zwischen dem Westfälischen Frieden und der Französischen Revolution verfolgen die europäischen Staaten mit Hilfe zahlreicher Bündnisse ihre partikularistischen Interessen. Koalitionskriege werden mit politischen und diplomatischen Mitteln in Grenzen gehalten, so daß trotz größerer Armeen und wirksamerer Feuerkraft der Waffen ihre Folgen weit weniger schwer sind als die des Dreißigjährigen Krieges. Auf den Friedenskonferenzen werden neue Mechanismen zur Konfliktbewältigung eingesetzt, und die Aussichten auf dauerhaften Frieden verbessern sich. Die Religion ist keine zentrale Frage mehr, sondern dient nur noch der Propaganda.

Der Traum von einer universalen Ordnung stirbt mit Karl V. Nun kämpft eine Vielzahl von Kleinstaaten um die besten Ausgangspositionen. In dieser Situation intrigieren die großen Mächte auf Kosten der kleineren diplomatisch gegeneinander. Deutschland ist jetzt voll in das europäische Staatensystem integriert; Frankreich und Schweden sind die Garantiemächte für die neue Ordnung in Deutschland nach dem Westfälischen Frieden. Die dänische Krone verfolgt territoriale Interessen in Deutschland; und ab 1714 sind die Könige von England Kurfürsten von Hannover und Herzöge von Holstein und Oldenburg. Die deutschen Staaten besitzen untereinander volle Koalitionsfreiheit ebenso mit ausländischen Mächten. Deutschland ist das Schlachtfeld der Auseinandersetzungen unter den Großmächten und die deutschen Staaten gehen eigenen Interessen nach.

In dieser Situation zählen nur noch die Großmächte. Früher haben kleine Länder, wie Burgund mit seiner hochentwickelten Verwaltung und seinem schlagkräftigen Heer im vierzehnten und fünfzehnten Jahrhundert, oder Holland mit seinem Reichtum und seiner Seemacht im späten sechzehnten und frühen siebzehnten Jahrhundert eine entscheidende Rolle gespielt. Nunmehr sind die Größe des Territoriums, die Bevölkerung und der Reichtum ausschlaggebend. Im späten siebzehnten Jahrhundert sind Frankreich, England und Schweden die entscheidenden Staaten. Spanien und Polen scheiden als Großmächte aus; Holland befindet sich im raschen Niedergang und in Deutschland herrscht ein Machtvakuum.

Reichtum ist die entscheidende Voraussetzung für Macht. In dieser Hinsicht befinden sich die deutschen Staaten 1648 in beklagenswertem Zustand. Während der Kriegsjahre hat die Landwirtschaft gelitten, so daß weite Landstriche verwildert sind. Der Getreidepreis in Deutschland ist um 50 Prozent gefallen. Die Soldaten haben das Großvieh als Zugtiere beschlagnahmt und das übrige Vieh getötet, um sich zu versorgen. Söldner, deren einziges Handwerk der Krieg ist, leben auf Kosten der Länder und müssen vertrieben oder ausbezahlt werden. Krankheit und Unterernährung haben die Bevölkerungszahlen in einigen Gebieten drastisch sinken lassen. Andere Regionen dagegen, wie Westfalen, Niedersachsen und der Niederrhein, Schleswig-Holstein, die Nordseeküste und das Habsburger Land, sind nahezu verschont geblieben. Nach dem Krieg steigt die Bevölkerungszahl in den meisten Regionen langsam, aber beständig wieder an, und allmählich erholt sich das Land.

Dieses meisterliche Gemälde von Gerard Terborch (um 1617–1681) zeigt die feierliche Beschwörung des Westfälischen Friedens in Münster am Ende des Dreißigjährigen Krieges im Mai 1648.

Die meisten deutschen Kleinstaaten sind nicht in der Lage, eine dem modernen Staat angemessene Verwaltung aufzubauen und eine erfolgreiche Wirtschaftspolitik zu betreiben. Sie sind dafür zu klein und zu arm und verschwenden außerdem ihre spärlichen Mittel oftmals darauf, dem absolutistischen Hof Ludwig XIV. nachzueifern – ein Umstand, von dem nur Kunsthandwerker und einige andere Berufe profitieren. Lediglich große Staaten, wie Brandenburg-Preußen, sind stark genug für eine die wirtschaftliche Entwicklung anregende Politik. Von 1662 bis 1668 läßt der Kurfürst den Friedrich-Wilhelm-Kanal, der Oder und Spree miteinander verbindet, bauen und fördert die Entwicklung der Seiden- und Teppichweberei, die Produktion von Seife, Tabak und Zucker. Zahlreiche Fabriken befinden sich in den Händen der Hugenotten, die 1683 aus Frankreich nach Preußen kommen. Doch trotz aller Anstrengungen vermag selbst Friedrich Wilhelm von Brandenburg, der „Große Kurfürst", wenig auszurichten. Brandenburg-Preußen ist einfach zu arm für große Strukturreformen. Den revolutionären Ideen seiner holländischen Berater, die Landwirtschaft ohne Abschaffung der Leibeigenschaft und Gewährleistung vollständiger Bewegungsfreiheit nicht verbessert werden kann, kann der Kurfürst nicht folgen und der Handel in Deutschland wird durch zahllose Zollschranken behindert. Die Absicht Friedrich Wilhelms zur Einberufung einer Konferenz aller Elbestaaten um den Überseehandel zu steigern, schlägt fehl. Diese Form des Partikularismus, die einen großen Staat wie Preußen behindert, wirkt sich auf die kleinen Staaten verheerend aus. Der absolutistische Staat beruht allein auf einem Kompromiß zwischen dem Fürsten und seinem Adel und setzt dadurch automatisch eine konservative und restaurative Sozialpolitik in Gang, die die Wirtschaftsentwicklung bremst.

Auch in Sachsen gibt es bescheidene Bemühungen zur Ankurbelung der Wirtschaft. Als August der Starke von Sachsen 1697 König von Polen wird, werden die Möglichkeiten eines erweiterten Marktes genutzt und in den vierziger Jahren des achtzehnten Jahrhunderts entwickelt sich die verarbeitende Industrie stürmisch. Die Landwirtschaft, die sich nur sehr langsam von den Folgen des Dreißigjährigen Krieges erholt, ist noch nicht gesundet. Die ländlichen Gebiete sind entvölkert, die Äcker liegen brach; die Höfe zerfallen in Kleinwirtschaften oder werden vom Adel geschluckt. Der Mangel an Arbeitskräften führt zu kräftigen Lohnsteigerungen, die Ausbeutung der hörigen Bauern durch den Adel nimmt dadurch neue Maßstäbe an. Obwohl es in Sachsen offiziell keine Leibeigenschaft gibt, werden den bäuerlichen Lohnarbeitern so viele Pflichten aufgebürdet und ihre Rechte so stark beschnitten, daß sich ihr Leben von dem der Leibeigenen kaum unterscheidet.

Bayern, das Anfang des siebzehnten Jahrhunderts der modernste und mächtigste deutsche Staat ist, hat unter dem Krieg stark gelitten. Seine Bevölkerung ist halbiert, neunhundert Dörfer und Städte sind verwüstet worden und wie in Sachsen, hat sich der Adel mit Land bereichert. Bayern erholt sich nur langsam, noch 1760 liegt die Zahl der Bauernhöfe dort unter der von 1616. Bemühungen, den Handel und die Industrie innerhalb eines Handelssystems zu fördern, scheitern an einer ehrgeizigen Außenpolitik, die ein kostenintensives Heer verlangt.

Mit Ausnahme von Böhmen haben die Habsburger Länder unter dem Krieg weniger stark gelitten, doch die Herrschenden sind zu sehr mit hausgemachten Problemen, Verfassungsstreitigkeiten und ausländischen Kriegen beschäftigt, als daß

sie sich um die Verbesserung der Wirtschaft kümmern. Den Aufschwung der österreichischen Industrie bewirken zum großen Teil Ausländer, die aus den Niederlanden, Italien und England kommen, um ihr Glück in einem Land zu versuchen,
das bei vielen als Land der Zukunft gilt. Wie in Brandenburg-Preußen und Bayern,
lassen die Kosten für den Unterhalt einer großen Armee Österreich nur wenig Geld
für langfristige Vorhaben übrig.

In diesem Zeitalter der Kabinettskriege und der Diplomatie genießt die Wirtschaftspolitik zu keiner Zeit einen hohen Stellenwert. Ehrgeizige Mächte – Türken,
Schweden und Frankreich – bedrängen das Reich und müssen zurückgeworfen werden. Zudem tobt seit dem Reichstag von Regensburg 1653–1654 ein interner Kampf
um die Macht und später um die Hegemonie in Deutschland, der zu einer Rivalität
zwischen Brandenburg-Preußen und Österreich führt. Erst die harte Lehre der französischen Revolutionskriege läßt die deutschen Fürsten und Staatsmänner erkennen, daß eine gesunde Wirtschaft und eine offenere Gesellschaft geradezu die Voraussetzung für politischen und militärischen Erfolg sind.

Das Heidelberger Schloß auf
einem Stich von Matthäus
Merian aus dem Jahre 1620.
Das 1225 erbaute Schloß diente
den Kurfürsten von der Pfalz als
Residenz. Es wurde zwischen
1689 und 1693 zerstört.

KAPITEL 6     *Das achtzehnte Jahrhundert*

Die Teilung Deutschlands in Hunderte von Staaten, von denen ein jeder eifersüchtig über seine Wirtschaft wacht, ist ein ernstes Hindernis für wirtschaftliches Wachstum und Modernisierung, besitzt aber auch eine Reihe positiver Aspekte. Der Westfälische Frieden erkennt die Reformation an und sichert Katholiken, Lutheranern und Kalvinisten im gesamten Reich die gleichen Rechte zu. Der Grundsatz *„cuius regio, eius religio"* wird dahingehend geändert, daß der Konfessionswechsel eines Fürsten nicht mehr den seiner Untertanen nach sich ziehen muß. In Religionsfragen können weder die Protestanten noch die Katholiken im Reichstag überstimmt werden. Ein Konsens, die *amicabilis compositio*, kommt nach getrennten Beratungen beider Seiten zustande. Religionsparität zieht auch in allen anderen wichtigen Einrichtungen des Reiches ein. Religiöse Intoleranz und Fanatismus, die unsägliches Leid über die Menschen gebracht haben, sind damit zwar nicht endgültig gebannt, dennoch erfreut sich das deutsche Volk weit größerer Religionsfreiheit als die meisten anderen Völker dieser Zeit.

VERFASSUNGSREFORMEN

Der Reichstag, der seit Jahrzehnten nur noch selten zusammengetreten ist, wird wiederbelebt. Alle nicht im Westfälischen Frieden geregelten Verfassungsfragen sind entsprechend dessen eigener Festlegung Aufgabe des Reichstages. Der in Regensburg am 30. Juni 1653 stattfindende Reichstag ist daher in gewissem Sinne eine verfassungsgebende Versammlung, mögliche Entscheidungen werden aber durch zahllose Streitigkeiten der Stände untereinander und mit dem Kaiser verhindert und die Versammlung verkommt zu einer unwürdigen Veranstaltung. Anfang 1654 löst Kaiser Ferdinand III. den Reichstag auf, der erst 1663 wieder zusammentrifft, als der Sohn und Nachfolger Ferdinands III., Leopold I., für den Kampf gegen die Türken dringend Geld benötigt. Dieser neue „Immerwährende Reichstag" tritt in Regensburg zusammen und tagt permanent bis zur Auflösung des Reiches 1806. Die einzelnen Staaten sind im Immerwährenden Reichstag durch Gesandte vertreten und obwohl er nicht in der Lage ist, Mächte wie Preußen und Österreich in die Schranken zu weisen, bietet er dennoch den kleinen Staaten ein nützliches Forum, vermittelt bei Streitigkeiten und löst zahlreiche Konflikte. In Regensburg werden Abkommen geschlossen, Bündnisse geschmiedet und Reaktionen geprüft.

In gesetzgebender Funktion widmet sich der Immerwährende Reichstag Aufgaben, die das gesamte Reich betreffen – Verteidigung, Münzrecht, Wirtschaftspolitik. Im Jahre 1731 verabschiedet er eine fortschrittliche Reichshandwerksordnung, die bestehende Mißstände innerhalb der Zünfte abschafft und 1772 gewährt er Frauen Zugang zu den meisten handwerklichen Berufen. Bestehende Beschränkungen für die Anzahl von Angestellten und Lehrlinge, die ein Handwerksmeister beschäftigen darf, werden aufgehoben.

1645 wird das Reichskammergericht eingerichtet. Es tritt zuerst in Speyer zusammen, zieht aber 1693 nach Wetzlar um, um dem Einfall der Franzosen in der Pfalz zu entgehen. Im Westfälischen Frieden ist vereinbart worden, daß Katholiken

*Gegenüber:* Das große Treppenhaus in der Residenz des Fürstbischofs von Würzburg, entworfen von Balthasar Neumann (1687–1753), mit Fresken von Giovanni Battista Tiepolo (1696–1770) gemalt zwischen 1750 und 1753. Neumann, der führende Architekt seiner Zeit, stand als Militäringenieur im Dienste des Erzbischofs von Würzburg, wandte sich aber nach einem Besuch in Paris der Architektur zu. Jahre später wird er zum Professor der Architektur in Würzburg berufen.

und Protestanten bei Gericht gleichermaßen vertreten sein sollen. Die Fürsten stellen dem Gericht nur zögerlich Gelder bereit; so entsteht schnell ein enormer Rückstau an unerledigten Fällen. Der Vorschlag zur Einsetzung eines Appellationsgerichtes wird daher 1654 angenommen, doch erst einhundert Jahre später ist das erforderliche Geld vorhanden, um das Gericht auch einzurichten. Zudem arbeitet es mit wenig Erfolg. Dennoch werden zwischen 1554 und 1806 nahezu 80 000 Fälle bearbeitet.

Ein weiterer Gerichtshof, der „Reichshofrat", wird vom Kaiser mit Sitz in Wien eingerichtet. Alle seine Mitglieder werden vom Kaiser berufen, obwohl sechs Protestanten im Reichshofrat sitzen, wenden die protestantischen Fürsten ein, daß das Gericht pro-katholisch eingestellt sei. Trotz solcher Bedenken findet der Reichshofrat selbst von protestantischer Seite regeren Zuspruch als das Reichskammergericht, denn es arbeitet zügig und fällt Urteile wesentlich schneller als das letztere. Streitigkeiten zwischen den Staaten haben kaum Einfluß auf die Tätigkeit des Gerichtes. Die Urteile fallen meist zugunsten der Fürsten gegen ihre Untertanen aus.

Trotz aller Unzulänglichkeiten ermöglichen die beiden Gerichte nun eine duale Rechtsprechung im Reich – eine unter den Ständen, die andere unter dem Kaiser. Konflikte können mit Rechtsmitteln statt kriegerisch entschieden werden. Daß die obersten und die ihnen nachgeordneten Gerichte in den deutschen Staaten ihre Aufgaben relativ gut erledigt haben, ist ein Grund dafür, warum es in Deutschland nie zur Revolution gekommen ist. Es liegt nicht an einer sklavisch unterwürfigen Haltung der Deutschen, daß es zu keinem Sturm auf die Bastille oder zur Enthauptung von Fürsten gekommen ist, sondern daran, daß Recht bei den Gerichten gesucht wird, die als Garanten für die Wahrung der Bürgerrechte gelten und die Mächtigen dazu bringen, offensichtliche Ungerechtigkeiten zu beenden. Für eine Revolution von unten besteht kein Grund, solange Vertrauen in die Reform von oben vorhanden ist.

Der Westfälische Friede bestätigt die Reichskreise in ihrem Status als Einrichtungen zwischen den kleinen Staaten und dem Reich. In Gebieten, in denen ausländische Mächte ihre Hand im Spiel haben, und in den großen deutschen Staaten, verlieren die Reichskreise jedoch ihre Bedeutung. Von Kleinstaaten aber wie Schwaben und Franken, werden sie als eine besonders wirksame Form föderaler Organisation unterstützt, analog der Vereinigten Provinzen und der schweizerischen Kantone, die weithin als republikanische Tugend gelten.

Der Regensburger Reichstag schafft ein stehendes Reichsheer, die *miles perpetuus*, die Staaten müssen dafür festgelegte Kontingente aufbringen. Somit erhält der Kaiser seine Armee – die einzelnen Staaten eine weitere Stärkung ihrer Souveränität. Das Recht der Fürsten in ihren Ländern zum Zweck der Finanzierung des kaiserlichen Heeres Steuern zu erheben, wird durch Reichsrecht sanktioniert. Prozesse über Militärausgaben und Steuern können nicht vor die Reichsgerichte kommen. Friedrich Wilhelm von Brandenburg-Preußen, der Große Kurfürst, macht die Wahl Kaiser Leopolds I. von dessen Zustimmung abhängig, daß die Reichsgerichte fortan keine Prozesse mehr zu Steuerfragen führen. Den Reichskreisen wird die Verantwortung für die Aushebung von Rekruten für das Reichsheer übertragen. Wo die Reichskreise nicht unter dem Einfluß großer Staaten stehen, arbeitet das föderale System bewundernswert gut. Sobald aber ein mächtiger Nachbar, wie Brandenburg-Preußen, den Reichskreis dominiert, müssen die kleinen Staaten Geld und Männer für dessen Heer bereitstellen. Es besteht nun ein klarer Unterschied zwischen „bewaffneten" und „unbewaffneten" Staaten. Die bewaffneten Staaten befinden sich in einer ungleich stärkeren Position als die unbewaffneten, so daß sich zahlreiche Kleinstaaten, wie Lippe und Paderborn zur Stärkung ihres Ansehens den „bewaffneten" Staaten anschließen. Der Absolutismus gelangt auf Grund der Rechte von Reich und Stände nicht zur vollen Ausprägung. Fürsten und Regierungen können die Rechte ihrer Untertanen in Fragen von Religion und Besitz nicht einfach übergehen, da diese Rechte von den Reichsgerichten garantiert werden und jede grundlegende politische Veränderung der Zustimmung der Stände bedarf. Friedrich Wilhelm I. von Preußen (1688–1740), der Soldatenkönig, verkündet in der für ihn charakteristischen Vermischung von Deutsch und Französisch: „Ich stabilire die Souveraineté wie einen Rocher von Bronce". Obwohl er an der Spitze eines souveränen Staates steht, unterliegt er äußeren und inneren Zwängen und erkennt, daß es unklug ist, die Stellung des Kaisers anzufechten.

In vielen katholischen Staaten herrscht eine erschreckende religiöse Intoleranz. So werden zwischen 1731 und 1732 21 000 Protestanten aus Salzburg ausgewiesen, die nach Preußen fliehen, in dem sie zur Arbeit an der Beseitigung der Kriegsfolgen in Ostpreußen eingesetzt werden. Die Zwangsarbeit kostet innerhalb von zehn Jahren jedem vierten Zuwanderer das Leben. In keinem anderen deutschen Staat existiert wegen seiner gemischten Bevölkerung größere Religionstoleranz als in Preußen obwohl der Staat seine Kontrolle über die Kirchen dennoch nicht lockert. Erstaunlicherweise sind die meisten der Städte, die später wegen ihrer bürgerlichen Toleranz und Vernunft gerühmt werden, in Religionsfragen außergewöhnlich intolerant. Das trifft auf die vorwiegend protestantischen Hansestädte ebenso zu wie auf die religiös gemischten Städte im Süden, wie zum Beispiel Augsburg und Ravensburg, in denen die Bestimmungen des Westfälischen Friedens nicht zu Toleranz und gegenseitiger Achtung führen, sondern sich die Fronten verhärten und zu wiederholten Ausbrüchen von Gewalt Anlaß geben.

## BRANDENBURG-PREUSSEN

Preußen verfügt über einige Besonderheiten und unterscheidet sich dadurch in mancher Hinsicht von den anderen deutschen Staaten. Der Glaubenswechsel des lutherischen Kurfürsten Johann Sigismund zum Kalvinismus 1613 wird von den meisten seiner Untertanen abgelehnt und so ist er gezwungen, die Rechte der lutherischen Kirche anzuerkennen, weshalb es in Preußen nicht zur Gegenreformation kommt. Die Aristokratie, die das Offizierscorps und die Bürokratie stellt, bleibt lutherisch. Der Hof ist kalvinistisch, wie auch ein großer Teil des städtischen Bürgertums. Toleranz ist hier der einzige Weg, um Zusammenstöße zwischen der kalvinistischen Minderheit und der lutherischen Mehrheit, die die Stände einhellig hinter sich weiß, zu vermeiden. Der Große Kurfürst, selbst ein überzeugter Kalvinist, erkennt die Notwendigkeit religiöser Toleranz an, jedoch nicht weil er an die Gewissensfreiheit glaubt, sondern aus rein praktischen, politischen Gründen. Friedrich II, der Große (1712–1786), geht weiter als alle anderen deutschen Fürsten und er-

Das „Tabakskollegium"
Friedrich Wilhelms I. auf einem
Gemälde von George Lisiewski
(1738/1739). Dem als „Soldatenkönig" bekannten Preußen-
herrscher war die Extravaganz
des barocken Hofes verhaßt.
Am wohlsten fühlte er sich in
der ausschließlich männlichen
Gesellschaft des Tabakskolle-
giums. Uniform tragend, gibt er
sich dort dem Genuß der Pfeife
hin, trinkt Bier, nimmt mit
Staatsbediensteten, Offizieren
und geladenen Gästen einfache
Speisen zu sich und erörtert
das Tagesgeschehen. Das naive
Gemälde fängt die Kargheit und
die militärische Strenge am
Hofe des Soldatenkönigs überzeugend ein.

klärt, „wenn die Türken und Heiden kommen und das Land besiedeln wollen, werden wir für sie Moscheen und Kirchen bauen. Jeder muß nach seiner Fasson selig
werden." Seine Toleranz ist aber nicht die eines weltoffenen Liberalen. Die Religionsfreiheit wird in Preußen vom Staat gewährt und nicht vom Volk erkämpft, wie
in England und Holland.

Unter allen preußischen Protestanten besitzen die Pietisten den wohl größten Einfluß. Der Pietismus ist während des Dreißigjährigen Krieges in Reaktion auf den Fanatismus und die Intoleranz der Kirchen entstanden. Er betont die innere Frömmigkeit und Einfachheit sowie die direkte Beziehung des einzelnen zu Gott. Die
Pietisten sind das perfekte Beispiel für die vielgerühmten preußischen Tugenden
Gehorsam, Genügsamkeit, Pflichtgefühl, Bescheidenheit, Fleiß und soziale Verantwortung, die den Zielen des preußischen absolutistischen Staates die religiöse Sanktion verschaffen.

Der Große Kurfürst antwortet auf die Widerrufung des Edikts von Nantes mit
dem Edikt von Potsdam 1685, das die verfolgten Hugenotten in Preußen willkommen heißt. Fünfzehntausend nehmen die Einladung an und leisten einen immensen Beitrag zur Entwicklung von Wirtschaft und Bildung. Ein Drittel der Grün-

dungsmitglieder der Akademie der Wissenschaften zu Berlin, die auf Vorschlag von Kurfürstin Sophie Charlotte und des bedeutenden Philosophen Leibniz ins Leben gerufen wird, ist französischer Herkunft. Die 1689 in Berlin gegründete französische Schule Collège Royal ist die beste in Preußen und die preußische Elite erhält hier über Generationen hinweg eine französische Erziehung.

Friedrich Wilhelm I. zeigt nur geringes Interesse an Kunst und Wissenschaft. Friedrich der Große dagegen, der die deutsche Kultur geringschätzt und die der Franzosen bewundert, erweckt die Akademie zu neuem Leben und beruft den französischen Mathematiker Maupertuis zu ihrem Präsidenten. D'Alembert, Condorcet und Diderot werden zu Mitgliedern der Akademie ernannt. Voltaire hält sich 1743 am preußischen Hof auf, danach erneut von 1750 bis 1753. Preußische Hugenotten leisten einen bedeutenden Beitrag zum Entstehen der großen französischen Enzyklopädie und trotz ernster Vorbehalte gegenüber ihren politischen Ansichten ermutigt Friedrich der Große sie in ihrem Tun.

Die ostelbischen Junker mit ihren ausgedehnten, von Leibeigenen bewirtschafteten Ländereien, sind durch den Anstieg der Preise für landwirtschaftliche Produkte im sechzehnten Jahrhundert zu Wohlstand gelangt. Sie üben in ihren Herrschaftsbereichen das Polizeirecht, die Gerichtsbarkeit und das Recht zur Besetzung von Kirchenämtern aus. Der Große Kurfürst hat den Reichstag von Brandenburg dazu gezwungen, seine *miles perpetuus* anzuerkennen. Das macht ihn von einer offiziellen Zustimmung zur Erhebung weiterer Steuern unabhängig. Der Versuch, einen ähnlichen Erfolg über die Stände in Ostpreußen zu erringen, schlägt fehl. Der „Lange Reichstag" von 1661–1663 und ein zweiter Reichstag zwischen 1669 und 1672 lehnen neue Steuern ab. Friedrich Wilhelm I. marschiert 1662 mit seinem Heer in Ostpreußen ein. Der Anführer des Königsberger Rates, Hieronymus Roth, wird in den Kerker geworfen, wo er ohne jedes Gerichtsverfahren bis an sein Lebensende bleibt. Im Jahre 1672 wird Oberst Christian Ludwig von Kalckstein, Führer des Widerstandes des Adels, während eines Besuches in Warschau, wo er bei der polnischen Aristokratie um Unterstützung wirbt, entführt, gefoltert und hingerichtet. 1674 werden die Steuern in Königsberg zwangsweise eingetrieben und nach 1704 werden in Ostpreußen Steuern erhoben, ohne die Stände zu befragen. Damit ist die Aristokratie ihrer politischen Rechte beraubt.

Kurfürst Friedrich III. von Brandenburg erhält 1701 von Kaiser Leopold die Erlaubnis, „König von Preußen" (Friedrich I.) zu werden. Da das Herzogtum Preußen, das spätere Ostpreußen, außerhalb der Reichsgrenzen liegt, ist Friedrich dadurch König in Preußen, im Reich bleibt er Kurfürst. Unter Friedrich I. sieht es zunächst so aus, als ob Preußen es dem absolutistischen Frankreich mit seiner Aristokratie und seinem verschwenderischen Hof gleichtun wolle. Doch sein geiziger Sohn, Friedrich Wilhelm I., zieht die Kargheit der Kaserne dem Prunk eines imitierten Versailles vor. Der Soldatenkönig finanziert sein Heer, indem er der Aristokratie eine Landsteuer auferlegt. Die Beziehungen zwischen König und Adel sind daher gespannt. Erst unter Friedrich II. kommt es zu einer Anerkennung der gegenseitigen Interessen. Der Adel braucht die Krone als Garantie seiner gesellschaftlichen Stellung gegenüber der aufstrebenden Bourgeoisie. Friedrich II. benötigt den Adel für die Stellung eines zuverlässigen Offizierscorps. In seinem politischen Testament von 1752

# Sanssouci

Friedrich II., der Große (1712–1786) ist ein glänzender Militär, gedankenreicher Schriftsteller und hochgebildeter Mensch. Er strebt nach umfassender, moderner Bildung im Zeitalter der Aufklärung – ein Voltaire oder Leibniz, der zudem Soldat und Staatsmann ist. Vom Großen Kurfürsten (1620–1688) sagt er, dieser habe dem Lande alles gegeben, was es brauche, doch für die schönen Künste sei keine Zeit geblieben. Der verschwenderische Friedrich I. (1657–1713) hat aus Preußen ein Athen gemacht, Friedrich Wilhelm (1688–1740) machte es zu einem Sparta. Friedrich II. will beides. In Potsdam schafft er mit Sanssouci sein Athen, und sein Sparta in den Kasernen.

Als Kronprinz hat er häufig zahlreiche Freunde und Bekannte auf seinen Landsitz in Rheinsberg geladen. Diese Gewohnheit setzt er zwischen 1745–1756 im Rokokoschloß Sanssouci fort, in dem er seine Gäste in einem kleinen Speisesalon bewirten läßt. Voltaire ist besonders von einem großen Gemälde in diesem Raum beeindruckt, zu dem Friedrich eine Skizze geliefert hat. Eine besonders unzüchtige Darstellung von Satyrn und Nymphen in Umarmung mit Paaren, Cupiden, Huren und Lustknaben läßt den Betrachter vermuten, daß „die sieben Weisen Griechenlands in einem Bordell verkehrten".

Die Gespräche sind lebhaft und vielseitig. Mit seinem messerscharfen Verstand macht Voltaire einen großen Eindruck auf den jungen Prinzen, indem er ihn zwingt, alle philosophischen Konstrukte in Frage zu stellen. Die in französischer Sprache geführte Konversation läuft entspannt. Nur Gott bleibt von der scharfen Zunge des Königs und seiner Gäste verschont. Das meisterliche Gemälde Adolph Menzels aus dem Jahre 1850 zeigt Voltaire im Gespräch mit einem skeptisch blickenden Friedrich; der Präsident der Akademie, Maupertuis, mißt Voltaire mit herausforderndem Blick. Die idealisierte Szene zeigt den König nicht als Mittelpunkt des Geschehens, was jedoch nicht der historischen Wahrheit entspricht, denn Kritik an Friedrich wird nicht geduldet. Lessing beklagt, daß die einzige Freiheit in Preußen diejenige sei, jede Menge Unsinn über Religion reden zu dürfen.

Weitere berühmte Gäste sind Francesco Algarotti, der Autor des ungemein populären Buches *Il Newtonismo per le Dame* (Newton für die Damen), La Mettrie, Autor von *L'homme machine*, der an einem Übermaß von Trüffeln stirbt, und Jean Baptiste d'Argens, ein wortreicher Kritiker aller Übel der Religion.

Ab 1763 wird Friedrich zunehmend verbittert, menschenabgewandt und eigenbrötlerisch; den Staatsgeschäften widmet er sich nur noch mit finsterer Miene.

**Tafelrunde in Sanssouci (1850) von Adolph Menzel. Voltaire, ist die dritte sitzende Gestalt von rechts; Friedrich der Große die fünfte von links.**

betont er, eines seiner Hauptziele sei der Erhalt der Aristokratie gewesen. Aus diesem Grund war es auch keinem Bourgeois gestattet, den Besitz eines Adligen käuflich zu erwerben. Anders als sein Vater, setzt Friedrich II. den Aufkauf von Ländereien des Adels nicht fort und erhebt nur wenige Bürger in den Adelsstand. Er läßt dem Adel in dessen Ländern freie Hand und gewährt ihnen in Zeiten der Not großzügig Kredite, die ihnen helfen ihre Schwierigkeiten zu meistern.

Die preußische Elite ist disziplinbewußt, gehorsam und leistungswillig. Sie verkörpert die besten militärischen Tugenden, zeigt sich aber aristokratisch arrogant. Für die bürgerliche Welt von Handel und Kommerz hegt sie nur Verachtung. Dennoch wird der adlige Besitz wie ein kommerzielles Unternehmen betrieben, werden landwirtschaftliche Produkte exportiert, Brauereien errichtet und Schnaps gebraut. Der Junker ist auf seinem Land Herr einer praktisch sich selbstverwaltenden Gemeinschaft, in der die Kluft zwischen Herr und Bauer unüberbrückbar ist. Das System ist leistungsfähig, blockiert aber den Weg zu einer politischen und gesellschaftlichen Erneuerung und lehnt bürgerliche-liberale Werte ab. Die große Masse der Bevölkerung bleibt von der Teilnahme an den Angelegenheiten des Staates ausgeschlossen.

Anders als die meisten deutschen Staaten im achtzehnten Jahrhundert, deren Wirtschaft von einem hohen Bedarf an Luxuswaren bestimmt ist, baut Preußen auf die Landwirtschaft, den Außenhandel und die Manufaktur. Künstler, Handwerker, Juweliere und Bankiers profitieren von der Prunksucht barocker Höfe in vielen deutschen Staaten, und zahlreiche Hauptstädte gelangen unter dem *ancien régime* zu Wohlstand und Blüte. Ohne eine solide Wirtschaft als Grundlage aber sind Großmachtansprüche nicht durchzusetzen. Bei seiner Thronbesteigung befiehlt Friedrich Wilhelm I. daher auch prompt die Festsetzung von Frau Liebermann, der bedeutendsten Juwelierin und Bankiersfrau Berlins, bei der sein Vater tief verschuldet ist, und verordnet dem Hof ein beinahe pathologisches Sparsamkeitsregime.

Die Aushebung der Rekruten für die preußische Armee erfolgt nach dem Kantonsprinzip von 1733. Das Land ist in eine Reihe von Kreisen eingeteilt, die jeweils 5000 Mann für ein Infanterieregiment und 1800 für ein Kavallerieregiment stellen. Alle jungen Männer im Bezirk werden in Regimentslisten eingetragen, leisten den Treueid auf den König und erhalten einen Ausweis. Das Bürgertum in den Städten und Landbesitzer sind gewöhnlich vom Militärdienst befreit, so daß die meisten Soldaten aus der Bauernschaft kommen. Die Junker stellen meist die Offiziere und fortan ist es preußischen Adligen verboten, in Armeen des Auslandes zu dienen. Ihre Kinder werden gezwungen, ab dem Alter von zwölf Jahren die Kadettenschule in Berlin zu besuchen; viele von Ihnen werden mit einer Polizeieskorte nach Berlin gebracht.

Das soziale Verhältnis zwischen Grundbesitzern und Leibeigenen setzt sich auch innerhalb der Armee fort. Friedrich Wilhelm I. schreibt in seinem politischen Testament, sein Nachfolger solle Aristokraten und Grafen in den Dienst der Armee stellen und ihre Kinder zu Kadetten machen, damit die gesamte Aristokratie von Kindesbeinen an keinen anderen Herrn kenne als Gott und den König von Preußen. Friedrich der Große verfügt 1740 über eine Armee von 80 000 Mann, während sein Rivale Österreich mit mehr als der doppelten Einwohnerzahl Preußens nur 110 000 Mann zählt. Das Militärsystem wirkt auf die soziale Ordnung zurück: Die Bauern

leiden unter doppelter Leibeigenschaft, die Aristokratie wird dagegen zur privilegierten Elite, die sich des Wohlwollens des Königs erfreut.

Andererseits ist Preußen ein moderner Staat mit einer leistungsfähigen und wenig korrupten Bürokratie, gesunder Wirtschaft, beispielhaften Gesetzen und ausge-
zeichnetem Heer. Gesellschaftlich aber ist der Staat erstarrt; liberale, demokratische
Kräfte haben keine Chance zur Entfaltung. Der Staat ist autoritär, bürokratisch und
bevormundend. Die Bauern werden unterdrückt, leiden aber weniger unter Not und
Ausbeutung als unter den Folgen ihrer historisch bedingten Haltung der Unter-
würfigkeit, die es ihnen unmöglich macht, Forderungen, Frustrationen und eman-
zipatorische Bestrebungen zu artikulieren.

Die Lage in den Städten ist gänzlich anders. Die Bourgeoisie ist weitestgehend vom
Militärdienst befreit. Ihr stehen alle Möglichkeiten eines beruflichen Aufstiegs im
Staatsdienst offen. Dennoch ist die soziale Mobilität aber streng begrenzt, da anders
als in England oder Frankreich, der Aufstieg in die Aristokratie nicht käuflich ist.
Friedrich II. verbietet den Verkauf von Adelsländereien an wohlhabende Bürger; die
soziale Kluft zwischen den Klassen weitet sich durch die Bevorzugung des Aristo-
kratenstandes in Heer und Verwaltung weiter aus. Die Bourgeoisie in Preußen wird
zwar reich, ihre soziale Geringstellung und politische Ohnmacht werden ihr aber
schmerzhaft vor Augen geführt.

## DIE GESELLSCHAFTSORDNUNG DES 18. JAHRHUNDERTS

Die Geburtenrate steigt im achtzehnten Jahrhundert steil an; Frauen gehen weitaus
jünger in die Ehe, wodurch sich ihre von Staat und Kirche zugestandene Frucht-
barkeitsperiode verlängert. In jeder Familie kommt im Durchschnitt alle zweieinhalb Jahre ein Kind zur Welt, doch nur zwei von ihnen erreichen das Erwachsenen-
alter; mehr als ein Drittel aller Neugeborenen stirbt und in vielen Gegenden werden
siebzig Prozent nicht älter als vierzehn Jahre. Daß die Pest in diesen Jahren nicht
häufiger in großem Maße ausbricht, ist eher ein Glücksumstand, als einer aufgeklärter Hygienepolitik zuzuschreiben. Die Städte ersticken im Schmutz. Passanten
finden die Berge menschlicher Exkremente vor dem königlichen Palast in Berlin
besonders anstößig. Die Pocken gehen um und raffen zahllose Menschen dahin
und Erkrankungen der Atemwege, besonders Tuberkulose und Typhus, sind häu-
fige Todesursachen; die hohe Kindersterblichkeit ist hauptsächlich eine Folge von
Infektionskrankheiten, Totgeburten sind an der Tagesordnung.

Trotz der gesellschaftlichen Ächtung und öffentlichen Auspeitschungen unver-
heirateter Mütter, ist die Zahl unehelicher Geburten extrem hoch. Gegen Ende des
Jahrhunderts registriert das protestantische Berlin etwa zehn Prozent unehelich geborene Kinder, das katholische München etwa zwanzig Prozent. Auf dem Land, wo
außerehelicher Geschlechtsverkehr milder beurteilt wird, ist dennoch nur etwa
jedes sechzehnte Neugeborene unehelich. Mit der Lockerung von Heiratsbeschrän-
kungen im Zuge der Aufklärung, geht die Zahl der unehelichen Geburten drastisch
zurück.

Im achtzehnten Jahrhundert macht der Adel etwa ein Prozent der Gesamtbevöl-
kerung aus. Die übergroße Mehrheit verdankt seinen Titel nicht dem Kaiser, sondern dem Landesfürsten. In einigen anderen Gebieten dagegen, besonders im Süd-

# Die Höfe

Nach dem Westfälischen Frieden bestehen in Deutschland 250 Fürstentümer, die ihre Vertreter in den Reichstag entsenden. Alle Fürsten halten mehr oder weniger aufwendig Hof. Hinzu kommen die Stände der Reichsritter, von denen einige ebenfalls über genügend Mittel verfügen, um Hof zu halten. Auch Bischöfe und Äbte, die ihre Ämter mehr dynastischen Schachzügen, als ihrer Frömmigkeit oder religiösem Eifer verdanken, leben äußerst prunkvoll und lehnen keineswegs weibliche Begleitung, das Statussymbol des weltlichen Lebens bei Hofe ab.

Das Leben bei Hofe gleicht sich weitgehend. Außer den traditionellen Ratsherren gibt es an den katholischen Höfen einen Beichtvater, an protestantischen einen Hofprediger. Ärzte, Künstler, Architekten, Gärtner, Musiker, Theaterdirektoren, Stallmeister, Historiker, Heger, Diener und Pagen gehören allen Höfen an und tragen solche wohlklingenden Titel wie Hofkapellmeister. Tatsächlich sind sie jedoch schlechtbezahlte Lakaien. Die Gemahlinnen der Fürsten unterhalten häufig eigene kleine Höfe mit Hofdamen, Lehrern und Erziehern, ebenso ihre Kinder.

Im Mittelpunkt des Hofes steht der Fürst. Geht er auf Reisen, reist der Hofstaat zumeist mit. Ein aufwendiges Hofzeremoniell unterstreicht die Stellung des Fürsten und sorgt für Disziplin bei den Höflingen. Das Hofzeremoniell dient der Repräsentation und der Festigung der sozialen Ordnung. Hier werden soziale Werte bestimmt und Verhaltensnormen festgelegt, und es wird Mode gemacht. Die Extravaganz des Hofes hält Künstler und Handwerker in Lohn und Brot; Luxusartikel sind besonders gefragt, und da sich mit ihrer Herstellung viel Geld verdienen läßt, finden sie die Förderung unternehmerisch denkender Fürsten. Trotz sprichwörtlichen Geizes in seinem späteren Leben, beklagt Friedrich der Große, daß das schlechte Benehmen seines Vaters den Erfinder des Meißener Porzellans, Johann Friedrich Böttger, gezwungen habe, nach Dresden zu gehen.

Gegen Ende des achtzehnten Jahrhunderts werden das verschwenderische Leben bei Hofe, die prunkvollen Militärparaden, Verleumdungen und Intrigen sowie die lose Moral von kritischen Schriftstellern und Chronisten angeprangert. Zweifellos ist Verschwendung an zahlreichen Höfen an der Tagesordnung, doch andere, darunter Mannheim und Weimar, sind bedeutende Kulturzentren. Baumeister, Künstler und Landschaftsgärtner werden gefördert und schaffen Meisterwerke des Barock und Rokoko. Die Höfe gelten als aufregende und interessante Welt, in der sich der Mensch voll entfalten kann. Selbst ein kritischer Geist wie Leibniz ist überzeugt, daß sie einem nützlichen Zweck dienen, indem sie Leuten einen Lebensunterhalt ermöglichen, die ansonsten leer ausgingen.

*Die Ankunft von Erzherzog Maximilian am Residenzschloß,*
*Gemälde von J. Franz Rousseau, 1780.*

Eine Ansicht Dresdens von Antonio de Dipi Joli (1700–1777). August der Starke von Sachsen und König von Polen baut seine Hauptstadt in Dresden auf und hält dort nach dem Beispiel Ludwigs XIV Hof. Seine Begeisterung für prunkvolle Architektur, die Oper und seine Meißener Porzellanmanufaktur machen Dresden zu einem bedeutenden Zentrum der Kunst und Kultur, allerdings mit verheerenden Folgen für die sächsischen Finanzen.

westen, wird der Titel meist vom Kaiser verliehen. Der Reichsadel sitzt im Reichstag in dem die Reichsfürsten und Grafen jeweils einfaches Stimmrecht haben. Zum Schutz seiner Rechte und Privilegien heiratet der Adel untereinander und grenzt sich dadurch stärker ab als der Adel in England. Da ihm Ehen mit vermögenden Bürgerlichen untersagt sind, ist er auch häufig weitaus weniger vermögend.

Der Klerus ist noch immer ein privilegierter Stand; die katholischen Kurfürsten und Fürstbischöfe kommen ausnahmslos aus Adelshäusern; viele sind Reichsritter. Ungeachtet der Reformen des Konzils von Trient ist die Mehrzahl von ihnen pluralistisch eingestellt, nur wenige haben eine theologische Ausbildung, einige sind nicht einmal geweiht. Es sind weltliche Fürsten, die den Suffraganen, untergeordneten Bischöfen, geistliche Angelegenheiten überlassen. Die Söhne der Bürgerfamilien und der Bauern können so bei entsprechender theologischer Ausbildung kleine Bischöfe und Äbte werden und selbst Ämter in Domkapiteln versehen. Ein Drittel der Sitze im Kölner Kapitel sind für Gemeine mit einem Doktortitel in Theologie vorbehalten. Die meisten Mitglieder des niederen Klerus stammen aus Bürger- und Handwerkerfamilien.

Der protestantische Klerus ist gut bürgerlich verheiratet und mit einer großen Familie gibt er ein leuchtendes Beispiel für eine intakte Familienpolitik. Das bleibt nicht ohne nachhaltigen Einfluß auf die Entwicklung einer vorwiegend geistigen Haltung des mittleren Bürgertums. Der protestantische Klerus dient dem Staat, indem er den Fürsten als *summus episcopus*, als oberste Autorität anerkennt; er verkündet die fürstlichen Erlässe von den Kanzeln seiner Kirchen herab und predigt den Gehorsam gegenüber der Autorität. Die Protestanten legen Nachdruck auf die Unterwerfung unter die zivile Gewalt; die Katholiken sind da eher skeptisch. Die politischen Auswirkungen dieser Haltung sind beträchtlich.

Die Armut ist ausgangs des achtzehnten Jahrhunderts ein ernstes Problem in Deutschland. Schätzungen besagen, daß zwanzig bis fünfundzwanzig Prozent der Bevölkerung unterhalb der Armutsgrenze leben. Die Protestanten schütteln ungläubig den Kopf, als sie erfahren, daß jeder vierte Einwohner in den geistlichen Herrschaftsgebieten in tiefster Armut lebt, übersehen dabei aber, daß dreißig Prozent der Bevölkerung Berlins am Ende des Siebenjährigen Krieges auf Armenhilfe angewiesen ist. Nicht alle dieser Bettler kommen aus den untersten Schichten der Gesellschaft. Heruntergekommene Adlige, beschäftigungslose Offiziere und Bankrotteure leben in Deutschland, wie Tausende andere Bettler aus weniger herausgehobener Stellung, auf der Straße.

Das städtische Leben treibt gegen Ende des achtzehnten Jahrhunderts ziellos dahin. Erst die Französische Revolution und die Industrielle Revolution bringen entscheidende Veränderungen. Die politische Macht konzentriert sich in den Händen von Patrizierfamilien. Die Zünfte erfreuen sich weitgehender Privilegien, die die wirtschaftliche Entwicklung hemmen. Selbst in Hamburg, der liberalsten aller deutschen Städte, wo ein stolzes Bürgertum dem Adel das Recht auf Besitz von Grund und Boden versagt, teilt sich die Bürgerschaft in neun unterschiedliche Klassen mit abgestuften Rechtsansprüchen. Die Gesetze, die den unterschiedlichen gesellschaftlichen Kräften die Kleiderordnung vorgeben, sind offiziell noch in Kraft, werden aber immer häufiger mißachtet. Die frivole Mode des Rokoko und die Begeisterung für französische Mode führen zum Verfall der alten Kleidervorschriften.

Die Ruinen der Kreuzkirche in Dresden auf einem Gemälde von Bernardo Bellotto (1765). Die Kirche wurde 1760 durch preußischen Artilleriebeschuß schwer beschädigt, der Turm stürzte 1765 ein. Bellotto (1721–1780) war der Neffe von Canaletto, dem bekanntesten Stadtbildmaler jener Zeit.

Das achtzehnte Jahrhundert ist in mancher Hinsicht das goldene Zeitalter für den Landadel, soweit er seine Möglichkeiten nicht durch Habgier und ausschweifenden Lebenswandel verspielt. Es ist die Zeit moderner Güterverwaltung, aber auch die Zeit der Lebemänner und Spekulanten. Außer in Ost- und Nordostdeutschland, wird die Pacht und die Verpachtung, nicht mehr durch Fronarbeit oder in Naturalien abgegolten, sondern mit Geld. Im Ostelbischen machen Landprivatisierungen, besonders im Gefolge des Niedergangs der Landwirtschaft während des Dreißigjährigen Krieges, die Junker zu Großgrundbesitzern und zahlreiche Kleinpächter zu Leibeigenen. Erbliche Leibeigenschaft ist, wie Friedrich II. bemerkt, kaum von Sklaverei zu unterscheiden. Nicht nur die rechtliche Lage der ostelbischen Leibeigenen ist weitaus schlimmer als die der Bauern im Westen und Süden, sie sind auch wirtschaftlich benachteiligt. Unter den Bauern in den westlichen deutschen Staaten grassieren Armut und Not, doch sie sind frei, und vielen von ihnen geht es besser als den Bauern in Frankreich oder im Osten Deutschlands – was mit ein Grund für die relativ geringen Auswirkungen der Französischen Revolution auf Deutschland ist.

Die Verhältnisse im Osten sind so miserabel, daß es wiederholt zu lokalen Revolten unter den Bauern in Schlesien, Brandenburg und Ostpreußen kommt. Die Bemühungen einzelner reformerischer Kräfte, wie die von Ernst Wilhelm von Schlabrendorff in Schlesien, führen entweder wegen steigender Erwartungen zu Unruhen oder werden durch den ansässigen Adel hintertrieben. Auch die Maßnahmen Friedrichs II. zum Schutz der Bauern scheitern am Widerstand der örtlichen Gerichte und dem Argwohn der Bauern, die sich hinters Licht geführt glauben. In seinen eigenen Ländern hat Friedrich II. weitaus größeren Erfolg, dort verkürzt er die Fronarbeit von fünf auf drei Tage in der Woche und richtet 50 000 Erbhöfe ein, deren Bauern nicht nur Nutzer, sondern Eigentümer des Bodens sind.

Ein großer Teil des Kronguts geht an bürgerliche landwirtschaftliche Unternehmer in Pacht. Es ergeht Anweisung, daß hohe Pachterträge nicht zu Lasten der Bauern erwirtschaftet werden dürfen. Doch die Verwalter sind meist gut ausgebildete Geschäftsleute mit aggressiven Methoden und viele von ihnen gelangen zu Besitz, indem sie trotz offiziellen Verbots die Ländereien des Adels aufkaufen. Die meisten Pächter königlichen Landguts verfügen über ausreichend Kapital und Wissen zur Modernisierung ihrer Höfe und die Hände sind ihnen nicht durch Konventionen und Rechtsvorschriften gebunden; dadurch sind sie ein Modernisierungsfaktor in einer traditionell aristokratischen Gesellschaft.

Viele Junker sind hoch verschuldet. Trotz der außerordentlich hohen Wertsteigerung ihres Besitzes in den letzten dreißig Jahren des achtzehnten Jahrhunderts und des schnelleren Anstiegs der Preise für landwirtschaftliche Produkte als der für Industrieerzeugnisse, wachsen ihre Schulden stetig weiter. Ein Hauptgrund dafür sind fehlgeschlagene Grundstücksspekulationen. Friedrich II. stellt den Landjunkern Kredite zur Modernisierung ihrer Güter zur Verfügung. Doch diese fließen fast immer in weitere Spekulationsgeschäfte und lassen so die Hypothekenlast weiter steigen. Das alte System ist reformunfähig geworden; es kann nur durch ein vollständig anderes ersetzt werden, aber erst die vernichtende Niederlage Preußens durch Frankreich 1806 wird die preußische Aristokratie von der Notwendigkeit einer grundlegenden Umstrukturierung überzeugen.

In den Jahren vor der Französischen Revolution werden in den meisten deutschen Staaten die Feudallasten verringert. Im Jahre 1773, dann erneut 1786, setzt Markgraf Karl Friedrich von Baden auf seinen Ländereien den Frondienst herab und schafft 1783 die Leibeigenschaft ab. In Baden stehen die Bauern weiter in der Fron, und ihre Bewegungsfreiheit ist zudem stark eingeschränkt. Ab 1785 können sich die Bauern von diesen Feudallasten loskaufen, was aber nur sehr wenig möglich ist. Ebenso können sich seit 1779 die bayerischen Bauern loskaufen, aber auch sie besitzen kaum das nötige Geld, um künftig als Freigelassene den Boden bewirtschaften zu können.

Im Handwerk sieht die Situation nicht viel besser aus. Lehrzeiten dauert durchschnittlich zwei bis sechs Jahre, gefolgt von einer zwei- bis fünfjährigen Gesellenzeit. Erst danach kann das Meisterstück abgelegt werden, für dessen Abnahme jedoch ein ansehnlicher Geldbetrag aufzubringen ist. In manchen Berufen muß der Lehrling Besitz nachweisen, um in die Zunft eintreten zu dürfen und nur wenige verfügen über die dafür notwendigen Mittel, weshalb der einzig aussichtsreiche Weg vom Gesellen zum Meister zu werden meistens darin besteht, dessen Witwe zu heiraten. In manchen Gebieten ist so jeder dritte Mann mit einer weitaus älteren Frau verheiratet. Lehrlinge und Gesellen erfahren oftmals eine erniedrigende Behandlung, gegen die mit Streiks und Aufständen protestiert wird. Der Streik der Schneider in Breslau wird 1793 von der Armee niedergeschlagen; siebenundzwanzig Tote sind die Folge. Anordnungen des Reiches zur Regulierung der Zünfte und Lehrzeiten bleiben weitgehend unbeachtet.

Im späten achtzehnten Jahrhundert bestehen in Deutschland drei unterschiedliche Produktionsweisen: die Arbeit in den Werkstätten von Handwerkern, die Arbeit zuhause und die Arbeit in Manufakturen. Textilien und Bekleidung entstehen vornehmlich in Heimarbeit. Die Manufakturen haben bereits vorindustriellen Charakter und unterstehen nicht mehr den Zünften. Sie sind Eigentum einzelner Kapitalisten oder werden im staatlichen Auftrag geleitet, die Lohnarbeiter haben keinen Besitz an den Produktionsmitteln. Anders als in Manufakturen, wird in Fabriken mit Maschinen gearbeitet. Die erste deutsche Fabrik, eine Spinnerei, ausgestattet mit Maschinen aus England, öffnet 1784 in Düsseldorf. In Deutschland sind im Jahr 1800 nur sieben Prozent der Arbeiter in etwas mehr als 1000 Manufakturen beschäftigt. Angesichts der aktiven Förderung der Produktion im Rahmen der Wirtschaftspolitik vieler deutscher Staaten, ist das keine sehr beeindruckende Zahl. Die höchste Wachstumsrate erzielt das Rheinland, in dem Städte wie Krefeld und Duisburg zu wichtigen Produktionsstandorten werden; Solinger Stahl hat zu dieser Zeit bereits einen guten Namen in ganz Europa. Die Industrie entwickelt sich rasch in den Gebieten, in denen der wagemutige Unternehmer keinen Reglementierungen durch den Staat oder absolutistischen Vorschriften unterworfen ist.

Trotz aller Probleme gibt es nur in Italien eine noch größere Anzahl bedeutender Städte. Deutschland hat Residenzstädte, darunter München und Dresden, oder Bonn, wo die Erzbischöfe und der Kurfürst von Köln Hof halten, bedeutende Domstädte wie Mainz, alte Reichsstädte wie Nürnberg, und wohlhabende Zentren des Bürgertums wie Hamburg sowie Universitätsstädte wie Göttingen. Wie in Italien, ist die Vielfalt des städtischen Lebens die Folge von politischer Dezentralisierung und

Mozart als Gast der Wiener Freimaurerloge auf dem Gemälde eines unbekannten Künstlers 1790. Während Haydn als livrierter Diener am Hofe des Fürsten Esterházy wirkte und unter dem Mangel an Freiheiten litt, verließ Mozart den Dienst des Erzbischofs von Salzburg und schlug sich als selbständiger Komponist durchs Leben. Doch auch er blieb an eine Reihe aristokratischer Mäzene gebunden. Beethoven war der erste Komponist, der ohne Auftrag schrieb und von seinen Förderern als unabhängiger Künstler anerkannt wurde.

Der Komponist Franz Joseph Haydn (1732–1809). Das Portrait fertigte Thomas Hardy während Haydns Londonaufenthalt 1792.

Partikularismus. Das Reich besitzt keine Hauptstadt wie London oder Paris; der Kaiser wird in Frankfurt gekrönt und residiert meist in Wien. Seit 1663 tritt der Reichstag in Regensburg zusammen, das Reichskammergericht hat seinen Sitz in Wetzlar, der Gerichtspräsident seinen Wohnsitz in Mainz. Viele der damaligen Zeitgenossen bedauern, daß Deutschland keine Hauptstadt hat, doch das Land verfügt über eine Vielzahl lebenssprühender Städte, in denen sich eine selbstbewußte Mittelschicht herauszubilden beginnt und Kunst und Kultur blühen.

## MUSIK UND LITERATUR

Als Maria Theresia den Thron besteigt, beginnt der Niedergang Wiens als bedeutende Musikstadt. Die Kaiserin zeigt nur wenig Geduld für ein aufwendiges Hofzeremoniell, zumal sie enorme Kriegskosten zum Sparen zwingen. Aus diesem Grund verweigert sie Mozart eine Stellung bei Hof und warnt ihren Sohn, Erzherzog Ferdinand: „Ich kann mir nicht vorstellen, weshalb du Komponisten oder andere, ebenso nutzlose Leute anstellen solltest … diese Leute streunen umher wie Bettler, und zudem gehört er zu einer großen Familie." Zwischen 1743 und 1778 ist Mannheim unter Kurfürst Karl Theodor von der Pfalz das bedeutendste Musikzentrum Deutschlands. Der Fürst unterhält ein großes Orchester, ein Opernensemble, ein Ballett und beschäftigt zwei musikalische Leiter, einen für die französische, den anderen für die italienische Oper. Der englische Musikwissenschaftler Charles Burney, der von deutscher Musik nie viel gehalten hat, berichtet, das Mannheimer Orchester vereine brillante Solisten und Komponisten, sei aber eher eine Armee von Generälen, die besser dazu geeignet sei Schlachtpläne auszuarbeiten als die Schlacht zu schlagen. Der Violinvirtuose Johann Wenzel Anton Stamitz ist der Gründer der Mannheimer Schule, zu deren bekanntesten Vertretern seine beiden Söhne, Anton und Carl, Franz Xaver Richter, Ignaz Holzbauer, Anton Filtz, Carlo Toeschi und

# Johann Sebastian Bach

Johann Sebastian Bach wird am 21. März 1685 im thüringischen Eisenach als Sohn des dortigen Stadtmusikus geboren. Im Alter von siebzehn Jahren erhält er das niedere Amt eines „Musiker-Lakai" in Weimar und wird wenig später Organist an einer unbedeutenden Kirche, wo er seine Aufgaben vernachlässigt und sich mit Chor und Musikern überwirft. Im Jahre 1707 geht er nach Mühlhausen. Dort hadert er mit dem pietistischen Pfarrer, der möglichst einfache Kompositionen erwartet. Seine große Gelegenheit kommt im Jahr darauf, als ihm das Amt des Hoforganisten in Weimar angetragen wird. Dem Herzog ist das besondere Talent Bachs aufgefallen. In Weimar komponiert er mehrere seiner besten Orgelwerke, einschließlich Präludien und Fugen, Toccaten und Fugen, Fantasien und Fugen und eröffnet mit seinen Choralpräludien neue, innere Sichtweisen.

Bach, der in Weimar nicht zum Kapellmeister ernannt wird, denkt daran, die Stadt zu verlassen. Er nimmt ein Angebot des Herzogs Leopold von Köthen an. Daraufhin steckt ihn Herzog Wilhelm Ernst von Weimar wegen Vertragsbruches für vier Wochen ins Gefängnis und entläßt ihn anschließend. Bach fühlt sich in seinem neuen Amt wohl. Es ist der Beginn einer langen, kreativen Schaffensperiode, die durch den plötzlichen Tod seiner Frau überschattet wird, welche ihm vier Kinder hinterläßt. Ein Jahr später, 1721, heiratet er die zwanzigjährige Anna Magdalena, die ihm dreizehn Kinder schenkt, von denen nur sechs überleben.

Die Mehrzahl der Bachschen Orchesterwerke sind für die Musiker in Köthen geschrieben. So auch die Brandenburgischen Konzerte, so benannt, weil Bach sie dem Markgrafen von Brandenburg widmet. In Köthen entstehen auch die meisten Cembalokonzerte und Kammermusikstücke. Das vollendetste Werk ist das Buch I des „Wohltemperierten Klaviers". Wie bereits in Weimar, verbindet Bach das Filigrane der italienischen Schule, besonders Vivaldi, und die rhythmische Betonung der Franzosen mit der komplexeren und kunstvoll ausgearbeiteten Kontrapunktik der Deutschen.

Johann Sebastian Bach,
Portrait, vermutlich von Johann Ernst
Rensch dem Älteren, um 1715.

Im Jahre 1722 wird Bach Kantor an der Thomasschule in Leipzig – ein ehrenvolles, aber schweres Amt. Innerhalb des ersten Jahres in Leipzig komponiert Bach nahezu sechzig Kantaten für das Kirchenjahr. Obwohl viele verloren gegangen sind, dürfte er fünf vollständige Zyklen geschrieben haben. Bach nimmt auch Lehrverpflichtungen wahr, ist häufig auf Reisen, macht Hausmusik mit Freunden, organisiert selbst Konzerte und hat zu allem noch die Energie, mit seinem Arbeitgeber zu streiten.

Das herausragende Werk der Leipziger Zeit ist die *Matthäus-Passion* aus den Jahren 1727 oder 1729. Hier führt er alle musikalischen Entdeckungen und Erfahrungen aus eigenen Kompositionen zu außerordentlicher Fülle und emotionaler Tiefe. Die *Goldberg-Variationen* für Klavier aus dem Jahre 1741, eine Sammlung dreißig virtuoser Variationen aller musikalischer Formen, durch die sich ein einheitliches Bassthema zieht, sind eine Art musikalisches Vermächtnis. Das für Friedrich den Großen geschriebene *Musikalische Opfer* ist eine ebenso großartige Sammlung unterschiedlicher Formen. Die *Kunst der Fuge* aus den vierziger Jahren des 18. Jh. weist ihn als unübertrefflichen Meister dieser musikalischen Form aus. Sein letztes bedeutendes Werk, die *Messe h-Moll*, ist nicht für die öffentliche Aufführung bestimmt. Obwohl Bach bei einigen seiner Zeitgenossen als altmodisch gilt, führt er die Leistungskraft des Barock mit einer Reihe unübertroffener Meisterwerke zu einem absoluten Höhepunkt.

Christian Cannabich zählen. Die bedeutendste Leistung der Mannheimer Schule besteht in der Festlegung von Normen für das moderne Orchester, seine Instrumentierung und den orchestertypischen Klang; die bis dahin übliche, zusammengewürfelte Besetzung hat damit ein Ende. Anstelle des Cembalos, führt jetzt die erste Violine, meist mit dem Bogen das Orchester an. Die Mannheimer Komponisten entwickeln die musikalische Form der Sonate und schaffen die Konturen der klassischen Symphonie. Der Mannheimer Stil schöpft aus verschiedenen Quellen; die Musiker von denen ein jeder seinen Beitrag zur Entwicklung einer neuen Sprache der Musik leistet, kommen aus ganz Europa.

Auch Berlin ist ein bedeutendes Musikzentrum. Friedrich II. selbst ist ein meisterhafter Flötist und fähiger Komponist. Johann Joachim Quantz komponiert für den König über dreihundert Flötenkonzerte zum Spiel. Die Komponisten Franz Benda, Christian Friedrich Carl Fasch und Bachs Sohn, Carl Philipp Emanuel, nehmen ebenfalls Wohnung in Berlin. Die „Berliner Schule", deren Zusammensetzung den Geschmack Friedrichs II. widerspiegelt, komponiert konservativ, melodiös und nach italienischer Manier. Der König läßt in der 1742 eröffneten Berliner Oper aufwendig italienische Opern inszenieren; muß die Oper aber 1756, aufgrund der hohen Kosten für die von ihm geführten Kriege, für acht Jahre schließen lassen. Die konservative Haltung Friedrichs II. und die Kürzung von Geldern veranlassen zahlreiche Komponisten, Berlin zu verlassen und weniger „verstaubte", und besser dotierte Stellungen anzunehmen. Carl Philipp Emanuel Bach, den Friedrich als Cembalist angestellt hat und dessen Gehalt unter dem eines italienischen Sängers liegt, geht 1767 nach Hamburg, wo er die Nachfolge Telemanns antritt.

Friedrich von Schiller (1759–1805) in der Uniform der Militärakademie Württemberg, an der er Recht und Medizin studiert hat, liest aus seinem ersten Drama, *Die Räuber*, das er im Alter von zweiundzwanzig Jahren schreibt. Als revolutionärer Angriff auf die Gesellschaft hat das Werk eine so nachhaltige Wirkung, daß es noch von den Nationalsozialisten verboten wird. Schiller sah die Bühne als eine Art Gericht, wo die Mächtigen dieser Welt hören, was sie nie oder selten hören – die Wahrheit.

Musik bleibt nicht nur auf die Höfe und Kirchen beschränkt. Seit 1722 finden in Hamburg öffentliche Konzerte statt, in Frankfurt seit 1723, in Leipzig seit 1743; die berühmten Gewandhauskonzerte in Leipzig gibt es seit 1781. Die Komponisten werden von reichen Mäzenen, den Höfen und auch von Konzertveranstaltern gefördert. Seit 1780 ist Wien die unbestrittene Musikhauptstadt der Welt, in der Haydn und Mozart eine Reihe unerreichter Meisterstücke komponieren. Der klassische Wiener Stil ist selbstbewußt international; Haydn behauptet mit Recht: „Meine Sprache versteht man überall in der Welt", und Mozart schreibt: „Es ist eine immerwährende Schmach für Deutschland, wenn wir Deutsche ernsthaft damit beginnen, wie Deutsche zu denken, wie Deutsche zu handeln, wie Deutsche zu reden, und sogar wie Deutsche zu singen!!!" Das bleibende Verdienst der klassischen Wiener Komponisten ist es, mit ihrer Musik, nicht nur über Landesgrenzen hinweg, sondern durch alle gesellschaftlichen Schichten hindurch die ganze Welt angesprochen zu haben.

Die deutsche Literatur bildet sich in der zweiten Hälfte des achtzehnten Jahrhunderts, einer Periode von außerordentlichem Reichtum heraus. Ihre Vorbilder sind Engländer, hauptsächlich Shakespeare und Laurence Sterne, sowie die bürgerlichen, kritischen Werke der französischen Aufklärung. Zahlreiche bedeutende Werke enthalten zwar Elemente einer damals aktuellen politischen und gesellschaftlichen Anklage, wie Lessings *Minna von Barnhelm* (1767) und *Emilia Galotti* (1772) oder Schillers *Kabale und Liebe* (1784), sie behandeln aber auch Themen von andauernder Aktualität und dies in einer literarischen und philosophischen Sprache, die den Leser in ihren Bann schlägt. Lessings *Nathan der Weise* (1779) ist ein großartiges Plädoyer für religiöse Toleranz und Unvoreingenommenheit, und ein klassischer Ausdruck des Humanismusgedankens der deutschen Aufklärung über alle Zeit hinweg.

Der Einfluß Shakespeares und des englischen „sentiment" ist auch in einer anderen führenden literarischen Bewegung dieser Zeit spürbar, dem Sturm und Drang, zu dem neben Herder und Jakob Michael Reinhold Lenz auch der junge Goethe und Schiller zählen. Der Sturm und Drang ist eine Protestbewegung jugendlicher Schriftsteller – die meisten von ihnen sind unter dreißig –, die gegen die verstaubten, „aufgeklärten" Alten rebellieren. Sie sind selbsternannte Genies und Außenseiter, die ihr Leben meist mit einem dramatischen Selbstmord oder als verarmte Ausgestoßene beschließen. Sie wenden sich gegen die schulmeisterliche Pedanterie der Philosophen der Aufklärung und gegen restriktive Verhaltensnormen, wie sie der bürgerliche Konformismus diktiert. Als bürgerliche Vorläufer der späteren Hippiebewegung, stellen sie Gefühle, Empfindungen und die Kraft der Natur in den Mittelpunkt. Der junge Goethe sieht dieses Ideal in dem stolzen Rebellen *Prometheus* (1773) verwirklicht; den Urtyp des Sturm und Drang schafft er in seinen *Leiden des jungen Werther*. Schon bald tragen empfindsame junge Männer in ganz Deutschland und darüber hinaus Werthers blauen Frack und gelbe Weste, verlieben sich unglücklich und setzen ihrem gequälten Dasein mit einem Schuß aus der Pistole ein Ende. Lessing und andere Repräsentanten der Aufklärung sind entsetzt über diese Zurschaustellung selbstmitleidiger Subjektivität und emotionaler Überzogenheit und verurteilen deren schlimme gesellschaftlichen Folgen. Dabei entgeht ihnen zum größten Teil die hervorragende soziologische Analyse, die aufrüttelnde Kritik an der aristokratischen und bürgerlichen Gesellschaft und die leidenschaftliche Forderung nach

# Faust

Die alte Sage über einen Mann, der mit dem Teufel einen Pakt schließt, entstand bereits im Mittelalter. Anfang des sechzehnten Jahrhunderts nennt man ihn Doktor Faustus, er ist ein Gelehrter, dessen Wissensdurst so groß ist, daß er dem Bösen seine Seele verkauft. Die Geschichte wird von Katholiken und Protestanten benutzt, um gegen pantheistische Gedanken, wie die eines Paracelsus, Alchimist und Arzt und einer der bedeutendsten medizinischen Forscher seiner Zeit, vorzugehen. Für die Aufklärung ist Faust eine absurde Gestalt, Phantast und Scharlatan zugleich. Erst die Dichter des Sturm und Drang machen ihn zum Helden, sehen in ihm eine prometheische Gestalt, die mit alten Gewohnheiten bricht und soziale Grenzen überschreitet. Goethe erhebt die Figur, die er in zahllosen Disputationen zitiert, ins Zeitlose.

Ihn fasziniert das Schöpferische in Fausts Leben. Erste Skizzen, der *Urfaust*, entstehen zwischen 1772 und 1775; *Faust. Ein Fragment.* erscheint als Überarbeitung des Originalmaterials 1790. *Faust,* der Tragödie erster Teil ist zwischen 1797 und 1806 geschrieben. Der zweite Teil wird 1831, kurz vor Goethes letztem Geburtstag, vollendet. Goethes Faust ist ein Mann, der die Widersprüche zwischen der eigenen Person und der Welt, Ideal und Realität, Kunst und Leben, Gut und Böse zu überwinden sucht. Da er die Suche nie einstellt, wird er schließlich gerettet, und Mephisto verliert seine Wette mit Gott. Mephisto ist nicht mehr der ebenbürtige Widersacher Gottes, der mit diesem um Fausts Seele streitet. Er ist hilflos gegen die Macht der Liebe, gegen schöpferischen Geist und freie ethische Entscheidung. Doch Goethes Gestalt bleibt „faustisch" in ihrer Unvollkommenheit. Alle seine Pläne, wie großartig und lobenswert sie auch sind, weisen in sich fatale Fehler auf.

Der erste Teil der Faust-Tragödie wird mit kritischer Zustimmung aufgenommen, obwohl einige Kirchenleute meinen, die Gestalt des Helden sei leicht verwerflich. Madame de Staël mit ihrer typisch französischen Über-

zeugung von der Bewahrung der klassischen Einheit von Ort, Zeit und Handlung, findet die Form fragwürdig. Der zweite Teil stößt nahezu einhellig auf Ablehnung. Die Rationalisten werfen Goethe vor, er ergehe sich in mystischem Geschwafel, die Katholiken beschuldigen ihn der Gotteslästerung, die Protestanten des Materialismus, die Romantiker verurteilen das Werk wegen wissenschaftlicher Selbstüberhebung. Niemand wirft auch nur einen Blick auf die literarische Qualität des Werkes. Junge Deutsche, darunter Heine, betonen das „Progressive" des ersten Teiles, führen aber an, der zweite Teil mit seiner abschließenden Errettungsszene sei hoffnungslos „reaktionär", obwohl ein jeglicher Vergleich mit der Rettung nach christlichem Glauben abwegig erscheint. Heine ist der Faust zu unpolitisch, so versucht er, ihn in ein Traktat für soziale Reform umzudeuten.

Mit der Reichsgründung 1871 beginnt die verzweifelte Suche nach einem „deutschen" Helden. Faust ist für diese unwahrscheinliche Rolle bereits von den deutschen Nationalisten kooptiert worden, die in ihm die Verkörperung „deutschen Geistes" sehen. Der ideologische Mißbrauch des Goetheschen Meisterwerkes erreicht einen Höhepunkt mit dem Versuch Oswald Spenglers, es in eine heidnische, romantische, nationalistische und imperialistische Sage mit Faust als Verkörperung des abendländischen Menschen umzudeuten. Die Nazis sehen in der prometheischen Heldengestalt des Doktor Faust gar das Vorbild für die SA. Wie alle großen Meisterwerke, wird *Faust* auf unterschiedlichste Weise gedeutet und ist leicht zu mißbrauchen. In typisch selbstbewußter Manier, doch mit einem Schuß Wahrheit, sagt Goethe selbst, sein Werk berge ein Mysterium, das auch spätere Generationen noch faszinieren werde.

Darstellung aus *Szenen aus Faust* von Carl Vogel von Vogelstein (1788–1868).

individueller Selbstbestimmung. Gerade diese Aspekte aber sichern dem Werk einen dauerhaften Platz innerhalb der großen Literatur dieser Zeit.

Die bedeutenden Schriftsteller lassen die Zeit des Sturm und Drang schnell hinter sich. Schiller wendet sich historischen Themen zu und sieht in der Kunst einen Bereich der über die Grenzen der Realität hinausgeht und der allein den Freiraum schafft, in dem Moral gedeihen kann. Doch Schiller ist viel zu sehr Historiker, um den Boden unter den Füßen zu verlieren. Mit beißender Kritik wendet er sich gegen die absolutistischen Kleinherrscher und wird zum machtvollen Fürsprecher für die Redefreiheit. Das dialektische Spannungsverhältnis zwischen Natur und Verstand, Wissen und Glauben, Individuum und Gesellschaft wird nicht länger als schwierige Wahl angesehen; Versuche diese Widersprüche zu überwinden, sind jetzt an der Tagesordnung. Auch Meisterwerke, wie Kants *Kritik der reinen Vernunft* (1781) und Goethes *Wilhelm Meisters Lehrjahre* (1795), der bedeutendste Bildungsroman, eine Analyse der Erziehung und Entwicklung des Individuums sind hier einzuordnen. In *Iphigenie auf Tauris* (1787) zeichnet Goethe das Bild einer idealisierten Versöhnung zwischen den Bedürfnissen des einzelnen und den Geboten der Gesellschaft durch das persönliche Opfer. Obwohl Goethes Grundhaltung konservativer als die Schillers ist, wendet auch er sich häufig dem Thema des individuellen Widerstandes gegen die Beschränkungen durch die Gesellschaft zu. In *Faust* untersucht Goethe eine Reihe fundamentaler Fragestellungen, wie die des Verhältnisses von Gut und Böse, Gott und Satan, Verständnis und Fehler, Wirklichkeit und Fabel, Schuld und Vergebung. *Faust* ist das größte Meisterwerk deutscher Sprache.

Die Romantiker, wie Novalis, Arnim, Brentano, Eichendorff und Tieck, die zwischen dem späten achtzehnten Jahrhundert und 1830 schreiben, sind keine jungen Wilden, wie die Dichter des Sturm und Drang; dennoch sind sie von diesen beeinflußt. Sie betonen die Kraft und Schönheit der Natur und die Romantik des deutschen Mittelalters; in ihnen kommen starke nationalistische Gefühle zum Tragen. E. T. A. Hoffmann und Jean Paul stehen den Romantikern sehr nahe, sind aber stark vom exzentrischen Humor und der innovativen Technik eines Laurence Sterne beeinflußt. Heinrich von Kleist und Friedrich Hölderlin, zwei bedeutende Dichter der jüngeren Generation, sind ebenfalls zu individualistisch und gleichzeitig zu komplex, um sich einer bestimmten Richtung zuordnen zu lassen.

## DIE KRIEGE FRIEDRICHS DES GROSSEN

Am 20. Oktober 1740 stirbt Kaiser Karl VI. in Wien und Maria Theresia besteigt den Thron als Herrscherin ohne daß ihre Nachfolge innere Probleme nach sich zieht. Die Pragmatische Sanktion, die einst mit den Ständen ausgehandelt worden ist und die Nachfolge über die weibliche Linie regelt, funktioniert reibungslos. Es bleibt allein die Frage offen, ob die übrigen europäischen Mächte sie ebenso akzeptieren. Friedrich II., der den Thron am 31. Mai bestiegen hat, fällt am 16. Dezember unter dem Vorwand des umstrittenen Thronanspruches in die wohlhabende österreichische Provinz Schlesien ein.

Die preußische Armee schlägt die Österreicher am 10. April 1741 in der Schlacht von Mollwitz, und Friedrich II. gewinnt den Ruf eines draufgängerischen jungen Generals. In Wirklichkeit hat er, als die österreichische Kavallerie den Preußen das

Immanuel Kant (1724–1804). Dieser Holzschnitt von J. L. Raab zeigt den Philosophen im hohen Alter. Kants tiefe Unzufriedenheit mit dem Empirismus von Locke und Hume und dem Rationalismus von Descartes führt zu seiner „kopernikanischen Revolution in der Philosophie". Er geht davon aus, daß das Ordnungsprinzip der Vernunft im Subjekt, nicht im Objekt der Betrachtung existiert. Ohne den einzelnen Menschen gibt es keinen Gedanken, ohne Gedanken keine Gegenstände, keine Welt. Damit formuliert er die Grundhaltung des deutschen Idealismus.

Laufen lehrt, in dem Glauben, alles sei verloren, das Schlachtfeld bereits verlassen. Ein entschlossener Gegenangriff der preußischen Infanterie unter Feldmarschall Kurt Christoph von Schwerin entscheidet den Ausgang der Schlacht. Friedrich II. sucht jetzt nach Unterstützung und verbindet sich am 4. Juni 1741 im Vertrag von Breslau mit Frankreich, Spanien, Bayern, Sachsen, Polen, Schweden, Neapel, Köln und der Pfalz. Damit beginnt der österreichische Erbfolgekrieg.

Die bayerischen Wittelsbacher erkennen die einmalige Chance, ihren habsburgischen Widersachern eine vernichtende Niederlage zu bereiten. Die französisch-bayerische Armee marschiert in Österreich ein und bedroht Wien. Dann wendet sie sich nach Norden gegen Böhmen, vereint sich mit den polnischen und sächsischen Kräften Augusts III. und besetzt Prag. Der bayerische Kurfürst Karl Albrecht wird zum König von Böhmen gekrönt. Im Januar 1742 bestimmen ihn die Kurfürsten einstimmig zum König von Rom und damit zum künftigen Kaiser. Im darauffolgenden Monat wird er als Karl VII. zum Kaiser gekrönt, der erste Nichthabsburger auf dem Kaiserthron seit 1438. Sein Triumph ist von kurzer Dauer, denn die österreichische Armee marschiert unverzüglich in München ein und besetzt die bayerische Hauptstadt.

Da die Bayern vollkommen von der französischen und der preußischen Armee abhängig sind, streben die Österreicher die Spaltung des gegen Habsburg gerichteten Bündnisses an. Im Juni 1742 wird in Breslau die Eroberung Schlesiens durch Friedrich II. anerkannt und die sächsischen und polnischen Wettiner schließen mit den Österreichern Frieden. Für viele Jahre sind sie deren treue Verbündete. Doch der Frieden mit Preußen hält nicht lange. Mit Unterstützung der Engländer und Holländer in der „Pragmatischen Armee", erobern die Österreicher Prag zurück und bereiten sie für eine entscheidende Auseinandersetzung mit den Franzosen vor. Friedrich II. schließt Bündnisse mit den Bayern und den Franzosen und marschiert im Sommer 1744 in Böhmen ein, nimmt Prag und rückt auf Budweis und Tabor vor. Ein Gegenangriff der Österreicher zwingt Friedrich jedoch zum Rückzug, und schon bald sehen sich die Preußen gefährlich isoliert. Im Januar 1745 kommt es zur Warschauer Quadrupel-Allianz zwischen Österreich, England, Holland und Sachsen und im April bricht Bayern aus der Front der Habsburg-Gegner aus. Karl VII. kann seine Besitzungen in Bayern zurückerobern, stirbt aber kurz nach seiner Ankunft in München. Bayern hat sich damit als zu schwach erwiesen, um eine tatsächliche Alternative zu dem von Habsburg beherrschten Reich darzustellen – unter der Führung Bayerns hat Deutschland keine Chance, zur Einheit zu finden.

Am 4. Oktober 1745 wird der Gemahl Maria Theresias zum Kaiser Franz I. gekrönt. Die Feierlichkeiten werden allerdings durch eine Serie von Niederlagen gegen die Preußen überschattet. Am 4. Juni haben sie die Österreicher bei Hohenfriedberg in Schlesien geschlagen, am 30. September bei Soor in Böhmen und am 23. November in Hennersdorf. Im Dezember rückt Friedrich II. in Dresden ein, und der Zweite Schlesische Krieg endet am Weihnachtstag 1745 mit dem Frieden von Dresden, ein Triumph Friedrichs II., der ihm weitere Gebietsgewinne, eine hohe Entschädigung und eine von England und Holland akzeptierte Garantie für Schlesien bringt.

Friedrich II. kehrt als Friedrich der Große im Triumph nach Berlin zurück. Nach dem fehlgeschlagenen Versuch Bayerns, an die Macht zu kommen, besteht kein Zweifel mehr, daß das Schicksal Deutschlands vom weiteren Ausgang des Mächteverhältnisses zwischen Preußen und Österreich abhängt. Preußen, verfügt 1740 gerade einmal über ein Sechstel der territorialen Größe und über ein Drittel der Einwohnerzahl Österreichs und hat dennoch seinem großen Rivalen praktisch über Nacht eine wohlhabende Provinz entrissen und sich als europäische Macht erwiesen.

Am 16. Januar 1756 schließen Preußen und England die Westminsterkonvention, in der die bestehenden territorialen Besitzverhältnisse in Deutschland anerkannt werden. Die Aneignung Schlesiens durch Friedrich II. ist damit offiziell sanktioniert. Maria Theresia ist entschlossen, das Gebiet dem „Bösen von Sanssouci" wieder zu entreißen. Ihr Kanzler Kaunitz vollendet am Mai 1756 seine *renversement des alliances* durch die Unterzeichnung eines Vertrages mit Frankreich. Friedrich II. hat einen großen Fehler begangen, als er annahm, daß die traditionellen Animositäten zwischen den Häusern Bourbon und Habsburg das Fortbestehen der guten Beziehungen zwischen Paris und Berlin sichern würden, obwohl England als neuer Verbündeter Preußens mit Frankreich in Nordamerika im Krieg lag.

Von mächtigen Feinden umzingelt und ohne wirksame Verbündete, entschließt sich Friedrich II. zu einem Präventivkrieg. Die Preußen erringen einige leichte Siege über Sachsen, das sie im September 1756 überfallen, sehen sich aber schon bald der übermächtigen Allianz bestehend aus Österreich, Frankreich, Rußland, Schweden und der Mehrzahl der deutschen Fürsten gegenüber. Die Schweden nehmen Pommern ein, die Russen Ostpreußen. Schlesien geht verloren, und die österreichische Armee besetzt für kurze Zeit Berlin. Doch zwei bemerkenswerte Siege retten Preußen. Am 5. November 1757 unterliegt das französische Reichsheer den Preußen bei Roßbach, obwohl mehr als doppelt soviel Franzosen wie Preußen in der Schlacht stehen. Und im Dezember werden die Österreicher und ein Reichsheer, zahlenmäßig den Preußen ebenfalls hoch überlegen, bei Leuthen besiegt.

Roßbach und Leuthen verschaffen den Preußen aber nur eine Atempause. Bald schon erleiden sie weitere Niederlagen, die vernichtendste 1759 in der Schlacht bei Kunersdorf. Doch die Österreicher und Russen verschenken ihren Sieg und Friedrich der Große nennt die vertane Gelegenheit das „Wunder des Hauses Brandenburg". Tatsache ist, daß alle kriegführenden Parteien mittlerweile ausgebrannt sind. Im Dezember 1762 unterzeichnen die Engländer mit Frankreich den Vertrag von Fontainebleau und lassen Preußen damit im Stich.

Als Zarin Elisabeth von Rußland am 5. Januar 1762 stirbt, wird Peter III. ihr Nachfolger. Dieser ist ein großer Bewunderer des Preußenkönigs, welcher den Krieg umgehend beendet und ein Bündnis schließt. Peter wird von seiner Gemahlin gestürzt und wahrscheinlich im Juli ermordet. Katharina II. kündigt die Allianz, nimmt aber die kriegerische Auseinandersetzung nicht wieder auf. Auch Schweden zieht sich aus dem Krieg zurück, und so ist Friedrich II. schon bald in der Lage, mit einer Armee von 210 000 Mann in Schlesien und Sachsen einzumarschieren.

Zu dieser Zeit breitet sich unter den verbliebenen Parteien allgemeine Kriegsmüdigkeit aus und so kommen die Friedensverhandlungen schnell voran. Beendet werden sie am 10. Februar 1763 mit dem Frieden von Paris und mit dem Frieden von Hubertusburg am 15. Februar 1763. Preußen geht aus dem Siebenjährigen Krieg zwar nicht als strahlender Sieger, aber unbeschadet hervor; trotz aller widrigen Um-

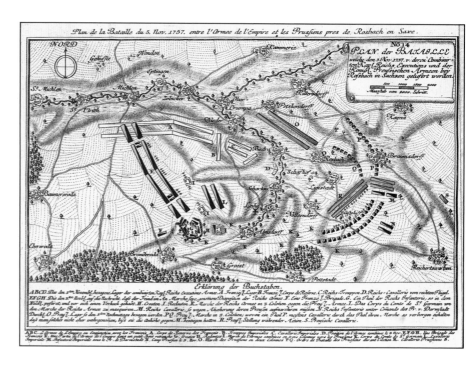

Zeitgenössischer Plan der Schlacht von Roßbach am 5. November 1757, in der Friedrich der Große einen seiner glänzendsten Siege im Siebenjährigen Krieg erringt, und die von den Kaiserlichen unterstützte Armee der Franzosen unter Soubise besiegt.

stände bleibt Schlesien bei Preußen. Die Verluste des Siebenjährigen Krieges sind ebenso hoch wie die des Dreißigjährigen Krieges: 500 000 Tote, davon 180 000 Preußen. Die Wirtschaft liegt darnieder, die Währung ist geschwächt, die Inflation galoppiert. Friedrich ergreift umgehend Maßnahmen zur Stabilisierung der Währung, reformiert die Verwaltung und kurbelt die Wirtschaft wieder an. Seine Bemühungen haben Erfolg.

Nach 1763 sind Preußen und Österreich beide auf der Suche nach einem Verbündeten und der kann nur Rußland sein. England zieht sich aus der europäischen Politik zurück und konzentriert sich auf sein entstehendes Empire. Frankreich steht mit Österreich im Bunde. Maria Theresias Tochter, Marie Antoinette, hat 1770 den Dauphin geheiratet, der 1774 als Ludwig XVI. den Thron bestiegen. Friedrich der Große unterstützt 1763–1764 die Kandidatur von Stanislaus II. Poniatowski, eines abgelegten Liebhabers der Zarin, für den polnischen Thron. Dieser gezielte Affront gegen Wien und Paris führt zum Verteidigungsbündnis zwischen Preußen und Rußland. Katharina und Friedrich hoffen in Stanislaus Poniatowski einen Strohmann gefunden zu haben, doch dieser treibt energisch die Reformen in Polen voran, was die Russen mit allen Mitteln zu hintertreiben suchen. Die Pläne Rußlands hinsichtlich Polens sind für Österreich von großem Interesse und der junge Joseph II., der Nachfolger Maria Theresias und ein großer Bewunderer Friedrichs des Großen, bemüht sich daher die Beziehungen zu Preußen zu verbessern.

Rußland, Österreich und Preußen kommen 1772 überein, ihre Differenzen auf Kosten Polens beizulegen. Sie teilen das Land unter sich auf wobei die Österreicher den Löwenanteil nur erhalten. Stanislaus Poniatowski und ein Rumpfstaat bleibt. Das preußisch-russische Bündnis wird 1777 erneuert. Am Silvestertag stirbt Kurfürst Maximilian III. Joseph von Bayern ohne Thronfolger. Karl Theodor von der Pfalz, der den bayerischen Thron beansprucht, aber die Reaktion Preußens fürchtet schlägt deshalb vor, Österreich solle sich Bayern im Austausch für die Österreichischen Niederlande nehmen, ein Vorschlag, der in Wien begeistert aufgenommen wird. Friedrich der Große trommelt unter den deutschen Staaten zum Widerstand gegen den Kaiser. Gleichzeitig legt er einen komplizierten Plan für den Austausch mehrerer Gebiete mit Joseph II. vor, den beide aber aus Furcht vor der Reaktion der deutschen Staaten nicht in die Tat umsetzen. Im Juli 1777 fällt Friedrich der Große in Böhmen ein. Dort tritt er als Retter der staatlichen Rechte gegen den tyrannischen Kaiser auf, was ihm beträchtliche Popularität einbringt. Der bayerische Erbfolgekrieg beginnt.

Den Kampf um Bayern führen beide Seiten ohne große Begeisterung, weshalb er auch verächtlich der „Kartoffelkrieg" genannt wird. Rußland und Frankreich übernehmen Vermittlerrollen und im Mai 1779 kommt es zum Frieden von Teschen, der den *status quo* wiederherstellt und Karl Theodors Thronbesteigung in Bayern garantiert. Wichtigstes Ergebnis des Krieges ist, daß Rußland dadurch zu einem Garant der Reichsverfassung wird.

## DIE AUSWIRKUNGEN DER FRANZÖSISCHEN REVOLUTION

Anfangs versucht Preußen, die sich mit der Französischen Revolution bietende Gelegenheit zur Schwächung Österreichs zu nutzen und unterstützt die Jakobiner in den Österreichischen Niederlanden. Die Lage ändert sich jedoch 1790 mit dem Tode von Kaiser Joseph II., dem sein Bruder Leopold II. nachfolgt. Der neue Kaiser ist entschlossen, den Krieg mit der Türkei zu beenden und auf alle Gebietsansprüche zu verzichten. Im Vertrag von Reichenbach vom 27. Juli 1790 verpflichtet sich Preußen zur Vermittlung zwischen Österreich und der Türkei und beendet die Unterstützung der Jakobiner in Liège.

Mit einem Tritt ins Gesäß befördert der preußische Gesandte, Baron von Plotho, den Advokaten am Hohen Reichsgericht, Dr. Aprill, am 14. Oktober 1757 die Treppe hinunter. Baron von Plotho war der preußische Delegierte im Reichstag und hatte von Regensburg aus erfolgreich ein Spionagenetz aufgebaut. Als Dr. Aprill ihm eine Note überbringt, in der mit dem Ausschluß Preußens aus dem Reich gedroht wird, wirft von Plotho ihn die Treppe hinunter. Dieser Zwischenfall wurde zum generellen Inbild preußischer Haltung.

Am 27. August 1791 unterzeichnen Preußen und Österreich die Pillnitzer Konvention, die die Anerkennung der königlichen Rechte Ludwigs XVI. fordert, eine militärische Intervention gegen die Revolution aber vom Verhalten der anderen europäischen Staaten abhängig macht. Am 7. Februar 1792 schließen die beiden Staaten ein gemeinsames Bündnis. Die Pillnitzer Konvention bleibt eine leere Geste, da die europäischen Mächte ihre Zustimmung zur Invasion in Frankreich unter keinen Umständen geben werden, aber der kriegswilligen Partei in Frankreich liefert sie nützliches Propagandamaterial. Das österreichisch-preußische Bündnis kann die grundlegenden Differenzen zwischen beiden Staaten nicht ausräumen. Am 1. Januar 1792 stirbt der friedfertige Kaiser und sein erzreaktionärer Sohn, Franz II. tritt seine Nachfolge an. Am 20. April erklärt Frankreich Österreich und Preußen den Krieg.

Die Koalitionsarmee steht unter dem Befehl des unfähigen Herzogs Karl Wilhelm Ferdinand von Braunschweig-Lüneburg. In Koblenz verkündet er, Paris werde geschleift, wenn dem König auch nur ein Haar gekrümmt würde. Danach marschiert er in die Champagne ein. Am 20. September 1792 trifft seine Armee bei Valmy auf die Revolutionsarmee unter Dumouriez. Die Deutschen, die unter Nachschubschwierigkeiten leiden und in deren Reihen sich Krankheiten breitmachen, werden nach stundenlangen Artilleriefeuer zum Rückzug gezwungen. Goethe, der sich auf dem Schlachtfeld befunden hat, rühmt sich dreißig Jahre später den Soldaten gesagt zu haben: „Hier und heute beginnt eine neue Epoche der Weltgeschichte. Und ihr könnt sagen, ihr seid dabeigewesen."

Nach dem Sieg von Valmy besetzen die französischen Truppen unter General Custine Speyer, Worms und Mainz und marschieren in die Österreichischen Niederlande ein. Doch Preußen und Österreicher sind stärker mit Osteuropa als mit der Bedrohung durch das revolutionäre Frankreich befaßt. Am 23. Januar 1793 nimmt Preußen den Vorschlag Katharinas II. über die zweite Teilung Polens an, durch die Danzig, Thorn und Posen an Preußen fallen. Die Österreicher sind aufgebracht, weil sie nicht einbezogen worden sind und beschließen, sich bei Preußen dafür zu revanchieren.

Trotz grundlegender Differenzen zwischen Preußen und Österreich, erklärt das deutsche Reich Frankreich am 22. März 1793 den Krieg. Mit Unterstützung Englands wird das Kontingent Preußens erhöht, aber Preußen und Österreich versäumen es, eine gemeinsame Strategie abzusprechen. Beide machen sich mehr Sorgen um die Zukunft Polens als um die Bedrohung durch das jakobinische Frankreich. Nach anfänglichen Erfolgen, in denen ein großer Teil der verlorenen Gebiete zurückerobert wird, werden die Kräfte der Koalition zurückgeworfen. Die Preußen unterzeichnen im April 1795 den Frieden von Basel, und ziehen sich aus dem Krieg zurück, die Franzosen erkennen Norddeutschland als neutrale Zone an. Preußen soll für seine linksrheinischen Gebietsverluste durch die Abtretung zumeist geistlicher Herrschaftsgebiete rechts des Rheins entschädigt werden. Die Zusage wird jedoch nicht eingehalten. Preußens eklatante Verletzung der Reichsverfassung und der Bruch der lauthals beteuerten Solidarität von Pillnitz geraten allseits unter heftige Kritik.

Nach einer Reihe von Niederlagen in Norditalien durch die Hand Napoleons und unter dem Druck des Angriffes auf das eigene Land, sieht sich Österreich gezwungen, am 17. Oktober 1797 den erniedrigenden Frieden von Campoformio zu unterzeichnen. Österreich verliert all seine linksrheinischen Gebiete und die italienischen Territorien bis zur Etsch. Als Entschädigung erhält es Venedig. Wie Preußen zuvor, wird Österreich mit rechtsrheinischen Gebieten abgefunden. Der Kaiser hat die Verfassung des Reiches kalten Blutes gebrochen und seine wichtigsten Getreuen, die Kirche und die kleinen Fürsten, verraten – die Auflösung des Reiches ist jetzt nur noch eine Frage der Zeit.

Auf dem am 9. Dezember 1797 beginnenden Friedenskongreß von Rastatt verhandeln die Franzosen mit einer Delegation des Reiches, der zahlreiche Reichsstände angehören. Die Verhandlungen gestalten sich außerordentlich schwierig, da die Entschädigungsverträge mit Preußen und Österreich geheim bleiben, und die Stände den Bestand des Reiches sichern wollen. Die Franzosen beanspruchen alle Gebiete links des Rheins, alle Brücken über den Fluß und alle Festungen. Als Antwort auf die französischen Forderungen bilden die Engländer, Österreicher und Russen die Zweite Koalition, worauf Frankreich am 1. März 1799 Österreich den Krieg erklärt. Prompt überqueren französische Truppen den Rhein. Am 28. April 1799 ermorden ungarische Husaren zwei französische Delegierte auf dem Kongreß von Rastatt, woraufhin die Verhandlungen abrupt abgebrochen werden.

Die Franzosen erleiden bei Marengo und Hohenlinden zwei bedeutende Niederlagen und sind gezwungen, am 9. Februar 1801 den Frieden von Lunéville zu unterzeichnen. Frankreich erhält das gesamte linksrheinische Gebiet, Österreich büßt den größten Teil seines noch verbliebenen Territoriums in Italien ein, behält aber Venedig, Istrien und Dalmatien. Napoleon macht sich ernsthaft daran, die Landkarte Deutschlands neu zu zeichnen und das Reich geht endgültig auf sein Ende zu.

Im Oktober 1801 empfiehlt der Reichstag die Entsendung einer Deputation, um die Einzelheiten des Gebietsausgleiches nach dem Vertrag von Lunéville auszuarbeiten. Der Ausgleichsplan der Franzosen und Russen wird von der Deputation in leicht abgeänderter Form im November 1802 angenommen. Die Zukunft Deutschlands liegt damit in den Händen Frankreichs und Rußlands und die Fürsten sichern sich mit ansehnlichen Bestechungen günstige Bedingungen zur Wahrung ihres Besitzstandes. Für Franzosen und Russen ist die Reichsdeputation wenig mehr als ein Alibi.

Das Ziel der französischen Politik ist die Schwächung Österreichs und die Teilung des Reiches in mehrere stärkere Staaten. Zu diesem Zweck handelt Frankreich getrennte Verträge mit Preußen, Bayern und Württemberg aus. Der Reichsdeputationshauptschluß vom 25. Februar 1803 beschließt die Säkularisierung der geistlichen Herrschaftsgebiete mit Ausnahme des Fürstbischofs von Mainz, der Reichskanzler bleibt, und der Länder des Hoch- und Deutschmeisterordens sowie des Malteserordens. Die katholische Kirche ist nicht länger Reichskirche. Zahllose Kleinstaaten, auch die freien Städte, außer Bremen, Hamburg, Lübeck, Frankfurt, Nürnberg und Augsburg, verschwinden von der Landkarte. Im Zuge dieses Prozesses wechseln 3 161 000 Deutsche ihre Staatszugehörigkeit. Baden, Hessen-Kassel, Württemberg und Salzburg werden Kurfürstentümer, nehmen aber ihre Rechte nie wahr. Die Bistümer und Domkapitel sind nicht mehr länger Domänen der Aristokratie und nach der Säkularisierung verlieren die Ämter durch geringere Bezahlung viel von ihrer Attraktivität. Die Auswirkungen der Säkularisierung auf die Bauern sind sehr unterschiedlich. Einige Bauern erhalten ihre Selbständigkeit, andere geraten in Armut und Not, wieder andere arbeiten weiter als Pächter auf den Ländereien eines neuen Besitzers.

Kurz nach dem Reichsdeputationshauptschluß beginnen Frankreich und England erneut mit einem Krieg. Danach brechen die Franzosen den Friedensvertrag mit dem Reich, indem sie Hannover angreifen. Am 11. April 1805 schließt Rußland ein Bündnis mit England und erklärt den Krieg. Am 9. August tritt Österreich der Koalition bei. Preußen bleibt neutral, selbst als Napoleon die Neutralität Norddeutschlands schändlich verletzt. Bayern, Baden und Württemberg stellen sich auf die Seite der Franzosen gegen den Kaiser, ein verfassungswidriger Akt, der deutlich werden läßt, daß das Reich keinen Bestand mehr hat. Die Schlacht von Austerlitz am 2. Dezember 1805 ist einer der größten Siege Napoleons, der Österreich zur Unterzeichnung des erniedrigenden Friedens von Preßburg zwingt. Bayern und Württemberg werden nicht nur selbständige Königreiche, sondern erzielen bedeutende territoriale Gewinne, ebenso Baden. Die süddeutschen Staaten nutzen ihre Souveränität, um die Staaten der Reichsritter und die freien Städte zu annektieren.

Am 12. Juli 1806 besiegelt Napoleon offiziell die Rheinbund-Akte. Sechzehn Staaten, unter ihnen Bayern und Württemberg, verlassen das Reich und schließen sich dem Rheinbund unter dem Protektorat des französischen Kaisers an. Napoleon schafft für seinen Bruder Jérôme das neue Königreich Westfalen mit Kassel als Hauptstadt, für seinen Schwager Murat das Herzogtum Berg. Der Rheinbund sollte nie ein lebensfähiges „drittes Deutschland" mit eigener Identität und Loyalitäten werden, denn die Franzosen erscheinen zunehmend als Besatzungsmacht und die Belastungen durch die Versorgung der Armee Napoleons sind gewaltig und schaffen Unzufriedenheit.

Preußen verhält sich weiterhin neutral. Im Juli 1806 garantiert Rußland die Unversehrtheit Preußens; und Preußen verpflichtet sich, Napoleon nicht mit Truppen

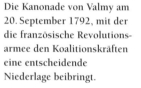

Die Kanonade von Valmy am 20. September 1792, mit der die französische Revolutionsarmee den Koalitionskräften eine entscheidende Niederlage beibringt.

Nach der Niederlage Preußens in der Schlacht bei Jena und Auerstädt zieht Napoleon und sein Generalstab am 27. Oktober 1806 durch das Brandenburger Tor in Berlin ein. Gemälde von Charles Meynier (1807).

für einen Überfall auf Rußland zu unterstützen. Als England und Frankreich in Verhandlungen über die Zukunft von Hannover eintreten, mobilisieren die Preußen ihre Armee. Mit nicht zu überbietender Torheit verlangt Preußen den Abzug aller Truppen Napoleons aus Süddeutschland, die Rückgabe des an Murat gegangenen Territoriums und die Bildung eines Norddeutschen Bundes unter Preußen. Napoleon hält es nicht einmal für notwendig, auf das Ultimatum zu antworten und erklärt Preußen am 9. Oktober den Krieg. Fünf Tage später wird die preußische Armee in den Schlachten von Jena und Auerstedt vernichtend geschlagen. Am 27. Oktober veranstaltet Napoleon in Berlin eine Siegesparade. Der preußische König flieht mit seiner Regierung nach Memel und der Gouverneur von Berlin, Graf Friedrich Wilhelm von der Schulenburg, ermahnt auf einem Anschlagzettel. „Jetzt ist Ruhe die erste Bürgerpflicht!"

# KAPITEL 7 | *Reform, Restauration, Reaktion*

Trotz der vernichtenden Niederlage der preußischen Armee und der Besetzung Berlins 1806, befindet sich Preußen offiziell noch immer im Krieg mit Frankreich. In der Konvention von Bartenstein vereinbaren Preußen und Russen die Fortsetzung des Kampfes gegen Napoleon, doch am 14. Juni 1807 besiegt Napoleon die Russen in der Schlacht von Friedland, und Rußland bittet um Frieden. Damit ist die Lage für die Preußen ziemlich hoffnungslos und so kommt es am 9. Juli 1807 zur Unterzeichnung des Friedens von Tilsit zwischen Frankreich und Preußen.

In Tilsit steht die Existenz Preußens auf dem Spiel und nur dem energischen Eintreten des Zaren ist es zu danken, daß der Thron Friedrich Wilhelms III. gerettet wird. Preußen bleibt als Rumpfgebilde bestehen aus Brandenburg, Ostpreußen und Schlesien mit insgesamt viereinhalb statt der ursprünglich zehn Millionen Einwohner zurück. Das Land wird von 150 000 französischen Soldaten besetzt und muß für deren Unterhalt aufkommen. Außerdem muß es Reparationen in Höhe von 154,5 Millionen Franc zahlen. Die Franzosen verkürzen ihre Reparationsforderung auf 120 Millionen Franc, aber da Preußen auch diesen Betrag nicht aufbringen kann, einigt man sich schließlich auf monatliche Raten von jeweils vier Millionen Mark. Die preußische Armee wird bis auf 42 000 Mann abgebaut, von denen Frankreich 16 000 für den Fall zur Verfügung stehen, daß es zu neuen Feindseligkeiten mit Österreich kommt.

## DIE REFORM DES DEUTSCHEN STAATES

Napoleon glaubt, daß die Einführung des *Code Napoléon* und einer modernen Verfassung ausreicht, um Deutschland für sich zu gewinnen, ein Gedanke der sich jedoch als folgenschwerer Irrtum erweist. Westfalen wird unter Napoleons Bruder Jérôme von einer korrupten Militäroligarchie regiert, die Franzosen beuten das Land rücksichtslos aus und bringen es an den Rand des Ruins. Aus den anfänglichen Reformideen Jérômes wird nichts, da er es später vorzieht, seine Freunde mit ansehnlichen Schenkungen zu bedenken und Westfalen, das ein Musterstaat werden sollte, dem andere nacheifern, dadurch verkommt. Verbreitete Unruhen sind die Folge. Doch die Jahre unter Napoleon sind für West- und Süddeutschland nicht nur von Nachteil, wie von manchen Historikern geschrieben worden ist. In Bayern, Baden und Württemberg kommt es zu Reformen. Alle drei Staaten haben Gebiete hinzugewonnen und beginnen deshalb einheitliche Strukturen zu schaffen. In Österreich werden zwischen 1805 und 1809 ebenfalls einige Reformbestrebungen deutlich, doch diesbezügliche Vorstöße Graf Stadions werden immer wieder durch den Hof und die Stände vereitelt, denen eine Zentralregierung und die Einrichtung eines modernen Ministerialsystems nicht zusagt. Für Preußen sind Reformen eine Frage von Sein oder Nichtsein; der Staat muß grundlegend reformiert werden, ansonsten hat er keine Chance, als Großmacht wiederzuerstehen und bleibt von drittrangiger Bedeutung.

Im Gefolge der Französischen Revolution erhalten die Reformbewegungen in
vielen deutschen Staaten, trotz verworrener und oft widersprüchlicher Ziele, neue
Anstöße. In Westfalen und Bayern entsteht zumindest auf dem Papier eine neue
parlamentarische Vertretung, die in Westfalen aber nur zweimal, in Bayern nicht ein
einziges Mal zusammentritt. In beiden Staaten bleibt das Wahlrecht ohne Bedeutung und bleibt auf die reichsten Wähler beschränkt. Das Wahlsystem ist kompliziert, die Wahlen erfolgen indirekt, die „Nationalversammlung" wird den Erwartungen nicht gerecht, sie besitzt über keinerlei reelle Macht, nicht einmal dem Papier
nach. In Westfalen ist es den Mitgliedern der Nationalversammlung lediglich gestattet, am Tisch des Königspaares Platz zu nehmen (*assister au repas*). Wie am Hofe
Ludwigs XIV., dürfen die „Vertreter der Nation" mit knurrendem Magen zusehen,
wie König und Königin tafeln.

Der Druck der Franzosen, die Auflösung des Reiches und der Reichsdeputationshauptschluß, der die Karte von Deutschland neu gezeichnet hat, bieten den
Reformkräften eine einmalige Chance. Als Napoleon die Einführung des *Code Napoléon* in Bayern verlangt, gelingt es Montgelas, mit Hinweis auf die französischen
Drohungen, die Stände zur Annahme seiner eigenen Reformvorschläge zu bewegen.
Das bayerische Strafgesetzbuch von 1811 ist das modernste in Deutschland und enthält bereits das Grundprinzip moderner Rechtsprechung - *nulla poena sine lege*
(keine Strafe ohne Gesetz). Im Zuge der Reformen entsteht in Bayern ein neues
Ministerium mit fünf Hauptabteilungen. Die Gerichtsbarkeit wird aus der Staatsverwaltung herausgelöst, die Steuerprivilegien der Stände abgeschafft. Der Eintritt
in den Staatsdienst läßt sich nicht länger erkaufen, sondern beruht auf persönlicher
Eignung. Die Protestanten erhalten 1809 die gleichen Rechte wie die Katholiken.
Und die Juden erhalten 1813 trotz einiger weiter bestehender Rechtseinschränkun-
gen, das uneingeschränkte Recht der freien Glaubensausübung. Die bayerische
Verfassung von 1808 garantiert die Freiheit der Person und das Recht auf Besitz,
außerdem verweist sie auf das Volk als „Bürger" – eine für die damalige Zeit bemerkenswert liberale Haltung. Bayern ist noch immer ein absolutistischer Staat,
doch die Meinung der Öffentlichkeit kann nicht mehr übergangen werden. Zahlreiche Standesprivilegien sind gefallen. Der Weg für liberale Reformen ist frei.

Im Jahre 1805 setzt Herzog Friedrich August II. von Württemberg die alte Stände-
verfassung außer Kraft. Mit der Unterstützung Napoleons macht er aus seinen
neuen Territorien einen einheitlichen Staat, über den er ab 1806 als König Friedrich
August I. herrscht. Er gewährt allen Christen religiöse Gleichheit und beschneidet
weiterhin die Vorrechte des protestantischen Klerus, der eine so bedeutende Rolle
in den ehemaligen Staaten gespielt hat. Friedrich I. ist ein absolutistischer Herrscher, dessen Reformen den Weg zum modernen Verfassungsstaat ebnen.

In Baden regiert mit Markgraf Karl Friedrich von 1746 bis 1811 ein aufgeklärter Reformator, der von Friedrich dem Großen und von Napoleon gleichermaßen
geschätzt wird. Trotz vieler fortschrittlicher Strukturreformen ist der Staat durch
die Expansionspolitik Badens in den Revolutionskriegen hoch verschuldet. Emme-
rich Joseph Baron von Dalberg soll die Finanzmisere beheben. Dazu führt er eine
Einkommensteuer ein, gibt Regierungsobligationen aus und unterwirft die Banken
einer strengen Aufsicht und Kontrolle. Baden, Bayern und Württemberg sind die

# Caspar David Friedrich

Der bedeutendste deutsche Maler der Romantik, Caspar David Friedrich, wird 1774 in Greifswald geboren. Er ist nicht daran interessiert die Natur nur nachzumalen; einige seiner schönsten Landschaftsbilder sind reine Phantasiegemälde. Seine Naturskizzen setzt er in eine höchst persönliche Bildersprache um. Die meisten seiner Gemälde sind Ausdruck komplexer Emotionen, tragen verschlüsselte Botschaften und sind Metaphern seiner eigenen Obsession. Für ihn ist die Natur, einschließlich der Seele des Menschen, als Ausdruck des Göttlichen, ein Teil des Weltgeistes. Kunst, Philosophie, Literatur und Wissenschaft, sie alle sind Bestandteil eines höheren Ganzen. So zeigen nahezu alle seine Bilder Gestalten, die in eine dramatische Landschaft gestellt sind, die meisten mit dem Rücken zum Betrachter. Der Mensch ist ebenso ein Teil der Natur, wie die ihn umgebenden Bäume und Felsen.

Im Vordergrund vieler seiner Bilder sind Menschen, meist in dunklen Tönen gehalten, die den Blick zum fernen Horizont richten. Ab 1810 ist Caspar David Friedrich davon überzeugt, daß dem Menschen in der ehrfurchtgebietenden Gegenwart der Natur keine Bedeutung zukommt und er ihre Herrlichkeit nur in Demut gegenüber allem Göttlichen zu würdigen in der Lage ist.

Friedrich leidet an Depressionen. Die Nachricht von Preußens Niederlage 1806 schmettert ihn zu Boden. Er sucht in häufigen Reisen von seiner Heimatstadt Greifswald nach Neubrandenburg und auf die Insel Rügen Trost, doch seine Bilder werden zunehmend melancholisch und düster. Sonnengleißende Wiesen weichen dem Dunst von Kiefernwäldern

und bedeutungsschweren Sonnenuntergängen.

Seine Werkstatt ist spartanisch eingerichtet, die Wände einfarbig und ohne Muster, der Boden schmucklos. Trotz seines großen Erfolges und seiner gesicherten finanziellen Lage, führt er sein asketisches, abgekapseltes Dasein fort. Alle Kraft widmet er seiner Kunst.

Caspar David Friedrich scheint ein eingefleischter Junggeselle zu sein. Doch dann heiratet er 1818 Caroline Bommer, eine sehr junge Frau. Fortan hat der Wanderer seiner früheren Bilder eine modisch gekleidete Begleiterin zur Seite und trägt den Dreispitz, das Zeichen des deutschen Nationalismus. Die Bilder haben wieder hellere Farben, eine gewisse Beklemmung und Sehnsucht sprechen aber weiterhin aus ihnen.

Nach einer Zeit angestrengter Arbeit fällt Caspar David Friedrich 1824 in eine tiefe Depression. Zwei Jahre lang malt er nur Aquarelle. Im Jahr 1835 erleidet er einen Schlaganfall und malt seitdem nie mehr in Öl. Am 7. Mai 1840 stirbt er in geistiger Umnachtung in Dresden.

*Caspar David Friedrich,* Kreidefelsen auf Rügen *(nach 1818).*

---

ersten Staaten in Deutschland, die ihre Staatsschulden nach klaren Rechtsprinzipien ordnen.

Auch in Preußen hat es bereits vor 1806 weitgehende Reformen gegeben. Das zutiefst ungerechte System der indirekten Steuern, die „Regie", die Friedrich der Große von den Franzosen übernommen hat, wird nach seinem Tode 1786 abgeschafft. Zwei Jahre später wird Gewissensfreiheit in der Verfassung festgeschrieben. Schließlich wird 1794 das neue Zivilrecht eingeführt und im Jahre 1799 wird eine halbe Million Leibeigener im Dienst der Staatsländereien freigelassen. Die Qualifikationsanforderungen an Richter und Staatsdiener werden erhöht.

Baron Karl vom und zum Stein wird 1807 leitender Minister von Karl August Graf Hardenberg in Preußen. Er bringt eine Mischung aus konservativen und liberalen Elementen in das Amt ein. Als Reichsritter ist er Individualist und stolzer Aristokrat, der in den Standesrechten eine Garantie gegen den absolutistischen Miß-

brauch von Individualrechten sieht. Seine Reformvorschläge für die Städte und
Kommunen sind eine Vorform der späteren Stadtrats- und Gemeinderatsversamm-
lungen im liberalen Europa des neunzehnten Jahrhunderts. Aber gleichzeitig werden mit den Reformen auch frühere Freiheiten wiederbelebt, die der absolutistische
Staat bereits überholt hat. Sein Vorgänger, Karl August Graf Hardenberg, stammte
ebenfalls aus altem aristokratischem Haus und wie Stein, war er kein Preuße. Beide,
Stein und Hardenberg, wollen die schlummernden Kräfte der Nation für eine dem
Wesen nach konservative Sache mobilisieren. Sie verfolgen die Verwaltungsreform
auf zentraler und lokaler Ebene, bringen die Finanzen in Ordnung, führen Verbes-
serungen in Landwirtschaft und Industrie ein, reformieren Bildung und Recht und
bauen eine Armee auf, die das Land befreien kann.

Stein führt 1807 mit großem Nachdruck eine Reihe grundlegender Reformen
durch. Am 9. Oktober 1807 unterschreibt Friedrich Wilhelm III. ein Dekret über die
Abschaffung der Leibeigenschaft mit Wirkung ab dem 11. November 1810. Nicht
nur die Leibeigenen werden befreit, der Kauf und Verkauf von Ländereien der Aristokratie ist jetzt uneingeschränkt möglich und der Zugang zu bestimmten Berufen
nicht mehr an die soziale Stellung geknüpft. Das sich daraus ergebende Hauptproblem,
die Entschädigung der Grundbesitzer für verlorengegangene Dienste, wird über zwei
weitere Verordnungen 1811 und 1816 geregelt. Durch diese gehen ärmere Bauern
landlos aus, vermögendere müssen hohe Entschädigungszahlungen leisten. Später

Ansicht des Kölner Doms
von Samuel Prout (1783–1852).
Deutschlands größter gotischer
Dom blieb für Jahrhunderte
unvollendet. Im September
1842 legt Friedrich Wilhelm IV.
von Preußen in einer aufwen-
digen Zeremonie den Grund-
stein für die Vollendung des
Bauwerkes.

Der Philosoph Georg Friedrich Hegel (1770–1831) auf einem Gemälde von Jakob Schlesinger. Während vorhergehende Philosophen Subjekt und Objekt als getrennte Einheiten betrachtet haben, behauptet Hegel, daß die Wahrheit im Bewußtsein der Einheit solcher Widersprüche liege. Geschichte sei ein dialektischer Vorgang, wobei der Geist Wissen erwerbe und nach der Wahrheit strebe. Philosophie, sagt er, sei die in Gedanken gefaßte eigene Zeit.

wird geschätzt, daß die Grundbesitzer umgerechnet zwölf Milliarden Mark Entschädigung und zweieinhalb Millionen Morgen Bauernland erhalten haben und die freien Bauern dadurch entweder zu landlosen Arbeitskräften geworden sind oder sich hoffnungslos verschuldet haben. Steins Absicht, nach englischem Vorbild eine starke Schicht freier Bauern zu schaffen, ist am Widerstand der Aristokratie gescheitert.

Auf lange Sicht gesehen ist der Mittelstand der wahre Gewinner dieser Entwicklung. Die kleinen Bauerngüter haben keine wirtschaftliche Zukunft, der karge Boden und die relativ geringe Produktivität erfordern eine Produktion in großem Umfang. Selbst wenn die Kleinwirtschaften besonders geschützt werden würden, bestünde wenig Aussicht, daß sie die Krise in der Landwirtschaft überleben, die eine Folge des allgemeinen Niedergangs der Agrarwirtschaft und des Verfalls der Exporte als Folge der Revolutions- und Befreiungskriege ist. Hinzu kommt die Bevölkerungsexplosion. Den Landjunkern fehlt das Kapital, sie verkaufen ihr Land daher an reiche Bürger. Im Laufe des neunzehnten Jahrhunderts werden zwei Drittel der Ländereien der Aristokratie im Osten an die verhaßten „Krämer" veräußert.

Steins Reformgesetz über die Städteordnung tritt am 19. November 1808 in Kraft. Wer einen Mindestbesitz nachweisen kann, erhält politische Rechte; ausgenommen sind Soldaten, Juden, Mennoniten (eine 1536 gegründete Sekte der Wiedertäufer) und Minderjährige. Mit Hilfe eines dualen Wahlsystems werden Stadträte ins Leben gerufen. Stein gelingt es aber nicht, diese eingeschränkte Form der Selbstverwaltung auch auf die Landkreise auszudehnen. Die Selbstverwaltung der ländlichen Gebiete wird in den Verordnungen von 1825 und 1828 geregelt.

Stein führt auch eine Kabinettsreform durch. Es entstehen fünf eigenständige Ministerien – das Innen-, das Außen-, das Finanz-, das Bildungs- und das Kriegsministerium – als Vorläufer moderner Regierungsform. Sie führen ihre Geschäfte unabhängig von den persönlichen Beratern des königlichen Kabinetts und dürfen beim König vorstellig werden. Damit ist der Staat zentralisiert, die Verwaltung weitestgehend befreit von den Launen des Monarchen und dessen engsten Beratern. Die Reformen treten am 24. November 1808 in Kraft. Noch am selben Tag wird Stein entlassen, als die Franzosen einen Brief, in dem er einen Plan für den deutschen Widerstand gegen Frankreich entwickelt, abgefangen haben.

Sein Nachfolger Hardenberg führt das Prinzip der ministeriellen Zuständigkeit für die Gesetzgebung ein. Erlasse des Königs bedürfen fortan der Gegenzeichnung des zuständigen Ministers. In den Jahren 1810 und 1811 werden mehrere Verordnungen über das Handwerk und Unternehmenssteuern erlassen, die das Monopol der Zünfte über bestimmte Gewerbe brechen und die Rechtsgrundsätze der Gewerbefreiheit einführen. Die Gewerbeaufsicht geht von den Zünften auf den Staat über und die Kontrollen werden weitestgehend gelockert. Mit diesen Regelungen soll die Wirtschaft angekurbelt und die Staatseinnahmen erhöht werden; die ungleiche Steuerlast zwischen Stadt und Land wird beseitigt. Die Versuche zur Abschaffung bestimmter Steuervorteile der Aristokratie stößt auf deren heftigen und erfolgreichen Widerstand. Ein zweiter Versuch 1818 scheitert ebenso; ein Teilerfolg wird erst 1861 erzielt.

Ähnliche Gewerbereformen werden etwa zu gleicher Zeit in Westfalen und anderen Teilen Westdeutschlands durchgeführt, in Sachsen jedoch nicht vor 1861, in

Württemberg und Baden erst 1862 und in Bayern 1868. Trotz aller Rückständigkeit der Wirtschaft sind diese Staaten politisch immer noch weitaus liberaler als Preußen. Die sozialen Folgen der wirtschaftlichen Freiheit sind schmerzlich. Es entsteht eine große Klasse landloser Arbeiter und arbeitsloser Handwerker, die die Löhne drücken und das Heer der Armen vergrößern. Und es wird noch viele Jahre dauern, ehe der wachsende Wohlstand des Industriezeitalters spürbar wird.

Die bedeutendste Reform in Preußen betrifft die Armee. Ziel der Reformer ist es, nach dem Vorbild Frankreichs ein ganzes Volk unter Waffen zu stellen, das bereit ist, seinen Besitz und seine Freiheit zu verteidigen. Dazu müssen Besitz und Freiheit jedoch erst vorhanden sein, und brutale Disziplin und geistloser Drill dürfen nicht länger herrschen. Das Offizierscorps soll nicht länger eine Domäne der Aristokratie sein, sondern soll allen Begabten offenstehen. Im Jahre 1810 gründet Scharnhorst die Allgemeine Kriegsschule, an der unter Leitung von Carl von Clausewitz, dem Autor des klassischen Werkes *Vom Kriege*, Stabsoffiziere ausgebildet werden. Die Reformer nutzen die Gelegenheit der erzwungenen Verkleinerung der Armee, um eine große Zahl älterer und unfähiger Offiziere zu entlassen. Nur zwei Generäle, Blücher und Tauentzien, verbleiben im aktiven Dienst. Politisch vertreten die Militärreformer zumeist sehr liberale Ansichten. Sie erkennen, daß nur eine Armee freier Menschen von Nationalstolz und Kampfeswillen erfüllt sein kann. Es erstaunt daher nicht, daß viele von ihnen in der Zeit der Restauration nach 1815 den Dienst quittieren.

Die Reform im Bildungswesen ist weitestgehend das Werk Wilhelm von Humboldts. Ihm, der selbst nie eine Schule besucht hat, wird 1809 die Verantwortung für das Bildungswesen übertragen. Sein humanistisches Ideal zielt auf die Ausbildung aller Fähigkeiten eines Individiums entsprechend seiner Fähigkeiten. Aufgabe des Staates ist es, dafür die notwendigen Bedingungen zu schaffen. Seiner Ansicht nach hat der Staat für Bildung zu sorgen, aber nicht zum Zweck seiner eigenen Fertigung, sondern aus einer moralischen Verpflichtung heraus. Humboldts neoklassischer Humanismus ist zweifellos von Widersprüchen gekennzeichnet, doch seine tatsächlich erbrachten Leistungen sind beträchtlich. Auf seine Bemühungen hin wird 1810 die Berliner Universität gegründet. Auf die Geisteswissenschaften wird an der neuen Bildungsstätte besonderer Wert gelegt, denn Humboldts Bildungsziel ist der freie, interdisziplinär gebildete Mensch, nicht der Scheuklappen tragende Spezialist und Professionalist. Für ihn ist die Aneignung reinen Wissens das höchste Bildungsziel. Und als Rektor der Berliner Universität sagt Fichte in seiner Antrittsrede sinngemäß: „Der wahrhaft lebensspendende Odem der Universität … der himmlische Äther, ist zweifellos die akademische Freiheit".

Humboldt reformiert auch das Schulsystem indem er zwei Stufen einführt, die Elementarschule und das Gymnasium. Wie auf den Universitäten, werden in den Gymnasien die humanistischen Wissensgebiete, besonders Latein und Griechisch, gelehrt. Sie ersetzen die vierhundert Lateinschulen, in denen die Schüler nach mechanischen Methoden unterrichtet werden und häufig körperliche Züchtigung über sich ergehen lassen müssen. Die neuen Schulen, deren Lehrer Absolventen der Universität sein müssen, werden bewußt zu Eliteeinrichtungen gemacht. Ab 1812 ist das Abitur Voraussetzung für die Zulassung zur Universität. Die Reformen im Bildungswesen führen zur Entstehung einer hochgebildeten und oft liberal eingestellten bürgerlichen Elite. Obwohl die Reformen bei weitem nicht demokratisch sind, denn die Armen bleiben von den Segnungen des neuen, offeneren Systems ausgeschlossen, bauen sie die zwischen den Ständen bestehenden sozialen Barrieren ab und nehmen die Entwicklung der Vorherrschaft des Bürgertums im neunzehnten Jahrhundert vorweg. Es dauert lange, ehe sich der neue Geist bis in die Volksschule hinein fortsetzt, die Friedrich der Große eingerichtet hat und in denen ausgediente Korporale und Sergeanten unglücklichen Kindern das Einmaleins einbleuen. Neue Ausbildungsstätten für Lehrer werden gegründet, in denen der nächsten Lehrergeneration die neue Pädagogik beigebracht wird.

Es ist ein Teilproblem der preußischen Reformen, daß sie zumindest teilweise aus einer Zwangslage heraus entstehen. Denn wie der König in seinem Gründungsdekret der Berliner Universität betont, muß Preußen mit intellektueller Leistung das ausgleichen, was es an militärischer Macht verloren hat. Ist die militärische Macht erst einmal wiederhergestellt, können die Reformen wieder vernachlässigt werden. Die alte Ordnung kann nicht endlos aufrechterhalten werden; die Reformer haben den Geist der Zeit richtig eingeschätzt, doch der Erfolg, mit dem sich die alte Elite in Preußen noch lange an die Macht klammert, obwohl jede reale Grundlage dafür geschwunden ist, wird noch leidvolle Auswirkungen haben.

## DIE BEFREIUNGSKRIEGE

Frankreich befindet sich 1812 in großen wirtschaftlichen Schwierigkeiten. Die Franzosen haben die „Kontinentalsperre" verhängt, mit der sie verhindern wollen, daß britische Waren nach Europa oder umgekehrt europäische nach England gelangen. Die Sperre trifft aber Frankreich nicht weniger hart als England. Die meisten französischen Häfen stehen vor dem Ruin und die wohlhabenden Bürger, einst Napoleons glühende Anhänger, werden zunehmend unzufriedener. Rußland hält sich nicht an die Blockade und treibt weiterhin Handel mit England, so daß englische Waren auch nach Westeuropa gelangen. Mit einer Armee von 700 000 Mann; davon 30 000 Österreicher und 20 000 Preußen, beginnt Napoleon daraufhin seinen Marsch auf Moskau. Seine Armee zieht plündernd durch Deutschland und hinterläßt eine Spur des Hungers.

Napoleons Rückzug von Moskau im Oktober 1812 und der Zusammenbruch seiner Armee bewegen seine ohnehin unfreiwilligen Verbündeten sich von der gemeinsamen Unternehmung abzuwenden. Am 30. Dezember unterzeichnet General Yorck von Wartenburg, der Befehlshaber des preußischen Kontingents in der Grande Armée, mit dem russischen General Diebitsch die Konvention von Tauroggen. Obwohl der General nicht die Erlaubnis seines Königs besitzt, verhält sich die preußische Armee in Rußland von da an neutral. Hardenberg holt die Zustimmung des Königs dafür ein, die Konvention von Tauroggen aufzukündigen und mit den Franzosen zu verhandeln, gleichzeitig aber die Türen nach Rußland und Österreich offenzuhalten.

Am 27. Februar 1813 schließen Preußen und Russen den Vertrag von Kalisch. Die Russen, die durch Stein seit Juni 1812 über die Angelegenheiten auf deutscher Seite auf dem laufenden gehalten werden, stimmen zu, daß Preußen seine Grenzen von 1806 wieder zurückerhält, mit Ausnahme des Großherzogtum Warschaus, für das ein Ausgleich in Norddeutschland gefunden werden soll. Rußland verpflichtet sich 150 000 Mann, Preußen 80 000 Mann zu stellen. Am 17. März, dem Tag nach der

Kriegserklärung Preußens an Frankreich, erläßt Friedrich Wilhelm III. den bemerkenswerten Aufruf „An mein Volk", in dem er alle Klassen zu Opfern aufruft, „wenn wir nicht aufhören wollen, Preußen und Deutsche zu sein". Obwohl Friedrich noch immer als Monarch zu seinen Untertanen spricht, zeigt dieser Appell an das deutsche Nationalgefühl deutlich wie nachhaltig die Auswirkungen der Französischen Revolution sind.

Durch die Einführung der allgemeinen Wehrpflicht mobilisieren die Preußen eine Armee von 280 000 Mann. Doch Napoleon ist noch stark genug, die Allianz bei Großgörschen und Bautzen zu besiegen. Bei den Friedensverhandlungen im Sommer 1813 schließen sich Briten, Schweden und Österreicher dem Bündnis an. Mit einer im Rußlandfeldzug geschwächten Armee, einer am Boden liegenden Wirtschaft und durch eine vereinte und entschlossene Koalition nun auch noch zum Zweifrontenkrieg gezwungen, eilt Napoleon von Niederlage zu Niederlage. Am 16. Oktober 1813 beginnt die Völkerschlacht bei Leipzig, die bis zu diesem Tag größte geschlagene Schlacht, die nach vier Tagen mit einer Katastrophe für Napoleon, aber auch mit schweren Verlusten für die Verbündeten endet. Napoleon lehnt einen Kompromißfrieden ab, und die Verbündeten besetzen nachdem sie eine auf zwanzig Jahre angelegten Quadrupel-Allianz am 9. März 1814 in Chaumont abgeschlossen haben, Paris. Napoleon erhält die Insel Elba als souveräne Monarchie und darf den Kaisertitel behalten, was jedoch nichts an seinem eigentlichen Status als Kriegsgefangener ändert.

Am 1. März 1815 landet Napoleon unerwartet in Südfrankreich. Er hofft auf breite Unterstützung in der Bevölkerung und den Zerfall des Bündnisses, beides trifft nicht ein. Er trommelt eine Armee zusammen und gewinnt mehrere Schlachten, der entscheidende Sieg bleibt ihm aber verwehrt. Am 18. Juni 1815 wird er von Wellington bei Waterloo in einer Schlacht geschlagen, in der die Preußen unter Blücher und Gneisenau eine entscheidende Rolle spielen. Napoleon zieht sich nach Paris zurück und tritt am 22. Juni ab. Er wird auf die Insel Sankt Helena verbannt, auf der er sechs Jahre später stirbt.

## DER DEUTSCHE BUND

Auf dem Wiener Kongreß 1814–1815, der Friedenskonferenz am Ende der napoleonischen Kriege, sind die Engländer, die bei der Niederschlagung Napoleons die bedeutendste Rolle gespielt haben, entschlossen, Preußen zu stärken und es bis zum Rhein auszudehnen, damit es ein starkes Bollwerk gegen etwaige erneute französische Ambitionen in Nordeuropa bilden kann. Andererseits wollen die Engländer Preußen aber auch nicht so stark wissen, daß es eine Vormachtstellung in Deutschland einnehmen kann. Dies liegt durchaus im Bereich des Möglichen, denn Rußland unterstützt Preußens Anspruch auf Sachsen und erwartet im Gegenzug Preußens Zustimmung für den Anschluß des Großherzogtums Warschau an Rußland. Die „sächsische Frage" beschäftigt wiederum Österreich. Zusammen mit England und Frankreich schließt es ein Geheimbündnis zur Vereitelung des Planes. Die sächsische Frage gibt so dem französischen Außenminister Talleyrand die Möglichkeit, Frankreichs Isolierung zu beenden und in die Gespräche miteinbezogen zu werden. Schließlich erhält Preußen zwei Fünftel von Sachsen.

Der österreichische Außenminister Metternich ist nicht dazu geneigt, die Kleinstaaterei in Deutschland wiederzubeleben; er strebt aber einen Deutschen Staatenbund unter Führung Österreichs zur Herstellung des Machtgleichgewichts zwischen Preußen und Österreich und den kleineren deutschen Staaten an. Hardenberg stimmt im großen und ganzen mit Metternich überein, will aber für Preußen ein größeres Mitspracherecht im Bund, besonders in Nord- und Westdeutschland.

Der Deutsche Bund besteht aus vierunddreißig Staaten und den vier Städten Bremen, Frankfurt am Main, Hamburg und Lübeck. Das Ziel des Staatenbundes ist die Bewahrung des Friedens nach innen und außen und die Unabhängigkeit und Unverletzlichkeit der einzelnen deutschen Staaten. Ein „Bundestag" mit den Abgeordneten aller Staaten und unter dem Vorsitz Österreichs soll in Frankfurt tagen. Österreich und Preußen können selbst bei Unterstützung durch die vier Königreiche Sachsen, Bayern, Hannover und Württemberg sowohl im „Inneren Rat" als auch in Plenarsitzungen des Bundestages überstimmt werden. Der Bund ist alles andere als ein österreichisch-preußisches Kondominium wie manchmal behauptet worden ist. Die Souveränität der einzelnen Staaten wird dadurch eingeschränkt, daß das Bundesrecht für alle verbindlich ist und Allianzen, welche den Bund oder einzelne Mitgliedsstaaten bedrohen, nicht eingegangen werden dürfen. Der Artikel 13 der Bundesakte erklärt zwar, daß in allen Bundesstaaten eine „landständische Verfassung" eingerichtet werden solle, doch Preußen und Österreich übergehen diese Regelung bis zum Revolutionsjahr 1848. Dennoch ist der Artikel 13 eine Ermutigung für die deutschen Liberalen und in den Jahren nach dem Wiener Kongreß kommt die verfassungsmäßige Entwicklung in den süddeutschen Staaten gut voran.

Deutschland ist noch immer ein Bund von Fürsten und kann – wie der Herzog von Wellington zu Stein sagt – nur fortbestehen, solange die Einrichtungen des Bundes von Österreich und Preußen unterstützt und von der Öffentlichkeit getragen werden. Ansonsten wird Deutschland wenig mehr als eine gemeinsame Sprache und Kultur sein. Viele hoffen, daß der deutsche Geist der im gemeinsamen Kampf der deutschen Staaten gegen die Franzosen spürbar war, auch nach dem Krieg entsprechenden politischen Ausdruck findet, sie werden aber enttäuscht.

Österreich beherrscht den Deutschen Bund, kontrolliert Italien, hält Rußland auf Distanz und hat ein wachsames Auge auf Frankreich. Österreich, im Jahre 1840 ein Land mit 6 400 000 Deutschen, 14 820 000 Slawen, 5 305 000 Ungarn, 4 548 000 Italienern und 1 567 000 Rumänen sowie einer Vielzahl kleiner ethnischer Gruppen, ist nicht in der Lage, diese Situation zu meistern. Der Staat hat 1811 Bankrott gemacht, seine Finanzen sind zerrüttet, er leidet unter großen Auslandsschulden, verfügt über einen schwachen Kapitalmarkt und eine veraltete Wirtschaft. Die russische Botschaft in Wien berichtet 1820, daß sich die österreichischen Finanzen in einem erbärmlichen Zustand befinden und der Staat nur noch mit immer größeren Anleihen am Leben erhalten wird. In einer solchen Situation kann jeder Krieg zu einer Katastrophe für das Land werden.

Preußens besondere Stärke ist seine reformierte und effiziente Staatsverwaltung. Hardenberg führt nach dem Wiener Kongreß die Reformen bis zu seinem Tode 1822 weiter, er stärkt die Ministerien und den Staatsrat und sichert dadurch, daß eine Rückkehr zum monarchischen Absolutismus der vorrevolutionären Zeit nicht mehr möglich ist. Diese Regierung mit ihrer von der Aristokratie dominierten liberalen Bürokratie wird nach der Verschlankung des öffentlichen Dienstes durch die Sparmaßnahmen von 1825 zunehmend weniger liberal. Hardenbergs Reformen gehen vielen Liberalen nicht weit genug und er selbst folgt Metternichs reaktionärer Politik gegen Studenten und Möchtegern-Revolutionäre. Die Vormachtstellung der Aristokratie in der preußischen Armee hat die Entwicklung einer bürgerlich-liberalen politischen Kultur in Preußen stark behindert. Die bedeutenden politischen Entscheidungen im Deutschland des neunzehnten Jahrhunderts werden durch Blut und Eisen getroffen, wie es Bismarck mit seinem brutalen Realismus ausdrückt, und die Armee wird weiterhin gestärkt. Es entwickelt sich eine Industriegesellschaft, die einem autokratischen, aristokratischen und bürokratisierten Staat dient, sich aber nicht der politischen Rechte und Freiheiten erfreut, für die die liberalen Reformer gekämpft haben.

Liberale Verfassungsreformen – ein gewisses Maß an Mitwirkung in der Regierung, eine schriftlich niedergelegte Verfassung und die Garantie der Redefreiheit – werden in jenen Jahren in einer Reihe deutscher Staaten verwirklicht. Sachsen-Weimar führt 1816 eine liberal Verfassung ein, Baden und Bayern folgen 1818, Württemberg 1819

Ein Treffen bedeutender Staatsmänner zur Zeit des Wiener Kongresses. Die Gestalten in der Mitte sind v. l. n. r. Talleyrand, Montgelas, Hardenberg, Metternich und von Gentz. Gemälde von Engelberg Seibertz (1813–1905) für ein Fresko im Konferenzraum des Maximilianeums in München.

und Hessen-Darmstadt 1820. Durch die Gewährung eines Anteils an der Regierungsausübung gehören diese Staaten zu den fortschrittlichsten in Europa.

Lokale Selbstverwaltungen, die trotz häufiger Korruption im Zeitalter des Absolutismus gewisse Freiheiten genossen haben, sind nur selten stark genug, den zentralistischen Strömungen der Bürokratie zu widerstehen. Nachdem die örtlichen Verwaltungen eine Reihe von Auseinandersetzungen über lokale Privilegien, Zunftrechte und die wachsende Armut verloren haben, sehen sie ihren Handlungsspielraum schwinden.

Ein bemerkenswertes Überbleibsel aus der Zeit des Feudalismus und ein bedeutendes Hindernis auf dem Weg der nationalen Integration stellt Artikel 14 der Bundesakte dar. Der Artikel regelt die Partikularrechte von etwa achtzig Aristokratenfamilien, die im alten Reich an der Spitze unabhängiger Staaten gestanden haben. Ihre Besitzungen werden nunmehr zum Staat im Staat und bleiben feudalistische Enklaven in einem sich modernisierenden konstitutionellen System. In einigen Fällen sind die Auswirkungen weniger eklatant als befürchtet. Zum Beispiel entwickeln sich Wirtschaft und Kultur unter den Fürstenbergs in Donaueschingen prächtig. Unter den privilegierten Aristokraten befinden sich gleichermaßen Erzreaktionäre, wie Prinz Wilhelm Ludwig von Sayn-Wittgenstein, wie auch Liberale, so zum Beispiel Prinz Karl von Leiningen.

### DIE REAKTION AUF DEN RADIKALEN NATIONALISMUS

Viele hoffen, daß der Bundestag zu einem echten Forum der Nation wird. Andere folgen vagen liberalen Träumen über die Zukunft Deutschlands. Unter den Studenten der Burschenschaften ist der Gedanke an 1813 noch immer lebendig und die Begeisterung anläßlich der Befreiungskriege steht im merkwürdigen Gegensatz zum täglichen Einerlei in Hörsaal und Bibliothek. Einige radikale Studenten, besonders in Gießen und Jena, rufen zu revolutionären Aktivitäten auf. Ihr Anführer ist Karl Follen, ein hitzköpfiger Salonterrorist, der in Gießen Recht lehrt. Am 23. März 1819 ermordet Karl Ludwig Sand, einer von Follens glühendsten Anhängern, in Mannheim

den bekannten Theaterdichter, Publizisten und russischen Informanten August von Kotzebue. Friedrich Wilhelm III., der in ständiger Angst vor einer Revolution lebt, sieht in dieser Tat den Auftakt einer groß angelegten Verschwörung, und nicht die Entgleisung einer ansonsten entschieden friedfertigen Bewegung des deutschen Nationalismus. Er greift zu harten Gegenmaßnahmen. Sand wird als warnendes Beispiel für mögliche Nachahmer der Tat am 20. Mai 1820 öffentlich hingerichtet. Seine heroische Haltung auf dem Schafott bestätigt nur seinen Status als liberales Idol, zu dessen Andenken 1869 ein Denkmal errichtet wird. Sein Henker baut das Holz des Scheiterhaufens zu einem Schrein um und wird dadurch reich, da überzeugte Patrioten dem jugendlichen Märtyrer hier ihre Anerkennung zollen.

Der österreichische Kaiser und Metternich sind in Rom, als Kotzebue ermordet wird und kehren erst Monate später nach Österreich zurück. Am 1. August 1819 kommt Metternich im böhmischen Kurort Teplitz mit Friedrich Wilhelm III. zusammen. Er gewinnt den König dafür einer strikten Überwachung aller deutschen Universitäten, der Pressezensur und der Beendigung der Verfassungsreform zuzustimmen. Kurze Zeit später kommen die Minister der großen deutschen Staaten in Karlsbad zusammen. Metternich bringt die Karlsbader Beschlüsse, die am 20. September 1819 verkündet werden, in entschieden verfassungswidriger Manier durch den Bundestag. Er ist davon überzeugt, daß es um Alles oder Nichts geht – Revolution oder Reaktion –, und daß sich Österreich wenn es keinen reaktionären Kurs einschlägt, sich aus dem Bund zurückziehen muß. Mit den Karlsbader Beschlüssen sichert Metternich Österreichs beherrschende Stellung im Bund, schafft aber unlösbare Probleme für das Land, nicht zuletzt durch die einflußreiche Fraktion in Wien, für die das Reich an erster Stelle steht und die dem Bund bestenfalls Zweitrangigkeit zugesteht.

Entsprechend den Karlsbader Beschlüssen wird an jeder Universität ein Beauftragter eingesetzt, der die strenge Vollziehung der Vorschriften überwacht. Unliebsame Dozenten werden aus dem Lehrdienst entfernt, die Burschenschaften verboten, die akademische Freiheit abgeschafft und die Universitäten der Kontrolle des Bundes unterstellt. Obwohl die Bedingungen in den Staaten nicht einheitlich sind und Professoren, die an der einen Universität entlassen werden, an anderen oft wieder Lehrstühle erhalten, herrscht an den deutschen Universitäten eine allgemeine Stimmung von Bedrücktheit, Angst und dumpfer Erwartung.

Alle Publikationen von weniger als 320 Seiten müssen vor dem Druck durch eine Vorzensur gehen; längere Werke werden nach der Veröffentlichung auf „atemberaubende Theorien und ansteckende Dummheiten" geprüft. In Mainz wird eine Untersuchungskommission gebildet, die revolutionäre Umtriebe unterbinden soll. Da sie nur wenige derart gefährliche Geister ausfindig macht, wird sie Zielscheibe öffentlichen Spottes, doch allein ihre Existenz nährt Furcht und Verdacht und paralysiert das deutsche Geistesleben jener Jahre.

Die Bundesverfassung von 1815 verlangte von jedem deutschen Staat die Einführung einer Verfassung. Obwohl es die Absicht der Väter der Bundesverfassung war, damit ein Element parlamentarischer Regierung zu schaffen, wurde der Artikel so verschwommen formuliert, daß er in viele Richtungen ausgelegt werden konnte. So meinten einige, die Wiederbelebung der alten Provinzlandtage sei bereits ausreichend, um der Forderung zu genügen. In der Schlußakte von Wien, dem letzten gesetzgeberischen Akt im Kontext der drohenden Revolution, wurde gefordert, das monarchische Prinzip in allen diesen Verfassungen zu verankern. Das war ein Kompromiß, der nicht ganz so weit ging, wie Metternich und andere Reaktionäre es gern gesehen hätten. Eine Änderung der liberalen süddeutschen Verfassung erforderte dies nicht. Die Schlußakte begrub die letzte Hoffnung, daß sich die Bundesverfassung nach demokratischen Prinzipien entwickeln oder der Verfassungsprozeß seine Fortsetzung in den einzelnen Bundesstaaten finden könnte. Der Deutsche Bund wurde zu einem Repressionsinstrument. Der neue Geist wurde mit konstitutionellen Mitteln abgewürgt. Das alte Regime benutzte konstitutionelle Einrichtungen zur Zerschlagung des Konstitutionalismus.

## DER ZOLLVEREIN

Das Bürgertum sieht zwar seine konstitutionellen Absichten hintertrieben, ist aber dafür auf wirtschaftlichem Gebiet erfolgreich. Sein Ziel besteht in der Schaffung eines gemeinsamen deutschen Marktes, der durch hohe Zölle geschützt wird. Hinter einer Mauer aus Schutzzöllen könnte die Industrie aufblühen, bis sie stark genug wäre, der Konkurrenz aus England entgegenzutreten. Höhere Zölle sind auch Österreich und anderen Staaten, die der Idee des freien Handels ansonsten ablehnend gegenüber stehen, angenehm. Die ersten Schritte zur Schaffung gemeinsamer Zölle unternimmt Preußen. Im Jahre 1818 fallen alle Zollschranken zwischen den

Das Lichten eines Hochwaldes.

„Das Lichten eines Hochwaldes" – Karikatur zur Gründung des Zollvereins am 1. Januar 1834, dem Tag, an dem achtzehn Staaten unter Führung Preußens ein Freihandelsgebiet errichten.

preußischen Provinzen und machen ganz Preußen damit zum Freihandelsgebiet. Gleichzeitig werden hohe Transitzölle erhoben und von einem modernen Zolldienst eingetrieben. Die preußischen Zölle sind nicht allein das Ergebnis eines liberalen Wirtschaftsdenkens, sie sollen gleichzeitig weiteren Interessen Preußens in Deutschland dienen. Der preußische Finanzminister Friedrich Christian von Motz schreibt diesbezüglich, es handele sich um eine „unabhängige Politik für die deutsche Einheit, unabhängig vom Bund und notfalls auch gegen den Bund".

Die Mehrzahl der deutschen Staaten sieht in den preußischen Zöllen einen Akt unverblümten Eigennutzes, der angesichts des in Deutschland allenthalben herrschenden Hungers noch eklatanter wird, denn durch die Zölle verteuern sich die importierten Nahrungsmittel. Im Jahre 1819 gründet eine Gruppe von Industriellen und Kaufleuten den „Allgemeinen Deutschen Handels- und Gewerbeverein", der in einer Zeit wirtschaftlicher Schwierigkeiten politische Richtlinien zur Förderung von Handel und Wirtschaft in Deutschland ausarbeiten soll.

Die Preußen dehnen derweil ihr Zollgebiet auf eine Reihe benachbarter Staaten aus und schließen dann im Februar 1828 mit Hessen-Darmstadt einen Zollvertrag ab, der ihnen Zugang zum Main verschafft. Ein Vertrag mit der Zollunion Bayern-Württemberg wird 1832–1833 ausgehandelt. Metternich, der sich über die politischen Folgen der preußischen Zollunion vollkommen im klaren ist, hat sich noch bemüht, Bayern vom Beitritt abzuhalten. Doch seine Verhandlungsdelegation hat sich geweigert von seinen Forderungen nach Transitzöllen, Schiffsverkehr auf der Donau und österreichischen Schutzzöllen abzurücken. Der sich daraufhin bildende Deutsche Zollverein tritt am 1. Januar 1834 in Kraft. Mehrere deutsche Staaten, darunter Sachsen, die thüringischen Staaten, Frankfurt und – trotz französischen Druckes – Baden, treten sofort bei. Ein gemeinsamer Markt mit fünfundzwanzig

# Das Wartburgfest

Die 1815 in Jena gegründeten Burschenschaften deutscher Studenten sind die einflußreichsten Organisationen, die sich eine Verfassungsreform, nationale Einheit und Freiheit auf ihre Fahnen geschrieben haben. Diese nationalistisch gesinnten Gruppen sind den obersten Behörden ein Dorn im Auge, die meinen, daß Politik allein Sache der Regierung und keine Angelegenheit freier Bürgervereinigungen, die die späteren Parteien vorwegnehmen, ist. In den Burschenschaften finden sich vor allem Studenten der protestantischen Universitäten Süddeutschlands. Die Studenten machen das Schwarz-Rot-Gold der Lützower Jäger, die sich in den Befreiungskriegen gegen Napoleon ausgezeichnet haben, zu ihren Farben. Die Farben werden von allen Kräften nationalistischer Gesinnung übernommen und 1848 zur Staatsflagge erkoren. Von den insgesamt etwa 8000 Studenten des Jahres 1815 schließen sich zwischen 1000 und 1500 den Burschenschaften an – ein enttäuschendes Ergebnis für die Initiatoren.

Das Wartburgfest findet im Oktober 1817 zur Erinnerung an den dreihundertsten Jahrestag der Reformation und den vierten Jahrestag der Völkerschlacht bei Leipzig statt. Der liberal gesinnte Großherzog Karl August von Sachsen-Weimar-Eisenach gibt sein Einverständnis zur Durchführung des Festes auf einem Hügel gegenüber der Wartburg, in der Luther einst wohnte. Am Fest nehmen etwa fünfhundert Studenten von mindestens dreizehn Universitäten teil. Das größte Kontingent mit 168 Teilnehmern entsendet Jena.

Am ersten Abend des Festes entzündet eine radikale Minderheit ein Feuer. In den Flammen verbrennen Bücher, die als „undeutsch" und reaktionär verschrien werden, darunter der *Code Napoléon*, als verhaßtes Relikt ausländischer Bevormundung, und die preußischen Polizeigesetze. Den Forderungen nach liberalen Reformen und nationaler Einheit wird von Seiten der Behörden große Bedeutung geschenkt. Die Polizei greift ein, es kommt zu Festnahmen.

Die Burschenschaften arbeiten insgeheim weiter, die in den meisten Staaten herrschende Unterdrückung macht sie zunehmend radikaler. Im Jahre 1819 werden sie endgültig verboten. Nach ihrer Wiederbelebung im Jahr 1848 wechseln sie jedoch in das politisch-konservative Lager über.

Studenten auf dem Weg zum Wartburgfest
am 18. Oktober 1817.

Millionen Deutschen steht nun unter der geschickten und flexiblen Leitung der preußischen Bürokratie.

Die Industrie macht nur langsame Fortschritte; erst in der zweiten Hälfte des Jahrhunderts erhöht sich aufsehenerregend schnell ihr Entwicklungstempo. Bis 1846 – 1847 sind weniger als drei Prozent der arbeitenden Bevölkerung im Deutschen Zollverein Fabrikarbeiter. Der entscheidende Anstoß für den industriellen Aufschwung kommt erst mit dem Bau der Eisenbahn. Das erste bedeutende Projekt ist die zwischen 1827 und 1832 gebaute Strecke über eine Entfernung von ca. 125 Kilometern zwischen Linz und Budweis, die aber noch mit Pferden betrieben wird. In England wird 1825 mit Stephensons Lokomotive der Eisenbahnverkehr zwischen Stockton und Darlington aufgenommen. Die erste dampfbetriebene Eisenbahn in

Deutschland fährt 1835 zwischen Nürnberg und Fürth. In der Folgezeit führt die fieberhafte Erweiterung des Schienennetzes in Deutschland und der dabei herrschende Mangel an Koordination dazu, daß private Unternehmen sich die gewinnbringenden Strecken schnappen, während sich die Regierungen mit unterschiedlichem Erfolg bemühen, etwas Ordnung in das Chaos zu bringen. Ein österreichischer Abgeordneter im Frankfurter Parlament, der nach Wien reisen möchte, muß dafür zuerst den Rheindampfer nach Düsseldorf, dann den Zug nach Berlin nehmen und von dort aus dann nach Hause fahren.

Der Eisenbahnbau hat gewaltige gesellschaftliche und wirtschaftliche Folgen. Die Transportkosten verringern sich um bis zu achtzig Prozent und Mobilität wird zum Stichwort der Zeit. Friedrich Wilhelm III. hat gefragt, weshalb eigentlich jedermann so erpicht darauf sei, eine halbe Stunde früher in Potsdam anzukommen und beklagt, daß nun auch die Geringsten seiner Untertanen ebenso schnell reisen könnten wie er. Diese unsinnig erscheinenden Bemerkungen zeigen deutlich, daß die Eisenbahn – wie der Massenflugverkehr unserer Tage – zu einer gewissen Demokratisierung des Transportwesens führt. Noch stärker sind die Auswirkungen der Eisenbahn auf die Entwicklung der Eisen- und Stahlindustrie und des Maschinenbaues. Allmählich lernt man in Deutschland, gerade Schienen herzustellen und zuverlässige Lokomotiven zu bauen und schon bald arbeiten Walzwerke und Fabriken an der Grenze ihrer Leistungsfähigkeit.

## DIE GESELLSCHAFTLICHE ENTWICKLUNG IN DEUTSCHLAND

Im Vergleich zu der sozial fein abgestuften Gesellschaft des achtzehnten Jahrhunderts, erscheint die Gesellschaft im Deutschland der Biedermeierzeit auf den ersten Blick bei weitem einheitlicher. Das wird in der Kleidung deutlich. Luxusgewänder gehören seit langem der Vergangenheit an sowohl Aristokratie wie auch Bürgertum tragen einheitlich Schwarz oder gedeckte, dezente Farben. Doch die alten gesellschaftlichen Unterschiede bestehen hinter dieser Fassade von Gleichheit und Einfachheit weiter. Um 1840 kommen etwa sechzig Prozent der Industrieunternehmer aus der Arbeiterschaft oder aus dem Kleinbürgertum. In Schlesien und Böhmen sind

Kaiser Ferdinands Nordeisenbahn von Brünn nach Raigern nimmt am 17. November 1837 den Fahrbetrieb auf.
Die ersten Eisenbahnen werden in Deutschland gebaut. Die Strecke zwischen Nürnberg und Fürth wird 1835 fertiggestellt. Deutschland hat schon bald das ausgedehnteste Eisenbahnnetz in Europa. Der Eisenbahnbau führt zur raschen Entwicklung von Maschinenbau, Stahlindustrie, Kohlebergbau und Metallverarbeitung und ist Anlaß für die Industrielle Revolution.

aus Adligen erfolgreiche Unternehmer geworden. Doch noch immer rümpfen zahlreiche Aristokraten, besonders im Ostelbischen, die Nase über den „Handel". Allerdings verführt der Reichtum in der Industrie manchen von ihnen, unter seinem Stand zu heiraten. Andererseits werden wiederum begüterte Bürgerliche in den Adelsstand erhoben. Den ausgleichenden Tendenzen des Industriekapitalismus wirkt die restaurative Politik dieses reaktionärgeprägten Zeitabschnittes entgegen und der Kapitalismus führt zwingend zu neuen Formen der Ungleichheit.

Das Biedermeieridyll drückt sich am deutlichsten in der Hervorhebung familiärer Tugenden aus. Die Privatsphäre, die von der Welt der Arbeit und des Kampfes abgetrennt wird, erhält zunehmende Bedeutung. Die Familie wird als Zufluchtsort vor dem Streß des Alltags gesehen, auf sie konzentrieren sich persönliche Hoffnungen und Träume, sie ist die Einrichtung, die dem Leben erst seine wahre Bedeutung gibt. Die Partnerwahl erfolgt auf der Grundlage von gegenseitiger Zuneigung und Achtung. Man konzentriert sich auf die Kinder als Träger entstehender Familientradition; die Familie wird somit zum beruhigenden Ersatz religiösen Glaubens, der durch den Einfluß des Rationalismus immer mehr geschwunden ist.

Krasse soziale Unterschiede lassen sich aber hinter vereinheitlichenden Tendenzen der Zeit nicht verstecken. Die Kluft zwischen Arm und Reich ist tief. Selbst innerhalb der Arbeiterklasse gibt es extreme Unterschiede. So beträgt zum Beispiel in einer Kalikodruckerei in Chemnitz der höchste Wochenlohn das Dreizehnfache des niedrigsten. Angesichts solcher Bedingungen sind sinnvolle Aussagen zu Durchschnittslöhnen und Lebensstandard nur schwer zu treffen. Zweifellos ist Armut aber weit verbreitet und verschärft sich in den vierziger Jahren des neunzehnten Jahrhunderts. Ein Grund dafür ist, daß die Handwerker, besonders in der Textilindustrie nicht mit der Industrieproduktion konkurrieren können. Zwanzig bis dreißig Prozent der Bevölkerung sind in dieser oder jener Form auf Wohlfahrt angewiesen, und ihre Lebensumstände sprechen dem Hochglanzidyll der Biedermeierfamilie geradezu Spott und Hohn.

Die jüdische Gemeinde in Deutschland hat seit dem Ende des achtzehnten Jahrhunderts weitgehende Rechte und Freiheiten erhalten. Daß sie sich im Zuge aufgeklärter Reformen neuer Freiheiten erfreuen kann, ist aber auch der Tatsach ihrer über Jahrhunderte andauernden Verfolgung, Isolierung und Unterwerfung unter Sonderregelungen geschuldet. In einer säkularisierten bürgerlichen Gesellschaft ist kein Raum für die Diskriminierung religiöser Minderheiten. Die Emanzipation der Juden ist ein integraler Bestandteil der Befreiung der Gesellschaft von den Fesseln eines halbfeudalen Ständesystems. Daß sie nie abgeschlossen worden ist, ist das Ergebnis ebenfalls unvollendet gebliebener Reformen.

Praktizierende Juden machen 1816 lediglich 1,1 Prozent der Bevölkerung des Deutschen Reiches, und 1871 1,2 Prozent des gleichen Gebietes aus. Am Ende des dazwischenliegenden halben Jahrhunderts hat die jüdische Gesellschaft aufgehört sich in eine Handvoll sehr reicher Familien und eine übergroße Mehrheit von armen Leuten zu teilen und ist im großen und ganzen gutbürgerlich geworden. Staat und Juden sind mit mäßigem Erfolg bemüht, die Juden in der Landwirtschaft und Handwerk anzusiedeln. Nachdem sie gerade aus diesen Berufen über Jahrhunderte ausgeschlossen gewesen sind, ziehen sie es vor, ihren traditionellen Berufen als Kaufleute und Bankiers

# Rahel Varnhagen

Rahel Levin wird 1771 in Berlin als Tochter eines reichen, aber ungebildeten jüdischen Kaufmannes geboren. Sie ist eine sehr begabte, aufgeschlossene und wissensdurstige junge Frau, die durch ihre Lehrer eine gründliche Ausbildung in Französisch und Mathematik erhält. Sie liest Voltaire, Rousseau, Fichte, Kant und den von ihr über alles geliebten Goethe.

Sie schämt sich ihrer Familie und betrachtet ihr Jüdischsein als großes Unglück. Als zwei Verlobungen mit Aristokraten zerbrechen, glaubt sie, da sie weder eine Schönheit noch aus gutem Hause ist, niemals mehr einen Ehemann zu finden. Sie tritt zum Christentum über und nennt sich fortan Friederike. Schließlich heiratet sie vierunddreißigjährig den neunundzwanzigjährigen Diplomaten und Schriftsteller Karl August Varnhagen von Ense, einen Mann von ausgesprochen liberaler Haltung.

Die Ehe ist außerordentlich glücklich. Nachdem sie ein Jahr verheiratet ist, schreibt sie an eine Freundin: „Meine große Freude besteht darin, daß ich nicht einmal merke, daß ich verheiratet bin. In allem, ob groß ob klein, kann ich frei leben und fühlen, wie ich will. Ich kann Varnhagen alles erzählen und dabei vollkommen aufrichtig sein, und das erfüllt mich mit Glück und Freude. Ich mache ihn auch glücklich, ich allein." Sie lehnt die traditionelle Rolle der gehorsamen und unterwürfigen Frau ab und fordert, daß Frauen die freien und gleichberechtigten Partner ihrer Männer sein sollten. Sie vertritt die Auffassung, die Ehe solle auf gegenseitiger Liebe und Verständnis füreinander beruhen und nicht nur eine finanzielle Vereinbarung oder ein Karrieremittel sein. Sie betont die Bedeutung der Persönlichkeit und glaubt, daß sich diese nur über die Beziehung zu anderen Menschen, besonders zu geliebten Menschen, entwickele.

Bereits vor ihrer Ehe führt Rahel Levin einen Salon in ihrer bescheidenen Dachwohnung. Ihre Wohnung steht jedermann auch ohne offizielle Einladung offen und Menschen aus allen gesellschaftlichen Schichten finden sich bei ihr ein und reden ungezwungen über Literatur, Kunst und Philosophie. Ihr alter Diener schenkt den Gästen Tee ein; außer Tee wird nichts gereicht. Die hier herrschende Kargheit steht im markanten Gegensatz zu den aristokratischen Salons von Paris, in denen rauschende Empfänge stattfinden. Dennoch wird der Salon der Rahel von Varnhagen von Fürsten und Aristokraten des Hauses Hohenzollern, wie Prinz Radziwill und Graf Dohna, frequentiert. Staatsmänner, wie Friedrich Gentz, treffen hier auf öffentlich Bedienstete, Offiziere der Armee, Professoren und Berühmtheiten der Berliner Theater und der Oper. Sie ist Gastgeberin vieler berühmter Schriftsteller wie Friedrich Schlegel, Clemens von Brentano, Tieck, Chamisso, La Motte Fouqué, Jean Paul, Heine und Ludwig Börne. Andere berühmte Gäste sind die Gebrüder Humboldt, Schleiermacher und der Bildhauer Johann Gottfried Schadow.

Neben Rahel Levin gibt es noch mehrere andere jüdische Salons. Zum Beispiel den von Henriette Herz, Dorothea Mendelssohn, Sarah Levy und Amalie Beer, von denen nur die beiden letztgenannten ihren jüdischen Glauben beibehalten haben. Das Geheimnis für den Erfolg ihrer Salons liegt nicht etwa darin, daß deutsche Juden emanzipiert und in die Gesellschaft integriert sind. Ganz im Gegenteil. Gerade weil sie Außenseiter sind, kann sie ihren Besuchern aus den unterschiedlichsten sozialen Schichten ein neutrales Forum bieten, auf dem sie sich als Gleiche begegnen können.

Eine Teegesellschaft bei Rahel Varnhagen, Holzschnitt von E. M. Simon.

Familienidyll der Biedermeierzeit: Die Familie als Zuflucht-
ort vor der Hast und Mühe
des Alltags. Das Gemälde eines
unbekannten Meisters (1828)
zeigt Wilhelm Friedrich Erich
und seine Familie in diesem
Geiste.

*Gegenüber:* Nürnberg, von
Samuel Prout (1783 – 1852).
Die florierende mittelalterliche
Stadt ist ein bedeutendes Finanzzentrum und beherbergt in
ihren Mauern neben Kunsthand-
werkern einige der bedeutendsten Künstler, deren berühmte-
ster Albrecht Dürer ist.
Die erste Eisenbahn in Deutschland wird 1835 zwischen Nürnberg und Fürth gebaut, sie ist
ein Zeichen für den Reichtum
der Stadt und das hohe Können
ihrer Ingenieure.

treu zu bleiben. Besonders erfolgreich sind sie als Bankiers: jeder fünfte Angestellte
von Banken und an der Börse im Jahre 1882 ist Jude. Dagegen ist der Anteil jüdischer
Hausierer am Ende des Jahrhunderts auf unter zwei Prozent zurückgegangen.

Da Juden der Offiziersberuf, der traditionelle Weg gesellschaftlichen Aufstiegs,
noch immer versagt ist, suchen viele den Bildungsweg über die Universitäten. In
den 1880er Jahren sind etwa zehn Prozent der preußischen Studenten praktizierende Juden. Aus ihren Reihen gehen berühmte Ärzte, Rechtsgelehrte und Künstler hervor, aber erst 1859 erhält der erste Jude in Göttingen eine Professur und der
erste jüdische Richter wird 1860 in Hamburg ernannt.

Doch die Antipathie gegen die Juden sitzt tief und wird vielfach durch solche
Entwicklungen noch verstärkt. In das herkömmliche Mißtrauen mischt sich zudem
der Neid auf ihren Erfolg. Die deutschen Juden leisten einen beachtlichen Beitrag
zum deutschen Leben und spielen auch eine herausragende Rolle innerhalb der Reformbewegung des Judentums. Deutsch ist die *lingua franca* der Juden im neunzehnten Jahrhundert. Doch auch dies schafft Probleme, denn orthodoxe Juden befürchten, eine gesellschaftliche Anpassung könne zur Verwässerung ihrer Religion
führen und ihre traditionelle Lebensweise beeinträchtigen. Trotz aller Schwierigkeiten ist das Zusammenleben von Deutschen und Juden in diesem Jahrhundert
für beide Seiten fruchtbringend. Nichts deutet auf die schlimmen Ereignisse hin,
die noch kommen werden.

Auf wissenschaftlichem Gebiet liegen die Stärken der Deutschen in der ersten Hälfte
des neunzehnten Jahrhunderts innerhalb der Philosophie und den humanistischen
Wissenschaften; die Naturwissenschaften werden etwas vernachlässigt. Die Situation
kehrt sich in der zweiten Hälfte des Jahrhunderts in ihr genaues Gegenteil um. Das Land

der Dichter und Denker bringt einige sehr merkwürdige Ideen hervor. Schelling und die „Naturphilosophen" äußern sich kritisch zu Newtons Empirismus und postulieren, die Natur könne nur durch Intuition und Kontemplation verstanden werden. Physiker wie Feuchtersleben in Wien und Ringseis in München, verurteilen die „materialistische" Medizin und fordern ein neues Herangehen, das Gebet, Handauflegen und Meditation mit den moderneren Methoden der Therapie verbindet. Die Befürworter der empirisch-wissenschaftlichen Untersuchung fechten einen erbitterten Kampf gegen diese priesterlichen Ärzte und dichtende Betrachter der Wunder der Natur aus.

Der herausragendste deutsche Naturwissenschaftler jener Zeit ist Justus Liebig. Er fällt Alexander von Humboldt als zweiundzwanzigjähriger Student bei Gay-Lussac in Paris auf. Humboldt sichert dem jungen Wissenschaftler sofort eine Professur in Gießen, wo er das erste moderne chemische Labor an einer deutschen Universität einrichtet. Liebig ist einer der erfinderischsten Köpfe der Zeit. Seine Arbeiten über chemische Düngemittel machen ihn zum Begründer der Agrochemie. Er stellt als erster Chloroform und Chloral dar und spielt auch eine Hauptrolle bei der Entdeckung des Benzolradikals. Er entwickelt mehrere wissenschaftliche Geräte, darunter den nach ihm benannten Kühler, und schafft den ebenfalls mit seinem Namen verbundenen Fleischextrakt. Seine Arbeiten zur organischen Chemie weisen ihn als bedeutenden Systematiker und methodologischen Erneuerer aus.

Innerhalb der Literatur tritt vor allem die Literaturtheorie dieser Periode stark hervor. An die Stelle philosophischer Spekulation tritt kreatives Schreiben. Friedrich Schlegel stellt die Literatur in seiner *Geschichte der alten und neuen Literatur* in einen welthistorischen Rahmen und bemüht sich, den christlichen Idealismus des Mittelalters mit den Erfordernissen der modernen Welt in Einklang zu bringen. Und der Hegelianer Georg Gottfried Gervinus erörtert in der *Geschichte der poetischen Nationalliteratur der Deutschen*, daß es die Aufgabe der deutschen Dichtung ist, bei der Herausbildung der deutschen Nation mitzuhelfen.

Die bedeutende Tradition der romantisch-lyrischen Dichtung wird durch Joseph von Eichendorff, Eduard Mörike und Anette von Droste-Hülshoff weitergeführt. Heinrich Heine und Ludwig Börne sind die herausragenden Vertreter des „Jungen Deutschlands", einer Gruppe politisch engagierter Schriftsteller, die der Zensur 1835 zum Opfer fallen und danach gezwungen werden ins Exil zu gehen. Der unmittelbare Anlaß für diese Repressalien ist das Erscheinen von Karl Gutzkows Roman *Wally, die Zweiflerin* im Jahre 1835, in dem die Kirchen angegriffen und für die Emanzipation der Frau und die freie Liebe Partei ergriffen wird.

## ZEICHEN DER VERÄNDERUNG

Im Juli 1830 bricht in Paris die Revolution aus. Karl X. verliert seinen Thron; ihm folgt der „Bürgerkönig" Louis-Philippe. Die Belgier erheben sich gegen die Holländer und schaffen ein unabhängiges Land mit fortschrittlicher Verfassung. Zu ähnlichen Erhebungen kommt es auch in Italien und Polen. In Norddeutschland, mit der bemerkenswerten Ausnahme von Preußen, machen die Staaten zahlreiche Zugeständnisse an die Verfassung, wie sie im Süden bereits stattgefunden haben.

In Braunschweig wird die Karosse des Herzogs mit Steinen beworfen, sein Palast belagert. Er hat die Unterstützung des größten Teils des Bürgertums, der Aristokratie und des Offizierscorps verloren und dankt zugunsten seines populären Bruders ab. Die Massen stecken den Palast in Brand, ohne daß die Behörden einschreiten und Prinz Wilhelm kommt mit Unterstützung der britischen Krone an die Macht. Im September 1831 wird eine neue Verfassung verkündet.

In Sachsen herrscht verbreitet Unzufriedenheit mit dem reaktionären Regime des betagten Königs Anton und seines Ersten Ministers Hans-Georg von Carlowitz. Nach mehreren Aufständen und Demonstrationen im gesamten Königreich macht der König mit einem klugen Schachzug seinen Neffen zum Mitregenten. Es wird eine neue, liberalere Regierung ernannt, die bescheidene Reformen in Angriff nimmt. Eine neue Verfassung nach dem Vorbild Süddeutschlands tritt im September 1831 in Kraft und im Jahr darauf werden die Feudalpflichten abgeschafft.

In Hannover führen Unruhen 1830 zu geringfügigen Verfassungsreformen. Diese werden aber 1837 mit dem Ende der Personalunion mit Großbritannien und mit dem neuen König Ernst August, der eine vehement reaktionäre Herrschaft ausübt, widerrufen. Im kürfürstlichen Hessen droht der Mob Kurfürst Wilhelm II., es werde Bürgerkrieg geben, wenn er nicht eine parlamentarische Versammlung beriefe. Der Kurfürst lehnt ab, und es kommt zu verbreiteter Gewaltanwendung im gesamten Staat. Der Kurfürst verlangt das Eingreifen des Bundestages zur Wiederherstellung von Ruhe und Ordnung und beruft gleichzeitig einen Verfassungstag nach Kassel ein, der im Januar 1831 die neue Verfassung vorlegt. Wilhelm II. weigert sich mit dem neuen Landtag zusammenzuarbeiten und wird zugunsten seines Sohnes Friedrich Wilhelm zum Abdanken gezwungen.

Österreich, Preußen und der Bund halten sich 1830 aus diesen Vorgängen heraus und lassen den Dingen ihren Lauf. Der Hauptgrund dafür ist, daß Österreich und Preußen ihre Aufmerksamkeit hauptsächlich auf Italien und Polen gerichtet halten und der Bund ohnehin nur auf Geheiß beider Mächte einschreitet. Die Entwicklungen im Norden geben den Liberalen im Süden einen ungeheuren Aufschwung. Sie bilden eine Reihe nationaler Vereine, geben mehrere neue Zeitungen und Zeitschriften heraus und tun alles, um die öffentliche Meinung zu mobilisieren.

Ihre Aktivitäten konzentrieren sich auf die bayerische Pfalz, wo 1832 in Zweibrücken der „Vaterlandsverein zur Unterstützung der freien Presse" gegründet wird. Der Verein fordert die freie Presse als notwendige Voraussetzung für die Einheit Deutschlands und eines demokratischen Europas. Zur Feier der „Wiedergeburt Deutschlands" organisiert er am 27. Mai 1832 in Hambach ein Fest, an dem 20 000 bis 30 000 Menschen teilnehmen. Sie schwenken die schwarz-rot-goldenen Fahnen des deutschen Liberalismus und den weißen Adler Polens und lauschen den zündend gehaltenen patriotischen Reden. Das Hambacher Fest ist eine einzigartige Veranstaltung, eine mächtige Demonstration von Menschen aus ganz Deutschland für nationale Einheit auf der festen Grundlage demokratischer Prinzipien. Die Bewegung scheitert hauptsächlich an zwei Gründen: Die Nationalisten sind hoffnungslos in Gemäßigte und Radikale gespalten, und die Behörden unterdrücken die Bewegung mit äußerster Härte. Auf Verlangen Metternichs ruft Bayern den Notstand aus und entsendet einen altgedienten Feldmarschall in die Pfalz, um die Rädelsführer zu ergreifen und die überall im Lande aufgepflanzten Freiheitsbäume wieder zu entfernen. Die nationalistischen Führer werden entweder verhaftet oder fliehen ins Exil.

Heinrich Heine (1797–1856) wird zuerst durch seinen Band *Gedichte* (1822) bekannt. Diesem folgen *Das Buch der Lieder* und *Reisebilder*, zwei Meisterwerke, die sowohl von seiten der Kritik als auch wirtschaftlich gesehen, großen Erfolg haben. Heine reist 1830 nach Paris und bleibt dort für den Rest seines Lebens. In *Zur Geschichte der Religion und Philosophie in Deutschland* (1834) macht er die Franzosen mit den revolutionären Gedanken der Philosophie Kants und Hegels vertraut. Heine wird von den einen als glühender Patriot, von anderen als zynischer Verräter, als prinzipienfester Republikaner oder bezahlter Lakai gesehen. Er hatte den Mut zum Alleingang und in vieler Hinsicht hat ihm die Geschichte Recht gegeben.

Einen Monat nach dem Hambacher Fest erläßt der Bundestag die „Sechs Artikel", die die Rechte der Landtage einschneidend beschränken und eine Kontrollkommission einsetzen, welche die Einhaltung des neuen Gesetzes durch die Abgeordneten sicher stellen soll. Zahlreiche Staaten wenden sich energisch gegen das Prinzip, nach dem Bundesrecht über das Recht der einzelnen Staaten gestellt wird und daß noch eine weitere polizeiliche Bundesbehörde entstehen soll. Das Zentralbüro für Politische Untersuchungen ist die Reaktion auf den Angriff einer Heidelberger Studentengruppe auf die Haupt- und Konstablerwache in Frankfurt. Diese dramatische Aktion löst nicht den von den Studenten erhofften allgemeinen Aufstand aus. Die Bevölkerung verhält sich ruhig. Soldaten rücken an und überwältigen die Aufständischen. Die Verschwörung kostet sechs Soldaten und einem Studenten das Leben.

Die konstitutionellen Staaten sind gegenüber Österreich und Preußen machtlos. Auf der Ministerkonferenz in Wien peitscht Metternich zwischen Januar und Mai 1834 weitere repressive Gesetze durch und im Jahre 1836 werden in Preußen 204 Studenten verhaftet, von denen 39 zum Tode verurteilt und vier gerädert werden. Die Todesurteile werden schließlich in zumeist lebenslange Haftstrafen umgewandelt. Als Wilhelm IV. 1840 den Thron besteigt, werden alle begnadigt.

Preußen hat die Liberalen vollständig unter Kontrolle, bekommt aber zunehmende Schwierigkeiten mit den Katholiken, besonders in den Westprovinzen. Nach der Vorschrift des Tridentinum müssen Kinder aus Mischehen zwischen Katholiken und Protestanten katholisch erzogen werden. Die preußische Regierung ordnet 1803 an, daß Kinder aus Mischehen zumindest in den ostelbischen Gebieten die Konfession des Vaters annehmen müssen. Diese Anordnung wird 1825 auf ganz Preußen ausgedehnt. Der Vatikan bemüht sich um eine Kompromißlösung in dieser Frage; doch Unnachgiebigkeit auf beiden Seiten führt zum Konflikt. Im November 1837 wird der Erzbischof von Köln verhaftet, weil er darauf besteht, sein Gewissen verbiete ihm in manchen Fragen, den Anordnungen des Königs Folge zu leisten. Andere Bischöfe im Osten, in Posen, Ermland, Kulm und Breslau, kommen ebenfalls ins Gefängnis weil sie sich über das preußische Mischehengesetz hinwegsetzen. Der preußische König Friedrich Wilhelm IV. beendet den Konflikt 1840 indem er der katholischen Kirche wichtige Zugeständnisse macht. Der preußische Staat muß in dieser Angelegenheit eine ernste Niederlage hinnehmen, aus der aber weder die Österreicher noch die deutschen Verfassungsstaaten Vorteil ziehen können. Den Österreichern sind die preußischen Radikalen zu radikal, den Liberalen die Katholiken zu konservativ.

Im Jahre 1837 stirbt der britische König Wilhelm IV.; seine Nachfolgerin wird Königin Viktoria. Da sich der Hannoveraner Thron über die männliche Linie vererbt, gelangt der Bruder Wilhelms IV., der sechsundsechzigjährige Herzog von Cumberland, als König Ernst August auf den Thron. Der neue König setzt umgehend die Verfassung von 1833 außer Kraft, nicht ohne sich zuvor der Unterstützung Österreichs und Preußens versichert zu haben. Sieben Professoren der Universität Göttingen, darunter die Historiker Dahlmann und Gervinus, sowie Jakob und Wilhelm Grimm die als Märchensammler berühmten Brüder, protestieren entschieden gegen diesen Staatsstreich. Die „Göttinger Sieben" werden außer Landes verwiesen. Die Vorgänge lösen Debatten im Bundestag aus, doch nur Bayern, Sachsen, Württemberg, Baden und die sächsischen Herzogtümer stimmen für die Beibehaltung der

# Struwwelpeter

Heinrich Hoffmann, der Autor des *Struwwelpeter*, einer Sammlung bebilderter Kindergeschichten in Reimform, wird 1809 in Frankfurt geboren. Er studiert Medizin in Heidelberg und Halle und kehrt dann nach Frankfurt zurück, wo er als praktischer Arzt an einer freien Klinik tätig ist. Zwischen 1844 und 1851 lehrt er Anatomie, 1851 erhält er eine Stellung an einem Institut für Geisteskranke und Epileptiker in Frankfurt. Zwischen 1859 und 1864 errichtet er ein psychiatrisches Krankenhaus außerhalb der Stadt, das in sehr moderner Weise geführt wird.

Hoffmann ist 1844 auf der Suche nach einem geeigneten Bilderbuch, das er seinem dreijährigen Sohn zu Weihnachten schenken kann. Da er nirgendwo etwas geeignetes findet, macht er sich daran, selbst ein Buch zu schreiben. Er weiß, daß Bilder auf Kinder eine stärkere Wirkung ausüben als Worte und von dem belehrenden Zeigefingerton der gängigen Kinderbücher hält er wenig. Seine Meinung darüber drückt er mit den Worten aus, diese Bücher seien „insgesamt zu aufgeklärt und rational, von falscher Naivität, unkindlich, unaufrichtig, gekünstelt". Seine eigenen Bilder sind übertrieben komisch, erheben keinen Anspruch auf Realität und sprechen das kindliche Vorstellungsvermögen an. Das Buch ist allein für den Gebrauch eines Kindes bestimmt. Auf dicken Karton gezeichnet und lose gebunden, hält es einiger Beanspruchung stand. Die Seiten sind leicht umzublättern. Die erste Auflage von 1500 Exemplaren ist bereits binnen weniger Wochen vergriffen; insgesamt sind mehr als siebenundzwanzig Millionen Exemplare verkauft worden.

Die Idee zur Gestalt des Struwwelpeter entsteht, als Hoffmann auf einem Werbeblatt für ein Haarwuchsmittel eine Zeichnung sieht, die zeigt, was geschehen kann, wenn einem Kind eine Flasche des Mittels in die Finger gerät. Struwwelpeter ist ein notorischer Quertreiber, selbstbewußt und sicheren Fußes auf einem Podest stehend, läßt er sich weder die Fingernägel noch die Haare schneiden. In der Originalausgabe erscheint er noch namenlos auf der Rückseite des Buches. Doch aus ihm wird schon bald eine bekannte Figur, so daß er in der dritten Auflage 1846 die Vorderseite ziert und nun „Peter mit dem wirren Haar" heißt.

Die Geschichte von der kleinen Pauline, die sich mit einem Streichholz selbst anzündet, beruht auf einer wahren Begebenheit. „Lucifer" erscheint erstmals 1829, woraufhin es zu einer Reihe von Unfällen kommt. Die anderen Geschichten des Buches lehren Kinder von drei bis sechs Jahren, daß man Tiere nicht mißhandeln, sich über Menschen anderer Hautfarbe nicht lustig machen oder nicht am Daumen lutschen darf.

Hoffmann erlebt in seiner täglichen Arbeit Appetitlosigkeit, Überaktivität und ständiges Unaufmerksamsein. Im Jahre 1859 legt er darüber eine wissenschaftliche Arbeit vor. Er malt auch für seine kleinen Patienten und stellt fest, daß die Bilder wirksame Therapieinstrumente sind. Hoffmann, der Amateurmaler und Versemacher, Hoffmann, der sanfte, freundliche Familienmensch und Hoffmann, der progressive Psychiater gehen in *Struwwelpeter* ein und machen es zu einem genialen Meisterwerk.

Illustrationen aus der englischen Ausgabe von *Struwwelpeter* 1845.

Verfassung von 1813. Durch diese Billigung einer rechtswidrigen Handlung eines seiner Mitgliedsstaaten verspielt der Bund seine Glaubwürdigkeit. Die Göttinger Sieben reisen durch ganz Deutschland, verurteilen das Regime in Hannover und stellen das Versagen des Bundes an den Pranger. Dahlmann schreibt, daß der Glaube an eine friedliche Entwicklung des konstitutionellen Prozesses in Deutschland durch die Entscheidung des Bundestages zerstört worden sei.

Der beißende, aggressive Nationalismus in Deutschland drückt sich in so bekannten Gedichten, wie dem *Deutschlandlied* Hoffmann von Fallerslebens, der späteren Nationalhymne des Landes, aus. Der neue Nationalismus richtet sich nach außen und bricht besonders heftig gegen den „Romanismus" Frankreichs und den „Slawismus" Rußlands los. Die politischen Differenzen unter den Nationalisten werden durch den Haß auf einen gemeinsamen Feind überdeckt und an die Stelle eines weltoffenen Liberalismus tritt ein chauvinistischer Nationalismus mit häßlichen rassistischen Untertönen.

Das Jahr 1840 ist auch insofern ein Wendepunkt, als Friedrich Wilhelm IV. auf den preußischen Thron gelangt. Er ist ein hochgebildeter, aber entscheidungsschwacher Mann, erfüllt von den eigenartig romantischen Vorstellungen christlich-germanischer Ideale des Mittelalters und dem Glauben, daß der deutsche Nationalismus in der Wiederbelebung dieser Zeiten seinen Platz hat. Friedrich Wilhelm IV. besitzt die erstaunliche Gabe, aufrüttelnde Bemerkungen von sich zu geben, die bei näherer Betrachtung höchst widersprüchlich oder bar jedes Sinnes sind. Trotz all seinen Mängeln ist er Ferdinand I. von Österreich, der 1835 den Thron besteigt, hoch überlegen. Ferdinand ist ein schwachsinniger Epileptiker und sein Mentor, Erzherzog Ludwig, ein höchst unbedeutender Mensch.

Friedrich Wilhelm IV. beginnt seine Regentschaft mit einer Reihe liberaler Gesten, die bei den Reformkräften auf großen Widerhall stoßen. Der Kampf gegen die katholische Kirche wird eingestellt, zahlreiche politische Gefangene kommen frei. Den durch diese Maßnahmen ermutigten Forderungen nach einer Verfassungsreform begegnet der König mit aphoristischen und ausweichenden Äußerungen oder indem er radikale Befürworter der konstitutionellen Freiheiten ins Gefängnis wirft. Im Jahre 1842 gestattet er den Vertretern der Provinzstände in Berlin zur Beratung der Regierung zusammenzutreten. Das reicht den Reformern nicht, geht den Konservativen aber bereits zu weit, ganz besonders Rußland und Österreich. Zar Nikolaus I. und Metternich warnen den König vor Zugeständnissen an die Liberalen.

Friedrich Wilhelm IV. will Thron und Altar wieder miteinander versöhnen; er denkt eher in deutsch-nationalen als in begrenzt-preußischen Kategorien. Dramatischer Ausdruck dieser Ideen ist das Dombaufest im September 1842 mit der Grundsteinlegung für den Weiterbau des Kölner Domes, an dem die Arbeiten 1559 eingestellt worden sind. Die Hauptsprecher dieses Tages sind Friedrich Wilhelm IV. und Erzherzog Johann von Österreich, der in Begleitung Metternichs nach Köln gereist ist. Der König bezeichnet das Ereignis als Symbol für die Einheit Deutschlands und der Erzherzog sagt: „Solange Preußen und Österreich und der Rest von Deutschland, wo immer Deutsch gesprochen wird, vereint sind, bleiben wir so fest, wie der Stein unserer Gebirge." Die Presse macht daraus: „Nicht länger Preußen und Österreich, sondern ein Deutschland, so fest wie unsere Gebirge." Dank dieser verfälschten Wiedergabe seiner Rede wird Erzherzog Johann später vom Frankfurter Parlament zum „Reichsverweser" bestellt.

In einem Versuch, Ordnung in die schwierige Finanzlage des Staates zu bringen, ruft Friedrich Wilhelm IV. 1847 in Berlin den Vereinigten Landtag zusammen. Er setzt sich aus 613 Mitgliedern der Provinziallandtage zusammen. Die Mehrzahl der Abgeordneten sind aristokratische, aber liberal eingestellte Grundbesitzer, die eine Verfassungsreform anstreben. Ein wichtiger Punkt der Tagesordnung stellt die Beratung über eine Anleihe von dreißig Millionen Talern zum Bau der Eisenbahn von Berlin nach Königsberg dar. Der Vereinigte Landtag weigert sich den Kredit zu gewähren, wenn nicht auch die Verfassungsfrage debattiert wird. Daraufhin löst der König den Landtag auf und ordnet die Einstellung der Arbeiten am Bau der Eisenbahnlinie an.

Die politische Krise in Bayern hat eine romantischere Ursache. Der sechzigjährige Ludwig I., der schon immer ein Auge für schöne Frauen gehabt hat, verliebt sich in eine irische Tänzerin aus Limerick mit dem Bühnennamen Lola Montez. Ihr Liebesverhältnis sorgt in streng katholischen Kreisen für große Aufregung und die reaktionäre Regierung dankt ab, als der König seiner Pompadour den Titel einer Gräfin von Landsfeld verleiht. Das neue Ministerium ist spürbar liberaler, doch der Widerstand gegen das skandalöse Verhalten des Königs wächst. Als sich die junge Gräfin eine Leibgarde aus liberal gesinnten Studenten zulegt, erreichen die Proteste ihren Höhepunkt und der König ist dazu gezwungen, sich von Lola Montez zu trennen. Sie verläßt München, und nach einer weiteren erfolgreichen Karriere als Kurtisane stirbt sie mit dreiundvierzig Jahren als Büßerin in Astoria auf Long Island.

In Hannover stemmt sich Ernst August weiter gegen die Forderungen der zwei Kammern des Landtages nach einer Verfassungsreform. In Hessen kommt es zur Konfrontation zwischen dem neuen Kurfürsten Friedrich Wilhelm I. und den Ständen. In Sachsen werden liberale und radikale Stimmen im Landtag immer lauter, ebenso in Baden, Württemberg und Hessen-Darmstadt. Selbst im Bundestag zieht ein liberalerer Geist ein. Lebhafte Debatten über die Publikation der parlamentarischen Verfahren und über die Zensur bringen eine Reihe von Überraschungen. Preußen tritt für Pressefreiheit ein und sichert eine Stimmenmehrheit gegen Österreich für eine Lockerung des Zensurgesetzes. Zahlreiche Anträge zur Liberalisierung des Bundes werden eingebracht, darunter auch ein Memorandum des Gemahles von Königin Viktoria, Prinz Albert von Coburg.

Der preußische Außenminister Joseph Maria von Radowitz stellt den Antrag, der Bund möge ein einheitliches Rechtswerk schaffen, die enge wirtschaftliche und technische Zusammenarbeit zwischen den deutschen Staaten fördern und seine Armee reformieren. Er schlägt vor, daß, sollte sich Österreich diesen Vorschlägen widersetzen, Preußen den Alleingang wagen, an den Bundestag appellieren oder mit den einzelnen Staaten in Verhandlungen eintreten soll. Radowitz hebt hervor, daß Preußen der einzig wirkliche deutsche Staat ist, mit dem Deutschland steht oder fällt, während sich Österreich mit seinem riesigen Vielvölkerreich nur am Rande mit deutschen Angelegenheiten befaßt.

Friedrich Wilhelm steht den Vorschlägen von Radowitz mit Wohlwollen gegenüber; ein Deutschland ohne Österreich will er sich aber nicht vorstellen. „Deutschland ohne Triest, Tirol und das wunderbare Erzherzogtum", ruft er aus, „wäre schlimmer

Das alte Rathaus in Berlin wurde zwischen 1260 und 1270 erbaut, 1866 aber abgerissen. Das Gemälde von Wilhelm Brücke zeigt das Rathaus im Jahre 1840.

als ein Gesicht ohne Nase." Selbst Metternich ist bereit, den Vorschlag zu erörtern und ruft für den 25. März eine Beratung über die Bundesreform nach Dresden ein. Doch zu diesem Zeitpunkt hat die Revolution Deutschland bereits erfaßt und Metternich aus dem Amt gejagt.

Die sozialen Bedingungen in diesen Jahren sind erschreckend. Massenarbeitslosigkeit, Armut und Hunger herrschen in vielen Regionen Deutschlands. Mehrere Mißernten führen ab 1845 zu Hungerrevolten in Berlin, Wien, Stuttgart und Ulm. In Oberschlesien erkranken 80 000 Menschen an Typhus. Eine weltweite Rezession bringt hohe Arbeitslosigkeit und zahlreiche Firmenzusammenbrüche. Als die Revolution 1848 beginnt, hat die Wirtschaft die Talsohle jedoch bereits durchschritten und die Realeinkommen steigen rasch wieder an. Die wirtschaftliche Lage und die politische Ungewißheit haben eine explosive Situation entstehen lassen. Doch die einsetzende wirtschaftliche Besserung dämpft die revolutionäre Begeisterung.

# Die schlesischen Weber

In der Mitte der 40-iger Jahre des 19. Jh. wird Deutschland von einer Serie von Katastrophen heimgesucht. Von 1843 – 1847 herrscht infolge der Kartoffelfäule und Mißernten verbreitet Hungersnot. Die Hungersnot erreicht 1847 ihren Höhepunkt. Allein in Schlesien erkranken 80 000 Menschen infolge des Hungers an Typhus; 16 000 rafft die Krankheit dahin. In Deutschland, ohne das Habsburger Gebiet, kommt es 1847 zu mehr als 100 Revolten; die heftigste ist im April die „Kartoffelrevolution" in Berlin.

Ein detaillierter Bericht des liberalen Medizinprofessors Rudolf von Virchow über die Zustände in Schlesien erregt ungeheures Aufsehen. Hungersnot und Armut werden von den Linken wirksam zu Propagandazwecken genutzt.

Der Hunger führt zu Unruhen unter der Arbeiterschaft. Die Reallöhne sinken zwischen 1844 und 1847 um mehr als 45 Prozent. Am härtesten trifft es die schlesischen Leinweber. In Preußen gibt es 1847 erst 2628 mechanische Baumwollwebstühle und noch immer 116 832 veraltete Handwebstühle. Bei der Verarbeitung von Wolle und Leinen steht es nicht besser. Die deutschen Textilfabrikanten können dem Druck der Engländer nicht standhalten und auch die höheren Tarife des Zollvereins bringen keine Entlastung. Produktion im kleinen Maßstab und geringe Produktivität bedeuten hohe Kosten, so daß der Export rückläufig ist.

Mit steigenden Produktionsleistungen bei Wolle und Baumwolle verbessern die deutschen Hersteller allmählich ihre Wettbewerbsposition gegenüber englischen, französischen und belgischen Importen. Die Leinenindustrie aber stagniert und ist rückläufig, ihre Organisation hat noch immer halbfeudalen Charakter und die technische Ausrüstung ist hoffnungslos veraltet. Armut, Hunger und politische Unruhen gipfeln 1844 in einem verzweifelten Aufstand. Die Weber erstürmen die Fabriken, zerschlagen die Maschinen, verbrennen die Bücher, in denen ihre Schulden verzeichnet sind und demonstrieren vor den Häusern der Webereibesitzer. Die Armee wird eingesetzt und wirft den Aufstand in drei Tagen nieder.

Das tragische Schicksal der schlesischen Weber erregt die Öffentlichkeit ebenso wie die Gemüter so bedeutender Persönlichkeiten wie Heine, Gerhart Hauptmann und Käthe Kollwitz. Die Weber sind unschuldige Opfer der Industriellen Revolution. Ihre Not liegt in der Rückständigkeit der deutschen Leinenindustrie begründet, die sich aber nur durch den Einsatz mechanischer Webstühle überwinden läßt, der aber wiederum die Handweber ihrer Existenzgrundlage berauben wird. Einigen gelingt es, in andere Berufe auszuweichen und an der allgemeinen Erhöhung der Reallöhne zwischen 1848 und 1850 teilzuhaben. Die meisten aber fallen in tiefe Armut und bestätigen dadurch Karl Marx in seiner Meinung, daß die Verarmung der Massen eine notwendige Folge des Industriekapitalismus ist.

„Die schlesischen Weber", Ölgemälde (1844) von Carl Wilhelm Hubner (1814 – 1879).

# KAPITEL 8    *Die Einheit Deutschlands*

Am 24. Februar 1848 werden in den Straßen von Paris Barrikaden errichtet. Der „Bürgerkönig" Louis Philippe flieht aus dem Land; Frankreich wird erneut Republik. Im Januar ist es in Italien zu revolutionären Aufständen gekommen. Am 3. März fordert der radikale Liberalnationalist Kossuth in Ungarn eine Verfassungsreform für die Habsburger Monarchie. Diese Ereignisse gehen an Deutschland, in dem die Reformbewegung an Aufschwung gewinnt, nicht spurlos vorüber. Bereits am 12. Februar hat der liberale Verleger Friedrich Bassermann in einer zündenden Rede vor dem Badener Landtag die Errichtung eines föderativen Deutschlands nach dem Vorbild der Vereinigten Staaten von Amerika gefordert. In Baden, Württemberg und Hessen wird die Forderung nach Pressefreiheit, einer Verfassungsreform, Geschworenengerichten und einem gesamtdeutschen Parlament immer lauter erhoben.

## DAS REVOLUTIONSJAHR 1848

Die revolutionäre Bewegung in Deutschland ist zerstritten und ohne einheitliches Ziel. In den Landeshauptstädten fordern die Massen den Rücktritt der jeweiligen Regierung. Handwerker gehen mit Gewalt gegen Fabriken und Maschinen vor, Bauern fordern die Abschaffung der Feudallasten, Landhäuser werden geplündert und in Brand gesteckt, Waffenarsenale werden gestürmt und das Volk bewaffnet. Während Rechtsgelehrte eine neue Verfassung entwerfen, hegen Radikale utopische Träume. Am 5. März treffen sich einundfünfzig Vertreter der Reformkräfte, hauptsächlich aus Süd- und Westdeutschland, in Heidelberg. Unter ihnen befinden sich radikale Republikaner, wie Hecker und Struve, sowie Monarchisten, wie Heinrich von Gagern, der die Monarchie mit dem preußischen König als Kaiser wieder einführen will. Die Liberalen sind den Radikalen zahlenmäßig überlegen und es wird beschlossen, daß in Frankfurt ein „Vorparlament" zusammentreten soll. Zur Wahl der 574 Delegierten wird ein siebenköpfiges Komitee gebildet.

Der Bundestag erläßt am 1. März einen Aufruf zur Mäßigung und erkennt am 9. März Schwarz-Rot-Gold als Farben des Deutschen Bundes an. Am folgenden Tag wird ein Ausschuß aus siebzehn gemäßigten Liberalen eingesetzt, der Vorschläge für eine Verfassungsreform ausarbeiten soll; der Ausschuß beginnt mit seinen Beratungen am Ende des Monats. In der Zwischenzeit verhandelt Heinrich von Gagern, der befürchtet, daß die Radikalen die Oberhand gewinnen könnten, mit Bayern, Baden, Württemberg, Nassau und den beiden hessischen Staaten in der Hoffnung, daß die Reform des Bundes von den bestehenden Regierungen über den Bundestag hinweg vorgenommen werden kann und dadurch kein möglicherweise radikales Parlament entsteht. Doch all diese Bemühungen scheitern – hauptsächlich am Widerstand Bayerns.

In zahlreichen Staaten werden reaktionäre Regierungen aus dem Amt gejagt, und in der Hoffnung, dadurch radikalere Kräfte im Zaum zu halten, durch gemäßigtere ersetzt. Gagern wird zum leitenden Minister von Hessen-Darmstadt ernannt. Neue, gemäßigte Regierungen übernehmen die Amtsgeschäfte in Baden, Württemberg, Hannover, Sachsen und in den meisten kleineren Staaten. In Bayern tritt am 20. März

Ludwig I. zurück. Sein Sohn, Maximilian II., setzt eine Reformregierung unter dem konservativen, aber dem Bund nahestehenden Graf Bray-Steinburg ein. In anderen Staaten erfolgt der Wechsel weniger gewaltlos. Am 13. März kommen bei Straßenschlachten in Wien sechzig Menschen ums Leben und der österreichische Kanzler Metternich flieht aus dem Lande. Doch die neue Regierung unter Graf Kolowrat besteht aus konservativen Vertretern der alten Ordnung. Erneute Demonstrationen am 15. Mai zwingen den Kaiser, Wien zu verlassen. Die Radikalen bilden ein Komitee für Öffentliche Sicherheit. Beide Seiten stehen damit klar auf Konfrontationskurs.

In ganz Preußen kommt es zu Demonstrationen. Prinz Wilhelm, der Bruder des Königs, bereitet den Einsatz des Militärs vor, aber die Anwesenheit zahlreicher Soldaten in Berlin erhöht die Gewaltbereitschaft der Massen nur noch mehr. Als Metternich zur Flucht gezwungen wird, entschließt sich Friedrich Wilhelm IV. zu einer versöhnenden Geste. Am 18. März verkündet er die Aufhebung der Pressezensur, die Wiedereinberufung des Landtages und die Ausarbeitung einer Verfassung für Deutschland. Vor dem Stadtschloß in Berlin versammelt sich eine große Menschenmenge. Einige wollen dem König danken, andere ihn zu weiteren Reformen ermutigen, wieder andere fordern den Abzug der Soldaten aus der Stadt. General von Prittwitz gibt Befehl, die Menge zu zerstreuen. Schüsse fallen, Barrikaden werden errichtet. Mindestens 230 Menschen verlieren in den Kämpfen ihr Leben. Die Armee kann die Barrikaden nicht erstürmen und am 19. März befiehlt der König den Abzug des Militärs aus der Hauptstadt. Friedrich Wilhelm IV. erweist den Märzgefallenen die letzte Ehre. Anschließend nimmt er an der feierlichen Übergabe von Waffen an die revolutionäre Bürgerwehr teil. Am 21. März reitet der König durch Berlin. Er trägt die schwarz-rot-goldene Binde und verkündet: „Ich trage Farben, die nicht die meinen sind, aber ich will keinen Thron, ich will keine Herrschaft, ich will Deutschlands Freiheit, Deutschlands Einheit. Ich will Ordnung. Das schwöre ich bei Gott." Noch am selben Tage erläßt er einen Aufruf mit den berühmten und für ihn typischen undurchsichtigen Worten: „Preußen geht fortan in Deutschland auf." Niemand weiß genau, was das bedeutet. Doch es scheint, als habe das Volk einen entscheidenden Sieg errungen.

Unter Ludolf Camphausen und David Hansemann, hervorragenden Vertretern des gemäßigten Liberalismus im Rheinland, wird ein neues preußisches Ministerium gebildet. Camphausen ist ein reicher Bankier, Hansemann ein Textilfabrikant. Der Vereinigte Landtag tritt zusammen und beschließt die Abhaltung demokratischer Wahlen zu einer Nationalversammlung. Am 1. Mai finden in ganz Preußen Wahlen für die Nationalversammlung und das Frankfurter Parlament statt.

Die Regierung Camphausen-Hansemann ist ängstlich auf die Wahrung der Autorität der Krone bedacht. Der wirtschaftliche Wohlstand des Staates soll auf keinen Fall durch radikal-politische Forderungen bedroht werden. Ein Kompromiß zwischen dem Finanz- sowie dem Industriebürgertum und der alten Ordnung wäre vermutlich möglich, gäbe es da nicht die einflußreiche reaktionäre Gruppe um Prinz Wilhelm, namentlich Otto von Bismarck und den Adjutanten des Königs, Leopold von Gerlach. Im Augenblick ist die Gruppe noch relativ schwach. Prinz Wilhelm ist nach London geflohen, Bismarck steht wegen seiner extremen Ansichten allein und Gerlach muß den König erst auf seine Seite bringen. Die *Neue Preußische Zeitung*,

Straßenbarrikade am Alexanderplatz im März 1848 in Berlin. Mindestens 230 Menschen werden bei Straßenschlachten in Berlin getötet. Schließlich ist Friedrich Wilhelm IV. gezwungen, den Rückzug der Truppen aus der Stadt anzuordnen.

die wegen ihres eisernen Kreuzes auf der Titelseite schon bald als *Kreuzzeitung* bekannt ist, verbreitet eine ultrakonservative Meinung. Die Soldaten in Potsdam warten ungeduldig auf eine Gelegenheit zur Wiedereinnahme Berlins.

Im Vorparlament sind die Radikalen in der Minderzahl. Friedrich Hecker, der Revolutionär aus Baden, verläßt mit vierzig Deputierten die Versammlung, als seine republikanischen Ideen abgelehnt werden. Hecker kehrt in seine Hochburg Südbaden zurück, wo er zum bewaffneten Aufstand für die Republik aufruft. Sein disziplinloser Haufen marschiert auf Freiburg, der Aufstand wird aber durch Truppen aus Baden und Hessen niedergeworfen, bereits Ende April ist das ganze Abenteuer vorüber.

Der Termin und die Modalitäten für die Wahl zur Frankfurter Versammlung bleiben den einzelnen Staaten überlassen, da die Größe der einzelnen Wahlkreise und die Wahlsysteme sehr unterschiedlich sind und die hierzu vom Vorparlament erlassenen Richtlinien es an Klarheit vermissen lassen. Am 18. Mai sind 350 Abgeordnete gewählt. Das reicht aus, um Beschlüsse herbeizuführen und so tritt das Parlament offiziell in der Frankfurter Paulskirche zusammen. Auf Vorschlag Heinrichs von Gagern, der zum Präsident der Nationalversammlung gewählt wird, erfolgt die Berufung von Erzherzog Johann zum Reichsverweser. Der Erzherzog ernennt den Halbbruder von Königin Viktoria, Prinz Leiningen, zum Ministerpräsidenten; der Österreicher Anton von Schmerling wird Innenminister, der preußische General von Peucker Kriegsminister. Der Bundestag ist damit bedeutungslos geworden. Deutschland besitzt eine neue Regierung.

Schnell erhebt sich die Frage, ob die neue Regierung auch über reale Macht verfügt. General von Peucker ordnet in allen deutschen Staaten Militärparaden mit einem dreifachen Hurra auf den Erzherzog an. Das reicht den Radikalen in der Frankfurter Versammlung nicht, sie fordern, daß die Truppen den Treueid auf den Reichsverweser ausbringen. Den Österreichern und Preußen geht dies aber zu weit, sie weigern sich, den Befehl auszuführen. Hannover macht geltend, das Wetter sei für eine Parade nicht günstig. Die bayerischen Truppen bringen ein Hurra auf den Erzherzog aus, lassen aber gleichzeitig ihren eigenen König und das deutsche Volk hochleben. Die meisten anderen Staaten aber führen den Befehl Peuckers mit ihren unbedeutenden Streitkräften dienstbeflissen aus.

Der Frankfurter Regierung bleibt auch die diplomatische Anerkennung durch die Großmächte versagt. Weder das zaristische Rußland noch das republikanische Frankreich sind an einem geeinten Deutschland interessiert. Die Briten stehen der Frage mit größerem Wohlwollen gegenüber, doch der Premierminister Lord Palmerston zögert mit der diplomatischen Anerkennung eines Regimes, das noch keinerlei Kontinuität vorweisen kann. Mehrere andere europäische Staaten, darunter Schweden, die Niederlande, Belgien und die Schweiz, erkennen die neue deutsche Regierung an. Auch die Vereinigten Staaten von Amerika unterstützen den deutschen Versuch, indem sie der Bundesregierung diplomatische Anerkennung gewähren. Dies kann aber die Verweigerung einer Anerkennung des neuen Regimes durch die Großmächte nicht aufwiegen und kann auch die Tatsache ihrer Ohnmacht nicht verdecken. Die Bundesregierung verfügt weder über die ausführende Gewalt, noch über Geld oder Militär und stützt sich auf keine Verfassung. Zudem ist die Nationalversammlung in allen wichtigen Fragen hoffnungslos zerstritten.

Frühjahr und Sommer 1848 sind Monate hektischer politischer Aktivitäten ohne greifbaren Erfolg. In Preußen bestehen 50 konservative Vereinigungen, 300 liberale Verfassungsorganisationen und 250 demokratische Gruppierungen. Am besten organisiert sind die Katholiken. Sie verlangen die schriftliche Niederlegung der kirchlichen Rechte in der Verfassung. Mehr als neunzig Prozent aller in der Paulskirche eintreffenden Petitionen sind von Katholiken eingesandt. Im Oktober findet in Mainz die erste Generalversammlung der Katholiken Deutschlands, die größte und einflußreichste außerparlamentarische Versammlung in den Revolutionsjahren, statt.

Die Gebrüder Grimm; Jakob (1785 – 1863) stehend und Wilhelm (1786 – 1859) sitzend auf einer Daguerreotypie um ca. 1850. Beide sind als Sammler deutschen Märchengutes bekannt geworden. Jakob war zudem Abgeordneter der deutschen Nationalversammlung in Frankfurt 1848.

Die preußischen Grundbesitzer organisieren sich im „Junkerparlament", das einen fünfzigköpfigen Ausschuß zur Durchsetzung ihrer Interessen in der preußischen Nationalversammlung einsetzt. In Frankfurt bildet sich der reaktionäre Allgemeine Handwerker- und Gewerbekongreß, der sich gegen eine liberale Freihandelspolitik wendet und die Stärkung der Zünfte zum Schutz gegen das Vordringen des Industriekapitalismus fordert. Trotz gemeinsamer Bemühungen um die Schaffung einer nationalen Basis, trennen Liberale und Radikale noch immer tiefe Gräben. Die unüberbrückbare Kluft zwischen antikapitalistischen Radikalen und antikapitalistischen Katholiken führt zu einer dauerhaften Schwächung der gegenüber der Industriegesellschaft kritisch eingestellten Kräfte.

Es mag typisch deutsch sein, daß den prinzipiellen Fragen eine größere Bedeutung zugemessen wird als der Lösung dringender politischer Probleme. So einigt sich das Frankfurter Parlament erst nach außerordentlich langwierigen Debatten auf einen bescheidenen Katalog von Grundrechten, während soziale Belange dabei ausgeklammert, und die bürgerlichen Besitzrechte unangetastet bleiben. Noch heftiger umstritten ist die nationale Frage. Die polnischen Nationalisten sprechen den deutschen Delegierten das Recht ab, im Namen der Bevölkerung von Posen aufzutreten. Die polnische Frage wird vom 24. bis 27. Juli debattiert. Der Theologe Jan Janiszewski, der einzige Pole unter den Delegierten in Frankfurt, tritt mit einer zündenden Rede für die Gleichberechtigung von Polen und Deutschen ein. Die Rede findet allgemeine Zustimmung, hat aber keinen Einfluß auf den Ausgang der Debatte. Posen wird zum untrennbaren Bestandteil des Deutschen Bundes erklärt.

Die sechs italienischen Delegierten aus Südtirol unterbreiten den Vorschlag, Südtirol und Rofreit aus dem Deutschen Bund herauszulösen. In der sich anschließenden Debatte kommt es innerhalb der Rechten und des Zentrums zu eklatanten Beispielen nationalistischer Intoleranz, von Brutalität und Rassismus. Jakob Grimm bezeichnet Menschen, die einen solchen Vorschlag einbringen als „undeutsch". Der Historiker Friedrich von Raumer nennt es eine wissenschaftliche Tatsache, daß es siegreiche und besiegte Nationen gibt, und die Rechte auf Seiten der Sieger seien. Die Delegierten sind verzückt, als er seine Rede mit den Worten schließt: „Deutschland geht eher zugrunde, als daß es sich ergibt und einen Teil des Vaterlands abtritt."

In Böhmen und Mähren haben die Tschechen unter Führung von Franz Palacky die Wahlen zur Frankfurter Nationalversammlung erfolgreich boykottiert und in Prag einen Slawischen Kongreß einberufen. Die Frankfurter Delegierten sehen diese Entwicklung mit Schrecken und ein Abgeordneter beschreibt Böhmen als „einen Keil, der in die deutsche Eiche getrieben wird, um sie zu spalten". Ein Antrag, Böhmen und Mähren als Teil des Bundes zu erklären, wird mit überwältigender Mehrheit angenommen. Ein Hauptgrund für die Beteiligung der Linken an der Abstimmung ist die Überzeugung, die Deutschen brächten Kultur in diese rückständigen Gebiete.

Entsprechend dem Vertrag von Ripen aus dem Jahre 1460 sollen die beiden Herzogtümer Schleswig und Holstein für alle Ewigkeit miteinander verbunden sein. Jetzt möchten die Dänen Schleswig als einen Teil des dänischen Staates wissen. Daraufhin werden zur Durchsetzung der Forderungen des Bundes preußische, hannoverische und andere deutsche Truppen unter dem preußischen General Wrangel gegen die Dänen in Marsch gesetzt. Auf Druck Englands, Frankreichs und Rußlands sowie

In der Nationalversammlung 1848 in Frankfurt sind keine politischen Parteien vertreten. Gleichgesinnte treffen sich in Lokalen und Bierhallen, nach denen die Fraktionen benannt werden. Überall in Deutschland finden politische Bankette statt, auf denen – wie Bismarck bemerkt hat – zahlreiche Resolutionen verabschiedet werden, doch recht wenig erreicht wird.

durch schwedische Vermittlung wird am 26. August 1848 in Malmö zwischen beiden Seiten ein Waffenstillstand vereinbart. Entsprechend der Vereinbarung ziehen sich die deutschen Truppen aus Schleswig-Holstein zurück, die provisorische nationalistische Regierung in Kiel wird aufgelöst. Die Bundesregierung empfiehlt die Ratifizierung des Vertrages von Malmö, doch der Antrag wird mit 238 gegen 221 Stimmen abgelehnt. Die Linke stimmt geschlossen gegen die Annahme, weil sie darin einen Verrat der deutsch-nationalen Sache sieht. Die Regierung Leiningen tritt zurück; der Vertrag wird schließlich mit einer Mehrheit von einer Stimme doch noch ratifiziert. Zahlreiche Abgeordnete des Zentrums, die der neuen Regierung zu einer arbeitsfähigen Mehrheit verhelfen möchten, haben ihre Haltung revidiert. Zur Abstimmung über den Vertrag kommt es am 16. September 1848. Am Tag darauf findet in Frankfurt eine Massendemonstration gegen die „Verräter" in der Paulskirche statt. Daraufhin ruft der neue Ministerpräsident Schmerling preußische und österreichische Truppen aus dem nahen Mainz herbei. Wieder werden in Frankfurt Barrikaden errichtet. Die Paulskirche soll gestürmt werden. In den anschließenden Straßenschlachten werden achtzig Menschen getötet. Das politische Schwergewicht verlagert sich jetzt nach rechts. All jene, die die Linken als rote Republikaner, blutrünstige Revolutionäre und verantwortungslose Anarchisten betrachten, sehen sich nun in ihren Vorurteilen bestätigt. Es liegt auf der Hand, daß das Frankfurter Parlament nun unter dem Schutz preußischer und österreichischer Soldaten seine Beratungen nur solange weiterführen kann, wie es Österreich und Preußen gefällt. Die Konterrevolution in diesen beiden Staaten besiegelt auch das Schicksal der Nationalversammlung.

Die sehr stark radikal ausgerichtete Nationalversammlung Preußens stellt sich gegen den König und dessen reaktionäre Berater. Als einige Delegierte sich um einen Kompromiß mit der Hofpartei bemühen, kommt es zur allmählichen Spaltung der Linken. Im November übernimmt eine konservative Regierung unter Graf Friedrich von Brandenburg die Geschäfte. Am 5. Dezember löst Friedrich Wilhelm IV. die Nationalversammlung auf und verkündet eine neue Verfassung.

Diese gehässige Karikatur zeigt Friedrich Wilhelm IV. von Preußen, wie er den Einsatz der Artillerie gegen die Aufständischen 1848 fordert. In Wahrheit hat er der revolutionären Volksmiliz Waffen aushändigen lassen.

Für den Fall, daß Österreich in den Bund aufgenommen wird, besteht die Frankfurter Nationalversammlung auf einer klaren Unterscheidung zwischen deutschen und nichtdeutschen Teilen des Reiches, was bedeutet, daß das Habsburger Reich geteilt werden muß. Dieses Ansinnen ist für den neuen, erst achtzehnjährigen Kaiser Franz Joseph unannehmbar. Folglich beschließt die Frankfurter Versammlung, daß die Kaiserkrone dem König von Preußen anzutragen sei. Am 2. April 1849 reist eine parlamentarische Abordnung nach Berlin, erhält aber von Friedrich Wilhelm IV. eine klare Absage. Da er zutiefst davon überzeugt ist, daß die Kaiserwürde von Gottes Gnaden ist, kann er „die Krone aus der Gosse" nicht annehmen und nennt die ihm von einer parlamentarischen Mehrheit angetragene Kaiserkrone den „eisernen Kragen der Sklaverei". Der preußische König setzt nicht nur allen Hoffnungen auf die deutsche Einheit ein Ende, er spricht auch der Frankfurter Versammlung jede Rechtmäßigkeit ab. Am 14. Mai fordert die preußische Regierung von Erzherzog Johann die Auflösung der Frankfurter Nationalversammlung und ordnet die Mandatsniederlegung aller preußischen Abgeordneten an.

Preußen folgt darin lediglich dem österreichischen Beispiel. Am 5. April hat Österreichs Ministerpräsident Schwarzenberg alle Abgeordneten seines Landes zur Niederlegung ihrer Mandate aufgefordert. Dieses Vorgehen macht die Debatte über die deutsche Verfassung, die am 28. März mit der Annahme des Bundes abgeschlossen worden ist, gegenstandslos und unter der äußersten Linken macht sich dementsprechend Unruhe breit. In Dresden werden Barrikaden errichtet. In Teilen von Preußen kommt es zu gewalttätigen Auseinandersetzungen. Einheiten der Landwehr schlagen sich auf die Seite der Aufständischen. In Iserlohn finden bei einem Zusammenstoß zwischen der Landwehr und Armeetruppen 100 Menschen den Tod. In Württemberg ist der Druck auf den König so stark, daß dieser der Bundesverfassung zustimmt. Die „Maibewegung" bleibt auf die vorwiegend kleinbürgerlich-ländlichen Gebiete der Pfalz beschränkt und greift nicht auf die Industriegebiete über.

Langsam löst sich die Frankfurter Nationalversammlung auf. Am 4. Mai 1849 fordert Heinrich von Gagern, der noch immer an einen Konsens glaubt, Neuwahlen, die Erzherzog Johann jedoch als einen unrealistischen Schritt ablehnt. Wenige Tage später entspricht Gagern der Anweisung seines Königs und legt zusammen mit sechzig anderen Abgeordneten des Zentrums sein parlamentarisches Mandat nieder. Guten Gewissens reisen sie aus Frankfurt ab und erklären, die Verfassung liege nunmehr fertig vor und bedürfe nur noch der Verkündung durch ein Staatsoberhaupt. Auch der Linken mangelt es an Sinn für Realität. Sie ist überzeugt, daß am 15. Juli Wahlen abgehalten werden und es einem harten Kern überzeugter Demokraten gelingen wird, die ruhmvolle Aufgabe der Schaffung eines geeinten, demokratischen Deutschlands, notfalls mit Waffengewalt, zu vollenden.

Da die Rechten und die Zentrumspartei mehrheitlich die Paulskirche bereits verlassen haben, ist die Linke dort jetzt in der Mehrheit. Erzherzog Johann ernennt eine Regierung unter General Prinz zu Sayn-Wittgenstein, die aber in einer Vertrauensabstimmung mit 191 zu 12 Stimmen bei 44 Enthaltungen abgelehnt wird. Die Regierung bleibt dennoch im Amt, woraufhin mehrere Abgeordnete, die in der Vertrauensfrage gegen die Regierung gestimmt haben, Frankfurt angewidert verlassen. Der verbleibenden Linken gelingt es nicht, gemeinsam mit der Maibewegung eine revolutionäre Kraft zu entwickeln und nach einem Beschluß der Mehrheit soll das Parlament nach Stuttgart verlegt werden, um außerhalb der Reichweite der preußi-

*Unten links:* **Landschaft bei Ischl von Ferdinand Waldmüller (1793 – 1865).** *Unten rechts: Der Besuch* **von Moritz von Schwind (1804 – 1871) um 1855.**

schen und österreichischen Truppen in Mainz zugelangen. Möglicherweise haben sie auch Kontakte zu den Revolutionären in Württemberg und Baden geknüpft. Einige Abgeordnete bleiben in Frankfurt, die Mehrzahl reist nach Stuttgart, wo sie aber rasch von der Armee Württembergs verjagt werden. Die Bevölkerung zeigt kein besonderes Interesse an dem Vorgang.

Die preußischen Truppen stellen die Ordnung in den Provinzen wieder her, zerschlagen den Aufstand in Sachsen und marschieren in der Pfalz ein, wo sie die disziplinlosen Aufständischen unter dem polnischen General Sznayde niederwerfen. Prinz Wilhelm, der spätere erste Kaiser, kehrt aus London zurück. Wegen seiner unerbittlichen Verfolgung der Revolutionäre kommt er als „Kartätschenprinz" in Verruf. Anton von Mieroslawski, ein weiterer polnischer Offizier, hat als Anführer der irregulären Truppen in Baden größeren Erfolg. Doch der Kampf ist ungleich, und er muß schon bald kapitulieren. Kriegsgerichte fällen zahlreiche Todesurteile. Achtzigtausend Menschen verlassen Baden, die meisten wandern in die Vereinigten Staaten von Amerika aus. Zwischen 1849 und 1854 emigrieren etwa 1 100 000 Deutsche.

Nach der Niederschlagung der Revolution durch die preußische Armee steht Friedrich Wilhelm IV. dem Plan des preußischen Außenministers General Joseph Maria von Radowitz für die kleindeutsche Lösung mit Sympathie gegenüber. Diese Lösung sieht Deutschland ohne Österreich unter Vorherrschaft Preußens, doch mit engen Bindungen an Österreich, vor. Den reaktionären Beratern erscheint eine solche Lösung wegen unliebsamer liberaler und nationaler Elemente unannehmbar. Auch die Österreicher finden keinen Geschmack daran. Darauf handelt Radowitz mit Sachsen und Hannover das „Drei-Königs-Bündnis" aus, das einen Bundestag in Erfurt einrichtet. Bundestag und Regierungen sollen eine neue Unionsverfassung ausarbeiten. Ende Juli 1849 treffen sich etwa 150 Liberale, darunter Gagern, Bassermann und Jakob Grimm, in Gotha und billigen die „Erfurter Unionsverfassung" als einen akzeptablen Kompromiß. Die „Gothaer" verraten damit die liberaldemokratischen Grundsätze der Bundesverfassung vom 28. März und stimmen einem reaktionären Bund unter dem konterrevolutionären Preußen zu. Ihre preußenfreundliche Einstellung rechtfertigen sie mit dem Verweis auf die preußische Verfassung vom Dezember 1848, die eine Abgeordnetenkammer vorsieht. Ein Drittel dieser Abgeordnetenkammer wird von den 4,7 Prozent der Bevölkerung gewählt, die die höchsten Steuern zahlen, ein weiteres Drittel von 12,6 Prozent der nächsten Steuerklasse, das letzte Drittel von den verbleibenden 82,7 Prozent der Bevölkerung. Dieses System, das bis 1918 gilt, wird eingerichtet um den Konservativen die Mehrheit zu sichern.

Die Linke ist über diese Entwicklung aufgebracht und boykottiert die Wahlen zum Erfurter Parlament. Auch bei den Konservativen schlägt die Begeisterung keine hohen Wellen. Von den sechsundzwanzig Mitgliedsstaaten der Erfurter Union bekennen sich nur zwölf zu der neuen Verfassung. Angesichts des hartnäckigen Widerstands Österreichs und des pro-österreichischen Bayerns, hat der Erfurter Entwurf keinen Bestand. Der österreichische Ministerpräsident Schwarzenberg besteht darauf, daß das Erfurter Parlament gegen Bundesrecht verstößt und droht mit militärischem Eingreifen. Am 21. Februar 1850 verläßt Hannover die Erfurter Union und bildet mit Bayern, Sachsen und Württemberg das Vier-Königs-Bündnis. Dieses unterstützt den österreichischen Plan eines Großdeutschen Bundes unter Einbeziehung aller außerdeutschen Gebiete der Habsburger Monarchie und die Einrichtung eines Scheinparlaments. Die Liberalen müssen sich nun entweder für ein Kleindeutschland unter der Führung Preußens mit der Vorherrschaft reaktionärer Kräfte und bescheidenen liberalen Zugeständnissen, oder aber für ein Großdeutschland, das den Nationalitätengrundsatz durch Einbindung der außerdeutschen Gebiete der Habsburger übergeht und ohne jeden Liberalismus auskommt, entscheiden.

Es wird häufig ins Feld geführt, die Ursache für die Niederlage der Revolution von 1848 in Deutschland sei der Mangel an Prinzipienfestigkeit der deutschen Liberalen und Demokraten gewesen. Doch die Ursachen für das Scheitern der Revolution sind komplexer Natur und können nicht mit den Besonderheiten des deutschen Nationalcharakters begründet werden. Die konservativen Kräfte stellten noch immer die beherrschende Macht dar, während die Revolutionäre unterschiedliche politische, ökonomische und soziale Ziele verfolgten und über keinen klaren Aktionsplan verfügten. Sie waren damit nicht in der Lage, auf das nationale Problem eine befriedigende Antwort finden zu können.

Die deutsche Bourgeoisie ist in jenen Jahren bereits schon zu tief mit dem alten, elitären System verwurzelt, als daß sie noch als Verfechterin einer neuen Ordnung auftreten kann. Das Proletariat, in dem Karl Marx die eigentliche revolutionäre Klasse erkennt, ist für eine bedeutende politische Rolle noch nicht reif. Die fortschrittlichsten politischen Ideen kommen aus dem Kleinbürgertum, das aber wirtschaftlich versucht den Status Quo gegen den unaufhaltsamen Vormarsch des Industriekapitalismus zu halten. Angesichts des Radikalismus von unten sucht die Bourgeoisie Schutz bei den Konservativen und zahlreiche Händler und Gewerbetreibende machen mit den Konservativen, die wie sie die ökonomische Stärke der Bourgeoisie fürchten, gemeinsame Sache.

Die Revolution von 1848 hinterläßt ein trauriges Erbe. Die sinnlosen Beschlüsse und Abstimmungen des „Honoratioren-Parlamentes" werden als Beispiele für die Fruchtlosigkeit der parlamentarischen Demokratie hergenommen. Die Radikalen werden als gewaltbereite und geistlose Träumer bezeichnet, die nichts Positives zu bieten haben. Und die Tugenden und der Realismus der alten Ordnung werden dem impotenten Idealismus der Liberalen entgegengesetzt.

## DIE NACHWIRKUNGEN DER REVOLUTION

Die Ereignisse in Hessen treiben den Konflikt zwischen der Erfurter Union und dem von Österreich beherrschten Bundestag auf die Spitze. Im September 1850 verhängt der Kurfürst das Kriegsrecht, aber die Armee, die Justiz und der Staatsdienst verweigern den Gehorsam. Der Bundestag stimmt für eine militärische Intervention in Hessen, und österreichische und bayerische Kontingente kommen dem Kurfürsten zu Hilfe. Der Kurfürst zieht sich aus der Erfurter Union zurück, Preußen, das die Anwesenheit feindlicher Truppen zwischen Berlin und den Rheinprovinzen als Bedrohung und als Beleidigung empfindet, entsendet Truppen nach Hessen. Österreich hat die volle Unterstützung des Zaren, und so ist Preußen, das sich militärisch in einer schwachen Lage sieht, zu Verhandlungen gezwungen und stimmt am 28. November in Olmütz der Beendigung des Konfliktes und dem Abschluß einer Vereinbarung zu. Die Erfurter Union wird aufgelöst, Preußen tritt dem Bundestag erneut bei.

Trotz des Geschreis über die „Demütigung von Olmütz" ist der Gewinn auf Seiten Österreichs nur gering. Die grundlegende Frage nach der Hegemonie in Deutschland bleibt ungelöst und Österreich hat die Chance vertan Preußen so zu zerschmettern, daß es sich davon nicht mehr erholen wird. Bayerns Außenminister von der Pfordten stellt vorausschauend fest: „Der Kampf um die Vorherrschaft in Deutschland ist entschieden, und Österreich hat ihn verloren." Auf der Ministerkonferenz von Januar bis Mai 1851 in Dresden gelingt es Preußen zwar nicht, mit Österreich gleichzuziehen, es verhindert aber den Versuch Österreichs zur Einbeziehung des gesamten Reiches in den Bund und zur Stärkung der Bundesexekutive.

Die Niederlage der Revolution von 1848 bedeutet auch, daß der Prozeß der Industrialisierung zu keinen grundlegenden Veränderungen der Sozialstruktur führt. Die Aristokratie kann ihre Position sogar stärken: Sie behält das Polizeirecht über ihre Ländereien in Preußen; Änderungen kommen erst im Jahr 1872, und nochmals im Jahr 1892; in den hohen Militärrängen steigt der Anteil der Aristokratie, und im Staatsdienst wird sie wegen ihrer politischer Zuverlässigkeit bevorzugt. Die Bourgeoisie gibt ihre politischen Ambitionen auf und konzentriert sich statt dessen aufs Geldverdienen und den beruflichen Aufstieg. Die Jahre zwischen 1846 und 1873 sind durch einen beispiellosen wirtschaftlichen Aufstieg gekennzeichnet, durch den der Mittelstand zu großem Reichtum gelangt.

Erst im Krimkrieg kann Preußen einen Teil des Terrains wiedergewinnen, das es in Olmütz verloren hat. Österreich opponiert aus mehreren Gründen gegen Rußland. Der österreichische Außenminister, Graf Buol-Schauenstein, möchte den Status Quo aufrechterhalten, die Türkei gegen die russischen Bestrebungen stärken und möglichst Gebietsgewinne auf dem Balkan erzielen. Anfangs hofft man, die Ziele auf dem Wege einer bewaffneten Neutralität zu erreichen. Doch am 2. Dezember 1854 schließt Österreich ein Bündnis mit England und Frankreich, besetzt die von Ruß-

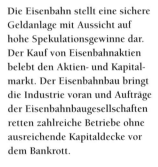

Die Eisenbahn stellt eine sichere Geldanlage mit Aussicht auf hohe Spekulationsgewinne dar. Der Kauf von Eisenbahnaktien belebt den Aktien- und Kapitalmarkt. Der Eisenbahnbau bringt die Industrie voran und Aufträge der Eisenbahnbaugesellschaften retten zahlreiche Betriebe ohne ausreichende Kapitaldecke vor dem Bankrott.

land aufgegebenen Donaufürstentümer und setzt eine große Armee in Richtung auf die russische Grenze in Marsch.

Der Leiter der preußischen Abordnung in Frankfurt, Bismarck, widersetzt sich den österreichischen Versuchen zur Gewinnung der Oberherrschaft über den Bund. Er begegnet der Forderung Österreichs nach Mobilisierung der Hälfte der Bundes-armee zur Unterstützung der antirussischen Politik des Landes mit dem Vorschlag, daß Preußen eine anti-österreichische Front unter den deutschen Staaten bildet, die ihre Neutralität bewahren wollen. Im Bundestag bringt er eine Mehrheit gegen den Mobilmachungsplan Österreichs zustande. Rußland ist über das Verhalten Öster-reichs empört und Österreich ist zu spät zum Lager der Verbündeten gestoßen, um noch von deren Sieg zu profitieren. Preußen gewinnt die Dankbarkeit Rußlands, ohne Franzosen oder Engländer vor den Kopf zu stoßen und behält im Bund die Vormachtstellung gegenüber Österreich.

In den Jahren unmittelbar nach dem Krimkrieg verlagert sich die Bedeutung auf die mittleren Staaten im Bund. Mit Unterstützung Österreichs und daher nur mit zögernder Zustimmung Preußens, führt der Bund ein neues Handelsgesetz ein. Der Wechselkurs zwischen dem norddeutschen Taler und dem süddeutschen Gulden wird festgeschrieben. Reformbemühungen des sächsischen Ministerpräsidenten Beust, unter anderem ein Vorschlag zur Einführung eines Bundesgerichtshofes, füh-ren zu endlosen Auseinandersetzungen zwischen Bismarck und dem österreichischen

Blick vom Stadtschloß auf den Hauptboulevard Berlins „Unter den Linden" auf einem Gemälde von Wilhelm Brücke (1800–1870). Gesäumt von Standbildern der Hohenzollern-könige, verläuft der Boulevard bis zum Brandenburger Tor. Die Straße entstand nie wieder in ihrem früheren Glanz nach den schweren Zerstörungen im Krieg.

Gesandten im Bundestag, Rechberg. Österreich begrüßt die Vorschläge Beusts in der Hoffnung, die Unterstützung der mittleren Staaten gegen Preußen zu gewinnen; Preußen wendet sich zur Vereitelung der Absichten Österreichs gegen die mittleren Staaten.

Im Jahre 1857 ist Friedrich Wilhelm IV., der schon häufig eigenartige Verhaltensweisen gezeigt hat, so schwer geisteskrank, daß die Amtsführung von seinem Bruder, Prinz Wilhelm, übernommen wird, der 1858 offiziell zum Prinzregenten ernannt wird. Sehr zur allgemeinen Überraschung entläßt der „Kartätschenprinz" die unpopuläre, reaktionäre Regierung Otto von Manteuffels und ernennt eine liberal-konservative Regierung unter Prinz Karl Anton von Hohenzollern, dem Oberhaupt des katholischen Zweiges innerhalb des preußischen Königshauses.

Prinz Wilhelm hofft, durch nichtsagende Gesten an die Liberalen die politischen Ziele seines Bruders weiter verfolgen zu können, ohne eine starke Opposition zu wecken. Der Regierungswechsel reicht nach acht Jahren reaktionärer Regierung aus, um bei den Liberalen neue Hoffnungen zu wecken. Die Wahlen zum Landtag gewinnen sie mit überwältigender Mehrheit. Die neue Regierung Prinz Wilhelms ist auf die Befriedung Österreichs bedacht, während Bismarck in Frankfurt darauf hofft, die Krise in Italien – wo Österreich 1858 gegen die Allianz Frankreichs und Piemont-Sardiniens eine Niederlage erleidet und der Weg zur Einheit Italiens geebnet wird – zur Demütigung des preußischen Rivalen nutzen zu können. Er fordert, die Gelegenheit des österreichisch französischen Krieges zu nutzen und die preußische Armee „mit Grenzpfählen im Rucksack" nach Süden in Marsch zu setzen. Die Öffentlichkeit wendet sich eindeutig gegen eine solche Politik. Ein Sieg des italienischen Nationalismus wird als Niederlage für die deutsche Sache gesehen, weil die Österreicher dadurch Norditalien aufgeben müssen.

Österreich hofft auf die militärische Unterstützung des Bundes gegen Piemont und Frankreich. Der preußische Außenminister Schleinitz möchte jedoch solange mit der Zusage warten, bis Österreich so weit geschwächt ist, daß es als Gegenleistung für militärische Hilfestellung zu Konzessionen an den Bund gezwungen ist. Ein österreichischer Gesandter bietet Preußen Elsaß und Lothringen im Gegenzug für seine Hilfe an. Die Preußen fordern aber das Oberkommando über die Kräfte des Bundes und die Gleichstellung mit Österreich im Bundestag. Doch die preußischen Pläne scheitern, als die Österreicher bei Magenta und Solferino entscheidende Niederlagen hinnehmen müssen und Kaiser Franz Joseph die umgehende Aufnahme von Friedensgesprächen mit Napoleon III. von Frankreich anordnet.

Viele Deutsche geben Preußen die Schuld an der Niederlage Österreichs. Preußen, heißt es, habe Verrat an der nationalen Sache geübt. Österreichs Niederlage sei Deutschlands Niederlage, eine beschämende Demütigung der deutschen Rasse. Die Welle nationalistischer Gefühle im Jahre 1859, selbst in demokratischen Kreisen, ist konservativer als jemals zuvor. Die Niederlage in der Revolution 1848 hat die Liberalen und Demokraten gelehrt, daß ihre Chance auf einen Sieg nur durch einen Zusammengang mit den Regierungen möglich ist, nicht gegen diese. Der Liberalismus ist zögerlich und vorsichtig geworden, vor allen Dingen fürchtet er eine Rückkehr zur reaktionären Politik Ottos von Manteuffels. Die Liberalen scheuen sich vor der Gründung einer Massenpartei und ziehen nicht einmal mehr politische Alternativen zum bestehenden Staat ernsthaft in Betracht. Machtgelüste haben sie keine. Ein gewisses Mitspracherecht beim Etat sowie einige Rechtsgarantien genügen ihnen bereits. Der liberale Arbeiterführer Hermann Schulze-Delitzsch lehnt eine Kandidatur für die Wahlen zum preußischen Landtag mit der Begründung ab, seine Wahl könne die neue Regierung in ein schlechtes Licht rücken. Selbst Ferdinand Lasalle und sein 1863 gegründeter Allgemeiner Deutscher Arbeiterverein (ADAV) glauben, daß die Veränderung der Gesellschaft im Rahmen des bestehenden Staates und durch die Monarchie möglich ist. Lediglich eine Handvoll Radikaler stellt diesen einzigartigen Mangel an Courage und Überzeugung an den Pranger.

## BISMARCK UND DIE VERFASSUNGSKRISE IN PREUSSEN

Prinz Wilhelm, der sein gesamtes Leben beim Heer verbracht hat, ist zu dessen Reformierung entschlossen. Sein Kriegsminister Albrecht von Roon legt dem Abgeordnetenhaus einen umfassenden Plan vor, der die Selbständigkeit der Landwehr beendet, die Militärdienstzeit von zwei auf drei, die der Kavallerie von drei auf vier Jahre verlängert. Gleichzeitig soll die Zahl der jährlichen Einberufungen drastisch erhöht werden. Die Bildung von weiteren neununddreißig Infanterieregimentern und zehn Kavallerieregimentern ist vorgesehen. Dafür ist eine Erhöhung der Staatseinnahmen um 25 Prozent erforderlich.

Der Plan stößt auf den Widerstand der Liberalen, die keine weitere militärische Stärkung Preußens dulden wollen. Zur Landwehr, der Territorialarmee der Patrioten von 1813, haben sie eine besondere Beziehung. Wilhelm I., der 1861 den Thron bestiegen hat, reagiert unwillig auf diese Opposition, entläßt die konservativ-liberale Regierung und ersetzt sie durch eine reaktionäre Administration. Diese Maßnahme stärkt nur die Position der Liberalen im Landtag und die Bewilligung des Haushalts wird erneut abgelehnt. Daraufhin machen Roon und seine Freunde den letzten, verzweifelten Vorschlag, Bismarck, der als Botschafter Preußens in Paris tätig ist, an die Spitze einer Regierung zu berufen, welche die Verfassungskrise lösen soll.

Die preußische Regierung ist durch den Verfassungskampf über die Heeresreform nach innen handlungsunfähig. Die deutsche Wirtschaft dagegen blüht auf. Durch den Vertrag von Cobden zwischen England und Frankreich im Jahre 1860 ist eine europäische Freihandelszone entstanden. Napoleon III. hofft auf den Beitritt des Zollvereins zu dieser Zone. Das dem Freihandel zugetane Preußen verbindet mit dem Beitritt die goldene Möglichkeit zum Ausschluß des protektionistischen Österreichs. Auch der 1859 von bürgerlichen Kräften, die ein Kleindeutschland unter Führung Preußens anstreben, gegründete Deutsche Nationalverein gewinnt rasch an Größe und Einfluß. Am 29. März 1862 schließt Preußen ein Handelsabkommen mit Frankreich. Selbst auf der Höhe der Verfassungskrise ratifiziert die preußische Abgeordnetenkammer das Abkommen mit 264 gegen 12 Gegenstimmen aus der katholischen Fraktion. Preußen fügt Österreich eine weitere Beleidigung zu, als es Viktor Emmanuel offiziell als König von Italien anerkennt und damit entgegen geltendem Gesetz und Völkerrecht ein national-revolutionäres Regime salonfähig macht.

Wilhelm I. empfängt Bismarck am 22. September 1862 auf Schloß Babelsberg außerhalb von Berlin. Er ist äußerst skeptisch über Bismarcks Berufung, doch dieser gewinnt Wilhelm mit dem Versprechen für sich, er wolle ihm dienen wie ein Vasall

Die Neue Wache und das Zeughaus „Unter den Linden" in Berlin auf einem Gemälde von Wilhelm Brücke. Links das Heinrichspalais, gegenüber der Eingang zur Oper. Berlin war Deutschlands größte Stadt, die Hauptstadt Preußens, später die Reichshauptstadt und der Sitz der Regierung. Berlin war kulturelles und gesellschaftliches Zentrum, Industriestandort, gezeichnet von den sozialen Ungerechtigkeiten und Problemen einer modernen Stadt. Das Flair der Stadt, die „Berliner Luft", wirkte anziehend wie ein Magnet.

seinem Feudalherren. Im Gegenzug gewährt der König ihm bei seinen Handlungen freie Hand. In seiner Rede vor dem Etatausschuß des Landtages am 30. September bietet Bismarck einen Kompromiß an und überreicht dem Präsidenten einen Olivenzweig, den er aus Südfrankreich mitgebracht hat. Gleichzeitig mahnt er, daß Preußen stark bleiben müsse, wenn es weiter die von der liberalen Mehrheit gewünschte, starke deutsche Politik verfolgen wolle. Ebenso wartet er mit dem in konservativen Kreisen so gängigen Argument auf, es gebe „ein Loch in der Verfassung". Dank dieser genialen Auslegung kann die Regierung in Pattsituationen zwischen ihr und dem Landtag nach Belieben handeln, da die Verfassung für diesen Fall keine Regelung enthält. Von Bismarck stammt auch der bekannt gewordene Ausspruch: „Die großen Fragen unserer Zeit werden nicht durch Reden und Majoritätsbeschlüsse entscheiden, was der große Fehler von 1848 und 1849 war, sondern durch Blut und Eisen." Die Bemerkung von Blut und Eisen ruft in ganz Deutschland durch das gesamte politische Spektrum, von den Konservativen bis zu den Radikalen, negative Reaktionen hervor; hier hatte man es mit einem preußischen Militaristen von geradezu groteskem Ausmaß zu tun.

Im Jahre 1863 kommt es im russischen Polen erneut zu Aufständen. Bismarck sichert dem Zaren in der Alvenslebenschen Konvention vom 8. Februar seine volle Unterstützung zu, ein Schritt, der auf den Protest der französischen Regierung trifft, die dem polnischen Nationalismus wohlgewogen gegenübersteht. Auch die deutschen Liberalen begeistert Bismarcks Vorgehen nicht. Sie haben zwar keine Sym-

# Richard Wagner

Wagner wird 1813 in Leipzig geboren und er erhält seine erste musische Erziehung an der Thomasschule, an der Bach einst wirkte. Nach zwei erfolglosen Opern nimmt er eine Anstellung als Dirigent in Riga an. Im Jahre 1839 geht er nach Paris, wo er an der Oper *Rienzi* arbeitet, die 1842 mit Erfolg uraufgeführt wird. Die Arbeit am Fliegenden Holländer beginnt drei Monate später. Das kompakte und dramatische Werk handelt bereits über ein Lieblingsthema Wagners: die Errettung durch Liebe. Die Oper wird ein Erfolg und bringt ihm die Stelle eines Hofka-pellmeisters in Dresden ein. 1845 schreibt er *Tannhäuser,* 1847 *Lohengrin.* Seine Karriere wird unterbrochen, als er im Zusam-menhang mit dem Dresdener Aufstand 1849 fliehen muß, nachdem er sich auf den Barrikaden gezeigt hat.

Die Jahre nach 1850 verlebt er zumeist in der Schweiz, wo er den *Ring der Nibelungen* beginnt. Parallel dazu entsteht *Tristan und Isolde*, die erotischste seiner Opern, eine Huldigung an Mathilde Wesendonck, die Frau seines großzügigen Mäzens. Da sein Verleger den „Ring" wegen seines Umfangs ablehnt, schreibt Wagner *Die Meistersinger von Nürnberg*, um Geld zu verdienen. Hier legt Wagner den Idealismus des Jungen Deutschland ab und redet unattraktivem Nationalismus und Fremdenfeindlichkeit das Wort. Dennoch besitzt dieses bedeu-tende Werk einen eigenen Reiz und humanistische Gedanken.

Wagner wird 1864 vom Bayernkönig Ludwig eingeladen, nach München zu kommen. Er verführt Cosima von Bülow, Liszts Tochter und die Frau des Hofdirigenten, und heiratet sie 1870. Wagner setzt die Arbeit am Ring-Zyklus fort. Ludwig läßt dafür eigens ein neues Theater in Bayreuth errichten. Die Pre-miere findet 1876 statt. Das Werk wird sofort als Meisterwerk anerkannt. Der letzte Teil des Ringes, *Parsifal*, wird 1882 urauf-geführt. Wagner stirbt 1883 in Venedig.

In seinen reifen Opern wendet sich Wagner von der traditio-nellen Melodieführung ab und setzt an ihre Stelle Leitmotive mit speziellem Charakter und eigenen Empfindungen. Chroma-tik ersetzt gelegentlich die üblichen Tonarten zur Gänze. Un-aufgelöste Akkorde schaffen Unruhe und Erwartung. Wagner schreibt rastlos und weitschweifig. Seine abstoßend antisemi-tische Abhandlung über „Judentum und Musik", ein heiliger Text für Cosima, wird zum Bekenntnis der Nationalsozialisten. Doch Wagner ist ein musikalisches Genie. Tschaikowski schreibt über den *Ring*: „Wie immer man über Wagners titanisches Werk denken mag, niemand kann die Monumentalität der Auf-gabe leugnen, die er sich gesetzt und die er erfüllt hat. Es ist wahrlich eine der größten künstlerischen Leistungen, die der menschliche Geist je hervorgebracht hat."

**Richard Wagner in seiner Villa Wahnfried in Bayreuth.**

pathien für die in Deutschland oder in deutscher Grenznähe wohnenden Polen, die sie als minderwertige Kreaturen betrachten, doch schwärmen sie für die gegen den Absolutismus des Zaren kämpfende polnische Bevölkerung. Mehr als je zuvor steht Bismarck im Ruf eines untragbaren Reaktionärs.

Im Jahr 1863 wird Ferdinand Lasalle zum Präsidenten des Allgemeinen Deutschen Arbeitervereines (ADAV) gewählt und wird so zum Begründer der Sozialdemokratie. Der ADAV fordert eine selbständige Arbeiterpartei, das allgemeine Wahlrecht und eine gemeinsame Interessenvertretung. Im Jahre 1866 gründen August Bebel und Wilhelm Liebknecht, mehr oder weniger getreue Anhänger von Karl Marx, die Sächsische Volkspartei, die Sozialdemokraten und Radikal-Liberale in ihren Reihen vereint. Auf dem Parteitag 1869 in Eisenach wird die Partei in Sozialdemokratische Arbeiterpartei Deutschlands (SDAP) umbenannt. Sie gibt sich ein im weitesten Sinne marxistisches Programm und verkündet, wie die Anhänger Lasalles, daß „die Emanzipation der Arbeiterklasse durch die Arbeiterklasse selbst errungen werden muß." Im Jahre 1875 vereinen sich die Lassalleaner und die Eisenacher in Gotha zur Sozialistischen Arbeiterpartei Deutschlands, der späteren Sozialdemokratischen Partei Deutschlands (SPD). Das Programm vereint marxistische und sozialdemokratische Elemente in sich. Gegner halten es für alarmierend radikal, ja sogar für revolutionär.

## DER KAMPF UM VORHERRSCHAFT

Die Österreicher versuchen der zunehmend aggressiveren Politik Bismarcks entgegenzutreten, indem sie weitreichende Reformen des Bundes vorschlagen. Die Einzelheiten ihrer Vorschläge bleiben ein gut gehütetes Geheimnis, das erst auf einer Konferenz der deutschen Fürsten unter Vorsitz des österreichischen Kaisers gelüftet werden soll. Franz Joseph reist nach Gastein, wo sich Wilhelm I. zur Kur aufhält, um ihn persönlich zur Konferenz einzuladen, die vierzehn Tage später stattfinden soll. Bismarck, der sich zusammen mit dem König in Gastein aufhält, will diesem die Annahme der Einladung ausreden, doch Wilhelm zögert. Erst als ein österreichischer Adjutant Wilhelm I. unmittelbar nach dem Zusammentreffen mit Franz Joseph aufsucht und auf seine Antwort drängt, ist der König so verärgert, daß er Bismarck zustimmt. Bismarck kontert nun auf Österreichs Vorgehen und ruft in ganz Deutschland direkte Wahlen für ein nationales Parlament aus. Es scheint, als sei aus dem eingefleischten Reaktionär in der Zeit zwischen Februar und August ein überzeugter Liberaler geworden.

Trotz der Ablehnung Preußens kommen die Staatsoberhäupter wie geplant in Frankfurt zusammen. Der Bundestag wird mit der schwarz-rot-goldenen Fahne geschmückt, die 1851 das letzte Mal benutzt worden ist. Die Nationalisten hegen große Hoffnungen, und dem Kaiser wird vom Volk ein stürmischer Empfang bereitet. Am 18. August beginnt die Konferenz mit großem Pomp. Auf die Begrüßungsansprache des Kaisers folgt langes Schweigen, das der Herzog von Mecklenburg-Schwerin schließlich bricht, indem er eine erneute Einladung an Wilhelm I. vorschlägt, der sich gerade in Baden-Baden von den Anstrengungen der Kur erholt. König Johann von Sachsen, der klügste und erfahrenste der deutschen Fürsten, reist nach Baden-Baden und bittet im Namen von „dreißig Staatsoberhäuptern mit einem König als ihrem Boten" darum, daß Wilhelm I. nach Frankfurt kommen möge. Doch erneut überredet Bismarck den zaudernden König, die Einladung auszuschlagen. Beide führen eine lange Auseinandersetzung, an deren Ende sie erschöpft sind. Der König erleidet einen Nervenzusammenbruch, während Bismarck sich abreagiert, indem er in seinem Zimmer alle Gläser an die Wand wirft.

Preußens Ablehnung bedeutet das Ende der Konferenz. Die deutschen Fürsten sind nicht bereit, über ein föderalistisches Deutschland ohne Preußen nachzudenken. Österreich muß erkennen, daß die Idee von einem Großdeutschland unter seiner Vorherrschaft nicht durchsetzbar ist, und daß die einzige mögliche Lösung für das deutsche Problem in der Zusammenarbeit zwischen Österreich und Preußen liegt. Damit ist der großdeutsche Traum ausgeträumt.

Bismarck hat sich von Österreich nicht ausbooten lassen, versucht dies aber umgekehrt nun mit Österreich. Die Krise in Schleswig-Holstein bietet ihm dafür die beste Gelegenheit. Als der neue dänische König, Christian IX., im Dezember 1863 eine neue Verfassung in Kraft setzt, mit der Schleswig, dessen Bevölkerung mehrheitlich aus Deutschen besteht, zum festen Bestandteil Dänemarks erklärt wird, protestiert der Deutsche Bund gegen diesen Bruch des Völkerrechtes. Im Februar 1864 marschieren preußische und österreichische Truppen unter dem Jubel der großen Mehrheit der Deutschen quer durch alle politischen Lager gegen Dänemark auf. Die Dänen werden nach kurzer Zeit geschlagen und Jütland und Alsen besetzt. Im Sommer findet in London eine Konferenz statt, auf der der Bund und Österreich den Anspruch des Herzogs von Augustenburg auf die Herzogtümer Schleswig und Holstein unterstützen. Bismarck, der von Anfang an die Angliederung der Herzogtümer im Sinn gehabt hat, vereitelt den Plan mit mehreren klugen Schachzügen, so daß die Konferenz ohne Beschluß auseinandergeht. Im Oktober 1864 wird in Wien der Frieden geschlossen und der dänische König übergibt Schleswig, Holstein und Lauenburg an Österreich und Preußen. Die Herzogtümer unterstehen jetzt zwangsweise einem preußisch-österreichischem Kondominium, in dem die Österreicher aber aus politischen, militärischen und geographischen Gründen benachteiligt sind. Pläne, wie diese ungünstige Situation zu lösen sei, werden entworfen und wieder verworfen. Schließlich wird in der Gasteiner Konvention vom 14. August 1865 die Verwaltung der Elbherzogtümer geregelt: Preußen verwaltet Schleswig, Österreich verwaltet Holstein und verkauft Lauenburg für 2,5 Millionen Taler an Preußen.

Im Sommer 1865 ist Bismarck im Falle eines Bündnisses mit Italien zum Krieg gegen Österreich entschlossen. Seine eigene politische Position ist zu diesem Zeitpunkt schwach, denn die Verfassungskrise, die ihn an die Macht gebracht hat, ist weiterhin ungelöst. In Deutschland herrscht weitverbreitet eine antipreußische Stimmung, und der Herzog von Augustenburg ist noch immer überaus populär. In dieser Situation ist der Krieg ein Wagnis, der aber möglicherweise alle Probleme lösen kann. Wilhelm I. möchte es nicht zum Bruch mit Österreich kommen lassen; ihn schreckt die Vorstellung eines Bündnisses mit Italien, das er als einen unrechtmäßigen, revolutionären Staat betrachtet. Er befiehlt Bismarck daher, eine Kompromißlösung mit Österreich anzustreben. Bismarck mißachtet diese Anweisung jedoch und richtet seine gesamte Energie darauf, ein außenpolitisches Bündnis für seinen Kurs gegen Österreich schmieden zu können.

Am 8. April 1866 schließen Italien und Preußen in Berlin ein auf drei Monate befristetes Angriffsbündnis gegen Österreich. Bismarck hat damit Preußen festgelegt, den Krieg bis Juli zu beginnen. Am 9. April, dem Tag nach der Unterzeichnung des Geheimvertrages mit Italien, schlägt Preußen allgemeine Wahlen für eine Nationalversammlung vor, die über die Zukunft des Bundes beraten soll. Bismarck appelliert damit direkt an die kleineren deutschen Staaten und die Liberalen. Der Versuch schlägt fehl. Der Nationalverein warnt, ein reaktionärer Minister wie Bismarck könne kein liberales Deutschland schaffen. Bismarck erwidert unbeeindruckt: „Man schießt nicht mit der öffentlichen Meinung, sondern mit Pulver und Blei."

Angesichts der wachsenden Spannungen in Deutschland und der Nachricht über Kriegsvorbereitungen in Italien, mobilisiert Österreich zuerst seine südlichen, dann auch seine nördlichen Kräfte. Die Italiener drängen die Preußen zur Mobilisierung. Die beginnt Anfang Mai. Österreich wendet sich nun an den Bundestag und fordert die Lösung der Schleswig-Holstein-Frage und die Einberufung des Landtages von Holstein. Preußen prangert das als einen Bruch des Gasteiner Vertrages an und entsendet Soldaten nach Holstein. Österreich verlangt daraufhin die Mobilisierung der Bundesarmee gegen Preußen, der mit einer knappen Mehrheit stattgegeben wird.

Anfangs steht Preußen einer scheinbar übermächtigen Koalition aus Österreich, Bayern, Württemberg, Baden, Sachsen, Hannover, Kurhessen, Hessen-Darmstadt und der Mehrzahl der kleineren Staaten Mittel- und Süddeutschlands gegenüber. Doch die Österreicher koordinieren die Handlungen ihrer Verbündeten nicht. Die Preußen wenden sich rasch gegen Hannover und Hessen und bringen sich in den Besitz von Frankfurt. Der preußische Generalstabschef Moltke sucht die Entscheidungsschlacht in Böhmen. Die Preußen bieten drei Armeen auf, die sich in Nordböhmen vereinen sollen. Die Österreicher unter Benedek können den preußischen Vormarsch auf Dresden nicht stoppen und werden bei Königgrätz eingeschlossen. Benedek

Während des Deutsch-Französischen Krieges in Gefangenschaft geratene Franzosen in einem Lager in Wahner Heide bei Köln. Beide Seiten erleiden im Krieg extrem schwere Verluste. Ein großer Teil der französischen Armee wird in der Schlacht von Sedan am 2. September 1870 eingekesselt. Die Deutschen machen 104 000 Gefangene, unter ihnen befindet sich auch der schwerkranke Kaiser Napoleon III.

drängt den Kaiser zum Frieden, doch Franz Joseph lehnt ab. Am verregneten 3. Juli erreicht die dritte preußische Armee das Schlachtfeld und greift in die Kämpfe ein. Die Preußen erringen einen entscheidenden Sieg. In der Schlacht werden 25 000 Österreicher getötet, verwundet oder geraten in Gefangenschaft. Preußen verliert 9000 Mann. Die Preußen rücken nun auf Wien vor.

In Norditalien ist den Österreichern ein günstigeres Schicksal beschieden. Sie siegen mit ihrer Armee bei Custozza und mit ihrer Flotte bei der Insel Lissa. Damit hängt alles von Frankreich ab, das Franz Joseph am Tag von Königgrätz um Vermittlung gebeten hat. Es folgen Wochen schwierigster Verhandlungen, in denen Bismarck seine ganzes Geschick gegen den gerissenen Napoleon III. aufbieten muß. Der erreichte Kompromiß ist für Bismarck annehmbar: Deutschland wird in drei Teile geteilt. Ein Norddeutscher Bund unter Preußen umfaßt die neugewonnenen Gebiete Schleswig-Holstein, Hannover, Kurhessen, Nassau und Frankfurt. Der Vorschlag für einen Süddeutschen Bund mit Bayern, Württemberg, Baden und Hessen-Darmstadt wird von Preußen abgelehnt, das Verhandlungen mit den einzelnen Staaten vorzieht und die Bande des Zollvereins stärken möchte. Österreich ist somit vom Rest Deutschlands abgetrennt und abgesondert. Auf der Friedenskonferenz wird Sachsen mit voller Garantie der territorialen Integrität und Souveränität dem Norddeutschen Bund zugeteilt.

## DER DEUTSCH-FRANZÖSISCHE KRIEG

Bereits im August 1866 hat Bismarck Militärkonventionen mit Bayern, Württemberg und Baden verhandelt und ein ähnlicher Vertrag wird Anfang des Folgejahres mit Hessen-Darmstadt unterzeichnet. Bismarck hat gute Gründe, auf den Abschluß dieser Verträge zu drängen, denn Ende Juli fordert Napoleon III. plötzlich die Wiederherstellung der Grenzen von 1814, wozu Luxemburg, der Französisch sprechende Teil Belgiens, Rheinland-Pfalz und Rheinhessen, einschließlich Mainz, gehören. Er begründet die Forderung mit seiner wohlwollenden Haltung gegenüber dem Norddeutschen Bund. Die Krise ist schnell entschärft, doch Bismarck und Moltke denken bereits an einen Krieg mit Frankreich, in dem Preußen von den süddeutschen Staaten, möglicherweise sogar von Österreich, unterstützt werden wird.

Der Zollverein – und damit Preußens Einfluß in Deutschland – wird durch die Schaffung eines Zollparlamentes weiter gestärkt. In diesem Parlament sind alle Mitgliedstaaten des Zollvereines vertreten, und es wird in allgemeinen und gleichen Wahlen mit Männerstimmrecht gewählt, wodurch das bevölkerungsreiche Preußen im Parlament eine dominierende Stellung einnimmt. Zu den Aufgaben des Parlamentes gehört es, Zölle festzulegen und Bestimmungen für den Warenverkehr und den Handel festzulegen.

Die antipreußische Stimmung in Süddeutschland ist ungebrochen. Die Furcht vor einer preußischer Dominanz und einem Konflikt der Katholiken mit dem protestantischen Preußen sitzt tief. Auch die Rufe nach Schutz vor der übermächtigen Industriemacht Preußen werden immer lauter. Die Wahlen zum Zollparlament finden um den Jahreswechsel 1867/1868 statt und enden mit einem überlegenen Sieg für die süddeutschen Partikularisten. In Württemberg wird die Meinung der Öffentlichkeit über Preußen kurz und knapp so formuliert: „Zahl Steuern, halt dein Maul, und werde Soldat." Im katholischen Bayern warnen Anhänger der nationalstaatlichen Einigung vor den Gefahren der „protestantischen Militärmacht" aus dem Norden. Trotz dieser Rückschläge gelingt es Preußen, die meisten wichtigen Gesetze durch das Zollparlament verabschieden zu lassen. Auch wenn die süddeutschen Industriellen und Bauern gegen Preußen eingestellt sind, haben sie doch alle Anteil am wachsenden Wohlstand und rechnen sich konkreten Nutzen aus den Beziehungen mit Preußen aus. Delbrück, Bismarcks „Leiter des Generalstabs für Wirtschaft", handelt 1868 gegen den Widerstand Süddeutschlands ein Freihandelsabkommen mit Österreich aus, das den süddeutschen Staaten die Unterstützung ihres noch immer mächtigen, antipreußischen Nachbarn entzieht. Der Vertrag passiert das Zollparlament ohne größere Schwierigkeiten.

Nur durch eine sehr geschickte Diplomatie gelingt es, die süddeutschen Staaten in den Schoß Preußens zu holen. Die Verteidigungsbündnisse mit den süddeutschen Staaten, der Schlüssel preußischer Politik, sind zutiefst unpopulär. In Baden können sie nur auf dem Wege einer Notverordnung durchgebracht werden und überall herrscht Ablehnung der zur Modernisierung der Armee zusätzlich aufzubringenden Steuergelder. Es kommt zur Bildung antipreußischer, großdeutscher Parteien.

Währenddessen haben sich die Beziehungen zwischen Preußen und Frankreich ständig verschlechtert. Napoleon III. ist mit seinen Territorialansprüchen nicht durchgekommen, die er als Entschädigung für seine Neutralität von 1866 gefordert hat. Beide Seiten rüsten auf, die Preußen dank ihres „eisernen Etats", bei dem die Liberalen auf ihr Einspruchsrecht gegen Militärausgaben verzichtet haben. Der englische Außenminister, Lord Clarendon, bezeichnet das Wettrüsten als „eine Schande für unsere Zeit und Zivilisation". Die meisten Beobachter sind davon überzeugt, daß ein Krieg zwischen Frankreich und dem Norddeutschen Bund unausweichlich geworden ist, vielen ist er auch nicht unerwünscht. Frankreich bietet der Krieg Gelegenheit, von seinen inneren politischen Spannungen abzulenken und die Nation gegen einen gemeinsamen äußeren Feind zusammenzuschweißen. Für Bismarck stellt der Krieg mit Frankreich die einzige Möglichkeit dar, den Prozeß der kleindeutschen Einheit nach preußischer Vorstellung zu vollenden.

Im Frühjahr 1870 trägt das spanische Parlament einem Mitglied aus dem Hause Hohenzollern-Sigmaringen, der katholischen Linie des regierenden preußischen Herrscherhauses, den Thron des Landes an. Die Franzosen fürchten die Umklammerung durch ein feindliches Preußen. Im Mai erringt die antipreußische Rechte in Frankreich einen großen Sieg bei einer Volksabstimmung und ein neuer Außenminister wird ernannt. Gramont ist ein entschiedener Gegner der kleindeutschen Lösung. Am 21. Juni nimmt der Prinz von Hohenzollern-Sigmaringen die Kandidatur an. Die offizielle Bekanntgabe erfolgt am 3. Juli. In einer provokanten Rede vor der Abgeordnetenkammer droht Gramont Preußen offen mit Krieg, sollte dieser Versuch zur Wiederbelebung des Reiches Karls V. nicht umgehend gestoppt werden. Am 12. Juli zieht der Prinz seine Kandidatur zurück. Die Franzosen machen nun einen schweren Fehler. Sie haben einen Sieg über Preußen errungen; die Kandidatur auf den spanischen Thron ist zurückgezogen worden. Doch sie fahren fort, Preußen auch auf die Gefahr eines Krieges hin, in dem sie ohne Verbündete und

Unterstützung dastehen, weiter zu demütigen. Frankreich fordert von Preußen den dauerhaften Verzicht auf jegliche zukünftige Kandidatur eines Hohenzollern. In einem Zeitungsinterview äußert Napoleon III., eine erneute Kandidatur bedeute Krieg zwischen Frankreich und Preußen. Bismarck, der überzeugt ist, daß sich weder England noch Rußland in dem Streit um den spanischen Thron engagieren werden, bereitet den Krieg vor. Gramont weist den französischen Botschafter in Berlin, Benedetti, an, Wilhelm I. in Bad Ems aufzusuchen und von diesem eine bindende Zusage zu erwirken, daß er eine Kandidatur nie erneuern oder unterstützen werde. Benedetti reist am 13. Juli nach Bad Ems und am selben Tage legen Napoleon III. und sein Ministerrat fest, daß Frankreich den Krieg beginnen werde, sollte die geforderte Garantie ausbleiben. Benedettis Vorgehen ist zu viel für den preußischen König, der den eklatanten Versuch, ihn zu demütigen, höflich, aber bestimmt ablehnt. Am selben Tag trifft ein Telegramm mit der Beschreibung dieser Vorgänge in Berlin ein. Es heißt, Bismarck habe dessen Inhalt absichtlich geändert, um die Krise heraufzubeschwören, doch der schließlich veröffentlichte Wortlaut ist nur geringfügig verändert worden und Frankreich hatte sich bereits vor der Veröffentlichung zum Krieg entschieden. Am 14. Juli wird die französische Armee mobilisiert und am 19. Juli erklärt Frankreich Preußen offiziell den Krieg, nachdem es ein Vermittlungsangebot Englands abgelehnt hat. Bei den süddeutschen Staaten findet Preußen allgemein Unterstützung. Sie halten sich an die geschlossenen Beistandsbündnisse und ziehen zur Verteidigung Deutschlands gegen Frankreich zu Felde.

Nach mehreren Zusammenstößen mit schweren Verlusten auf beiden Seiten wird die französische Armee bei Metz belagert und am 2. September in der Schlacht von Sedan vernichtend geschlagen. Napoleon III. wird mit mehr als 100 000 seiner Soldaten in Sedan gefangen genommen. Trotz der deutschen Siege, geht der Krieg weiter. Léon Gambetta, ein zündender Redner der böhmischen Radikalen, ruft als glühender Republikaner Frankreich zum nationalen Verteidigungskrieg auf. Die Preußen belagern Paris, wo es zu aufreibenden Partisanenkämpfen kommt. Der konservative Republikaner Thiers schließt am 26. Februar 1871 Frieden mit Preußen, aber die Belagerung von Paris geht weiter. Am 18. März wird die Commune ausgerufen. Die Truppen der Dritten Republik übernehmen nun die Belagerung unter dem wachsamen Auge der Deutschen und zerschlagen die Commune mit brutaler Gewalt. Der Krieg ist damit beendet, aber die ungefestigte Republik muß die deutsche Besetzung noch bis 1873 dulden.

Im Oktober 1870 nimmt Bismarck mit den vier süddeutschen Staaten Verhandlungen über die Bildung eines neuen Deutschen Bundes auf. Am 25. November stimmen alle vier einem Deutschen Reich mit dem preußischen König als seinem Kaiser zu. Die Verträge werden von den Parlamenten der einzelnen Länder ratifiziert, wodurch die neue Reichsgründung „von oben" ihre Legitimierung „von unten" erhält. Die offizielle Reichsgründung findet am 1. Januar 1871 in äußerst unspektakulärer Weise statt. Am 18. Januar 1871 wird Wilhelm I. durch den Großherzog Friedrich I. von Baden im Spiegelsaal von Versailles zum deutschen Kaiser ausgerufen.

Entsprechend der neuen Verfassung werden die süddeutschen Staaten vom Norddeutschen Bund praktisch annektiert. Sie erhalten zwar einige zusätzliche Sitze im Bundesrat, doch Preußen verfügt über eine ausreichende Mehrheit, um alle Verfassungsänderungen zu blockieren. Der neue Bundesstaat besteht aus fünfundzwanzig Staaten, vier Königreichen, sechs Großherzogtümern, fünf Herzogtümern, sieben Fürstentümern und drei freien Städten. Die Staaten behalten einige Reservatrechte. Die Königreiche Preußen, Bayern, Sachsen und Württemberg haben jeweils eigene Streitkräfte, die nur im Kriegsfall unter dem Oberkommando des Kaisers eine deutsche Armee bilden. Baden, Württemberg und Bayern behalten das Recht auf eine eigene Bier- und Branntweinsteuer, Bayern und Württemberg haben eigene Postverwaltungen. Die Souveränität des Kaisers findet offiziell Ausdruck im Erbvorsitz des Bundesrates. Doch er ist mit beträchtlichen Machtbefugnissen ausgestattet. Er kann Bundesrat und Reichstag einberufen und auflösen, ernennt den Kanzler und die Staatssekretäre.

Die Wahlen zum ersten Reichstag verlaufen unerwartet ruhig. Die Wahlbeteiligung liegt gerade bei 51 Prozent und eine klare Wahlentscheidung bleibt aus. Die großen Gewinner sind mit 125 von 382 Sitzen die Nationalliberalen, die gemeinsam mit dreißig Altliberalen und sechsundvierzig Abgeordneten der Fortschrittlichen Volkspartei die Mehrheit im Parlament besitzen. Bismarcks Anhänger unter den Freikonservativen erhalten lediglich siebenunddreißig Mandate, die gegenüber dem Kanzler kritisch eingestellten Konservativen gewinnen siebenundfünfzig Sitze. Die Katholische Zentrumspartei zieht mit dreiundsechzig Abgeordneten in das neue Parlament ein. Die erste Sitzung findet im Stadtschloß in Berlin statt. Der Kaiser sitzt auf dem Thron Heinrichs III., der zu diesem Anlaß aus Goslar herbeigeholt worden ist und steckt in einer von Bismarck ausgearbeiteten Rede den Kurs des Reichstages ab. Der Kaiser ist von Fürsten und Generälen in prächtigen Paradeuni-

Deutsche Truppen bei der Siegesparade am 1. März 1871 auf den Champs Elysées in Paris. Sie feiern den Sieg über Frankreich im Deutsch-Französischen Krieg 1870–1871.

formen umgeben, so daß die eher trist gekleideten Abgeordneten dagegen wie unbedeutende Beisteher erscheinen.

Unter dem Eindruck der grandiosen Siege der Armee Moltkes begrüßen die meisten Deutschen die Reichsgründung mit Begeisterung. Die Geschäftsleute werden
noch reicher, die Soldaten baden im Ruhm siegreich geschlagener Schlachten, die
Intellektuellen lassen sich von der Welle nationaler Begeisterung tragen. Die preußischen Konservativen befürchten, daß ihr geliebtes Land zur Provinz eines Staates
wird, in dem das allgemeine Wahlrecht herrscht und in dem eine habgierige und
ungehobelte Bourgeoisie den Ton angibt.

Das Deutsche Reich ist ein autoritärer Staat und sein Parlament ist trotz seiner
Wahl durch allgemeines Männerwahlrecht nur mit begrenzten Vollmachten ausgestattet. Die Monarchie bleibt unangetastet, der Adel behält seine privilegierte Stellung
und die Armee wird weiter gestärkt. Bismarcks Revolution von oben hat den Liberalismus und Nationalismus zum Schutz der traditionellen Elite benutzt und die demokratischen Kräfte behindert. Deutschland ist politisch, ökonomisch und militärisch
stark, weist aber auch gravierende Schwächen auf. Eine moderne bürgerlich-kapita-
listische Gesellschaft existiert im Rahmen eines überkommenen und autokratischen
Staates. Die Spannungen und Widersprüche innerhalb des Reiches werden schon bald
zur militärischen Niederlage, sozialen Unruhen und politischem Bankrott führen.

Das deutsche Hauptquartier in
Versailles um 1870 auf einem
Gemälde von Anton von Werner
aus dem Jahre 1900.
*Von links nach rechts:* Blumen-
thal, Kronprinz Friedrich, Verdy
du Vernois, Wilhelm I., Moltke,
Roon und Bismarck.

# KAPITEL 9 — *Das Deutsche Reich*

Eines der ersten großen Probleme, dem sich das neue Reich stellt, betrifft das Verhältnis zwischen Staat und katholischer Kirche. Im Wahlkampf hat die Zentrumspartei den Vorschlag gemacht, deutsche Truppen zum Schutz des Papstes nach Rom zu entsenden, das französische Soldaten im September 1870 verlassen haben. Die preußische Regierung unterstützt den Papst als eine konservative Kraft in der modernen Welt und bietet ihm Schutz an, sollte er gezwungen sein, ins Exil zu gehen. Doch die katholische Kirche ist häufig ein Element der Unruhe im modernen Säkularstaat.

Das preußisch-deutsche Reich ist stark vom Protestantismus durchsetzt. Die meisten Katholiken haben sich mit dem kleindeutschen Reich arrangiert, unterstützen aber zu Bismarcks Mißvergnügen nachdrücklich die Partikularrechte der Mitgliedsstaaten. Die polnischen Katholiken und ihre Glaubensbrüder in Elsaß und Lothringen lehnen dagegen das Reich ab. Die Lage kompliziert sich weiterhin dadurch, daß die katholische Kirche in Deutschland geteilt ist in „Altkatholiken", die die Festlegungen des Vatikanischen Konzils von 1869–1870, einschließlich des neuen Dogmas der Unfehlbarkeit des Papstes, ablehnen, und denen, die den Lehren der Kirche treu folgen.

Der Kampf gegen die katholische Kirche, der sogenannte Kulturkampf, findet in den einzelnen Staaten statt, nicht im Reich. Der vom Reichstag 1871 verabschiedete „Kanzelparagraph", verbietet politische Äußerungen von der Kirchenkanzel herab und bleibt bis 1953 in Kraft. Die preußischen Maigesetze von 1873 stellen die konfessionellen Schulen unter strikte Aufsicht des Staates. Durch zahlreiche weitere Maßnahmen Preußens, die von vielen anderen Staaten übernommen werden, wird zum Beispiel die standesamtliche Eheschließung zur Pflicht gemacht, die Niederlassungen der Jesuiten in Deutschland werden verboten und die staatliche Mitwirkung bei Ernennung kirchlicher Würdenträger eingeführt. Gleichzeitig stellt der Staat seine finanziellen Zuwendungen an die Kirche ein. Der Vatikan weist die deutschen Bischöfe an, diese Regelungen zu mißachten; als Antwort des Staates werden mehrere prominente Kirchenvertreter verhaftet und ins Ausland abgeschoben.

Bismarck muß den Liberalen zahlreiche Zugeständnisse machen, um sich ihre Unterstützung im Kulturkampf zu sichern. So muß er bestimmten Änderungen im Straf- und Handelsgesetz sowie bei der Kontrolle der Presse zustimmen, die für seinen Geschmack bereits viel zu weit gehen. Die Verfolgung der Kirche stärkt nur die Zentrumspartei und wird von der Mehrheit der Konservativen abgelehnt, die sich gegen die Beschneidung des Einflusses der Grundbesitzer in den Schulen wendet und im Angriff auf die Kirche ein Beispiel für gottlosen Liberalismus sieht. Um 1875 reift bei Bismarck die Erkenntnis, daß der „Kulturkampf" ein schwerer Fehler gewesen ist.

## DIE REICHSGRÜNDUNG

Bismarck will eine Wiederholung des preußischen Verfassungskonfliktes vermeiden und schlägt deshalb ein Äternat (ein zeitlich unbegrenztes Gesetz) vor, mit dem der Reichstag seine Kontrolle über die Militärausgaben aufgibt. Die Liberalen sind entschlossen dieses Gesetz, von dem 90 Prozent des Etats betroffen sind, zu Fall zu bringen. Sie fordern die Schaffung eines Bundeskriegsministeriums, dessen Minister dem Reichstag rechenschaftspflichtig ist. Bismarck droht mit der Auflösung des Reichstages und kündigt seinen Rücktritt für den Fall an, daß die Krise nicht beendet wird, woraufhin die Liberalen einlenken und nach einem Kompromiß streben. Das Ergebnis ist das Septennat, mit dem die Forderungen des Militärs für die nächsten sieben Jahre befriedigt werden sollen.

Der Gründung des Reiches folgt eine Zeit wirtschaftlicher Hochkonjunktur bis ins Jahr 1873, danach steht die Industrie vor einer Krise der Überproduktion und, auf dem Geldmarkt herrscht Überspekulation. Im Mai 1873 kommt es zum Börsenkrach in Wien; unter den deutschen Investoren macht sich zunehmend Nervosität breit und die Banken geraten in ernste Schwierigkeiten. Billige Getreideimporte aus Nordamerika und anderen Ländern sind eine starke Konkurrenz. Aus Landwirtschaft und Industrie wird der Ruf nach Schutzzöllen und Beendigung des liberalen Freihandels laut. Im November 1873 bilden Industrielle aus Rheinland und Westfalen den Verein deutscher Stahl- und Eisenindustrieller, der die Erweiterung des Schienennetzes, keinen weiteren Abbau der Zölle und eine Preissenkung für Kohle fordert. Unterstützung erhält er vom Verein zur Wahrung der gemeinsamen wirtschaftlichen Interessen in

Rheinland und Westfalen, dem „Verein mit dem langen Namen". Der führende Kopf hinter dieser Bewegung ist Henry Axel Bueck, der Generalsekretär des Vereines mit dem langen Namen, der 1876 Generalsekretär des Zentralverbandes Deutscher Industrieller, einer radikalen Gruppe von Protektionisten, wird. Der Grundeigentümer Bueck schmiedet ein Schutzbündnis zwischen den „Schlotbaronen" der Industrie und den „Krautjunkern" auf dem Lande. Bueck erkennt als erster, daß die öffentliche Meinung manipulierbar ist und Abgeordnete des Parlamentes zugunsten von Partikularinteressen beeinflußt werden können. Er wird dadurch zum Begründer des antidemokratischen Pluralismus von Interessengruppen, wie sie für das Deutschland der Kaiserzeit typisch sind. Marine- und Armeebund, Kolonialliga und Alldeutsche agitieren außerhalb des parlamentarischen Rahmens und binden damit politische Energien, die zur Festigung und zum Ausbau der parlamentarischen Demokratie und der bürgerlichen Freiheiten hätten beitragen können.

Bismarck muß 1875 seine erste, große außenpolitische Schlappe hinnehmen. Als Reaktion auf eine Abstimmung in der französischen Deputiertenkammer zugunsten einer beträchtlichen Aufstockung der Armee, erscheint in der offiziösen Berliner Zeitung Die Post ein Artikel unter der provozierenden Überschrift „Ist Krieg in Sicht?". Während der preußische Generalstab dieser Entwicklung mit Gleichmut begegnet, will Bismarck hingegen Frankreich politisch demütigen. Doch sein Plan geht nicht auf, denn der französische Außenminister Duc de Decazes sucht geschickt nach Unterstützung und obwohl Österreich gegenüber Berlin loyal bleibt, stellt es sich

Der „eiserne Kanzler", Fürst Bismarck, in Uniform auf einem Gemälde von Franz von Lenbach (1836 – 1904). Es ist eines von Lenbachs zahlreichen Portraits des Kanzlers, das nicht nur technisch brillant ausgeführt ist, sondern auch eine großartige psychologische Studie darstellt. Bismarck wurde 1815 in Schönhausen in Brandenburg geboren. Als konservativer Royalist war er 1848 Mitglied des preußischen Landtages. Im Jahre 1851 wurde er preußischer Gesandter für den Bundestag in Frankfurt, 1862 Ministerpräsident von Preußen. Im Jahre 1871 wird er Kanzler des soeben gegründeten Deutschen Reiches und in den Fürstenstand erhoben. Im Jahre 1890 legt er sein Amt nieder und stirbt 1898.

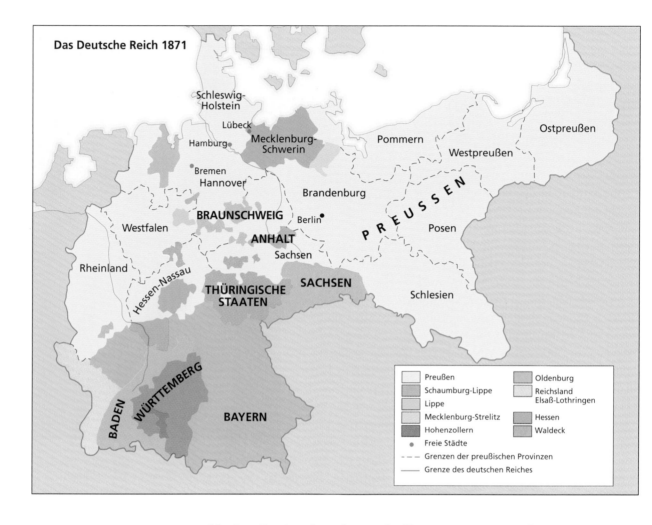

auf die Seite Frankreichs, indem sie Großbritannien zur Vermittlung ermutigen. Bismarck ist isoliert. Die Regierungen in London, St. Petersburg, Rom und Paris zwingen ihn zum Einlenken. Bismarcks Außenpolitik ist damit an einem Wendepunkt angekommen und es wird klar, daß Deutschland nicht die dominierende Stellung in Europa einnehmen kann, sondern sich mit dem, was es hat begnügen, und die Interessen der anderen Mächte respektieren muß. Bismarck kommentiert die „Krieg in Sicht"-Krise mit den Worten: „Deutschland in sich gefestigt, will nichts als sich selbst in Frieden überlassen bleiben und sich friedlich weiterentwickeln." Dazu muß Deutschland jedoch eine starke Armee unterhalten, denn „man greift nicht jemanden an, dessen Dolch lose in der Scheide sitzt".

Im Sommer 1875 erheben sich Bosnien und die Herzegowina gegen das Osmanische Reich; Serbien, Montenegro und Bulgarien folgen ihnen nach. Die Türken unterdrücken die Aufstände mit unglaublicher Grausamkeit; dann aber erklärt Rußland 1877 den Osmanen den Krieg und erzwingt die Unterstützung Rumäniens bei der Vertreibung der Türken aus Europa. Im März 1878 kommt es zum Friedensschluß in San Stefano. Es entsteht ein Großbulgarien, das sich bis zur Ägäis erstreckt.

# Die Kaiserproklamation

Im Jahre 1870 bewegt Kanzler Bismarck die süddeutschen Staaten zur Annahme der Verfassung des Norddeutschen Bundes. Dazu werden im November mehrere Verträge unterzeichnet. Die süddeutschen Staaten behalten einige Rumpfrechte, wodurch eine Verfassungsdiskussion vermieden wird. Am 1. Januar 1871 tritt die Verfassung des Deutschen Reiches in Kraft. Die neue Verfassung vom 16. April 1871 schreibt lediglich die Rechte der süddeutschen Staaten fest und regelt ihre Vertretung im Bundesrat.

Am 18. Januar 1871 erfolgt in Versailles die Proklamation des Königs von Preußen zum Kaiser. Das Datum hat als Krönungstag des ersten Preußenkönigs, Friedrich I., historische Bedeutung. Der Palast des Sonnenkönigs wird zum militärischen Hauptquartier, wo sich die deutschen Fürsten in Paradeuniform nahezu ausnahmslos zur Krönung versammelt haben. Das Gemälde Anton von Werners (*unten*) fängt den militärischen Charakter der Veranstaltung besonders eindrucksvoll ein. Das Deutsche Reich gründet sich als Ergebnis des Deutsch-Französischen Krieges auf Blut und Eisen und ist nicht das Endprodukt eines friedlichen und demokratischen Prozesses. Das macht auch die auf dem Bild festgehaltene Zeremonie deutlich. Wie die Könige im Mittelalter, wird der Kaiser von den Fürsten ausgerufen.

Wilhelm I. hat ernste Bedenken, „deutscher Kaiser" zu werden. Er hätte den Titel „Kaiser von Deutschland" vorgezogen und ist aufgebracht, als Bismarck ihm darlegt, daß dies für die Fürsten nicht akzeptabel sei. Am Abend vor der Proklamation sagt Wilhelm: „Morgen ist der unglücklichste Tag meines Lebens. Wir begraben die preußische Monarchie, und Sie, Fürst Bismarck, tragen dafür die Verantwortung."

Auch die Fürsten sind nicht begeistert. Sie befürchten eine mögliche liberale Entwicklung des neuen Reiches. Ludwig II. von Bayern muß erst mit einer ansehnlichen Summe aus Bismarcks „Guelfenfond", den Geldern, die Hannover 1866 abgenommen wurden, abgefunden werden. Ludwigs Bruder, Prinz Otto, nimmt an der Zeremonie teil und berichtet: „Ich kann nicht sagen, wie unaussprechlich traurig und schmerzlich ich mich bei dieser Szene gefühlt habe … Alles war so kalt, stolz, glänzend, prunkvoll, aufschneiderisch, herzlos und leer."

Die Kaiserproklamation König Wilhelms I. im Spiegelsaal von Versailles; Gemälde von Anton Werner.

Unter dem Eindruck dieser Ereignisse verfaßt Bismarck in Bad Kissingen jene umfangreiche Denkschrift, mit der er dem französischen Journalisten zustimmt, der geschrieben hat, er leide an einem Alptraum vor Koalitionen (*le cauchemar des coalitions*), der Furcht vor Einkreisung, wie es dann später hieß. Bismarck hofft, daß sich England nach dem Erwerb der Suezkanalaktien durch Disraeli stark in Ägypten engagiert und Rußland sich weiter um die Schwarzmeerregion kümmert. Beide Mächte sollten sich in Streitigkeiten untereinander verstricken und dadurch zu einer gemeinsamen antideutschen Koalition nicht mehr in der Lage sein. Die Rivalität zwischen Rußland und Österreich auf dem Balkan bedeutet, daß Rußland die Unterstützung Deutschlands benötigt. Der Kolonialstreit zwischen England und Frankreich, eröffnet die Möglichkeit, England ins deutsche Boot zu ziehen. Bismarcks politische Idealvorstellung sieht eine Gesamtsituation vor, „in welcher alle Mächte außer Frankreich unser bedürfen, und von Koalitionen gegen uns durch ihre Beziehungen zueinander nach Möglichkeit abgehalten werden".

Der russische Sieg über das Osmanische Reich versetzt England und Österreich in Alarmbereitschaft und beide Mächte machen klar, daß sie die Möglichkeit eines Krieges erwägen. Die Russen, die sehr wohl wissen, daß sie in einem solchen Konflikt unterliegen werden, nehmen in London Verhandlungen auf und verzichten auf einen großen Teil ihrer Gewinne von San Stefano. Die Verhandlungsergebnisse werden auf einem Kongreß in Berlin bestätigt, der am 13. Juni 1878 unter Vorsitz von Bismarck beginnt. Ein großer Teil der russischen Eroberungen wird an die Türkei zurückgegeben, die Verwaltung von Bosnien und Herzegowina Österreich übertragen und England erhält Zypern.

Die Reaktion der Anhänger des russischen Panslawismus ist hart. Die sonst so aufmerksamen russischen Zensoren lassen zahllose Angriffe auf den Kanzler in der russischen Presse durchgehen. Bismarck wird erneut vom *cauchemar des coalitions* verfolgt, deren schlimmster eine Koalition zwischen Rußland, Österreich und Frankreich vorsieht. Wie prekär Bismarck die Situation einschätzt, zeigt die Tatsache, daß er zuerst Österreich die Bildung einer Zollunion vorschlägt und als diese abgewiesen wird, ein Verteidigungsbündnis. Wilhelm I. ist über den Bruch der prorussischen Tradition in der preußischen Außenpolitik erschreckt und warnt, daß die zu einem Bündnis zwischen dem zaristischen Rußland und dem republikanischen Frankreich führen könne. Er betont die Schwäche Österreichs, dem es nicht gelingt, Ordnung im eigenen Hause zu schaffen und verweist auf die unsichere Haltung Englands gegenüber Deutschland.

Bismarck fegt diese Argumente vom Tisch und betont, daß er ein reines Verteidigungsbündnis vorschlägt, das für Rußland eher von Vorteil als bedrohlich sein könne. Die Gefahr des Panslawismus würde dadurch gebannt, die Verbindung zu Rußland schon bald wieder hergestellt sein, Österreich könne nicht länger an ein Bündnis mit Frankreich denken und England, so sein Argument, wäre dem am 7. Oktober 1879 zwischen Österreich

Karikatur des Drei-Königs-Bündnisses. Bismarck zieht die Fäden, an denen Zar Alexander III., Franz Joseph von Österreich-Ungarn und der deutsche Kaiser Wilhelm I. hängen. In Wahrheit blieben Bismarcks Bemühungen, Rußland zu beschwichtigen, ohne Erfolg.

PUNCH, OR THE LONDON CHARIVARI.—September 20, 1884.

THE THREE EMPERORS;

OR, THE VENTRILOQUIST OF VARZIN!

und Deutschland geschlossenen Zweibund gegenüber wohlgesonnen. Doch Bismarcks Einschätzung beruht auf zwei entscheidenden Fehlern: Rußland und Österreich verfolgen auf dem Balkan diametral entgegengesetzte Interessen, und England ist über den Zweibund alles andere als begeistert. Zwischen Deutschland und Rußland tobt schon bald ein erbitterter Zollkrieg und die Generalstäbe beider Länder schmieden weiter Pläne für einen Präventivkrieg.

Der Zweibund ist ein geheimes Defensivbündnis zwischen Deutschland und Österreich im Falle eines russischen Angriffes. Sollte Frankreich Deutschland angreifen, bliebe Österreich neutral; nur bei einem Überfall Rußlands würde es in den Krieg eintreten. Bismarck erkennt, daß das Verteidigungsbündnis rasch in eine Angriffsallianz umschlagen kann, sollte entweder Deutschland oder Österreich einen *casus belli*, ein kriegsauslösendes Ereignis, provozieren. In zahlreichen Denkschriften warnt er vor dieser Gefahr. Er erkennt aber auch, daß Deutschland Österreich nicht nur zu Hilfe eilen muß, wenn diesem eine Niederlage droht, sondern auch dann, wenn es den Krieg selbst angezettelt haben sollte. Wenn das Kräftegleichgewicht in Europa nicht gestört werden soll, muß Österreich eine Großmacht bleiben.

Bismarck hat den Zweibund kaum unterzeichnet, da hält er bereits nach weiteren Optionen Ausschau. Es beginnt, was später das „Spiel mit den fünf Kugeln" genannt wird. Im März 1881 wird der Zar ermordet, und Rußland stürzt in eine politische Krise, als es mit der Jagd auf Terroristen und Anarchisten beginnt, die sich bei Bourgeoisie und Intelligenz großer Sympathien erfreuen. Der russische Außenminister Giers ist prodeutsch eingestellt, und so kommen die Verhandlungen zur Wiederbelebung des Dreikaiserbundes zwischen Österreich-Ungarn, Rußland und Deutschland rasch voran und werden am 18. Juli 1881 abgeschlossen. Die drei Mächte versichern sich gegenseitig wohlwollender Neutralität für den Kriegsfall mit einer vierten Macht, selbst wenn einer der drei Vertragspartner den Krieg beginnt. Bismarck versichert sich damit der Neutralität Rußlands für den Fall eines Krieges mit Frankreich. Die Bulgarienkrise macht den Vertrag jedoch zu einem bloßen Stück Papier.

Die 1885 einsetzende Krise zwingt Deutschland zu einem Zweifrontenkrieg. Der Krieg zwischen Serbien und Bulgarien droht auch deren jeweilige Schutzmächte, Rußland und Österreich, mit in den Krieg hineinzuziehen. Russische Truppen werden bis an die Grenze verlegt und beginnen dort mit einer Reihe aggressiver Manöver. Zwischenzeitlich schreit Frankreichs Kriegsminister Boulanger nach Rache gegen Deutschland und die Deputiertenkammer stimmt einer beträchtlichen Erhöhung der Militärausgaben zu. Deutschland weiß um die Stabsabsprachen zwischen Russen und Franzosen und die französischen Waffenlieferungen nach Rußland; es ist sich außerdem seiner Verletzbarkeit durch seine Lage als mitteleuropäische Macht schmerzlich bewußt.

Bismarck kontert die französische Drohung mit einer wirksamen Abschreckung, der Aufstockung der Armee. Rußland erweist sich dagegen als schwierigeres Problem. Erhöhte Einfuhrzölle lassen den Import von russischem Weizen und Roggen 1885 um die Hälfte sinken. Anfang 1887 untersagt die russische Regierung Ausländern Grundbesitz in den Westprovinzen, was zur Enteignung zahlreicher Deutscher führt. Deutschland antwortet mit dem „Lombardverbot", das Zahlungen auf russische Sicherheiten untersagt. Daraufhin verlagern die Russen ihre Gelder von Berlin nach Paris und

Der Kaiser gewährt Bismarck eine Audienz. Eine Lithographie nach einem Gemälde von Konrad Siemenroth (1854–1915). Bismarck ist zwar ein ergebener Royalist, doch sein Verhältnis zum Kaiser ist häufig gespannt. Um seine Ziele zu erreichen, sind ihm alle Mittel recht und mehrfach erweisen sich die Vorbehalte des Kaisers gegen die Politik des Kanzlers als gerechtfertigt.

gewähren der französischen Regierung einen Kredit von 100 Millionen Franc als Unterstützung für die Erweiterung ihrer Armee.

Dennoch gelingt es Bismarck inmitten der Krise, mit Rußland den Rückversicherungsvertrag auszuhandeln, der am 18. Juni 1887 unterschrieben wird. Die Russen versichern Deutschland darin ihre Neutralität für den Fall eines Krieges zwischen Deutschland und Frankreich. Trotz des Zweibundes bleibt die Möglichkeit eines Krieges zwischen Österreich und Rußland unerwähnt. Bismarck stellt ferner sein Wohlwollen über die russischen Ambitionen am Bosporus und den Dardanellen fest. Der Rückversicherungsvertrag, in dem Bismarcks Anhänger die Glanzleistung eines diplomatischen Genies sehen, ist hoffnungslos widersprüchlich und nur eine vorübergehende Maßnahme angesichts der unmittelbar bestehenden Krise.

Bismarck ist überzeugt, daß nur dann Stabilität in Europa auf Dauer möglich ist, wenn England mit in den Zweibund hineingenommen werden kann. So schlägt er Lord Salisbury 1889 ein Militärbündnis vor, das dieser aber rundweg ablehnt: England könne mit Deutschland zwar Kolonialfragen beilegen, werde sich aber nicht an einen unberechenbaren Staat im Herzen Europas zwischen den beiden grundsätzlich feindlichen Mächten Rußland und Frankreich binden. Bismarcks Hoffnung, die Rivalität zwischen Rußland und England werde die Engländer dazu bewegen, seinen Vorschlag zum Eintritt in den Zweibund nochmals zu überdenken, erweist sich damit als trügerisch, und Bismarcks europäische Sicherheitspolitik steht somit auf tönernen Füßen, denn Deutschland ist dabei, seinen Handlungsspielraum einzubüßen.

## DIE INNENPOLITIK BISMARCKS

Mit dem Zweibund 1878–1879 werden nicht nur die Grundlagen für Bismarcks Außenpolitik gelegt, diese Jahre sind auch von so weitreichenden Veränderungen im innenpolitischen Bereich gekennzeichnet, daß sie oft als „zweite Reichsgründung" bezeichnet worden sind. In Bad Kissingen entgeht Bismarck 1874 nur knapp einem Attentat durch einen Böttchergesellen, der seine Sympathie für die Zentrumspartei gesteht. Bismarck nutzt die Gelegenheit und bringt im Reichstag einen Gesetzentwurf zur strengen Überwachung aller Vereine und Klubs ein. Der Entwurf wird abgelehnt. Statt dessen wird das Strafgesetzbuch durch einen lose formulierten Anhang, die „Gummiparagraphen", ergänzt, die die Presse- und Versammlungsfreiheit einschränken. Eduard Lasker, der standhafte und redegewandte liberale Gegenspieler des Kanzlers, stellt sich an die Spitze der Opposition gegen das neue Gesetz, das ein zweites Mal abgelehnt wird. Bismarck appelliert an die Öffentlichkeit, die durch den Beginn der allgemeinen Rezession bereits verunsichert ist. Er entwirft ein Horrorszenarium, in dem Liberale und Sozialisten zum Umsturz des Staates antreten und durch eine verantwortungslose Mehrheit im Reichstag unterstützt werden. Dadurch münzt er seine Niederlage im Reichstag in einen politischen Sieg um.

In den Wahlen von 1877 verlieren Lasker und seine Linksliberalen ihre Schlüssel-position im Reichstag und der Schwerpunkt verlagert sich nach rechts. Einige Konservative fordern Schutzzölle gegen ausländisches Getreide, Rechtsliberale verlangen Schutzzölle für die Industrie. Für Bismarck stellt die Erhöhung der Zölle einen Vorteil dar, der zudem über die Möglichkeit, eine rechtszentristische Mehrheit im Reichstag zu verhindern, weit hinausgeht: Zölle sind als indirekte Steuern Zahlungen an das Reich. Werden diese Zölle drastisch erhöht, braucht das Reich nicht mehr länger bei den Staaten um die „Matrikularbeiträge" zu betteln.

Am 11. Mai 1878 verübt ein geistig verwirrte Zimmermann in Berlin Unter den Linden ein Attentat auf den Kaiser. Ohne die Spur eines Beweises verkündet Bismarck, der Attentäter stehe in Beziehung zur Sozialdemokratischen Partei (SPD), einer Partei zusammengesetzt aus Marxisten, Lassalleanern und Idealisten verschiedener Richtungen, die ihren Gründungsparteitag 1875 in Gotha abgehalten haben. Er fordert nun ein Anti-Sozialistengesetz und verdächtigt alle, die sich seiner Forderung widersetzen, des potentiellen Kaisermordes. Im Namen der Rechtsliberalen führt das Mitglied der Nationalliberalen, Bennigsen, zu Recht ins Feld, das vorgeschlagene Gesetz sei „ein Krieg gegen den Reichstag", weshalb das Parlament Bismarck wiederum die Mehrheit verweigert.

Ein weiterer geistig Verwirrter kommt Bismarck zu Hilfe. Am 2. Juni 1878 richtet der arbeitslose Lehrer Dr. Nobiling eine Pistole auf den Kaiser und verwundet dabei einen achtzehnjährigen Offizier. Bismarck sieht in dem erneuten Attentat die goldene Möglichkeit zur Auflösung des Reichstages, zur Durchsetzung der Sozialistengesetze, zur Zerschlagung der Liberalen und zur Sicherung einer Mehrheit für seine Zollreform. Im Bundesrat erhebt Baden Einspruch gegen die Auflösung des Bundestages. Bismarck besteht jedoch auf Einstimmigkeit und droht mit seinem Rücktritt oder mit einem coup d'état die Verfassung zu stürzen, falls sein Vorhaben nicht erreicht wird. Der Bundesrat gibt daraufhin nach und nach den vorgezogenen Wahlen vom 30. Juli 1878 wachsen die Konservativen von 78 auf 116 Mandate,

„Das Eisenwalzwerk" von Adolph Menzel (1815 – 1905) ist ein beeindruckendes Industriegemälde des hochbegabten Künstlers, der besonders für seine Darstellungen des modernen Lebens und historischer Szenen bekannt ist.

während die Liberalen von 128 auf 99 schrumpfen. Damit ist ohne die Zentrumspartei keine Regierungsvorlage mehr durchzubringen. Die SPD zieht mit neun statt wie bisher mit zwölf Abgeordneten in das neue Parlament ein.

Alles hängt jetzt von der Haltung der Zentrumspartei ab. Die SPD ist ihr wegen ihres Atheismus und Materialismus verhaßt, doch die Erinnerung an den Kulturkampf ist noch zu wach, um bei ihr Begeisterung für Ausnahmegesetze zu wecken. Damit haben die Sozialistengesetze eher symbolischen als praktischen Wert. Die SPD wird verboten, Versammlungen dürfen nicht stattfinden, Sozialdemokraten wird die Schanklizenz entzogen. Kandidaten der SPD können aber nach wie vor in den Reichstag gewählt werden und ihre Mitglieder können weiter gegen das System wettern. Ihre Parteiversammlungen finden in der Schweiz statt, von wo aus die Partei auch ihre Publikationen und deren Verteilung in ganz Deutschland steuert.

Auch die Sicherung einer Mehrheit für die Schutzzölle fällt Bismarck nicht leicht. Eine starke Interessengruppe für die Schutzzölle, die Freiwirtschaftliche Vereinigung, hat zwar unter den Reichstagsabgeordneten 204 Mitglieder, doch andere einflußreiche Gruppierungen widersetzen sich den Zöllen. So sind die meisten preußischen Grundbesitzer der Auffassung, ihre Exportmärkte würden wegbrechen und daß die Angst vor billigem Getreide aus Rußland und Nordamerika übertrieben sei. Zudem befürchten sie, daß höhere Zölle nur der Industrie helfen. Die Freikonservativen fordern eine drastische Senkung der direkten Steuern als Ausgleich für die Erhöhung der indirekten Besteuerung. Die stets um die Rechte des Staates besorgten Zentristen befürchten, daß die erhöhten Einnahmen des Reiches die Länder ohne finanzielle Mittel zurücklassen. Für Linksliberale und Sozialdemokraten ist es klar, daß die Erhöhung der indirekten Steuern die Armen trifft, die bereits schon unter der Krise leiden.

Die Zentrumspartei läßt sich mit der Versprechung beschwichtigen, daß der Kulturkampf künftig mit weniger Schärfe geführt, eventuell sogar beendet werden wird. Die geniale Lösung der sogenannten Franckenstein-Klausel wird angenommen, nach der die Zolleinnahmen des Reiches über 130 Millionen Mark unter den Staaten aufzuteilen sind, welche diese dann als Matrikularzahlungen wieder an das Reich zurückgeben. Damit sind die Etatrechte der Staaten gewahrt.

Mit zehn bis fünfzehn Prozent auf Industriegüter und noch weniger auf landwirtschaftliche Erzeugnisse sind die Zölle bemerkenswert niedrig und erfüllen keine Schutzfunktion. Erst 1885 und 1887, nach enormen Anstrengungen Bismarcks, werden sie bis auf eine Schutzhöhe angehoben. Die Zollerhöhungen von 1879 sind insofern von besonderer Bedeutung, als sie am Beginn des Zusammengehens von Landwirtschaft und Industrie, von Getreide und Eisen, dem Grundpfeiler wilhelminischer Politik, stehen. Der Bruch mit den Liberalen, die ihre Haltung nicht revidieren, ist endgültig und irreparabel. Alle Freihandelsminister, einschließlich der Minister für Finanzen und Landwirtschaft, treten zurück, auch der geistige Vater des Kulturkampfes, der Erziehungsminister Falk. Die Zentrumspartei ist jetzt das Zünglein an der Waage und damit in einer entscheidenden Machtposition. Doch die kurze goldene Zeit des Reichstages geht zu Ende; die Politik wird nun zum Betätigungsfeld von Interessengruppen, Lobbyisten und faulen Kompromissen.

Sind die Sozialistengesetze die Peitsche, ist die Sozialversicherung das Zuckerbrot. Deutschland ist in der Arbeitsgesetzgebung weit rückständiger als England. Auch

Frankreichs Sozialversicherungssystem ist dem deutschen weit voraus. Bismarck hofft, sich mit einem Rentensystem die Loyalität der Arbeiterklasse erkaufen zu können. In einem staatlichen Sozialismus sieht Bismarck das wirksamste Mittel gegen die Sozialdemokratie. Als erstes Sozialgesetz Bismarcks billigt der Reichstag 1883 das Gesetz zur Krankenversicherung, das dem Arbeitnehmer künftig ab dem dritten Krankheitstag für insgesamt dreizehn Wochen Krankengeld zusichert. Nach dreijähriger Debatte wird 1884 das Gesetz zur Unfallversicherung angenommen. Die Leistungen betragen zwei Drittel des Durchschnittsverdienstes und setzen ab der vierzehnten Krankheitswoche mit Ablauf des Krankengeldes ein. Es handelt sich um eine Versicherung bei Personenschäden, die von den Berufsgenossenschaften getragen wird. Im Jahre 1889 tritt das Gesetz über die Alters- und Invaliditätsversicherung in Kraft. Die Renten sind bescheiden, sie liegen 1914 durchschnittlich bei 152 Mark jährlich. Der jahresdurchschnittliche Industrielohn erreicht 1913 eine Höhe von 1083 Mark.

Keines dieser Gesetze gilt ohne Ausnahmen oder ist eine reine Geste von Großzügigkeit, weshalb sich Widerstand auf seiten der Arbeitnehmer wie auf seiten der Arbeitgeber regt. Die Gesetzgebung kann außerdem das Erstarken der Sozialdemokratie nicht stoppen. Dennoch sind Bismarcks Sozialgesetze weit fortschrittlicher als ähnliche Maßnahmen in Frankreich oder England; sie bilden zudem die Grundlage für weitere Reformen.

## DIE KOLONIALPOLITIK

Im Jahre 1881 verkündet Bismarck: „Solange ich Reichskanzler bin, treiben wir keine Kolonialpolitik!" Doch bereits im Jahr zuvor hat er einer Firma, deren Geschäfte in der Südsee tief in die roten Zahlen geraten waren, unter die Arme gegriffen. Dann erwirbt Deutschland 1884 – 1885 den größten Teil seines Kolonialbesitzes: Deutsch-Südwestafrika, Deutsch-Ostafrika, Togo und Kamerun, Neuguinea, ein Bismarck-Archipel, die Salomonen und die Marshall-Inseln. Die Motive für Bismarcks Imperialismus sind vielschichtig, zum Teil stellen sie auch eine Reaktion auf die Probleme der allgemeinen Wirtschaftskrise dar. Kolonien sind teuer und stets eine Quelle potentieller Unruhen, die Verwaltung mühsam. Doch Deutschland benötigt die Kolonien als Absatzmarkt für seine Erzeugnisse und sie sind Rohstoffquellen.

Bismarck weiß genau, daß die Kolonialpolitik auch die Aufmerksamkeit von Deutschlands exponierter Position in Mitteleuropa ablenkt und unzufriedene deutsche Bürger damit ein neues Interessenobjekt außerhalb der Innenpolitik haben; sie können nun über die koloniale Sendung des Landes diskutieren. Der Kolonialismus soll das Land wieder zusammenschweißen, wie einst 1871. Bismarck benutzt den Kolonialismus im Wahlkampf von 1884, um Zweiflern und Kritikern Mangel an Weitsicht und Patriotismus sowie Untergrabung der Position des Kronprinzen vorzuwerfen, dessen liberale und pro-britische Ansichten durch antibritische Manöver gekontert werden sollen.

Nahezu jede dieser Berechnungen erweist sich als falsch. Deutschlands Position in Zentraleuropa wird durch die Kolonien, die ohne eine starke Hochseeflotte aber nicht zu verteidigen ist, geschwächt. Der Bau einer solchen Flotte hätte wiederum weitaus ernstere politische Konsequenzen für Deutschland. Wirtschaftlich sind die Kolonien eine Enttäuschung. Nur 0,1 Prozent des Gesamtwertes deutscher Exporte

Ein deutscher Kolonialverwalter in Tropenuniform mit Zigarre und Stock umgeben von seinen Dienern um 1905. Die Kolonialbestrebungen Deutschlands Ende des neunzehnten Jahrhunderts erweisen sich als zu schwere Belastung für die Deutschland zur Verfügung stehenden Mittel. Bismarck konzentriert sich daher auf die europäische Politik.

geht in die Kolonien, und nur 0,1 Prozent der Gesamtimporte kommen von dort. Von den Auslandsinvestitionen des Jahres 1902 fließen nur zwei Prozent in die Kolonien, in denen lediglich 6000 Deutsche leben, von denen die Mehrzahl Mitarbeiter der Kolonialverwaltung und Soldaten sind. Nur einige Waffenhändler, Schnapsbrenner und Hersteller billiger Tuchwaren verdienen dort gutes Geld. Doch die Aufwandskosten für das Reich sind enorm. Am Ende seiner Kanzlerschaft ist Bismarck vom Imperialismus enttäuscht und der mit England 1890 vereinbarte Tausch von Sansibar gegen Helgoland ist ein deutliches Zeichen seines Wunsches sich wieder auf den europäischen Raum konzentrieren zu wollen.

## KAISER WILHELM II.

Im Frühjahr 1888 stirbt Kaiser Wilhelm I. im Alter von einundneunzig Jahren. Nachfolger wird sein Sohn Friedrich Wilhelm, der als Friedrich III. lediglich neunundneunzig Tage regiert. Der neue Kaiser ist liberal, ein großer Bewunderer der britischen Verfassung und mit der ältesten Tochter von Königin Viktoria verheiratet. Die Tatsache, daß er an Kehlkopfkrebs leidet, befreit Bismarck von seinen Befürchtungen einer zu liberalen Einstellung des Kaisers gegenüber dem Reich. Doch mit Friedrichs III. Tod werden auch die Hoffnungen auf ein liberales Deutschland und einen Ausgleich mit England, der Deutschlands prekäre Lage gesichert hätte, zu Grabe getragen. Nietzsche nennt den Tod des Kaisers ein großes und entscheidendes Unglück für Deutschland.

Der Sohn Friedrichs III., Wilhelm II., erweist sich ebenfalls als großes und entscheidendes Unglück für sein Land, jedoch in einem ganz anderen Sinn. Von seinem englischen Onkel, König Edward VIII. als „der brillanteste Versager der Geschichte" bezeichnet, ist Wilhelm II. hochtalentiert, aber oberflächlich, ein neurotischer Aufschneider und romantischer Träumer, ein militaristischer Wichtigtuer, passionierter Wildschlächter und Vater von sieben Kindern. Am wohlsten fühlt er sich in seinem vertrauten Kreis von Homosexuellen und Transvestiten.

Wilhelm II. ist bei seiner Thronbesteigung neunundzwanzig Jahre alt. Er hat bereits wissen lassen, daß er nicht beabsichtigt, im Schatten eines Kanzlers zu stehen, der vierzig Jahre älter ist als er. Gegenüber seinen Vertrauten äußert er: „Ich lasse den alten Knaben noch sechs Monate weiter wursteln, dann regiere ich selbst." Am weitesten klaffen die Meinungen von Kaiser und Kanzler bezüglich der Sozialpolitik auseinander. Wilhelm II. will sich als „Sozialkaiser" einen Namen machen, der den Sozialdemokraten die Arbeiterklasse abspenstig macht und sich deren Loyalität dadurch sichert, indem er sich um ihre Wohlfahrt bemüht. Seine Vorstellungen sind verworrene und unausgegorene Anleihen beim Hofprediger Stoecker, der glaubt, daß eine Sozialreform, Protestantismus und eine gesunde Dosis Antisemitismus ausreichen würden, um die Arbeiterklasse zu verführen. Wilhelm II. lehnt daher Bismarcks Antrag auf eine Verlängerung und Verschärfung der Sozialistengesetze ab und im Falle des Bergarbeiterstreikes von 1889 setzt er sich für eine versöhnliche Lösung ein. Er vertritt die Meinung, daß die Deutschen, anders als die Briten, „ihre Arbeiter ignoriert, sie wie Zitronen ausgepreßt und auf dem Misthaufen verrotten haben lassen", und regt eine internationale Konferenz zur Beratung über Arbeitsbedingungen an. Bismarck sieht darin eine billige Anbiederung an die untersten Klassen und den absurden Versuch, jedermann glücklich machen zu wollen. Um Wilhelm II. und möglichen Intrigen mit seinen Ministerkollegen zu begegnen, ruft Bismarck dem Kaiser ein Kabinettsdekret aus dem Jahre 1852 in Erinnerung, nach dem Minister nur mit vorheriger Zustimmung des Ministerpräsidenten eine Audienz beim Kaiser erhalten können. Darauf erteilt Wilhelm II. öffentlich die Antwort: „Ich werde jeden zerstören, der mir im Wege steht."

Die Wahlen zum Reichstag am 20. Februar 1890 enden mit einer Niederlage für Bismarcks Kartell, bestehend aus Liberalen und Konservativen. Der Kanzler verfolgt jetzt die Außerkraftsetzung der Verfassung und eine Regierung ohne Reichstag, notfalls durch einen Staatsstreich. Doch Bismarck wird durch das von ihm selbst eingeführte allgemeine Wahlrecht und den preußischen König, dessen Machtausdehnung er betrieben hat, geschlagen. Die von ihm vorgesehenen drastischen Maßnahmen finden keine Unterstützung bei den Politikern, Generälen, Staatsbediensteten und Unternehmern. Am 18. März 1890 reicht er daher seinen Rücktritt ein.

In der Bevölkerung herrscht allgemeine Erleichterung darüber, daß „der Lotse das Schiff verlassen hat", und die Erklärung des Kaisers: „Der Kurs bleibt derselbe, Volldampf voraus!" wird mit Applaus begrüßt. Nachdem klar wird, daß der Kurs doch nicht derselbe bleibt, und die Unzufriedenheit mit der Regierung wächst, wird Bismarck zum Mythos. Weithin herrscht nun die Überzeugung, daß unter dem „Eisernen Kanzler" die Dinge viel besser gewesen seien. Dieser Glaubenssatz der Rechten wird zudem noch durch die Veröffentlichung der Lebenserinnerungen des alten Mannes – die trotz der vernichtenden und unzutreffenden Kritik an seinen Nachfolgern, ein literarisches Meisterwerk sind, gestärkt. Das protestantische

Kaiser Wilhelm II. in Paradeuniform auf einem Foto um 1900. Wilhelm II. verkörpert die unliebsamsten Züge Deutschlands jener Zeit. Überzeugt von seiner welthistorischen Sendung, überschätzt er seine eigenen Fähigkeiten, dazu mangelt es ihm an Verhältnismäßigkeit. Minderwertigkeitsgefühle überspielt er mit übertriebener Arroganz. Er führt sein Land in die Katastrophe.

Deutschland ist schon bald mit Bismarckmonumenten übersät – Tribut an einen Mann, der Deutschland auf den Weg nationalen Ruhmes geführt hat. Schon bald sollte dieser Weg in die Katastrophe führen.

Der neue Kanzler, Generalleutnant Leo von Caprivi, ist ein ausgezeichneter Soldat, verfügt aber nur über eine begrenzte politische Erfahrung, die er als Chef der Admiralität gewonnen hat. Er vertritt gemäßigte Ansichten, lehnt den Imperialismus ab, hält eine große Flotte für puren Selbstmord und ist darauf bedacht, soziale Konflikte zu entschärfen und Spannungen abzubauen. Er will weitere Sozialgesetze auf den Weg bringen, die Preise für Nahrungsmittel senken, die Industrieexporte ankurbeln und die jährliche Auswanderung von 100 000 Menschen stoppen – begabter und selbstbewußter Menschen, die große Beiträge zur Wirtschaft und Kultur der Vereinigten Staaten und Kanadas leisten. Die konservativen Agrarier sind ihm wegen seiner Versuche zum Abschluß einer Handelsvereinbarung mit Rußland gram, nachdem deutsche Industrieerzeugnisse im Austausch gegen russisches Getreide gehandelt werden sollen. Sie nennen ihn den „Kanzler ohne Ahr und Halm". Die imperialistischen Kräfte wenden sich gegen das Helgoland-Sansibar-Abkommen mit Großbritannien und gründen den „Alldeutschen Verband", eine der extrempolitischen Interessengruppierungen im Deutschland der Kaiserzeit. Caprivi bemüht sich nach innen einen gemäßigten Konsens zu erreichen, der auch die SPD miteinschließt, ferner den Export von Industrieprodukten zu steigern, die Beziehungen mit Rußland zu verbessern und zu einer Vereinbarung mit England zu gelangen. Die Unentschlossenheit des Kaisers, der Einfluß der rechtsgerichteten Gruppen und die Unmöglichkeit der Einbindung der Sozialdemokratischen Partei in das politische Leben im Reich sind die Gründe für sein Scheitern. Der Kaiser bezeichnet die Sozialdemokraten 1895 als „eine Bande, die es nicht verdienen, Deutsche genannt zu werden".

Caprivi hat nicht den Spielraum, um Deutschland den „Alptraum der Koalitionen" zu nehmen. Rußland und Frankreich nehmen 1892 Militärgespräche auf und unterzeichnen im Jahr darauf ein Handelsabkommen. Die Russen verkünden, daß alle Länder, die ihnen die Meistbegünstigung verweigern, um 20 bis 30 Prozent höhere Zölle zahlen müssen. Der Bundesrat antwortet auf diese Ankündigung mit einer 50ig prozentigen Zollerhöhung auf alle russischen Waren. Die Russen schlagen zurück: sie halten ihre Häfen für deutsche Schiffe praktisch geschlossen, indem sie ihre Hafengebühren drastisch erhöhen. Der Handel zwischen beiden Ländern kommt nahezu zum Erliegen. Die russische Flotte besucht 1893 Toulon und ratifiziert kurze Zeit danach die Militärkonvention.

Da Deutschland jedoch Rußlands wichtigster Handelspartner ist, gerät die russische Wirtschaft unter starken Druck. Verhandlungen zur Beendigung des Zollkrieges beginnen 1893 und werden im Jahr danach beendet, als beide Staaten die Meistbegünstigung gewähren. Der Handelskrieg ist damit beendet, doch Caprivi sieht sich neuen Hindernissen durch die Konservativen und den Bund der Landwirte gegenüber. Er habe die Landwirtschaft, das Rückgrat der Nation und die Quelle wahrer preußischer Werte, ruiniert heißt es. Bei Hofe werden Intrigen gegen den Kanzler geschmiedet, dessen Position immer schwächer wird.

Im Jahre 1892 schlägt der preußische Bildungsminister Zedlitz-Trützschler eine Bildungsreform vor, die der Kirche weitreichenden Einfluß auf die Schule geben soll.

Caprivis Ziel ist es, mit diesen Konzessionen die Zentrumspartei im Reichstag für sich zu gewinnen und gleichzeitig den Kaiser zu beschwichtigen, der darauf besteht, daß in den Schulen die traditionellen Werte gelehren werden müssen, damit gegen die schädlichen modernen Philosophien, wie den Sozialismus, bestanden werden kann. Die preußischen Liberalen verurteilen den Gesetzesvorschlag als eine ernste Bedrohung der akademischen Freiheit. Der Vorschlag wird zurückgezogen, der Bildungsminister tritt zurück. Caprivi reicht als preußischer Ministerpräsident, nicht jedoch als Kanzler, ebenfalls seinen Abschied ein. Das Amt übernimmt Botho von Eulenburg, ein Ultrakonservativer. Die Möglichkeit, das Amt des preußischen Ministerpräsidenten und des Reichskanzlers voneinander zu trennen, wie unter Bismarck schon einmal kurz erfolgt ist, hat katastrophale Folgen.

Zwei Jahre später muß die preußische Regierung einen weiteren herben Rückschlag hinnehmen. Botho von Eulenburg bringt im Bundesrat die „Umsturzvorlage" ein, eine von Anfang an unsinnige Maßnahme, da ein solches Gesetz keine Aussicht auf Annahme im Reichstag hat. Der Kaiser spielt mit der Idee eines Staatsstreiches. Eulenburg und Caprivi treten zurück. Im Vorfeld der Umsturzvorlage betreibt der Kanzler die Öffnung nach links und strebt soziale Harmonie an, Eulenburg und der preußische Finanzminister Miquel setzen hingegen auf Konfrontation. Letzterer zimmert im Rahmen seiner Sammlungspolitik eine rechte Koalition zusammen. Die Gesetzesvorlage bildet den ersten Beratungspunkt auf der Tagesordnung im neuen Reichstagsgebäude, das im Dezember 1894 eingeweiht wird. Sie wird abgelehnt und die Krise verhärtet die Fronten weiter. Auf der einen Seite steht der autoritäre Staat mit seinen Anhängern unter Konservativen und Rechtsliberalen, die eine erbitterte Jagd gegen Sozialdemokraten und Linksliberale veranstalten, welche als gottlose Revolutionäre und Staatsfeinde verteufelt werden. Und auf der anderen Seite stehen jene, die den demokratischen Prinzipien treu bleiben und Deutschland in eine gut funktionierende parlamentarische Demokratie umwandeln wollen.

Die Umsturzvorlage liefert den eindeutigen Beweis, daß Wilhelm II. seine Idee „Sozialkaiser" zu werden, abgelegt hat. Stattdessen bekennt er sich jetzt zu den Vorstellungen des reaktionären Stahlbarons Carl Ferdinand von Stumm-Halberg und setzt auf industriellen Paternalismus, auf die Industrielle als „Herren im eigenen Haus", die sich um die materiellen und geistigen Bedürfnisse der Arbeiter kümmern, wie die traditionellen Landjunker auf ihren Ländereien. Streik wird mit Landesverrat gleichgesetzt, und alles, was auch nur entfernt an Sozialismus erinnert, muß ausgerottet werden. Der neue Kanzler und Ministerpräsident, Fürst Chlodwig zu Hohenlohe-Schillingsfürst, bekennt in seiner ersten Rede im Reichstag, daß er kein politisches Programm hat.

Im Jahre 1895 wird im preußischen Bildungsministerium bekannt, daß der junge Physiker Martin Arons, der an der Universität in Berlin lehrt, Mitglied der SPD ist und mit einem Teil seines nicht unbeträchtlichen Vermögens eine sozialistische Monatszeitschrift unterstützt. Das Ministerium verlangt die Entlassung des jungen Wissenschaftlers. Der bedeutende Wirtschaftswissenschaftler Gustav Schmoller erwidert im Namen der Universität, daß es keinen Rechtsgrund für einen derart eklatanten Angriff auf die akademische Freiheit gäbe. Die Regierung peitscht daraufhin die „Lex Arons" im Parlament durch, die ihr das Recht gibt, Dr. Arons und ihm Gleichgesinnte zu entlassen.

Die „Lex Heinze", ein Versuch zur Verschärfung der Zensurgesetze, findet im Jahre 1900 im Reichstag dank des entschiedenen Widerstandes von Liberalen und Sozialdemokraten keine Mehrheit. Der verdiente Militärhistoriker Hans Delbrück schließt daraus, daß Deutschland die Sozialdemokraten braucht. Eine Partei, die noch immer von Revolution und der Diktatur des Proletariats spricht, ist der stärkste Garant für liberale Freiheiten gegen fanatische Katholiken und scheinheilige Konservative.

Miquels Sammlungspolitik baut auf der unsicheren Koalition von Großgrundbesitzern und Industriellen auf, die durch die gemeinsame Furcht vor dem Sozialismus und die Entschlossenheit, die Liberalen und die Zentrumspartei in Schach zu halten, zusammengehalten wird. Sie gibt sich den Anschein einer unpolitischen Bewegung zur Verteidigung der nationalen Arbeiterschaft im loyalen Dienst des „persönlichen Regiments" Wilhelms II. Die Schwäche der Koalition tritt zutage, als die Konservativen den Vorschlag zum Bau eines Kanals zwischen Rhein, Weser und Elbe ablehnen. Die Großgrundbesitzer argumentieren, das öffne nur weiteren billigen Getreideimporten das Tor, nutze der Industrie und ziehe Arbeitskräfte aus der Landwirtschaft in die Industriezentren ab. Der Kaiser ist begeistert von der Idee des Kanalbaues, doch die Konservativen und die Bauernliga sorgen dafür, daß das Vorhaben 1899 und erneut 1901 abgelehnt wird. Schließlich wird 1904 ein Kompromiß erreicht, der den Agrariern die Sicherheit gibt, daß der Staat die Schleppgebühren in ihrem Interesse regelt und der Kanal zudem nicht bis zur Elbe vorgetrieben wird. Die Zustimmung der Zentrumspartei zu diesem geänderten Plan wird damit erkauft, daß der Jesuitenparagraph wieder aufgehoben wird. Als Gegenleistung erklärt sich das Zentrum zudem bereit, die Franckenstein-Klausel aufzuheben und dem Reich aus seiner Finanzmisere zu helfen.

Zwischen Agrariern und Industriellen gibt es auch weiterhin geteilte Ansichten zur „Weltpolitik", der neuen Phase des deutschen Hoch-Imperialismus. Bernhard von Bülow, ein eitler, ehrgeiziger und aalglatter Diplomat, der 1897 zum Staatssekretär für Auswärtige Angelegenheiten berufen worden ist, verkündet im Reichstag: „Die Tage, als die Deutschen das Land dem einen ihrer Nachbarn und die See dem anderen überließen und nur den Himmel für sich behielten und an denen die reine Theorie regierte, sind jetzt vorüber … Wir wollen niemanden in den Schatten stellen, aber wir verlangen auch unseren Platz an der Sonne." Bülows erster Platz an der Sonne ist in China. Deutschland übernimmt dort eine wertvolle Kohlenstation und baut den Chinesen eine ausgezeichnete deutsche Brauerei. Die Großmächte zeigen sich davon unbeeindruckt. Dann erfolgt der Vorschlag für den Bau der Bagdad-Bahn von Berlin nach Bagdad. Mit ihr würde Deutschland seine strategische Position im Osmanischen Reich nachhaltig stärken, das Zweistromland könnte erschlossen und die Eisenbahn bis zu den Ölfeldern und nach Basra am Persischen Golf weitergeführt werden. Der Bau der Bahn kommt wegen großer finanzieller Probleme nur langsam voran und steht auch bei Ausbruch des 1. Weltkrieges noch lange nicht vor dem Abschluß.

Bismarck hat erkannt, daß gute Beziehungen zu England der Schlüssel für Deutschlands Sicherheit sind. Der Halbengländer Wilhelm II. mit seinem neurotischen Englandhaß ist unfähig, die Möglichkeiten zu nutzen, die sich dadurch bieten, daß England nach und nach seine Politik der „splendid isolation" aufgibt. Im Januar 1896 richtet der Kaiser ein Telegramm an Präsident Krüger, in dem er ihm

Die Börse in der Berliner Burgstraße wurde von Friedrich Hitzig 1859–1864 gebaut. Für die schleppenden Börsengeschäfte wird die Kapitalknappheit in Deutschland verantwortlich gemacht. Diese wiederum soll die Folge der übermäßigen Reglementierung und Erhebung hoher Stempelsteuern nach dem Börsengesetz von 1896 sein. Das heftig kritisierte Gesetz wird vom Kaiser mit der bezeichnenden Bemerkung „idiotisch" apostrophiert. Die Investoren finden günstigere Anlagemöglichkeiten für ihr Geld im Ausland.

zur Verteidigung der Burenrepublik gegen den Überfall Dr. Jamesons gratuliert. Die Engländer geraten angesichts einer derart rüden diplomatischen Gangart aus der Fassung und Befürchtungen im Zusammenhang mit der im Vorjahr erfolgten Eröffnung des Nord-Ostsee-Kanals, den deutsche Kriegsschiffe aus der Ostsee in die Nordsee passieren können, werden erneut laut.

## DIE KULTUR DES WILHELMINISCHEN KAISERREICHES

Trotz der gewöhnlichen Unverfrorenheit und Aggressivität des wilhelminischen Reiches, erweist sich sein Kultur- und Geistesleben als erstaunlich reich und vielfältig. Die Ursachen dafür liegen im Spannungsfeld zwischen einem unreflektierten Vertrauen in den technischen Fortschritt und der tiefverwurzelten Befürchtung der Bourgeoisie, alles könnte demnächst verlorengehen. Karl Marx, Sigmund Freud und Albert Einstein wenden sich vehement gegen traditionelle Wahrheiten. Im Bereich der bildenden Künste treten Abstrakte gegen Realisten, wie Adolf Menzel, an, dessen meisterhafte historische Gemälde ein breites Publikum erfreuen.

In der Baukunst feiert der funktionale Rationalismus von Peter Behrens, Alfred Messel und Ludwig Hoffmann Triumphe und stellt die Grundsätze modernistischer Betrachtungsweise auf. Der Rationalismus schlägt den Vorstoß der Art Nouveau erfolgreich zurück, welche sich schnell als rein dekorativer Stil zu erkennen gibt, obwohl er mit selbstbewußter Dekadenz lange weite Verbreitung erfährt. Bauwerke, wie der Einsteinturm Erich Mendelsohns in Berlin, werden als elitär, pessimistisch und seltsam altmodisch abqualifiziert.

Brahms ist der letzte große, klassische Komponist. Er wird 1833 in Hamburg geboren und geht 1862 nach Wien, wo er 1897 stirbt. Bereits mit zwanzig, nennt Schumann ihn ein Genie; doch erst mit dem 1869 uraufgeführten *Deutschen Re-*

*quiem* erreicht er den Durchbruch. Musikalisch ist er eher konservativ und steht der „neuen Musik" Liszts und Wagners kritisch gegenüber. Von seinem reichen Schaffen gehören die vier Symphonien, vier Konzerte, die Kammermusik und die Lieder zum festen Bestand des klassischen Repertoires. Selbst die Wagnerverehrer geraten 1909 unter Beschuß, als Schönberg seine *Drei Stücke für Klavier* veröffentlicht und die „Zweite Wiener Schule" ihre atonalen Experimente beginnt, die eine Revolution in der Musik auslösen.

Die Literatur bleibt dem Realismus verpflichtet, doch der Ton hat sich geändert. Theodor Fontane übt in seinen Meisterwerken wie *Effi Briest* und *Der Stechlin* Kritik an der preußischen Gesellschaft, ohne sich jedoch von ihr loszusagen, da er fest von ihrer Reformfähigkeit überzeugt ist. Thomas Mann teilt diesen Optimismus nicht und zeichnet das beeindruckende Bild einer Gesellschaft im unaufhaltsamen Niedergang. Gerhart Hauptmanns sozialkritische Dramen stellen das bürgerliche Deutschland an den Pranger; sie bringen ihm 1912 den Nobelpreis und machen ihn zum preisgekrönten Dichter der Weimarer Republik.

Friedrich Nietzsches apokalyptische Vision des Zeitalters, dem er in einer Sprache von betörender Kraft und Geschliffenheit Ausdruck verleiht, geht weit über den schlaffen Pessimismus und die ängstlichen Erwartungen seiner Zeitgenossen hinaus. Er stellt sich gegen die „Jahrtausendlügen", stellt die Grundannahmen aller bisherigen Philosophen in Frage und lehnt Rationalismus, Religion, Demokratie sowie den ganz normalen menschlichen Anstand ab. Als die Syphillis zunehmend seinen Geist zerrüttet, versteigt er sich zur Forderung nach einer neuen Heldenrasse – „blonde Bestien", die, aller lästiger Anhängsel der Vergangenheit ledig, eine neue Welt auf den Ruinen der alten errichten werden. Er hinterläßt ein erschreckendes Vermächtnis von Rationalismus und elitärem Denken, das seine Erben zu noch größerem Schaden anwenden.

Im Gegensatz dazu ist Max Weber, der Begründer der modernen Soziologie, ein ausgesprochener Rationalist. Er lehrt, daß die Sozialwissenschaften niemals zur Stützung von Werturteilen taugen. „Eine empirische Wissenschaft kann niemandem lehren, was er zu tun habe, sondern nur, was er tun kann, und in bestimmten Fällen, was er tun will." Weber hofft, die Politik aus der wissenschaftlichen Untersuchung herauszuhalten zu können, um so den höchstmöglichen Grad von Objektivität zu erreichen. Die Wissenschaft, so Weber, wird von der „Verantwortungsethik" getragen, die zu Kompromiß und Erkenntnis führe. Politik hingegen befürworte die „Gesinnungsethik", die trennend und gegenüberstellend sei. Die Grundwerte, welche Weber als überzeugter Nationalist und Imperialist, in seiner gesamten wissenschaftlichen Arbeit hochhält, sind sein Wissen um die Bedürfnisse des deutschen Nationalstaates und sein fester Glaube an die Tugenden der bürgerlichen Gesellschaft.

## DAS FLOTTENBAUPROGRAMM UND DER PRÄVENTIVKRIEG

Im Jahre 1898 wird Admiral Tirpitz zum Leiter des Reichsmarineamtes berufen, kurz nachdem Bülow sein Amt als Staatssekretär für Auswärtige Angelegenheiten angetreten hat. Tirpitz ist ein enger Vertrauter des Kaisers und teilt dessen Vorstellung von einer großen Flotte, die die englische Royal Navy in die Knie zwingen und Deutschland zur Weltmacht aufsteigen lassen soll. Wie sein Monarch, hat auch Tirpitz keinen Sinn für Verhältnismäßigkeiten und leidet an starker Selbstüberschätzung. Er besitzt jedoch das Organisationstalent, die technischen Fähigkeiten und das notwendige Selbstvertrauen, gepaart mit einem Schuß Demagogie, um ein derartiges Vorhaben wie das Flottenbauprogramm durchzusetzen. Tirpitz argumentiert, er wolle mit diesem großangelegten Programm die politischen Schwierigkeiten im Lande lösen, indem er die Begeisterung für die Flotte weckt und eine ganze Generation kleiner Jungen in Matrosenanzüge steckt. Er verkündet, über die soziale Ordnung werde die Quarantäne verhängt, und er habe das Mittel gegen „gebildete und ungebildete Sozialdemokraten" gefunden. Damit richtet sich die Flotte sowohl gegen England als auch gegen den Reichstag.

Tirpitz' erstes Flottengesetz 1898 macht den Weg frei für den Bau einer Schlachtflotte von zwei Geschwadern. Mit einem riesigen Propagandafeldzug weckt er die Begeisterung für den Schiffbau unter der Bevölkerung. Gelehrte Professoren reisen weit und breit durch das Land und verkünden die neue Botschaft, Journalisten schreiben Tausende glühender Artikel, in Vorträgen werden die Zuhörer mit Bildern überschüttet, und Marineoffiziere weisen ganz nüchtern auf die Notwendigkeit der Küstenverteidigung hin. Die Begeisterung für die Flotte ist allgemein. Reedereien und Industrie sehen eine neue Profitquelle, Kaufleute brennen darauf, ihren englischen Konkurrenten eine Lehre zu erteilen, die Imperialisten träumen von neuen Kolonien, Patrioten wollen sich dem britischen Ungeheuer entgegenstellen, das die edlen Buren in Sammellager geworfen hat, die Sozialdemokraten begrüßen die Schaffung neuer Arbeitsplätze und höhere Löhne.

Der Tirpitzplan ist ein tödliches Spiel, bei dessen Einsatz es um die Weltmacht oder die Vernichtung geht. Die Zukunft soll durch eine große Seeschlacht irgendwo zwischen Helgoland und der Themsemündung entschieden werden. Eine solche Strategie läßt der Politik keinen Spielraum mehr. Bülow, der im Jahre 1900 zum Kanzler berufen wird, erweist sich als perfekter Erfüllungsgehilfe eines Kaisers, der seine Legitimation eher im Flottenbau und aufgeblähtem Imperialismus sieht anstatt in verdienstvollen, wenn auch langatmigen Sozialprogrammen. Er entstammt dem verarmten niederen Adel. In der Politik sieht er, wie so viele deutsche Politiker vor und nach ihm, eine Möglichkeit, schnell zu Reichtum und Ansehen zu gelangen. Er ist ein ehrgeiziger und aalglatter Höfling, der, nachdem er in Ungnade gefallen ist, zu sich selbst sagt: „Du hattest die Wahl zwischen zwei Wegen: einem bescheidenen Leben, Generalkonsul in Kairo oder Sofia, Gesandter in Athen oder Den Haag, Unterstaatssekretär, schließlich – mit ein bißchen Glück – noch ein paar Jahre als Botschafter, dann die Pensionierung als Herr von Bülow, mit herzlich wenig Geld für den Herbst meines Lebens in Bonn oder Venedig, oder aber ein Leben als Minister, Fürst, Industriemagnat, Villa Malta, als eine historische Persönlichkeit. Letzteres ist ohne Auseinandersetzungen, Feinde und Schlachten nicht möglich."

Bülows Unterstützung im Reichstag kommt von Miquels rechtem Block, den er zwar manipulieren, aber nicht führen kann. Im Jahre 1901 kommt er den Agrariern entgegen, indem er die zweite Kanalvorlage zurückzieht und eine Reihe von Ministern entläßt, die nicht mehr sein Vertrauen genießen, darunter Miquel, dem zu enge Beziehungen zur Industrie nachgesagt werden. Die Zollerhöhung im Jahr dar-

Großadmiral Alfred von Tirpitz (1849–1930), der Begründer der deutschen Hochseeflotte.

auf fällt für die Agrarier viel zu gering aus, für die Sozialdemokraten dagegen viel zu hoch. Letztere erringen in den Wahlen von 1903 einen erheblichen Stimmenge-winn, indem sie die Agrarpartei beschuldigen, die Nahrungsmittelpreise in die Höhe zu treiben und dadurch die Reallöhne zu senken. Der neue Zoll beträgt 0,50 Mark je 100 Kilogramm Getreide statt der von den Agrariern geforderten 7,50 Mark. Die Bauernliga verurteilt die Regierung; einige Konservative sind sogar bereit, in das La-ger der Sozialdemokraten umzuschwenken.

Die Flottenvorlage von 1900 sieht den Bau zwei weiterer Geschwader von Kriegs-schiffen vor. Die Engländer sind alarmiert, Tirpitz „Risikotheorie", deren Ziel es ist, eine Flotte aufzubauen, der sich entgegenzustellen keine andere mehr riskieren will, ist nicht dazu angetan, sie zu beschwichtigen. In England wird die Herausforderung angenommen. Damit beginnt ein Wettrüsten zur See, das 1905 in eine neue Phase eintritt, als England mit der *Dreadnought* ein riesiges Schlachtschiff baut, dem kei-nes der Tirpitzschen Flotte gewachsen ist. Die Deutschen befinden sich damit in einer Zwickmühle. Der Nord-Ostsee-Kanal ist für solche Superschiffe zu klein, und das Reich verfügt nicht über die notwendigen Finanzen, um mit den Engländern in dieser Größenordnung zu konkurrieren.

Die Befürworter eines Präventivkrieges im preußischen Generalstab sehen 1905 die Zeit für gekommen. Rußland hat im Krieg mit Japan eine Demütigung hinneh-men müssen und befindet sich mitten in einer Revolution. Die kürzlich eingegan-gene *Entente cordiale* zwischen Frankreich und England greift wegen der Schwäche beider Länder noch nicht: England hat sich vom Burenkrieg noch nicht erholt, Frankreich ist mit seinen Kolonien beschäftigt. Die zivilen Mitglieder der deut-schen Regierung mahnen jedoch zur Vorsicht. Sie möchten die Gelegenheit nutzen und einen diplomatischen Sieg über die junge *Entente* davontragen. Die Berater

Tirpitz beginnt eine großange-legte Propagandakampagne, um in der Öffentlichkeit für sein Flottenbauprogramm zu werben. Das Poster rechts kündigt eine Ausstellung auf dem Kurfürsten-damm in Berlin an, auf der 1910 Schiffsattrappen in einem großen Becken vorgeführt werden.

Wilhelms II. drängen diesen zu einer Reise nach Marokko, um die deutschen Interessen an einem dem Namen nach zwar unabhängigen Staat zu bekunden, der aber dennoch eindeutig der französischen Einflußphäre untersteht. Der französische Außenminister Théophile Delcassé, der Architekt der *Entente cordiale*, und die treibende Kraft hinter der imperialistischen Politik Frankreichs in Marokko, bietet Deutschland Handelskonzessionen an, doch das ist diesem nicht genug. Um die Krise noch weiter zu schüren, fordern die Deutschen eine internationale Marokkokonferenz. Der französische Präsident Rouvier entläßt Delcassé, um die Deutschen zu beschwichtigen und bietet weitere Handelskonzessionen an. Doch Deutschland besteht auf der Konferenz, die in Algeçiras stattfinden soll. Die Konferenz zieht sich in die Länge, ohne zu einem Ergebnis zu kommen. Schließlich sind die Deutschen isoliert, die politischen Vorrechte der Franzosen in Marokko sowie die *Entente* aber gestärkt.

Nach dem beschämenden Ausgang der Konferenz versucht Wilhelm II. es auf eine andere Weise. Er trifft sich in Björkö mit dem Zaren in der Hoffnung, diesen für eine antibritische Position gewinnen zu können. Beide kommen glänzend miteinander aus und versprechen, dem jeweils anderen im Falle eines Angriffes in Europa zu Hilfe zu eilen. Sie hoffen zunächst, auch Frankreich für ihren Bund erwärmen zu können, dann erkennen die Russen aber die Unsinnigkeit dieser Absicht und lassen sie fallen. Bülow, der Architekt des mißlungenen Planes, bietet seinen Rücktritt an, den der Kaiser ablehnt. Trotz der Rückschläge durch das Programm *Dreadnought*, des Debakels mit Marokko und der Enttäuschung von Björkö, können sich die Deutschen nicht dazu durchringen sich über Verhandlungen und Abrüstung dadurch zurückzuziehen, da sie fürchten, politisch ihr Gesicht zu verlieren. Sie können nur hoffen, daß die Koalition, die sie umgibt zerfällt und währenddessen den Präventivkrieg vorbereiten.

Im Jahre 1906 stimmt das Zentrum gemeinsam mit den Sozialdemokraten im Reichstag gegen eine Vorlage zur Bereitstellung weiterer neunundzwanzig Millionen Mark für Deutschlands mörderischen Krieg gegen die Hereros, einen aufständischen Stamm in Deutsch-Südwestafrika. Das ist eine vernichtende Niederlage für Bülow und die deutsche „Weltpolitik". In den „Hottentottenwahlen" im Januar 1907 gewinnt der „Bülow-Block", eine Neuauflage des bismarckschen Bündnisses aus Konservativen und Rechtsliberalen; die Sozialdemokraten büßen die Hälfte ihrer Sitze ein.

Obwohl Bülow damit über eine sichere Mehrheit für seine kolonialen Ambitionen verfügt, fehlt das nötige Geld zu ihrer Finanzierung. Die Kosten des Flottenbauprogrammes, die Vergrößerung der Armee in den Jahren 1893, 1899 und 1905, die Kolonialkriege in China und Afrika haben ein jährliches Defizit von 200 Millionen Mark für das Reich zur Folge. Versuche, diesen Fehlbetrag über Erbschaftssteuern abzudecken, treffen auf den Widerstand der Konservativen; indirekte Steuern auf den der Linken. Steigende Kosten, hauptsächlich für die Rüstung, lassen das Jahresdefizit des Reiches auf 500 Millionen Mark schnellen. Im Jahre 1908 erreichen die Staatsschulden bereits vier Milliarden Mark. Die übergroße Mehrheit im Reichstag ist gegen eine weitere Erhöhung von Erbschafts- und indirekten Steuern und die Konservativen verkünden ihren Austritt aus dem Bülow-Block.

Kaisermanöver 1884.
Die preußische Armee führt
jährlich große Manöver durch,
um die Kampf- und Einsatz-
bereitschaft der Truppe sowie
der Führungsqualität des
Generalstabes zu überprüfen.
Preußen verfügt über die
beste Armee der Welt. Die
Forderungen nach politischer
Zuverlässigkeit und gesellschaftlicher Exklusivität führen
dazu, daß sie die selbstgesteck-
ten Ziele nicht erreichen kann.

Am 28. Oktober 1908 veröffentlicht die Londoner Zeitung *Daily Telegraph* einige unglückliche Bemerkungen Wilhelms II. gegenüber dem britischen Oberst Stuart Wortley, deren Inhalt Bülow unzensiert hatte passieren lassen. So besagen die Ausführungen des Kaisers, daß die Engländer mit ihren Verdächtigungen gegenüber Deutschland „total verrückt" seien. Die Deutschen hätten zur Zeit des Burenkrieges den Beitritt zu einer kontinentalen Koalition gegen England abgelehnt, der Kaiser habe Königin Viktoria Ratschläge gegeben, wie die Buren zu schlagen seien, und Lord Roberts habe diese Ratschläge befolgt. Ferner habe die deutsche Flotte nur die Aufgabe, die Handelsschiffahrt zu schützen. Dieser Unsinn, verärgert Engländer und Deutsche gleichermaßen und führt zur Entzweiung zwischen Bülow und dem Kaiser. Nachdem die Konservativen und das Zentrum ihn im Zusammenhang mit der Finanzvorlage im Reichstag nicht mehr unterstützen und er das kaiserliche Vertrauen verloren hat, fühlt sich Bülow genötigt, den Abschied einzureichen. Am 26. Juni 1909 nimmt der Kaiser das Gesuch an.

Der neue Kanzler, Theobald von Bethmann Hollweg, ist ein farbloser Bürokrat, dem es an Energie fehlt, die Finanzreform zum Erfolg zu führen. Seine vielgerühmte „Politik der Diagonale" ist eine Konsensversuch, der nicht verdecken kann, daß der dafür zur Verfügung stehende Spielraum gering ist. Auf außenpolitischem Gebiet ist sein wichtigstes Ziel die Bewahrung der Neutralität Englands für den Fall eines ihm unausweichlich scheinenden Krieges auf dem europäischen Kontinent. Als auf seinem Landgut in Hohenfinow an der Oder eine Straße mit Linden bepflanzt wird, hält er dies für überflüssigen Aufwand, da er meint, daß sich diese in wenigen Jahren ohnehin in russischer Hand befinden würde. Sein Pessimismus steht in krassem Gegensatz zu den hitzigen Reden Bülows.

Zur Unterstützung des Sultans gegen aufständische Truppen entsendet Frankreich 1911 Truppen nach Marokko. Das deutsche Auswärtige Amt fordert für diese Verletzung der Algeçiras-Akte Wiedergutmachung; Mannesmann, eine große deutsche Bergbaugesellschaft, soll freie Hand bei der Ausbeutung der Bodenschätze in Südmarokko erhalten. Um der deutschen Forderung Nachdruck zu verleihen, wird

Die Berliner AEG-Fabrik 1904. Die Entwicklung der Elektroindustrie in Deutschland begann in den sechziger Jahren des 19. Jahrhunderts. Schon bald waren Unternehmen wie AEG und Siemens weltweit führend. Der schnelle Aufschwung in der Elektro- und der chemischen Industrie in der „Zweiten Industriellen Revolution" ließ Deutschland zur führenden Industrienation Europas aufsteigen.

das deutsche Kanonenboot *Panther* nach Agadir entsandt. Die britische Regierung warnt die Deutschen, den Bogen nicht zu überspannen, indem sie Ansprüche auf Teile Marokkos einfordern, doch die Deutschen geben nicht nach. Die Börse in Berlin reagiert zunehmend nervös. Schließlich kommt es zu einem Kompromiß. Deutschland erhält einen Teil des Kongo und verzichtet dafür auf einen Teil Togos. Marokko bleibt weiterhin unter französischem Einfluß. Europa hat 1911 wegen einer Sandwüste am Rande eines Krieges gestanden. Die deutschen Nationalisten können Deutschlands Nachgiebigkeit nicht verwinden. Dem Kaiser wird Nachgiebigkeit vorgeworfen und Bethmanns Ansehen sinkt in ihren Augen immer tiefer.

Die Ungewißheit über die außenpolitische Lage und die Folgen der 1911 einsetzenden Rezession bescheren den Sozialdemokraten und der Fortschrittlichen Volkspartei einen glanzvollen Sieg in den Wahlen vom Januar 1912. Die Sozialdemokraten haben jetzt mehr als die doppelte Anzahl Mandate im Reichstag und bilden damit die stärkste Fraktion.

Im Februar 1912 reist der britische Kriegsminister Lord Haldane zu einem Besuch nach Berlin. Er bietet die Neutralität Großbritanniens für den Fall eines Angriffes auf Deutschland an, wenn Deutschland im Gegenzug dazu sein Flottenbauprogramm kürzt. Dem kann Deutschland nicht zustimmen. Obwohl seine Kapazitäten nahezu erschöpft sind, empfindet man den Vorschlag der Briten als Verletzung des deutschen Nationalstolzes. Trotz wachsender britischer Vorbehalte gegenüber Deutschland und der offensichtlichen Vorbereitung eines Präventivkrieges durch Deutschland, verbessern sich die außereuropäischen Beziehungen zwischen beiden Ländern. Im Jahre 1913 einigt man sich über die Zukunft der portugiesischen Kolonien für den Fall, daß Portugal nicht mehr für deren hohe Schulden aufkommen kann. Streitigkeiten um die Bagdad-Bahn und die türkischen Erdölkonzessionen

· München, 6. Oktober 1914

19. Jahrgang Nr. 27

# Simplicissimus

Liebhaberausgabe

Alle Rechte vorbehalten

Begründet von Albert Langen und Th. Th. Heine

Abonnement halbjährlich 15 Mark

Copyright 1914 by Simplicissimus-Verlag G. m. b. H. & Co., München

## Deutsche Wacht in Kiautschau

(Zeichnung von O. Gulbransson)

werden beigelegt. Ein Vertrag, der Deutschland und Großbritannien – Deutschland als Hauptnutznießer –, in der Türkei faktisch freie Hand gelassen hätte, steht kurz vor der Ratifizierung, wird aber durch den Ausbruch des Krieges verhindert.

Im Jahre 1912 beginnen Serbien und Bulgarien, wenig später auch Griechenland und Montenegro, damit, die Türken aus Europa zu vertreiben. Diese Allianz erhält die begeisterte Unterstützung Rußlands, während Österreich-Ungarn befürchtet, daß die Serben einen Marinestützpunkt an der Adria errichten wollen und damit zu einer noch größeren Bedrohung für die Doppelmonarchie werden. Bethmann warnt die Russen, nicht mit dem Feuer zu spielen. Die britische Regierung läßt dagegen wissen, sie werde einen deutschen Angriff auf Frankreich nicht dulden. Als eine Lösung für die Befürchtungen Österreich-Ungarns gefunden wird, ist Europa nur knapp dem Ausbruch eines Krieges entgangen. Die Schaffung eines unabhängigen Albanien verhindert den Vormarsch der Serben bis an die Küste.

Am 28. Juni 1914 wird Erzherzog Franz Ferdinand in Sarajewo, der Hauptstadt von Bosnien-Herzegowina, das 1908 von Österreich-Ungarn annektiert worden ist, ermordet. Die vorherrschende Meinung in Österreich ist die, daß die Ermordung des österreichischen Thronfolgers durch ein Mitglied des serbischen Geheimbundes Schwarze Hand, dem man enge Verbindungen zur serbischen und russischen Regierung nachsagt, eine ausgezeichnete Gelegenheit zum Schlag gegen Serbien bietet. Am 5. und 6. Juni erteilt die deutsche Regierung dem österreichischen Gesandten den sogenannten „Blankoscheck". Österreich erhält von Deutschland die Zusicherung vollster militärischer Unterstützung auf dem Balkan – eine folgenschwere Abweichung vom Wege bismarckscher Diplomatie.

Bethmann hofft, daß die Österreicher einen schnellen, harten Schlag gegen Serbien führen, der den Russen keine Zeit zum Eingreifen läßt. Doch Österreich reagiert zu langsam. Ein für Serbien unannehmbares Ultimatum wird erst am 23. Juli gestellt. Der jüngere von Moltke, Chef des Generalstabes, hält sich zur Kur in Karlsbad auf und kommt erst am 25. Juli nach Berlin zurück. Doch zu diesem Zeitpunkt haben die Russen die Teilmobilisierung zur Unterstützung Serbiens bereits eingeleitet. Moltke ist davon überzeugt, daß der Krieg unausweichlich geworden und die Situation für Deutschland günstig ist. Der ebenfalls am 25. Juli nach Berlin zurückgekehrte Kriegsminister Falkenhayn drängt auf Krieg. Die Nachricht über die Mobilisierung in Rußland erreicht Moltke erst am 31. Juli, morgens sieben Uhr, als er die Mobilisierung bereits beschlossen hat. Und so treibt Europa in den Krieg. Der Kaiser und Bethmann sind dafür, das britische Vermittlungsangebot anzunehmen. Doch die deutschen Soldaten stehen bereits in Belgien und können nicht gestoppt werden, ohne den Schlieffen-Plan zu gefährden (der in modifizierter Form vorsieht, daß die deutsche Armee durch Belgien nach Frankreich marschiert, kurz vor Paris nach Süden schwenkt und die französische Armee während ihres Abzuges von der Grenze zur Verteidigung der Hauptstadt, umzingelt). Deutschlands Vorwärtsstrategie und Bethmanns „Sprung ins Dunkel" stürzt Europa und die Welt in den Krieg. Angesichts des durch unvorstellbares und sinnloses Metzeln entstandenen Leids erhebt sich die Frage nach der moralischen und kulturellen Grundlage der europäischen Kultur und führt zu einer tiefen Geisteskrise, von der sich Europa bis heute nicht vollständig erholt hat.

*Gegenüber:* **In dieser Karikatur von Olaf Gulbransson (1873–1958) aus dem Oktober 1914 kommt die Belagerungsstimmung Deutschlands an der Schwelle des Ausbruchs des Ersten Weltkrieges zum Ausdruck. Der norwegische Künstler war einer der führenden Autoren für die satirische Wochenschrift** *Simplicissimus.*

# KAPITEL 10    *Die Weimarer Republik*

Im August 1914 ist Belgien überrannt, und die deutschen Truppen stehen vor den Toren von Paris, doch schon bald müssen sie sich wieder zurückziehen, um den Nordkräften zu Hilfe zueilen, die durch den brillanten Gegenangriff der Franzosen an der Marne unter Druck geraten sind. Für beide Armeen beginnt nun der Wettlauf an die See, jede Seite hofft darauf, der anderen so in die Flanke fallen zu können. Als dies mißlingt, errichten sie jeweils ein System aus zwei parallelen Grabenlinien von der Küste des Ärmelkanals bis an die Grenze der Schweiz und führen von dort einen vierjährigen Stellungskrieg. Falkenhayn, der Moltke als Generalstabschef abgelöst hat, versucht die strategische Initiative wiederzuerlangen, indem er bei Ypres ein Loch in die Linien der *Entente* schlägt. Der Versuch schlägt fehl und kostet 80 000 deutschen Soldaten das Leben. Der Angriff jugendlicher Freiwilliger auf das Dorf Langemarck endet in einem Gemetzel. Die nationalistische Rechte hat nun ihre heldenmütigen Märtyrer, aber der Heeresleitung wird endlich klar, daß Infanterieangriffe auf gut ausgebaute Maschinengewehrstellungen nur mit schwersten Verlusten auf der eigenen Seite zu führen sind. Die einzig wirksame Strategie an der Westfront ist ein Zermürbungskrieg, in dem die *Entente* wertvolle Reserven verschleißt.

In Ostpreußen werden relativ schwache deutsche Truppenverbände von der raschen Mobilisierung und dem schnellen Vormarsch der russischen Armee überrascht. Hindenburg, der aus dem Ruhestand geholt wird, um den Befehl über die Kräfte in Ostpreußen zu übernehmen, sowie sein Stabschef Ludendorff sollen die Situation wieder in den Griff bekommen. In der klassischen Umfassungsschlacht bei Tannenberg erringen sie einen großartigen Sieg. Die Russen verlieren 50 000 Mann und 92 000 Gefangene gegenüber 10 000 Toten auf der deutschen Seite; weitere 70 000 Tote und 45 000 Gefangene verlieren sie im Winterfeldzug an den Masuren. Doch obwohl Tannenberg als großer Sieg gefeiert und Hindenburg zum Garant für Erfolg wird, ist die Schlacht nicht kriegsentscheidend. Der Feldzug im Osten dauert noch weitere drei Jahre, bis er mit dem Zusammenbruch des Zarenreiches endet.

In den politisch angespannten Tagen des August 1914 scheint Deutschland geeint zu sein wie nie zuvor. Die Soldaten ziehen in der Überzeugung ins Feld, einer gerechten Sache zu dienen und glauben an einen schnellen Sieg. Nur eine Handvoll revolutionärer Sozialdemokraten und prinzipienfester Pazifisten lehnen den Krieg ab. Die politischen Parteien und die Zivilverwaltung werden von der Obersten Heeresleitung (OHL) und den kommandierenden Generälen in den Corpsbereichen ins Abseits gedrängt. Sie erhalten diktatorische Vollmachten im Rahmen eines Gesetzes, das nahezu gleichzeitig mit dem Ausbruch des Krieges in Kraft tritt. Die Generalität glaubt, daß der Sieg und die Verwirklichung der überzogenen deutschen Kriegsziele – Grenzveränderungen im Westen, Lebensraum im Osten sowie ausgedehnte Gebietsaneignung im Ostseeraum – die Forderung nach demokratischen Reformen verstummen lassen werden. Je weiter der militärische Sieg jedoch in die Ferne rückt, desto höher werden die Kriegsziele gesteckt; und so bildet sich 1917 im Reichstag eine Koalition links vom Zentrum, die das Ende des Krieges und umfassende Reformen fordert.

Im August 1916 übernehmen Hindenburg und Ludendorff das Oberkommando, da Falkenhayns geniale Strategie im Angriff auf Verdun versagt hat. Mit dem Hinden-

Entsprechend der Waffen-
stillstandsvereinbarung von
1918 werden deutsche
Stahlhelme vernichtet.

burgprogramm und dem Vaterländischen Hilfsdienst bringen sie das Land unter eine
noch vollständigere militärische Kontrolle; der Kaiser hat als oberster Kriegsherr
praktisch abgedankt. Vom Kanzler abwärts, stehen alle Zivilisten vor den Halbgöt-
tern in Uniform stramm. Deutschland untersteht damit einem Militärregime, oder
wie einige sagen, einer Militärdiktatur. Die Reste der Verfassung dienen nur noch,
so Ludendorffs Worte als „Blitzableiter", – das Versagen der obersten Heeresleitung
wird den Zivilisten in die Schuhe geschoben.

Im Jahre 1917 riskieren die Deutschen mit dem verzweifelten Schritt zum uneingeschränkten U-Bootkrieg den Kriegseintritt der USA. Trotz der geringen Zahl deutscher Unterseeboote rechnet man auf deutscher Seite damit, daß den Engländern
innerhalb weniger Monate wegen fehlendem Nachschub die Reserven ausgehen und
sie deshalb um Frieden bitten werden. Das Jahr 1917 wird mit dem Kriegseintritt
der USA und der bolschewistischen Revolution in Rußland zum entscheidenden
Jahr. Die 1917 mit dem russischen Revolutionsregime aufgenommenen Verhandlungen dienen weniger der Friedenssicherung als vielmehr der Territorialpolitik der
OHL. Sie hat Pläne für ein riesiges Reich im Osten und will die Kontrolle über das
Baltikum, die Ukraine und den Kaukasus, wodurch sie aber große Truppenkontin-
gente, die sie an der Westfront besser hätte einsetzen können, bindet.

Im März 1918 beginnt Deutschland mit der „Operation Michael" seine letzte
große Offensive. Der geschickt geplante und exakt durchgeführte Angriff an der Naht-
stelle von Franzosen und Briten zwischen Amiens und Reims soll die entscheidende
Wende bringen. Die anfänglichen Erfolge sind spektakulär, doch die deutschen Truppen verfügen nicht über genug Reserven und Nachschub, um die erzielten Erfolge
zu sichern. Der Gegenangriff der *Entente* beginnt Mitte Juli. Die deutschen Linien
halten bis zum 8. August, dem „schwarzen Tag" der deutschen Armee. An diesem
Tage durchbricht die *Entente* die deutschen Linien mit einem massierten Panzer-
vorstoß an der Somme und die deutschen Soldaten weichen in wilder Flucht zurück.
Es ist offensichtlich, daß der Krieg nun verloren ist, und am 29. September legen
Ludendorff und Hindenburg den Politikern einen Waffenstillstand nahe.

Das von Lina von Schauroth
gezeichnete Titelblatt *Der große
Krieg - Urkunden, Depeschen
und Berichte für die Frankfurter
Zeitung.* Deutsche Soldaten in
feldgrauen Uniformen und Stahlhelm bewegen sich in einem Ver-
bindungsgraben – ein typisches
Beispiel für die unsentimentale
und unheroische Kunst der
deutschen Propaganda in den
Phasen des Krieges.

Den Politikern und Militärs fällt es nicht schwer, durch geschickte Schachzüge
dem Reichstag die Schuld für den verlorenen Krieg anzulasten. Sie wollen damit die
parlamentarische Demokratie in Mißkredit bringen und ihre Rückkehr an die Macht
vorbereiten. Doch am 29. Oktober kommt es bei den Matrosen in Kiel zu Befehlsver-
weigerung und Aufstand. Am 7. November wird in Bayern die Monarchie gestürzt
und am 8. November ergreift die Revolution Köln und Braunschweig. In ganz Deutschland bilden sich nach dem Vorbild der russischen Sowjets Arbeiter- und Soldatenräte. Die *Entente* stimmt einem Waffenstillstand nur unter der Bedingung zu, daß der
Kaiser abdankt, und da die Armee nicht länger kämpfen will, muß der Waffenstillstand umgehend geschlossen werden. Hindenburg hat nicht den Mut, dem Kaiser
die bittere Wahrheit zu offenbaren und betraut Ludendorffs Nachfolger, General Groener, mit dieser Aufgabe. Am 8. November teilt Groener dem Kaiser mit: „Die Armee
steht nicht länger hinter Eurer Majestät." Wilhelm II. verläßt daraufhin am Morgen
des 10. November Deutschland auf dem Weg ins holländische Exil. Deutschland hat
keinen Kaiser mehr, Preußen keinen König. Mit Ausnahme des preußischen Offizierscorps, bedauern wenige die Abdankung des Kaisers.

## DIE GRÜNDUNG DER WEIMARER REPUBLIK

Prinz Max von Baden, ein aufrechter, aber schwacher Interimskanzler, gibt das Amt
des Reichskanzlers an Friedrich Ebert, den Vorsitzenden der Mehrheitssozialdemo-
kraten ab. Der Prinz unternimmt damit einen verfassungswidrigen Akt, eine revolutionäre Tat, die der Sozialdemokrat Ebert zuerst wegen ihrer fragwürdigen Rechtmäßigkeit ablehnt. Doch der realistisch denkende Scheidemann, ebenfalls prominenter
Sozialdemokrat, ermuntert ihn: „Ach komm, sag einfach ja." Schließlich bildet Ebert
eine provisorische Regierung, den Rat der Volksbeauftragten, bestehend aus drei
Mehrheitssozialisten (MSPD) und drei unabhängigen Sozialdemokraten (USPD).
Am 11. November unterzeichnet der Zivilist und Reichstagsabgeordnete der Zentrumspartei Erzberger in einem Eisenbahnwagen im Wald von Compiègne den Waffenstillstand. Walter Rathenaus bissige Bemerkung zu diesen Ereignissen soll sich
schon bald bewahrheiten: „Wir Deutsche nennen den Generalstreik einer geschla-
genen Armee eine Revolution!"

Die Nachricht von der Kapitulation Deutschlands trifft die Mehrheit der deutschen Bevölkerung wie ein Schlag, denn bis auf Ausnahme des Elsaß ist die Front
meilenweit von den Grenzen des Reiches entfernt und die OHL hat niemals ein Wort
über den Ernst der Lage verlauten lassen. Das ist ein schweres Erbe für die Weimarer Republik, die als Ergebnis einer Niederlage entsteht, die kaum jemand begreift.
Die allgemeine Lage wird zusätzlich noch dadurch verschlechtert, daß Hindenburg
und Ludendorff jede Verantwortung für das katastrophale Ergebnis der Märzoffen-
sive ablehnen und die Waffenstillstandsverhandlungen von Zivilisten geführt werden.
Die OHL ist entschlossen, die demokratischen Parteien in Mißkredit zu bringen,
wie Ludendorff in einer Ansprache vor Offizieren am 1. Oktober 1918 sinngemäß
zum Ausdruck bringt: „Ich habe Seine Majestät gebeten, jene Herren an die Regierung zu bringen, denen wir im Grunde die Misere zu verdanken haben. Sie müssen
jetzt in die Ministerien gehen und den Frieden unterzeichnen, sie müssen nun die
Suppe auslöffeln, die uns serviert worden ist!"

Trotz einiger erheblicher Grenzkorrekturen geht Deutschland, wie durch ein Wunder, aus dem 1. Weltkrieg als Nation heraus. Die Franzosen wollen Bismarcks Reich mit allen Mitteln zerstören und hoffen, daß das linke Rheinufer die neue Grenze Frankreichs wird. Doch Deutschland wird weitgehend gerettet, weil Engländer und Amerikaner es als Bollwerk gegen den russischen Kommunismus benutzen wollen, obwohl die Gefahr, daß Deutschland dem Vorbild Rußlands folgen könnte, zu keiner Zeit besteht. Was einige als Revolution betrachten, ist lediglich der Zusammenbruch des alten Staates. Die große Mehrheit der deutschen Linken wird von der Sozialdemokratie gestellt, die sich dem demokratischen Weg zum Sozialismus verpflichtet fühlt und die die brutale Diktatur der Leninschen Bolschewiken ablehnt.

Deutschlands radikale Linke besitzt nicht die Rücksichtslosigkeit echter Revolutionäre. Ihr Plan ist es, zu Abstimmungen in Fabriken und Kasernen aufzurufen und Delegierte für einen Sowjetrat zu wählen, der im Zirkus Busch zusammentreten, und die provisorische Regierung Ebert, den Rat der Volksbeauftragten, stürzen soll. Aber dieser Plan wird durch Otto Wels, dem Führer der Berliner SPD, vereitelt, der rasch Soldatenräte unter Führung der SPD organisiert, die das Machtgleichgewicht erhalten sollen.

Am Abend des 10. November 1918 telefoniert General Groener mit Ebert und versichert ihn der vollen Unterstützung der Armee im Kampf gegen den Bolschewismus. Ebert akzeptiert ohne Vorbehalt. Er lehnt den Bolschewismus ab, zumal im Osten noch immer deutsche Truppen gegen Bolschewiken und Polen kämpfen, Ebert aber die geordnete Demobilisierung der deutschen Armee will. Der Armee wird versichert, daß die Autorität des Offizierscorps nicht von den Arbeiter- und Soldatenräten angetastet und auch nicht unter politische Kontrolle gestellt werde.

Die Beziehungen zwischen SPD und USPD im Rat der Volksbeauftragten geraten dadurch zunehmend unter Spannung. Zum Bruch kommt es anläßlich der Frage, wie gegen die Volksmarinedivision, einer Gruppe offensichtlich linker Matrosen, die das Kanzleramt bewachen, vorzugehen ist. Im Laufe der Ereignisse rauben die Ma-

Rosa Luxemburg (1871–1919) spricht auf der Sozialistischen Internationale 1907 in Stuttgart. Rosa Luxemburg ist eine der Anführer des linksgerichteten Spartakusbundes, der sich am letzten Tag des Jahres 1918 als Kommunistische Partei Deutschlands konstituiert und an den revolutionären Erhebungen vom 5. Januar 1919 teilnimmt. Der Aufstand wird rasch niedergeschlagen. Rosa Luxemburg und Karl Liebknecht, die bedeutendsten Vertreter der radikalen Linken, werden am 15. Januar von antibolschewistischen Soldaten ermordet.

trosen Kunstschätze und nehmen Otto Wels als Geißel, um ihren Forderungen nach Sold Nachdruck zu verleihen. Am 24. Dezember werfen reguläre Truppen, die dem Regime ergeben sind, Bomben auf das Palais. Ein Übereinkommen wird ausgehandelt, nach dem die Matrosen aufgeben und die Soldaten wieder aus Berlin abrücken. Die Mitglieder der USPD in der Ebert-Regierung, die aus Protest ihre Ämter niederlegen, werden durch drei SPD-Mitglieder ersetzt. Die Regierung wäre gestürzt worden, hätte nicht der Linke Ernst Däumig im letzten Augenblick Skrupel bekommen. Das deutsche Volk, meint er, werde es den Radikalen nie verzeihen, wenn es am Heiligabend die Regierung stürzen würde.

Nachdem diese einmalige Gelegenheit verpaßt worden ist, gründet der Spartakusbund, die extrem links ausgerichtete sozialdemokratische Gruppe um Karl Liebknecht, am Silvestertag die Kommunistische Partei Deutschlands (KPD). Am 5. Januar 1919 entläßt die Regierung Berlins Polizeipräsidenten, USPD-Sympathisanten und großen Revolutionsredner Emil Eichhorn. Seine Entlassung führt zu einem spontanen bewaffneten Aufstand, den die Führung der KPD, die radikalen Gewerkschaften und das Berliner Zentralkomitee der USPD nur zögerlich unterstützen.

Obwohl die Regierung am 5. Januar aus Berlin geflohen ist, hat der Aufstand keine Aussicht auf Erfolg. Am 11. Januar marschiert Gustav Noske, der kurz zuvor in den Rat der Volksbeauftragten berufen worden ist, mit seinen antibolschewistischen Soldaten in Berlin ein und schlägt in nur zwei Tagen heftiger Straßenkämpfe den Aufstand nieder. Der Sieg über die Revolution ist vollkommen, aber die Hinterlassenschaft für die SPD gefährlich. Denn Noske hat sich auf das Freikorps, ultrakonservative monarchistische Söldner gestützt, denen Kommunistenmorden ein Vergnügen ist, die aber auch Eberts Regierung aus dem Amt jagen wollen. Unter den SPD-Anhängern ist die Meinung verbreitet, daß Noske zu hart gegen die Aufständischen vorgegangen ist und daß er mit dem Einsatz des Freikorps den bösen Geist aus der Flasche gelassen habe.

Am 19. Januar 1919 finden allgemeine Wahlen statt. Das Wahlalter beträgt zwanzig Jahre. Es ist eine Verhältniswahl, die von der KPD boykottiert wird, dennoch benennen neunzehn Parteien Kandidaten. Die SPD erhält 37 Prozent der Stimmen, verfehlt aber die erhoffte absolute Mehrheit. Die USPD erhält magere 7,6 Prozent der Wählerstimmen und fällt in die politische Bedeutungslosigkeit zurück. Ihre Mitglieder kehren in die SPD zurück oder stoßen zur KPD. Gemeinsam mit der Zentrumspartei und der Deutschen Demokratischen Partei (DDP) kommt die SPD auf einen Stimmenanteil von 76 Prozent, was deutlich macht, daß sich die Mehrheit der Deutschen eine liberale, demokratische, republikanische Regierung wünscht. Die weitreichenden Pläne der SPD zur Verstaatlichung von Schwerindustrie, Bergbau und Banken werden schon bald auf Eis gelegt. Im Land herrscht Hunger, 250 000 Menschen sterben an Unterernährung und Ende 1918 beträgt die durchschnittliche tägliche Energieaufnahme gerade noch 1000 Kilokalorien. Die Industrie fällt auf das Produktionsniveau zur Friedenszeit zurück und leidet an chronischem Rohstoffmangel.

Die erste Aufgabe ist die Wiederherstellung von Ruhe und Ordnung. Bewaffnete Aufstände gibt es nicht nur in Berlin, sondern auch in Braunschweig, Eisenach, Erfurt, Gotha, Halle, Leipzig und in den Nordseehäfen. In München rufen Anarchisten die Republik aus. Es kommt verbreitet zu Streiks unter denen der Eisenbahnerstreik die allgemeine Mangelsituation noch weiterhin verschärft. In Süd- und Westdeutschland erhalten Separatisten Zulauf und ganz Deutschland wartet mit Spannung auf das Ergebnis der Versailler Konferenz.

## DER VERTRAG VON VERSAILLES

Die Deutschen sind sich bewußt, daß die Bedingungen für den Frieden hart sein werden. Doch der endgültige Vertragstext, der ihrer Abordnung am 7. Mai 1919 vorgelegt wird, übersteigt ihre schlimmsten Befürchtungen. Deutschland soll vierzehn Prozent seines Territoriums und damit zehn Prozent seiner bisherigen Bevölkerung, sowie die Hälfte der Eisenerzvorkommen und ein Viertel der Kohlereserven verlieren. Das deutsche Kolonialreich wird aufgelöst, alle Auslandsinvestitionen und Patente gehen verloren. Noch alarmierender sind die zu leistenden Sachreparationen. Sie belaufen sich auf 60 Prozent der deutschen Kohleförderung auf zehn Jahre, neunzig Prozent der Handelsflotte, den größten Teil des modernen Lokomotivparks und des rollenden Materials, die Hälfte des Milchviehbestandes und ein Viertel der chemischen und pharmazeutischen Produktion. Die Armee wird auf 100 000 Mann begrenzt, die Marine auf 15 000. Die Streitkräfte dürfen weder über Panzer, noch Flugzeuge, Unterseeboote oder Giftgas verfügen.

Außenminister Graf Brockdorff-Rantzau kehrt nach Berlin zurück und drängt die Regierung, den Vertrag zurückzuweisen, doch Präsident Ebert stimmt mit Unterstützung der drei DDP- und der drei SPD-Minister – Scheidemann, Landsberg und Bauer – zu. Die Zentrumspartei unter Führung von Matthias Erzberger sowie Noske, Wissell, Schmidt und David für die SPD argumentieren, daß der Regierung keine andere Wahl bleibe als dem Vertrag zuzustimmen, während die Oberste Heereslei-

Clemenceau, Lloyd George und Wilson auf der Versailler Friedenskonferenz 1919. Clemenceau mit dem hängenden Schnauzer sitzt rechts im Bild neben Lloyd George, dessen Blick an die Decke gerichtet ist. Wilson, der nachdenklich blickende Mann, befindet sich zu seiner Linken. Tiefgreifende Meinungsverschiedenheiten zwischen den drei Staatsmännern sezten den Hoffnungen auf eine neue Weltordnung ein Ende.

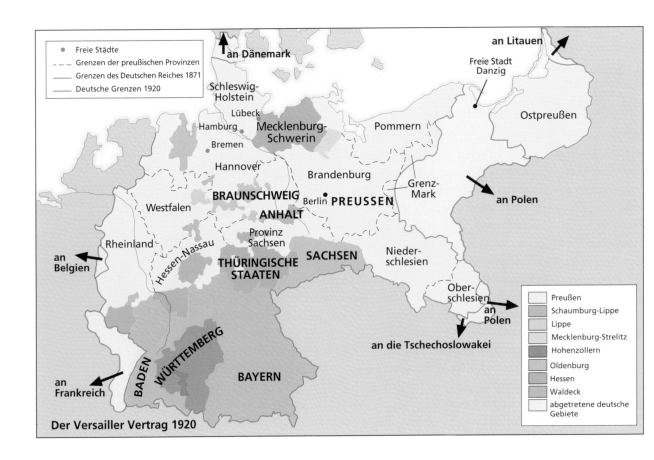

an Litauen

Freie Stadt
Danzig

an Dänemark

Freie Städte
Grenzen der preußischen Provinzen
Grenzen des Deutschen Reiches 1871
Deutsche Grenzen 1920

Schleswig-
Holstein

Lübeck
Hamburg
Bremen

Mecklenburg-
Schwerin

Pommern

Ostpreußen

Hannover

Brandenburg

Grenz-
Mark

an Polen

BRAUNSCHWEIG
Berlin  PREUSSEN

Westfalen

ANHALT

Provinz
Sachsen

Rheinland

Hessen-Nassau

THÜRINGISCHE
STAATEN

SACHSEN

Nieder-
schlesien

an
Belgien

Ober-
schlesien

an
Polen

BADEN

WÜRTTEMBERG

BAYERN

an die Tschechoslowakei

an
Frankreich

Der Versailler Vertrag 1920

Preußen
Schaumburg-Lippe
Lippe
Mecklenburg-Strelitz
Hohenzollern
Oldenburg
Hessen
Waldeck
abgetretene deutsche
Gebiete

tung Pläne für eine Verteidigungsschlacht hinter der Elbe und eine Offensive gegen
Polen schmiedet. Man ist zuversichtlich, Warschau innerhalb einer Woche in deutscher Hand zu haben. In den Ostgebieten des Reiches gibt es Pläne für einen separaten Staat, der die deutsche Identität später wieder zurückerobert und die verlorenen
Gebiete wahrt. Die Regierung in Berlin steht diesen radikal preußisch-partikulari-
stischen Vorstellungen aufgeschlossen gegenüber und es wird viel über die Rolle
Preußens bei der Befreiung Deutschlands vom napoleonischen Joch phantasiert.

Die entscheidende Stimme gegen derartigen Unsinn wird von Ludendorffs Nachfolger, General Groener erhoben, der in keiner Weise mit dem preußischen Nationalismus sympatisiert und der daran festhält, daß, sofern Deutschland nur fest vereint stehe, die Verluste wettgemacht werden könnten. Die Reichstagsfraktionen der
Sozialdemokraten und des Zentrums befürworten nun die Annahme des Vertrages.
Scheidemann legt sein Amt als Kanzler nieder, da er konsequent gegen den Vertrag
eingetreten ist. Eine neue von der DDP stillschweigend geduldete Minderheitsregierung unter Gustav Bauer wird gebildet. Am 22. Juni 1919 wird der Vertragstext
im Reichstag debattiert: die Abstimmung ergibt bei fünf Enthaltungen 237 Stimmen
dafür, 138 dagegen, wobei die Stimmen für den Vertrag quer durch alle Parteien gehen. Am 28. Juni unterzeichnet die deutsche Delegation den Vertrag.

Der Vertrag wird von allen Deutschen gleich welcher politischen Überzeugung
als bitter empfunden. Dies weniger wegen der verlorenen Gebiete oder der Repara-

tionen als vielmehr wegen dem ehrenrührigen Ton der *Entente*, der allenthalben als der Gipfel der Unverschämtheit empfunden wird. Die Forderung, daß der Kaiser ausgeliefert und als Kriegsverbrecher verurteilt werden soll, wird als besonders schlimme Beleidigung angesehen. Die Kolonien werden Deutschland unter dem Vorwand weggenommen, die deutsche Kolonialherrschaft sei inkompetent und unmoralisch. Die „Kriegsschuldlüge" des Paragraphen 231 schafft böses Blut und ihre Übersetzung wird vorsätzlich verzerrt, um noch beleidigender zu wirken. Ganz Deutschland lehnt den Vertrag ab und möchte ihn schnellstmöglich revidiert sehen. Nur wenige erkennen, daß es kein Vertrag für die Ewigkeit ist und verzweifeln an der Zukunft.

In nationalistischen, aristokratischen und konservativen Kreisen schlägt die Verzweiflung schnell in Zorn gegen die Regierung von Friedrich Ebert um. Sind anfangs noch viele reaktionäre Organisationen bereit gewesen, ein demokratisches Regime zu dulden, weil es die beste Versicherung gegen den Bolschewismus darstellt, schwenkt nun die negative Stimmung um und äußert sich zunehmend in Gewalt. Als Generalfeldmarschall von Hindenburg am 18. November vor dem parlamentarischen Untersuchungsausschuß zur Aufklärung der Ursachen für die Niederlage Deutschlands erscheint und offiziell erklärt, ein „englischer General" habe vollkommen Recht, wenn er sagt, „die deutsche Armee ist von hinten erdolcht worden", schlagen sich zahlreiche Zweifler auf die Seite der Demokratiegegner. Hindenburg verleiht der Meinung, die demokratischen Kräfte in Deutschland seien verräter- und verbrecherisch, enormen Aufschwung. Die Republikaner verfügen über keine so herausragende Gestalt wie Bismarck oder Adenauer, Männer, die das Volk mit dem neuen Regime hätten versöhnen können. Vielmehr haben sie abgestumpfte Beamte, Parteifunktionäre und Opportunisten in ihren Reihen und erhalten ihre wirksamste Rückendeckung von den „Vernunftrepublikanern", Leuten, die – wie Gustav Stresemann – die „Revolution" verabscheuen, aber zur parlamentarischen Ordnung keine Alternative erkennen. Die Republik wird so von vielen gehaßt oder geduldet.

## DIE KRISENJAHRE 1920–1923

Am 12. März 1920 erhält Reichswehrminister Gustav Noske die Mitteilung, daß Generalleutnant von Lüttwitz, der kommandierende General in Ost- und Mitteldeutschland, sowie Hauptmann Hermann Ehrhardts aufgelöste Freiwilligen-Marinebrigade II in der Nacht putschen werden. Die Armee lehnt die Verteidigung der Regierung ab. Von Seeckt, de facto Chef des Generalstabs, soll gesagt haben: „Die Reichswehr schießt nicht auf die Reichswehr." Die Regierung flieht nach Dresden und immer noch weiter nach Stuttgart.

Lüttwitz nimmt Berlin, wo Ludendorff der Siegesparade beiwohnt. Wolfgang Kapp, der politische Führer des Putsches, der von Lüttwitz und Ehrhardt nicht in deren Pläne eingeweiht worden ist, wird überrascht und geht in das Kanzleramt, wo der Stab seinen Befehlen aber keinen Gehorsam leistet. Die Ministerien des Reiches und Preußens arbeiten weiter, als gäbe es Kapp nicht und die Reichsbank lehnt es ab, ihn zu finanzieren. Der Vorschlag, Soldaten sollten die Bank erstürmen, wird rundweg abgelehnt – Offiziere seien keine Bankräuber; sogar die Offiziere im Armeeministerium widersetzen sich den Befehlen Kapps und Lüttwitz', während Seeckt sich klugerweise krank meldet. Die leitenden Offiziere in den Provinzen und die

Mehrheit der Republiksgegner erkennen bald, daß der Putsch ein Fehlschlag ist und Kapp über keinerlei reale Macht verfügt. Am 14. März verkündet die *Entente* ihre Absicht zur Verhängung der Blockade, sofern Kapp bleibt.

Nach wie vor hält sich hartnäckig die Meinung, der Kapp-Lüttwitz-Putsch sei durch einen Generalstreik niedergeschlagen worden und die organisierte Arbeiterklasse habe die Republik gerettet. In Wirklichkeit ist die Republik jedoch durch konservative Bürokraten gerettet worden, die ihre Mitwirkung bei einem derart mangelhaft vorbereiteten Abenteuer versagten. Am 13. März veröffentlichte der Regierungssprecher im Namen des Präsidenten und der sozialdemokratischen Minister einen Aufruf zum Generalstreik, den die Sozialdemokraten aber gar nicht billigen. Der Streik beginnt am Montag, dem 15. März, erfaßt aber nur die Arbeiterbezirke von Berlin. Während des Streiks werden schnell radikale Forderungen laut, der Ruf nach Revolution ertönt. Die Regierung von Gustav Bauer gerät schließlich in ernstere Bedrängnis als Kapp. Als der Streik beendet wird, herrscht allgemeine Erleichterung. Das Abenteuer des Wolfgang Kapp ist beendet. Kapp flieht am 17. März nach Schweden, Lüttwitz geht nach Ungarn.

Die radikale Linke droht jetzt mit dem Sturz der Regierung. Im Ruhrgebiet formiert sich eine rote Armee mit 50 000 Mann aus allen Parteien, die verspätet auch

Vor den Suppenküchen in Berlin bilden sich Anfang der 20er Jahre lange Menschenschlangen. Die darniederliegende Nachkriegswirtschaft und die allgemeine Lebensmittelknappheit führen weitverbreitet zu Unterernährung und Hunger.

die Unterstützung der Kommunisten erfährt und es bedauert, so eng mit Anarchisten, Sozialdemokraten und katholischen Gewerkschaften verbunden zu werden. Die Reichswehr wird der Situation nicht Herr und die Regierung muß das gleiche Freikorps einsetzen, das zuvor Kapp unterstützt hat. Die Kämpfe ziehen sich bis Mitte April hin und kosten 3000 Menschen das Leben. Die Reichswehrführung, die Kapp zuvor nicht unterstützt hat, muß jetzt gegen Streikende vorgehen, die einem Aufruf der SPD folgen. Noske tritt daraufhin zurück, seine Versuche, die SPD und die Reichswehr zusammenzubringen, sind fehlgeschlagen.

In den Wahlen vom Juni 1920 erleiden SPD und Demokraten eine katastrophale Niederlage. Die Weimarer Koalition verfügt damit nicht mehr über 66 Prozent der Sitze, sondern nur noch über 43 Prozent im Reichstag. Die extreme Linke – Kommunisten und USPD – halten 20 Prozent, die Deutsch-Nationale Volkspartei (DNVP) und die Deutsche Volkspartei (DVP) 28 Prozent der Sitze. Unter dem ältlichen Zentristen Konstantin Fehrenbach kommt es zur Bildung einer Mitte-Rechts-Regierung. Die Koalitionsparteien, welche sich einmütig zur Demokratie bekennen, erreichen keine Mehrheit mehr. In Preußen dagegen ist die Situation ermutigender. Unter Otto Braun und Carl Severing, zwei harten Realisten, die sich bereits während des Kapp-Putsches bewährt und die Verwaltung und Polizei umgehend von Elementen, deren Treue zur Verfassung zweifelhaft war, gesäubert haben, wird eine neue sozialdemokratische Regierung gebildet. Preußen, einst das Zentrum der Reaktion, wird damit nun zur Hochburg republikanischer Tugenden.

Am 29. Januar 1921 legen die Alliierten ihre Rechnung für die Leistung von Reparationszahlungen vor. Auf deutscher Seite hat man mit 30 Milliarden Goldmark, zahlbar über dreißig Jahre, gerechnet. Doch angestachelt durch habgierige und rachsüchtige Wähler in Frankreich und Belgien, fordern die Alliierten nun eine Summe von 226 Milliarden Mark, dazu 12 Prozent aller deutschen Exporte. Statt zwei Milliarden sollen die jährlichen Zahlungen nun sechs Milliarden Mark betragen.

Die Regierung Fehrenbach weist die Forderungen der Alliierten zurück. Darauf besetzen französische Truppen Düsseldorf, Duisburg und Ruhrort. Doch Fehrenbach tritt eher zurück, als eine Vereinbarung zu unterzeichnen und die Amerikaner und Engländer drängen die Franzosen, ihre Forderungen herunterzuschrauben. Die Gesamtschuld wird daraufhin vom Londoner Reparationsausschuß auf 131 Milliarden Mark mit Jahreszahlungen von sechs Prozent Zinsen und einer Tilgung der Kapitalschuld von jährlich zwei Milliarden Mark neu festgesetzt. Ferner sollen 26 Prozent des Wertes der deutschen Exporte auf das Reparationskonto fließen. Sollten die Deutschen dieser Festsetzung nicht innerhalb einer Woche zustimmen, drohen die Alliierten mit der Besetzung des Ruhrgebietes und Übernahme der gesamten Produktion. Dem neuen Zentrumskanzler Wirth bleibt keine Wahl als zu unterschreiben.

Die Regierung hält Steuererhöhungen zur Bezahlung von Reparationen zum jetzigen Zeitpunkt für politisch verfehlt. Sie nimmt daher hohe Anleihen bei Banken auf, erhöht damit die Staatsschulden und heizt die bereits grassierende Inflation noch weiter an. Die Alliierten lehnen Zahlungen in einer abgewerteten Reichsmark ab; sie bestehen auf Gold und harter Währung und erschöpfen dadurch die Reserven der Reichsbank relativ schnell, während eine Steigerung der deutschen Exporte durch die protektionistische Haltung Englands und Frankreichs unmöglich gemacht wird. Zum Ankauf von Devisen läßt die Reichsbank daher neues Geld drucken und setzt damit die unkontrollierte Inflation in Gang.

Im April 1922 erhalten Deutschland und Rußland Einladungen zur Teilnahme an einer Konferenz in Genua, auf der die Reparationen und weitere Wirtschaftsprobleme Europas auf der Tagesordnung stehen. Zwischen beiden ausgegrenzten Ländern hat sich bereits eine enge Partnerschaft durch die gemeinsame Ablehnung des westlichen Imperialismus und der liberalen Demokratie gebildet. Sie pflegen enge Handelsbeziehungen und steigern den gegenseitigen Warenaustausch. Das deutsche Militär hat zwei Jahre zuvor in Rußland Panzer- und Fliegerschulen eröffnet, in denen Offiziere der Reichswehr und der Roten Armee gemeinsam an Manövern arbeiten. Im April 1922 unterzeichnen sie den Vertrag von Rapallo, in dem sie sich gegenseitig die Meistbegünstigung gewähren. Das ist weder eine diplomatische Revolution, für die die Alliierten sie halten, noch das Ende des Versailler Systems. Weitaus wichtiger ist die Tatsache, daß es dem britischen Außenminister Lloyd George nicht gelingt, die Franzosen zur Mäßigung ihrer Forderungen gegenüber Deutschland zu bewegen.

Im November 1922 wird die Regierung Wirth gestürzt. Die SPD, die die USPD wieder auf ihre Seite ziehen will, kann sich daher eine Koalition mit der DVP, der Partei der Schwerindustrie, nicht länger erlauben. Zudem hat die SPD weitgehende Vorbehalte gegen den Vertrag von Rapallo, der hinter ihrem Rücken ausgehandelt worden ist. Die Wirtschaftspolitik Wirths wird von den Linken scharf kritisiert, da sie die Forderungen der Reichsbank sklavisch erfüllt. Als Bemühungen zur Bildung einer breiten Koalition unter Konrad Adenauer, dem Bürgermeister von Köln, wegen der Spaltung von SPD/DVP fehlschlagen, wird eine Minderheitsregierung unter Wilhelm Cuno, einem bekannten Großreeder ohne politische Erfahrung, gebildet. Kaum ist Cuno Reichskanzler, als am 9. Januar 1923 der Reparationsausschuß, gegen den Willen der britischen Delegation, fünf französische Regimenter und ein Expertenteam ins Ruhrgebiet entsendet, wo sie feststellen sollen, weshalb Deutschland seinen Zahlungsverpflichtungen nicht nachkommt.

Die meisten Deutschen betrachten das französische Vorgehen als Invasion und vereinen sich zum Widerstand. Die Regierung ruft zu Generalstreik und passivem Widerstand auf. Die Franzosen antworten darauf, indem sie das Kriegsrecht über das Ruhrgebiet verhängen. Obwohl die Kampfmaßnahmen in der Industrie Erfolg haben und die lothringischen Stahlwerke schließen müssen, weil sie keine Kohle erhalten und Frankreich vor einer ernsten Wirtschaftskrise steht, können die Deutschen die zusätzlichen Kosten, die durch die Abtrennung des Ruhrgebietes durch eine von den Besatzungsmächten errichtete Zollinie entstehen, nur mit dem Drucken weiteren Geldes abfangen. Im April ist die Inflation vollends außer Kontrolle. Die preußische Regierung wendet sich entschlossen gegen Gewalt und zwingt Cuno, der am Rand eines Nervenzusammenbruches steht, sich von den Extremisten zu distanzieren. Am 13. August wird er durch den Gründer und Führer der DVP, Gustav Stresemann, ersetzt, der an der Spitze einer breiten Koalitionsregierung steht, in der die SPD eine gewichtige Rolle spielt.

Stresemann erkennt, daß sich das Land den „Kampf um die Ruhr" nicht weiter leisten kann und verkündet am 26. September das Ende des passiven Widerstandes, was ihm den Zorn der Rechten einbringt. Ludendorff nennt ihn einen Pazifist, Freimaurer und „künstlichen Juden", und die Linke ist sich einig in ihrer Ablehnung eines Mannes, der die nationale Sache verraten hat. Als Stresemann droht, den von ihnen mühsam erkämpften Achtstundentag abzuschaffen, kündigen sie die Regierungskoalition auf und erzwingen am 3. Oktober den Rücktritt des Reichskanzlers. Drei Tage später ist dieser jedoch an der Spitze einer Regierung mit stark verringerter Beteiligung der SPD wieder im Amt, allerdings nur für eine kurze Zeit.

Als die bayerische Regierung am 26. September erfährt, daß der Kampf um die Ruhr aufgegeben ist, ruft sie ohne Rücksprache mit Berlin zu halten, den Notstand aus. Als Reaktion darauf weitet die Reichsregierung den Notstand auf ganz Deutschland aus. Zwei Wochen später ernennen die sozialdemokratischen Regierungen in Sachsen und Thüringen mehrere kommunistische Minister; sie wollen mit diesem Schritt der Gefahr des aufkommenden Faschismus und einer Militärdiktatur, mit anderen Worten, dem bayerischen Rechtsextremismus, vorbeugen. Prompt bricht Bayern die diplomatischen Beziehungen zu Sachsen und Thüringen ab – ein seltsam anmutender Schritt, der nur möglich ist, weil die alte Reichstradition des Austauschs von Gesandten den Zusammenbruch der einzelnen Königreiche überlebt hat.

Die Krise in Bayern verschärft sich, als Reichswehrminister Geßler dem Kommandeur einer in Bayern stationierten Division, General von Lossow, den Auftrag erteilt, den „Völkischen Beobachter", die Parteizeitung der NSDAP, zu verbieten, welche eine Kampagne gegen Präsident Ebert und Geßler geführt hat. Von Lossow verweigert die Ausführung des Auftrages und wird daraufhin von Geßler entlassen, aber der bayerische Minister von Kahr ernennt ihn kurzum wieder zum Kommandeur einer bayerischen Einheit. Das Reich hat damit auf einen Fall von Hochverrat zu reagieren; doch, wie schon während des Kapp-Putsches, greift die Armee nicht ein.

Die Kommunistische Partei gibt der Reichswehr einen Vorwand zum Handeln, als die neuen Minister in Sachsen und Thüringen flammende Reden gegen die bayerischen Faschisten und die Militärdiktatur der Reichswehr halten. Stresemann weist die Regierungen in Sachsen und Thüringen an, die Kommunisten zu entlassen. Als diese ablehnen, setzt er die Reichswehr in Marsch; die Regierungen werden abgesetzt. Stresemann antwortet auf diese Art auf den Vorwurf der Bayern, die Regierung in Berlin verfahre nicht hart genug mit den Kommunisten und sperrt damit gleichzeitig den Weg nach Berlin, sollten von Karr oder gar Adolf Hitler nach dem Beispiel Mussolinis in Italien versuchen, die Macht an sich zu reißen.

Die SPD verläßt die Koalition und Stresemann verliert die Mehrheit im Reichstag. Doch von Kahr kann nicht länger klagen, das Reich werde von Kommunisten kontrolliert. Am 8. November 1923 veranstaltet von Kahr eine Zusammenkunft im Münchener Bürgerbräukeller, um die allgemeine Lage zu diskutieren. Das Treffen wird abrupt unterbrochen, als Adolf Hitler den Saal stürmt und verkündet, die „nationale Revolution" habe stattgefunden und eine provisorische Regierung mit von Lossow, dem bayerischen Polizeipräsidenten Seisser und General Ludendorff sei von ihm eingesetzt worden.

Adolf Hitler ist 1889 als viertes Kind eines österreichischen Zollbeamten geboren. Er verläßt früh die Schule und führt als Maler und Gelegenheitsarbeiter ein ungeregeltes Leben in Wien. Im Krieg ist er Gefreiter in einem deutschen Infanterie-

Hitlers fehlgeschlagener Putsch am 9. November 1923 in München. SA-Leute fahren auf Lkw's am Münchener Rathaus vorüber. Der kurze Putsch nimmt ein jähes Ende, als die Münchener Polizei das Feuer auf die SA eröffnet.

regiment und wird mit dem Eisernen Kreuz Erster Klasse ausgezeichnet. Im Jahre 1919 tritt er der Deutschen Arbeiterpartei (DAP) bei, welche von der Thule Gesellschaft betuchter Antisemiten und extremer Nationalisten unterstützt wird, die Einfluß auf die Arbeiterklasse gewinnen möchten. Hitlers rhetorisches Talent zieht die Massen zu den Veranstaltungen der DAP und unermüdlich arbeitet er an der Festigung der Parteiorganisation. Im Jahre 1920 ändert die Partei ihren Namen in Nationalsozialistische Deutsche Arbeiterpartei (NSDAP), 1921 wird Hitler zu ihrem Vorsitzenden. Das Parteiprogramm besteht aus einer Mischung von Antisemitismus, vereinfachter Wirtschaftstheorie und pseudo-sozialistischer Rhetorik. Auf Hitlers Bierkellerputsch antwortet Stresemann, indem er von Seeckt mit uneingeschränkter Vollmacht ausstattet. Dieser befiehlt daraufhin den Einsatz der Reichswehr gegen Hitler und Lossow, der spürt, daß Hitler blufft, gehorcht. Hitlers sinnloser Demonstrationszug am 9. November durch München endet mit einer kurzen Salve der Münchener Polizei; er selbst wird verhaftet und verbringt einige Zeit im Gefängnis, wo er beginnt, an *Mein Kampf* zu schreiben.

Stresemann hat die Situation im Ruhrgebiet und in Bayern gemeistert und die deutsche Währung stabilisiert. Doch die Linke verzeiht ihm sein Vorgehen in Sachsen und Thüringen nicht. Für die Rechte ist er ein Verräter an der nationalen Sache. Am 23. Oktober 1923 stellt er die Vertrauensfrage und verliert mit 231 gegen 151 Stimmen bei 7 Enthaltungen. Treffend bemerkt Präsident Ebert gegenüber dem SPD-Führer, daß die Partei in den nächsten zehn Jahren dafür büßen werden wird, daß sie Stresemann fallengelassen hat.

## DIE ERFÜLLUNGSJAHRE 1924–1930

Stresemann ist nicht länger Reichskanzler, bleibt aber bis zu seinem Tode 1929 Außenminister mehrerer Regierungen. Er sieht deutlich, daß der Versailler Vertrag nur dann neu verhandelt werden kann, wenn Deutschland ein bestimmtes Maß an Bereitschaft zu seiner Erfüllung zeigt. Er weiß, daß Elsaß und Lothringen für immer verloren sind, hofft aber durch Verhandlungen mit Belgien auf die Rückgabe von Eupen und Malmedy sowie auf eine Volksabstimmung in der Saar. Im Osten will er Danzig, den Korridor zwischen Deutschland und Ostpreußen und so viele Gebiete wie möglich zurückgewinnen. Die deutschen Nationalisten verurteilen Stresemann und verkennen dabei sein pragmatisches Vorgehen für die mögliche Wiederherstellung Deutschlands.

Im Januar 1924 kommt ein anglo-amerikanischer Ausschuß unter Vorsitz des amerikanischen Bankiers Charles G. Dawes nach Berlin, um sich mit den deutschen Reparationen vertraut zu machen. Das Ergebnis ihrer Untersuchung ist der Dawes-Plan, nach dem Deutschland zur Ankurbelung seiner Wirtschaft ein Kredit in Höhe von 800 Millionen Goldmark gewährt und die jährlichen Zahlungen für die ersten fünf Jahre auf eine Milliarde Goldmark verringert und dann auf 2,5 Milliarden gesteigert werden soll. Als Garantie für die Zahlungen wird den Alliierten die Reichsbahn und die Reichsbank als Pfand übergeben. Zudem soll ein Teil der deutschen Industrie als Sicherheit eingesetzt werden. Der Dawes-Plan läßt Deutschland noch immer mit einer schweren Schuldenlast zurück, deren endgültiger Betrag nach wie vor nicht festgelegt ist, doch endlich akzeptieren die Alliierten den Umstand, daß Deutschland Reparationen nur entsprechend seiner Zahlungsfähigkeit leisten kann. Der nächste Schritt der Erfüllungspolitik Stresemanns erfolgt im Februar 1925, als er einen Sicherheitsvertrag mit Frankreich und Belgien vorschlägt. Den Franzosen sind die Beweggründe der Deutschen zutiefst suspekt, so daß sie mit ihrer Antwort vier Monate lang zögern. Schließlich wird der Vorschlag Stresemanns auf einer Konferenz in Locarno beraten.

Die Verhandlungen verlaufen in entspannter Atmosphäre, die hauptsächlich durch die entgegenkommende Haltung des französischen Außenministers Aristide Briand möglich wird. Deutschland, Frankreich und Belgien kommen überein, ihre Grenzen nicht gewaltsam zu ändern und Deutschland stimmt von sich aus der Entmilitarisierung des Rheinlandes zu. Großbritannien und Italien fungieren als Garantiemächte für diesen „Rheinlandpakt". Deutschland garantiert, daß alle auftretenden Grenzstreitigkeiten mit Frankreich, Belgien, der Tschechoslowakei und Polen auf dem internationalen Schiedsweg gelöst werden sollen. Frankreich unterzeichnet Verträge mit Polen und der Tschechoslowakei, die im Falle eines deutschen Angriffes die Unterstützung Frankreichs zusichern.

Der Locarno-Pakt scheint einen Endpunkt unter den Krieg zu setzen und eine neue Ära des Friedens und der Zusammenarbeit einzuleiten. Stresemann, Briand und der britische Außenminister Austen Chamberlain erhalten in Anerkennung dieser Leistung den Friedensnobelpreis. Nur ein Land stimmt in den allgemeinen Jubel nicht ein: Die Sowjetunion ist davon überzeugt, daß sich Locarno gegen sie richtet. In der Tat hat sich Frankreich für den Fall eines Krieges mit den Sowjets das Durchzugsrecht durch Deutschland sichern wollen. Doch Stresemann hat dieses Ansin-

Ein Propagandaplakat der Deutschen Demokratischen Partei mit der Aufschrift *Wer das Reich der Freiheit entgegen tragen will, wählt DDP.* Zu sehen ist ein deutscher Patriot, der das Reich die Stufen *Kapp-Putsch, Londoner Ultimatum, Rathenau-Mord, Währungsverfall/Ruhrbesetzung, Reparationsregelung* hinaufträgt. Ein Kommunist und ein Nazi bewerfen ihn derweil mit Steinen. Die Partei stellt sich so als anständiger Deutscher dar, der bemüht ist, die tagtäglichen Schwierigkeiten zu meistern, während er von rechten und linken Extremisten angegriffen wird.

nen zurückgewiesen und unterzeichnet am 26. April 1926 mit den Sowjets einen Freundschaftsvertrag, um deren Befürchtungen zu zerstreuen. Mit den neuen, herzlichen Beziehungen zu den Westmächten sowie einem Rückversicherungsvertrag mit der Sowjetunion hat Stresemann seine Position gefestigt und kann nun an die friedliche Revision der Ostgrenze herangehen. Im September 1926 nimmt Deutschland nach einer dramatischen Rede Briands und unter allgemeinem Jubel seinen Sitz im Völkerbund in Genf ein.

Trotz des Dawes-Planes ist Deutschland nicht in der Lage, die jährlichen Reparationsrechnungen zu begleichen. Die Situation wird durch die Schuldenlast der Kommunen, besonders der Stadt Köln, noch prekärer. Die Amerikaner stellen umfangreiche, kurzfristige Kredite zur Verfügung; und niemand sieht die kommende Weltwirtschaftskrise voraus. Von Januar bis Juni 1929 tagt eine Konferenz unter Vorsitz des Amerikaners Owen D. Young, um erneut über die Reparationszahlungen zu beraten. Franzosen, Engländer und Belgier bestehen darauf, daß ihre Schulden an die USA durch deutsche Zahlungen beglichen werden. Nach einigem Hin und Her erfolgt schließlich die Annahme des Young-Planes. Für die nächsten neunundfünfzig Jahre soll Deutschland jährliche Zahlungen in Höhe von 1,65 Milliarden Goldmark in den ersten Jahren leisten, die dann auf 2 Milliarden Goldmark steigen und sich nach Erreichen des vollen Betrages wieder kontinuierlich reduzieren. Der größte Teil der wirtschaftlichen Einschränkungen Deutschlands nach dem Dawesplan wird aufgehoben. Frankreich und Belgien stimmen der baldigen Räumung des Rheinlandes zu. Für Stresemann ist das Ergebnis ein großer Sieg, wenn auch sein letzter. Am 3. Oktober 1929 erliegt er einem doppelten Schlaganfall. Seine Anstrengungen, im eigenen Land für seine Politik der schrittweisen Wiederherstellung der Größe Deutschlands um Unterstützung zu werben, haben ihren Tribut gefordert.

Deutschland hat unter Stresemann zwar Stabilität, aber keinen Wohlstand erreicht. Die Mittelschicht hat ihre Ersparnisse 1923 verloren; die Einkommen im öffentlichen Dienst sind gekürzt worden; und durch das Sparprogramm der Regierung 1923 – 1924 hat ein Viertel der Staatsbediensteten den Arbeitsplatz verloren. Bei der unzufriedenen Mittelschicht fallen die Forderungen der Nationalsozialisten nach 1929 auf fruchtbaren Boden. Der Exportindustrie geht es, teilweise wegen der niedrig gebliebenen Löhne in der Industrie, den Umständen entsprechend gut. Im Winter 1926 – 1927 und 1927 – 1928 steigt die Arbeitslosigkeit sprunghaft; dennoch wird trotz aller Schwierigkeiten allgemein von den „Goldenen Zwanziger Jahren" gesprochen. In Europa herrscht Frieden, die aufsässige Jugend genießt das Leben, Reisen werden erschwinglicher und überall glaubt man, die Welt gehe neuen, friedlicheren Zeiten entgegen.

Auch die Kultur erlebt einen Aufschwung. Die 20er Jahre sind die Jahre des Bauhaus, die Zeit der anarchistischen Angriffe des Dadaismus auf die traditionelle Literatur und Kunst, es ist die Zeit der Zwölftonmusik und die Zeit bedeutender Schriftsteller, wie Thomas Mann, Bertolt Brecht, Hermann Hesse, Erich Kästner, Ernst Jünger und Erich Maria Remarque. Der deutsche Film unternimmt Höhenflüge, Theater und Kabarett sind politisch engagiert und erstaunlich experimentell. Doch die vielgerühmte „Weimarer Kultur", die unter den Stiefeln der SA zertrampelt wird und mit ihren Vertretern ins Exil geht, ist eigentlich eine fälschliche Bezeichnung,

# Das Bauhaus

Das Bauhaus, eine von der sozialdemokratischen Regierung Thüringens geförderte Kunstschule, der der Architekt Walter Gropius als Direktor vorsteht, wird 1919 eröffnet. Der Schwerpunkt liegt auf dem Kunsthandwerk. Der nach den Worten von Gropius „arrogante Klassenunterschied" zwischen Künstlern und Handwerkern soll überwunden werden. Trotz des Widerstandes reaktionärer Kreise ist die Einrichtung ein Eldorado für kommunistische Juden. In den ersten Jahren beherrschen Bohemiens die Szene, Vegetarier, Anhänger östlicher Religionen, Verfechter von Wohngemeinschaften, Pazifisten und Okkultisten. Ihr Anführer ist Johannes Itten. Gropius hegt keinerlei Sympathie für Ittens Mystizismus und seiner an Vergangenem orientierten Haltung gegenüber Handwerk und Kunst. Im Jahre 1923 nimmt László Moholy-Nagy Ittens Stelle ein. Er steht der Bewegung einer an der Technik ausgerichteten Kunst nahe und spielt bei der Entwicklung des typischen Bauhausstils eine bedeutende Rolle.

Der Bauhausstil beinhaltet wenig Originales, Gropius ist stark von Le Corbusier und Van Doesburg sowie den beiden Zeitschriften l'Esprit Nouveau und De Stijl beeinflußt, die die neue Ästhetik verbreiten. Die Bauhaus-Ausstellung 1923 steht unter dem Titel „Kunst und Technik - eine Neue Einheit". Mies van der Rohe stellt das Modell eines Wolkenkratzers aus Glas aus. Marcel Breuer zeigt mehrere Stühle, deren Form noch heute als klassisch gilt.

Die neue rechte Regierung schließt die Schule 1925. Gropius eröffnet darauf eine neue Einrichtung in Dessau, dessen Bürgermeister für seine Stadt einen Platz auf der Kulturlandkarte Deutschlands sucht. In Dessau siegen Kunst und Technik über die weniger mechanistischen Ansichten von Kandinsky und Klee, die die Einrichtung verlassen. Moholy-Nagy verkündet, daß mit der Fotografie das Ende der Malerei gekommen ist und tritt zurück. Für ihn ist das Bauhaus nur noch eine technische Ausbildungsstätte. Gropius scheidet 1928 aus und arbeitet als Architekt und Designer von Personenkraftwagen der Marke Adler. Meyer übernimmt die Leitung des Bauhauses. Sein Credo lautet „Bauen ist lediglich Organisation". Das Theater wird aus dem Lehrplan gestrichen; der Schwerpunkt liegt nicht mehr auf Kunst, sondern auf Design.

Im Januar 1932 schließt die Stadtverwaltung von Dessau das Bauhaus. Die SPD-Mitglieder enthalten sich bei der entscheidenden Abstimmung der Stimme. Mies van der Rohe verlegt die Schule in eine leerstehende Fabrik in Berlin, die von den Nazis im April 1933 erneut geschlossen wird.

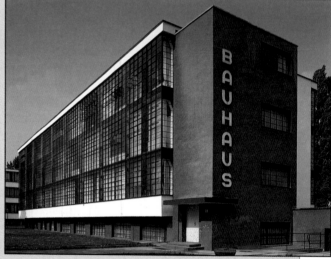

*Links:* „Bauhaustreppe" (1932) von Oskar Schlemmer (1888–1942). *Rechts:* Die nach einem Entwurf von Walter Gropius (1883–1969) im Jahre 1925 errichtete staatliche Bauhaus-Schule.

denn praktisch alle bedeutenden Entwicklungen auf dem Gebiet der Kunst sind bereits im kaiserlichen Deutschland angelegt oder ein fester Bestandteil des öffentlichen Lebens gewesen.

Das kulturelle Leben in Weimar wird von einer kleinen Elite bestimmt, gibt aber vor, bis zur breiten Masse der Bevölkerung vorzudringen. Selbst zutiefst bürgerlich, prangert es bürgerliche Dekadenz und Engstirnigkeit an. Intellektuelle behaupten, die bürgerlichen Werte seien im Schlamm von Flandern steckengeblieben, wissen selbst diese Werte aber durch keine anderen zu ersetzen. In einem solchen moralischen Vakuum stellen solche Aussagen, wie Adolf Hitler oder Josef Stalin sie bieten, attraktive Zwecksicherheiten dar. Das Credo instinktiven Wissens, Gefühl und Leidenschaft, wie Martin Heidegger es in seiner Philosophie verpackt, übt mit ihrem nihilistischen Existentialismus eine magische Anziehungskraft auf Studenten aus und verleiht dem Nationalsozialismus eine intellektuelle Achtbarkeit. Andere, wie Thomas Mann, Ernst Troeltsch und der einflußreiche Max Weber, halten das Banner des Rationalismus von links und rechts gegen die steigende Flut von Irrationalismus und Anarchie hoch. Sie sind die „rationalen Republikaner", die für die Republik eintreten, weil sie in ihr das geringere Übel und die bestmögliche Chance für eine Lösung der deutschen Probleme sehen. Dies sind keine ermutigenden Aussichten, denn von so bedeutenden Zeitkritikern wie Kurt Tucholsky und Carl von Ossietzky, ernten sie nur Hohn und Spott.

Auch Präsident Ebert gerät wegen seines Eintretens für die Republik, die von diesen Kritikern verabscheut wird, verschiedentlich in die Schußlinie ihrer Satire. Ebert beweist mit der Berufung von Zentrumsregierungen Mut und Klugheit und er übt an der eigenen Partei scharfe Kritik wegen deren mangelnder Bereitschaft zur Übernahme von Verantwortung. Wie Stresemann, stirbt er relativ jung im Februar 1925, nachdem ihn eine Reihe von Angriffen auf seine Ehre und seinen Patriotismus erschöpft haben. Mit nur geringer Unterstützung hat er 173 Verleumdungsklagen zur Verteidigung seines Namens bestritten, und die eigene Partei hat seinen Ausschluß erwogen.

In der ersten Runde der Präsidentschaftswahlen erringt kein Kandidat die erforderliche absolute Mehrheit. Die Linke einigt sich daraufhin auf die Unterstützung des Kandidaten des Zentrums, den Ex-Reichskanzler Wilhelm Marx, einen schwerfälligen, aber erfahrenen Administrator. Die Rechte drängt dagegen auf die Kandidatur von Generalfeldmarschall Hindenburg, einem Mann von untadeligen Ruf und Vertreter einer ruhmreichen und heldenhaften Vergangenheit. Doch Hindenburg hat kein Interesse an Politik und es bedarf beträchtlicher Überredungskunst, ihn zur Kandidatur zu bewegen. Er erringt einen knappen Sieg, da die zentristische Bayerische Volkspartei ihn, und nicht Marx unterstützt. Die Chancen der Republikaner werden zusätzlich noch durch die Kommunisten weiter geschwächt, deren Kandidat, Ernst Thälmann genau die 6,3 Prozent der abgegebenen Stimmen erhält, die Marx zum Siege verholfen hätten.

Hindenburg dient der Republik nach Maßgabe seiner begrenzten Möglichkeiten und hält sich streng an den Rahmen der Verfassung. Er ist von Männern mit überaus zweifelhaften Absichten umgeben – aristokratische Großgrundbesitzer, nationalistische Offiziere und antirepublikanische Paramilitaristen. Seine drei engsten Berater sind sein Sohn Oskar, ein Intrigant von mittelmäßigem Talent, Otto Meißner, der opportunistische Leiter des Präsidialamtes, und Oberst Kurt von Schleicher, der Chef des Ministeramtes im Reichswehrministerium. Ihr Einfluß steigt ab 1930 mit zunehmender Senilität des Präsidenten.

Die Wahlen vom Mai 1928 sind ein Rückschlag für die Nationalisten, während die Sozialdemokraten nahezu ein Drittel aller Sitze im Reichstag erringen. Die Nationalsozialisten verlieren zwei ihrer bisher vierzehn Sitze. Die sollte die letzte Chance der Weimarer Republik sein. Der Sozialdemokrat Hermann Müller, ein farbloser, aber effizient arbeitender Bürokrat, wie die deutsche politische Klasse sie zahlreich aufweisen kann, wird neuer Reichskanzler. Er wird von der Rechten als einer der Unterzeichner des Versailler Vertrages verachtet und „Versailler-Müller" genannt.

Müllers größtes Problem ist seine eigene Partei. Entsprechend dem Versailler Vertrag ist 1927 ein neuer Schlachtkreuzer in Dienst gestellt worden. Die Kommunisten haben diese Entscheidung zu einem zentralen Thema ihres Wahlkampfes gemacht, und die Sozialdemokraten haben Wohnungen und Essen für hungernde Kinder anstelle eines nutzlosen Kriegsschiffes gefordert. Müller erkennt, daß einerseits der Kreuzer gebaut werden muß, soll die Koalition darüber nicht auseinanderbrechen, daß aber andererseits die sozialdemokratische Fraktion den Plan vehement bekämpft. Es kommt nunmehr zu dem absurden Schauspiel, daß Sozialdemokraten gegen ihre eigene Regierung stimmen, doch mit Unterstützung der Rechten gewinnt die Regierung die Wahl, und die Koalition ist gerettet. Die parlamentarische Demokratie aber hat einen harten Rückschlag erlitten. Die zentristische DVP verläßt die Koalition, als ihre Forderung, eine größere Anzahl von Ministern zu stellen, abgelehnt wird. Der schwerkranke Stresemann, der in anstrengenden Verhandlungen mit der Young-Kommission steht, muß nun zusätzlich auch noch viel Zeit und Energie darauf verwenden, die DVP zum Überdenken ihrer Entscheidung zu bewegen.

Die Streiks an der Ruhr enden nach der geschickten Vermittlung durch den sozialdemokratischen Innenminister Carl Severing mit einer Kompromißlösung, die aber sowohl Arbeitgeber wie -nehmer unzufrieden läßt. Die Arbeitslosigkeit steigt, der Zustrom ausländischen Kapitals geht zurück; die Mark gerät unter starken Druck und wird nur durch die Intervention der Bank von England gerettet. Am 1. Mai 1929 finden bei einem Aufstand der Kommunisten in Berlin 19 Menschen den Tod.

Inmitten der Unruhen beginnt die Rechte einen Propagandafeldzug gegen den Young-Plan, doch nur vierzehn Prozent sprechen sich für eine Volksabstimmung über den Young-Plan aus. Für die Nationalsozialisten ist das ein großer Erfolg, denn jetzt können sie ihre Kräfte mit denen der DNVP bündeln, sich als respektables Mitglied der Rechten darstellen und den Onus des Extremismus verlieren. Die DNVP unter Führung des Pressebarons Alfred Hugenberg ist zunehmend radikaler geworden und richtet unverhohlene Angriffe gegen die Demokratie, was zur Aufgabe und zum Rücktritt einiger gemäßigter Konservativer führt. Aber trotz ihrer politischen Stärke verfügt die DNVP über keinen Rückhalt in der Wählerschaft.

Eine weitaus ernstere Entwicklung drückt sich im Rechtsruck der Zentrumspartei unter dem neuen Führer Ludwig Kaas, eines Priesters und eingefleischten SPD-Gegners, aus, der die Nähe zur DNVP sucht. Ohne die Unterstützung der Zentrumspartei kann die Weimarer Koalition nicht überleben. Stresemanns Nachfolger als Führer der DVP, Ernst Scholz, ist ein überzeugter Antimarxist und dazu ent-

Ein Wahlplakat der Deutschen Demokratischen Partei im Mai 1928. Die Schuld an der schwierigen ökonomischen Situation wird hier der Politik der aufeinanderfolgenden rechten Regierungen angelastet.

schlossen, die Verbindung zwischen seiner Partei und der SPD aufzulösen. Auf der anderen Seite beklagen zahlreiche Sozialdemokraten, daß ihre Mitarbeit innerhalb der Koalition einen Verrat sozialistischer Prinzipien und einen schändlichen Kompromiß darstelle. Sie fordern, die Partei solle als kompromißlose Oppositionspartei ihre Integrität wiedergewinnen.

Die große Koalition wird so zu einer jämmerlichen Versammlung unzufriedener und streitsüchtiger Ideologen, die für die Schwächen der parlamentarischen Demokratie blind sind und die Gefahr des Extremismus nicht erkennen. Ihr Zusammenbruch ist letztlich die Schuld der SPD. Angesichts des Haushaltsdefizits von 1,5 Milliarden Mark und der seit Januar 1929 innerhalb eines Jahres von 1,8 auf 2,8 Millionen gestiegenen Zahl der Arbeitslosen, stellt die DVP einen Antrag auf Kürzung der Arbeitslosenunterstützung. Die SPD fordert dagegen eine Erhöhung der Arbeitgeberbeiträge von 3,5 auf 4 Prozent. Es wird ein Kompromiß erreicht, der, trotz des Widerstandes von links und von seiten der SPD, aber nur eine stufenweise Erhöhung der Arbeitslosenunterstützung auf 3,75 Prozent vorsieht.

Durch die unnachgiebige Haltung der SPD und ihrem Beharren auf den weiteren 0,5 Prozent wird der todkranke Müller und sein Kabinett im März 1930 zum Rücktritt gezwungen.

## DAS ENDE DER WEIMARER REPUBLIK

Hindenburg kann der Vorwurf, er habe keine neue Mehrheitskoalition gesucht, nachdem die parlamentarische Demokratie so kläglich versagt hat, nicht gemacht werden. Auf Anraten General von Schleichers, der ein unabhängiges, antiparlamentarisches und antimarxistisches Regime errichten will, beauftragt Hindenburg den Zentrumsführer Heinrich Brüning mit der Bildung einer neuen Regierung.

SPD, KPD und Nationalsozialisten begrüßen die neue Regierung mit einem Mißtrauensantrag, der aber dank Unterstützung durch die DNVP abgeschmettert wird. Brüning warnt, daß, sollte er für seine Sparmaßnahmen keine Mehrheit im Parlament bekommen, er zu „ungewöhnlichen Mitteln" greifen müsse und er meint damit die nach Paragraph 48 der Verfassung möglichen Notverordnungen. Als er Steuererhöhungen und Kürzungen der Arbeitslosenunterstützung durchsetzen will, betreiben SPD, KPD und der Hugenberg-Flügel der DNVP gemeinsam seinen Sturz. Hindenburg setzt auf dem Wege von Notverordnungen die geplanten Maßnahmen durch, aber die SPD hat mit ihrem Antrag gegen die Anwendung des Paragraphen 48 Erfolg, worauf Hindenburg den Reichstag auflöst. Damit gibt es keinen Reichstag mehr, der gegen die Anwendung des Paragraphen 48 stimmen kann.

Im September 1930 wird ein gewaltreicher und beunruhigender Wahlkampf geführt. Die SPD beklagt den Mißbrauch der Notstandsvollmachten, während die Regierungsparteien den Sozialdemokraten und den Gewerkschaften die Schuld an der verfahrenen Situation geben. Da es unter den Politikern an herausragenden Persönlichkeiten fehlt, finden nur die Radikalen Anklang beim enttäuschten Wahlvolk. Die Kommunisten wettern gegen den Imperialismus des Versailler Vertrag und den Young-Plan, die Ungleichheit des Steuersystems und die Übel des Kapitalismus. Die Nationalsozialisten versprechen die Beendigung der innerparteilichen Streitigkeiten und des Eigennutzes und beschwören eine attraktive neue klassenlose Ordnung und

# Die Dreigroschenoper

Im Jahre 1928 übernimmt Ernst-Josef Aufricht die Leitung des Theaters am Schiffbauerdamm in Berlin und ist auf der Suche nach einem Stück zur Eröffnung der Saison. Der marxistische Dramatiker und Dichter Bertolt Brecht schlägt John Gays *Bettleroper* vor. Aufricht ist begeistert. Brecht schreibt einige zusätzliche Lieder, die von Kurt Weill vertont werden. Caspar Neher entwirft das Bühnenbild und Ernst Engel übernimmt die Regie. *Die Dreigroschenoper* wird zum Kassenschlager des deutschen Theaters in den Jahren zwischen den beiden Weltkriegen.

Der Erfolg des Stückes liegt zum einen an der brillanten Musik von Kurt Weill, darunter dem Mackie-Messer-Song, zum anderen an den geschliffenen und kritischen Texten Bertolt Brechts, deren Botschaft bei den Besuchern des Stückes gut ankommt. Linke, Rechte und Zentrum haben kein Problem mit der Analogie zwischen Politikern und Gangstern. Brecht ist noch kein überzeugter Kommunist, doch er hat sich die Zerstörung der Republik bereits zur Aufgabe gemacht. Sozialistisch-politische Korrektheit stehen in der *Dreigroschenoper* neben spritzigem Humor und ironischen Seitenhieben, Merkmale, die in den meisten späteren Arbeiten Brechts leider fehlen.

Obwohl Brecht die ursprüngliche Handlung von John Gay übernommen und stilistische Elemente von François Villon und Rudyard Kipling hinzugefügt hat, bleibt das Stück weitestgehend original. Erzählt wird die Geschichte des Gangsters Macheath („Mackie Messer"), der sich in Polly Peachum verliebt und sie heiratet.

Der Schwiegervater trommelt alle Bettler Londons zusammen und staffiert sie aus. Sein Motto lautet: „Mein Geschäft ist es, Mitleid zu erwecken." Peachum denkt, daß seine Tochter viel zu schade für einen Schurken wie Macheath ist und will diesen hängen sehen. Frau Peachum macht ein Geschäft mit der Huren-Jenny, die Macheath an die Polizei verrät. Macheath entwischt, macht aber noch einen Besuch im Puff, wo er erneut von Jenny verraten wird. Dieses Mal soll er am Galgen enden, weil er kein Geld besitzt, um die Wärter zu bestechen, doch im letzten Moment rettet ihn die Begnadigung anläßlich des Krönungstages des Königs vor dem Tod. Er wird geadelt, erhält ein Schloß und eine ansehnliche Jahresrente.

Brecht will das Verhalten und die Moral der bürgerlichen Gesellschaft an den Pranger stellen, tut dies aber auf eine heitere und humorvoller Art und Weise, doch wie so oft beim Kabarett, gelingt es der *Dreigroschenoper* nicht, ihre didaktische Botschaft an den Adressaten zu bringen. Die betuchten Bürger amüsieren sich köstlich. „Erst kommt das Fressen, dann die Moral" wird vom Publikum mit tosendem Applaus aufgenommen. Brecht ist zutiefst enttäuscht, daß sein Stück so wenig bewirkt und schreibt es grundlegend um. Das neue Szenario wird der Verfilmung der Oper aber nicht zugrundegelegt. Weill geht 1933 nach Amerika, wo er mehrere ausgezeichnete Musicals sowie den *Septembersong*, ein unvergessenes Meisterstück populärer Musik komponiert. Brecht arbeitet fortan mit Hans Eisler, einem orthodoxen Kommunisten zusammen, der aber nicht über den spritzigen Humor und die Ironie verfügt, die Weill zum genialen Musiker gemacht haben.

Szene aus der *Dreigroschenoper* am Königlichen Hoftheater 1956.

nationale Einheit; in Adolf Hitler haben sie einen fesselnden Redner und ein Organisationsgenie, das einen hervorragenden Wahlkampf führt.

Als die Stimmen ausgezählt werden, sind die Nationalsozialisten die großen Sieger. Selbst Hitler ist über das Ergebnis erstaunt. Die Nationalsozialisten erreichen 18,3 Prozent der Stimmen, ihre Sitze im Reichstag erhöhen sich von zwölf auf 107. Zwar gelingt der Zentrumspartei die Mobilisierung ihrer Anhängerschaft, doch die bürgerlichen Parteien unter Brüning erleiden schwere Verluste. Die antidemokratischen Nationalsozialisten, die Kommunisten und die DNVP, die zusammen über 255 der 577 Sitze verfügen, können damit jeden Versuch Brünings zur Änderung der Verfassung, zur Wiedererrichtung der Monarchie und Erlassung weiterer Notstandsverordnungen verhindern, da hierfür eine Zweidrittelmehrheit notwendig ist. Dennoch verfügen sie noch nicht über die allgemeine Mehrheit der Stimmen und damit ist die Weimarer Republik noch nicht am Ende.

Der Wahlsieg der Nationalsozialisten erregt Besorgnis im In- und Ausland. Allgemein wird nun befürchtet, daß Deutschland auf einen Bürgerkrieg zusteuert. Otto Braun spricht stellvertretend für viele andere, als er gegenüber der Presse eine „große Koalition vernünftiger Gruppen" anmahnt. Es gelingt ihm, seine Partei auf die Unterstützung Brünings einzuschwören und der Anwendung des Artikel 48 zuzustimmen, da andernfalls der Präsident entweder Neuwahlen ansetzen und damit den Nazis zu neuen Erfolgen verhelfen oder eine neue Regierung unter Einbeziehung der extrem rechten Parteien bilden werde.

Brüning glaubt, daß die Nazis im Zaum gehalten werden können. Er denkt, daß wenn man ihnen die eine oder andere Ministerstelle in Preußen oder auch im Reich gäbe, sie wohl achtbar und verantwortungsbewußt werden und ihre wilden Reden und sinnlose Gewalt aufgeben könnten. Der Reichskanzler trifft im Oktober 1930 mit Hitler zusammen, doch das Gespräch verläuft unbefriedigend. Hitler hält Brüning einen parteipolitischen Vortrag und läßt Brüning mit der Überzeugung zurück, daß weitere Verhandlungen unmöglich sind. Diese seine Überzeugung vertieft sich noch, als der Reichstag zu seiner ersten Sitzung zusammentritt. Nationalsozialistische Verbände marschieren durch Berlin und zerschlagen die Schaufenster jüdischer Geschäfte, während sie im Parlament die Abkehr vom Versailler Vertrag, die Verstaatlichung der Banken und die Enteignung der Finanzkapitalisten und Juden fordern. Die Nationalsozialisten und andere rechts gerichtete Parteien stellen mit der begeisterten Unterstützung der Kommunisten einen Mißtrauensantrag nach dem anderen gegen den Kanzler. Die Anträge werden alle abgelehnt und Vorschläge für die Notstandsermächtigung gehen in den Vermittlungsausschuß.

Brüning hofft, durch eine starke Deflation den Export zu beleben, die Devisenreserven für Reparationen aufzustocken und Arbeitsplätze in der Industrie schaffen zu können. Er hofft die Alliierten davon überzeugen zu können, daß ihre Forderungen in Anbetracht der Umstände unangemessen sind und auf sie verzichtet werden soll. Und er weiß, daß wenn er die Reparationszahlungen einstellen kann, die radikale Rechte weniger Zulauf haben wird. Brüning steht noch vor zwei weiteren Schwierigkeiten: Wenn er zum einen die Verbündeten von Deutschlands gutem Willen überzeugen will, muß er sich bemühen, den Young-Plan zu erfüllen, was ihn aber gegenüber Angriffen der Rechten verletzlich macht. Zum anderen ist die Wirtschaftskrise weitaus tiefer als allgemein angenommen. Ende 1930 erreicht die Arbeitslosenzahl in Deutschland fünf Millionen, womit sie weltweit im Vergleich auf höchstem Niveau steht und noch weiter im Steigen begriffen ist. Im öffentlichen Dienst werden die Gehälter um 23 Prozent gekürzt, Arbeitslosenunterstützung und Sozialhilfe werden zusammengestrichen, die Steuern drastisch erhöht. Brüning hofft, mit diesen drakonischen Maßnahmen die Alliierten davon zu überzeugen, daß Deutschland an der absoluten Grenze seiner Zahlungsfähigkeit angekommen ist.

Brünings Versuch, mit Österreich eine Zollunion zu bilden, mißlingt, weil die Franzosen darin einen Vertragsbruch sehen. Frankreich zieht seine Gelder aus Österreich ab, was im Mai 1931 zum Zusammenbruch der Creditanstalt, einer der bedeutendsten Bank, führt. Im Monat darauf schlägt Präsident Hoover eine Aussetzung der Reparationszahlungen vor, kann damit die deutsche Wirtschaft aber nicht mehr retten. Im Juli werden nach dem Zusammenbruch der Danat-Bank, eine der größten deutschen Banken, alle übrigen Banken geschlossen und unter Regierungskontrolle gestellt. Im Januar 1932 findet dann in Lausanne eine Konferenz zur Debatte über die deutschen Reparationen statt. Unklugerweise läßt Brüning bereits im Vorfeld sein Ziel der endgültigen Einstellung von Reparationsleistungen durchblicken. Der französische Botschafter André François-Poncet, ist außer sich und Frankreich ist nun entschlossen, Deutschland nicht von seinen Verpflichtungen zu entbinden. Doch Brünings Chancen, ein Ende der Reparationen auszuhandeln, stehen ebenso gut wie die Aussichten auf ein befriedigendes Ergebnis der Abrüstungsgespräche in Genf.

Im Inland werden Not und Elend durch Brünings Sparpolitik noch zusätzlich verschlimmert. Deutschland befindet sich am Rande eines Bürgerkrieges. Die radikale Rechte steht bereit, um den Überresten republikanischer Freiheit den Todesstoß zu versetzen. Im Oktober 1931 kommt es zu einer machtvollen Demonstration republikfeindlicher rechter Kräfte in Bad Harzburg. Uniformierte Nationalsozialisten marschieren Seite an Seite mit Veteranen des Freikorps. Hitler zeigt sich mit prominenten Militärs, Industriekapitänen und Geschäftsleuten, darunter Seeckt, Lüttwitz und Hugenberg, läßt aber bezüglich seiner Eigenständigkeit keine Zweifel aufkommen. Die Sozialdemokraten antworten mit der Bildung der Eisernen Front, einer Organisation zahnloser Paramilitärs, die sich mit Hingabe nach vorgegebener Choreographie in republikanischer Stärke üben. Hindenburg trifft mit Hitler zum ersten Mal am Vorabend der Veranstaltung in Bad Harzburg zusammen und bleibt unbeeindruckt. Der Präsident, dessen Bildnis Briefmarken ziert, äußert mit derbem Humor, er werde Hitler zum Postminister machen, damit dieser ihn am Hintern lecken könne.

Hindenburg gewinnt die Präsidentschaftswahlen von 1932, wenn auch knapp im zweiten Wahlgang, und es ärgert ihn, daß er seinen Sieg dem Zentrum und den Linken verdankt. Hitler bekommt im zweiten Wahlgang 36,8 Prozent aller Stimmen. Hindenburg ist Brüning wegen dessen Wahlkampfes nur wenig dankbar und seine Berater drängen ihn dazu, einen Reichskanzler, der weitgehend vom guten Willen der SPD abhängt, fallen zu lassen. Die preußische Regierung von Otto Braun, das letzte Relikt der Weimarer Koalition, ist zur Zerschlagung des Nationalsozialismus entschlossen und fordert von Brüning das Verbot paramilitärischer Organisationen. Im April 1932 geben Brüning und sein Innenminister Groener diesem zögernd nach, als Braun damit droht, die uniformierten Banden in Preußen zu verbieten.

Paul Ludwig von Hindenburg (1847–1934), der berühmte Sieger der Schlacht von Tannenberg im Jahre 1914, in der die russischen Soldaten von den deutschen Streitkräften geschlagen werden. Von 1916–1918 ist er Chef des Generalstabes, 1925 wird er Präsidentschaftskandidat der Rechten. Von 1925–1934 ist er Reichspräsident und ernennt Hitler 1933 zum Reichskanzler.

*Oben links:*
Dieses Szenenbild aus einem
Berliner Nachtclub von George
Grosz (1893–1959) verdeutlicht
den Abscheu des Künstlers
gegen die moralische Ver-
kommenheit der Weimarer
Republik.
*Oben rechts: Die Skatspieler*
(1920) von Otto Dix
(1891–1969), ein typisches
Beispiel für die politisch
anprangernde Kunst der
Weimarer Republik.

Hindenburg und seine Berater Schleicher und Meißner sehen ihre Chance zum
Sturz der Regierung Brüning gekommen, als der Reichskanzler die Einstellung der
Osthilfe anordnet. Die Osthilfe stellt in finanzielle Schwierigkeiten geratenen
Grundbesitzern im Osten des Landes zinsgünstige Kredite zur Verfügung. Das Programm ist eine teure und politisch motivierte Hilfe für die Junker und nicht länger
zu rechtfertigen. Künftig sollen nur noch Ländereien unterstützt werden, die Aussicht auf Rückkehr in die schwarzen Zahlen haben. Hoffnungslos überschuldete
Einrichtungen sollen in kleinere Pachtbetriebe für die Bauern aufgeteilt werden. Für
die Junker innerhalb der Anhängerschaft Hindenburgs ist dies „Agrarbolschewismus"
und ein direkter Angriff auf die preußische Lebensart. Sie drängen den Präsidenten
nun dazu, Brüning zu entlassen. Der Reichskanzler findet nur wenig Unterstützung.
Die Wahlen in Preußen bringen eine Niederlage für Otto Brauns Sozialdemokraten;
damit haben die Weimarer Parteien in Deutschlands größtem Staat nur noch einen
Sitz mehr als die Nationalsozialisten. Otto Braun tritt zurück, bleibt aber an der
Spitze einer Übergangsregierung. Hindenburg läßt Brüning am 1. Juni 1932 fallen
und ernennt Franz von Papen zu dessen Nachfolger.

Papen ist ein unbekannter parlamentarischer Hinterbänkler der Zentrumspartei,
der die SPD im preußischen Landtag ständig bekämpft hat und eine rechtsgerich-
tete Koalitionsregierung unter Einbeziehung der Nationalsozialisten fordert. Papen
ist ein Mann von mittelmäßigem Format, aber von beträchtlichem Charme, der im
selben Regiment wie Oskar von Hindenburg gedient hat. Das spricht sehr zu seinen
Gunsten und nimmt Hindenburg sofort für ihn ein. Papens Kabinett besteht hauptsächlich aus aristokratischen Großgrundbesitzern; Papen selbst verkündet seine Absicht, einen „Neuen Staat" nach den obskuren Ideen von Othmar Spann und Edgar
J. Jung schaffen zu wollen. Die Leistungen für Bedürftige würden drastisch gekürzt

werden und aus dem Christentum werde Deutschland die Kraft zum Kampf gegen
den „Kulturbolschewismus" und gegen seine ausländischen Feinde schöpfen, während die „nationalen" Kräfte gefördert werden. Für die Weimarer Parteien sind die
Umstände, die zur Einsetzung Papens geführt haben, und die Unklarheit seines Programmes nicht akzeptabel. Papen kommt seinem Ausschluß durch seinen Partei-
austritt zuvor. Doch das Zentrum hält ihn nun für schlimmer als Hitler. In einer
bürgerkriegsähnlichen Situation werden Neuwahlen ausgerufen.

Papens erster tödlicher Schritt zur Schaffung eines „Neuen Staates" ist der Sturz
der Regierung in Preußen. Auf das Gerücht hin, Brauns Sozialdemokraten hätten ein
Bündnis mit den Kommunisten zum Kampf gegen den Nationalsozialismus geschlossen und indem er die Ausschreitungen in Hamburg zum Vorwand nimmt, setzt Papen
einen Reichskommissar für Preußen ein, der an die Stelle der rechtmäßigen Regierung tritt. Am 20. Juli wird in Berlin und Brandenburg der Notstand ausgerufen.

Ein Putsch, ein rechtswidriger Akt, führt zum Ende des preußischen Staates und
zerstört das letzte Bollwerk deutscher Demokratie. Die republikanischen Parteien
sehen hilflos zu, und die Arbeiterbewegung traut sich nicht, den Generalstreik aus-
zurufen, da sie befürchtet, daß er nicht befolgt wird. Das Ereignis gerät in Zusammenhang mit den Wahlen schnell in Vergessenheit, in denen die Nationalsozialisten
erneut die großen Sieger sind. Mit 230 Sitzen stellen sie jetzt die stärkste Fraktion
im Reichstag. Die zweitstärkste, die SPD, verfügt nur noch über 133 Mandate, die
KPD erreicht beeindruckende 89, die Zentrumspartei mit ihrer bayerischen Schwesterpartei 97. Die Wahl ist ein großartiger Sieg für die Gegner der Demokratie, für
Papen und Schleicher aber eine Katastrophe. Papen bietet Hitler zwei Ministerposten an, doch Hitler bedeutet Hindenburg, daß er für sich das Amt des Reichskanzlers akzeptiere. Papen kann mit dem neuen Reichstag nicht arbeiten, deshalb
löst er ihn auf, doch zuvor erfolgt noch eine Vertrauensabstimmung, die mit 512 zu
42 Stimmen das schlechteste Ergebnis für einen deutschen Reichskanzler ist.

Politische Gewalt und Streiks breiten sich immer weiter aus, allein in den beiden
Wochen nach der Wahl werden fünfzig Menschen ermordet. Während des Streiks der

Die Malerei in den Jahren der
Weimarer Republik ist politisch
motiviert und ziel darauf ab,
Reaktion, Militarismus,
Kapitalismus und Verfall der
Sitten symbolisch darzustellen.
Max Beckmann (1884–1950)
gelingt es, die Problematik der
Zeit in eindrucksvollen Bildern
umzusetzen, die nie in die
Karikatur abgleiten und die
die spezifischen Probleme
der Zeit verdeutlichen.
*Die Femina-Bar* entstand im
Jahre 1936.

Berliner Verkehrsarbeiter 1932 kommt es zu einer engen Zusammenarbeit von Nationalsozialisten, Kommunisten und Studenten. Inmitten dieses Chaos finden die Neuwahlen statt und die Nationalsozialisten büßen zwei Millionen Stimmen ein, während die Kommunisten erhebliche Gewinne verbuchen. Es sieht ganz so aus, als verfüge Papen nun über eine realistische Grundlage für die Schaffung seines „Neuen Staates". Doch Hindenburg nimmt seinen Eid auf die Verfassung ernst und zieht den Sturz der parlamentarischen Ordnung nicht in Betracht. Hindenburg weist Papen an, mit den einzelnen Parteien in Verhandlung zu treten. Doch die SPD und die Zentrumspartei lehnen dies ab. Einige Mitglieder von DNVP, DVP und der Bayerischen Volkspartei (BVP) stellen sich zwar hinter den Reichskanzler, machen aber nur 13,4 Prozent der Sitze aus. Papen tritt zurück, bleibt aber weiter an der Spitze einer Übergangsregierung in der Hoffnung, daß Hindenburg seine Meinung noch ändern werde.

Hindenburg verhandelt mit den Parteien über die Bildung einer Mehrheitsregierung. Er sagt Hitler die Berufung zum Reichskanzler zu, insofern dieser eine Mehrheit im Reichstag fände. Als dies Hitler nicht gelingt, äußert er die Absicht, eine Präsidialregierung im Rahmen von Notstandsverordnungen nach dem Vorbild Brünings und Papens zu bilden, doch Hindenburg lehnt mit der Begründung ab, dies führe zur Einparteiendiktatur. Da keine regierungsfähige Mehrheit gefunden wird, ist Papen zuversichtlich, daß Hindenburg ihn wieder beruft. Zu diesem Zeitpunkt setzt Schleicher eine Studie der Reichswehr in Umlauf, aus der hervorgeht, daß Deutschland in einen Bürgerkrieg treibe, den die Armee und die Polizei nicht mehr kontrollieren könnten. Hindenburg ist zutiefst erschrocken und teilt Papen mit großem Bedauern mit, daß er an seiner statt Schleicher zum Reichskanzler ernennen werde.

Dem neuen Reichskanzler geht der Ruf voraus, ein reaktionärer General und prinzipienloser Opportunist zu sein; in Wirklichkeit jedoch hat er etwas von einem Träumer und Ideologen. Er glaubt an die Möglichkeit eines dritten Weges zwischen Sozialismus und Kapitalismus, auf dem Preußens Konservative mit verantwortungsbewußten Teilen der Arbeiterschaft gegen habgierige Kapitalisten und fanatische Marxisten zusammenarbeiten können. Mit seinen verworrenen Ansichten steht er Gregor Strasser, dem Reichsorganisationsleiter der Nationalsozialistischen Partei, nahe, der ein überzeugter Gegner des Kapitalismus ist und Hitlers Hinwendung zu Industrie und Kapital als Verrat betrachtet. Schleicher hofft, daß die Berufung Strassers zu seinem Stellvertreter die Nationalsozialistischen Partei spalten wird. In der Nacht vom 8. zum 9. Dezember ringt Strasser mit sich, ob er sich Hitler entgegenstellen soll. Hitler seinerseits trägt sich angesichts seines schwindenden Einflusses in der Partei mit Selbstmordgedanken. Schließlich hat Strasser die schwächeren Nerven; er stiehlt sich aus Berlin davon und Hitler zerschlägt umgehend Strassers Machtbasis in der Partei. Die Einheit ist wiederhergestellt.

Schleicher hofft noch immer, den Strasser-Flügel innerhalb der Nationalsozialistischen Partei auf seine Seite ziehen, und mit der gemäßigten Arbeiterbewegung zusammengehen zu können. Dazu legt er ein umfassendes Programm über Hilfsmaßnahmen, Sozialgesetze und die Finanzierung des Haushaltsdefizits vor, um die Wirtschaft anzuregen. Zahlreiche Gewerkschafter begrüßen Schleichers Initiative, doch die SPD-Führung ist so demoralisiert und ideenlos, daß ihr einziger Vorschlag der ist, einen Mißtrauensantrag zu stellen, während die Gewerkschaften dazu überredet werden, Schleichers Vorschlag abzulehnen. Otto Braun ist beinahe der einzige, der erkennt, daß die eigentliche Gefahr von den Nationalsozialisten ausgeht. Er bietet Schleicher seine Unterstützung an, wenn dieser den *Status Quo Ante* in Preußen wiederherstellt, den Reichstag auflöst, die Wahlen auf das Frühjahr verschiebt und sich auf den Kampf gegen die Nazis konzentriert. Schleicher bezweifelt, ob Hindenburg einer Auflösung zustimmt und hält Brauns Rückhalt in seiner eigenen Partei für nicht stark genug. Noch immer hofft er, Strasser für sich zu gewinnen.

In der Zwischenzeit hat Strasser wieder Haltung gewonnen, und Hindenburg ist bereit, ihn zum Stellvertreter des Reichskanzlers zu ernennen. Da wendet sich Hitler unerwartet heftig gegen seinen untreu gewordenen Mitstreiter. Als sich Strasser ohne jede Unterstützung sieht, zieht er sich als Apotheker ins Privatleben zurück. Schleichers Unvermögen, eine arbeitsfähige Regierung zu bilden, verschafft Papen die Gelegenheit zur Revanche. Industrie und Kapital unterstützen Papen zwar noch, da er wirksame Maßnahmen gegen die Inflation ergriffen hat, zunehmend sehen sie in Schleicher aber den Sozialdemokraten in Uniform. Papen gibt zu bedenken, daß, wenn Hitler Reichskanzler würde, die Regierung im Reichstag über eine arbeitsfähige Mehrheit verfügen würde. Hitler könne außerdem von den gemäßigten Konservativen kontrolliert und beeinflußt werden. Am 4. Januar 1933 bespricht Papen diese Pläne mit Hitler. Es wird vereinbart, daß Papen Hitlers Stellvertreter als Reichskanzler werden und die DNVP in der neuen Regierung mehrere Ministerposten erhalten soll.

Das letzte Hindernis auf dem Wege Hitlers zum Reichskanzler ist Hindenburgs Abneigung gegen den „böhmischen Gefreiten". Der entscheidende Faktor zur Überwindung seiner ablehnenden Haltung kommt von den Agrariern, die wegen der Kürzung der Osthilfe die Entlassung Schleichers und die Berufung Hitlers fordern. Außerdem überzeugen General von Blomberg, der Befehlshaber des Wehrkreises Ostpreußen, und sein Stabschef von Reichenau Hindenburg davon, daß die Reichswehr die Berufung Hitlers zum Reichskanzler unterstützt. Hindenburg geht davon aus, daß Blomberg für die gesamte Armee spricht, tatsächlich sind er und von Reichenau aber die einzigen hohen Offiziere, die die Nationalsozialisten unterstützen. Hindenburgs noch bestehende Vorbehalte werden zudem durch Hitlers Einverständnis ausgeräumt, daß Papen sein Stellvertreter und Kommissar für Preußen, Blomberg Reichswehrminister werden solle. Hindenburg glaubte, daß sein geliebtes Preußen nicht in die Hände dieses radikalen Nationalsozialisten fallen würde. Wilde Gerüchte, daß Schleicher und die Generalität einen Staatsstreich planen, geben dann den letzten Ausschlag. Am 30. Januar 1933 beauftragt Hindenburg Hitler mit der Bildung der Regierung.

Die Rechte begrüßt die Entscheidung mit Jubel. Die einzigen Nationalsozialisten im Kabinett sind Hitler und Frick, der zwar Innenminister ist, aber keine Verfügungsgewalt über Preußen besitzt, und Hermann Göring als Minister ohne Geschäftsbereich. Papen läßt einen Freund im Vertrauen wissen, man habe sich des Herrn Hitler „bedient" und werde ihn binnen zwei Monaten vollständig unter Kontrolle haben. Bei den Linken herrschen Ratlosigkeit und Resignation. General Ludendorff schreibt sinngemäß an seinen früheren vorgesetzten Offizier, Generalfeldmarschall von Hindenburg: „Durch die Ernennung Hitlers zum Kanzler haben Sie unser heiliges deutsches Vaterland einem der größten Demagogen aller Zeiten ausgeliefert. Ich prophezeie feierlich, daß dieser unselige Mensch unser Land in die Tiefe stürzen und unvorstellbares Leid über unsere Nation bringen wird. Kommende Generationen werden Sie dafür im Grabe verfluchen."

# KAPITEL 11 *Das nationalsozialistische Deutschland*

Anfänglich ist Hitler bemüht, als ein Staatsmann wie andere auch zu erscheinen. Er arbeitet eng mit der traditionellen Bürokratie in der Reichskanzlei und dem Auswärtigen Amt zusammen. Die Rechte ist davon überzeugt, ihn unter Kontrolle zu haben, und die Linke geht davon aus, daß er lediglich eine Marionette der Industrie und der Großgrundbesitzer ist. Beide Fehleinschätzungen liegen in der Annahme begründet, daß es sich mit der Ernennung Hitlers zum Reichskanzler um das Ende eines Prozesses handelt. In Wirklichkeit leitet sie aber einen solchen ein: nämlich die atemberaubend rasante Errichtung der faschistischen Diktatur. Hitler und seine Partei verfügen über keine Regierungserfahrung und nutzen die parlamentarischen Einrichtungen lediglich als Plattform für ihre Propaganda. Andererseits hätten ihre anarchische Energie und unersättliche Machtgier durchaus zur Selbstzerstörung führen können, wenn nicht ein eingespielter Staatsapparat und eine perfekte Militärmaschinerie sie davor bewahrt und kontrolliert hätten. Ihre Aufgabe wird durch das Versagen der parlamentarischen Demokratie 1930 erleichtert.

## DIE ERRICHTUNG DES NATIONALSOZIALISTISCHEN FÜHRERSTAATES

Am 1. Februar 1933 entspricht Hindenburg Hitlers Aufforderung und löst den Reichstag auf. Dadurch wird Hitler in die Lage versetzt, sieben Wochen lang ohne parlamentarische Fesseln zu regieren und einen Wahlkampf aus einer ungewöhnlichen Machtposition heraus zu führen. Die von Hindenburg am 4. Februar unterzeichnete „Verordnung zum Schutze des deutschen Volkes", gibt ihm die rechtliche Handhabe, alle Oppositionsparteien mundtot zu machen, indem er behauptet, sie würden offensichtliche Unwahrheiten verbreiten oder die Lebensinteressen des Staates gefährden. Hindenburg beugt sich Papens Forderung zur Auflösung des preußischen Landtages und aller gewählten örtlichen Vertretungen, was einem zweiten Staatsstreich gleichkommt. Am 22. Februar werden die paramilitärischen Organisationen der Nazipartei, die SA und SS, Hitlers persönliche Leibwache, in Preußen als Hilfspolizei zum Kampf gegen die Bedrohung von links, eingesetzt – ein Einsatz, der auch von Papen gutgeheißen wird. Göring beginnt nun mit der systematischen Reinigung des öffentlichen Dienstes und der Polizei in Preußen. Loyale Vertreter der Republik werden durch Ultrakonservative und Nationalsozialisten ersetzt.

Das Militär, das zahlreiche Vorbehalte gegen die Nazis hat, wird eine leichte Beute für Hitler. Am 3. Februar hat er an einem Essen für hohe Offiziere teilgenommen und ihnen dabei versichert, daß die Armee außerhalb der Politik bleiben werde, und daß er die Absicht zur Aufrüstung und Einführung der allgemeinen Wehrpflicht habe und sein Hauptziel die Ausrottung des Marxismus sei. Viele überhören seine Bemerkung über die „radikale Germanisierung des Ostens", um dort Lebensraum zu gewinnen.

Göring und Schacht haben ebenso leichtes Spiel, fünfundzwanzig bedeutende Vertreter der deutschen Industrie unter Führung von Krupp, dem Vorsitzenden des Reichsverbandes der Deutschen Industrie (RDI), davon zu überzeugen, die Nazipartei mit einem ansehnlichen Geldbetrag für die Vorbereitung der Wahlen zu versehen. Das Ende der parlamentarischen Demokratie wird als notwendige Voraussetzung für den Kampf gegen die marxistischen Gewerkschaften und die Verwirklichung von nationaler Einheit und Stärke begrüßt. Für die Durchführung eines solchen Programmes scheinen 3 Millionen Mark ein vergleichsweise bescheidener Preis zu sein. Während des gesamten Wahlkampfes bleiben die linksgerichtete und die demokratische Presse verboten; zur Aufhebung dieses Verbotes kommt es erst nach Anrufung des Obersten Reichsgerichtes. SA- und SS-Verbände überfallen Zusammenkünfte der

Adolf Hitler (1889–1945) in der Uniform der Nationalsozialistischen Partei auf dem Bild eines unbekannten Künstlers. Hitler, der aus kleinbürgerlichen Verhältnissen stammt, läßt sich in der typischen Pose eines bedeutenden Menschen darstellen. In der Öffentlichkeit stets Uniform tragend, bevorzugt er im privaten Bereich, besonders in seinem bayerischen Wohnsitz, Zivilkleidung.

Sozialdemokraten und Kommunisten, die Polizei durchsucht ihre Parteibüros nach belastendem Material. Doch ein klarer Beweis dafür, daß die Kommunisten den Umsturz planen, wird nicht gefunden. Die Gelegenheit, gegen die Kommunisten vorzugehen, ergibt sich am Abend des 27. Februar, als um 21.00 Uhr im Reichstag ein Brand ausbricht, der das gesamte Gebäude erfaßt. Um 21.27 Uhr verhaftet die Polizei den Holländer Marinus van der Lubbe, einen Sympathisanten der Kommunisten.

Über die Ursache des Feuers entbrennt eine heftige Debatte, die bis heute nicht entschieden ist. Haben die Nazis das Feuer selbst gelegt, um damit den Vorwand geliefert zu bekommen, den sie benötigten oder ist es die alleinige Tat van der Lubbes gewesen? Beweise für Pläne der Kommunisten zum Abbrennen des Reichstages gibt es jedenfalls nicht. Noch in der Brandnacht befiehlt Göring die Verhaftung aller führenden Kommunisten, einschließlich der Reichstagsabgeordneten. Die kommunistischen Parteibüros werden geschlossen, die kommunistische Presse verboten; die Presseorgane der Sozialdemokraten bleiben für die verbleibenden zwei Wochen des Wahlkampfes verboten. Am Tag nach dem Brand unterzeichnet Hindenburg die „Verordnung zum Schutz von Volk und Staat", durch die wichtige Grundrechte außer Kraft gesetzt und willkürliche Verhaftungen ermöglicht werden. Die Verordnung gibt der Reichsregierung weiterhin das Recht, die Hoheiten der Länder einzuschränken. Damit ist ein wichtiger Schritt zur Errichtung der Nazidiktatur getan – die Verordnung wird zum Grundgesetz der Diktatur und bleibt bis zu deren Ende in Kraft. Daß sie verfassungswidrig ist, spielt kaum noch eine Rolle – die Entscheidung des Reichsgerichtes in Leipzig, daß es keine kommunistische Verschwörung gegeben habe, entzieht der Verordnung zwar die Rechtsgrundlage, doch da ist es bereits zu spät.

Am 5. März 1933 finden die letzten „halb-freien" Wahlen statt, die den Nationalsozialisten ein enttäuschendes Ergebnis bringen. Trotz des Terrors, der Ausschaltung der Linken und eines straff geführten Wahlkampfes entfallen nur 43,9 Prozent der Stimmen auf sie. Da sich aber die kommunistischen Abgeordneten mit 12,2 Prozent sämtlich in Haft befinden, benötigen die Nationalsozialisten im Reichstag nur noch die DNVP als Koalitionspartner und diese ist schnell ausgeschaltet.

Die unter dem Konzept der Gleichschaltung erfolgende Zentralisierung der Macht beginnt einen Tag nach den Wahlen, als in Hamburg der Senat zur Niederlegung seines Amtes gezwungen und durch Nationalsozialisten ersetzt wird. Als Vorwand dient die Erklärung, der Senat sei nicht in der Lage, Ruhe und Ordnung zu gewährleisten. Ein Land nach dem anderen wird der direkten Kontrolle Berlins unterstellt. Nur in Bayern regt sich starke Opposition gegen die verfassungswidrigen Maßnahmen. Doch die Regierung unter Dr. Heinrich Held, die sich anfänglich den Drohungen der SA nicht beugt, wird gezwungen, den Nazigeneral von Epp als verantwortlichen Kommissar für Ruhe und Ordnung einzusetzen. Am 16. März legt Held sein Amt nieder.

Der bemerkenswerte politische Aufstieg des Reichsführers der SS, Heinrich Himmler, beginnt mit der Einsetzung von Epps. Himmler wird Polizeipräsident in München und übernimmt dann auch die Kontrolle über die politische Polizei in Bayern. Noch ist er relativ unbekannt und steht im Schatten des scharfsinnigen, aber finsteren Leutnants Reinhold Heydrich. Ernst Röhm und seine Schergen in der SA spielen in den ersten Monaten eine weitaus prominentere Rolle, sie schlagen Politiker zusammen, werfen politische Gegner in behelfsmäßig schnell geschaffene Gefängnisse und

Folterlager und terrorisieren die Bevölkerung. Die SA zerstört jüdische Geschäfte, plündert sie, raubt und ermordet ihre Besitzer oder wirft sie ins Gefängnis.

Zur Bestürzung von Hitlers neuen Verbündeten in Industrie und Bankwesen setzt die SA auch zu einem Angriff auf das kapitalistische System an. Eine SA-Einheit marschiert in die Frankfurter Börse und verlangt den Rücktritt des Vorstandes. Die SA überfällt Konsumgenossenschaften und fordert Positionen in den Vorständen von Banken und Industriekonzernen. Hitler verschließt seine Ohren gegenüber Papens Beschwerden über diese zügellosen Ausbrüche, spürt aber auch, daß die Revolution institutionalisiert, die spontane Gewalt der SA geordnet und bürokratisch verwaltet werden muß. Die Einrichtung eines Konzentrationslagers in Dachau bei München unter Aufsicht von Himmler und Heydrich ist der erste Schritt in dieser Richtung.

Um diejenigen zu beschwichtigen, die die Gewaltausbrüche der SA und die Rhetorik der Nazifanatiker nicht unwidersprochen hinnehmen wollen, wird am 21. März, dem Tag der konstituierenden Sitzung des neuen Reichstages in Potsdam, ein grandioser Tag der nationalen Rückbesinnung inszeniert. Das Datum hat Symbolkraft: Es ist nicht nur Frühlingsanfang, sondern auch der Tag, an dem Bismarck 1871 den ersten deutschen Reichstag eröffnet hat. Der Festakt findet in der Garnisonskirche von Potsdam am Grabe Friedrichs des Großen statt. Die mit großem Pomp inszenierte Veranstaltung findet großen Widerhall in der Bevölkerung. Hitlers Verbeugung vor Hindenburg wird als Beweis dafür genommen, daß dem revolutionären Eifer der Nationalsozialisten durch die traditionellen Werte Preußens Einhalt geboten und die Anarchie der SA durch die sprichwörtliche Leistungsfähigkeit der preußischen Bürokratie in Grenzen gehalten wird. Die Eröffnung des Reichstages verfolgt den einzigen Zweck, die letzten noch verbliebenen Reste parlamentarischer Herrschaft hinwegzufegen. Zur Annahme des von Innenminister Frick vorbereiteten Ermächtigungsgesetzes bedarf es einer Zweidrittelmehrheit, die nicht ganz risikolos zu gewinnen ist, da die KPD und SPD trotz aller Beeinträchtigungen am 5. März noch über 30 Prozent der Stimmen gewinnen konnten. Doch nur die SPD stimmt gegen den Antrag, die kommunistischen Abgeordneten sind schon nicht mehr zugelassen und die bürgerlichen Parteien stimmen dem Gesetz zu.

Mit dem Ermächtigungsgesetz verlieren die politischen Parteien ihre Bedeutung. Ein offizielles Verbot der Kommunistischen Partei hat es nie gegeben, da sie bereits zerstört ist. Die sozialdemokratischen Gewerkschaften, die sich früher von der SPD distanziert und die Anpassung an die Nazis gesucht haben, werden am 2. Mai 1933 verboten. Am 10. Mai 1933 ordnet Göring die Beschlagnahmung des gesamten Vermögens der SPD an; am 22. Juni wird die Partei verboten. Die DNVP und der Stahlhelm werden zunehmend von den Nationalsozialisten angegriffen; mehrere Mitglieder werden der Zusammenarbeit mit Marxisten beschuldigt und verhaftet. Hugenberg löst während der Wirtschaftskonferenz im Juni in London einen Skandal aus, als er deutsche Kolonien und die Ostexpansion fordert und es Hitler damit leicht macht, ihn deswegen zu entlassen. Die verbleibenden Mitglieder der DNVP und des Stahlhelm gehen in der Nazipartei und der SA ein.

Am 28. März versichert die katholische Bischofskonferenz auf ihrer Tagung in Fulda dem neuen Regime ihre Loyalität. Der Vatikan, der ein Konkordat anstrebt, hat den politischen Katholizismus verurteilt. Die Zentrumspartei wird damit von der Kirche im Stich gelassen und bleibt, nachdem sie dem Ermächtigungsgesetz

SA-Leute vor einem jüdischen Geschäft während des Pogroms vom 1. April 1933.

zugestimmt hat, ohne jeden Einfluß. Die Partei faßt daher am 5. Juli den Beschluß zur Selbstauflösung. Drei Tage danach wird das Konkordat abgeschlossen, womit die katholische Kirche als mögliches Zentrum der Opposition gegen das Regime ausgeschaltet ist. Am 14. Juli wird die Nazipartei zur einzig rechtmäßigen politischen Partei Deutschlands erklärt.

In den ersten Wochen des neuen Regimes kommt es zu gewalttätigen antisemitischen Ausschreitungen, bei denen die SA-Schergen eine unrühmliche Rolle spielen. Ab 1. April setzt dann der systematisch organisierte Boykott jüdischer Geschäfte in Deutschland ein. In der breiten Bevölkerung treffen diese Maßnahmen kaum auf Verständnis.

Am 7. April 1933 tritt das „Gesetz zur Wiederherstellung des Berufsbeamtentums" in Kraft, durch das Juden und Mitglieder der Oppositionsparteien aus dem öffentlichen Dienst entlassen werden. Innerhalb eines Jahres büßen 4000 Anwälte, 3000 Ärzte, 2000 Beamte und eine Vielzahl von Universitätsprofessoren, Künstlern, Musikern und Schauspielern ihren Lebensunterhalt ein, nur weil sie Juden sind. Verschont bleibt durch die persönliche Intervention von Reichspräsident Hindenburg nur, wer im Krieg gedient hat. Obwohl die meisten jüdischen Organisationen in Deutschland den Ernst der Situation nicht erkennen und den Juden raten, im Lande zu bleiben, verlassen 37 000 von ihnen im ersten Jahr das Dritte Reich.

In der Aktion „Wider den undeutschen Geist" am 10. Mai 1933 verbrennen die Nationalsozialisten Bücher von Heinrich Heine, Sigmund Freud, Erich Maria Remarque, Heinrich Mann, Erich Kästner und anderen prominenten Schriftstellern. Reichspropagandaminister Goebbels hat den bis dahin nur teilweise staatlichen Rundfunk inzwischen voll unter Kontrolle. Die nationale und regionale Presse wird einer strengen Aufsicht unterworfen, und zahlreiche Zeitungen müssen ihr Erscheinen einstellen.

Die Gleichschaltung wirkt sich auf alle Bereiche des Lebens aus. Die Berufsorganisationen der Ärzte, Anwälte und Bauern werden unter die Kontrolle des Staates gestellt. Fortan bestehen nur noch nationalsozialistische Bienenzüchtervereine und nationalsozialistische Radsportvereine. Selbst die Kegelvereine in den Dörfern werden von der Partei überwacht. Das bis dahin reiche und abwechslungsreiche Vereinsleben in Deutschland kommt zum Erliegen. Die Menschen bleiben zu Hause oder gehen in die Kneipe, wo man sich mehr und mehr vor Spitzeln in Acht nimmt.

Die unglaubliche Geschwindigkeit, mit der all diese Veränderungen um sich greifen und die durch den brutalen, aber sich verselbständigenden Einsatz der SA vorangetrieben werden, erschreckt selbst Hitler, der am 6. Juli vor einer Gruppe führender Parteifunktionäre verkündet, die Revolution sei beendet, nun beginne eine Periode der Konsolidierung der Macht. „Die Partei", sagt er, „ist jetzt der Staat." Die Massenpartei und die Radikalen der SA haben eine entscheidende Rolle dabei gespielt, Hitler an die Macht zu bringen, jetzt aber werden sie zu einer Bedrohung für seine Regierung. Ernst Röhm befürchtet, die Revolution könne an Dynamik verlieren und „einschlafen". Im Sommer 1933 verkündet er: „Es ist höchste Zeit, daß aus der nationalen Revolution die nationalsozialistische Revolution wird." Auf einer Massenveranstaltung fordert er ein Programm zum Ausschluß von Reaktionären aus dem Militär, dem Staatsapparat und der Industrie. Er verlangt, daß die Reichswehr, die Hitler von der Gleichschaltung ausgenommen hat, nun endlich gereinigt wird. „Der graue Rock der Reichswehr", verkündet er, „wird unter der braunen Welle der SA verschwinden." Hitler kann solche Erklärungen nicht hinnehmen, zumal er die Experten der Reichswehr wegen ihres Fachwissens und zur Überwachung der Aufrüstung braucht. Die Straßenkämpfer der SA mögen von politischem Diensteifer getragen sein, aber sie haben keine Kenntnis von moderner Kriegführung. Die Reichswehr ist von Röhms Absichten schockiert und schlägt vor, aus der SA eine Landwehr zu formieren und sie der Armee zu unterstellen. Doch Hitler weiß, daß Röhm diesem Vorschlag niemals zustimmen wird, seinen Pakt mit der Reichswehr aber nicht brechen kann. Er hat daher keine Wahl, als sich des SA-Führers zu entledigen.

Die Armee ist durchaus zu bestimmten Zugeständnissen an die Nationalsozialisten bereit. Im Februar 1934 wird das Hakenkreuz offizielles Emblem des Militärs und das traditionell antisemitische Offizierscorps entfernt alle Juden aus seinen Reihen. Im selben Monat teilt Hitler Röhm und dem Reichswehrminister Blomberg mit,

Am 1. Mai 1934 spricht Hitler zu den aufmarschierten Truppen auf dem Gelände des Flughafens Tempelhof. Die Veranstalter beziffern die Menge auf über zwei Millionen. Trotz seines Dialektes und mangelhafter Beherrschung der deutschen Sprache, ist Hitler ein begabter Redner, der seine Ansprachen penibel genau vorbereitet und auf jedes Detail, wie Pausen, Gesten und Vortragsweise, genaustens achtet. Selbst seine Gegner bescheinigen ihm die gefährliche rhetorische Gabe, die Massen verführen zu können.

daß die SA ihre Tätigkeit auf politische Überzeugungsarbeit und vormilitärische Ausbildung beschränken solle, die Reichswehr weiterhin unabhängig sein werde und
die Revolution beendet sei. Röhm ist wütend auf Hitler, den er im Vertrautenkreis
einen „ignoranten Gefreiten" nennt und schwört, er werde sich nicht an das gegebene
Versprechen halten. Der Druck der SA-Basis zum Widerstand gegen den Einfluß der
Partei und der „Reaktionäre" wächst; Röhms Kritik gewinnt an Schärfe.

Röhm, der zweitmächtigste Mann im Reich, hat viele einflußreiche Feinde. Göring,
Goebbels und Heß neiden ihm die Stellung und sind entschlossen, ihn zu stürzen.
Himmler und Heydrich können es nicht verwinden, daß die SS nach der SA erst an
zweiter Stelle steht, und die Reichswehr will seine Absichten vereiteln. Kritik an
Hitlers Regime kommt nicht nur aus den Reihen der SA, sondern auch aus konservativen Kreisen. Am 17. Juni hält Papen eine Rede in Marburg, in der er die „wider-
natürlichen totalitären Bestrebungen" des Regimes anprangert und darauf besteht,
die „deutsche Revolution" sei lediglich ein Vorwand für „Egoismus, Mangel an Charakter, Unaufrichtigkeit, unwürdiges Benehmen und Arroganz". Er fordert die Rückbesinnung auf traditionelle konservative Werte und besteht darauf, die Unabhängigkeit der Justiz nicht zu beeinträchtigen.

Goebbels zensiert die Rede Papens, über die damit in Presse und Rundfunk gar
nicht erst berichtet wird. Der Verfasser der Rede, Edgar Jung, wird am 26. Juni verhaftet. Papen bietet seinen Rücktritt an, den Hitler aber ablehnt. Obwohl es keinen
Beweis für Umsturzpläne der SA gibt, werden am 30. Juni zahlreiche prominente
Regimekritiker ermordet und viele alte Rechnungen beglichen. Röhm, der in einer
Pension in Bad Wiessee noch im Bett liegt, wird verhaftet. Da einer von Röhms Leuten mit einem Knaben im Bett erwischt wird, kann sich Hitler als Hüter von Moral
und Sitte aufspielen, obwohl Röhms eigene, ihm bekannte Homosexualität ihn bis
dahin zu keiner Gelegenheit gestört hat. Innerhalb weniger Stunden werden etwa
einhundert Personen ermordet, darunter Schleicher und dessen Frau, der frühere
bayerische Ministerpräsident von Kahr, und der völlig unbedarfte Musikkritiker Dr.
Wilhelm Schmidt, der das Pech hat, mit dem SA-Führer Ludwig Schmitt verwech-
selt zu werden. Hitler zögert, ehe er die Hinrichtung seines Freundes Röhm anordnet, weist aber dann den Kommandanten des Konzentrationslagers Dachau an, ihn
am darauffolgenden Tag zu töten.

Der Staat ist auf das Niveau einer Verbrecherorganisation herabgesunken, dennoch werden die Morde weitgehend begrüßt. Die Reichswehr ist zufrieden, daß sie
eines lästigen Rivalen ledig ist und der deutsche Mann auf der Straße ist zufrieden,
daß Radikale und Fanatiker in die Schranken gewiesen worden sind. Hitlers ent-
schiedenes Vorgehen erweckt weithin Bewunderung. Er ist es gewesen, der für Ordnung gesorgt hat, und so gewinnt der Führermythos weiter an Gestalt. Das Vorrük-
ken der SS bleibt nahezu unbemerkt. Nachdem Hitler sie von der SA befreit hat,
erweist sie sich schon bald als ein weitaus gefährlicherer Gegenspieler der Reichswehr als es die SA jemals war.

## DIE KONSOLIDIERUNG DER NAZIDIKTATUR

Am 2. August 1934 stirbt Hindenburg und wird mit einer großen Zeremonie in Tannenberg, dem Ort seines bedeutendsten Sieges, beigesetzt. In verfassungswidriger

Manier übernimmt Hitler die Ämter des Reichskanzlers und des Reichspräsidenten in Personalunion und Blomberg fordert die Armee auf, den Treueid auf Hitler, statt wie bisher auf die Verfassung abzulegen. Für viele Offiziere ist dies eine Gewissensfrage und einige denken erstmals an aktiven Widerstand.

Nach außen hin erscheint das Naziregime stark zentralisiert, erbarmungslos effizient und Hitler im uneingeschränkten Besitz der Macht. Doch trotz seiner Position als uneingeschränkter Diktator gelingt es ihm nicht, alle Regierungsbereiche zu kontrollieren. Seine sozialdarwinistische Überzeugung, daß die Besten siegen, führt dazu, daß er eine Reihe miteinander konkurrierender Regierungseinrichtungen und Sonderkommissionen errichtet. Die stärksten Führer, wie Schacht (Reichswirtschaftsminister), Frick (Reichsinnenminister), Speer (der spätere Reichsminister für Rüstung und Kriegsproduktion), selbst Himmler, der ein gewisses Maß an Ordnung verfolgt, sind häufig frustriert; für ehrgeizige Radikale hingegen besteht immer Handlungsspielraum. Im Juni schreibt ein hoher Parteifunktionär an Frick: „Rechtlich sind die Reichsstatthalter Ihnen als Reichsinnenminister unterstellt. Adolf Hitler ist Statthalter von Preußen. Er hat seine Macht an Ministerpräsident Göring delegiert. Sie sind auch preußischer Innenminister. Als Reichsinnenminister sind Adolf Hitler und der preußische Ministerpräsident Ihnen rechtmäßig unterstellt. Da Sie in gleicher Person auch preußischer Innenminister sind, unterstehen Sie dem preußischen Ministerpräsidenten und sich selbst als Reichsinnenminister. Ich bin kein Rechtsgelehrter, aber ich bin überzeugt, daß es eine solche Situation noch nie gegeben hat." Ein derartiges Durcheinander gewährleistet, daß die Nationalsozialisten nichts von ihrer Dynamik bei der Perfektionierung der Bürokratie verlieren. Während ein Teil der Nazibewegung auf der Stufe bürokratischer Routine und Postenhascherei stehenbleibt, wird ein anderer Teil zunehmend gewalttätig und radikal. Beide Teile finden bei der „Endlösung" wieder zusammen, bei der penible Bürokratie und verbrecherischer Extremismus ihr Potential in einer Orgie von Gewalt und Mord vereinen.

Hitler verabscheut Schreibtischtätigkeit und betont ständig, eine gute Idee sei mehr wert als ein ganzes Leben gewissenhafter Büroarbeit. Das „Führerprinzip" rechtfertigt die Ernennung von Sonderbevollmächtigten, die sich über allen Bürokratismus hinwegsetzen und Bewegung in die Dinge bringen: Dr. Fritz Todt wird die Zuständigkeit für den Bau der Autobahnen übertragen, Heinrich Himmlers SS wird Hitler direkt unterstellt und greift in die Zuständigkeitsbereiche zahlreicher Einrichtungen ein. Der „Blitzkrieg" in der Verwaltung verschafft dem Regime in den ersten Jahren eine Reihe bemerkenswerter Erfolge, doch 1942 beklagt sich der allmächtige Bormann darüber, daß der Zuständigkeitsstreit zwischen den Ministerien und der Machtkampf zu viel Energie binde.

Hitlers Position als Führer jenseits allen politischen Streits und Zwists wird durch wichtige außenpolitische, wirtschaftliche und in den ersten Jahren des Krieges auch militärische Erfolge gefestigt; die Nazipartei verliert dagegen Ansehen. Die örtlichen Parteifunktionäre, die „Goldfasane", gelten als selbstzufrieden, eingebildet und bestechlich. Im Krieg hält man sie für Feiglinge, die durch ihre Posten vom Wehrdienst freigestellt sind. Vor Hitler jedoch macht diese Kritik Halt: „Wenn das der Führer wüßte" wird zum geflügelten Wort und je schlechter es den Menschen geht, desto stärker richten sich die Hoffnungen und Wünsche der Nation auf ihn.

# Die Olympischen Spiele 1936

Die Olympiade 1936 in Berlin wird zu einem Propagandasieg der Nationalsozialisten. Im Jahre 1933 hat das Regime alle Anstrengungen unternommen, um die Ausrichtung der Spiele zugesprochen zu bekommen. Nun soll das neue Deutschland der Welt im besten Licht präsentiert werden. Gewalt, Diskriminierung und Rassenhaß werden geschickt hinter der Fassade eines modernen, weltoffenen und fröhlichen Berlin verborgen. Deutschland soll den Eindruck eines Wohlfahrtsstaates machen, dessen Menschen gesund sind, hart arbeiten, denen es gut geht und die zufrieden sind. Die Spiele werden mit außerordentlicher Gründlichkeit vorbereitet, breit angelegt und großzügig ausgestattet. Der Nationalsozialismus tritt in den Hintergrund, politische Losungen verschwinden, das allgegenwärtige Hakenkreuz wird sparsam benutzt, und die Judenverfolgungen werden für diesen Zeitraum ausgesetzt.

Die hervorragend inszenierte Eröffnungsfeier wird zum politischen Triumph. Obwohl Hitler nur wenige Monate zuvor das Rheinland besetzt hat, marschiert die französische Mannschaft in das Stadion und erweist Hitler den Gruß. Könige, Präsidenten, Politiker und Fürsten sind nach Berlin gekommen, um Hitler, den Retter einer großen Nation, zu sehen; der Sport interessiert sie weniger. Die Hohen und Mächtigen des Dritten Reiches geben glänzende Empfänge für die erlauchten ausländischen Gäste. Goebbels veranstaltet einen italienischen Abend mit 1000 Gästen auf der Pfaueninsel. Göring übertrifft ihn noch, indem er im Garten seines Ministeriums ein Miniaturdorf im Stil des achtzehnten Jahrhunderts errichten läßt. Stundenlang reitet er auf einem Pony, das ein Karussell dreht. Am Abend gibt er in der Berliner Oper ein Bankett, für das das Gebäude vollständig mit cremefarbener Seide ausgeschlagen wird. Ribbentrop feiert seine Ernennung zum deutschen Botschafter in Großbritannien, indem er Unmengen von Champagner durch die Kehlen seiner 700 Gäste fließen läßt, die sich im Festzelt im Garten seiner Villa in Dahlem eingefunden haben.

Solche Partys machen die Nazi-Elite gesellschaftsfähig. Sie mischen sich unter Aristokraten, Bankiers und Industrielle, Filmstars, Sportler und Neureiche. André François-Poncet, der französische Botschafter, dessen Memoiren ein faszinierendes Bild jener Jahre in Berlin zeichnen, bemerkt, daß es unmöglich gewesen sei, in den gewandten und herzlichen Gastgebern Mörder, Folterer und Kriegstreiber zu sehen. Hitler erscheint auf der olympischen Bühne als ein Mann des Friedens und der Völkerverständigung, während er zur selben Zeit den bewaffneten Kräften und der Industrie die Order erteilt, innerhalb von vier Jahren die Kriegsbereitschaft herzustellen.

Die Olympischen Spiele sind ein großer Triumph für das nationalsozialistische Deutschland. Die deutsche Mannschaft liegt im Medaillenspiegel mit dreiunddreißig mal Gold, sechsundzwanzig mal Silber und dreißig mal Bronze an erster Stelle. Der größte Schock für die Deutschen ist, daß der Schwarze Jesse Owens, der Held des Tages, drei Goldmedaillen mit einem Weltrekord über 100 Meter, Olympiarekord über 200 Meter und im Weitsprung sowie eine weitere Goldmedaille als Mitglied der siegreichen Staffelmannschaft gewinnt. Er ist nicht nur ein Supersportler, sondern auch eine liebenswerte Persönlichkeit, aber als Afroamerikaner ist er für die Nazi-Rassisten unannehmbar. Hitler verwehrt dem hervorragenden Athleten als einem Angehörigen einer Klasse von Untermenschen den Handschlag.

Sieger der Turnwettbewerbe bei den XI. Olympischen Spielen vom 1.–16. August 1936 in Berlin: 1. Schwarzmann (Deutschland), 2. Mack (Schweiz), 3. Frey (Deutschland).

Die Grenzen zwischen der Partei und dem Staat sind verwischt. Viele führende Persönlichkeiten haben sowohl Ämter in der Partei als auch im Staat inne, darunter Goebbels, Himmler, Heß, Rust und Darré. Viele Gauleiter sind gleichzeitig Reichsstatthalter oder Ministerpräsidenten. In der als vollkommenster Ausdruck des Nationalsozialismus geltenden SS verschmelzen Partei- und Staatsfunktionen so stark miteinander, daß sie nicht mehr voneinander zu trennen sind. Himmler und sein ehrgeiziger Untergebener Heydrich, stellen die politische Polizei in Bayern außerhalb jeder rechtlichen und administrativen Beschränkung, und verwandeln sie mit Unterstützung der uniformierten SS dadurch zum vollkommenen Terrorinstrument. In Preußen hat Göring die frühere politische Polizei in die Geheime Staatspolizei (Gestapo) umgewandelt, die aber noch nicht so unumschränkt walten kann wie in Bayern.

Am 17. Juni 1936 erhält Himmler den Oberbefehl über die gesamte deutsche Polizei. Die bis dahin in Länderhoheit stehende Polizei wird zentralisiert und zu einem parteipolitischen Instrument unter Führung der SS. Himmler erhält damit theoretisch die Stellung eines Staatssekretärs für Polizeiangelegenheiten unter dem Reichsinnenminister, doch Frick weiß nur zu gut, daß Himmler als Führer der SS allein Hitler Rechenschaft schuldet. Himmler erklärt, die Polizei habe nicht die Absicht Gesetze durchzusetzen, ihre Aufgabe sei es „die Realität des nationalsozialistischen Führerstaates widerzuspiegeln" sowie „die Wünsche der Führung auszuführen".

Anfangs gliedert sich die Polizei in zwei große Bereiche: die Ordnungspolizei, zuständig für den normalen Polizeidienst und die Sicherheitspolizei, bestehend aus Kriminalpolizei und Gestapo. Im Jahre 1939 erfolgt die Zusammenführung der Sicherheitspolizei und des Sicherheitsdienstes, des Spionagedienstes der Partei, zum Reichssicherheitshauptamt unter Heydrich. Nach Angaben Himmlers besteht die SS 1937 aus fünf Hauptabteilungen: die Allgemeine SS, deren Mitglieder eine militärische Ausbildung erhalten; die Verfügungstruppe als Gebietsreserve der Armee und Hilfspolizeikräfte, die 1938 die Grundlage für die Waffen-SS bildet; die Totenkopfverbände, deren Aufgabe die Bewachung der Konzentrationslager und nach Himmlers Worten „die Ausrottung von Verbrechern und rassisch minderwertigem Gesindel" ist, die Sicherheitspolizei als „ideologischer Geheimdienst" von Partei und Staat sowie das Rasse- und Siedlungshauptamt mit der Aufgabe, die deutsche Rasse reinzuhalten und Lebensraum bereitzustellen.

Nicht alle Polizisten sind Mitglied der SS; viele erfüllen auch nicht die rassischen und körperlichen Grundvoraussetzungen für eine Mitgliedschaft. Die SS hat sich die Schaffung einer neuen Rassenordnung zum Ziel gesetzt, sie will die jüdisch-bolschewistischen „Untermenschen" ausrotten und eine Gesellschaft errichten, die sich an den Traditionen und Überzeugungen frühgermanischer Zeit orientiert. Nach dem schrecklichen Gewaltausbruch gegenüber den Juden in den ersten Wochen nach der Machtübernahme sowie ihrer Verbannung aus dem öffentlichen Dienst im April 1933, zeigt sich der Antisemitismus jetzt etwas gemäßigter. Trotz verstärkten Rufen nach einer aktiveren diesbezüglichen Politik, geschieht kaum mehr als der Ausschluß der Juden aus den Streitkräften im Mai 1935. Dann plötzlich fordert Hitler auf einer Massenveranstaltung der Partei in Nürnberg im September 1935 ein Gesetz gegen die Juden. Eilfertig zimmern die erschöpften Mitarbeiter des Reichsinnenministeriums, die

Uniformierte paramilitärische Organisationen waren typisch für die Weimarer Republik. Die Kommunistische Partei und die Sozialdemokraten unterhielten ähnliche Einrichtungen. Die SA, bis 1934 der militante, uniformierte Flügel der Nazipartei, wird später von der SS in den Schatten gestellt, die anfänglich nur Hitlers Leibgarde stellte.

keine Ahnung haben, was genau von ihnen erwartet wird, über Nacht ein solches Gesetz zusammen und Hitler bestätigt den Textentwurf gegen 2.30 Uhr morgens.

Die Nürnberger Gesetze verbieten Eheschließungen zwischen Juden und „Bürgern deutschen oder artverwandten Blutes". Juden dürfen keine „arischen" Hausangestellten beschäftigen; das Zeigen der deutschen Flagge wird ihnen verboten, und ihre Bürgerrechte werden beschnitten. Das Gesetz legt nicht fest, wer genau als Jude betrachtet wird und läßt damit einen breiten Spielraum für seine Auslegung durch bedingungslose Antisemiten, aber die eindeutig davon Betroffenen beruhigt man, die Nürnberger Gesetze sei die letzte gegen sie gerichtete Gesetzgebung. Obwohl die Nazis behaupten, die Juden seien eine Rasse, gilt als Jude nur, wer von wenigstens drei der Rasse nach volljüdischen Großeltern abstammt. „Halbjuden" gelten dann als Juden, wenn sie die jüdische Religion praktizieren. Damit wird Judentum nach Kriterien der Religion, nicht der Rasse definiert, obwohl ein paar Rassenfanatiker einige orthodoxe Juden aus dem Grund verschonen, daß sie keine „rassische" Juden sind.

Die Nazis kümmern sich besonders um die Jugend und heben hervor, daß der, der die Jugend für sich gewinnt, die Zukunft gewinnt. Die männliche Jugend im Alter von zehn bis vierzehn Jahren findet sich im Jungvolk (JV) zusammen, danach erhalten sie die Uniform der Hitlerjugend (HJ). Gleich von Anfang wird Wert auf militärische Disziplin, Gemeinschaftssinn, Berufsbildung, Sport und politische Bildung gelegt. Die Jüngsten im Jungvolk lernen ihren Katechismus: „Unser Führer Adolf Hitler wurde am 20. April 1889 in Braunau geboren. Sein Vater war Zollbeamter, seine Mutter Hausfrau…" Doch trotz massiven Drucks zur Mitgliedschaft in der HJ umfaßt diese bis 1936 nur 60 Prozent der beitrittsberechtigten Jugendlichen. Die parallel eingerichtete Organisation für Mädchen sind die Jungmädel und der Bund Deutscher Mädchen (BDM), in denen die Mädchen auf ihre künftige Rolle als Ehefrau, Mutter und Hausfrau vorbereitet werden. Die Mitglieder von HJ und BDM nehmen an zahlreichen Kursen und Veranstaltungen teil und werden dafür vom Schulbesuch befreit. Taub gegenüber den Beschwerden der Lehrer, setzen die Behörden „Charakter", „Willensstärke" und „Rassengeist" über „kalten Intellekt" und eine „mechanische Weltanschauung".

Anfangs sind diese Jugendorganisationen noch in hohem Maße vom antibürgerlichen Radikalismus, Elitedenken und emotionalen Antiintellektualismus der Jugendbewegungen Deutschlands zur Kaiserzeit geprägt. Doch schon bald degenerieren sie zu gigantischen Ausbildungslagern für künftige Soldaten, Ehefrauen und Parteifunktionäre. Zahlreiche junge Menschen ernüchtert die ständige Reglementierung durch die Nationalsozialisten und viele Lehrer gehen auf die neue Ideologie in ihrem Geschichts- und Literaturunterricht nicht ein. Das Bildungswesen bleibt eher traditionell konservativ als nationalsozialistisch geprägt. Der ehrgeizige Versuch zur Schaffung einer „neuen Aristokratie" rassisch reiner, körperlich starker und ideologisch motivierter Jugendlicher in den Schulen der Nazis und der SS bleibt ohne durchschlagenden Erfolg. Schon bald befindet sich Deutschland im Krieg, und die Jugendlichen dieser Einrichtungen befinden sich unter den ersten, die zu Hilfsdiensten für das Militär, für Evakuierte und später für Flüchtlinge herangezogen werden.

## DIE WIRTSCHAFTSPOLITIK DER NAZIS

Die Beliebtheit, deren sich der Nationalsozialismus erfreut, beruht in erster Linie auf seinen bemerkenswerten wirtschaftlichen und außenpolitischen Erfolgen. Am 1. Februar 1933 verspricht Hitler in einer Rundfunkrede die Abschaffung der Arbeitslosigkeit innerhalb von vier Jahren. Das Ziel scheint unrealistisch, doch Hitler hält Wort. Bis 1936 ist nicht nur das Arbeitslosenproblem gelöst, in einigen Gegenden Deutschlands herrscht sogar ein akuter Mangel an Arbeitskräften – und dies in einer Zeit, in der in den USA jeder Fünfte ohne Arbeit ist.

Die Nazis führen mit außerordentlicher Konsequenz die Wirtschaftspolitik Papens und Schleichers fort. In den ersten beiden Jahren werden 5 Milliarden Mark in die Verbesserung der Infrastruktur, in die Förderung des privaten Wohnungsbaues und in riesige Rüstungsaufträge investiert. Der Bau des Autobahnnetzes stellt das größte Einzelprojekt dar, das zu Propagandazwecken und zur Schaffung von Arbeitsplätzen dient und nicht, wie oft behauptet wird, für strategische Ziele. Die Generäle bevorzugen Truppentransporte mit der Bahn und werden bei der Festlegung der Autobahnstrecken nicht konsultiert.

Werktätige, verheiratete Frauen erhalten einen Kredit von eintausend Mark, wenn sie ihren Arbeitsplatz zur Verfügung stellen. Von dieser Möglichkeit machen bis Anfang 1935 insgesamt 378 000 Frauen Gebrauch; sie schaffen dadurch nochmals zusätzliche 378 000 Arbeitsplätze und erhöhen gleichzeitig die Kaufkraft.

Defizitfinanzierungen werden schnell zu einem ernsten Problem, besonders nachdem der Löwenanteil des Haushaltes in die Rüstung fließt. Im Jahre 1933 liegt der Anteil der Wehrmachtsausgaben an den Gesamtausgaben der öffentlichen Hand bei

4 Prozent, 1936 bereits bei 39 Prozent, 1938 bei 50 Prozent. Die staatlichen Einnahmen halten mit den Ausgaben nicht Schritt; im Jahr 1938 stehen 30 Milliarden Mark Ausgaben lediglich 17,7 Milliarden Mark Einnahmen gegenüber. Krupp, Siemens, Gutehoffnungshütte und Rheinmetall, vier der größten deutschen Konzerne, bilden 1933 mit dem bescheidenen Startkapital von einer Million Mark die Metallurgische Forschungsgemeinschaft (Mefo) und der Präsident der Reichsbank, Hjalmar Schacht, führt zur Finanzierung des Defizits die Mefo-Wechsel ein. Unternehmen mit Rüstungsaufträgen können Wechsel auf die Mefo ausstellen, die von der Reichsbank diskontiert und zu einer Art zweiter Währung werden. Die Gefahr einer galoppierenden Inflation steht im Raum, weshalb die Reichsbank die Ausgabe der Mefo-Wechsel im Frühjahr 1938 stoppt.

Fortan werden Rüstungsaufträge mit Steuerkrediten bezahlt. Banken und Versicherungen werden gezwungen, dem Staat riesige Beträge zu leihen, die dieser nach einem erfolgreichen Eroberungskrieg zurückzuzahlen gedenkt. Die Waffenbestellungen in diesem Ausmaß bringen den Außenhandel aus dem Gleichgewicht. Bereits 1934 hat Schacht seinen „Neuen Plan" vorgelegt, der dem Staat praktisch das Monopol über den Außenhandel sichert. Mit Staaten in Südosteuropa, Mittel- und Südamerika werden mehrere Verträge über Rohstofflieferungen und landwirtschaftliche Erzeugnisse geschlossen, die mit Industriegütern bezahlt werden. Innerhalb eines Jahres hat Deutschland wieder eine positive Außenhandelsbilanz.

Ab dem Frühjahr 1936 hat das Rüstungsprogramm einschneidende Folgen für die Wirtschaft. Im April erhält Göring den Auftrag, die Aufrüstung zu beschleunigen. Es ist klar, daß die Exporte nicht weiter gesteigert werden können, der Devisenmangel weiterhin fortbesteht und Deutschland deshalb gezwungen ist, nach eigenen Möglichkeiten zu suchen, umfangreiche Investitionen in die Produktion rüstungswirtschaftliche Rohstoffe, wie Öl und Gummi, zu tätigen und in Vorbereitung auf einen kurzen, zeitlich begrenzten Krieg eine Breitenrüstung anstelle einer Tiefenrüstung zu realisieren. Diese Strategie legt Hitler im August 1936 in einer Denkschrift, dem sogenannten „Blitzkriegkonzept", nieder, in dem er anordnet, daß sich die Wirtschaft bis 1940 kriegsbereit zu halten hat. Nur ein erfolgreicher Krieg, der neuen „Lebensraum" gewinnt, kann die Probleme lösen, die die Naziwirtschaft geschaffen hat.

Der „Vierjahresplan", der die Rüstung ankurbeln und wirtschaftliche Autarkie erreichen soll, bringt für die Wirtschaft unzumutbare Belastungen. Statt den Außenhandel zu beleben, werden alle Kräfte auf die Nutzung unwirtschaftlicher einheimischer Ressourcen, z. B. minderwertiges Eisenerz, verlegt. Die deutsche Landwirtschaft kann den Bedarf der Bevölkerung nicht mehr decken und wertvolle Devisen müssen für den Import von Nahrungsgütern ausgegeben werden. Selbst massive Anstrengungen zur Stärkung der Bauern und die ständige Betonung der Wichtigkeit von „Blut und Boden" können nicht verhindern, daß zwischen 1933 und 1939 1,4 Millionen Menschen in der Hoffnung auf besser bezahlte Stellungen vom Land in die Stadt ziehen. Trotz umfangreicher Investitionen deckt die einheimische Gummiproduktion lediglich fünf Prozent des Bedarfes. Der Vierjahresplan erreicht die gesteckten Ziele nicht, wird aber mit unverminderter Kraft weiterverfolgt, obwohl Schacht und weite Kreise der Industrie, die zwar für die Aufrüstung, aber nicht in einem solchen Tempo sind, davor warnen.

Ein Werbeplakat für den Volkswagen aus dem Jahre 1936. Der von Ferdinand Porsche konstruierte Wagen ist ein Lieblingsprojekt Hitlers. Das von „Kraft durch Freude" geförderte Projekt soll auch einfachen Deutschen den Kauf eines Pkw ermöglichen. Tatsächlich stand das Fahrzeug jedoch nicht den Zivilisten, sondern nur dem Militär zur Verfügung.

## Entartete Kunst

Im November 1933 wird die Reichskammer für bildende Künste als eine der sieben Kammern der Reichskulturkammer, deren Präsident Joseph Goebbels ist, gegründet. Hitlers Lieblingsarchitekt, Paul Ludwig Troost, berät ihn in Fragen der Kunst. Seine Kriterien für das, was als „entartete Kunst" angesehen werden muß, sind einfach: alle Künstler, die in Carl Einsteins *Die Kunst des 20. Jahrhunderts* gelobt werden, sind eindeutig entartet. Nur Künstlern, die akkreditierte Mitglieder der Kammer sind, ist es erlaubt zu arbeiten und alle als „entartet" geltende Kunstwerke können beschlagnahmt werden. Moderne Werke werden aus allen Museen entfernt; lediglich im Berliner Museum verbleiben sie bis nach den Olympischen Spielen.

Der Präsident der Kammer für bildende Künste, Professor Ziegler, ein Maler finsterer Akte, an denen Hitler sein Vergnügen hat, erhält Weisung, 1937 in München eine Ausstellung über „Entartete Kunst" vorzubereiten. Dafür werden Arbeiten von 112 Künstlern ausgewählt, die die „Verrücktheit, Unverschämtheit, Inkompetenz und Entartung" der modernen Kunst am überzeugendsten demonstrieren. Die Ausstellung umfaßt neun Abteilungen: Technische Inkompetenz; „Pro-jüdische" religiöse Kunst; Gesellschaftskritik und Anarchismus; „Kommunismus" (darunter Arbeiten von George Grosz und Otto Dix); „Pornographie"; Verherrlichung der Neger (die Expressionisten); „Kunst und Wahnsinn"; „jüdischer Schund" und „der Gipfel der Entartung" (Willi Baumeister, Kurt Schwitters).

Manche der besseren Arbeiten werden von Parteifunktionären beschlagnahmt, vor allem von Göring, der Geschmack an den Impressionisten und Matisse findet. Über eintausend Gemälde werden verbrannt, 125 bedeutende Kunstgegenstände 1939 in Luzern versteigert, wodurch die Museen in der ganzen Welt in den Besitz von Bildern van Goghs, Modiglianis, Gauguins, Chagalls, Picassos und Braques kommen. Nur wenige gelangen nach 1945 wieder zurück.

**Die Ausstellung „Entartete Kunst" 1938 in Berlin. Direkt hinter den Besuchern „Der Strand" (1927) von Max Beckmann.**

## DAS GESELLSCHAFTLICHE LEBEN

Der soziale Friede wird durch Zuckerbrot und Peitsche aufrechterhalten. Die Gewerkschaften sind zerschlagen, die Sozialradikalen in den Nationalsozialistischen Betriebsorganisationen (NSBO) und der Deutschen Arbeitsfront (DAF) bereits Mitte 1934 mundtot. Mit 20 Millionen Mitgliedern, 44 000 festen Mitarbeitern und 1,3 Millionen Freiwilligen ist die DAF ein wirksames Instrument zur Organisation, Kontrolle und ideologischen Beeinflussung der Arbeiterschaft. Mit der Arbeiterfreizeit- und Touristen-Organisation „Kraft durch Freude" (KdF), einem groß angelegten Erholungsprogramm, versucht man, die Arbeiter zu korrumpieren. Bei der KdF gibt es verbilligte Eintrittskarten für Theater, Kino und Konzerte, die KdF errichtet Sportstätten, veranstaltet Abendkurse und ermöglicht den Mitgliedern der DAF und der Partei billige Urlaubsaufenthalte. Selbst Kreuzfahrten in die Karibik und Skiurlaube sind im Angebot, werden aber als hoch subventionierte Veranstaltungen bevorzugt von der Mittelschicht genutzt. Der Jahresurlaub wird ab 1933 von drei Ta-

Die zwei Sportlerinnen beim Training standen für das nationalsozialistische Idealbild der Frau. Die Nazis legten Wert auf militärische Disziplin, Gemeinschaftssinn, Berufsbildung und Sport. Nazijugendorganisationen für Mädchen bereiteten auf die spätere Rolle als Ehefrau, Mutter und Hausfrau vor.

gen auf sechs bis zwölf Tage bis ins Jahr 1939 verlängert, wodurch Millionen von Arbeitern sich erstmals eine Urlaubsreise leisten können. In den Nachkriegsjahren wird das zu einer der typischsten Erscheinungen im Lande.

Die KdF hat Erfolg, solange sie auf jede Ideologie verzichtet, ihre Urlaubsreisen sind beliebt, ihre Volkshochschulkurse hingegen nicht. Auch in Film, Literatur und Theater finden beim breiten Publikum nur künstlerisch wertvolle Werke Anklang, nur wenige möchten Filme über die Hitlerjugend oder die SA sehen, doch historische Dramen mit verhaltenem Ideologiegehalt über Persönlichkeiten, wie Friedrich den Großen oder Bismarck, sind sehr populär. Ausländische Produktionen wie *Vom Winde verweht* von Margaret Mitchell und *Schau heimwärts, Engel* von Thomas Wolfe sind große Erfolge, politisch korrekte Darstellungen verkaufen sich jedoch im allgemeinen meist schlecht. Goebbels Bestreben ist eine nationalsozialistische Version von *Panzerkreuzer Potemkin* oder *Mr. Deeds Goes to Town* zu produzieren, doch selbst trotz gewaltiger Anstrengungen und Kosten werden keine Filme von solch guter

Szenenfoto aus einem deutschen Film der dreißiger Jahre. Trotz aller Versuche zur Verbreitung nazistischer Ideologie in der Öffentlichkeit, lassen sich die Kinobesucher lieber von realitätsfernen Illusionen einfangen.

Qualität zustande gebracht. Allein die Theateraufführungen, besonders die während der Kriegsjahre, sind bemerkenswert. Indem sie sich auf Klassiker konzentrieren, sind Theater, wie die von Gustav Gründgens in Berlin, in der Lage, höchste künstlerische Arbeit zu leisten und ideologischer Bevormundung zu entgehen.

Das Berlin der Vorkriegsjahre bietet den Besuchern von Bars und Restaurants oder den Hörern der Swingmusik von Teddy Stauffer und den Original Teddies etwas vom Charme der Goldenen Zwanziger. Trotz des Geredes von der „Rassengemeinschaft" sind die Klassenunterschiede kraß wie zuvor. Die Reichen tragen Frack und Pelz und genießen die eleganten Arrangements und den exzellenten Gesang der Comedian Harmonists, fanatische Parteigänger leben neben müßiggängerischen Party-Besuchern. Doch wer aufmerksam ist, spürt, daß das nicht so bleiben wird, sondern daß die Situation, wie der Titel eines bekannten Filmes besagt, einem *Tanz auf dem Vulkan* gleicht. Im Jahre 1934 werden die drei jüdischen Mitglieder der Comedian Harmonists gezwungen, die Gruppe zu verlassen und durch „Arier" ersetzt.

Der Lebensstandard der Arbeiterklasse verbessert sich nur bescheiden. Zwar ist das durchschnittliche Realeinkommen von 1937 wieder auf das hohe Niveau von 1929 zurückgekehrt, dafür wird aber länger und mit höherer Produktivität gearbeitet. Am deutlichsten ist die Erhöhung der Produktivität und die Verlängerung der Arbeitszeit in der Rüstungsindustrie, während in anderen Bereichen die Reallöhne sinken. Bis 1939 haben sich in der Arbeiterschaft Unzufriedenheit, zunehmende Sabotage sowie unentschuldigtes Fehlen am Arbeitsplatz breitgemacht. Die Behörden geben die Schuld der marxistischen Propaganda, aber 65 Arbeitsstunden pro Woche sind keine Seltenheit, und die Folgen machen sich bemerkbar.

Die Haltung der Nationalsozialisten gegenüber den Frauen ist eine weitere Farce der Rassengemeinschaft. Theoretisch hat die Frau ihre Rolle als Ehefrau und Mutter zu erfüllen; deutsche Frauen wurden nicht zur Arbeit aufgerufen. Andererseits wird

Hitler auf dem Aufmarsch zum Naziparteitag in Nürnberg. Der Aufmarsch findet alle Jahre im September statt. Albert Speer hat eigens dafür ein riesiges Stadion entworfen. Die Veranstaltung geht über acht Tage und ist eine bis ins Detail geplante und ausgefeilte Inszenierung des Führer-Kultes. Hitler hält fünfzehn bis zwanzig Reden und ist stets die zentrale Person; 250 000 Teilnehmer bringen ihm Ovationen dar.

angesichts des Mangels an Arbeitskräften 1938 eine Verordnung erlassen, nach der unverheiratete Frauen unter fünfundzwanzig ein Jahr Arbeitsdienst zu leisten haben. Die Verordnung wird aber nicht konsequent durchgesetzt; nur 50 000 von 950 000 Frauen leisten das Jahr. Zu Beginn des Krieges geht die Zahl werktätiger Frauen zurück und Fremdarbeiter treten an ihre Stelle. Nach 1941 steigt ihre Zahl erneut an, sie rekrutieren sich jedoch fast ausschließlich aus der Arbeiterschaft. Göring begründet diese Ungleichbehandlung mit einem Vergleich über Pferde, die sich in Arbeitspferde und Vollblüter für die Zucht teilen würden, und eine Zuchtstute dürfe man eben nicht vor den Pflug spannen, sonst sei sie schnell verbraucht. In der Rassengemeinschaft sind reiche, elegante und schöne Frauen, für die der Führer ein wohlwollendes Auge hat, besonders privilegiert, worüber die ideologischen Einpeitscher in der Nationalsozialistischen Frauenschaft (NSF) zutiefst verärgert sind.

## DIE AUSSENPOLITIK

Die soziale Unzufriedenheit bleibt im wesentlichen durch Hitlers außenpolitische Erfolge begrenzt. Die Bedingungen, die er bei seiner Machtübernahme vorfindet, bieten beste Voraussetzungen für eine entschlossene Revisionspolitik. Mit dem Hoover-Moratorium sind die Reparationen beendet worden, und die Abrüstungsparagraphen des Versailler Vertrages sind längst in Vergessenheit geraten. Kollektive Sicherheit wird zu einem leeren Wort, als die Japaner die Mandschurei überfallen und 1933 aus dem Völkerbund austreten. Großbritannien und Frankreich sind schwach und die USA steuern einen isolationistischen Kurs.

In den ersten beiden Jahren der nationalsozialistischen Herrschaft ändert sich in der deutschen Außenpolitik nur wenig, dennoch begegnen die alliierten Mächte Hitler mit Vorbehalten. Im Januar 1935 verbucht Hitler seinen ersten Erfolg: Trotz aller antifaschistischen Bemühungen stimmen in einer Volksbefragung an der Saar 91 Prozent für die Vereinigung mit Deutschland. Drei Monate später führt Hitler die allgemeine Wehrpflicht ein, um die Armee auf 550 000 Soldaten aufzustocken. Gleichzeitig verkündet er Pläne zur Aufrüstung der Luftwaffe. Einen Monat später bilden Großbritannien, Frankreich und Italien die Stresafront, mit der sie die Locarnoverträge bekräftigen und ihre Entschlossenheit zur Bewahrung des Status Quo feststellen. Die Stresafront ist jedoch nur eine Absichtserklärung auf einem Stück Papier. Die Engländer nehmen daher unmittelbar nach ihrem Abschluß Verhandlungen über ein Flottenabkommen mit Deutschland auf, die der deutsche Sondergesandte Joachim von Ribbentrop mit gewohnt ungehobelten Benehmen führt. Hitler hat zwei klare Beweggründe für das Abkommen: Erstens will er England dazu bringen, den Versailler Vertrag zu brechen und einem Stärkeverhältnis der deutsch-englischen Kriegsmarine von 35 zu 100 Registertonnen zuzustimmen. Zweitens möchte er durch ein umfassendes Vertragswerk mit Großbritannien freie Hand gegen die Sowjetunion bekommen. Das Abkommen wird am 18. Juni 1935 unterzeichnet und Hitler spricht vom glücklichsten Tag in seinem Leben.

Am 5. Oktober 1935 erklärt Mussolini, der nach Stresa davon überzeugt ist, daß die Engländer und Franzosen ihn brauchen, um Deutschland zu zügeln, Äthiopien den Krieg. Die Öffentlichkeit in England und Frankreich wendet sich erzürnt gegen die Brutalität, mit der die italienischen Truppen gegen eine hoffnungslos unterlegene Armee zu Felde ziehen, doch ihre Regierungen protestieren nur halbherzig. Zunächst unterstützt Hitler Äthiopien und schickt im Wert von drei Millionen Mark Waffen in das Land. Als der Völkerbund jedoch Sanktionen androht, wechselt er auf die Seite Italiens. Die verhaltene Reaktion Frankreichs und Englands ist ihm dabei eine Lehre. Er ergreift die Gelegenheit und macht sich die italienischen Faschisten zu Freunden. Die italienisch-deutschen Beziehungen sind seit der Österreichkrise 1934 im Zusammenhang mit der Ermordung von Kanzler Dollfuß durch die Nazis gespannt. Mussolini fürchtet, daß Deutschland Österreich, einen wichtigen Pufferstaat, annektieren könnte.

Mit dem Zusammenbruch der Stresafront und unter dem Vorbehalt, daß der kurz zuvor unterzeichnete Vertrag zwischen Frankreich und der Sowjetunion einen Bruch des Locarnovertrages darstelle, marschiert die deutsche Wehrmacht am 7. März 1936 in das entmilitarisierte Rheinland ein. Für den 29. März werden Wahlen anberaumt, mit denen die Reaktion der Bevölkerung auf den gewagten Schritt gegen das Rheinland getestet werden soll. Als einzige kandidierende Partei erhält die NSDAP 98,8 Prozent der Stimmen. Frankreich und England sehen tatenlos zu, nur der Rat des Völkerbundes verurteilt den Schritt Deutschlands; doch Hitler kann es sich leisten, sich darüber hinwegzusetzen. Mussolini hat ihn bereits wissen lassen, daß er keine Einwände erheben wird und daß er auch die österreichisch-nationalistische Heimwehr nicht länger gegen die Nazis unterstützen wird.

Deutschland und Italien finden enger zueinander, als beide Länder ohne vorherige Absprache die Position von General Franco im Spanischen Bürgerkrieg unterstützen. Hitler sichert Franco wirtschaftliche und militärische Unterstützung zu, obwohl Deutschland wertvolle Rohstoffe aus Spanien bezieht, handelt Hitler in erster Linie aus der Furcht heraus, Spanien könnte in die Hände der Marxisten fallen, die dann die Volksfrontregierung in Frankreich gegen Deutschland unterstützen und die Bande mit der Sowjetunion enger knüpfen würden. Am 1. November spricht Mussolini zum ersten Mal von der „Achse Berlin – Rom", doch Hitler betrachtet ein solches Bündnis noch mit gemischten Gefühlen, denn für eine Allianz mit England, auf die er gesetzt hat und die ihm den günstigsten Ausgangspunkt für einen Eroberungskrieg im Osten verschaffen würde, ist die Achse nur ein schwacher Ersatz.

Im Oktober 1936 ernennt Hitler von Ribbentrop zum Botschafter in London und weist ihn an, ein Bündnis mit Großbritannien zu sichern. Ribbentrop verkündet bei seiner Ankunft auf dem Victoria-Bahnhof, er wolle ein Bündnis mit Großbritannien aushandeln, das Hitler freie Hand zur Vernichtung des Bolschewismus im Osten gibt. Die Engländer sind davon nicht nur begeistert, da sie genau wissen, daß ein erfolgreicher Krieg gegen die Sowjetunion Deutschland zur beherrschenden Macht auf dem europäischen Kontinent macht – eine für die konservative Regierung unter Stanley Baldwin wenig erfreuliche Aussicht. Die Abdankung Eduards VIII., dessen Sympathie für den Nationalsozialismus allgemein bekannt ist, wird als Sieg der „antideutschen, reaktionären Judenclique" angesehen, die Ribbentrop für den Fehlschlag seiner Mission verantwortlich macht. Da Ribbentropp seinen Auftrag zur Herstellung des Bündnisses zwischen England und Deutschland nicht erfüllen kann, und es nicht einmal zu einem Treffen zwischen Baldwin und Hitler kommt, beginnt Ribbentrop statt dessen Verhandlungen mit Japan. Die Gespräche führen schnell zu einem Ergebnis und am 6. November 1937 wird der Antikominternvertrag unterzeichnet. Hitler gibt nun ohne Hoffnung auf eine Vereinbarung mit England auf; Ribbentrop schlägt sogar eine Offensive gegen das Land für den Fall vor, daß es sich gegen eine Ostausdehnung Deutschlands wenden sollte.

Spätestens an diesem Zeitpunkt ist es aufmerksamen Beobachtern innerhalb der Diplomatie, des Militärs und der Geschäftswelt klar, daß die deutsche Außenpolitik einen neuen, gefährlichen Kurs eingeschlagen hat. Am 5. November erläutert Hitler seinem Außenminister und den Leitern von Heer, Flotte und Luftwaffe in einem vierstündigen Monolog seine Ziele, die Oberst Friedrich Hoßbach in einer Niederschrift festhält. Nach verworrenen Ausführungen über Rasse und den sozialdarwinistischen Überlebenskampf nennt er als den spätesten Zeitpunkt, zu dem Deutschland die Lösung der deutschen Raumfrage bewältigt haben muß, die Jahre 1943 – 1945. Zuvor muß jedoch der Angriff gegen Österreich und die Tschechoslowakei geführt werden und zum ersten Mal erwähnt Hitler auch die Möglichkeit eines Krieges gegen England, obwohl er davon ausgeht, daß weder England noch Frankreich bei einem Angriff auf die Tschechoslowakei einen Finger rühren werden.

Als Lord Halifax, der Lordsiegelbewahrer der neuen Regierung Chamberlain, zwei Wochen danach Hitler auf dem Berghof einen Besuch abstattet, bietet er ihm eine umfassende Lösung hinsichtlich aller deutscher Forderungen gegenüber Österreich, Danzig und die Tschechoslowakei an. Hitler lehnt das Angebot ab, da es seinen langfristigen Zielen im Wege steht. Doch der Weg für eine Revision des Versailler Vertrages ist da-

# Die Reichskristallnacht

Im November 1938 erschießt Herszel Grynspan, ein junger Jude, den deutschen Botschaftsrat Ernst Eduard von Rath in Paris. Schon zum damaligen Zeitpunkt sind Juden von den meisten Berufen ausgeschlossen, müssen sich gesondert ausweisen und sind dazu gezwungen, den Namen Israel bzw. Sara zu tragen. Doch die antisemitische Kampagne kommt zum Erliegen, weil die Ministerien Rechtszweifel anmelden und Klarheit fordern, während Radikale nach drastischeren Maßnahmen rufen.

Als Hitler am 9. November von dem Attentat erfährt, hält er sich anläßlich des Jahrestages des Putsches von 1923 in München auf. Er berät sich mit Goebbels, der eine flammende Rede hält und warnend ankündigt, daß das deutsche Volk den Mord rächen wird. Die Partei und die SA erhalten den Befehl, dem Volkszorn über dieses jüdische Verbrechen „spontan" Ausdruck zu verleihen. Die SS erhält Order, sich zurückzuhalten.

Die SA zieht in Uniform durch die Straßen. In der Nacht vom 9. zum 10. November werden mindestens einundneunzig Juden ermordet, die meisten Synagogen in Brand gesteckt, und jüdisches Eigentum zerstört. Der Chef der Gestapo, Reinhold Heydrich, befiehlt die Festnahme von 20 000 – 30 000 reicher Juden und liefert sie in Konzentrationslager ein, wo sie auf ihre Ausweisung aus Deutschland warten. Wegen des enormen Sachschadens und der zu Bruch gegangenen Fensterscheiben erhält das Novemberpogrom die Bezeichnung „Reichskristallnacht", eine Bezeichnung, die nichts von dem Leid ausdrückt, das über die Menschen hereingebrochen ist. In der Bevölkerung findet das Vorgehen der SA kein Verständnis; jedermann ist klar, daß der Befehl dazu von ganz oben gekommen ist. Doch die allgemeine Meinung, daß dies zu weit geht, entspringt weniger einer Sympathie für die Juden als der Furcht davor, daß die Nationalsozialisten mit ihrem eigenen Besitz demnächst ähnlich verfahren könnten.

Am 12. November beschließt ein Ausschuß unter Vorsitz von Hermann Göring, daß die verbliebenen 250 000 deutschen Juden eine Buße von einer Milliarde Reichsmark zu zahlen haben und keinen Anspruch auf Versicherungsleistungen für den angerichteten Schaden haben. Jüdische Geschäfte werden „arisiert", Juden wird der Besuch von Theatern, Kinos und Badeanstalten verboten. Die deutschen Juden gehen aller Rechte verlustig, Einnahmequellen sind ihnen fortan verschlossen. Der Weg zum Völkermord ist geebnet. Die SS-Zeitschrift „Das Schwarze Corps" schreibt, die Juden würden schon bald ausgerottet sein und am 30. Januar 1939 verkündet Hitler im Reichstag, daß, sollte in Europa ein Krieg ausbrechen, die Juden vernichtet werden würden.

Nach der Reichskristallnacht werden die Straßen von Glasscherben gereinigt.

mit offen, da die Anhänger der Appeasement-Politik in England und Frankreich dazu bereit sind, auf Deutschlands Forderungen einzugehen, das ruinöse Rüstungsprogramm dadurch überprüft und der soziale Frieden wiederhergestellt werden kann.

Hitler ist entschlossen, seine Mannschaft neu zu formieren. Er entläßt Reichswehrminister Blomberg, als bekannt wird, daß dessen junge Braut eine kriminelle Vergangenheit hat und es von ihr pornographische Aufnahmen gibt. Ähnlich geht es General von Fritsch, dem Oberbefehlshaber des Heeres, der ein reaktionärer Antisemit, aber kein Nationalsozialist ist und der über Hitler die Nase rümpft. Göring und Himmler beschuldigen Fritsch fälschlicherweise, daß er Beziehungen zu einem käuflichen Homosexuellen unterhalte. Fritsch tritt daraufhin zurück. Hitler übernimmt selbst das Oberkommando, schafft das Reichswehrministerium ab und ernennt den ihm hörigen General Keitel zum Leiter des Oberkommandos der Wehrmacht (OKW). Der Nachfolger Fritschs wird General von Brauchitsch, ein willenloser Speichellekker, der mit einer für ihn vorteilhaften Scheidungsregelung korrumpiert wird. Neurath, ein Diplomat alter Schule, wird durch Ribbentrop abgelöst. Schacht, der sich kritisch über das Tempo der Rüstung geäußert hat, verliert seinen Posten als Reichswirtschaftsminister und wird durch den parteigetreuen Walter Funk ersetzt. Für die Schlüsselpositionen in Tokio, Rom und Wien werden neue Botschafter ernannt.

## DER WEG ZUM KRIEG

Am 12. Februar 1938 empfängt Hitler auf dem Berghof den österreichischen Bundeskanzler Schuschnigg. Der Besucher muß Beschimpfungen und Drohungen über sich ergehen lassen, der Führer verlangt unter anderem die Ernennung des Nationalsozialisten Seyß-Inquart zum Minister für Sicherheit, eine Amnestie für österreichische Nazis, die sich Gesetzesverletzungen schuldig gemacht haben, enge Zusammenarbeit zwischen beiden Ländern auf den Gebieten der Außenpolitik und Wirtschaft sowie Konsultationen der beiden Generalstäbe. Schuschnigg hat keine Wahl und muß die Forderungen annehmen um wenigstens, wie er meint, die territoriale Integrität seines Landes zu retten.

Seyß-Inquart wird zum direkten Befehlsempfänger Hitlers und Fricks, und als die Nazis eine Reihe gewalttätiger Zwischenfälle provozieren, ist Österreich der Anarchie nahe. Am 9. März kündigt Schuschnigg für den 13. März eine Volksabstimmung für ein „freies, deutsches, unabhängiges, soziales, christliches und geeintes Österreich" an. Auf Drängen von Göring handelt Hitler schnell. Er hat den Prinz von Hessen zu Mussolini mit der Versicherung entsandt, er werde die Brennergrenze respektieren und niemals Anspruch auf Südtirol erheben. Am 10. März erläßt er Befehl Nummer Eins. Unter dem Decknamen Unternehmen Otto beginnt der Einmarsch in Österreich. Göring verlangt den Rücktritt Schuschniggs, weil dieser nicht länger das Vertrauen der deutschen Regierung genieße. Schuschnigg wendet sich an Rom, London und Paris, da er aber von keiner Seite Unterstützung erhält, tritt er am Abend des 11. März zurück. Der österreichische Präsident Miklas verweigert die Ernennung von Seiß-Inquart zum Amtsnachfolger Schuschniggs, woraufhin die österreichischen Nationalsozialisten alle wichtigen Ministerien besetzen. Um 20.45 Uhr befiehlt Hitler den Einmarsch. Am selben Abend informiert der Prinz von Hessen Hitler in einem Telefonat über die Unterstützung Mussolinis, worauf Hitler erwidert: „Bitte sagen Sie Mussolini, ich werde ihn nie vergessen … nie, nie, nie, was auch geschieht." Er sollte Wort halten.

Deutsche Truppen überschreiten am 12. März die Grenze zu Österreich, wo sie von der Bevölkerung mit Jubel empfangen werden. Ermutigt durch diesen Empfang, beschließt Hitler den „Anschluß" des Landes. Am nächsten Tag spricht er vor den Massen in Wien. Als er verkündet, Österreich sei jetzt ein Teil Deutschlands, kennt die Begeisterung der Menge keine Grenzen. Hitler ist auf dem Gipfel seiner Popularität, er hat Bismarcks „großdeutschen" Wunschtraum realisiert. Im April stimmen 99 Prozent aller Wähler für den Anschluß Österreichs.

Die Vorteile des Anschluß' sind für Deutschland beträchtlich. Deutschland hat ein größeres Gebiet gewonnen, als es 1919 verloren hat, es bringt wertvolle Eisenerzlagerstätten in seinen Besitz und erhält 500 000 Arbeitslose, die in der Rüstungsindustrie dringend gebraucht werden. Die Gold- und Devisenreserven der österreichischen Zentralbank betragen 1,4 Milliarden Mark, die der Reichsbank zum gleichen

Ein Plakat aus dem Jahre 1938–1939. Hitler ist Reichspräsident und Reichskanzler in einer Person. Keine Verfassung hindert ihn an der Ausübung absoluter Macht. Hitler ist Oberkommandierender der bewaffneten Kräfte. Die gesamte Nation tut, was er wünscht und führt seine Befehle gewissenhaft aus.

Zeitpunkt nur 76 Millionen. Die Tschechoslowakei, die eine strategische Bedrohung Deutschlands darstellt, ist einem deutschen Angriff jetzt wehrlos ausgesetzt.

Zwei Wochen nach dem Anschluß empfängt Hitler den Führer der Sudetendeutschen, Konrad Henlein, den er dazu ermuntert, der tschechischen Regierung eine Reihe unannehmbarer Forderungen zu stellen. Einen Monat später erhält General Keitel die Order zur Ausarbeitung der Operation Grün, des Einmarsches in die Tschechoslowakei. Die britische Regierung stellt klar, daß sie dem Land nicht zu Hilfe kommen wird und erklärt, daß Grenzkorrekturen zugunsten Deutschlands wünschenswert seien. Frankreich ist in einer politischen Krise anderweitig gebunden und handelt ohnehin nicht ohne die Unterstützung der Briten, während Mussolini keine Einwände hat. Am 20. Mai entschließt sich die tschechische Regierung, die Initiative zu ergreifen und mobilisiert ihre Kräfte. Großbritannien, Frankreich und die Sowjetunion erwachen aus ihrer Lähmung und erklären jetzt, die tschechischen Maßnahmen voll zu unterstützen. Alle Zeichen stehen auf Krieg.

Am 28. Mai 1938 hält Hitler eine dreistündige Rede vor der militärischen und politischen Führung, in der er seine Entschlossenheit zur Zerschlagung der Tschechoslowakei auf dem Wege eines vier Tage dauernden Blitzkrieges kundtut. Mit diesem Blitzkrieg will er der Intervention Großbritanniens und Frankreichs zuvorkommen. Anschließend will er mit Frankreich verhandeln, um sich den Rücken zu einem Eroberungskrieg im Osten offen zu halten. Er ist sich noch immer nicht sicher, wie sich Großbritannien im Falle eines Krieges mit der Tschechoslowakei verhalten wird, glaubt aber nun, daß er sich für seine Pläne im Osten diplomatisch absichern muß.

Im Juni finden Manöver an der tschechischen Grenze statt; Großbritannien und Frankreich drängen die Tschechen zu Verhandlungen. Am 13. September besucht der britische Premier Neville Chamberlain Hitler auf dem Berghof. Hitler fordert den sofortigen Anschluß des Sudetenlandes. Chamberlain entgegnet, er müsse dies mit seinem Kabinett beraten, worauf Hitler zusagt, solange auf Gewalt verzichten zu wollen. Die Regierungen Großbritanniens und Frankreichs drängen die Tschechen, alle Gebiete des Sudetenlandes mit mehrheitlich deutscher Bevölkerung abzutreten. Chamberlain kehrt mit diesem Vorschlag zu Hitler nach Bad Godesberg zurück, doch Hitler droht unverhohlen, daß „angesichts der Entwicklungen in den letzten Tagen diese Lösung nicht akzeptabel" sei. Chamberlain kehrt nach London zurück, wo die britische Regierung am 26. September bekanntgibt, sie werde Frankreich im Falle eines Krieges Deutschland gegen die Tschechoslowakei unterstützen. Hitler beschwert sich, er werde behandelt „wie ein Nigger" und stellt die Tschechen auf einer Massenveranstaltung im Berliner Sportpalast vor die Entscheidung: Krieg oder Frieden.

Am 27. September gibt Hitler der Armee den Befehl zur Vorbereitung des Angriffes auf die Tschechoslowakei. Am 28. September erklärt er sich auf Drängen Mussolinis zu einem Treffen mit Chamberlain und dem französischen Ministerpräsidenten Daladier in München bereit. Am Morgen des 30. September wird das „Münchner Abkommen" erzielt: Deutschland erhält das Sudetengebiet und garantiert zusammen mit Italien die territoriale Unverletzlichkeit der übrigen Tschechoslowakei.

Im gewissen Sinne ist München für Hitler ein Triumph. Die Tschechoslowakei ist jetzt wehrlos und hat einige bedeutende Industriestandorte sowie 3,6 Millionen Einwohner verloren. Der ruhmreiche Einmarsch in Prag bleibt ihm aber versagt, sein Terminplan ist durcheinander gekommen und Großbritannien und Frankreich haben eine Atempause erreicht, um ihre Rüstungsanstrengungen voranzutreiben. Chamberlain ist von der deutschen Menge als Mann des Friedens begrüßt worden, was Hitlers eigene Vermutung bestätigt, daß die Deutschen einer Konfrontation mit Skepsis entgegensehen und bitter beklagt er sich: „Mit diesen Leuten kann ich keinen Krieg führen!"

Am 21. Oktober befiehlt Hitler die Ausarbeitung von Plänen zur Zerschlagung der Tschechoslowakei und zur Annexion des Memelgebietes, eines deutschen Gebietes, das 1919 an Litauen gefallen ist. In der Tschechoslowakei fordern die Slowaken mit Unterstützung Berlins die Selbständigkeit. Der tschechische Präsident Hacha entläßt daraufhin den slowakischen Führer Monsignore Tiso und entsendet Truppen in die Slowakei. Tiso wird zu einem Treffen mit Hitler überredet, der Tiso davor warnt, daß, sollte er nicht die Unabhängigkeit der Slowakei erklären, Hitler die ungarischen Ansprüche gegen das Land unterstützen würde. Daraufhin verabschiedet das slowakische Parlament am 14. März 1939 die Unabhängigkeitserklärung.

Noch am selben Abend reisen Hacha und sein Außenminister nach Berlin, wo Hitler ihnen einen seiner bekannten Monologe über das unerhörte Verhalten der Tschechen hält. Hacha wird vor die Wahl gestellt, entweder sein Land an die Deutschen auszuliefern oder die Invasion und die Bombardierung von Prag zu verantworten. Hacha erleidet einen Herzanfall. Eine Injektion durch den Leibarzt Hitlers bringt ihn wieder so weit auf die Beine, daß er einen Vertrag unterzeichnen kann, mit dem er „das Schicksal des tschechischen Volkes und ihres Landes vertrauensvoll in die Hände des Führers des Deutschen Reiches" legt, um „Ruhe, Ordnung und Frieden" zu erhalten. Am nächste Tag 9.00 Uhr morgens marschieren deutsche Truppen in die tschechische Hauptstadt ein. Hitler kommt noch am Abend nach Prag und verkündet die Bildung des Protektorates Böhmen und Mähren, wodurch die Tschechei zu einem Satellitenstaat Deutschlands wird.

Am 21. März 1939 fordert Hitler von Litauen die Abtretung des Memelgebietes und geht an Bord des Schlachtschiffes „Deutschland". Als er am 23. März im Memelland eintrifft, hat die litauische Regierung bereits nachgegeben. Hitler, der unter der Seekrankheit leidet, hat ohne Blutvergießen einen weiteren Sieg errungen. Nun richtet er seine Aufmerksamkeit auf Polen.

Hitler hofft ursprünglich darauf, Polen für seinen Eroberungskrieg im Osten als Partner zu gewinnen. Gleichzeitig will er das Land in seinen Kreuzzug gegen die Bolschewisten einbinden und es für den Fall eines Krieges in Westeuropa als Hinterland benutzen. Er fordert die Rückgabe Danzigs und eine extraterritoriale Auto- und Eisenbahnverbindung durch den Korridor nach Ostpreußen. Dafür ist er bereit, die Grenzen Polens für fünfundzwanzig Jahre zu garantieren. Gleichzeitig befiehlt er am 25. März die Vorbereitungen für den Angriff. Fall Weiß tritt in den frühen Morgenstunden des 1. September 1939 in Aktion.

Polen, das kein Bedürfnis verspürt, für Deutschland die Kastanien aus dem Feuer zu holen, fürchtet die Reaktionen der Sowjetunion. Am 26. März lehnt der polnische Außenminister Beck Ribbentrops erneute Forderung zur Abtretung von Danzig ab. Fünf Tage später erhalten Polen und Rumänien die Garantieerklärung der britischen Regierung als Antwort auf die Besetzung von Böhmens und Mährens durch Hitler. Deutschland und Polen befinden sich damit auf Kollisionskurs, und am 28. April kündigt Hitler ihr gegenseitiges Neutralitätsabkommen von 1934.

Aus Furcht vor einem Zusammengehen Großbritanniens und Frankreichs wirft Hitler alle seine bisherigen ideologischen Bedenken beiseite und stimmt Ribbentrops Vorschlag, einen Pakt mit dem Teufel zuschließen, zu. Stalin ist nur allzu bereit, mit Hitler einen Vertrag zu unterzeichnen, von dem er sich Gebietsgewinne im Baltikum und in Polen verspricht, und so trifft Ribbentrop am 23. August in Moskau ein, wo man sich in kurzer Zeit über die jeweiligen Einflußsphären einig wird.

Hitler ist jetzt zum Krieg entschlossen. Die britische Regierung läßt wissen, daß sie Polen unterstützen wird. Am Nachmittag des 31. August erteilt Hitler den Befehl, Polen um 4.45 Uhr am Morgen des nächsten Tages anzugreifen. Ein vorgetäuschter Überfall auf einen deutschen Sender in Grenznähe liefert den Vorwand für den Einmarsch.

## HITLERS KRIEG

Dem deutschen Volk mangelt es an Begeisterung für den Krieg; die Aufbruchstimmung des August 1914 wiederholt sich nicht. Erst am 3. September erklären England und Frankreich Deutschland den Krieg. Das ist eine böse Überraschung für Hitler und das deutsche Volk. Hitlers Versuch, in Ost- und Westeuropa getrennte Kriege zu führen und die Neutralität Großbritanniens zu sichern, ist damit fehlgeschlagen. Hitler verspricht, er werde seine „heilige und geschätzte" Uniform bis zum Endsieg oder bis zum Tode tragen.

Deutschland überfällt Polen ohne Kriegserklärung und der Feldzug ist schnell zu Ende. Am 17. September besetzt die Rote Armee die Ostprovinzen Polens; die baltischen Staaten werden später Sowjetrepubliken. Am 19. September hält Hitler in Danzig eine Rede, in der er erklärt, Polen sei zerstört und werde nie wieder erstehen. Der nach der Aufteilung zwischen Deutschland und der Sowjetunion verbleibende Rest Polens wird als „Generalgouvernement" eine gnadenlos ausgebeutete Kolonie. Die Sowjetunion und Deutschland liquidieren systematisch Polens führende Schicht. Tausende polnische Offiziere werden von der sowjetischen Geheimpolizei NKVD ermordet und im Wald von Katyn in Massengräbern verscharrt. Die Deutschen gehen noch gründlicher zu Werke. Heydrich hat fünf SS-Schwadronen als Verfügungstruppe zur Ermordung der polnischen Intelligenz aufgestellt. Zehntausende werden dahingemetzelt. Am 27. September verkündet Heydrich stolz, daß höchstens noch drei Prozent der polnischen Führungsschicht am Leben sind. Gleichzeitig sperrt die SS die polnischen Juden in die Ghettos von Warschau, Krakau, Lemberg, Lublin und Radom ein. Einige deutsche Soldaten, darunter General Blaskowitz, sind über die Brutalität der SS entsetzt und protestieren bei ihren Vorgesetzten, bis hin zu Hitler. Der Führer spricht abfällig über die „Einstellungen wie bei der Heilsarmee". Blaskowitz wird an die Westfront versetzt.

Himmler, der sich im Oktober 1939 selbst zum „Reichskommissar für die Festigung des deutschen Volkstums" ernennt, erarbeitet Richtlinien für die deutsche Besatzungspolizei in Polen. Die Polen sollen lernen, daß es „Gottes Gebot ist, den Deutschen zu gehorchen, ehrlich, fleißig und gesittet zu sein". Rassisch wertvolle Kinder sind einzudeutschen und entsprechend zu erziehen. Slawische Untermenschen stellen eine frei zur Verfügung stehende Arbeitskraft dar. Bis Mitte 1941 haben eine Million Polen ihr gesamtes Hab und Gut verloren und sind umgesiedelt worden. Das Land wird mit Deutschen besiedelt, die in der Endphase des Krieges fürchterlichen Vergeltungsmaßnahmen ausgesetzt sind.

Hitler hat zwar einen weiteren, bedeutenden Sieg errungen, doch Deutschlands Position ist damit nicht gesichert. Italien hat seine Neutralität erklärt, ebenso Japan. Aber die Rüstungsindustrie ist noch immer nicht kriegsbereit, und Deutschland noch immer vom Import wichtiger Rohstoffe abhängig. Am schwersten wiegt aber die weitgehende Abhängigkeit des Landes von der Sowjetunion, ohne deren Unterstützung ein Feldzug gegen Frankreich nicht denkbar ist. In dieser Lage entschließt sich Hitler dazu, so früh wie möglich loszuschlagen. Frankreich soll binnen kurzer Zeit besiegt, Großbritannien vom europäischen Kontinent abgeschnitten werden, und so einer Neuaufteilung der Welt zustimmen, die Hitler mehrfach angeboten hat. Danach hätte er freie Hand für die Errichtung eines Reiches im Osten.

Die Offensive wird neunundzwanzig Mal verschoben, denn, um eine weitere Verzögerung des Krieges zu erreichen, in den niemand mit Begeisterung zieht, gibt das Militär vor, daß das Wetter zu schlecht sei. Am 9. April 1940 überfällt Deutschland dann Dänemark und Norwegen, sichert sich die schwedischen Eisenerzlieferungen und festigt seine strategische Position gegenüber Großbritannien. Der Angriff an der Westfront beginnt im Mai, nachdem Holland innerhalb von fünf Tagen überrannt worden ist. In der Hauptoffensive von den Ardennen bis zum Ärmelkanal werden die Armeen Großbritanniens und Belgiens und ein großer Teil der französischen Streitkräfte umfaßt. Den Engländern und einem Teil der Franzosen gelingt es, aus Dünkirchen zu entkommen, als Hitler den Vorstoß der Panzer stoppt. Ihre linke Flanke ist gefährlich entblößt, die Nachschubverbindungen zu weit ausgedehnt, die Soldaten müde und die Panzer reparaturbedürftig. Am 14. Juni marschieren die Deutschen in Paris ein. Am 21. Juni nimmt Hitler im Sessel von Marschall Foch in demselben Eisenbahnwaggon Platz, in dem 1918 der Waffenstillstand unterzeichnet worden ist und diktiert die Friedensbedingungen.

Im Süden entsteht unter dem betagten Verteidiger von Verdun, Marschall Pétain ein neuer französischer Staat mit der Verwaltungshauptstadt Vichy. Luxemburg und Elsaß-Lothringen werden annektiert. Italien, das entgegen Hitlers Wunsch am 10. Juni den Krieg erklärt hat, erhält einen schmalen Grenzstreifen. Nordfrankreich wird unter militärische Besetzung gestellt.

Hitler hofft noch immer, mit England zu einer Vereinbarung zu kommen, doch Winston Churchill, der im Mai 1940 Premierminister geworden ist, schwört seine Landsleute darauf ein, den Kampf fortzusetzen. Am 16. Juli befiehlt Hitler unter dem Decknamen „Seelöwe" die Vorbereitung auf die Invasion der Britischen Inseln. Drei Tage später kommt es im Reichstag zu seiner Rede „Appell an die Vernunft", in der er die britische Regierung zur Einstellung der Feindseligkeiten auffordert. Der Luftkrieg um England beginnt am 13. August, wird aber am 16. September wegen zu hoher Verluste und schlechten Wetters abgebrochen. Hitler, der ganz im Unterschied zu seinem sonstigen Verhalten, kein Interesse an den Details des Invasionsplans gezeigt hat, erkennt, daß dazu die Überlegenheit zu Luft ein wesentlicher Faktor ist, und setzt seine Vorbereitungen für den Überfall auf die Sowjetunion verstärkt fort.

Am 19. Juli gibt Präsident Roosevelt zu erkennen, daß er einer Niederlage Großbritanniens nicht tatenlos zusehen wird. Hitler drängt nun darauf, daß die Sowjetunion im Frühjahr 1941 einzunehmen ist, denn er glaubt, daß, sobald Deutschland den europäischen Kontinent unter seiner Kontrolle hat, die Engländer den Kampf be-

*Gegenüber:* Eine Straßenkreuzung in Calais nach einem Angriff der Luftwaffe im Mai 1940. Der Angriff ist Teil der mehrmals verschobenen Offensive Hitlers an der Westfront.

enden müssen, und den Vereinigten Staaten keine Zeit mehr für die Rüstung bleibt,
zumal sie einem starken Japan gegenüber stehen. Der erste Schritt auf dem Weg dieser Überlegungen ist der Dreimächtepakt zwischen Deutschland, Italien und Japan
am 27. September. Doch dieser bringt nicht viel. Japan bleibt neutral und zeigt kein
Interesse, seine Strategie mit den Deutschen abzustimmen. Alles, was sich Hitler von
diesem rassisch zweifelhaften Volk, das bis auf Widerruf als arisch erklärt wird, erhof-
fen kann, ist, daß es die Amerikaner im Pazifik binden wird. Versuche, Frankreich
und Spanien in den Block mit einzubinden, scheitern. Pétain verlangt Garantien in
Form eines offiziellen Friedensvertrages, und Franco hält sich gänzlich heraus.

Am 12. November 1940 reist Molotow nach Berlin, um dort die Kriegsziele der
Sowjetunion darzulegen. Er fordert die Kontrolle über Finnland, Rumänien, Bulgarien, den Bosporus und die Dardanellen und schlägt vor, daß Ungarn, Jugoslawien,
das westliche Polen und der Zugang zur Ostsee später in die Sowjetunion einge-
gliedert werden. Einer von Hitlers Adjutanten bemerkt: „M. hat die Katze aus dem
Sack gelassen. Er [Hitler] ist echt erleichtert, jetzt ist das nicht einmal mehr eine Ver-
nunftehe." Der Besuch Molotows, der zeitlich mit einem Luftangriff der Engländer
auf Berlin zusammenfällt, überzeugt Hitler zusätzlich davon, daß er schnellstmöglich nach Osten marschieren muß. Am 18. Dezember erläßt er den Befehl Nr. 21 für
die Operation Barbarossa, den Überfall auf die Sowjetunion im Jahre 1941 auch für
den Fall, daß England nicht geschlagen wird. Hitler fordert einen raschen Feldzug,
damit Deutschland ab 1942 an von einer Position der Stärke aus gegen die Vereinigten Staaten von Amerika kämpfen kann. Die Sowjetunion soll bis August 1941 besiegt sein, so daß die deutschen Truppen anschließend die englischen Stellungen im
Nahen Osten und auf Gibraltar einnehmen, und über Afghanistan in Indien einmarschieren können. Hitler überträgt Himmler und der SS „Sonderaufgaben" in diesem
„Kampf zweier Weltanschauungen" und trennt die SS klar von der Armee ab. Der
Armee wird außerdem erklärt, daß das Prinzip soldatischer Kameradschaft nicht
mehr gelte, und sie die europäische Zivilisation gegen die asiatisch-moskowitische

Soldaten ziehen eine neuent-
wickelte Panzerabwehrkanone
aus der Stellung, wo sie ver-
steckt worden ist, um die
Soldaten in vorderster Front
vor den Angriffen feindlicher
Panzer zu schützen.

Gefahr zu verteidigen, und einen Vernichtungsfeldzug gegen den jüdischen Bolschewismus zu führen habe.

Die Kriegsrechtsverordnung für das Operationsgebiet Barbarossa vom 13. Mai legt fest, daß deutsche Militärangehörige für Verbrechen an sowjetischen Bürgern nicht vor ein Kriegsgericht gestellt werden können. Der berüchtigte „Kommissarbefehl" vom 6. Juni befiehlt die Beseitigung aller feindlichen, gefangengenommenen Kommissare – die Armee wird auf diese Weise zum Erfüllungsgehilfen der Naziverbrechen. Die Einsatztruppen der SS erhalten den Befehl zur Ausrottung der „biologischen Wurzeln des Bolschewismus" durch die systematische Ermordung der sowjetischen Juden.

Der Angriff auf die Sowjetunion beginnt am 22. Juni 1941 und verläuft reibungslos. Am 15. Juli gibt Himmler seinen Generalplan Ost bekannt, der die Vertreibung von einunddreißig Millionen Menschen nach Sibirien, die deutsche Besiedelung im Osten und die „Verschrottung" der rassisch Unerwünschten vorsieht. Himmler bekommt daraufhin die Verantwortung für die Realisierung des deutschen Ostreiches übertragen. Am 21. Juli teilt Hitler dem kroatischen Verteidigungsminister Kvaternik mit, daß er die Absicht habe, die europäischen Juden zu vernichten, zuerst in der Sowjetunion, danach im übrigen Europa. Sollte ein europäischer Staat den Juden Schutz gewähren, gibt Hitler warnend zu bedenken, so handele er als „Brutkasten für Vernichtungsbakterien". Am 31. Juli erhält Heydrich die Order, alle Vorbereitungen für eine „generelle Lösung der Judenfrage in Europa" zu treffen.

Ende Juli verlangsamt sich der deutsche Vormarsch und im Dezember beginnt die Sowjetunion vor Moskau mit einer erfolgreichen Gegenoffensive. Hitler entläßt die meisten seiner Offiziere und übernimmt nun selbst die Kriegführung und einige führende Nationalsozialisten sind nunmehr davon überzeugt, daß der Krieg verloren ist. Selbst Hitler sieht die Gefahr und stellt fest: „Wenn das deutsche Volk nicht stark genug und nicht bereit ist, sein eigenes Blut für den Fortbestand zu opfern, dann muß es untergehen und von einer anderen, stärkeren Macht vernichtet werden." Er fügt hinzu, daß er seinen deutschen Volksgenossen keine Träne nachweinen werde.

Hitler plant für 1942 eine Großoffensive im südöstlichen Abschnitt, doch die Einkreisung der Roten Armee im Sommer des Jahres schlägt fehl. Umgehend erteilt er der Heeresgruppe B die Weisung zur Einnahme von Stalingrad und zum Vorstoß bis an das Kaspische Meer. Die Heeresgruppe A soll nach Baku vorstoßen; im nördlichen Abschnitt ist Leningrad einzunehmen und zu zerstören. Am 23. Oktober eröffnet Montgomery eine Offensive bei El-Alamein, die zur Niederlage der deutsch-italienischen Truppen in Nordafrika führt. Am 19. November beginnt die sowjetische Gegenoffensive nördlich von Stalingrad, und die 6. deutsche Armee unter General Paulus wird in der Stadt eingeschlossen. Hitler befiehlt, daß Stalingrad unter allen Umständen zu halten sei. Am 2. Februar 1943 ergeben sich die Reste der Armee von General Paulus. Neunzigtausend Soldaten geraten in Gefangenschaft, nur wenige von ihnen kommen mit dem Leben davon. Obwohl Hitlers Entscheidung zur Fortführung der Schlacht von Stalingrad strategisch richtig gewesen ist, damit sich der größte Teil der deutschen Streitkräfte aus dem Kaukasus zurückziehen und am 20. Februar einen Gegenangriff einleiten kann, wird Stalingrad die entscheidende Niederlage des Krieges.

*Links:* Juden aus allen besetzten Ländern Europas werden in die Todeslager der Nazis deportiert. Neunzig Prozent aller polnischen Juden (3 000 000), 56 Prozent der Juden aus den Benelux-Staaten (310 000) und ein Prozent der dänischen Juden (70) werden ermordet.

*Unten:* Soldaten der 1. US-Armee, die im Mai 1945 das Konzentrationslager Buchenwald befreien, finden zahllose Eheringe, die den Opfern abgenommen worden sind.

In Friedenszeiten ist es im nationalsozialistischen Staat zu zahlreichen Kompetenzüberschneidungen gekommen. Zahlreiche Einrichtungen haben gegeneinander gearbeitet, und es hat an Verfahrensvorschriften gefehlt. In den Kriegsjahren ist die Situation noch verworrener. Nach 1937 ist das Kabinett nicht mehr zusammengetreten und der Versuch Görings, einen neuen Ministerrat zu errichten, wird von Hitler hintertrieben, der dadurch seine absolute Macht bedroht sieht. Im November 1939 tritt der Rat zu seiner letzten Sitzung zusammen. Hitler verbringt die meiste Zeit in seinem weit entfernten Hauptquartier. Die zivilen Behörden in den besetzten Gebieten handeln eigenverantwortlich und können es sich leisten, die Weisungen der Ministerien in Berlin zu ignorieren. Innerhalb Deutschlands festigen die Gauleiter ihre Machtposition und regieren wie ehemals Fürsten über ihre Lehen.

Während Himmler, der Ausführende von Hitlers Rassenpolitik im Osten, zunehmend mehr Macht erhält – im Jahre 1943 wird er zusätzlich noch Reichsinnenminister und erhält 1944 den Befehl über die Reservearmee – befindet sich Görings Stern, parallel zu dieser Entwicklung, im Untergehen. Die Luftwaffe hat im Krieg um England versagt, zudem ist Görings wirtschaftliche Lenkung der Industrie nicht effektiv und er selbst macht sich zunehmend wegen seines aufschneiderischen Auftretens in edelsteinbesetzten Phantasieuniformen unbeliebt. Er raubt systematisch Kunst- und Kulturgüter aus Galerien in ganz Europa und konzentriert sich auf die Jagd. Hitlers Architekt, Albert Speer, erweist sich dagegen als ein ausgezeichneter Organisator der Rüstungsproduktion, so daß Göring ins Abseits geschoben wird. Goebbels erlebt seinen großen Tag nach der Niederlage bei Stalingrad, als er in seiner berühmt gewordenen Rede im Berliner Sportpalast die rhetorische Frage stellt: „Wollt ihr den totalen Krieg?" Er führt mit zunehmendem Erfolg Hitlers Geschäfte während der Zeit, als dieser nicht recht weiß, wie er auf die Niederlage reagieren soll. Nachdem Heß 1941 nach Schottland geflohen ist, übernimmt Hitlers Sekretär, Bormann, praktisch die Leitung der Partei und versieht im Endstadium des Krieges nahezu alle Regierungsaufgaben, indem er den Informationsfluß zu Hitler steuert und in dessen Namen Befehle erteilt. Bormann vereint in sich den Fanatismus des Ideologen mit der Akribie des Bürokraten, was ihn zu einem perfekten Nationalsozialisten macht.

## DIE ENDLÖSUNG

Der Massenmord an den europäischen Juden hat im Herbst 1941 in den Vernichtungslagern Auschwitz, Chelmno, Treblinka, Belzec, Majdanek und Sobibor begonnen. Hunderttausende von Juden sind von den Sondereinheiten der SS bereits ermordet worden, aber die nun geplanten und einsetzenden Massenmorde können von den Erschießungskommandos oder den kleinen, mobilen Gaskammern nicht mehr bewältigt werden. Andererseits werden die Juden als Arbeitskräfte in der Rüstungsindustrie benötigt. Diesen Widerspruch erkennt man in Auschwitz, dem größten Massenvernichtungslager, ganz deutlich. Und so erfolgt gleich nach der Ankunft eine oberflächliche Untersuchung der Gefangenen durch die Ärzte. Wer als arbeitsfähig gilt, wird in die Fabriken geschickt, die anderen kommen in die Gaskammern.

Ab 1943 wird der Krieg nicht mehr als Kreuzzug einer Rasse gegen eine andere dargestellt, sondern als ein Kampf der europäischen Zivilisation gegen den Bolschewismus.

Seit Beginn der deutschen Besetzung Polens sind zahllose polnische Juden ermordet worden und es besteht kaum Zweifel daran, daß Hitler wahrscheinlich im Sommer 1941 die Vernichtung aller europäischer Juden angeordnet hat. Diese Entscheidung ist keine Verzweiflungstat seiner in Panik geratenen Statthalter, die nicht mehr wissen, was sie mit den, ihrem Befehl unterstellten, Juden tun sollen, sie ist auch kein Versuch Hitlers, seine „historische Mission" zu erfüllen, bevor es dazu zu spät ist. Diese Entscheidung ist von Anfang an fester Bestandteil seines Überfalles auf die Sowjetunion, an dessen siegreichen Ausgang damals noch nicht gezweifelt wurde.

Am 20. Mai 1941 kommt aus dem RSHA ein Befehl, der die Auswanderung von Juden aus Frankreich und Belgien mit der Begründung untersagt, „daß die Endlösung der Judenfrage unmittelbar bevorstehe". Am 31. Juli befiehlt Göring Heydrich, die notwendigen Vorbereitungen für eine „Gesamtlösung der Judenfrage im deutschen Einflußbereich in Europa" zu treffen. Im September werden die Juden dazu gezwungen, einen gelben Davidstern zu tragen und im Herbst 1941 kommen die ersten Gaskammern in den Konzentrationslagern Chelmno und Belzec zum Einsatz. Ihre Leitung wird von Männern mit einschlägigen Erfahrungen bei der Behandlung von Geisteskranken und Personen mit Erbkrankheiten im Rahmen des Euthanasieprogrammes T4 (benannt nach der Adresse der persönlichen Kanzlei Hitlers in Tiergarten 4) übernommen. Die Gaskammern in Auschwitz gehen im Januar 1942 in Betrieb.

Am 29. November 1941 lädt Heydrich zu einer Konferenz über die „Endlösung der Judenfrage" ein, die im ehemaligen Büro der Interpol am Großen Wannsee in Berlin stattfindet. Nach einiger Verzögerung findet die „Wannsee-Konferenz" dann am 20. Januar 1942 statt. Sie ist kurz und das Gesagte zweideutig; ihr Hauptanliegen besteht darin, allen Ministerien klarzumachen, daß Heydrich das Sagen hat.

Die „Endlösung", in deren Ergebnis sechs Millionen Juden ermordet werden, läßt sich mit Worten nicht erklären. Vielleicht ist das gut so, denn Erklären heißt im gewissen Sinne auch Verstehen. Das beispiellose und schrecklichste Geschehen der gesamten Menschheitsgeschichte wird durch das Zusammenwirken von ideologischem Fanatismus, kalt berechnendem Bürokratismus, primitiven und pathologischen Verhaltensmustern und den technischen Gegebenheiten einer fortgeschrittenen Industriegesellschaft möglich. Es ist richtig, daß das schrecklichste aller Verbrechen den Menschen für immer im Zusammenhang mit dem Nationalsozialismus im Gedächtnis bleiben wird, denn in diesem Verbrechen findet das Hitlerregime zu seinem grausamen Höhepunkt.

### DIE HEIMATFRONT

An der Heimatfront üben die Nazis eine deutliche Zurückhaltung bei der Forderung von Kriegsopfern vom deutschen Volk. Bis zur Rede Goebbels in Berlin werden Blut, Schweiß und Tränen nicht erwähnt, denn Hitler glaubt, daß Deutschland 1918 infolge des Zusammenbruches der Heimatfront besiegt worden ist, und ist daher entschlossen, die allgemeine Moral nie wieder auf einen solchen Tiefpunkt sinken zu lassen. Die Versorgung mit Nahrungsmitteln und Industriegütern ist durch eine sorgfältige Planung in Vorbereitung auf den Krieg, durch Importe aus der Sowjetunion und durch die Ausbeutung der besetzten Gebiete gesichert.

Im Frühjahr 1942 werden die Nahrungsmittelrationen gekürzt, was zu weitverbreiteter Unzufriedenheit führt. Die Sommeroffensive in der Sowjetunion und die gute Ernte machen es möglich, diese Schwierigkeiten zu überwinden,

Im Endstadium des Krieges setzt Deutschland seine einzige Hoffnung auf Geheimwaffen, mit denen das Blatt noch gewendet werden soll. Die Raketen V1 und V2 richten sich hauptsächlich gegen die Bevölkerung Londons und das Umland. Die V1 ist langsam und relativ harmlos. Die Überschallgeschwindigkeit erreichende V2 schlägt dagegen ohne Vorwarnung ein, was sie zu einer gefährlichen Waffe macht.
*Oben:* Die V1 im Flug.
*Rechts:* In Bromskirchen fallen den Amerikanern V2 Raketen in die Hände.

und im Oktober wird die wöchentliche Fleischration von 300 auf 350 Gramm erhöht.

Anstatt Frauen in der Industrie einzusetzen, greift man auf Fremdarbeiter und Kriegsgefangene zurück. Sieben Millionen solcher Arbeiter sind nach Deutschland gebracht worden. Ein Viertel der Beschäftigten in der Rüstungsindustrie und etwa die Hälfte in der Landwirtschaft sind Ausländer, zumeist „slawische Untermenschen", ein Umstand, der der Naziideologie von „Blut und Boden" geradezu ins Gesicht schlägt. Auf diese Weise vermeiden die Nazis jedoch die Mobilisierung für den totalen Krieg bis zu Goebbels Rede vom 18. Februar 1943. Die vor ausgewähltem Publikum gehaltene Rede ist ein rhetorisches Meisterstück, gleichzeitig aber auch das Eingeständis der Niederlage. Ein Jahr zuvor sind der Reichsminister für Rüstung, Fritz Todt, und sein Nachfolger Albert Speer, bereits zu der Erkenntnis gekommen, daß der Krieg wirtschaftlich verloren ist. Als Todt bei einem Flugzeugabsturz ums Leben kommt, führt Speer dessen Anstrengungen zur Rationalisierung der Rüstungsindustrie fort. Unter zunehmend schwierigeren Bedingungen erzielt er erstaunliche Erfolge, doch die Naziideologen, die kleine und leistungsschwache Rüstungsbetrieb den großen Konzernen vorziehen, stellen sich ihm in den Weg und haben mit Bormann, den Gauleitern und dem SS-Wirtschaftswissenschaftler Otto Ohlendorf eine einflußreiche Lobby hinter sich.

Auf dem Höhepunkt seiner Macht zwischen 1940 und 1941 scheint jeder Widerstand gegen Hitler sinnlos zu sein. 1942 hat sich diese Situation grundlegend verändert, doch die Widerstandsbewegung ist hoffnungslos uneins. Eine kleine Gruppe von Kommunisten arbeitet isoliert und wird von den anderen Oppositionsgruppen mit Vorbehalt betrachtet. Außerdem befinden sie sich von August 1939 bis Juni 1941 wegen des Bündnisses zwischen Deutschland und der Sowjetunion in einer aussichtslosen Lage und erhalten aus Moskau keine Unterstützung. Sie versorgen die Sowjets über ihre Spionagenetze, wie das Rote Orchester, mit wertvollen Informationen, doch ihre außerordentlichen Anstrengungen bleiben unbelohnt. Nach dem Krieg werden viele von ihnen zum Dank für ihre Leistungen in sowjetische Arbeitslager verbannt. Ultrakonservative Gegner des Regimes, wie der Bürgermeister von Leipzig, Goerdeler, oder der Chef des Generalstabes, Beck, sind antidemokratische Nationalisten, die daran glauben, daß Deutschland als dominierende Macht und Bollwerk gegen den Bolschewismus überleben kann. Der Kreisauer Kreis, der sich aus zumeist jungen, überzeugten Christen beider Konfessionen zusammensetzt, fühlt sich einem religiösen und individualistischen Sozialismus verbunden. Eine Gruppe junger Offiziere, einschließlich Stauffenberg, von Tresckow und Olbricht, besteht vornehmlich aus Aristokraten, die anfangs mit dem Nationalsozialismus sympathisiert haben, durch das Pogrom im November 1938 und den brutalen Ostkrieg aber zunehmend ernüchtert worden sind.

Kaum einer der Widerstandskämpfer wünscht sich die Rückkehr der Weimarer Republik, da sie im Nationalsozialismus ein Produkt der Demokratie sehen, die der ignoranten Masse ein zu großes Mitspracherecht eingeräumt hat. Die demokratischer Gesinnten träumen von einer Volksbewegung quer durch alle politischen Parteien, einem Neubeginn, der alle Spuren des Nationalsozialismus tilgt. Doch alle sind sich darin einig, daß Hitler getötet werden muß, und daß dieses Ziel nur

Deutsche Industriearbeiterinnen 1943. Wegen der großen Zahl von Fremdarbeitern werden relativ wenige deutsche Frauen in den Munitionsfabriken benötigt. Im Herbst 1944 befinden sich etwa acht Millionen Fremdarbeiter in Deutschland. Jeder vierte Arbeiter in der Industrie ist Ausländer, zwei Millionen sind Kriegsgefangene, 2,5 Millionen kommen aus der Sowjetunion, 1,7 Millionen aus Polen, 1,3 Millionen aus Frankreich und 600 000 aus Italien. Weitere 650 000 Arbeitskräfte aus den Konzentrationslagern, zumeist Juden, werden in der Rüstungsindustrie eingesetzt. Ungefähr die Hälfte der polnischen und sowjetischen Arbeitskräfte sind junge Frauen um die zwanzig.

auf dem Wege einer militärischen Verschwörung erreichbar ist.

Nach mehreren fehlgeschlagenen Anschlägen auf Hitlers Leben legt Stauffenberg am 20. Juli 1944 im Besprechungsraum des Führerhauptquartiers im ostpreußischen Rastenburg eine Bombe. Die Bombe explodiert, vier Personen werden getötet, aber Hitler überlebt. Die Mehrheit der deutschen Bevölkerung erschreckt die Nachricht über das Attentat. Sie klammern sich an Hitler, wie an den letzten Strohhalm, und sehen in diesem verzweifelten Stadium des Krieges in ihm ihre letzte Hoffnung. Der nach Stalingrad abbröckelnde Führer-Mythos wird neu belebt und voll ausgereizt. Hitler schwört allen am Attentat Beteiligten schreckliche Rache und beschimpft „all jene ‚von‘, die sich Aristokraten nennen". Goebbels wird zum „Reichsbevollmächtigten für den totalen Kriegseinsatz" ernannt und unternimmt verzweifelte Anstrengungen zur Steigerung der Rüstungsproduktion. Alle noch verbliebenen Männer zwischen fünfzehn und sechzig werden zum Volkssturm verpflichtet. Himmler erniedrigt das Offizierscorps und löst eine neue Terrorwelle aus und am Volksgerichtshof erläßt der berüchtigte Roland Freisler mit sadistischer Wollust und nach öffentlicher Erniedrigung seiner Opfer ein Todesurteil nach dem anderen. Eine englische Fliegerbombe bereitet seinem Leben ein Ende.

## DIE NIEDERLAGE

Der Krieg kann für Deutschland nicht mehr gewonnen werden. An der Ostfront hat die Armeegruppe Mitte im Juni 1944 eine schwere Niederlage hinnehmen müssen und der Zusammenbruch der gesamten Front ist nur noch eine Frage der Zeit. Zur gleichen Zeit sind in der Normandie die Alliierten gelandet und befinden sich nun auf dem Vormarsch. Die alliierte Luftoffensive nimmt an Intensität zu. Die „Festung Europa" hat kein Dach mehr und Deutschlands schöne Städte versinken in Schutt und Asche. Eine halbe Million Zivilisten findet in den Luftangriffen den Tod. Vier Millionen Wohnungen werden zerstört. Ab dem Sommer 1944 zeigen die Bombardements auch Auswirkung auf das Transportwesen und die Industrieproduktion; Speer weiß, daß das Ende des Krieges bevorsteht.

Hitler flüchtet sich in eine Traumwelt, in der die Alliierten nicht mehr vorhanden sind und die Briten sich mit ihm gegen die Sowjetunion verbünden. Er verkündet, mit den neuen „Wunderwaffen" V1 und V2 käme der Sieg und befiehlt in einem Verzweiflungsakt eine Offensive durch die Ardennen auf Antwerpen und Brüssel. Der Ardennenangriff schwächt die Ostfront und kommt nach vier Tagen schwerer Kämpfe und großer Verluste zum Stehen. Die Offensive der Sowjetunion beginnt am 12. Januar 1945 und die Rote Armee steht schon bald an der Oder. Vor sich her treibt sie Millionen von Flüchtlingen, die der bestialischen Orgie von Mord, Vergewaltigung und Plünderung zu entfliehen suchen, mit der die Sowjets Rache nehmen.

Eine ähnliche Behandlung wird den unglücklichen Menschen zuteil, die die Rote Armee in Polen, Rumänien und Ungarn „befreit".

Am 16. Januar kehrt Hitler in seinen Bunker in der Berliner Reichskanzlei zurück, der in fantastisches Zwielicht getaucht, in mehr als sechs Meter unter der Erde, von der Außenwelt getrennt liegt. Die Nazigrößen ergötzen sich an der sinnlosen Zerstörung deutscher Städte: Goebbels Presse verkündet, daß die „sogenannten Leistungen des bürgerlichen neunzehnten Jahrhunderts endgültig begraben" worden, und der Weg für eine revolutionäre, neue nationalsozialistische Gesellschaft nun frei sei. Hitler bemerkt gegenüber Speer, die Alliierten würden wertvolle Vorarbeit für den Wiederaufbau der Städte nach Plänen, die sie zusammen entworfen hätten, leisten. Am 19. März unterzeichnet Hitler den „Befehl Nero" für eine Politik der verbrannten Erde, die den Alliierten nichts in die Hände fallen lassen sollte. Doch Speer ist bemüht, die Ausführung dieses Befehls durch die Gauleiter zu verhindern.

Am 20. April 1945 feiert Hitler seinen fünfundsechzigsten Geburtstag zusammen mit Göring, Goebbels, Himmler, Bormann, Speer, Ribbentrop, Ley und einigen leitenden Militärs. Seine Geliebte Eva Braun kommt aus diesem Anlaß extra nach Berlin. Zwei Tage später hält Hitler seine letzte Konferenz ab. Die Russen befinden sich bereits in den Vororten von Berlin. Hitler beschimpft seine Generäle, bricht dann weinend zusammen und jammert, daß der Krieg verloren sei und er sich erschießen werde. Am 29. April heiratet er Eva Braun und verfaßt sein politisches Testament, in dem er Großadmiral Dönitz zum Präsidenten und Kriegsminister und Goebbels zum Reichskanzler ernennt. Die Neuvermählten begehen am nächsten Tag Selbstmord, ihre Leichen werden verbrannt. Goebbels und seine Frau begehen ebenfalls Selbstmord, nachdem sie zuvor ihre sechs Kinder umgebracht haben. Bormann wird bei der Flucht aus der Reichskanzlei erschossen, sein Leichnam viele Jahre später gefunden. Dönitz zögert das Ende des Krieges so lange wie möglich hinaus, wodurch drei Millionen seiner Landsleute den Fängen der Sowjets entkommen. Am 23. Mai wird Dönitz verhaftet, und am 5. Juni übernehmen die Alliierten offiziell die Kontrolle über das besiegte Deutschland.

Überlebende fliehen aus den Ruinen Aachens nach einem Luftangriff der Alliierten. Die Bomberoffensive verlangt von den Alliierten größere Anstrengungen als von den Deutschen, zerstört aber die Moral der Zivilbevölkerung. Im Luftangriff auf Hamburg kommen 1943 50 000 Menschen ums Leben und andere Städte mußten ein ähnliches Schicksal befürchten.

## KAPITEL 12 — *Deutschland nach 1945*

Deutschland wird in die von der Europäischen Beratenden Kommission bereits im September 1944 beschlossenen Besatzungszonen geteilt, zu der im Juli 1945 noch die französische Besatzungszone und ein französischer Sektor in Berlin dazukommen. Mit den Potsdamer Abmachungen vom Juli und August 1945 vereinbaren die Alliierten, alle deutschen Kriegsverbrecher vor Gericht zu stellen und alle Mitglieder der Nazipartei aus ihren Ämtern zu entlassen. Demokratische politische Parteien und Gewerkschaften sollen zugelassen, Presse- und Religionsfreiheit gewahrt und die lokale Selbstverwaltung der Deutschen unter Aufsicht der Alliierten durchgeführt werden.

Unter enger Kontrolle der sowjetischen Behörden nimmt die Kommunistische Partei Deutschlands (KPD) am 11. Juni 1945 ihre Tätigkeit wieder auf und sucht nach einem Koalitionspartner. Im April 1946 wird die Sozialdemokratische Partei Deutschlands (SPD) in der sowjetischen Besatzungszone dazu gedrängt, sich mit der KPD zur Sozialistischen Einheitspartei Deutschlands (SED) zu vereinigen. In den westlichen Besatzungszonen wird eine solche Vereinigung aus politisch-taktischen Gründen von seiten der Alliierten wie auch von seiten der SPD verworfen, die KPD bleibt dort als eigenständige Partei erhalten. Bei der ersten Wahl zum Bundestag in Westdeutschland erringen die Kommunisten einen Stimmenanteil von 5,7 Prozent.

Der Vorsitzende der SPD, Kurt Schumacher, der im Ersten Weltkrieg einen Arm verlor, ist in der Weimarer Republik Reichstagsabgeordneter gewesen und hat danach zehn schreckliche Jahre im Konzentrationslager verbracht. Er ist überzeugter Antikommunist und regiert seine Partei mit eiserner Hand, obwohl er zutiefst demokratische Prinzipien vertritt. Er ist ein ebenso überzeugter Nationalist und als solcher entschlossen, alles dafür zu tun, daß ein geeintes Deutschland seinen Platz in der Völkergemeinschaft wieder einnehmen kann. Angesichts der Erfahrung der Alliierten mit Deutschland und des Beginns des Kalten Krieges ist dies jedoch eine hoffnungslos unrealistische Politik. Auch seine Forderungen nach umfangreichen Verstaatlichungen und einer kontrollierten sozialistischen Wirtschaftsordnung gewinnen ihm wenig Freunde. Bei den ersten Parlamentswahlen in Westdeutschland erhält die SPD 29,2 Prozent der Stimmen und unterliegt damit der CDU, die sich mit mehreren Parteien des Zentrums und der Rechten zusammengeschlossen hat und 31 Prozent der Wählerstimmen auf sich vereint.

### DIE TEILUNG DEUTSCHLANDS

In diesen ersten Jahren steht die CDU für eine christlich-soziale Denkweise. Die Partei bekennt sich zu Privatbesitz, unterstreicht aber, daß Besitz auch Verantwortung gegenüber weniger Begünstigten bedeutet. Zu Beginn fordert die Partei die Verstaatlichung der Bodenschätze und Schlüsselindustrien, doch diese programmatisch gemeinwirtschaftliche Ausrichtung wird schnell fallengelassen, und die Partei schwenkt voll auf den Kurs der freien Marktwirtschaft ein. Der Bundesvorsitzende der CDU, Konrad Adenauer, ist der herausragende Staatsmann der frühen Jahre der Bundesrepublik Deutschland – ein ganzer Zeitabschnitt trägt seinen Namen. Geboren 1876, wird er mit dreiundsiebzig Jahren Kanzler der Bundesrepublik Deutschland. Während der Weimarer Republik ist er Oberbürgermeister von Köln gewesen und mit den Nazis mehrfach zusammengestoßen. Als Rheinländer und frommer Katholik empfindet er eine tiefe Abneigung gegen Preußen, das in seinen Augen ein militaristischer und chauvinistischer Staat ist, der Deutschland ins Unglück gestürzt hat. Seine große Leistung ist der Ausgleich zwischen Deutschland und Frankreich und die Einbindung Deutschlands in ein westliches Vertragssystem, von dem er hofft, daß es zum Eckstein eines neuen Europa wird. Nach allem, was geschehen ist, setzt Adenauer kein blindes Vertrauen in Deutschland, das er mit einer unverzurrten Kanone an Deck eines Schiffes vergleicht und will daher die Bundesrepublik in das westliche Bündnis einbringen. Obwohl er Sozialismus jeglicher Spielart strikt ablehnt, ist er kein dogmatischer Liberaler und den Prinzipien des Wohlfahrtsstaates eng verbunden. Seine Vorbilder sind Persönlichkeiten wie Wilhelm I., Bismarck und Hindenburg, doch seine Leistungen sind bedeutender als die seiner Vorgänger. Er schafft eine berechenbare, stabile Demokratie, frei von Fanatismus und Selbstüberheblichkeit, die in der Vergangenheit so viel Leid über Deutschland gebracht haben.

Eine relativ kleine Partei, die FDP, ist sowohl antisozialistisch als auch antikleri-

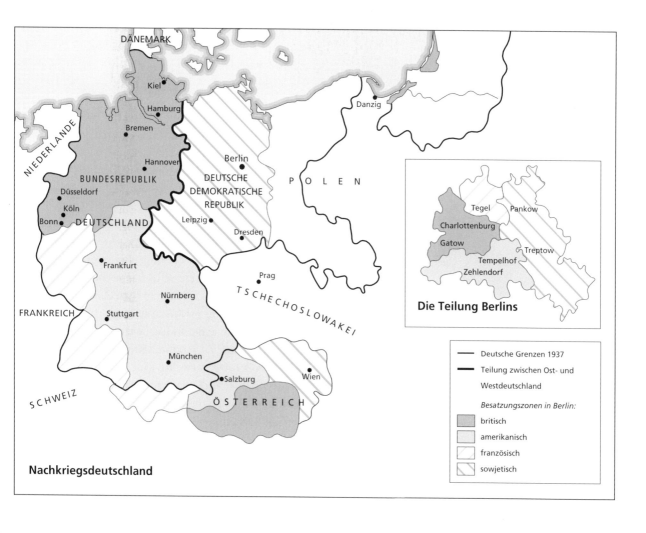

Nachkriegsdeutschland

Die Teilung Berlins

— Deutsche Grenzen 1937

━ Teilung zwischen Ost- und Westdeutschland

*Besatzungszonen in Berlin:*

britisch
amerikanisch
französisch
sowjetisch

Die berühmten Trümmerfrauen räumen mit bloßen Händen die Überreste der zerstörten deutschen Städte weg. Das Foto zeigt sie beim Einsatz im zerstörten Dresden. Die Stadt wurde 1945 durch Luftangriffe der Alliierten zu 70 Prozent zerstört. Offiziellen Angaben zufolge fanden dabei 25 000 Menschen den Tod, 35 000 blieben vermißt.

kal. Da die SPD und die CDU starke liberale Elemente aufweisen, die SPD zunehmend weniger sozialistisch und die CDU zunehmend weniger klerikal wird, hat es die FDP schwer, die Position eines eigenständigen Liberalismus für sich zu entwickeln. Bei der Wahl zum ersten Bundestag erhält sie 11,9 Prozent der Stimmen. Theodor Heuss steht ab 1948 an der Spitze der Partei, und Adenauer gelingt es, ihn als ersten Präsidenten der Bundesrepublik Deutschland zu gewinnen.

Schnell wird klar, daß für Deutschland keine Aussicht auf eine Vereinigung der westlichen mit der östlichen Zone besteht. Die Ministerpräsidenten der westdeutschen Länder treffen sich 1946 zweimal in Bremen. Im Juni 1947 findet in München eine gesamtdeutsche Konferenz statt, bei der die Unterschiede zwischen Ost und West jedoch noch deutlicher zutage treten. Die Sowjets leiten in ihrer Zone schnell weitreichende Reformen ein, die eine Vereinigung praktisch unmöglich machen. Eine Bodenreform wird durchgeführt, Industrie und Bankwesen werden verstaatlicht, das „bürgerliche Bildungsmonopol" wird gebrochen, wodurch Kindern aus bürgerlichen Familien der Zugang zu bestimmten Berufen verwehrt wird. Entgegen den Festlegungen des Potsdamer Abkommens plündern die Sowjets ihre Besatzungszone aus, worauf die westlichen Alliierten im Gegenzug die Lieferungen von Industrieausrüstungen aus ihren Zonen einstellen. Sowjetische Versuche zur Einrichtung einer gemeinsamen Verwaltung Gesamtdeutschlands und eines sowjetischen Mitspracherechts bei der Kontrolle des Ruhrgebiets (ohne daß jedoch den Westmächten eine analoge Kontrolle in der sowjetischen Zone zugestanden wird) schlagen fehl.

Am 6. September 1946 sagt der amerikanische Außenminister James F. Byrnes in einer Rede in Stuttgart, es sei der Zeitpunkt gekommen, daß das deutsche Volk die Regelung seiner Angelegenheiten in Freiheit und ohne Fremdbestimmung wieder selbst übernehmen solle. Er schlägt vor, die Besatzungszonen zu einem einheitlichen Wirtschaftsgebiet zu vereinen und eine neue deutsche Regierung zu bilden. Den Amerikanern ist wohl bewußt, daß die Sowjetunion einem solchen Vorschlag niemals zustimmen wird und das der Vorschlag Byrnes auf eine Teilung Deutschlands hinausläuft. Die Engländer sind bereit, einem westdeutschen Staat zuzustimmen, die Franzosen haben schwerwiegende Vorbehalte. Wirtschaftliche Unterstützung für das Vorhaben bringt der 1947 beschlossene Marshallplan, der die wirtschaftliche Erholung und Einbindung Deutschlands in das westliche Europa beschleunigen soll. Damit werden die Bedenken Frankreichs ausgeräumt. Die Kosten für die Besatzungstruppen werden reduziert und 17 Milliarden Dollar Hilfslieferungen nach Westeuropa erschließen zwischen 1948 und 1952 einen beträchtlichen Markt für amerikanische Güter.

Mit dem Marshallplan ist die Teilung Deutschlands unvermeidlich: In den kapitalistischen Westsektoren vollzieht sich nun ein rascher Wirtschaftsaufschwung, während die sowjetische Zone in stalinistischer Unbeweglichkeit erstarrt. Am 24. Juni 1948 blockieren die Sowjets alle Landwege nach Berlin und die Stadt muß elf Monate lang über eine Luftbrücke versorgt werden, die ein herausragendes Beispiel westlicher Solidarität und amerikanischer Leistungskraft darstellt und am Beginn eines nachhaltigen Engagement Amerikas in Europa steht. Nie ist der Westen stärker entschlossen gewesen, dem Kommunismus Widerstand zu leisten. Die Blockade von Berlin überzeugt die Franzosen, der Zusammenlegung der drei westlichen Besatzungszonen und der Bildung eines souveränen westdeutschen Staates zuzustimmen.

Am 1. Januar 1947 werden die amerikanische und britische Zone mit der Bildung der „Bizone" zu einem einheitlichen Wirtschaftsgebiet zusammengeschlossen und im

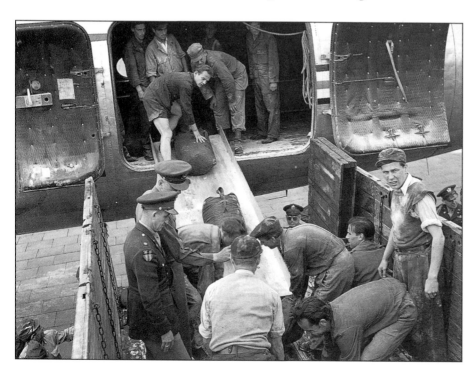

Am 8. Juli 1948 trifft ein mit Heizmaterial beladenes Flugzeug in Berlin ein. In fünftausend Seesäcken werden etwa 200 Tonnen Kohle mit fünfundzwanzig Flügen nach Berlin befördert und auf dem Flughafen Tempelhof auf Lastwagen verladen.

Juni 1947 wird aus Vertretern der Länderparlamente der „Wirtschaftsrat" gegründet. Im April 1949 erfolgt der Zusammenschluß mit der französischen Zone zur „Trizone". Ein weiterer Schritt zur Schaffung eines westdeutschen Staates erfolgt mit der Bildung des Parlamentarischen Rates aus 65 Vertretern der Länderparlamente, der die Verfassung des neuen Staates, das Grundgesetz, ausarbeiten soll. Die Länderparlamente und die Alliierten stimmen dem Grundgesetz zu und ein neuer Staat, die Bundesrepublik Deutschland, wird auf der Grundlage dieser Verfassung am 23. Mai 1949 gegründet.

Das Grundgesetz beseitigt die plebiszitären Elemente der Weimarer Verfassung, stärkt dafür aber den Bundestag als Parlament, das in einer Kombination aus direkter Wahl und Verhältniswahl gebildet wird. Parteien, die nicht mindestens fünf Prozent der Stimmen auf sich vereinen, sind nicht vertreten, so daß Splitterparteien, die in der Weimarer Republik eine so unrühmliche Rolle gespielt haben, weniger leicht ins Parlament einziehen können.

## DIE BUNDESREPUBLIK DEUTSCHLAND UNTER ADENAUER

Am 14. August finden die Wahlen zum Bundestag statt. Das Wahlergebnis ist eine Enttäuschung für die Väter des Grundgesetzes. Die drei wichtigsten Parteien – CDU und ihre bayerische Schwesterpartei CSU (Christlich-Soziale Union), SPD und FDP – vereinen zusammen nur 70 Prozent der Stimmen auf sich. Daneben sind acht weitere kleinere Parteien vertreten. Adenauer bildet eine große Mehrheitskoalition aus CDU/CSU, FDP und Deutscher Partei (DP), wird aber nur mittels seiner eigenen Stimme am 15. September zum Bundeskanzler gewählt, und dafür heftig kritisiert. Adenauer dominiert seine Regierung so nachhaltig, daß schon bald das Wort von der „Kanzlerdemokratie" die Runde macht; Adenauer ist aber angesichts der ständigen Angriffe Schumachers dazu entschlossen, seine Position noch weiter auszubauen.

Die Bundesrepublik ist noch kein vollständig souveräner Staat. Bis 1955 bedürfen die Beschlüsse des Bundestages der Gegenzeichnung durch die Alliierte Hochkommission, um rechtswirksam zu sein. Adenauer ist dadurch gezwungen, auf außenpolitischem Gebiet mit Vorsicht und in enger Zusammenarbeit mit den Westmächten vorzugehen.

Am 22. November 1949 unterzeichnet Adenauer mit den westlichen Besatzungsmächten das Petersberger Abkommen, mit dem die Bundesrepublik dem Ruhrstatut beitritt. Hauptaufgabe des Ruhrstatuts, dem neben den Westmächten auch Belgien, die Niederlande und Luxemburg angehören, ist die dortige Kontrolle und Demontage der Industrie zu friedlichen Zwecken. Obwohl die Demontagen im „Petersberger Abkommen" nun beschränkt werden, führt der Beitritt Deutschland zu einer heftigen Auseinandersetzung im Bundestag, in der Schumacher Adenauer als Kanzler der „Alliierten" beschimpft, was ihm einen Ausschluß aus dem Hohen Hause für zwanzig Tage einbringt. Die SPD fordert, daß die Bundesrepublik den Alliierten keine Zugeständnisse machen und statt dessen ihre Rechte als souveräner Staat beanspruchen soll, doch eine solche Politik widerspricht der realen Situation. Adenauer mit seiner Politik einer pragmatischen, schrittweisen Annäherung tut die Opposition seinerseits als die Partei des „permanenten Nein" ab.

In den folgenden Jahren stimmt Adenauer dem Plan des französischen Außenministers Schuman eine europäische Wirtschaftsgemeinschaft für Kohle und Stahl zu

## Thomas Manns *Doktor Faustus*

Der Roman *Doktor Faustus* erzählt die Lebensgeschichte des Komponisten Adrian Leverkuhn, aufgezeichnet von Dr. Serenus Zeitblom. Leverkuhn sucht nach einem Ausweg aus seiner Schaffenskrise und schließt einen Pakt mit dem Teufel, dessen Abschluß symbolisch für die politische, künstlerische und soziale Krise im Deutschland des zwanzigsten Jahrhunderts steht. Der Roman analysiert auf diese Weise die Gründe, die dazu führten, daß in einem Kulturland wie Deutschland der Nationalsozialismus an die Macht kommen konnte.

Der als Kind einer Bauernfamilie 1885 geborene Leverkuhn ist ein begabter Junge, den besonders die Naturwissenschaften faszinieren. Er entwickelt eine Besessenheit für die Musik als dem Ausdruck unbedingter Disziplin und einer tiefen, geheimnisvoll-emotionalen Kraft. Er bricht sein Theologiestudium ab und komponiert, obwohl er kein besonders schöpferisches Talent besitzt. Er ist überzeugt, daß sich die Kunst in einer so tiefen Krise befindet, daß nur noch Parodie und Eklektizismus als künstlerischer Ausdruck möglich sind.

Der Pakt mit dem Teufel wird nicht mit Blut unterzeichnet, wie in der ursprünglichen Faust-Geschichte, sondern durch den Geschlechtsakt mit einer Hure, die Leverkuhn mit der Syphillis ansteckt. Vier Jahre später erscheint ihm der Teufel in Person und verspricht ihm Inspiration in Fülle, wenn er dafür Leverkuhns Seele bekommt und Leverkuhn der Liebe abschwört. Danach lebt er neunzehn Jahre in Abgeschiedenheit und schreibt einige bedeutende Werke. Das Oratorium *Dr. Fausti Weheklag* ist der Höhepunkt seines Schaffens, nach dessen Vollendung

Leverkuhn alle Freunde zusammenruft und ihnen sein Geheimnis offenbart. Daraufhin erleidet er einen Schlaganfall und ist gelähmt, bis er 1940 stirbt.

Die Gestalt des Leverkuhn orientiert sich an Friedrich Nietzsche und einzelne Episoden im Roman sind dem Leben des Philosophen entnommen. Der Erzähler Zeitblom schreibt dessen Lebensgeschichte zwischen 1943 und 1945. Damit kann Thomas Mann ihm Aussagen über den Krieg und den Zusammenbruch des Nationalsozialismus in den Mund legen. Im Unterschied zu Leverkuhn ist Zeitblom ein nüchterner, pedantischer Humanist, den der Autor mit genüßlicher Ironie zeichnet. Er steht für das dekadente deutsche Bürgertum, das es ablehnt, sich mit den Mächten der Finsternis anzulegen.

*Doktor Faustus* ist ein meisterlich verfaßter Roman, der aber dennoch nicht zu den Wurzeln des deutschen Übels und den Schrecken des Nationalsozialismus vorstößt. Thomas Mann bleibt in seinem komplizierten Handlungsaufbau stecken, während die brutale Realität des Nazismus dadurch nicht eingefangen wird.

Thomas Mann (1875 – 1955) in einer Aufnahme ca. 1948.

schaffen, der Frankreich, die Benelux-Staaten, Italien und Deutschland angehören, zu. Der Kanzler ist davon überzeugt, daß die Bundesrepublik durch eine Westintegration die besten Aussichten auf eine Anerkennung als gleichberechtigter Partner innerhalb der Völkergemeinschaft besitzt. Das trifft besonders bei der Jugend auf großen Widerhall, die allen Grund dazu hat, jeder Art von Nationalismus mit Vorsicht zu begegnen. Schumacher und die SPD lehnen den Schumanplan als einen Versuch der französischen Kapitalisten zur Übernahme der Kontrolle über die deutsche Industrie ab.

Auch in der Frage der Wiederbewaffnung Deutschlands kommt es zu heftigen Auseinandersetzungen. Adenauer sieht die Bundesrepublik als ein Mitglied der NATO, die aus dem Atlantikpakt von 1949 hervorgegangen ist, an. Er ist um die Sicherheit der Bundesrepublik besorgt und nimmt ihre Bedrohung durch den Kommunismus ernst. Er sieht die Mitgliedschaft in der NATO außerdem als einen wichtigen Schritt zur Wiedergewinnung der vollen Souveränität Deutschlands an. Bevor es zur Wiederbewaffnung des Landes kommen kann, sind zahlreiche Hindernisse aus dem Weg zu räumen: an nationale Streitkräfte ist fünf Jahre nach dem Ende des Hitlerkrieges nicht zu denken, zumal Frankreich erhebliche Vorbehalte gegenüber einer deutschen Armee selbst unter strikter Kontrolle der NATO hat.

Die SPD steht dem Vorschlag der Wiederbewaffnung ablehnend gegenüber, da sie meint, daß die Wiedervereinigung Deutschlands dadurch praktisch unmöglich wird. Die Verteidigung der Bundesrepublik Deutschland solle der NATO überlassen werden. Diese Haltung imponiert der „Ohne-mich-Bewegung" unter der deutschen Jugend, die keinen Militärdienst leisten will. Einmal mehr geht die SPD an den Realitäten des Kalten Krieges vorbei, ihre eigenen Pläne für eine kollektive Sicherheit sind vage und unrealistisch. Am 10. März 1952 erhalten die SPD und die Gegner der Wiederbewaffnung Deutschlands Auftrieb, als Stalin Verhandlungen über einen Friedensvertrag mit ganz Deutschland vorschlägt. Deutschland könne eine Armee haben, solange diese neutral bleibe, doch Adenauer lehnt den Vorschlag rundweg ab. Er ist entschlossen, die Politik der Integration der Bundesrepublik in das westliche Bündnis weiter zu betreiben. Ein neutrales Deutschland wäre zu stark an die Sowjetunion gebunden und könnte schließlich selbst kommunistisch werden. Die Haltung Adenauers ist damals heftig kritisiert worden, im Rückblick aber scheint es, daß er die sowjetischen Ziele richtig eingeschätzt hat und Stalins Vorschlag keine tragfähige Grundlage für die Wiedervereinigung Deutschlands gewesen ist. Auch die USA, Großbritannien und Frankreich hätten sich mit einem neutralen Deutschland im Schatten der Sowjetunion nicht abgefunden. Die Wahlen im Herbst 1953, bei denen die CDU/CSU 45,2 Prozent und die SPD 28,8 Prozent der Stimmen erhält, zeigen, daß die Bevölkerung in Westdeutschland stärker an wirtschaftlichen Erfolgen der Regierung als an der nationalen Frage interessiert ist, worauf Politiker und Journalisten mit giftigen, heftig geführten Diskussionen reagieren.

Die Währungsreform vom Juni 1948 hat eine positive Wirkung auf die Wirtschaft, verschärft aber auch die ungleiche Verteilung des Reichtums. Anfang 1950 zeigt die Industrieproduktion einen Abwärtstrend, die Zahl der Arbeitslosen steigt auf fast zwei Millionen. Am 20. Juni 1948 wird die Deutsche Mark (DM) als neue Währung eingeführt und die alte Währung wird ungültig. Jeder Deutsche erhält als Startkapital vierzig Mark – eine Regelung, die eindeutig die Grund- und Industriebesitzer begünstigt und das soziale Ungleichgewicht weiter verstärkt. Neben dem Heer der Arbeitslosen gibt es nun auch ein Heer von Neureichen, die es auf dem freien Markt zu beträchtlichem Wohlstand gebracht haben. Die Bürgerlich-Konservativen begegnen dem Vulgärmaterialismus dieser Jahre mit Ablehnung und die SPD erblickt darin den Beweis für die Ungerechtigkeit und Leistungsschwäche der sozialen Marktwirtschaft. Der Wirtschaftsminister Ludwig Erhard bleibt seinen neoliberalen Grundsätzen jedoch treu, und unterstützt vom Wirtschaftsaufschwung, verursacht durch das Ende des Koreakrieges, erreicht die Wirtschaft jährliche Wachstumsraten von nahezu acht Prozent. Diese Entwicklung hält in den gesamten fünfziger Jahren an. Trotz der Vergrößerung der Kluft zwischen Arm und Reich partizipiert nahezu jeder am „Wirtschaftswunder", und weniger Begünstigte werden von einem weitreichenden Sozialnetz aufgefangen. Mit dem Erfolg der Politik Erhards

konfrontiert, beginnt sich die SPD von der doktrinären sozialistischen Wirtschafts-
lehre loszulösen, kann aber mit Recht behaupten, daß das Versprechen: „Wohlstand
für alle" leeres Gerede ist und sich der Reichtum zunehmend ungleicher verteilt.
Andererseits steigt das Durchschnittseinkommen der Arbeiter zwischen 1950 und
1962 um 250 Prozent, was viele SPD-Wähler dazu bewegt, sich mit dem Wahlspruch
der CDU „Keine Experimente" anzufreunden.

Der Erfolg und die Stabilität der Regierung Adenauer ist zum großen Teil den
wirtschaftlichen Leistungen der sozialen Marktwirtschaft geschuldet. Die Grundlage der Politik Erhards besteht darin, daß der Staat nur indirekt in die Wirtschaft
eingreift, indem wachstumsfördernde Faktoren, insbesondere Investitionen, gefördert
werden. Der Staat stellt Investitionskapital zur Verfügung, wo die gemachten Gewinne
für eine Reinvestition nicht ausreichen, denn in den ersten Jahren des Bestehens der
Bundesrepublik ist die Kapitaldecke dünn. Die Investitionsrate steigt von 22,8 Prozent des Bruttosozialproduktes 1950 auf 28,8 Prozent im Jahre 1965.

Die Neoliberalen machen sich um die Wettbewerbsfähigkeit des Marktes Sorgen,
den sie nicht allein von Großkonzernen beherrscht sehen wollen. Das Gesetz gegen
Wettbewerbsbeschränkung, das „Grundgesetz der Marktwirtschaft", wird 1957
nach ausführlicher Debatte verabschiedet, zeigt aber nicht die beabsichtigte Wirkung; Deutschland bleibt das klassische Land der Konzerne.

Der Export von Industriegütern bildet die Grundlage des
„Wirtschaftswunders", das von der Regierung durch Finanz-
maßnahmen und eine unterbewertete Währung gefördert wird.
Die Bundesrepublik spielt schon bald im internationalen Handel eine bedeutende Rolle und tritt 1949 der Organisation für
europäische wirtschaftliche Zusammenarbeit (OEEC) bei. Ein
Jahr später wird sie Mitglied des GATT und 1952 des Internationalen Währungsfonds (IWF). Im Jahre 1952 wird erstmals
eine positive Handelsbilanz erreicht, und im Jahre 1960 nimmt
die Bundesrepublik Deutschland nach den USA die zweite Stelle
unter den Industrieländern der Welt ein.

Die soziale Seite der „sozialen Marktwirtschaft" ist im Grundgesetz verankert, auch wenn dessen Paragraph 20 höchst unklar
gefaßt ist: „Die Bundesrepublik Deutschland ist ein demokratischer und sozialer Bundesstaat." Das soziale Netz gewährleistet jedem Bürger einen bestimmten Mindestlebensstandard.
Diese Auslegung als Pflicht des Staates wird durch eines der
ersten Urteile des Bundesverfassungsgerichtes bekräftigt. Die
Pflicht der Besserverdienenden gegenüber denen mit geringe-
rem Einkommen gilt als gesellschaftliche Vereinbarung. Dieser
Gedanke beherrscht auch den Lastenausgleich von 1952, der
Millionen von Flüchtlingen, den Opfern des Hitlerkrieges und
der sowjetischen Unterdrückung Unterstützung gewährt. Das
gleiche Modell findet erneut Anwendung bei der Finanzierung
der Kosten der deutschen Einheit nach 1989. Im Jahre 1957
werden die Renten durchschnittlich um 65 Prozent angehoben

Wahlplakat der Christlich-
Demokratischen Union zur
Wiederwahl Adenauers
im September 1957.

Die Gewerkschaften im Nachkriegsdeutschland organisieren
sich als Industriegewerkschaf-
ten, so daß in jedem Betrieb nur
eine Gewerkschaft vertreten ist.
Alle Unternehmen mit mehr
als 1000 Mitarbeitern in der
Kohle- und Stahlindustrie sind
verpflichtet, einen Arbeit-
nehmervertreter im Aufsichtsrat
und einen gewerblichen Arbeitnehmer im Vorstand zu haben.
Die aufstrebende Wirtschaft
und eine verantwortungsvolle
Gewerkschaftsführung gewährleisten stabile Arbeitgeber-
Arbeitnehmerbeziehungen
zum Nutzen für beide
Tarifparteien.

und künftig an die gesamtwirtschaftliche Leistung gekoppelt. Damit haben auch die
Rentner am allgemeinen wirtschaftlichen Aufschwung teil.

Die Alliierten haben die Bank deutscher Länder als Zentralbank eingerichtet. Sie
erfüllt diese Funktion bis zur Gründung der Deutschen Bundesbank im Jahre 1957.
Die Bundesbank ist nahezu vollständig unabhängig von der Regierung und verfolgt
eine konservative Politik, die sich nicht an kurzfristigen politischen Zielen orientiert.
Aus diesem Grunde sind die Beziehungen zwischen der Regierung und der „Buba"
oftmals gespannt. Die Bank bekämpft mit Erfolg die Inflation und erhält eine starke
Mark, die ab 1958 mit dem amerikanischen Dollar konvertierbar und seitdem eine
der führenden Währungen der Welt ist.

Im Jahre 1949 gibt es in Deutschland sechzehn Einzelgewerkschaften unter dem
Dach des Deutschen Gewerkschaftsbundes (DGB), der in seinem Programm die Verstaatlichung der Schlüsselindustrien, die Einführung der Planwirtschaft und industrielle Mitbestimmung fordert. Die wirtschaftlichen Erfolge der Adenauerjahre lassen diese Forderungen ebenso gegenstandslos werden, wie die des SPD-Programms,
weshalb sie 1963 durch ein moderateres Programm ersetzt werden. Die Gewerkschaften werden schnell zu Partnern in einer pluralistischen Gesellschaft, bekennen
sich zu den Hauptzielen des kapitalistischen Systems und konzentrieren sich vornehmlich auf den Lohnkampf. Den organisierten Arbeitnehmern stehen im Bund
Deutscher Arbeitgeber (BDA) und dem einflußreicheren Bundesverband der Deutschen Industrie (BDI) die organisierten Arbeitgeber gegenüber, die trotz gelegent-
licher Rückfälle in alte Praktiken ebenso pragmatisch und gemäßigt arbeiten wie
ihre Tarifpartner.

Trotz umfangreicher Gesetze über mehr Mitbestimmungsrecht in bezug auf die Industrie, Entschädigung der Vertriebenen, Wohnungsbau und Sozialleistungen ist die Wiederbewaffnung die beherrschende Frage der westdeutschen Politik dieser Jahre. Die SPD argumentiert, ein deutscher Beitrag zur Europäischen Verteidigungsgemeinschaft sei mit dem Grundgesetz unvereinbar, und um dieses zu verändern, muß die Bundesregierung im Bundestag und Bundesrat eine Zweidrittelmehrheit finden, was ohne Mithilfe der SPD nicht möglich ist. Doch Adenauer bringt den Bundespräsidenten dazu, daß dieser seinen Antrag auf Erstellung eines diesbezüglichen Gutachtens des Bundesverfassungsgerichtes zurückzieht, und kann so im März 1953 die Verteidigungsverträge mit einer einfachen Mehrheit ratifizieren. Die Wahlen im September des Jahres geben Adenauer dann die Zweidrittelmehrheit, die er für die Änderung der Verfassung benötigt.

Die Wahlen von 1953 zeigen, daß die Bundesrepublik zu einem demokratischen Staat auf stabiler Grundlage geworden ist und im Februar werden mit der Übernahme der Auslandsschulden des vormaligen Deutschen Reiches durch die Bundesregierung die Reparationen abgeschlossen. Ein großzügiges Entschädigungsgesetz für die Opfer des Nationalsozialismus ist ein wichtiger Schritt auf dem schwierigen Weg der Versöhnung zwischen Deutschen und Juden und gleichzeitig ein mutiges Bekenntnis zur Verantwortung des deutschen Volkes für die unvorstellbaren Verbrechen der Vergangenheit, und die Versuche unverbesserlicher Nazis, sich politisch neu zu organisieren, werden von den etablierten Parteien und durch das Bundesverfassungsgericht verhindert. Die neonazistische Sozialistische Reichspartei (SRP) wird 1952 verboten, die Kommunistische Partei Deutschlands (KPD) 1956 für verfassungswidrig erklärt, obwohl sie nunmehr eine unbedeutende Gruppe ohne parlamentarische Vertretung ist.

Eine Vielzahl ehemaliger Nazis macht in der Bundesrepublik erfolgreich Karriere und bekleidet hohe Positionen im öffentlichen Dienst – ein Umstand, unter dem das Ansehen das Staates im Ausland leidet, und der von ostdeutschen Propagandisten ausgeschlachtet wird, um den westdeutschen Staat zu diskreditieren. Beweise dafür, daß dieser Personenkreis die Entwicklung einer zutiefst demokratischen Gesellschaft in Westdeutschland gefährdet hat, gibt es jedoch nicht. Die Bürokratie begegnet dem neuen Staat nicht als Gegner, wie in der Weimarer Republik und diejenigen Beamten mit einer zweifelhaften Vergangenheit nehmen mit dem raschen Ausbau des Staatsapparates immer mehr ab. Der öffentliche Dienst wird so stark ausgebaut, daß er sein früheres ultrakonservatives Elitedenken verliert, und nun aus einem vielgestaltigen Kollektiv von Fachleuten besteht, die eine pluralistische Gesellschaft verwalten, in der ernste ideologische Gräben keine Rolle mehr spielen.

Der berüchtigtste ehemalige Nationalsozialist ist Dr. Hans Globke, der von der Linken als Vertreter einer im Dunkeln lauernden Macht verteufelt wird. Globke ist der Autor des offiziellen Kommentars zu den Nürnberger Gesetzen, einem Schlüsseldokument der Rassenpolitik der Nationalsozialisten, gewesen und nun Leiter des Bundeskanzleramtes. Als solcher ist er der einflußreichste und mächtigste Beamte im Staat, weshalb seine anrüchige Vergangenheit besonders untragbar ist. Doch Globke ist ein ausgezeichneter Verwaltungsexperte, der seine Aufgaben so erfolgreich wahrnimmt, daß er sich Adenauer unentbehrlich macht. Für einen Amtsmißbrauch seinerseits gibt es keine Beweise, und allgemein gilt er als ein herausragender Vertreter in diesem Amt. Der Fall Globke wirft Fragen von Moral, Anstand und Verantwortung gegenüber der Öffentlichkeit auf; ein Beweis für finstere Restaurationsbestrebungen in der jungen Bundesrepublik ist er jedoch nicht.

Weitaus ernstzunehmender ist die fehlende Bereitschaft von Richtern, diejenigen ihrer Berufskollegen zu verurteilen, die während des Dritten Reiches Unrechtsurteile gefällt haben. Diese Verbrechen der Justiz werden mit der Begründung entschuldigt, sie seien zum damaligen Zeitpunkt ihres Begehens kein Unrecht gewesen, da sie geltenden Rechtsnormen entsprochen hätten. Und so beziehen Blutrichter ansehnliche Pensionen, während den Opfern sie häufig verwehrt bleiben – ein Vorgehen, das in verwerflichster Art und Weise zur Tradition des deutschen Rechtssystems steht. Auch vielen Kommunisten werden die ihnen als Entschädigung zustehenden Renten aufgrund ihrer Verfolgung im Dritten Reich, vorenthalten. Und obwohl die Justiz allmählich in diesen Fragen etwas mehr Feingefühl entwickelt, werden zahlreiche skandalöse Fälle mit unverständlicher Großzügigkeit behandelt.

Die französischen Bedenken gegen die Wiederbewaffnung Deutschlands werden schließlich im wesentlichen dank des diplomatischen Geschickes des britischen Außenministers Anthony Eden ausgeräumt. Im Oktober 1954 wird Deutschland Mitglied in der NATO, das Besatzungsstatut wird annulliert und mit den Pariser Verträgen erhält Deutschland die volle Souveränität zurück. Diese Maßnahmen treten am 5. Mai 1955 in Kraft. Um die Bedenken Frankreichs auszuräumen, ist Adenauer gezwungen, dem Vorschlag für ein unabhängiges Saarland unter der Europäischen Union zuzustimmen, wofür vor Ort ein Referendum stattfinden soll. Adenauer, der gegen diese Lösung keine Einwände hat, wird erneut wegen seiner mangelnden nationalen Gesinnung angegriffen, und die Opposition wettert, er betreibe den Ausverkauf der Saar, wie er bereits den von Ostdeutschland betrieben habe. Doch die Bevölkerung des Saarlandes spricht sich mit großer Mehrheit gegen die Europäisierung ihres Landes aus, worauf die Franzosen keine Einwände gegen die Rückkehr der Saar zu Deutschland erheben.

Adenauer und sein energischer Verteidigungsminister, Franz Josef Strauß, sind entschlossen, die neue deutsche Armee, die Bundeswehr, mit den modernsten Waffen, einschließlich Liefersystemen für Atomwaffen, auszurüsten. Keiner von beiden strebt nach eigenen Atomwaffen, die unter Kontrolle der USA verbleiben sollen. Für die Opposition und zahlreiche Deutsche, die die Verbreitung der Kernwaffen mit großer Sorge betrachten, ist dies der Anfang eines gefährlichen Weges. Adenauer macht mehrere unglückliche und irreführende Bemerkungen über die ihm nur unzureichend bekannten taktischen Kernwaffen und erweckt damit den Eindruck, seine Regierung wolle die Bundeswehr atomar aufrüsten. Daraufhin entsteht 1958 als erste große politische Massenbewegung Nachkriegsdeutschlands die Bewegung „Kampf dem Atomtod". Sie umfaßt Mitglieder der SPD und der Gewerkschaften, Kirchenmitglieder und Pazifisten, radikale Intellektuelle und Kommunisten. Die Notwendigkeit, eine Antwort auf die nukleare Bedrohung durch die Sowjetunion zu finden, wird immer dringlicher. Doch als die Bewegung der Atomgegner keine überzeugende Antwort auf die anstehenden Probleme findet, verlassen die meisten nüchtern Denkenden ihre Reihen, und sie fällt in die politische Bedeutungslosigkeit zurück.

Kurz nach dem Mauerbau
im August tragen 1961 Westberliner Jugendliche ein Kreuz
mit der Aufschrift „Wir klagen
an" an der Mauer entlang.
Die Ostberliner Polizei setzt
Wasserwerfer gegen die Demonstranten ein. Die Westberliner
Polizei antwortet mit Tränen-
gasgranaten.

Ein Hauptgrund dafür, daß die Unterstützung für die Kampagne gegen Atomkraft
in Deutschland zurückgeht, ist die vom sowjetischen Staatschef Nikita Chruscht-
schow am 27. November 1958 ausgelöste Berlinkrise. Er kündigt den Viermächte-
status von Berlin und fordert den Rückzug der Alliierten aus der Stadt. Berlin soll
eine entmilitarisierte, selbstverwaltete Stadt werden. Um seiner Drohung Nachdruck
zu verleihen, kündigt er an, daß andernfalls der gesamte Berlinverkehr unter die
Kontrolle der DDR gestellt werde, mit der er einen separaten Friedensvertrag unterzeichnen wolle.

Die Berlinkrise schwelt beinahe drei Jahre und tritt mit dem Bau der Berliner
Mauer am 13. August 1961 in eine neue Phase. Die Mauer soll die Menschen an der
Flucht in den goldenen Westen hindern und stellt in diesem Sinne einen Sieg für
die Bundesrepublik dar, zeigt aber gleichzeitig, daß alle Hoffnungen auf eine Wiedervereinigung aufgegeben werden müssen. Die Westmächte verteidigen ihre Sektoren
in Berlin und der amerikanische Präsident Kennedy bekennt: „Ich bin ein Berliner".
Dennoch stellen die Amerikaner klar, daß die Wiedervereinigung Deutschlands für
sie keine Priorität besitzt und ihnen die Beibehaltung des Status Quo in Europa
wichtiger ist.

Adenauer verschließt sich den Entspannungsbemühungen der Amerikaner, weil
diese, seiner Meinung nach, alle Aussichten auf die deutsche Wiedervereinigung vereiteln und konzentriert sich statt dessen auf die Verbesserung der Beziehungen mit
Frankreich. Das Bestreben Adenauers kommt De Gaulle entgegen, das, wie er hofft,
seine Position gegenüber den Amerikanern stärken wird. Der am 22. Januar 1963 in
der Kathedrale von Reims unterzeichnete Vertrag über deutsch-französische Zusammenarbeit auf allen Ebenen ist wahrscheinlich Adenauers bedeutendstes politisches
Vermächtnis und ein Wendepunkt in der europäischen Geschichte. Die Ratifikations-
debatte im Bundestag führt zur Streichung der gegen Amerika gerichteten Textstel-

# Die Spiegel-Affäre

Am 8. Oktober 1962 veröffentlicht das Nachrichtenmagazin *Der Spiegel* einen Artikel über das NATO-Manöver „Fallex 62", in dem auf eine Reihe ernster Mißstände in der Verteidigung der Bundesrepublik hingewiesen wird. Am nächsten Tag leitet die Bundesanwaltschaft ein Untersuchungsverfahren wegen Landesverrates ein. Das Bundesverteidigungsministerium soll klären, ob Informationen möglicherweise unkontrolliert nach außen gelangt sind. Das Verteidigungsministerium teilt am 19. Oktober mit, daß *Der Spiegel* im Besitz geheimer Informationen sei, deren Veröffentlichung dem Staat schade. Am 23. Oktober stellt der Ermittlungsrichter am Bundesgerichtshof Haftbefehle gegen den *Spiegel*-Herausgeber Rudolf Augstein und mehrere Mitarbeiter der Redaktion aus.

In der Nacht vom 26. zum 27. Oktober werden die Redaktionsräume des Magazins in Hamburg und Bonn durchsucht. Das Hauptbüro in Hamburg wird bis zum 26. November geschlossen und versiegelt; Augstein und mehrere Redakteure werden verhaftet. Der Militärexperte und stellvertretende Chefredakteur des *Spiegel*, Conrad Ahlers, wird während eines Urlaubsaufenthaltes in Spanien von der spanischen Polizei verhaftet und stimmt zu, nach Deutschland zurückgeflogen zu werden. Die rechtswidrige Verhaftung ist von Verteidigungsminister Franz Josef Strauß angeordnet worden.

Die Verhaftung der bekannten Journalisten mitten in der Nacht, mehrere Tage nach der Ausstellung der Haftbefehle, ruft einen öffentlichen Skandal hervor. In der Debatte des Bundestages am 25. Oktober werden die Beschuldigungen des *Spiegel* gegen Strauß, daß dieser sein Amt in einer anderen Angelegenheit mißbraucht habe, ausgeräumt. Allgemein wird angenommen, daß die Verhaftungen die Vergeltung Strauß' gegen das Nachrichtenmagazin seien.

Die Situation wird durch eine unüberlegte Rede Adenauers am 7. November noch komplizierter, in der er den *Spiegel* beschuldigt, sich durch Gewinnstreben des Hochverrates schuldig gemacht zu haben. Dann wird bekannt, daß der Justizminister nicht von den bevorstehenden Verhaftungen in Kenntnis gesetzt worden ist. Der Innenminister gibt zu, er habe „etwas außerhalb des Gesetzes" gehandelt, aber die Staatsräson habe es erfordert.

Als offensichtlich wird, daß Franz Josef Strauß gegenüber dem Bundestag die Unwahrheit über seine Rolle in der Affäre gesagt hat, lehnt er jedoch, wie der parlamentarische Brauch es verlangt, seinen Rücktritt ab. Erich Mende verkündet, die FDP könne nicht mehr in einer Regierung mit Strauß verbleiben, woraufhin die fünf Minister der FDP ihre Ämter niederlegen. Auch die CDU/CSU-Minister treten zurück und Adenauer hat freie Hand zur Bildung einer neuen Koalitionsregierung mit der FDP, der Strauß nicht mehr angehört.

Die „Spiegel"-Affäre hat eine positive und eine negative Seite. Einerseits ist es ein Versuch der kritischen Presse, die sich höchst zweifelhafter Mittel bedient hat, einen Dämpfer zu verpassen, wofür es in der deutschen Geschichte zahlreiche Beispiele gibt. Andererseits bewährt sich der Rechtsstaat und die demokratische parlamentarische Praxis wird respektiert und die Exekutive durch die alarmierte Öffentlichkeit in die Knie gezwungen. Die Demokratie hat gesiegt und die Pressefreiheit ist gestärkt worden.

Mitarbeiter schleppen Körbe voller beschlagnahmter Unterlagen aus den Redaktionsbüros des *Spiegel*.

len aus dem Vertrag und bekräftigt die Zugehörigkeit der Bundesrepublik Deutschland zur NATO und der Europäischen Wirtschaftsgemeinschaft (EWG).

Der offensichtliche Erfolg der Politik Adenauers und die vernichtenden Ergebnisse der Bundestagswahlen von 1957 zwingen die SPD zum Überdenken ihrer Position. 1959 fassen sie das Godesberger Programm ab, mit dem sie den letzten marxistischen Ballast über Bord werfen, sich zu Adenauers Politik der westlichen Integration bekennen und sich als eine breite Volkspartei präsentieren. Im Jahre 1961 übernimmt Willy Brandt, der sich durch seine Amtsführung als Regierender Bürgermeister von Westberlin großes Ansehen im In- und Ausland erworben hat, die Führung der SPD und steht für das pragmatische, pro-westliche und offene Programm der erneuerten Partei. In der Bundestagswahl 1961, für die Adenauer einen miserablen Wahlkampf führt und sich herabläßt, Brandt wegen dessen Emigration im Dritten Reich und seiner außerehelichen Geburt anzugreifen, verliert die CDU/CSU ihre absolute Mehrheit, während sich die SPD von 31,8 auf 36,3 Prozent verbessern kann.

Adenauer gelingt es nur mit Mühe, eine neue Regierung zu bilden, da sein Koalitionspartner FDP den Wahlkampf unter dem Slogan „Mit der CDU/CSU ohne Adenauer" geführt hat. Der Stern des Bundeskanzlers befindet sich im Niedergang, und mit der „Spiegel"-Affäre (dem Versuch der Regierung, der Presse einen Maulkorb zu verpassen), die zum Rücktritt des gesamten Kabinetts führt, sind Adenauers Tage gezählt. Er bildet am 11. Dezember 1962 eine neue Regierung und richtet fortan sein Hauptaugenmerk darauf zu verhindern, daß Wirtschaftsminister Ludwig Erhard sein Nachfolger im Bundeskanzleramt wird. Adenauer führt zu Recht ins Feld, daß es Erhard im außenpolitischen Bereich an der nötigen Erfahrung fehle. Im April 1963 wählt die CDU Erhard zum Nachfolger Adenauers und fügt „dem Alten" damit eine zusätzliche Demütigung zu. Am 15. Oktober 1963 tritt Adenauer zurück.

## KULTUR IN DEN ADENAUER-JAHREN

Die kulturellen Leistungen der Adenauerjahre sind trotz ungünstiger Ausgangsbedingungen bedeutend. Thomas Mann kündigt in seinem 1947 erschienenen Roman *Doktor Faustus* das Ende der bürgerlichen Ära, der traditionellen Kunst, der Philosophie, des Humanismus, Liberalismus und des Kapitalismus sowie die Zerstörung der deutschen Kultur an, die durch ihren eigenen, teuflischen Subjektivismus zerstört worden ist. Der Philosoph Theodor W. Adorno, der 1949 aus dem amerikanischen Exil nach Deutschland zurückkehrt, hat seinen Glauben an das Proletariat als „revolutionäres Subjekt" verloren und verzweifelt an den Werten der Aufklärung; er erklärt, daß nach Auschwitz keine Poesie mehr möglich wäre.

Im Jahre 1947 findet sich eine Gruppe junger Schriftsteller, die Gruppe 47, zusammen um über die Rolle der Literatur im Nachkriegsdeutschland zu diskutieren. Sie beschließen, in Zukunft klar und gezielt zu schreiben, und jede Überladenheit, literarische Affektiertheit und Vielschichtigkeit einer Sprache zu vermeiden, die durch jahrelangen Mißbrauch und die Erfindung von Wendungen, mit der die oftmals schreckliche Wirklichkeit bemäntelt wurde, ihrer Glaubwürdigkeit verlustig gegangen ist. Die Alltagssprache enthüllt die Wahrheit hinter der Täuschung; die Sprache der Literatur hat oft genug die Realität verschleiert, die sich nur über die sorgfältige Analyse darunterliegender Bedeutungsebenen erschließen läßt.

Andere sind sich dagegen nicht so sicher, ob es möglich oder auch nur wünschenswert ist, den überheblichen Komfort des Subjektiven und Metaphysischen abzustreifen und sich den harten Realitäten der Welt ohne diese bewährten Waffen zu stellen. Gottfried Benn, der führende Poet jener Tage, artikuliert dieses Dilemma in Werken, die ein breites Publikum erreichen. Wieder andere, so zum Beispiel Erich Kästner, richten den verklärten Blick zurück auf ein goldenes Zeitalter der Eleganz, des Geistes und Charmes, das nun zerstört am Boden liegt und mit dessen Wiedererstehung nicht zu rechnen ist. Günter Eich nutzt Reduktionismus der Gruppe 47 und schafft Werke von großer Kraft und Eindringlichkeit, ohne Schnörkel und falsches Pathos.

Die Kraft des deutschen Volkes konzentriert sich in diesen Jahren voll auf den Wiederaufbau der Wirtschaft des Landes, und die rasch wachsende wirtschaftliche Prosperität wird mit dem kulturellen Erbe der Vergangenheit verschönert. Aus den kulturellen Trümmern Thomas Manns werden schon bald die bewunderten Ruinen einer großen Zivilisation – um mit den Worten des schweizerischen Schriftstellers Max Frisch zu sprechen: die Kultur wird zum Alibi, ein Mittel, um die Konfrontation mit der ästhetisierten Barbarei des Dritten Reiches zu vermeiden.

Die Intellektuellen stürzen sich mit ihren Hohenpriestern Theodor W. Adorno und Max Horkheimer am Institut für Sozialforschung in Frankfurt auf die „kritische Theorie". Die verfeinerte Auslegung von Hegel und Marx bietet ihnen eine verhüllende Sprache, mit der sie hoffen, die Struktur der Gesellschaft von günstigen Positionen innerhalb der Infrastruktur aus angreifen zu können. Ende der sechziger Jahre kommt es unter dem Druck der Studentenbewegung zu massiven Angriffen auf die traditionelle Kultur, die als zeitfremd, affirmativ spießbürgerlich und in keiner Weise impulsgebend dargestellt wird. Oper, Theater, Ballett und Orchester gelten als arbeitskräfteintensiv, extrem teuer und dienen dazu, eine tote Kultur und ein Durchschnittspublikum mit großem Aufwand zu subventionieren. Diese Thesen erregen allgemein Aufsehen. Doch es ist weitaus schwieriger, eine alternative Kulturpolitik ins Werk zu setzen. Die Kultur der Vergangenheit ist eindeutig mehr als ein Relikt des versnobten Bürgertums, und ein großer Teil der avantgardistischen Kultur ist selbstgefällig, bedeutungslos und unecht.

In der Adenauerzeit sprechen die Intellektuellen, die meist der Linken angehören, mit scharfer Zunge gegen den Kanzler, den sie mit seiner autoritären Persönlichkeit, seinem Klerikalismus und seinem rheinländischen Patriotismus mit Franco vergleichen. In ihren Augen ist die Bundesrepublik unheilbar kleinbürgerlich, intolerant und unaufgeklärt. Adenauer seinerseits hat kein Interesse an Kunst oder Künstlern und tut die meisten seiner Kritiker als Trittbrettfahrer im Dienste Ostdeutschlands ab. Damit bleiben Intellektuelle und Künstler von der Parteipolitik ausgeschlossen, genießen aber ein bequemes Märtyrerdasein, während sie den Materialismus des Wirtschaftswunders anprangern. In den Augen dieser Kritiker ist es Adenauers größtes Versagen, daß er einfach dort weitergemacht hat, wo die Weimarer Republik aufgehört hat,

Der Komponist Karlheinz Stockhausen (geb. 1928 in Modrath bei Köln) ca. 1960 in einem Studio für elektronische Musik des Westdeutschen Rundfunks (WDR). Der *Gesang der Jünglinge*, ein elektronisch verfremdetes Lied aus dem Jahre 1956, ist eines der wenigen Stücke aus dieser Zeit, die nicht in Vergessenheit geraten sind. Stockhausen arbeitet an dem gigantischen Projekt *Licht. Musiktheater in 7 Tagen*, einem aufregenden Ton- und Bühnenexperiment, mit Musik von ungewöhnlicher Kraft und Brillanz.

anstatt ein wirklich neues Deutschland zu schaffen. „Restauration" ist das Modewort des Tages, das Walter Dirks in einem einflußreichen Artikel in den *Frankfurter Heften* 1950 popularisiert.

Tatsächlich stehen die Intellektuellen jedoch stärker im Zuge der Restauration als die Politiker. Sie sind nur ein schwacher Abklatsch der bissigen, teils sogar hämischen Linken zur Zeit der Weimarer Republik, deren ungezügelte Attacken viel zur Zerstörung des demokratischen Prozesses beigetragen haben. Sie unterzeichnen zahllose Aufrufe gegen den Atomkrieg, gegen die Zensur der Pornographie und gegen Franz Josef Strauß, sind aber nicht in den politischen Prozeß integriert, gegen den sie sich stellen und dem sie fern bleiben.

Im Gegensatz zur Weimarer Republik gibt es keine herausragenden Intellektuellen im rechten Lager. Die katastrophalen Folgen des Nationalsozialismus sind so offenkundig, daß nur einige wenige Verrückte und Außenseiter an deren Taten etwas Gutes entdecken. Leute, die den Nazis nahestanden, wie Ernst Jünger, haben längst ihre Vorbehalte deutlich gemacht und sind zu unabhängigen Denkern der Rechten geworden, welche das parlamentarische System, wenn auch mit gelegentlichem Murren, bejaht. Erst in den siebziger Jahren erobert die Rechte intellektuelles Terrain, obwohl einige überspannte und weltfremde Anstrengungen unternommen werden, um dem Nationalsozialismus positive Aspekte abzuringen.

Die Schlüsselwerke dieser Jahre, wie der Erfolgsroman *Die Blechtrommel* von Günter Grass, die Romane von Wolfgang Koeppen und Martin Walser oder die Gedichte von Hans Magnus Enzensberger sind in Literatur gekleidete politische Traktate und ihre oft hervorgehobene politische Korrektheit läßt dennoch literarische Verdienste vermissen und erweist sich im Laufe der Zeit oftmals als unerträglich schulmeisternd, tendenziös und vor allem als langweilig.

Die herausragenden Leistungen des Theaters während des Dritten Reiches, besonders unter Gustav Gründgens in Berlin, halten an, es werden viele Stücke der deutschen Klassik und bedeutende ausländische Werke aufgeführt. Die Wagner-Festspiele in Bayreuth sind 1951 wiedereröffnet worden. Die Werke des Meisters haben die Schwerlastigkeit zur Zeit der Nazis abgeworfen und treten unter Leitung von Wagners Enkeln Wieland und Wolfgang in verfeinerter Gestalt und in der Jungschen Welt des Mythos und der symbolischen Archetypen wieder auf die Bühne, die sich selbst empfindsame Linke erlauben zu genießen. Herausragende junge Komponisten, wie Hans Werner Henze und Karlheinz Stockhausen beginnen ihre Karriere in den Adenauerjahren. Amerikanische Jazz- und Popmusik sind ungeheuer populär; Rundfunkstationen wie AFN und die Stimme Amerikas erfreuen sich einer großen Hörergemeinde. Frische und Individualismus der Popkultur üben einen gesunden Einfluß auf die junge Demokratie aus, nicht zuletzt durch den Protest, den sie bei Spießbürgern und Kulturpessimisten hervorrufen. Die Popkultur unterstützt damit auf ihre Art die Orientierung Adenauers nach Westen.

Die Kultur der sechziger Jahre ist das Produkt einer materiell übersättigten Gesellschaft. Die Ruinen sind beseitigt, mit dem Wirtschaftswunder ist bei vielen der Wohlstand eingekehrt. Jean-Luc Godards „Kinder von Marx und Coca Cola" entsagen der aufgeblasenen Welt und gehen in den „Untergrund". In dieser Welt des Sex, der Drogen und des Rock'n'Roll, aus morgenländischer Meditation und abend-

Studenten der Freien Universität Berlin auf einer Demonstration des Sozialistischen Deutschen Studentenbundes (SDS) im Juli 1966 gegen den Vietnamkrieg der Amerikaner. Die Demonstranten werden von Studenten, die mit der amerikanischen Vietnampolitik sympathisieren, angegriffen. Die Freie Universität ist Ende der sechziger Jahre eine Hochburg der studentischen Protestbewegung.

ländischem Marxismus bilden junge Menschen sich ein, die Revolution zu leben. Ihr „Untergrund" erweist sich aber bald als überaus oberirdisch. Wie der marxistische Philosoph Ernst Bloch befürchtet, wird er schon bald von skrupellosen Kapitalisten erbarmungslos vermarktet, die mit der „alternativen" Kultur riesige Profite machen. Die Protestbewegung gewinnt an Schärfe, als sie versucht, den Klauen des kapitalistischen Molochs zu entrinnen. Sitzstreiks, Vorlesungsstreiks und allgemeine Unruhen sind an der Tagesordnung, Kleidung und Verhalten werden zunehmend provozierend. Mit einer neuen Sprache mit Begriffen aus Psychoanalyse, Marxismus und Philosophie und einem kräftigen Schuß Obszönität, gehen sie zum Angriff auf den „Jargon der Eigentlichkeit", wie Theodor W. Adorno es nennt, über.

Es dauert nicht lange, da spüren die Philosophen der Frankfurter Schule, daß ihnen die Protestbewegung entgleitet. Adorno wird bei einer Vorlesung tätlich angegriffen und ein jüngerer Vertreter der Schule, Jürgen Habermas, warnt eindringlich vor dem „linken Faschismus" seiner aufmüpfigen Jünger. Keine Seite übernimmt die Verantwortung, einen Großteil des Unsinns dieser Jahre intellektuell rechtfertigen zu wollen, was auch nicht von Bedeutung ist, denn außer mehr Mitspracherecht an den Universitäten bringt der „lange Marsch durch die Institutionen" den Studenten wenig. Und jene, deren Herz links schlägt, spüren bald, daß die Brieftasche rechts sitzt. Sie machen berufliche Karriere als Ärzte, Rechtsanwälte, bei den Medien, in der Wirtschaft und gehen in der etablierten Gesellschaft auf. Mit gut gepolsterten Bankkonten im Hintergrund predigen sie die Vorzüge ihres einfachen Lebens in den Dörfern der Toskana und auf spanischen Fincas und sorgen sich um die Umwelt, zu deren Zerstörung sie selbst in ihrem Arbeitsleben so viel beigetragen haben.

Anfang der siebziger Jahre ändert sich das kulturelle Klima grundlegend. Deutschland gerät in eine tiefe Rezession. Die Bevölkerung will keine neuen Reformen, sie fordert stattdessen vom Staat, daß er bei den Ausgaben spart und sich zurückhält. Das Wohlfahrtssystem wird nun als eine Art moderner Feudalismus angesehen, als ein unerträglicher Eingriff in die Privatsphäre jedes einzelnen. Subjektivismus und Individualismus werden nun auf Kosten einer aktiven Politik propagiert. Das Zukunftsbild wechselt von rosarot zu tiefschwarzem Pessimismus. Propheten verkünden, daß die Welt durch einen Atomkrieg, Umweltkatastrophen oder die Erschöpfung aller natürlichen Ressourcen zugrunde gehen wird. Daß die Armut in der Dritten Welt wachsen, die Zahl der Arbeitslosen steigen, Drogenabhängigkeit und Kriminalität alarmierende Ausmaße annehmen werde. Politiker und Intellektuelle haben keine Antwort auf diese Probleme.

Zweifellos hat die Bundesrepublik unter Adenauer radikal mit der nationalsozialistischen Vergangenheit gebrochen und wie der Titel eines bekannten Buches aus jenen Jahren feststellt, ist Bonn nicht Weimar. Doch jeder Beschwörung der „Stunde Null" zuwider ist eine beängstigende Kontinuität in bestimmten Bereichen dennoch

# Die Baader-Meinhof-Gruppe

**Meinhof**, Ulrike.
7. 10. 34 Oldenburg

**Baader**, Andreas Bernd.
6. 5. 43 München

**Ensslin**, Gudrun.
15. 8. 40 Bartholomae

**Meins**, Holger Klaus.
26. 10. 41 Hamburg

**Raspe**, Jan-Carl.
24. 7. 44 Seefeld

Am 2. April 1968, dem Jahr der Studentenunruhen, werden in zwei Frankfurter Kaufhäusern Bomben gezündet. Vier Verdächtige werden verhaftet, darunter die Studentin Gudrun Ensslin und ihr Freund Andreas Baader. In der Presse tritt Ulrike Meinhof, eine Journalistin der linksgerichteten Zeitschrift *konkret*, für sie ein. Sie verteidigt den Anschlag als einen heroischen Angriff auf den „Konsumterrorismus". Ensslin und Baader werden zu drei Jahren Haft verurteilt, tauchen aber während der Berufungsverhandlung unter. Baader wird im April 1970 verhaftet, aber in einer von Ulrike Meinhof vorbereiteten bewaffneten Aktion befreit, die einem Beamten das Leben kostet.

Ensslin, Baader, Mahler und Meinhof gründen die Rote-Armee-Fraktion (RAF). Sie sind davon überzeugt, daß das kapitalistische System am ehesten durch Morde an Polizisten und Angehörigen der bewaffneten Kräfte sowie Entführungen bekannter Persönlichkeiten, zur Erpressung von Lösegeld und um Gesinnungsgenossen freizupressen, bekämpft werden kann. Weiterer Geldbedarf wird durch Banküberfälle gedeckt.

Die Rote-Armee-Fraktion rekrutiert sich hauptsächlich aus Studenten, die aus wohlsituierten, bürgerlichen Familien stammen und die von der mehr oder weniger ins Leere gelaufenen Protestbewegung enttäuscht sind. Nun glauben sie, den Staat mit Provokationen als repressiv und faschistisch entlarven zu können und die Volksmassen auf ihre Seite zu ziehen. Doch statt

Sympathie schlägt ihnen eine Welle der Ablehnung entgegen. Lediglich einige Intellektuelle bekennen sich zu ihnen.

Andreas Baader, Gudrun Ensslin, Ulrike Meinhof, Holger Meins und Jan-Carl Raspe werden im Juni 1972 verhaftet. Ihnen werden zahlreiche terroristische Anschläge zur Last gelegt. Doch die Terrorakte brechen nicht ab. Aus dem Gefängnis erteilen die Köpfe der Bewegung ihren Anhängern Anweisungen und koordinieren ihre Tätigkeit mit anderen inhaftierten Gesinnungsgenossen. Es kommt zu einer Reihe von Morden und Entführungen. Den Höhepunkt erreicht die Terrorwelle mit der Entführung eines Flugzeuges der Air France, das von den Israelis befreit wird.

Im Mai 1976 begeht Ulrike Meinhof desillusioniert Selbstmord. Doch die Anschläge hören nicht auf und kulminieren im Oktober mit der Entführung einer Lufthansamaschine, die von der Antiterror-Spezialeinheit GSG 9 in Mogadischu erstürmt wird. Baader, Ensslin und Raspe begehen kurz nach der Befreiung der Geißeln Selbstmord. Im Namen der RAF werden weiter vereinzelte Terroranschläge verübt, doch ist nicht sicher, ob die Organisation noch weiterbesteht. Mit dem Fall der Mauer genießen die Terroristen nicht länger den Schutz der DDR; ihre Aktivitäten gehen merklich zurück. Die RAF hinterläßt als ihr fatales Erbe, daß die Behörden im intensiven Kampf gegen den Terror von links, dagegen dem Rechtsextremismus nicht die notwendige Aufmerksamkeit zuteil werden lassen.

**Stachowiak**, Ilse.
17. 5. 54 Frankfurt/M.

**Jünschke**, Klaus.
6. 9. 47 Mannheim

**Augustin**, Ronald.
20. 11. 49 Amsterdam

**Braun**, Bernhard.
25. 2. 46 Berlin

**Reinders**, Ralf.
27. 8. 48 Berlin

Die Baader-Meinhof-Gruppe auf einem Fahndungsplakat der Polizei 1972.

nicht zu verkennen. Die großzügige Haltung der Gerichte gegenüber alten Nazis und ein auf der anderen Seite dementsprechendes rücksichtsloses Vorgehen gegenüber Kommunisten und Opfern des Nationalsozialismus sind dafür beispielhaft. Die Privilegien der Beamten und die unterschiedlichen Sozialversicherungssysteme für Beamte, Gehalts- und Lohnempfänger, die aus der Wilhelminischen Ära stammen, sind schon von den Besatzungsmächten kritisiert worden, leben aber beinahe unverändert fort.

## DIE BUNDESREPUBLIK NACH ADENAUER

Der neue Bundeskanzler, Ludwig Erhard, hofft, die politischen Grabenkämpfe und ideologischen Auseinandersetzungen der Adenauerzeit vermeiden zu können. Sein Ziel ist die etwas vage Formulierung der sogenannten „formierten Gesellschaft", worunter er eine Wohlstandsgesellschaft ohne krasse soziale Unterschiede versteht, die sich an pragmatischen Grundsätzen orientiert und in Eintracht die Segnungen des anhaltenden Wirtschaftswachstums genießt. In der Außenpolitik unternimmt Erhards Außenminister Gerhard Schröder durch den Abschluß von Handelsverträgen mit Polen, Rumänien, Ungarn und Bulgarien die ersten Schritte für eine Öffnung in Richtung Osteuropa. Dies führt zu mehr Flexibilität innerhalb der deutschen Außenbeziehungen und entspricht ganz dem Wunsch der Amerikaner, die sich um den Abbau der Spannungen in Europa, unter stillschweigender Duldung der Teilung Deutschlands, bemühen. Im März 1966 richtet Erhard eine Note an die

Trotz einiger Höhen und Tiefen in der Wirtschaftsentwicklung hat die Bundesrepublik ein kontinuierlich höheres, jährliches Wirtschaftswachstum als die meisten anderen Industriestaaten. Die Landwirtschaft befindet sich im Niedergang. Das „Wirtschaftswunder" findet in der Industrie statt, die ihre Produktion wertmäßig zwischen 1960 und 1975 verdoppelt. Ein großer Teil davon sind Exporte: Ihr Wert steigt von 47,9 Milliarden DM 1960 auf 350 Milliarden DM 1980.

meisten Staaten mit Ausnahme der DDR, in der er einen Gewaltverzicht und die Zustimmung zur Einschränkung von Kernwaffen vorschlägt. Mit dieser Initiative – in Erinnerung an den Kellog-Briand Pakt von 1928 – hofft er innerhalb der in zwei Machtblöcke aufgeteilten Welt, ein wenig Spielraum zu gewinnen.

Debatten über die Außenpolitik drohen, den Konsens, auf dem die „formierte Gesellschaft" beruhen soll, zu unterminieren. Eine einflußreiche Gruppe deutscher Gaullisten will eine dritte Kraft aufbauen, die außerhalb der Polarität zwischen Amerika und der Sowjetunion stehen soll. Unter dem Einfluß des unglückseligen Krieges der Amerikaner in Vietnam, erhebt die Linke die Forderung nach dem Austritt aus der nordatlantischen Gemeinschaft, die als ernsthafte Bedrohung der europäischen Sicherheit empfunden wird. Erhard und Schröder argumentieren jedoch, daß es keine Alternative zu diesem Bündnis gibt und bemühen sich, Deutschlands politische Rolle in der Welt innerhalb dieses Kontexts zu stärken.

Erhard gewinnt die Wahlen von 1965, in denen der FDP-Partner Stimmen einbüßt, und die SPD leichte Gewinne verzeichnet. Dennoch ist der Bundeskanzler, um eine Koalition bilden zu können, zu erheblichen Zugeständnissen an CSU und FDP gezwungen und die gesamten Verhandlungen zeigen, daß Erhard eine schwache Führungspersönlichkeit ist. In den Landtagswahlen in Nordrhein-Westfalen im Jahr darauf, die Erhard zum Prüfstein seiner Popularität macht, erleidet die CDU eine schwere Schlappe, und in Düsseldorf bilden SPD und FDP eine neue Koalitionsregierung. Die Wirtschaft sieht sich vor immer größer werdende Schwierigkeiten gestellt. Das Wirtschaftswachstum verlangsamt sich, weitreichende strukturelle Veränderungen und Standortverlegungen führen zu einem Anstieg der Arbeitslosigkeit. Uneinigkeit in Haushaltsfragen führen im Oktober 1966 zum Ausstieg der FDP aus der Koalition und Erhard steht jetzt einer Minderheitsregierung vor; er zieht die daraus folgende Konsequenz und legt sein Amt nieder. Sein Nachfolger wird der Ministerpräsident von Baden-Württemberg, Kurt-Georg Kiesinger.

Nach schwierigen Verhandlungen kommt es schließlich zur „Großen Koalition" mit der SPD unter Bundeskanzler Kiesinger. Herbert Wehner, eine der markantesten Persönlichkeiten der deutschen Nachkriegspolitik, fordert die SPD auf, der Wählerschaft nunmehr ihre Regierungsfähigkeit zu beweisen; innerhalb der Linken tritt er am entschiedensten für eine Große Koalition ein. Die am 1. Dezember 1966 gebildete Regierung ist entschlossen, die Wirtschaftsprobleme des Landes zu lösen und eine aktivere Außenpolitik gegenüber den osteuropäischen Staaten zu führen.

Wirtschaftsminister Karl Schiller und Finanzminister Franz Josef Strauß sind sich darin einig, daß das Haushaltsdefizit abgebaut werden und gleichzeitig wachstumsfördernde Maßnahmen durch wirtschaftliche Planungs- und Lenkungsmechanismen ergriffen werden müssen. Beide erzielen bemerkenswerte Erfolge, aber in der Koalition kommt es zu scharfen Auseinandersetzungen über den zu steuernden Kurs. In der Außenpolitik ist Kiesinger sowohl um die Verbesserung der Beziehungen zu den Vereinigten Staaten als auch zu Frankreich bemüht. Den Versuchen de Gaulles, Deutschland der Atlantischen Allianz zu entziehen, widersetzt er sich; keinesfalls will er Deutschland in untergeordneter Stellung in einem von Frankreich dominierten Europa sehen. Die Außenpolitik dieser Jahre ist weit weniger als die Innenpolitik von Problemen durchzogen. Die jüngere Generation, die den Vietnam-

krieg der USA als imperialistisch verurteilt und sich gegen seine Unterstützung seitens Deutschland wendet, entfremdet sich der kapitalistischen Gesellschaft, die sie
als ungerecht, ineffizient und materialistisch betrachtet, zusehends stärker. Sie beurteilt die Politik der Regierung Kiesinger als selbstzufrieden, und ist entsetzt, als bekannt wird, daß der Bundeskanzler früher ein Mitglied der NSDAP gewesen ist. Da
es an einer starken Opposition fehlt, organisieren sie die „Außerparlamentarische
Opposition" (APO) und veranstalten Demonstrationen, Protestmärsche und Aufstände wie die Jugendlichen in Frankreich, Italien und den Vereinigten Staaten. Ihre
schlimmsten Befürchtungen werden durch das Aufkommen einer radikalen Rechten, der Neuen Demokratischen Partei (NDP), bestätigt und vielfach wird über das
Wiedererstehen des Nazismus gesprochen.

Die Wahlen von 1969 bringen der SPD Gewinne, leichte Verluste für die CDU/CSU
und sind für die FDP eine Katastrophe. Die NDP erhält 4,3 Prozent der Stimmen und
bleibt damit unter der für den Einzug in den Bundestag notwendigen 5%-Grenze.
Die CDU/CSU hofft auf die Fortsetzung der Großen Koalition unter Willy Brandt,
doch die SPD entscheidet sich für die FDP als Koalitionspartner.

Die Regierung Brandt ist zu weitreichenden Reformen entschlossen, um den berechtigten Forderungen der jungen Generation nachzukommen. Gleichzeitig will
sie eine aktive Politik gegenüber den kommunistischen Ländern einleiten, obwohl
sie nur über eine Mehrheit von zwölf Sitzen verfügt, und der Koalitionspartner FDP
zudem tiefsitzende Vorbehalte gegen dieses Programm hat.

Die junge Generation ist auch durch das Ende der Großen Koalition nicht zu-
friedengestellt. Sie begeistert sich für einen Sozialismus nach dem Modell Chinas,
der Rätebewegung und der Befreiungsbewegungen der Entwicklungsländer und predigt die Ausbildung des „wahren Menschen", der alle Fesseln von Konvention und
bürgerlichem Anstand abgestreift hat. In anarchistischen Kommunen sucht sie in
den Werken von Marx, Mao und Wilhelm Reich nach eingängigen Parolen, doch ihre
hedonistische Betonung von Selbstverwirklichung, die in Wahrheit Ausdruck un-
verantwortlicher Selbstsucht ist, und der Angriff auf jegliche Autorität, dienen lediglich der Rechtfertigung von Oberflächlichkeit und Indolenz. Die Angriffe gegen die
bestehende Gesellschaft nehmen an Schärfe zu, bis verbaler Terrorismus in physi-
sche Gewalt umschlägt.

Die Regierung räumt die Berechtigung eines großen Teils der geäußerten Kritik
ein und kündigt an, sie sei bereit, „mehr Demokratie zu wagen". Die sozialen Leistungen werden verbessert, das Scheidungsrecht liberalisiert, die Gleichstellung von
Mann und Frau in Ehe und Familie in das Gesetz geschrieben und die Abtreibung
legalisiert. Das Bildungswesen wird reformiert und ist nunmehr Begabten unabhängig von ihrer sozialen oder wirtschaftlichen Stellung leichter zugänglich. Doch
die Maßnahmen reichen nicht aus, um die radikale Jugend zufriedenzustellen,
während sie von wortstarken Kritikern der Rechten als einen Angriff auf traditionelle Werte und eine sinnlose Gleichmacherei angesehen werden.

Wenigstens im Hinblick auf außenpolitischen Ziele können sich SPD und FDP
verständigen. Anfang 1970 nimmt die Regierung die sowjetische Einladung vom September 1969 zur Aufnahme von Verhandlungen über Fragen gemeinsamen Interes-
ses an. Eine Delegation unter Leitung des Staatssekretärs im Bundeskanzleramt,

Egon Bahr, reist nach Moskau. In dem zehn Punkte umfassenden „Bahr-Papier" wird unter anderem der gegenseitige Gewaltverzicht und die Zustimmung der Bundesrepublik zu den Grenzen der DDR festgeschrieben. In weiteren Verhandlungen akzeptiert die Sowjetunion, daß der Abschluß dieses Vertrages nicht den Verzicht der Bundesrepublik auf die Vereinigung der beiden deutschen Staaten bedeutet und erkennt außerdem die Haltung der Bundesrepublik in bezug auf Westberlin an. Der deutsch-sowjetische Vertrag wird am 12. August 1970 unterzeichnet. Die drei Alliierten stimmen dem Vertrag zu.

Die Verhandlungen mit Moskau eröffnen die Möglichkeit für weitere Verträge mit Polen und der Tschechoslowakei. Mit Polen kommt es am 7. Dezember 1970 zur Einigung, in der Deutschland die Oder-Neiße-Linie als Westgrenze Polens anerkennt. Die meisten der gültigen Ausreisebeschränkungen für die aus Polen ausreisewilligen Deutschen werden aufgeboben und Polen akzeptiert den Passus über die deutsche Wiedervereinigung des Moskauer Vertrags. Am 11. Dezember 1973 wird ein ähnlicher Vertrag mit der Tschechoslowakei unterzeichnet, in dem das Münchener Abkommen für null und nichtig erklärt, und die diplomatischen Beziehungen wieder aufgenommen werden.

Während die Bundesrepublik mit der Sowjetunion und Polen verhandelt, nehmen die vier Mächte im März 1970 Gespräche über den Status von Berlin auf. Die Verhandlungen ziehen sich bis zum September des Folgejahres hin; schließlich wird das Abkommen unterzeichnet, das die Transitrechte der Bundesrepublik nach Westberlin garantiert, und obwohl die Sowjetunion Westberlin nicht als Bestandteil der Bundesrepublik akzeptiert, wird zugestanden, daß die Einwohner der Stadt unter dem diplomatischen Schutz Bonns stehen und Westberlin voll in die Wirtschaft der Bundesrepublik integriert wird.

Die Beziehungen zwischen der Bundesrepublik Deutschland und der Deutschen Demokratischen Republik werden im „Grundlagenvertrag" vom 21. Dezember 1972 geregelt, in dem sich beide Staaten auf normale Nachbarschaftsbeziehungen, beruhend auf staatlicher Gleichberechtigung, verständigen. Die Unverletzlichkeit der gegenseitigen Grenzen wird garantiert. Beide Staaten tauschen Ständige Vertretungen aus, die die Aufgaben von Botschaften wahrnehmen, ohne als solche zu gelten. Der Grundlagenvertrag ist das Eingeständnis, daß die Wiedervereinigung bestenfalls in ferner Zukunft stattfindet und man sich mit der Teilung Deutschlands abgefunden hat. Doch die Spannungen in Mitteleuropa lassen daraufhin nach und die Bundesrepublik hat nun einen beträchtlichen Handlungsspielraum gewonnen und kann dem Osten nun bestimmte Bedingungen stellen. Die Rechte verurteilt die Ostverträge als das Ergebnis einer nachgiebigen Beschwichtigungspolitik. Doch Willy Brandt verspricht „Wandel durch Annäherung" und hofft, daß die ostdeutsche Diktatur von innen unterwandert und zu weiteren humanitären Zugeständnissen gezwungen wird.

Die sozialliberale Koalition wird wegen der zunehmenden Einmischung des Staates in wirtschaftliche Belange und ihrer Öffnung zu den kommunistischen Staaten zunehmend kritisiert. Der Linken sind die Sozialreformen zu zögerlich und die Ostpolitik geht ihr noch nicht weit genug. Die Koalition gilt als eine Regierung der Mitte, mit der weder die Rechte noch die Linke zufrieden ist, und zunehmend mehr

# Willy Brandt

Willy Brandt ist 1913 in Lübeck geboren. Als politisch aktiver Sozialdemokrat ist er gezwungen, vor den Nazis aus Deutschland zu fliehen und geht nach Norwegen. Um der Gestapo zu entgehen, tritt er in die norwegische Armee ein. Nach kurzer Kriegsgefangenschaft in Norwegen entkommt er nach Schweden, wo er als Journalist tätig ist. Als der Regierende Bürgermeister von Berlin stirbt, übernimmt er 1957 dessen Amt und gewinnt im Jahr darauf die Wahlen in Berlin. Nachdrücklich setzt er sich für die volle Einbindung Deutschlands in das westliche Bündnis ein. Damit stellt er sich gegen die Führung seiner Partei. Doch die macht ihn zu ihrem führenden Sprecher bei der Umwandlung der SPD zur Volkspartei, die ihren überkommenen ideologischen Ballast abwerfen will.

Im Jahre 1960 wird Brandt Kanzlerkandidat der SPD. Er ist jung, dynamisch und populär. Sein Ansehen wächst noch im Zusammenhang mit seinem Einsatz gegen den Bau der Berliner Mauer 1961. Adenauer kommt nicht nach Berlin und erniedrigt seinen Konkurrenten im Wahlkampf, indem er ihn „Herr Brandt alias Frahm" (Brandts Name in Norwegen, wodurch er als Verräter gebrandmarkt werden soll) nennt. Die CDU/CSU spielt Brandts außereheliche Geburt hoch und behauptet, er habe im Krieg „auf Deutsche geschossen".

Brandt weiß, daß sich Deutschland nicht allein auf Amerika stützen kann und daß bestimmte außenpolitische Initiativen notwendig sind. Mit seinem engen Mitstreiter Egon Bahr arbeitet er an den Grundzügen einer Politik des „Wandels durch Annäherung". Brandt wird 1964 Vorsitzender der SPD und 1966 Außenminister der Großen Koalition – ein Schritt, der ihn den Linksgerichteten innerhalb seiner Partei entfremdet. Mit Nachdruck verfolgt Brandt die Ostpolitik und tritt für die diplomatische Anerkennung der DDR und die Anerkennung der Oder-Neiße-Grenze ein.

Im Jahre 1969 wird Brandt Bundeskanzler einer Koalitionsregierung mit der FDP. Er verspricht, „mehr Demokratie (zu) wagen", das Bildungssystem zu reformieren und das Wahlalter herabzusetzen. Reformen des Familien- und Strafrechtes, Verbesserung des Wohlfahrtsstaates, mehr Mitbestimmung am Arbeitsplatz und die Verhinderung des Auseinanderdriftens der beiden deutschen Staaten, sind weitere Ziele seiner Politik. Die Ostpolitik zeigt bedeutende Erfolge. Brandt erhält 1971 den Friedensnobelpreis, gerät dann aber ins Kreuzfeuer der Kritik wegen der Vernachlässigung seiner Pflichten als Parteivorsitzender. Es heißt, daß er sich der Innenpolitik nicht intensiv genug widme, und die Ostpolitik der Eigendynamik überlasse. Im Mai 1974 tritt er als Kanzler zurück, nachdem ein enger Mitarbeiter, Günter Guillaume, als Stasispion enttarnt worden ist.

Als Parteivorsitzender, Vorsitzender der Sozialistischen Internationale und der Unabhängigen Kommission zu Fragen der Internationalen Entwicklung („Brandt-Kommission") steht Brandt weiterhin im Licht der Öffentlichkeit. Er stirbt 1992.

Keiner ist von der Macht seines Amtes weniger korrumpiert worden als Willy Brandt. Stets hat er menschlichen Anstand bewahrt und ungeachtet seines gutbürgerlichen Lebens, hat er den Kontakt zu den einfachen Menschen nicht verloren. Seine Stärke war es, nie den starken Mann zu spielen, Kompromisse zu suchen, ohne Prinzipien zu opfern, und daß ihm Worthülsen und ideologisches Gehabe verhaßt gewesen sind. Seine Vaterlandsliebe beruht auf dem Vertrauen in die von der Verfassung garantierten Rechte und in Zeiten fehlender Orientierung hat er seinen Landsleuten ein Vorbild wahren Patriotismus gegeben.

Willy Brandt (1913 – 1992) während einer Rede als Bundeskanzler 1972.

Mitglieder des Bundestages verlassen die Koalition und schließen sich der Opposition an. Im August 1972 entgeht die Regierung Brandt in einer Vertrauensabstimmung nur knapp einer Niederlage, besitzt danach aber keine handlungsfähige Mehrheit mehr.

Im November finden Wahlen statt, in denen die SPD auf 45,8 Prozent, die CDU/CSU auf 44.9 Prozent der Stimmen kommt. Mit 8,4 Prozent erzielt die FDP ein besonders gutes Ergebnis. Damit besitzt die Koalition erneut eine sichere Mehrheit und führt ihre Ostpolitik auf der Konferenz über Sicherheit und Zusammenarbeit in Europa (KSZE) fort. Die Verhandlungen im Vorfeld der Konferenz beginnen im November 1972 und enden mit der Schlußakte von Helsinki im Sommer 1974. Die Bundesrepublik verpflichtet sich darin zur Wirtschaftshilfe für die DDR, die ihrerseits den humanitären Angelegenheiten und Menschenrechten künftig ein wenig mehr Aufmerksamkeit schenken muß.

Die technisch-militärischen Fragen der Entspannung werden seit dem Sommer 1973 in gesonderten Verhandlungen über eine militärische Abrüstung auf beiden Seiten (Mutual Balanced Forces Reductions, MBFR) in Wien erörtert, bleiben jedoch ohne Ergebnis, da der Warschauer Pakt nicht dazu bereit ist, seine Überlegenheit gegenüber der NATO aufzugeben. Ende 1979 warnt die NATO, die Vereinigten Staaten würden Mittelstreckenraketen auf den Territorien ihrer Verbündeten, einschließlich der Bundesrepublik, stationieren, sofern sich die Sowjetunion ihrerseits nicht zu einer Reduzierung dieser Waffensysteme bereitfinden wird. In Genf werden 1981 bilaterale Gespräche über die Kernwaffenabrüstung aufgenommen, die aber kein Ergebnis bringen. Es kommt zur Stationierung von Pershing-II Raketen auf dem Territorium der Bundesrepublik, was zu Massenprotesten durch alle Schichten der Gesellschaft führt.

Im Mai 1974 tritt Brandt zurück, als Günter Guillaume, einer seiner engsten Berater, als Spion der DDR enttarnt wird. Mit der Amtsniederlegung Brandts endet eine Ära des Selbstvertrauens und des Wirtschaftswachstums, während der Westen noch verzweifelt nach Auswegen aus der Ölkrise des Jahres 1973 sucht. Neuer Bundeskanzler wird Helmut Schmidt, der bisherige Finanzminister unter Brandt. Der Außenminister der FDP, Walter Scheel, wird Bundespräsident, das Amt des Außenministers übernimmt Hans-Dietrich Genscher. Die Regierung Schmidt ist pragmatisch, ohne ideologische Bindung und bemüht sich unter außerordentlich schwierigen Bedingungen und mit begrenztem Erfolg, das Erreichte zu erhalten. Das genügt jedoch den Linken in der SPD nicht; während die FDP die zunehmende Einmischung des Staates in die Wirtschaft mit Besorgnis betrachtet. Die starke Friedensbewegung und die zunehmend militanten Umweltaktivisten werden zur wirksamen Opposition gegen eine Partei, der die meisten von ihnen selbst einmal angehört haben. Die sozialliberale Koalition übersteht die Wahlen 1976 und 1980, doch ist es nur eine Frage der Zeit, bis sie zerbricht. Im September 1982 legen die vier FDP-Minister im Kabinett Schmidt aus Protest gegen die Finanz- und Wirtschaftspolitik des Bundeskanzlers ihre Ämter nieder, und die FDP nimmt Koalitionsgespräche mit der CDU/CSU auf. Im Oktober wird Schmidt durch einen Mißtrauensantrag gestürzt und der Parteivorsitzende der CDU, Helmut Kohl, wird neuer Bundeskanzler.

# KAPITEL 13

# *Die Wiedervereinigung Deutschlands*

Bereits im April 1946, als die SPD zum Zusammenschluß mit der KPD zur Sozialistischen Einheitspartei Deutschlands (SED) gezwungen wird, schwinden Hoffnungen, daß die sowjetische Besatzungszone in Deutschland sich einer gewissen Unabhängigkeit von der Sowjetunion erfreuen und ihre eigene Art von Sozialismus aufbauen können wird. Innerhalb kurzer Zeit wird die Vereinigte Front Antifaschistischer Parteien vom Juli 1946, in der die verschiedenen politischen Parteien als mehr oder weniger gleichberechtigte Partner zusammenarbeiten, zum Durchsetzungsorgan der sozialistischen Politik. Bereits 1948 ist die SED eine vollständig auf stalinistische Ziele ausgerichtete Organisation, die stolz als eine „Partei neuen Typus", die fest auf dem Fundament des Marxismus-Leninismus stehe, gefeiert wird. Die Partei erklärt den „Großbauern", den „Kulaken", die mehr als zwanzig Hektar Land besitzen, den Krieg, und verstärkt den „Klassenkampf" gegen das Bürgertum. Stolz ob ihrer unterwürfigen Rolle, verkündet die SED: „Von der Sowjetunion lernen, heißt siegen lernen". Stalins Bemühungen zur Zerschlagung Titos, seine Angriffe auf jede Abweichung von der sowjetischen Linie sowie der Ausbruch des Koreakrieges drängen die Ostdeutschen in die Rolle eines Satellitenstaates der Sowjetunion.

## DIE GRÜNDUNG DER DEUTSCHEN DEMOKRATISCHEN REPUBLIK

Die Partei lernt von ihrem sowjetischen Vorbild, daß es töricht wäre, den Beweis ihrer Akzeptanz in Wahlen zu suchen. In den relativ freien Kommunalwahlen im Herbst 1946 ist die SED noch knapp auf eine Stimmenmehrheit gekommen, aber bereits 1949 hat sie die Unterstützung des Volkes im wesentlichen verloren. Die „Vereinigten Listen des Demokratischen Blocks" lassen dem Wähler für den „Volkskongreß für Einheit und einen gerechten Frieden" im Mai daher keine Wahl mehr. Der Volkskongreß setzt den Deutschen Volksrat ein, der die Verfassung für den neuen Staat ausarbeitet. Am 7. Oktober 1949 erfolgt die Konstituierung des Volksrates als provisorische Volkskammer der Deutschen Demokratischen Republik. Ministerpräsident Otto Grotewohl sieht die Gründung der DDR als „einen Ausdruck des unerschütterlichen Willens der demokratischen Kräfte des deutschen Volkes zur Überwindung des nationalen Notstandes".

Nicht alle wichtigen Maßnahmen in den unmittelbaren Nachkriegsjahren werden gegen den Willen des Volkes getroffen. Die Enteignung der Großindustrie und der Banken, die sogar nach Ansicht bürgerlicher Antifaschisten aus der Nazidiktatur in großem Maßstab Gewinn gezogen haben, trifft auf breite öffentliche Zustimmung. In Sachsen sprechen sich in einem Referendum im Juni 1946 77,6 Prozent der Wähler für die Beschlagnahme des Eigentums der „Naziaktivisten und Kriegsverbrecher" aus. Viele sind auch für die Bodenreform von 1945, in der Güter von mehr als 100 Hektar aufgeteilt werden und das Land an Bauern und Flüchtlinge gegeben wird. Diese erfreuen sich des neuen Besitzes jedoch nur kurze Zeit, dann werden die meisten der 500 000 neuen Landbesitzer in Genossenschaften gezwungen. Durch

Parade der Nationalen Volks-
armee (NVA) der DDR.
Der Stechschritt erinnert an
die Nazizeit, ist tatsächlich aber
von der Roten Armee über-
nommen worden.

eine großzügige Auslegung des Begriffes „Naziaktivist", zu dem noch die ebenfalls
weitgefaßte Bezeichnung „amerikanischer Spion" hinzukommt, wird die ökonomische Basis von Adel und Bürgertum zerschlagen. Zehntausende unschuldiger Opfer
werden in Konzentrationslager geschleppt, viele von ihnen ermordet. Die sowjetischen Behörden benutzen die Konzentrationslager der Nazis, wie Buchenwald, zu
diesem Zweck, oftmals setzen sie sogar Nazischergen zu ihrer Bewachung ein – später wird Buchenwald zynischerweise zu einer antifaschistischen Gedenkstätte umgestaltet.

Der neue Staat bildet sofort ein Ministerium für „Staatssicherheit – Stasi" mit einem Heer von Spitzeln und Zuträgern. Auch das Rechtssystem wird in ein politisches
Instrument nach marxistisch-leninistischen Prinzipien umgestaltet. Die Richter werden zu ausführenden Organen der Parteiwillens. Um die ausgeprägten regionalen
Traditionen und Zugehörigkeitsgefühle auszumerzen, wird die Länderstruktur abgeschafft und vierzehn Bezirke geschaffen. Dadurch ist der Staat dezentralisiert, die alte
föderale Struktur, die selbst die Nazidiktatur überlebt hat, ist damit zerstört.

Im Jahre 1948 wird ein Zweijahresplan für die Wirtschaft in Kraft gesetzt. Der
erste Fünfjahrplan von 1950 zur Steigerung der Arbeitsproduktivität in der Industrie
setzt sich große Ziele, die sich aber als allzu hochgestellt erweisen. Ab 1950 kommt
es zu weitreichenden Enteignungen. Die ökonomische Grundlage des Bürgertums
wird zerstört, die Landwirtschaft kollektiviert. Diese Maßnahmen sind höchst unpopulär und haben verheerende Folgen für die Wirtschaft. Die Arbeiter werden noch
stärker ausgebeutet als bisher, der chronische Mangel an Konsumgütern kann nicht
behoben werden. Die straffe ideologische Ausrichtung, die allgegenwärtige Staatssicherheit und die Tristheit des täglichen Lebens werden auch durch steigenden
Lebensstandard nicht aufgewogen, Aufrufe zur Opferbereitschaft für eine sozialistische Zukunft treffen auf taube Ohren.

Mehrere bekannte Persönlichkeiten, die während des Dritten Reiches emigriert sind, kehren nun in die sowjetische Zone zurück, wo sie ein sozialistisches und antifaschistisches Deutschland aufzubauen hoffen. Unter ihnen befinden sich auch Bertolt Brecht und Arnold Zweig, doch ihre Hoffnungen werden durch die Verordnung stalinistischer Kulturpolitik tief enttäuscht, die unter Oberbegriffen wie „Formalismus", „Dekadenz" und „Kosmopolitismus" den größten Teil der modernen Kunst, besonders der amerikanischen Kultur verurteilt. Angesagt ist statt dessen der „sozialistische Realismus", die offiziell genehmigte Darstellung strohblonder Mädchen als Traktorfahrerinnen in den Landwirtschaftlichen Produktionsgenossenschaften (LPG) und muskelstrotzender Arbeiter bei der Erfüllung der Produktionspläne, was sehr stark an die Kunst der Nazizeit erinnert. Die proletarische Marschmusik klingt fast so wie jene, zu der die SA marschiert ist und die triste realistische Literatur ist nach dem Muster der Blut-und-Boden-Romane im Dritten Reich geschneidert. Wie die Nazis, verwerfen auch die Kommunisten Jazz und amerikanische Popmusik, die unter der Bevölkerung besonders hoch im Kurse stehen.

Die Ostdeutschen schielen mit Neid auf die aufregende Kultur und den steigenden Wohlstand des Westens. Fleisch, Butter und Zucker bleiben bis 1958 rationiert, Südfrüchte und Schokolade gibt es so gut wie gar nicht. Das Regime ruft die Bevölkerung zur Sparsamkeit, Wachsamkeit und weiteren Opfern auf; Kritik wird als Verrat und bereits geringe Fehler als Sabotage ausgelegt. Parteimitglieder und Intellektuelle, die sich nach Stalins Tod für mehr Demokratie einsetzen, werden verstoßen und Disziplinarmaßnahmen unterworfen.

Im Mai 1953 kommt es in Berlin im Zusammenhang mit der Erhöhung der Produktionsraten im Bauwesen zu mehreren wilden Streiks, die auf andere Städte und Berufsgruppen übergreifen. Neben erhöhten Lohnforderungen, Fragen der wöchentlichen Arbeitszeit und der Akkordlöhne, werden auch politische Forderungen erhoben. Am 17. Juni kommt es in Städten und in Industriegebieten der DDR zu weitverbreiteten Aufständen. Die Sowjetunion reagiert schnell und hart. Am 18. und 19. Juni wird der Aufstand mit Gewalt niedergeschlagen. Einzelne Widerstandsnester halten sich bis in den Herbst.

Der Aufstand vom 17. Juni 1953 zeigt dem SED-Regime, daß es im Volk keine Unterstützung hat, ohne Handlungskonzept ist und ohne die Unterstützung sowjetischer Panzer regierungsunfähig ist. Als sich die Sowjets auf dem XX. Parteitag der KPdSU 1956 mit ersten, vorsichtigen Schritten vom Stalinismus abwenden, weiß die SED-Führung nicht, wie sie sich verhalten soll. Kompromißlose Stalinisten, wie der Generalsekretär der SED, Walter Ulbricht, und Staatspräsident Wilhelm Pieck, ergehen sich nun zwar in rituellen Verteufelungen der Lehren ihres einstigen Helden und Vorbildes und verurteilen den Personenkult, sind sich aber über die Änderungen, die der neue ideologische Kurs für die praktische Politik bedeutet, nicht sicher. Kritik an Stalin könnte leicht in eine Kritik am Regime umschlagen.

Während die Führung weitere Diskussionen um Stalin und den Stalinismus abwürgt, fordern Intellektuelle mehr Offenheit und Diskussionsbereitschaft, die Befreiung der Geistesbereiche von der schwer lastenden Hand des Marxismus-Leninismus und das Ende der ideologischen Herrschaft der SED. Eine Gruppe um den Philosophen Wolfgang Harich fordert einen „Dritten Weg", der die Ungerechtigkeit

*Gegenüber:* Die Residenz in Dresden weist noch immer Zeichen der Zerstörung durch den Krieg auf. Unter großen Anstrengungen ist ein Teil der Stadt wieder in seiner alten barocken Schönheit erstanden.

des kapitalistischen Systems und die starre Wirtschaftsplanung des Sozialismus ablegen soll. Ihr Ruf nach „menschlichem Sozialismus" findet großen Widerhall. Die utopische Vorstellung von einer besseren Welt als der, die in Ost- und Westdeutschland besteht, hält sich hartnäckig, obwohl keine Aussichten auf deren Verwirklichung bestehen. Die Harich-Gruppe findet auch in der SED eine gewisse Unterstützung, besonders bei den Mitgliedern, die in der kurzen politischen Tauwetterperiode nach Stalins Tod aus den Gefängnissen entlassen worden sind. Für kurze Zeit erhalten sie sogar die Unterstützung der Führung in Moskau. Die brutale Niederschlagung des ungarischen Aufstandes 1956 bedeutet jedoch das Ende aller Hoffnungen; Ulbricht hat das Heft erneut fest in der Hand und steuert den alten Kurs.

Harichs Reformen werden mit Nachdruck zurückgewiesen, als sich die DDR 1957 als ein Teil des sozialistischen Lagers erklärt und auf dem V. SED-Parteitag im Jahr darauf schreibt sich die SED den Sieg des Sozialismus auf ihre Fahnen. Mehr Sozialismus, mehr strikte Planung, noch mehr Kontrolle über die Wirtschaft, so wird verkündet, ermöglichen es der DDR, den Entwicklungsstand der Bundesrepublik zu erreichen und ihn bis 1961 sogar zu übertreffen. Harich wird 1956 verhaftet und nach einem Schauprozeß im März des folgenden Jahres zu zehn Jahren Gefängnis verurteilt. Im Jahre 1964 wird er freigelassen und eine der letzten Handlungen des Kassationsgerichtes der DDR besteht 1990 darin, ihn zu rehabilitieren.

Was die Verwerfung der Reformvorschläge bedeutet, wird im Bereich der Landwirtschaft überdeutlich. Im Jahre 1956 erbringt die private Landwirtschaft 70 Prozent der landwirtschaftlichen Produktion. Nach der verstärkten Kollektivierung kommen 1961 neunzig Prozent der Produkte aus den LPG's. Auch der größte Teil der noch in Privathand verbliebenen Handelseinrichtungen wird in diesen Jahren verstaatlicht. Die Schwerindustrie produziert große Mengen an Industriegütern, bringt aber nicht die geplanten Ergebnisse. Die DDR fällt weiter hinter die Bundesrepublik zurück.

Als Staatspräsident Wilhelm Pieck 1960 stirbt, wird das Amt abgeschafft und dafür eine kollektive Staatsführung, der Staatsrat, mit Walter Ulbricht als Vorsitzen-

Arbeit unter Tage. Die Bergarbeiter gehören zu den militantesten Teilnehmern des Aufstandes in der DDR 1953. Ausgelöst werden die Unruhen durch die Ankündigung der SED-Regierung, daß Produktionsziel um 10 Prozent erhöht werden soll, was einen tiefen Einschnitt in die Reallöhne der meisten Arbeiter bedeutet. Trotz Versuchen zur Beschwichtigung der aufgebrachten Arbeiter, kommt es am 17. Juni in allen Teilen des Landes zu Demonstrationen mit 300 000 bis 400 000 Teilnehmern in 270 Orten. Als die Demonstrationen außer Kontrolle geraten, verhängen die Sowjets den Ausnahmezustand. Mit Panzern werden die Demonstranten auseinandergetrieben, etwa 200 Zivilisten werden getötet.

den, geschaffen. Ulbricht ist auch Erster Sekretär des Zentralkomitees der SED und damit in einer unanfechtbaren Machtposition, woran auch die Verbrämungen der Verfassung hinsichtlich der kollektiven Leitung in der poststalinistischen Zeit nichts ändern.

Die Menschen in der DDR haben noch immer die Möglichkeit, alles hinter sich zu lassen und in den Westen zu gehen. Zwischen 1949 und 1955 wählen 500 000 diesen Weg. Im Jahre 1956 steigt die Zahl der Republikflüchtigen auf 280 000, fällt 1959 auf 144 000 und erreicht 1960 erneut 200 000. Die Hälfte dieser Flüchtlinge ist jünger als fünfundzwanzig Jahre, zwei Drittel sind Facharbeiter oder Absolventen von Hoch- und Fachschulen. Die DDR verliert dadurch ihre besten und talentiertesten jungen Menschen. In der ersten Hälfte 1961 schnellt die Zahl der Republikflüchtigen in die Höhe und das Arbeitskräftepotential der DDR schwindet.

Am 12. und 13. August 1961 treten die Staaten der Warschauer Vertrages in Berlin zusammen, um die Lage zu beraten. Es wird beschlossen, die Grenze durch den Bau einer Mauer im Zentrum der Stadt zu schließen. Der Bau des „antifaschistischen Schutzwalles" beginnt am 13. August. Die Mauer ist eine weitere Bankrotterklärung des Regimes und ein Mahnmal für das Versagen des sowjetischen Kommunismus. Der Bau der Mauer bedeutet, daß den Bürgern der DDR die schwierige Wahl zu gehen oder zu bleiben, abgenommen worden ist. Jetzt bleibt ihnen nur noch der Rückzug in die private Sphäre des Familien- und Freundeskreises (von denen sich später viele als inoffizielle Mitarbeiter der Stasi herausstellen) oder die Anpassung an das Regime. Bei der jüngeren Generation setzt allmählich ein Prozeß der Identifikation mit der DDR ein. Sie sind stolz darauf, daß ihr Land unter allen sozialistischen Ländern den höchsten Lebensstandard besitzt und ihre Sportler bei internationalen Wettkämpfen stets vorn sind. Die DDR wird 1965 Mitglied des Internationalen Olympischen Komitees. Das Regime bemüht sich, die bittere Pille der Mauer durch hohe Verurteilungen des Stalinismus und die Einführung des „Neuen Ökonomischen Systems" der zentralen Planung und Leitung der Volkswirtschaft 1963 zu versüßen. Den individuellen Bedürfnissen von Erzeugern und Verbrauchern soll mehr Aufmerksamkeit gegeben werden. Die Arbeiter werden nicht länger als politisch einheitlich ausgerichtete „Kader", sondern als eine heterogene Gruppe von Individuen gesehen, die weitestgehend einheitliche ökonomische Ziele verfolgen. Ein Parteiaktivist drückt die neue Ideologie in höchst unmarxistisch-leninistischen Begriffen aus, als er bemerkt: „Das politische Bewußtsein wird an den Produktionszahlen gemessen."

Die größere Flexibilität und Pragmatik des Systems sowie die Tatsache, daß die Menschen der Republik nicht einfach mehr den Rücken kehren können, führt zwischen 1961 und 1970 zu beeindruckenden Wachstumszahlen und einer bedeutenden Verbesserung des Lebensstandards für die Mehrheit der Bevölkerung. Das Leben in der DDR ist im Vergleich zur Bundesrepublik noch immer trist und grau, doch nach sozialistischen Maßstäben ereignet sich durchaus ein Wirtschaftswunder. Mitte der sechziger Jahre aber entscheidet Walter Ulbricht, daß der Schwerpunkt auf die Hochtechnologieindustrie zu verlegen ist, wenn man den Westen doch noch einholen soll. Diese Entscheidung hat verheerende Folgen, da die dafür notwendige Infrastruktur fehlt, das Kapital für diesbezügliche Investitionen in weniger zukunftsorientierten Bereichen dringend benötigt wird und das notwendige Fachwissen nicht vorhanden ist. Die neue Politik droht, den Lebensstandard zu senken, eine Tatsache, die auch durch das andauernde Sprechen über die „sozialistische Gemeinschaft" nicht kaschiert werden kann.

Die Sowjetunion übt zunehmend Kritik an der Wirtschaftspolitik der SED und ihrer Sicht des Sozialismus; die größten Meinungsverschiedenheiten zwischen ihr und der DDR herrschen jedoch in bezug auf die Beziehungen mit der Bundesrepublik. Willy Brandts Ostpolitik bedroht die Position Ulbrichts, der an Entspannung nicht interessiert ist, Moskau hingegen ist zu direkten Verhandlungen mit Bonn bereit. Als eingefleischter Stalinist, trockener Apparatschik und Moskaus getreuer Paladin, sieht sich Ulbricht zunehmend isoliert und von seiner obersten Führung im Stich gelassen. Im Mai 1971, im Alter von achtundsiebzig Jahren und schwerkrank, ist er zum Rücktritt gezwungen. Als er im August 1973 stirbt, trauern ihm nur wenige nach.

Ulbrichts Nachfolger wird Erich Honecker, ein farbloser, engstirniger, Moskau blind ergebener Parteifunktionär, der aber pragmatisch genug ist, sich den Problemen des Tages zuzuwenden, anstatt sich über utopische Zukunftsvorstellungen zu sorgen. Honeckers Haltung drückt sich präzise in der Formel vom „real existierenden Sozialismus" aus, der als ein Schritt voran zur „entwickelten sozialistischen Gesellschaft" gesehen wird und er erkennt, daß das Gerede von der „sozialistischen Menschengemeinschaft" die Tatsache nicht überdecken kann, daß die DDR einer hierarchisch gegliederte Gesellschaft ist. Er entwickelt daher den Gedanken einer „sozialistischen Klassengesellschaft", in der den Bedürfnissen der Arbeiterklasse besondere Aufmerksamkeit geschenkt werden muß. Im Jahre 1971 betragen die Subventionen bei Nahrungsgütern, Industrieerzeugnissen und Löhnen im Dienstleistungsbereich 8,5 Milliarden Mark. Bis 1988 steigen sie auf 50 Milliarden Mark. Die Betonung wird jetzt immer mehr auf einen bescheidenen Wohlfahrtsstaat gelegt anstatt auf die Träume von einer sozialistischen Gesellschaft, wie sie Ideologen und Intellektuelle sich vorstellen. Doch auch 1975 ist der „Sieg des Sozialismus" in Parteikreisen noch ein häufig diskutiertes Thema. Die vom VIII. Parteitag der SED 1971 verkündete „Einheit von Wirtschafts- und Sozialpolitik" muß vor dem Hintergrund der wachsenden Unruhen in den sozialistischen Ländern gesehen werden. Im Dezember 1970 ist es, nur zwei Jahre nach dem brutal niedergeschlagenen „Prager Frühling", zu verbreiteten Unruhen gegen Preiserhöhungen in Polen gekommen. Dem DDR-Wohnungsbauprogramm wird höchster Vorrang gegeben. Es werden Wohnungen in großen Stückzahlen gebaut, viele davon aber in denkbar schlechter Qualität. Die letzten der noch in Privatbesitz befindlichen Industriebetriebe und Werkstätten werden verstaatlicht, allerdings erhalten ihre Eigentümer erstmals eine bescheidene Abfindung. In der Bildungspolitik gelten soziale Herkunft und gesellschaftliche Tätigkeit mehr als gute Zensuren, wie das 1950 noch der Fall war. Die Hälfte aller Studien-

Die frühere Ostberliner Stalinallee, gebaut zwischen 1949 und 1960.

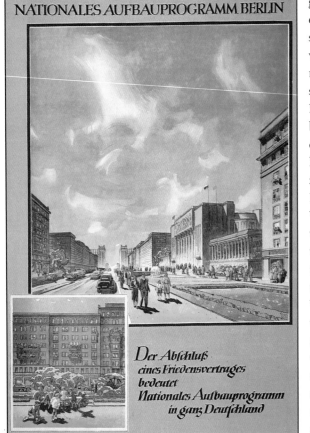

Der Trabant – unzuverlässig, unsicher und umweltverschmutzend – wird zum Symbol des Mißerfolges der DDR-Wirtschaft. Dieser Wagen ist auf der Strecke von Ostberlin nach Leipzig liegengeblieben.

plätze an Hochschulen und Universitäten ist Kindern aus Arbeiter- und Bauernfamilien vorbehalten.

Die hochgesteckten Ziele der Sozialpolitik kosten viel Geld. Die DDR leidet zudem unter der Wirtschaftskrise Mitte der siebziger Jahre. Die Rohstoffpreise schnellen in die Höhe, während die Preise für Industrieprodukte bescheidene Gewinne machen. Der Wert von Industrieexporten steigt zwischen 1970 und 1981 um 130 Prozent, der der Importe von Rohstoffen um 300 Prozent. Die Regierung zögert mit Preiserhöhungen für Waren des Grundbedarfs, da sie die sozialen Konsequenzen solcher Maßnahmen fürchtet, zumal die Preise für Kraftfahrzeuge und Waschmaschinen bereits astronomisch sind. Der einzige Ausweg ist die Rückkehr zu einer strengen Sparpolitik, die an die schlimmen Anfangsjahre erinnert.

Um 1982 scheint es, als habe die SED die Lage mehr oder weniger unter Kontrolle. Die Weltwirtschaft hat sich erholt, die Planung wird weniger strikt gehandhabt, der X. Parteitag der SED 1981 hat die Notwendigkeit betont, mit der technischen und wissenschaftlichen Entwicklung des Westens Schritt zu halten und moderne Methoden zur Einsparung von Arbeitskräften und Material anzuwenden. Honecker begeistert sich für die Perspektive einer ultramodernen Gesellschaft und macht den gleichen Fehler wie sein Vorgänger, indem er sich zu stark auf Hochtechnologie konzentriert, für deren Entwicklung die DDR nicht gerüstet ist. Wie bereits Ulbricht, ist auch er nicht im Einklang mit Moskau.

## DAS DEUTSCHLAND HELMUT KOHLS

Als die Regierung Helmut Kohl 1982 ihr Amt antritt, kann sie nicht ahnen, daß sich die DDR bereits in einer ausweglosen Lage befindet und daß Aussichten auf weitreichende Veränderungen bestehen, zumal Honecker fest im Sattel zu sitzen scheint. Es bestehen jetzt zwei deutsche Staaten – eine Tatsache, über die auch die Betonung der Bundesrepublik von der einen deutschen Nation nicht hinwegtäuschen. Dies wird von Helmut Kohl in seiner Erklärung 1982 sinngemäß auch zugegeben: „Der deutsche Nationalstaat ist geteilt. Die deutsche Nation bleibt und wird weiter bestehen bleiben. Wir alle wissen, daß das Ende der Teilung nur in den Dimensionen historischer Epochen denkbar ist." Ähnlich drückt er sich in einer Tischrede für Erich Honecker bei dessen Staatsbesuch in Bonn aus: „Die deutsche Frage bleibt offen, doch im Moment steht ihre Lösung nicht auf der weltgeschichtlichen Tagesordnung." Honecker erwidert im gleichen Tonfall.

Die Wiederaufnahme des Wettrüstens mit Mittelstreckenraketen, die bei den Bürgern beider deutscher Staaten Anlaß großer Befürchtungen ist, macht eine friedliche Verständigung zwischen beiden Ländern unumgänglich. Mit dieser Botschaft reist Helmut Schmidt 1981 zu einem offiziellen Besuch in die DDR, und im gleichen Tenor wird die Politik auch von der Regierung Kohl weiterverfolgt. Im Jahre 1983 wird der bayerische Ministerpräsident Franz Josef Strauß, ein scharfer Kritiker des Sozialismus jedweder Couleur und ein besonders in der DDR geschmähter Erzreaktionär, von Honecker zu einem offiziellen Besuch empfangen. Strauß führt lange Gespräche mit dem wenig respektablen Alexander Schalck-Golodkowski, der hohe Positionen im Wirtschaftsministerium und bei der Staatssicherheit bekleidet und sich und seine Genossen auf höchster Parteiebene durch Währungsmanipulationen und zweifelhafte Exportgeschäfte bereichert. Strauß vermittelt einen Zweimilliardenkredit an die DDR, von dem, wie man mit Sicherheit annimmt, Teilbeträge in private Taschen diesseits und jenseits der Mauer geflossen sind. Als Gegenleistung für den dringend benötigten Kredit macht die DDR einige Zugeständnisse, der Schießbefehl an der Mauer wird jedoch nicht aufgehoben, auch die strikten Reisebeschränkungen bleiben unverändert in Kraft. Strauß gerät in seiner eigenen Partei unter heftige Kritik, er habe zu viel gegeben und zu wenig erhalten.

Bundeskanzler Helmut Kohl und die britische Premierministerin Margaret Thatcher auf einer Pressekonferenz am 22. April 1983 in London.

Die nukleare Aufrüstung wirft einen Schatten auf die zwischendeutschen Beziehungen. Das DDR-Regime unterstützt die Friedensbewegung im Westen mit beträchtlichen finanziellen Mitteln und setzt gleichzeitig die Stasi auf diejenigen ihrer eigenen Bürger an, die es wagen, gegen die sowjetischen Raketen zu protestieren. Analog werden ostdeutsche Umweltschützer, die gegen die Ablagerung von gefährlichem westdeutschen Sondermüll in der DDR protestieren und die Sicherheit der Kernkraftwerke in Frage stellen, als Staatsfeinde gebrandmarkt. Die Kirchen, die der Oppositionsbewegung mit Sympathie begegnen, werden streng überwacht und häufig kommt es zu Festnahmen von Kirchenbesuchern. Die DDR bietet internationalen Terroristen Schutz und bildet sie aus, darunter solche, die in der Bundesrepublik agieren. Bundeskanzler Kohl reagiert auf diese Aktivitäten, indem er die DDR 1987 als einen totalitären Staat bezeichnet, der durch Gefängnisse und Konzentrationslager zusammengehalten wird. Das Bild trifft die Wahrheit ziemlich genau, ist aber der Verbesserung der Beziehungen zwischen den beiden Staaten nicht dienlich.

Die Bundesrepublik und ihre westlichen Verbündeten erkennen nicht, daß die DDR Mitte der achtziger Jahre am Zerfallen ist. Ihre politischen Führer sind alt und verknöchert und haben die Beziehung zum Volk verloren. Die oppositionellen Gruppen innerhalb und außerhalb der SED gewinnen an Kraft und Selbstvertrauen. Am wichtigsten ist aber die Tatsache, daß der Staat mit einem Defizit von 300 Milliarden Mark faktisch bankrott und ohne jede Möglichkeit ist, diesen Schuldenberg jemals abzutragen.

In der Bundesrepublik finden 1983 Wahlen statt. Die Regierung hat sich in einem ungewöhnlichen Schritt von ihren eigenen Fraktionen das Mißtrauen aussprechen lassen, damit der Bundespräsident den Bundestag auflöst und Neuwahlen durchgeführt werden können. Das Ergebnis ist ein hoher Sieg für die CDU/CSU, die 48,8 Prozent der Stimme erhält. Die SPD, der die Wähler die Lösung der Wirtschaftsprobleme nicht zutrauten, erhalten 38,2 Prozent. Zum ersten Mal werden mehrere Parteimitglieder der Grünen in den Bundestag gewählt, denen es zwar gelungen ist, wichtige Ökologiethemen auf die politische Tagesordnung zu setzen, die untereinander jedoch hoffnungslos zerstritten und nur lose organisiert sind und sich in Grabenkämpfen zwischen „Realisten" und „Fundamentalisten" verschleißen.

In München regiert Franz Josef Strauß mit Unterstützung von 60 Prozent der bayerischen Wähler; seine Regierung scheint eine agile und schlagkräftige Alternative zu den Technokraten in Bonn zu sein. Der aufsehenerregende Besuch von Strauß in der DDR und sein nachhaltiges Eintreten für eine massive Wiederaufrüstung verunsichert Freunde wie Gegner. Mit viel Getöse und viel Geld gibt Strauß eine bemerkenswerte Vorstellung auf der politischen Bühne. Doch die wirklich wichtigen Entscheidungen fallen noch immer in Moskau und Washington und Strauß kann wenig mehr tun, als seinem politischen Gegner Helmut Kohl Schwierigkeiten zu bereiten. Sein Appell an ausländerfeindliche, reaktionäre und fanatische Gefühle findet alarmierenden Anklang.

Das Ansehen und die Bedeutung der Bundesrepublik steigen in den achtziger Jahren beständig. Als der NATO-Generalsekretär Lord Carrington 1987 sein Amt niederlegt und die NATO nach einem Deutschen auf diesem Posten verlangt, sichert Helmut Kohl die Kandidatur seines Verteidigungsministers Manfred Wörner. Die

US-Präsident Reagan und
Bundeskanzler Kohl bei ihrem
höchst umstrittenen Besuch
des Soldatenfriedhofes 1985 in
Bitburg.

Beziehungen zu den Vereinigten Staaten und Frankreich, den wichtigsten Verbündeten der Bundesrepublik, werden von Kohl und Genscher gestärkt. Präsident Reagan
kommt 1985 zu einem vielbeachteten Besuch in die Bundesrepublik, der durch die
unkluge Entscheidung, den Soldatenfriedhof von Bitburg zu besuchen, auf dem
deutsche Opfer des 2. Weltkrieges und mehrere Mitglieder der Waffen-SS liegen,
überschattet wird.

Der Besuch von Bitburg läßt den Streit über die Bewältigung der Nazivergangen-
heit in der Bundesrepublik wieder aufleben. Doch die relativ kleine Gruppe unverbesserlicher Nazis erhält weitaus mehr Aufmerksamkeit als sie verdient. Eine Handvoll Exzentriker und Aufmerksamkeitshascher versuchen, aus dem glücklosen Rudolf
Hess, der in Nürnberg zu lebenslanger Haft verurteilt worden ist und 1987 Selbstmord begangen hat, einen Märtyrer zu machen. Das erregt das Interesse der Journalisten, ebenso wie die Veröffentlichung gefälschter Hitlertagebücher 1983 zeigt, daß
der Führe für viele, nicht nur in Deutschland, noch immer ein Objekt der Faszina-
tion ist.

Kleine Gruppen von Nazis, paramilitärische Organisationen und Skinheads sind
zweifellos ein Zeichen gesellschaftlicher Probleme, doch diese sind nicht allein auf
Deutschland begrenzt und sie sind auch keine ernste Bedrohung des demokratischen Systems. Brutale Morde, die von solchen Gruppen unterstützt werden, bringen die Öffentlichkeit auf und werden von linken Intellektuellen mit großen Worten verurteilt, zwingen die CDU/CSU aber auch aus ihrer Untätigkeit und zu aktiven
Maßnahmen gegen den Terror von rechts.

Eine weitaus ernstere Bedrohung stellen die Republikaner dar, eine straff organisierte politische Partei der extremen Rechten, nach dem Vorbild der Nationalen
Front Le Pens in Frankreich, die jedoch über einen wesentlich geringeren Rückhalt

innerhalb der Bevölkerung verfügt. Indem sie innerhalb des bestehenden Rechts, das neonazistische und rassistische Umtriebe verbietet, operieren, gelingt es den Republikanern wirksam, sich gegen Ausländer, besonders Türken, zu artikulieren. Gegen Hunderttausende Asylbewerber und Flüchtlinge (zumeist aus Osteuropa) schüren sie den Haß wegen unberechtigter Inanspruchnahme großzügiger kommunaler und staatlicher Unterstützungsmaßnahmen. Angesichts der, besonders nach 1989 in Ostdeutschland, außerordentlich hohen Arbeitslosigkeit, des akuten Wohnungsmangels und der allgemein herrschenden Parteiverdrossenheit, erhalten die Republikaner Zulauf aus den Reihen der Protestwähler, insbesondere aus den Hochburgen der Arbeiterklasse. Die Republikaner gewinnen Abgeordnetensitze in mehreren Länderparlamenten und in Berlin, können aber in naher Zukunft nicht darauf hoffen, in den Bundestag einzuziehen. Da der Strom der Asylbewerber eingedämmt worden ist, hat die Partei ihr wichtigstes Thema verloren, zudem ist sie gespalten. Ohne Ansehen in der Öffentlichkeit und ohne starke Führung ist nicht zu befürchten, daß die Republikaner einen nachhaltigen Einfluß auf die deutsche Politik erlangen. Allerdings haben die Republikaner bei den Parteien, die das Abwandern ihrer Wähler fürchten, einen Rechtsruck ausgelöst.

Rassismus, Intoleranz, rechter Radikalismus sind eine verbreitete Erscheinung im „real existierenden Sozialismus" in der DDR, werden aber vom Staat unterdrückt, der leere Parolen über Antiimperialismus, internationale Solidarität und Antifaschismus verbreitet. Während die Jugend in der Bundesrepublik über die Verbrechen des Nationalsozialismus umfassend aufgeklärt und eine breite Diskussion über die jüngste Vergangenheit geführt wird, macht das SED-Regime teilweise wegen der beschämenden Rolle der Kommunistischen Partei und der Sowjetunion in jenen Jahren keine Anstrengungen, die Vergangenheit aufzuarbeiten. Die SED erklärt sich zum Erben der antifaschistischen Tradition der KPD und verkündet, daß alle alten Na-

Arbeiter im AEG-Werk in Dresden. Der Betrieb hat vierunddreißig Millionen Mark in die Modernisierung investiert.

zis in der Bundesrepublik lebten, einem Staat, der die faschistischen Traditionen in einer neuen und unheilvollen Form fortsetzen würde. In der Theorie des Marxismus-Leninismus gelten die deutschen Faschisten als Strohmänner der Vertreter des deutschen Kapitalismus, weshalb sie in Westdeutschland weiterhin ihr Unwesen treiben, während sie im Osten zerschlagen worden sind.

In der Bundesrepublik ist die Enttäuschung über das demokratische System zum großen Teil die Folge des Mißbrauches, der im öffentlichen Dienst zur Erlangung persönlicher Vorteile und als Mittel zur Bereicherung der politischen Parteien und ihrer Funktionäre herrscht. Die politischen Parteien begehen Steuerhinterziehung, indem sie Spenden verheimlichen. Im Jahre 1984 wird bekannt, daß der große, international tätige Flick-Konzern in ähnliche Skandale wie bereits zur Weimarer Zeit verwickelt ist und daß der frühere CDU-Vorsitzende und 1983 zum Bundestagspräsidenten gewählte Rainer Barzel, im Sold von Flick steht. Im Jahre 1985 kommt ans Licht, daß Wirtschaftsminister Graf Lambsdorff Spendengelder in offensichtlich ungesetzlicher Weise in die Parteikasse der FDP transferiert hat, um sie so an den Finanzämtern vorbeizuführen. Trotz Gerichtsurteil bleibt Lambsdorff als Parteivorsitzender in der Politik und hält scheinheilige Reden über politische Moral.

Zusätzlich der Skandale im Zusammenhang mit der Parteienfinanzierung und der Korruption an höchsten Stellen, wird langsam klar, daß sich die Politiker auf Bundes- und Länderebene in erstaunlicher Weise selbst bedienen, indem sie sich selbst großzügige Gehälter, Provisionen, Zusatzleistungen und Steuervergünstigungen verordnen und Pensionen beziehen, die in keinem Verhältnis zu den gezahlten in der Privatwirtschaft stehen. Die meisten dieser schmutzigen Details verdanken sich der unermüdlichen Arbeit des Verfassungsrechtlers Professor Hans Herbert von Arnim.

In den Bundestagswahlen 1987 verliert die CDU beträchtliche Stimmenanteile, hauptsächlich infolge der Attacken, die Franz Josef Strauß gegen Bundeskanzler Kohl richtet, den er als politisch zu weit links ausgerichtet sieht. Strauß kritisiert auch Genschers Außenpolitik, die er als eine reine Fortführung des Beschwichtigungskurses der sozialliberalen Koalition in bezug auf die Ostpolitik betrachtet. Die CSU von Strauß genießt weiter festen Rückhalt unter den Wählern. Die FDP erringt ansehnliche Zugewinne, so daß die bisherige Koalition auch die neue Regierung bildet. Die SPD unter Johannes Rau, dem Ministerpräsident von Nordrhein-Westfalen, büßt ebenfalls erheblich an Stimmen ein. Die Wähler setzen kein Vertrauen mehr in die Fähigkeit dieser Partei, die bestehenden wirtschaftlichen und sozialen Probleme des Landes erfolgreich lösen zu können. Mißmanagement und finanzielle Betrügereien bei Co-op und der großen Wohnungsbaugesellschaft „Neue Heimat", die sich im Besitz von Gewerkschaften und SPD befindet, werden von CDU/CSU und FDP dazu genutzt, zu zeigen, daß die SPD nicht dazu in der Lage ist, das Land zu regieren.

Die allgemeine Zustimmung zur Ostpolitik, der sich nur einige wenige verschließen, bedeutet, daß jede Erwähnung der deutschen Wiedervereinigung Mitte der achtziger Jahre nicht mehr als ein Gemeinplatz ist. Im Sicherheitsinteresse der Bundesrepublik hat man sich damit abgefunden, das Freiheitsstreben der Ostdeutschen zu übersehen und zu überhören. So stellt Egon Bahr, einer der Hauptarchitekten der Ostpolitik, 1982 fest, daß die Sowjetunion ein unmittelbares Recht zum Eingreifen in Polen besitze, um so das Ausbrechen des Landes aus dem Warschauer Pakt zu verhindern.

## DER ZUSAMMENBRUCH DER DDR

Bedingt durch den schrittweisen Zerfall der Sowjetunion, kommt die nationale Frage in Deutschland wieder auf die Tagesordnung. Die Politiker im Westen tun sich außerordentlich schwer, die sich ihnen bietenden Möglichkeiten zu nutzen, sie glauben viel eher daran, daß sich ihre Geheimdienste in der Beurteilung der Lage irren könnten. Bereits 1981 schuldet die DDR dem Westen über 10 Milliarden Dollar und der Staatsbankrott kann nur über drastische Importeinschränkungen, Ankurbelung des Exports und einen Milliardenkredit der Bundesrepublik zur Konsolidierung der Staatsschulden abgewendet werden. Die negativen Auswirkungen dieser Maßnahmen auf die Bevölkerung werden durch Zugeständnisse an die Tätigkeit privater Betriebe und Initiativen in der Wirtschaft etwas gemildert.

Doch im Vergleich zu anderen sozialistischen Ländern muß die DDR geradezu noch immer als ein Verbraucherparadies angesehen werden. Die Zahl von Kühlschränken und Fernsehgeräten pro Kopf der Bevölkerung ist dort doppelt so hoch wie in der Sowjetunion. Die Produktionsstatistik wird schamlos gefälscht. Im Jahre 1988 übergibt Erich Honecker die Schlüssel der dreimillionsten Neubauwohnung seit Beginn des Wohnungsbauprogrammes 1971 an ein glückliches Ehepaar. Tatsächlich sind aber nur zwei Millionen Wohnungen gebaut worden, und die alte Bausubstanz verfällt.

Auf dem XI. Parteitag der SED 1986 wird ein neuer Fünfjahrplan beschlossen, der sich erneut auf die Entwicklung der Hochtechnologie konzentriert. Die Überlegenheit des Sozialismus über den Kapitalismus wird unter dem Vorweis zweifelhafter Zahlen zum relativen Wirtschaftswachstum unter Beweis gestellt. Die Wirtschaft stagniert, die technologische Kluft zwischen Ost und West wird breiter, die Umweltverschmutzung nimmt trotz Zusicherungen, die ökologischen Probleme könnten durch die sozialistische Planwirtschaft gelöst werden, katastrophale Ausmaße an. Honecker brüstet sich mit großartigen Erfolgen in der Hochtechnologie und kann damit viele Menschen täuschen. Der Fünfjahrplan aber ist ein Mißerfolg auf der ganzen Linie und die Unzufriedenheit des Volkes nimmt ein beunruhigendes Ausmaß an.

Im April findet in Dresden eine ökumenische Tagung der christlichen Kirchen in der DDR statt. Die dort anwesenden Vertreter fordern ein demokratischeres Wahlrecht und das Ende von gefälschten Wahlergebnissen ein. Bei den Kommunalwahlen im Mai 1989 wird Wahlbetrug im großen Stil betrieben. Die offiziellen Ergebnisse weisen 98,85 Prozent für die Einheitsfront aus. Da das entsprechende Ergebnis der Kommunalwahlen von 1984 99,88 Prozent betragen hat, erkennen geübte Beobachter in dieser Differenz nun eine schwere Niederlage der SED. Beobachter der Friedens- und Ökologiebewegung gehen davon aus, daß sich mindestens 20 Prozent der Wähler gegen die Einheitsliste ausgesprochen haben und rufen zu legalen Aktionen gegen den Wahlbetrug auf. In Leipzig und anderen Städten kommt es zu Demonstrationen und hunderte von Bürgerrechtlern werden verhaftet.

Zur Empörung über die Fälschung der Wahlergebnisse kommt die rapide Verschlechterung der wirtschaftlichen Lage und die Ablehnung der SED, Reformen nach dem Vorbild der Sowjetunion unter Gorbatschow, oder Polens und Ungarns durchzuführen. Die Rechtfertigung der SED-Regierung in bezug auf die brutalen Unterdrückungsmaßnahmen der Protestbewegung vom Juni in Peking durch die chinesische Regierung, bringt das Volk in der DDR noch weiter auf, doch Forderungen nach *Perestroika* und *Glasnost* haben weitere Festnahmen zur Folge, und die Überzeugung Rosa Luxemburgs, Freiheit sei immer die Tolerierung der Meinung der anderen, wird als unerhörte Provokation geahndet. Ende 1988 wird das sowjetische Monatsmagazin *Sputnik* in der DDR verboten und über bestimmte Berichte offizieller sowjetischer Zeitschriften wird die Zensur verhängt.

Am 2. Mai 1989 öffnet Ungarn seine Grenze zu Österreich und im August halten sich 180 DDR-Bürger auf dem Gelände der Botschaft der Bundesrepublik in Budapest auf. Sie erhalten Papiere des Roten Kreuzes und fliehen in den Westen. Hunderte passieren die ungarische Grenze und bitten in den Botschaften der Bundesrepublik in Warschau, Prag und Budapest und in der Ständigen Vertretung der Bundesrepublik in Ostberlin um Asyl. Am 10. September gestatten die ungarischen Behörden den DDR-Bürgern die freie Ausreise nach Österreich. Bis zum Ende des Monats machen mehr als 25 000 Menschen von der offenen Grenze Gebrauch und reisen in die Bundesrepublik aus.

Am 16. Oktober 1989 demonstrieren 120 000 Menschen in Leipzig gegen das sozialistische Regime. Das Politbüro ist zum Handeln gezwungen. Der Vorsitzende des Staatsrates der DDR, Erich Honecker, tritt zurück.

Die durch diese Ereignisse in ihren Anliegen gestärkten oppositionellen Kräfte
in der DDR erheben jetzt klare Forderungen. Die SED-Führung ist entschlossen,
keine Zugeständnisse zu machen. Bildungsministerin Margot Honecker, die die
harte stalinistische Linie vertritt, spricht in einer Rede im Juni von „Konterrevolutionären" und von „Feinden des Sozialismus" und fordert von den Lehrern, die
Jugend im Geiste der bewaffneten Verteidigung des Sozialismus zu erziehen. Im September werden mehrere Demonstranten in Leipzig verhaftet und einige von ihnen
zu Gefängnisstrafen verurteilt.

Seit Juli hat sich eine neue Sozialdemokratische Partei in der DDR organisiert.
Im August wird ein Appell zur Beendigung der politischen Alleinherrschaft der SED
veröffentlicht, und im September formiert sich das „Neue Forum" als eine mächtige Oppositionsgruppierung, die umgehend als hochverräterische Vereinigung verurteilt wird. Das Neue Forum fordert das Ende des Staatssozialismus. Eine andere
Gruppe, der „Demokratische Aufbruch", konstituiert sich im Oktober als politische
Partei und vereint unter ihrem Dach zahlreiche Oppositionsgruppen. Im September

Die Stahlplastik „Berlin" von
Brigitte und Martin Matchinsky-
Denninghoff symbolisiert die
Teilung der Stadt. Im Hintergrund ist die Ruine des Turmes
der Kaiser-Wilhelm-Gedächtnis-
kirche zu sehen, ein Mahnmal
für die Zerstörungen des
Krieges.

gründen oppositionelle Marxisten die Vereinigte Linke, die demokratische Reformen fordert; eine Grüne Partei entsteht im Oktober.

Am 2. Oktober 1989 demonstrieren in Leipzig 20 000 Menschen für demokratische Reformen. Zwei Tage später kommen in Dresden Sicherheitskräfte gegen dreitausend Menschen zum Einsatz, die auf Sonderzüge aufzuspringen versuchen, mit denen 7600 Asylsuchende aus der Tschechoslowakei in die Bundesrepublik gebracht werden sollen. Am 4. Oktober fordert die Opposition freie Wahlen unter Aufsicht der Vereinten Nationen und das Ende der SED-Diktatur. Am folgenden Tag werden Demonstranten in Dresden und Magdeburg von der Polizei mit brutaler Gewalt auseinandergetrieben.

Unter diesen Anzeichen finden am 6. und 7. Oktober 1989 die Feierlichkeiten zum vierzigsten Jahrestag der Gründung der DDR statt, währenddessen werden über 1000 Protestierende verhaftet. Mit finsterer Miene nimmt Gorbatschow an den Feierlichkeiten teil und drängt das Regime zu größerer Flexibilität. Auf einer Pressekonferenz sagt er: „Wer zu spät kommt, den bestraft die Geschichte." Die alte Herrenriege um den kränkelnden Honecker bleibt von dieser Mahnung unbeeindruckt, obwohl alle Berichte der Staatssicherheit vom zunehmenden Ernst der Lage und von verbreiteter Unzufriedenheit auch innerhalb der SED sprechen. Die Mitglieder verlassen die Partei in Scharen und die politische Stabilität des Landes ist ernsthaft gefährdet.

In den Tagen nach den Feierlichkeiten zum vierzigsten Jahrestag entwickelt das Geschehen eine eigene Dynamik. Tausende verlassen die DDR und gehen über die Tschechoslowakei und Ungarn in den Westen. Am 9. Oktober demonstrieren in Leipzig 90 000 Menschen und rufen „Wir sind das Volk!" Mit hoher Wahrscheinlichkeit wird angenommen, daß Honecker nach dem Beispiel der von ihm bewunderten Chinesen den Einsatz von Gewalt gegen die Demonstranten beabsichtigt, doch die Sowjetunion lehnt ein Eingreifen ab, und etwas weitsichtigere Funktionäre nehmen mit den Demonstranten Verhandlungen auf. Der Oberbürgermeister von Leipzig, drei führende Vertreter der Bezirksparteileitung und Gewandhauskapellmeister Kurt Masur treten in Gespräche mit den Demonstranten ein.

Forderungen nach radikalen Veränderungen werden jetzt von allen Seiten erhoben – von den Kirchen und von den Intellektuellen, von den neu gebildeten Parteien und Oppositionsgruppen sowie von seiten weiterer Massendemonstrationen. Am 16. Oktober versammeln sich 120 000 Menschen in Leipzig und zwingen das Politbüro schließlich zum Handeln. Am nächsten Tage beginnt die Diskussion um die Absetzung Honeckers. Ministerpräsident Willi Stoph eröffnet Erich Honecker, die Partei habe kein Vertrauen mehr in ihn. Honecker rechtfertigt sich, er sei in den letzten drei Monaten so krank gewesen, daß er nicht wisse, was geschehen sei. Er tritt am 18. Oktober von seinen Ämtern zurück. Egon Krenz, der jahrelange Vorsitzende der Freien Deutschen Jugend (FDJ), ein farbloser und profilloser Parteifunktionär, folgt ihm in seinen Ämtern als Generalsekretär des Zentralkomitees der SED, als Vorsitzender des Staatsrates und als Vorsitzender des Nationalen Verteidigungsrates nach. Diese Machtfülle in den Händen eines Mannes wird von der Volkskammer gebilligt, obwohl sich bereits am 23. Oktober bei der Montagsdemonstration in Leipzig 300 000 Menschen machtvoll dagegen ausgesprochen haben. Die Staats- und

Als die Grenze zwischen Ost- und Westberlin am 9. November 1989 geöffnet wird, ergreift die ganze Stadt ein Freudentaumel. Zwei Monate später helfen DDR-Grenzsoldaten einem Kind auf die Mauer, damit es einen Blick von oben in den Westteil der Stadt werfen kann.

Parteiführung scheint eindeutig jeglichen Realitätssinn verloren zu haben. Krenz ist zwar bemüht, mit einigen Veränderungen den alten Kurs weiter zu verfolgen, doch die breite Masse fordert eine grundlegende Reform des gesamten Systems.

Krenz telefoniert am 26. Oktober mit Kohl. Beide verständigen sich auf die Fortführung der Zusammenarbeit beider deutschen Staaten. Fünf Tage später reist Krenz nach Moskau und verkündet im Verein mit Gorbatschow, daß die deutsche Wiedervereinigung nicht auf der Tagesordnung stehe. Am 4. November findet eine Demonstration von etwa einer Million Menschen in Ostberlin statt, die freie Wahlen, Meinungsfreiheit, Reisefreiheit und uneingeschränkte Versammlungsfreiheit fordern. Zu ähnlichen Demonstrationen kommt es im ganzen Lande. Am 8. November tritt das Politbüro zusammen. Mehrere prominente Köpfe rollen, darunter die von Willi

**Armut in der DDR.** Obwohl der Staat große Anstrengungen zur Steigerung der Konsumgüterproduktion unternimmt und der Lebensstandard in der DDR höher als in jedem anderen sozialistischen Land ist, liegt er doch weit abgeschlagen hinter dem des Westens.

Stoph und dem Chef des Staatssicherheitsdienstes Erich Mielke. Am Tag darauf wird die Grenze nach Westberlin geöffnet, damit ist nach knapp dreißig Jahren die Mauer gefallen. Berlin wird von einer Euphorie ergriffen und Bundeskanzler Kohl, Willy Brandt und der Regierende Bürgermeister von Westberlin, Hans Momper, sprechen zu den Menschen, die in ihrem Freudentaumel den überraschenden Umschwung noch immer nicht fassen können.

Eine Visite in Westberlin überzeugt die meisten Besucher davon, daß die DDR nicht reformierbar ist. Krenz muß nach fünfzig Tagen im Amt am 6. Dezember zusammen mit dem gesamten Politbüro und dem Zentralkomitee der SED zurücktreten. An Krenz' Stelle tritt der Dresdener Bezirkssekretär, Hans Modrow, ein farbloser Politiker, der von Erich Honecker wegen seiner häufigen Kritik an der offiziellen Parteipolitik aus dem SED-Zentralkomitee ausgeschlossen worden ist. Modrow ist die letzte Hoffnung jener, die noch an die Reformfähigkeit des Systems glauben. Doch es steht inzwischen außer Zweifel, daß die SED ihre durch die Verfassung garantierte „führende Rolle" verloren hat und am 1. Dezember wird der entsprechende Artikel gestrichen.

Die SED versucht sich zu retten, indem sie alle Schuld auf Honecker, Mielke und den Wirtschaftsspezialisten Günter Mittag schiebt und Einzelheiten über deren Bestechlichkeit und luxuriösen Lebensstil bekannt gibt. Doch es ist offensichtlich, daß die bestehenden Mißstände dem gesamten SED-Staat anzulasten sind und die gesamte Parteispitze korrupt, willfährig und kriminell gehandelt hat. Die SED ist total diskreditiert und hat jegliche Autorität verloren. In den Betrieben lösen sich die

Kampfgruppen auf, nachdem sie sich geweigert haben, das Feuer auf die Demonstranten zu eröffnen. Das Ministerium für Staatssicherheit wird aufgelöst und bemüht sich darum, noch möglichst viele Spuren zu verwischen.

Am 8. Dezember findet eine SED-„Parteikonferenz" statt, nachdem „Parteitag" für eine derart traurige Veranstaltung nicht mehr der richtige Ausdruck ist. Im Februar 1990 beschließen die Delegierten, den Namen der Partei in „Partei des Demokratischen Sozialismus" (PDS) zu ändern und wählen Gregor Gysi, einen schlitzohrigen Anwalt, der eine Reihe von Dissidenten geschickt verteidigt hat, zu ihrem Vorsitzenden. Das hundertköpfige Leitungsgremium der Partei setzt sich hauptsächlich aus Vertretern zusammen, denen eine zu große Nähe zum Honeckerregime nicht nachgesagt werden kann. Gysi nimmt Harichs Forderung nach einem „dritten Weg zwischen stalinistischem Sozialismus und transnationalen Monopolen" wieder auf und verkündet, seine Partei sei marxistisch und sozialistisch, nicht aber marxistisch-leninistisch, der Demokratie und dem Schutz der Umwelt verpflichtet, sie bekenne sich zu „Solidarität" und „sozialistischem Pluralismus". Wenige verstehen die Bedeutung solcher Aussagen und nur 700 000 verbleiben in der Partei, die weiter bis auf 300 000 Mitglieder schrumpft.

## DIE WIEDERVEREINIGUNG

Am 7. Dezember 1989 finden am „Runden Tisch" unter der Vermittlung der Kirchen in der DDR Beratungen zwischen der SED und den Blockparteien, den verschiedenen Oppositionsparteien und Protestgruppen statt. Sie stellen sich die Aufgabe, einen Verfassungsentwurf zu erarbeiten. Im April 1990 haben sie ihre Aufgabe vollendet, doch die Ereignisse haben den Entwurfsinhalt bereits überholt. Die SED hofft noch immer, ihre Massenorganisationen, wie die Gewerkschaften und die Jugendbewegung, erhalten zu können, doch die Mitglieder laufen ihnen in Scharen davon. Die Parole der Demonstranten „Wir sind das Volk!" lautet jetzt „Wir sind ein Volk!". Am 15. und 16. Dezember 1989 nimmt die ostdeutsche CDU unter Lothar de Maizière ein neues Programm an, in dem sich die Partei zur Marktwirtschaft bekennt und die Einheit Deutschlands fordert.

Der Ruf nach freien Wahlen und nationaler Einheit wird lauter. Am 28. November 1989 verkündet Bundeskanzler Kohl sein Zehnpunkteprogramm zur Beendigung der Teilung Europas und Deutschlands. Am 19. Dezember 1989 reist Kohl nach Dresden, um mit Modrow die Einzelheiten eines Vertrages über Zusammenarbeit und gutnachbarliche Beziehungen zu beraten. Mitte Januar 1990 verkündet Modrow, daß die Vereinigung der beiden deutschen Staaten kein Thema auf der Tagesordnung sei. Modrow und die SED/PDS klammern sich weiterhin verzweifelt an die Macht, doch der Runde Tisch fordert die Vorziehung der Volkskammerwahlen vom 6. Mai auf den 18. März. Ende Januar trifft Modrow mit Gorbatschow zusammen, der wissen läßt, daß er im Prinzip keine Einwände gegen die deutsche Wiedervereinigung habe. Modrow entwickelt daraufhin seine Pläne für die Wiedervereinigung und nimmt acht Mitglieder der Opposition in sein Kabinett auf.

Die Wahlen finden am 18. März 1990 statt. Es sind die ersten freien Wahlen in Ostdeutschland seit nahezu sechzig Jahren. Die CDU, die Deutsche Soziale Union (DSU) – das ostdeutsche Gegenstück zur CSU – und der Demokratische Aufbruch bilden zusammen das Wahlbündnis „Allianz für Deutschland"; sie erhalten 48,1 Prozent der Stimmen. Die SPD bekommt 21,8 Prozent, die PDS 16,3 Prozent der Stimmen. Das Bündnis 90, zu dem sich alle diejenigen zusammengeschlossen haben, die die friedliche Revolution herbeigeführt haben, erhält magere 2,9 Prozent. Der Sieg der rechtsgerichteten Parteien, die im Wahlkampf auf die Einheit Deutschlands gesetzt haben, kommt überraschend, da die meisten Experten an einen Sieg der SPD geglaubt haben.

Die neue CDU-Regierung unter Lothar de Maizière geht eine Koalition mit der SPD ein. Die Arbeit an einem Vertrag über Wirtschafts-, Währungs- und Sozialunion mit der Bundesrepublik wird unverzüglich aufgenommen und am 18. Mai 1990 abgeschlossen. Die Probleme der Wiedervereinigung sind bereits jetzt absehbar. Die Ostdeutschen möchten ihre wertlose Währung im Verhältnis 1 : 1 gegen die DM umtauschen. Die Bundesrepublik macht das großzügige Angebot von 2 : 1. Nach langen und schwierigen Verhandlungen werden Ersparnisse bis zu einer bestimmten Höhe 1 : 1, alles darüber 2 : 1 umgetauscht.

Das Hauptproblem besteht jetzt darin, das Einverständnis der einstigen Kriegsalliierten zur Wiedervereinigung einzuholen. Kohl besucht am 10. Februar Gorbatschow, der ihm mitteilt, daß die Sowjetunion ein vereintes Deutschland akzeptieren wird. Der sowjetische Staatsführer hofft auf massive Unterstützung seines Landes durch Deutschland zur Vermeidung des wirtschaftlichen Zusammenbruches der Sowjetunion. Die Zwei-plus-vier-Gespräche zwischen den Vertretern der beiden deutschen Staaten, der Sowjetunion, der Vereinigten Staaten, Großbritanniens und Frankreichs beginnen im Mai. Aufgrund des allgemein entspannten Klimas, der vorsichtigen, aber bestimmten Verhandlungsweise Kohls und Genschers und der stark geschwächten Sowjetunion verlaufen die Gespräche in konstruktiver Atmosphäre und führen rasch zu einem Ergebnis. Im Juni geben Bundestag und Volkskammer offiziell die Garantie für die Grenze zu Polen. Am 14. Juli besuchen Kohl und Genscher Gorbatschow, der ihnen bekannt gibt, daß seinerseits keine Einwände gegen eine NATO-Mitgliedschaft des vereinten Deutschlands bestehen. Die Zwei-plus-vier-Gespräche werden am 12. September in Moskau beendet. Die Großmächte sprechen dem vereinigten Deutschland die volle staatliche Souveränität zu, und am 2. Oktober werden die alliierten Kommandanturen in Berlin aufgelöst.

Währenddessen verläuft der Prozeß der Wiedervereinigung nicht reibungslos. Die Koalitionsregierung von de Maizière beginnt auseinanderzufallen und im Westen wachsen die Vorbehalte gegen die horrenden Kosten der deutschen Einheit. Die Industrie ist nicht bereit, in ein bankrottes Land zu investieren und im Osten beklagen sich die Menschen über die Arroganz der Westdeutschen, fürchten sich vor einem Abgleiten in die Arbeitslosigkeit und den Verlust bedeutender Sozialleistungen. Der Einigungsvertrag wird am 31. August unterzeichnet. Am 3. Oktober hört die Deutsche Demokratische Republik auf zu existieren. Die fünf neuen Bundesländer Mecklenburg-Vorpommern, Brandenburg, Sachsen-Anhalt, Thüringen und Sachsen treten gemäß Artikel 23 des Grundgesetzes der Bundesrepublik Deutschland bei.

Am 2. Dezember finden Wahlen zum Bundestag statt. Die CDU/CSU und die FDP können die Wiedervereinigung als ihr Werk in Anspruch nehmen und greifen den SPD-Vorsitzenden Oskar Lafontaine an, der korrekterweise vor den wirtschaftlichen

Problemen der Wiedervereinigung, die von Kohl heruntergespielt werden, gewarnt hat und als vereinigungsunwillig gilt. Lafontaine vertritt die Auffassung, Nationen seien überholte Strukturen, die in einem vereinten Europa keinen Platz hätten. Die Wahlergebnisse fallen in beiden Teilen Deutschlands annähernd gleich aus. Die CDU erhält 44,1 Prozent der Stimmen im Westen, 43,4 Prozent im Osten. Die FDP erzielt im Osten mit 13,4 Prozent ein etwas besseres Ergebnis als mit 10,6 Prozent im Westen. Eine Ausnahme macht die SPD mit 35,9 Prozent im Westen und nur 23,6 Prozent im Osten. Die PDS schließt im Osten mit 9,9 Prozent, das Bündnis 90/Die Grünen mit 5,9 Prozent ab. Nach einer Entscheidung des Bundesverfassungsgerichtes gilt die Fünfprozentklausel getrennt für Ost- und Westdeutschland. Damit ziehen Bündnis 90 und die Grünen mit acht, die PDS mit siebzehn Abgeordneten in den Bundestag ein. Wäre Deutschland als eins gerechnet worden, hätte keine der beiden Parteien eine parlamentarische Vertretung besessen.

Die politische Vereinigung Deutschlands wird relativ reibungslos zu Ende geführt, zahlreiche wirtschaftliche, soziale und kulturelle Probleme bleiben dagegen bestehen. Es stellt sich rasch heraus, daß die Regierung Kohl die Kosten der Einheit ernsthaft unterschätzt hat, zumal der weitgehende Verfall der Wirtschaft in der DDR kaum jemandem so klar gewesen ist. Verständlicherweise wünschen sich die Menschen in der ehemaligen DDR, den gleichen Lebensstandard wie ihre Landsleute im Westen genießen zu können, bekommen aber den tiefen Graben zwischen den beiden Gesellschaften schmerzvoll zu spüren. Westdeutsche Intellektuelle blikken auf solch niedrigen Materialismus und vulgäres Konsumstreben herab und die Ostdeutschen sind schlecht auf die Auseinandersetzung mit dem Konkurrenzdenken des westdeutschen Kapitalismus vorbereitet. Die Arbeiter sind schlecht qualifiziert, es gibt keinen Mittelstand, und das Management hat keinerlei Erfahrung mit der freien Marktwirtschaft. Westdeutschland ist dagegen eine offene, postnationale Gesellschaft mit vollständiger Öffnung zum Westen, während Ostdeutschland, hinter der Fassade des sozialistischen „Internationalismus", eine abgekapselte und nationalistisch eingestellte Gesellschaft ist, die sich weder mit der Nazizeit noch mit der Stalinära auseinandergesetzt hat. Erkenntnisse über die Stasiverstrickung bekannter Politiker in der Opposition zur SED vergiften die Atmosphäre weiter. Nach einer Umfrage vom April 1993 erklären nur 22 Prozent der Westdeutschen und 11 Prozent der Ostdeutschen, daß sie sich als zusammengehörig fühlten.

Das SED-Regime hat in den Augen der übergroßen Mehrheit der Ostdeutschen jeden Kredit verspielt, die den schnellstmöglichen Beitritt zur Bundesrepublik und die Segnungen einer freien und wohlhabenden Gesellschaft wünscht. Damit finden die prinzipienfesten Gegner des SED-Regimes und die wenigen linken Intellektuellen im Westen, die einem „menschlichen Sozialismus", einem dritten Weg zwischen kommunistischer Diktatur und Kapitalismus, das Wort reden, herzlich wenig Unterstützung. Jene, wie der Schriftsteller Günter Grass, die davon ausgehen, die Teilung Deutschlands solle als gerechte Strafe für die Verbrechen des Dritten Reiches hingenommen werden, stehen im Abseits. Befürchtungen seitens der älteren Generation der Adenauerjahre, ein vereintes Deutschland sei wie eine unverzurrte Kanone an Deck eines Schiffes, finden kein Gehör, unterschätzen aber auch Deutschlands Einbindung in Europa und das westliche Bündnis.

# Das Brandenburger Tor

Im Jahre 1788 ordnet Friedrich Wilhelm II. an, daß das alte Stadttor am Ende der Straße Unter den Linden durch ein neues Bauwerk ersetzt werden soll. Der Entwurf von Carl Gotthard Langhans nach dem Vorbild der Athener Propyläen ist das erste Bauwerk des Klassizismus in Deutschland. Das neue Stadttor mit Wache und Zollhaus ist gleichzeitig ein Triumphbogen am unteren Ende der Allee zum Königsschloß.

Das Brandenburger Tor wird 1791 offiziell eingeweiht. Im Jahre 1793 wird als krönender Abschluß die Quadriga mit der Siegesgöttin, ein Werk Johann Gottfried Schadows aufgesetzt. Am 27. Oktober 1806 zieht Napoleon durch das Brandenburger Tor siegreich in Berlin ein, wo ihn eine jubelnde Volksmenge begrüßt. Der Kaiser bemerkt: *„L'entrée par cette porte est magnifique"* („Der Einzug durch dieses Tor ist großartig") und läßt die Quadriga nach Paris bringen.

Als sich die öffentliche Meinung gegen Frankreich wendet und patriotische Gefühle erwachen, wird die Quadriga zum nationalen Symbol, das entkleidete Brandenburger Tor zum Sinnbild einer schmachvollen Niederlage. Im Jahre 1814 kehrt die Quadriga auf sechs riesigen Wagen nach Preußen zurück und wird enthusiastisch begrüßt. Am 7. August 1814 ziehen Friedrich Wilhelm III. und Generalfeldmarschall Blücher im Triumph durch das Tor. Der Platz vor dem Brandenburger Tor wird zur Erinnerung an den Sieg über Frankreich in den Pariser Platz umbenannt.

Das Brandenburger Tor gebaut von C. G. Langhans 1788 – 91 als Aquarell von F. A. Calau um 1805.

Das Brandenburger Tor mit der Berliner Mauer.

Die siegreichen preußischen Truppen marschieren 1864 durch das Tor, dann erneut 1866. Das Brandenburger Tor ist jetzt nicht mehr nur ein Siegesdenkmal für die Befreiungskriege, sondern auch ein Symbol für die Militärmacht Preußens. Am 16. Juni 1871 ziehen 42 000 Soldaten durch das Tor, an ihrer Spitze der siebenundachtzigjährige General von Wrangel, der die Revolution von 1848 niedergeschlagen hat, gefolgt von Bismarck, Moltke, Roon und dem Kaiser. Das Brandenburger Tor wird zum Triumphbogen des neuen Reiches.

Im Jahre 1919 begrüßt Reichspräsident Ebert die geschlagene Armee am Brandenburger Tor, nun Relikt vergangener Ruhmestaten. Am 30. Januar 1933 veranstaltet die SA einen Fackelzug durch das Tor und feiert damit die Ernennung Hitlers zum Reichskanzler. Große Paraden finden zu Hitlers fünfzigstem Geburtstag 1939 und anläßlich des Sieges über Frankreich 1940 statt.

Im Jahre 1945 führt die Siegesparade der Alliierten durch das schwer zerstörte Brandenburger Tor. Das von vielen als Zeichen imperialistischer Aggression angesehene Bauwerk steht jetzt im sowjetischen Sektor von Berlin. Es wird wieder aufgebaut und zum Tor des Friedens im Osten erklärt. Für den Westen bleibt es das Symbol der geteilten Nation. Am 9. November 1989 wird das Tor geöffnet und gilt heute als ein Zeichen der nationalen Einheit.

Es bleibt zu hoffen, daß der unbändige Mut, der Idealismus und die Solidarität
der einfachen ostdeutschen Menschen in ihrem Widerstand gegen das SED-Regime
in den Aufbau eines neuen Deutschland münden werden, in dem Zynismus, Fata-
lismus und der Ausbruch sinnloser Gewalt keine Heimstatt mehr haben. Den Ostdeutschen wird der schmerzvolle Prozeß der Vergangenheitsbewältigung nicht er-
spart bleiben, den die Westdeutschen bereits erfolgreich gemeistert haben. Diese
Aufgabe ist unangenehm und erfordert mehr als eine bloße Analyse der Strukturen
des kommunistischen Regimes; unbequeme Fragen über die Rolle jedes einzelnen
werden zu stellen sein. Diktaturen sind keine abstrakten Gebilde und nicht einfach
das Ergebnis einer finsteren Politik der Mächtigen im Staate; sie werden erst durch
die Mitwirkung des einfachen Volkes, durch den täglichen Verrat der Karrieristen
und Opportunisten möglich.

Die Vereinigung Deutschlands ist nicht mit Blut und Eisen, sondern in einem
wahrhaft demokratischen Prozeß erfolgt. Eine überwältigende Mehrheit des Volkes
in Ost und West hat den Prozeß getragen. Ihnen gegenüber steht lediglich eine Handvoll Menschen, die an eine gangbare Alternative glaubt. Es wird lange dauern, ehe die
Unterschiede zwischen „Wessis“ und „Ossis“ verschwinden und Deutschland wahrhaft ein Land ist. Ein langer und schwieriger Prozeß, zu dem die Menschen in Westdeutschland enorme Anstrengungen zum Aufbau der fünf neuen Länder unterneh-

Christo (Christo Jawatscheff,
geb. 1935) plant seit 1961 die
Verpackung eines großen öffentlichen Gebäudes. Erste Skizzen
des verpackten Reichstages
entstehen 1972, als es noch aus-
sichtslos erscheint, daß das
Gebäude jemals wieder Sitz des
deutschen Parlamentes werden
könnte. Der Reichstag wurde
ehemals im Dezember 1894
eröffnet und durch einen Brand
im Februar 1933 zerstört. Jetzt
steht das geschundene Gebäude
als Symbol für die deutsche
Demokratie und die Wiedervereinigung des Landes.
Die Verpackung des Reichstages erfolgte schließlich im
Juni 1995.

men müssen. Auch die Ostdeutschen haben ihren Beitrag zu leisten. Sie müssen sich
in einem demokratischen, kapitalistischen System zurechtfinden und Europäer mit
westlicher Orientierung werden. Helmut Kohl hat sich durch die Entschlossenheit,
mit der er die Zusammenführung der getrennten Nation vorangetrieben hat, ein
bleibendes Verdienst erworben. Wahrscheinlich war es notwendig, alles kleinliche
Gejammer über die noch zu erwartenden Probleme beiseite zu schieben, doch sein
Optimismus hat die Aufgabe der Vereinigung nicht leichter werden lassen.

# *Schlußbetrachtung*

Die Deutschen haben sich oft und leidenschaftlich mit der „deutschen Frage" befaßt. Andere haben viel Tinte gebraucht, um ihre Ansichten über das „deutsche Problem" darzulegen. Ob Frage oder Problem, eine einfache Antwort darauf gibt es nicht. Wer sind die Deutschen? Sollte es überhaupt einen deutschen Nationalstaat geben? Wen ja, wo liegen seine Grenzen? Kann ein solcher Staat mit friedlichen Mitteln oder nur auf kriegerischem Wege errichtet werden? Sollte es ein Bundes- oder Zentralstaat sein? Wie werden sich die Nachbarn der Deutschen dazu stellen? In den letzten Jahren sind diese Einzelfragen alle in die zentrale Fragestellung eingemündet: Wie war es möglich, daß in einem so hochzivilisierten und entwickelten Land der Nationalsozialismus die Oberhand gewinnen und die Welt in zwei so schreckliche Kriege stürzen konnte? Wie konnte es zu den schrecklichen Verbrechen gegen die Menschheit – dem Zweiten Weltkrieg und dem Massenmord an den europäischen Juden kommen?

Was sind die Schlüsselaspekte der deutschen Frage, durch die sie sich von anderen europäischen Ländern unterscheiden? Die erste, direkte Antwort besteht in der geographischen Lage Deutschlands im Herzen von Europa. Kein anderes europäisches Land grenzt über Land oder zu See an mehr Nachbarländer an als Deutschland. Da viele Nachbarn Deutschlands relativ schwach waren, kam es wieder und wieder zu Auseinandersetzungen. Die geographische Lage macht Deutschland zu einer größeren Kontinentalmacht als alle anderen großen europäischen Staaten. Und durch seine zentrale Lage treffen in Deutschland die unterschiedlichsten Kulturen aufeinander: römische Kultur, Christentum, der barbarische Osten. Die bedeutenden Kulturbewegungen von Süd nach Nord, von West nach Ost verlaufen sämtlich mitten durch Deutschland und lassen eine reiche und vielfältige Kultur entstehen, schaffen aber ebenso unauflösliche Spannungsfelder. Die kulturellen Unterschiede zwischen Nord- und Süddeutschland bleiben bestehen, sind aber weit weniger ausgeprägt als die zwischen West und Ost – ein Grundzug innerhalb der europäischen Geschichte, der trotz des Zusammenbruches des Sowjetreiches bestehen bleibt.

Die psychologische Wirkung der zentralen Lage Deutschlands ist ebenso tief. Jahrhundertelang fühlen sich die Deutschen den Italienern und Franzosen kulturell, den Engländern materiell und politisch unterlegen. Gleichzeitig fühlen sie sich den Slawen haushoch überlegen. Der deutsche Nationalismus entspringt dem Haß auf alle diejenigen, die die Deutschen in ihrem tiefsten Innern als unterlegen betrachten und auf all diejenigen, denen sie sich unterlegen fühlen. Fremdenhaß, Selbstüberhebung und Selbstzweifel sind die Wurzel aller nationalistischen Gefühle. Die Deutschen haben sich unerhört schwer damit getan, zu einem positiven Bild über sich selbst zu finden. Wenn ein Deutscher heute bemerkt, etwas sei „typisch deutsch", dann ist dies etwas Negatives.

Nationen und Reiche kommen und gehen. Doch kein anderes Land hat in seiner Geschichte mehr Höhen und Tiefen erlebt als Deutschland. Das große mittelalterliche Reich geht Ende des zwölften Jahrhunderts unter und nahezu siebenhundert Jahre lang besteht ein Machtvakuum, das schließlich durch Bismarck und seine Lösung der deutschen Frage 1871 ausgefüllt wird. Deutschland ist 1918–1919 dem Zusammenbruch nahe und erlebt zwischen 1938 und 1942 den Höhepunkt seiner Macht. Dann beginnt der Niedergang, dem sich fünfundvierzig Jahre einer geteilten Nation anschließen. Die Wiedervereinigung Deutschlands 1989–1990 findet im Kontext einer weltweiten Rezession und des politischen Chaos durch den plötzlichen Zerfall der Sowjetunion statt.

Extreme Nationalisten sehen in der Gründung des Zweiten Reiches 1871 den Höhepunkt der deutschen Geschichte. Preußen hat seine historische Mission erfüllt, das Land zur Einheit zu führen, verfügt über eine unvergleichliche Armee und hat die ehrliche und effiziente Verwaltung und seine blühende Wirtschaft in den Dienst der Nation gestellt. Linke Kritiker dagegen, stimmen mit Goebbels Aussage überein, daß Adolf Hitler in der direkten Folge Friedrichs des Großen, Bismarcks und Hindenburgs stehe.

Weder Westdeutschland noch Ostdeutschland sind in der Lage gewesen, eine tragfähige geschichtliche Identität aufzubauen und eine fruchtbare Auseinandersetzung mit der Vergangenheit zu führen. Die ostdeutschen Propagandisten sehen ihren Staat als die Verkörperung alles Fortschrittlichen in der deutschen Geschichte. Die Historiker müssen ihr bis dahin hartes Urteil über Martin Luther, Friedrich den Großen, Bismarck und Moltke umschreiben und diese als Persönlichkeiten auf dem Wege zur Deutschen Demokratischen Republik entdecken. Sie haben keine Erklärungsnöte für den Weg Hitlers zur Macht; der allein Schuld des Kapitalismus ist und sie damit nichts angeht. Die imperialistische und militaristische Tradition lebt in der kapitalistischen Bundesrepublik fort, während die DDR das antifaschistische Erbe der Kommunistischen Partei übernommen hat und über die Jahre 1939–1941, in denen Kommunisten und Nazis gut miteinander zusammengearbeitet haben, diskret den Mantel des Schweigens breitet.

Westdeutsche Historiker haben häufig behauptet, das Dritte Reich sei entweder ein unvorhergesehener Unfall oder das Ergebnis aller Besonderheiten der deutschen Geschichte gewesen. Entsprechend der zweiten Theorie hat Bismarck der demokratischen und emanzipatorischen Bewegung durch seine Revolution von oben die Luft genommen und die Liberalen mundtot gemacht, indem er ihnen die nationale Einheit und ein Scheinparlament gab. Durch den Kompromiß zwischen der preußischen Elite, gebildet aus Adel und Agrariern, und dem liberalen Bürgertum hat er die Katholische Zentrumspartei und die ausgesprochen marxistischen Sozialdemokraten im Zaume gehalten. Dieser Theorie zufolge gilt der deutsche Nationalstaat als hoffnungslos brüchig und seine Teilung durch die Alliierten 1945 als ein Segen. Jeder Gedanke an eine Wiedervereinigung ist daher zurückzuweisen.

Auf Seiten der Linken wird häufig ins Feld geführt, die Zerschlagung Deutschlands nach dem Kriege habe das Ende des deutschen Nationalstaates bedeutet. Deutschland sei eine „postnationale Gesellschaft", deren Mitglieder sich mit den Ländern identifizierten und mit dem Gedanken einer europäischen Nation. Der Staat existiere lediglich als Institution, die Steuern eintreibt und deren Fußballer den Weltcup gewinnen. Diese Ansicht ist von extremer Arroganz geprägt. Anhänger dieses nicht vorhandenen Nationalbewußtseins fühlen sich ihren weniger aufgeklärten Zeitgenossen, die noch immer dem „altmodischen" und „primitiven" nationalen Gedanken anhängen, überlegen. Diese Ansicht nimmt Deutschland auch die moralische und geistige Vorbereitung, um sich mit dem Problem der Wiedervereinigung auseinandersetzen zu können, als dieses 1989 plötzlich akut wird. Das Ausland sieht nur Skinheads, Bomberstiefel und Stammtischdemagogen und befürchtet ein Wiederaufleben des deutschen Nationalismus. Das eigentliche Problem aber ist das nahezu vollständige Fehlen eines Nationalgefühles. Die verbrecherischen Exzesse des Dritten Reiches lassen die meisten Deutschen wie reformierte Katholiken dastehen – abstinent und mit dem peinlichen Bewußtsein der Gefahren des auch nur allergeringsten Rückfalles.

Es bleibt zu hoffen, daß die deutsche Wiedervereinigung der Einigung Europas zusätzlichen Auftrieb verleiht. Sollte das der Fall sein, werden sich Historiker kommender Generationen weniger mit der Frage, wie Deutschland zu einer Nation wurde, als vielmehr mit regionalen Studien und dem europäischen Kontext der deutschen Geschichte beschäftigen. Mit der Zeit wird das Dritte Reich nicht mehr im Mittelpunkt aller Betrachtungen stehen und auch nicht mehr den Höhepunkt deutscher Geschichte darstellen. In Vergessenheit darf es nicht geraten, denn es bleibt immer ein Schlüssel zum Verstehen dessen, was gewesen ist und eine leidvolle Erinnerung an das schrecklichste Versagen unserer Welt. Das Dritte Reich ist in erster Linie ein deutsches Problem, das dunkelste Kapitel deutscher Geschichte, es muß aber auch in einem größeren Zusammenhang betrachtet werden. Sympathisanten in anderen Ländern, Beschwichtiger, Kollaborateure und aktive Förderer dürfen nicht aus ihrem Teil der Schuld am schrecklichsten Verbrechen der Menschheitsgeschichte entlassen werden, indem bequem alle Schuld auf Hitler, Himmler und ihre Generäle oder das deutsche Volk insgesamt abgewälzt wird. Ähnlich ist auch die „Endlösung" keine alleinige Angelegenheit der Deutschen und Juden, wenn die Lehre, die daraus gezogen werden kann, nicht verloren gehen soll.

Kein Land tritt heute nachdrücklicher für Europa ein als Deutschland, und kein Land ist besser für eine historische Schlüsselrolle im europäischen Einigungsprozeß prädestiniert als Deutschland. Die Aussichten für ein geeintes Europa sind nicht rosig. Für viele ist Europa ein aufgeblähter und bürokratischer, von gesichtslosen Technokraten geleiteter Apparat in Brüssel. Das Gespenst von Maastricht droht, die nationale Identität zu zerstören und an die Stelle historischer Nationalstaaten ein Gebilde zu setzen, das in Losgelöstheit von den Menschen existiert und dem ein zahnloses europäisches Parlament auf Gedeih und Verderb ausgeliefert ist.

Die Westeuropäer verfügen nicht über die geeigneten, geistigen Rahmenbedingungen, einen wirksamen Beitrag zur Schaffung eines Europa zu leisten, das die besten Traditionen bewahrt – die Achtung der Menschenrechte, Freiheit und Demokratie. Nach der Erfahrung jahrelangen Wirtschaftswachstums ist ein jeder mit seinen individuellen Rechten so sehr beschäftigt, daß nur ein kleiner Schritt bis zur unverhüllten Selbstsucht bleibt. Amerika und ihre eigene politische Klasse haben sie in ihrem Individualismus und Hedonismus so bestärkt, daß sie jegliches Gefühl für Verantwortung, Aufgaben und Pflichten gegenüber der Gesellschaft verloren haben. Gleichzeitig sind die politischen Parteien korrupt, ihr Handeln wird allein von der Erhaltung der Macht und den eigenen Interessen bestimmt. Nachdem sie aller Ideologie abgeschworen haben, ergehen sie sich in sinnlosen Verurteilungen der politischen Gegner und haben die Fähigkeit zu konstruktivem Handeln verloren. Eine weitverbreitete Politikverdrossenheit nimmt da kein Wunder. Wenn sich beste Arbeit und die ehrlichsten Bemühungen vieler nicht in Ergebnissen niederschlagen, erfolgt der Rückzug aus der politischen Tätigkeit oder der Schwenk zu politischen Randgruppen.

Westeuropa sieht sich auch andauernden Problemen von außerhalb gegenüber. Die europäischen Werte sind in den meisten nachkolonialen und nachkommunistischen Ländern der Welt nicht auf fruchtbaren Boden gefallen. Das traurige Versagen dieser Länder führt dazu, daß Millionen von Menschen ein besseres Leben in Europa suchen. Deutschland, das reichste Land Europas, ist für sie selbstverständlich das bevorzugte Ziel. Zu den Problemen der Entindustrialisierung, der chronischen Arbeitslosigkeit und einer ungewissen Zukunft, muß Ostdeutschland Hunderttausende Asylbewerber aufnehmen, die aus dem Westen herübergeschickt werden. Das führt zu Ausbrüchen von Gewalt gegen Ausländer. Diese alarmierenden Auswüchse von proletarischem Internationalismus und Solidarität sind den Neonazis im Westen Ermutigung und Vorbild.

Es gibt zwei prinzipielle europäische Lösungsvorschläge für dieses Problem: Entweder die Tür zuzuschlagen und Europas Wohlstand und Kultur vor den lästigen Ausländern damit zu schützen oder aber die Tür weit zu öffnen und einen jeden hereinzulassen. Die erste Lösung wäre unmenschlich, die zweite eine Aufladung aller Probleme und Mißstände der Welt, die es Europa unmöglich machen würden, bei ihrer Überwindung zu helfen.

Alle Zeichen deuten daraufhin, daß sich ein demokratisches und föderales Deutschland seiner historischen Verpflichtung zur Übernahme einer Schlüsselrolle bei der Schaffung eines demokratischen und menschlichen Europas und der Bewahrung und Bereicherung der besten europäischen Traditionen in dem Bewußtsein stellen wird, daß Freiheit und Demokratie keine Luxusgüter, sondern eine absolute Notwendigkeit sind. Das ist nur möglich, wenn die Deutschen und alle anderen Europäer in voller Kenntnis ihrer Geschichte das Positive ausbauen, aus dem Negativen lernen und ihr Schicksal gemeinsam in die Hand nehmen. Der traditionelle Nationalstaat hat sich historisch überlebt, Nationalismus ist zu einer negativen Erscheinung geworden, die eher einer rückständigen Stammesmentalität ansteht. Nationen und Staaten werden weiterhin bestehen und die Menschheitskultur bereichern, aber nicht mehr das Hauptaugenmerk von Politik und Geschichte sein.

Geben wir Heinrich Heine, dem besten aller Deutschen, das letzte Wort, der sinngemäß meinte: *Der deutsche Patriotismus verhärtet das Herz, er schrumpft wie Leder in der Kälte. Der deutsche Patriot haßt alles Ausländische, er ist kein Weltbürger mehr, kein Europäer, sondern möchte nur ein Deutscher sein. Wir haben das bereits in der idealistischen Unbeholfenheit des Herrn Jahn [des Turnvaters] gesehen. Er steht am Anfang der schäbigen, groben und unbeholfenen Opposition gegenüber einer Denkweise, die die wunderbarste und heiligste ist, die Deutschland je hervorbrachte; das heißt gegen die Humanität, die universale Brüderlichkeit und das Weltbürgertum, und der unsere großen Geister – Lessing, Herder, Schiller, Goethe, Jean Paul und alle gebildeten Deutschen stets gehuldigt haben.*" Die bedeutendsten Deutschen waren auch Europäer. Müge ihr Geist weiterleben.

# Quellennachweis für die Abbildungen

Verwendete Abkürzungen:

**AKG Berlin**: Archiv für Kunst und Geschichte, Berlin

**AKG London**: Archiv für Kunst und Geschichte, London

**BPK**: Bildarchive Preußischer Kulturbesitz,Berlin

**Bridgeman**: Bridgeman Art Library, London

**DPA**: Deutsche Presse-Agentur, Bildarchiv Frankfurt

**ETA**: E. T. Archive, London

**Hulton**: Hulton Deutsch Collection, London

**Magnum**: Magnum Photos, London

**Mansell**: Mansell Collection, London

**Mary Evans**: Mary Evans Picture Library, London

**MM**: Mander & Mitchison, Kent

**Ullstein**: Ullstein Bilderdienst, Berlin

Schmutztitel BPK. Titelseite AKG London/Berlin, Nationalgalerie. S. 10 Mansell. S. 15 AKG London. S. 17 AKG London/Kunsthistorisches Museum, Wien. S. 18 Ullstein. S. 19 AKG London/Sammlung Archiv für Kunsthistorisches und Geschichte, Berlin. S. 22 AKG London. S. 23 ETA. S. 26 *oben* ETA. S. 26 *unten* Bridgeman. S. 27 AKG London/Museum des Kunsthandwerks, Leipzig. S. 29 AKG London. S. 30 AKG London/Stift Kremsmünster. S. 31 Bridgeman/Kunsthistorisches Museum, Wien. S. 33 AKG London/Magdeburg, Dom. 34 BPK/Metropolitan Museum of Art, New York. S. 36 AKG London/Bayerische Staatsbibliothek, München/Codex lat. 4453, fol. 24 r. S. 37 AKG London/Bayerische Staatsbibliothek, München/Codex lat. 4452. S. 38 Ullstein. S. 39 *oben* BPK/Hansen/Stalling, 1980. S. 39 *unten* BPK/Speyer. S. 40 AKG London/Escorial, Codex Vitrinas 17, fol. 65 r. S. 41 ETA. S. 45 AKG London/Biblioteca Vaticana, Rom. S. 49 London. S. 51 VOJ/Landwirtschaft/Mittelalter. S. 54 Ullstein. S. 55 Bridgeman/British Library Roy 2A xxii f. 220. S. 58 AKG London/Biblioteca Governativa Statale, Lucca. S. 59 AKG London/Bibliothèque Nationale, Paris, MS. 22495, folio 105. S. 60 AKG London/Biblioteca Apostolica Vaticana, Rom. S. 62 AKG London. S. 63 AKG London/Biblioteca Apostolica Vaticana, Rom. S. 64 BPK. S. 65 AKG Berlin. S. 67 Ullstein. S. 70 Mansell. S. 71 ETA/Manesse Codex. S. 72 BPK. S. 76 BPK. S. 77 Bridgeman/V&A, London. S. 79 AKG London. S. 82 AKG London/

Leihgabe der Bayerischen Staatsgemäldesammlungen, Augsburg. S. 83 AKG London/Kunsthistorisches Museum, Wien. S. 84 *oben* AKG London/ Kunstsammlungen der Veste Coburg, Coburg. S. 84 *unten* AKG London. S. 86 *links* AKG London/ Sammlungen Archiv für Kunst und Geschichte, Berlin. S. 86 *rechts* AKG London. S. 87 Bridgeman/ City of Bristol Museum & Art Gallery. S. 88 Bridgeman/Bible Society, London. S. 89 ETA. S. 90 Bridgeman/British Library, London. S. 92 Mary Evans. S. 94 Mary Evans. S. 95 AKG London/Bayerisches Nationalmuseum, München. S. 97 AKG London/ Graphische Sammlung Albertina, Wien. S. 98 Mary Evans. S. 100 AKG London. S. 104 Bridgeman/ Privatsammlung, Frankfurt. S. 105 AKG London/ Graphische Sammlung Albertina, Wien. S. 106 Mary Evans. S. 110 Ullstein. S. 112 BPK. S. 113 BPK/ Zentralbibliothek, Zürich. S. 114 AKG London. S. 116 AKG London. S. 117 BPK/Staatsbibliothek zu Berlin, Preußischer Kulturbesitz. S. 119 BPK. S. 121 BPK/ National Gallery, London. S. 123 AKG London. S. 125 AKG London. S. 128 Bridgeman/ Staatliche Schlösser und Gärten, Potsdam. S. 130 AKG London/Nationalgalerie, Berlin. S. 133 ETA. S. 134 Bridgeman/ Rafael Valls Gallery, London. S. 135 AKG London. S. 138 *oben* BPK/ Museen der Stadt Wien, Wien. S. 138 *unten* AKG London/Royal College of Music, London. S. 139 AKG London/ Angermuseum, Erfurt. S. 140 BPK. S. 142 ETA., S. 143 AKG London. S. 146 AKG London. S. 147 AKG London/Musée Historique, Versailles. S. 151 BPK/Musée Historique, Versailles. S. 154 AKG London/Sammlung Oskar Reinhart, Winterthur. S. 155 Bridgeman/Royal Albert Memorial Museum, Exeter. S. 156 ETA. S. 159 ETA. S. 162 AKG London/Stiftung Maximilianeum, München. S. 165 AKG London. S. 166 BPK. S. 169 BPK. S. 170 BPK/ Museum für Hamburgische Geschichte, Hamburg. S. 171 Bridgeman/Wolverhampton Art Gallery, Staffordshire. S. 173 Ullstein. S. 175 *links* Mary Evans. S. 175 *rechts* Mary Evans. S. 178 AKG London/Berlin-Museum, Berlin. S. 179 BPK/Kunstmuseum, Düsseldorf. S. 182 BPK/Staatsbibliothek; Berlin. S. 183 AKG London. S. 185 Mary Evans. S. 186 Mary Evans. S. 187 *links* AKG London. S. 187 *rechts* AKG London/Neue Pinakothek, München. S. 190 AKG London. S. 191 AKG London/Germanisches

Nationalmuseum, Nürnberg. S. 194 AKG London/Niedersächsisches Landesmuseum, Hannover. S. 195 Bridgeman/Privatsammlung. S. 198 AKG London/Sammlung Archiv für Kunst und Geschichte, Berlin. S. 202 AKG Berlin. S. 203 BPK/ Historisches Museum, Berlin. S. 205 BPK. S. 207 AKG London/Friedrichsruher Bismarck-Museum. S. 208 AKG London. S. 210 BPK. S. 211 AKG London/Nationalgalerie, Berlin. S. 214 BPK. S. 215 BPK. S. 219 AKG London. S. 221 BPK. S. 222 BPK/Kunstbibliothek Preußischer Kulturbesitz, Berlin. S. 224 AKG London. S. 225 BPK. S. 226 BPK. S. 229 Hulton. S. 230 AKG London/Druck: Kornland & Co. Frankfurt a. M. S. 231 AKG London. S. 233 Hulton. S. 236 Mary Evans. S. 240 Hulton. S. 242 ETA. S. 243 *links* Fotoarchiv C. Raman Schlemmer, Oggebbio, Italien; © 1996 Familiennachlaß und Archiv Oskar Schlemmer, 79410 Badenweiler. S. 243 *rechts* AKG London/Aufnahme: Eric Bohr. S. 245 AKG London/ Sammlung Archiv für Kunst und Geschichte, Berlin. S. 247 MM/Kevin Mac Donnell. S. 249 Hulton. S. 250 *links* Bridgeman/Christie's, London; © DACS 1996. S. 250 *rechts* AKG London/Privatsammlung, Konstanz. S. 251 Bridgeman/Privatsammlung; © DACS 1996. S. 254 AKG London. S. 258 Hulton. S. 259 Hulton. S. 262 AKG London. S. 264 Hulton. S. 266 ETA/Bundesarchiv, Koblenz. S. 267 AKG London. S. 268 Imperial War Museum. S. 269 British Film Institute/BFI Stills, Posters & Designs. S. 270 Hulton. S. 273 Mary Evans. S. 274 AKG London. S. 275 ETA. S. 279 AKG London. S. 280 Hulton. S. 282 *links* AKG London. S. 282 *rechts* Hulton. S. 284 *oben* und *unten* Hulton. S. 286 ETA. S. 287 Hulton. S. 290 Hulton. S. 291 Hulton. S. 293 AKG London. S. 295 AKG London/Carl Wurm, Frankfurt a. M. S. 296 Magnum/René Burri. S. 299 Hulton. S. 300 DPA. S. 302 AKG London. S. 304 DPA. S. 305 AKG London. S. 306 Magnum/René Burri. S. 310 AKG London/Erich Lessing. S. 313 Magnum/Erich Lessing. S. 314 ETA. S. 316 Magnum/Robert Capa. S. 318 AKG London. S. 319 Magnum/Raymond Depardon. S. 320 Hulton. S. 322 DPA. S. 323 DPA. S. 326 Magnum/G. Peress. S. 327 AKG London/Dieter E. Hoppe. S. 329 Hulton/Steve Eason. S. 330 Magnum/Paul Lowe. S. 334 *oben* AKG London/Märkisches Museum, Berlin. S. 334 *unten* AKG London/AKG/Bruni Meya. S. 335 AKG London.

# Register